“一带一路”倡议下轨道交通类专业特色教材

桥梁工程

谭冬莲 ◎ 主　编

秦凤江　逯文茹　李光玲 ◎ 副主编

西南交通大学出版社

·成　都·

图书在版编目（CIP）数据

桥梁工程 / 谭冬莲主编. --成都：西南交通大学出版社，2023.11（2026.1 重印）
ISBN 978-7-5643-9531-5

Ⅰ. ①桥… Ⅱ. ①谭… Ⅲ. ①桥梁工程－高等学校－教材 Ⅳ. ①U44

中国国家版本馆 CIP 数据核字（2023）第 207374 号

Qiaoliang Gongcheng
桥梁工程

谭冬莲　主编

责任编辑　姜锡伟
助理编辑　赵思琪
封面设计　GT 工作室

出版发行　西南交通大学出版社
（四川省成都市金牛区二环路北一段 111 号
西南交通大学创新大厦 21 楼）
邮政编码　610031
发行部电话　028-87600564　　028-87600533
网址　https://www.xnjdcbs.com
印刷　四川森林印务有限责任公司

成品尺寸　185 mm × 260 mm
印张　24.5
字数　612 千
版次　2023 年 11 月第 1 版
印次　2026 年 1 月第 2 次
书号　ISBN 978-7-5643-9531-5
定价　59.00 元

课件咨询电话：028-81435775
图书如有印装质量问题　本社负责退换

前言 Preface

随着国家经济的快速发展，各行业相互融合，许多高等院校已将桥梁、铁道工程等专业合并为交通土建工程专业。本教材兼顾铁路桥梁和公路桥梁方面的内容，按照“面向产业、面向世界、面向未来”的宗旨，根据中国铁路总公司企业标准《铁路桥涵设计规范（极限状态法）》（Q/CR 9300—2018）、行业标准《铁路桥涵设计规范》（TB 10002—2017）、《铁路桥梁钢结构设计规范》（TB 10091—2017）、《铁路桥涵混凝土结构设计规范》（TB 10092—2017）、《公路桥涵设计通用规范》（JTG D60—2015）、《公路钢筋混凝土及预应力混凝土桥涵设计规范》（JTG 3362—2018）的规定编写，力求充分反映当前桥梁工程的科研、设计及施工成果，充分阐述铁路桥梁与公路桥梁工程的共性，阐述规范中的基本原理和基本方法。

通过对本书的学习，学生应能够掌握桥梁结构的基本原理和基本知识，能胜任桥梁工程的技术和管理工作。

本书共 9 章，第 1 章为绪论，介绍了桥梁工程的基本知识和发展历程，以及设计方法和程序等方面内容；第 2 章为桥梁的设计作用，按现行的铁路桥梁规范和公路桥梁规范介绍了桥梁的设计作用及效应组合等方面内容；第 3 章为桥面布置及构造，介绍了铁路桥梁和公路桥梁的桥面布置和构造等方面内容；第 4 章为桥梁支座，介绍了桥梁支座的类型及布置原则等方面内容；第 5 章至第 9 章分别介绍了混凝土简支梁桥、混凝土连续体系梁桥、拱桥、斜拉桥和悬索桥的受力特点、设计要点和施工等方面内容。

本书在编写过程中，得到了许多同行的帮助，在此表示感谢。感谢研究生李杏、丁闻远、赵悦、严楚琴等在教材编写中所做的工作。

由于编者水平有限，书中难免有不足之处，恳请各位专家和广大读者批评指正。

编 者

2023 年 5 月

目录 Contents

第1章 绪论

第2章 桥梁的设计作用

第 3 章 桥面布置及构造

第 4 章 桥梁支座

第 5 章 混凝土简支梁桥

第 6 章 混凝土连续体系梁桥

第7章 拱 桥

第8章 斜拉桥

第9章 悬索桥

Chapter 1

第1章
绪 论

1.1 桥梁发展历程

桥梁是供车辆和行人等跨越河流、山谷、海湾、海峡或其他线路障碍的工程建筑物，是跨越障碍的通道。桥梁是随着历史的演进和社会的进步而逐渐发展起来的。考察近代桥梁发展的历史，可以看出，当陆地交通运输工具发生重大变化时，对桥梁的载重、跨径方面会提出新的要求，当工程材料取得重大进步时，便推动了桥梁工程技术的发展。桥梁发展到今天，其基本类型虽仍是梁桥、拱桥和悬索桥，但建设技术更加先进科学，建筑材料更加坚固耐用，结构形式更加丰富多彩，使用功能更加完备齐全。

在现代社会中，建立高效的交通运输网络，对促进交流、发展经济、提高国力具有重要的意义，而桥梁是其不可或缺的组成部分。因此，桥梁工程一定会随着交通运输网络的建立过程，取得巨大的发展和成就。桥梁的建造可以集中体现一个国家或地区在工程设计、建筑材料和建造工艺等方面的技术水平。桥梁作为一种建筑实体可反映当时社会的意识形态，并长久地存在于人们的社会生活之中。许多工程宏大、结构造型雄伟壮观的大桥都具有很高的审美价值，往往能成为一座城市或一个地区的地标性建筑。

纵观桥梁建筑的历史特征，桥梁发展大致可分为古代桥梁、近代桥梁和现代桥梁。

（1）古代桥梁一般指 19 世纪中期及以前所修建的桥梁。这些桥梁的设计和施工完全依靠建造者的经验，没有力学知识的指导。其建桥材料以天然或加工过的木材、石材为主，也会用到竹索、藤索、铁索、铸铁乃至锻铁等材料。在桥式方面，已有梁、拱、索桥三大类。当时技术落后，工具简陋，无法修建深水基础，施工周期也较长。

（2）近代桥梁是指 19 世纪后期到 20 世纪 50 年代期间，由工程师使用工程力学、设计规范及桥梁工程知识所兴建的桥梁。19 世纪 20 年代，世界上开始出现铁路，近代桥梁主要是为适应铁路建设的需要，在 19 世纪后期逐步发展起来的。在铁路发展的初期，建桥材料仍是以木材、石材、铸铁和锻铁等为主，后来钢材逐步占据主导地位。20 世纪初，钢筋混凝土逐渐受到桥梁界的重视，开始用于中、小跨径桥梁的建造；建桥工具得到很大发展，出现了蒸汽机、打桩机、电动工具、风动工具、起重机具、铆钉机等；在深水基础方面，可以利用沉井法、气压沉箱法和大直径桩施工。从 20 世纪 30 年代起，随着汽车工业的发展，公路桥梁也开始迅速发展。

（3）现代桥梁是指在 20 世纪 50 年代以后发展起来的桥梁。在材料方面，除常规钢材和钢筋外，还有预应力钢筋、高强螺栓、高强钢丝、低合金钢以及其他新型材料。用于桥梁建造的机具和设备有焊接机、液压千斤顶、振动打桩机、水上平台、大吨位起重机和浮吊、钻机、架桥机等。在桥梁基础方面，可修建高桩承台、大直径斜桩、就地灌注桩、浮运沉井等。在梁、拱、索桥等基本桥梁类型的基础上，发展了许多如连续刚构桥、斜拉桥、梁拱组合体系、箱形梁、结合梁、正交异性钢桥面板等新的桥梁形式和结构。桥梁的结构设计理论得到改进和完善，逐步从容许应力法向极限状态法发展，结构分析也更加注重大跨、纤细结构的振动以及地震问题。施工技术和工艺的发展得到重视，出现了不少新的施工方法，如悬臂施工、转体施工、浮运法以及整体吊装等。

1.1.1 我国桥梁发展

我国是文明古国，在桥梁建设史上写下了不少光辉灿烂的篇章。我国记载最早的桥梁始见于《史记·周本纪》，所记载的桥梁在公元前 1122 年的商末周初时期建造。世界公认悬索桥最早出现在中国，公元前 3 世纪四川已有竹索桥，公元前 2 世纪陕西已有铁链桥，而欧洲则迟至 17 世纪才开始有悬索桥的记载。

我国古代四大名桥是古代桥梁的杰出代表，闻名于世，它们分别是河北赵县赵州桥、福建泉州万安桥、广东潮州湘子桥和北京卢沟桥。

（1）赵州桥（见图 1.1），又称安济桥，建于公元 595—605 年（隋朝），由著名石匠李春所建，净跨径为 37.02 m，拱矢高 7.218 m，拱桥全宽 9.6 m，桥面净宽 9 m。它是世界上第一座敞肩式石拱桥，被誉为“国际土木工程里程碑”工程。而像这样的敞肩拱桥，欧洲到 19 世纪中期才出现。

（2）万安桥（见图 1.2），又称洛阳桥，建于公元 1053—1059 年（宋朝），全桥共 48 孔，长 540 m，若包括两端桥堤，则桥全长为 834 m。该桥位于“波涛汹涌，水深不可址”的洛阳江面上。在建桥时先顺桥向抛投大量块石，在水面上形成一条长堤，然后在块石上放养牡蛎，靠牡蛎壳与块石胶结形成的整体筏形基础来抵抗风浪。在水下长堤上，用大条石纵横叠置（不用灰浆）形成桥墩，再架设石梁。

图 1.1 赵州桥

图 1.2 万安桥

（3）湘子桥（见图 1.3），又称广济桥（跨赣江），建于公元 1170—1192 年，全长 517.95 m。东西浅滩部分各建一段石桥，东段 12 孔，长 283 m；西段 7 孔，长 137 m。中间深水部分以浮桥衔接，18 条浮船组成 97.3 m 长的开合式浮桥，是世界活动桥的先导。

（4）卢沟桥（见图 1.4），始建于公元 1189 年（南宋），1444 年曾重修，1698 年（康熙三十七年）该桥毁于洪水而重建。卢沟桥全长 266.5 m，宽 7.5 m，下分 11 个涵孔。桥身左右两侧石雕护栏各有望柱 140 根，柱头上均雕卧伏的大小石狮约 500 个，神态各异，栩栩如生。

上述颇具代表性的古代桥梁集中体现了我国劳动人民在桥梁美学、力学、基础工程、起重运输工程和制造工艺方面的伟大成就。

然而，由于封建制度的长期统治，大大束缚了生产力的发展。1840 年鸦片战争后帝国主义列强的侵入和清政府的腐败，使得当时各方面都得不到应有发展。到中华人民共和国成立前，我国仅有的几座特大桥，大部分由外国投资、设计、施工。1934—1937 年由茅以升先生主持修建的浙赣线钱塘江大桥（见图 1.5）是中华人民共和国成立前由我国技术人员自主完成的唯一一座双层公铁两用钢桁梁桥，全长 1 453 m，正桥长 1 072 m。该桥于 1934 年 11 月 11 日举行开工典礼，于 1937 年 9 月 26 日铁路桥通车，同年 10 月公路桥建成通车。1937 年 12

月 23 日为阻断侵华日军南下而炸毁。1953 年，钱塘江大桥彻底修复，兑现了茅以升先生“抗战必胜，此桥必复”的誓言。

图 1.3　湘子桥

图 1.4　卢沟桥

图 1.5　钱塘江大桥

中华人民共和国成立后，随着国民经济的增长，桥梁事业迅猛发展，几乎所有桥梁都由中国人自己设计、制造和施工，理论、技术正在赶上或接近世界先进水平。表 1.1 列举了截至 2022 年年底的部分桥梁的建设成就，可以看出，我国创造了很多桥型的世界纪录，可以说当代的中国是桥梁大国。

表 1.1　桥梁建设成就（截至 2022 年年底）

桥型	排名	桥名	国家	主跨跨径/m	完成年份	备注
连续体系梁桥	1	贵尔河特大桥	中国	338	在建	钢-混凝土混合主梁刚构桥，主跨跨中 180 m 为钢梁
	2	石板坡长江大桥复线桥	中国	330	2006	钢-混凝土混合主梁刚构桥，主跨跨中 108 m 为钢梁
	3	六枝特大桥	中国	320	在建	空腹式预应力混凝土连续刚构桥
	4	斯托尔马桥（Stolma）	挪威	301	1998	预应力混凝土连续刚构桥
	5	甘溪特大桥	中国	300	2022	空腹式预应力混凝土连续刚构桥
	6	拉大森德大桥（Raftsundet）	挪威	298	2003	预应力混凝土连续刚构桥
	7	星期日桥（Sunday Bridge）	挪威	298	2013	预应力混凝土连续钢构桥
	8	贵州水盘高速北盘江大桥	中国	290	2013	空腹式预应力混凝土连续刚构桥
	9	巴拉圭河桥	巴拉圭	270	1979	预应力混凝土连续刚构桥
	10	广东虎门大桥辅航道桥	中国	270	1997	预应力混凝土连续刚构桥

续表

桥型	排名	桥名	国家	主跨跨径/m	完成年份	备注
拱桥	1	广西天峨龙滩特大桥	中国	600	在建	上承式劲性骨架混凝土拱
	2	重庆凤来特大桥	中国	580	在建	上承式钢桁拱
	3	广西平南三桥	中国	575	2020	中承式钢管混凝土拱
	4	蓝田长江五桥	中国	570	在建	中承式钢箱拱
	5	重庆朝天门长江大桥	中国	552	2009	中承式钢桁拱
	6	上海卢浦大桥	中国	550	2003	中承式钢箱拱
	7	秭归长江大桥	中国	531.2	2019	中承式钢桁拱
	8	合江长江一桥	中国	530	2012	中承式钢管混凝土拱
	9	乐望红水河大桥	中国	528	在建	中承式钢管混凝土拱
	10	美国新河谷大桥	美国	518	1997	上承式钢桁架拱
斜拉桥	1	常泰长江大桥	中国	1 176	在建	公铁两用双层钢桁梁
	2	观音寺长江大桥	中国	1 160	在建	钢箱组合梁
	3	马鞍山公铁两用长江大桥	中国	1 120	在建	公铁两用双层钢桁梁
	4	俄罗斯岛大桥	俄罗斯	1 104	2012	公路钢箱梁
	5	沪苏通长江公铁大桥	中国	1 092	2020	公铁两用双层钢桁梁
	6	苏通长江公路大桥	中国	1 088	2008	公路钢箱梁
	7	香港昂船洲大桥	中国	1 018	2009	公路钢-混凝土混合箱梁
	8	武汉青山长江大桥	中国	938	2020	公路钢箱梁-钢箱结合梁混合
	9	南盘江普者黑大桥	中国	930	在建	公路单层钢桁梁
	10	鄂东长江大桥	中国	926	2010	公路钢-混凝土混合箱梁
悬索桥	1	张靖皋长江大桥	中国	2 300	在建	公路钢箱梁
	2	狮子洋大桥	中国	2 180	在建	双层公路钢桁梁
	3	1915 恰纳卡莱大桥	土耳其	2 023	2022	公路钢箱梁
	4	明石海峡大桥	日本	1 991	1998	单层公路钢桁梁
	5	燕矶长江大桥	中国	1 860	在建	双层公路钢桁梁
	6	六横大桥双屿门通航孔桥	中国	1 768	在建	公路钢箱梁
	7	南京仙新路过江通道	中国	1 760	在建	公路钢箱梁
	8	杨泗港长江大桥	中国	1 700	2019	双层公路钢桁梁
	9	南沙大桥坭洲水道桥	中国	1 688	2019	公路钢箱梁
	10	深中通道伶仃洋大桥	中国	1 666	在建	公路钢箱梁

续表

桥型	排名	桥名	国家	主跨跨径/m	完成年份	备注
公铁两用桥	1	常泰长江大桥	中国	1 176	在建	(142+490+1 176+490+142)m 钢桁斜拉桥
	2	马鞍山公铁两用长江大桥	中国	1 120	在建	(112+392+2×1 120+392+112)m 钢桁斜拉桥
	3	南备赞濑户桥	日本	1 100	1988	(274+1 100+274)m 钢桁悬索桥
	4	沪苏通长江大桥	中国	1 092	2020	(168+462+1 092+462+168)m 钢桁斜拉桥
	5	五峰山长江大桥	中国	1 092	2021	(84+84+1 092+84+84)m 钢桁悬索桥
	6	铜陵公铁两用长江大桥	中国	630	2014	(90+240+630+240+90)m 钢桁斜拉桥
	7	商合杭铁路芜湖长江公铁大桥	中国	588	2020	(99.3+238+588+224+85.3)m 钢箱桁组合斜拉桥梁
	8	黄冈公铁两用长江大桥	中国	567	2014	(81+243+567+243+81)m 钢桁斜拉桥
	9	福平铁路平潭海峡元洪航道桥	中国	532	2022	(132+196+532+196+132)m 钢桁斜拉桥
	10	蒙华铁路公安长江公铁两用大桥	中国	518	2018	(98+182+518+182+98)m 钢桁斜拉桥，重载铁路
跨海桥	1	港珠澳大桥	中国	49.986	2018	海面长 42 km
	2	日本濑户大桥	日本	37.3	1988	海面长 13.1 km
	3	切萨皮克湾跨海大桥	美国	37	1964	海面长 19.7 km
	4	青岛胶州湾跨海大桥	中国	36.48	2011	海面长 26.75 km
	5	杭州湾跨海大桥	中国	35.673	2008	海面长 32 km
	6	东海大桥	中国	32.5	2005	海面长 25.5 km
	7	舟山大陆连岛工程	中国	26.54	2009	海面长 18.27 km
	8	沙特阿拉伯跨海大桥	巴林	25	1986	海面长 12 km
	9	大贝尔特桥	丹麦	17.5	1998	海面长 13.39 km
	10	厄勒海峡大桥	丹麦	16	2000	海面长 8 km

1. 梁桥的发展

自 20 世纪 50 年代以来，我国开始对预应力混凝土梁进行研究与试验，并推广应用，开发了跨径 32 m 及以下系列铁路标准简支梁与跨径 40 m 及以下系列公路标准简支梁。

我国最先在铁路上修建预应力混凝土连续体系梁桥。1966 年在成昆线用悬臂拼装法建成第一座预应力混凝土铰接悬臂梁桥——旧庄河一号桥，跨径为（24+48+24）m。第一座预应力混凝土连续梁桥是 1975 年建成的北京枢纽东北环线通惠河桥，跨径为（26.7+40.7+25.7）m。第一座用顶推法施工的是 1977 年建成的西延线狄家河桥，跨径为 4×40 m。

20 世纪 80 年代以前，个别铁路桥、公路桥上开始采用大跨径预应力混凝土梁。铁路上，20 世纪 60 年代在成昆线上建成中跨跨径为 64 m 的预应力混凝土悬臂梁桥；20 世纪 70 年代在邯长线上建成跨径为 80 m 的预应力混凝土斜腿刚架桥等。这些桥都带有铁路试点桥性质。公路上，1977 年建成河南洛阳黄河公路桥，该桥为 62 孔 50 m 预应力混凝土简支梁；1978 年建成中跨跨径为 70 m 的预应力混凝土连续梁桥；1967 年建成柳州桥（中跨跨径为 124 m）；1971 年建成福建乌龙江桥（中跨跨径为 144 m）等预应力混凝土 T 形刚构。当时的预应力锚固体系基本为环销式锚具或锥形锚具，采用强度为 1 500 MPa 的高强度钢丝。

进入 20 世纪 80 年代，对称平衡悬臂法施工的大跨径预应力混凝土箱型截面连续梁得到了迅速的发展：1988 年建成的广东番禺洛溪大桥是我国第一座大跨径连续刚构桥，跨径组合为（65+125+180+110）m；1991 年建成的云南六库怒江大桥是主桥跨径组合为（85+154+85）m 的预应力混凝土连续梁桥；1997 年建成的广东虎门辅航道桥是跨径组合为（150+270+150）m 的预应力混凝土连续刚构桥；2006 年建成的重庆石板坡长江大桥，主跨跨径达到 330 m，跨中 108 m 长的主梁采用钢结构，可大幅度降低自重弯矩。

2. 拱桥的发展

中国拱桥历史悠久，中华人民共和国成立前，修建的拱桥大多为石拱桥。中华人民共和国成立初期由于缺乏钢材，铁路、公路上修建了不少石拱桥。铁路上，以成渝、宝成、石太线为代表。公路上，早期修建的桥（尤其由地方修建的桥），大多为石拱桥。目前，铁路上，石拱桥最大跨径为 54 m（成昆线上）；公路上，湖南凤凰县乌巢河大桥（1990 年）为主跨长 120 m 的石拱桥，1997 年建成的山西晋城丹河大桥（主跨长 146 m）是当时世界上跨径最大的石拱桥。当下，大跨径石拱桥的建造已很不经济且施工难度大，不宜为追求跨径长度而继续发展。

20 世纪 60—70 年代开始发展钢筋混凝土拱桥及无支架施工方法。铁路上，1959 年在詹东线（现在的太焦线）上修建的丹河铁路大桥，为上承式钢筋混凝土拱桥，跨径为 88 m；1963 年修建的丰沙线七号桥（又名永定河七号桥），为中承式钢筋混凝土拱桥，跨径为 150 m；1968 年修建的双曲拱桥——河南嵩县前河大桥，主跨长 150 m。公路上，大跨径拱桥发展以无支架施工为主，采用分环分段吊装拱圈（肋）。建于 1979 年的四川马鸣溪金沙江大桥是当时我国用缆索吊机吊装施工的跨径最大的箱形截面钢筋混凝土拱桥，跨径为 150 m，建造采用分环分段的吊装方法虽然在一定程度上解决了拱桥无支架施工问题，但受起吊能力限制，构件必须轻巧，分工较细，致使工序增多、结构整体性差。我国桥梁工作者提出的双曲拱桥（截面由拱肋、拱波、拱板三部分组装而成）在 20 世纪 60—70 年代修建数量较多，由于双曲拱桥材料省、造价低、施工简便，对公路桥的建设发展曾起了很大作用，但因其构造组装、连接简单，整体性较差，在 20 世纪 70 年代以后已逐渐被现代结构形式取代。

20 世纪 80 年代，公路拱桥施工主要发展转体施工法与劲性骨架施工法。1989 年，在重庆涪陵乌江上建成了世界上少见的用转体法施工建造的特大跨径（200 m）钢筋混凝土拱桥。转体施工法无需大型起重设备，可避免高空作业，但是当拱桥的跨径进一步增大时，转体施工法又呈现出局限性，于是劲性骨架施工法便应运而生。劲性骨架施工法是先将钢拱架分段吊装合龙，做成劲性骨架，然后把钢拱架作为支承结构，上挂模板，浇筑混凝土的一种施工方法。

20 世纪 90 年代发展的钢管混凝土拱桥进一步完善了劲性骨架结构，它不仅可用作拱支架，也是浇筑混凝土的模板。钢管混凝土拱桥比较轻巧，可用转体法施工。现在的钢管混凝土拱桥可用于山区、沿海、平原等地区。位于四川盆地北部边缘旺苍城郊的旺苍大桥是我国第一座钢管混凝土拱桥，1991 年 4 月竣工，大桥全长 365 m，主桥长 244.03 m，主跨上部结构是跨径为 115 m 的钢管混凝土下承式等截面悬链线哑铃系杆拱。旺苍大桥的建成通车，为钢管混凝土拱桥在我国的推广做出极大的贡献。采用钢管作为劲性骨架的钢筋混凝土拱跨径从 200 m（广东南海三山西大桥，1995 年）发展到 530 m（波司登长江大桥，2013 年，是当时世界上跨径最大的钢管混凝土拱桥）。荔玉高速平南北互通连接线上跨越浔江的平南三桥，为中承式钢管混凝土拱桥，主跨长 575 m，建成时是当时世界上最大跨径的拱桥。

铁路上，钢管混凝土拱桥的典型代表为水柏铁路北盘江大桥，该桥于 2001 年 11 月建成通车，主跨长 236 m，是我国首座也是当时世界上已建成的最大跨径的铁路钢管混凝土拱桥。沪昆高铁北盘江特大桥（2016 年），是跨径为 445 m 的上承式混凝土拱桥，是当时世界已建成的最大跨径的钢筋混凝土拱桥。大瑞铁路怒江四线特大桥主桥（2019 年）采用单跨 490 m 上承式钢桁拱，主拱圈为 4 片桁，满足四线铁路需要，是当时已建成的世界上同类型铁路桥梁的最大跨径钢桁拱桥。

3. 斜拉桥的发展

斜拉桥是一种跨越能力很强的桥型，跨径通常为 300 ~ 1 000 m，是大跨径桥梁的主要桥型。我国斜拉桥建设起步较晚，但近 30 年来其建设有突飞猛进的发展。

公路方面，我国早期修建的斜拉桥以预应力混凝土斜拉桥为主。1975 年开始修建我国第一座斜拉桥——云阳斜拉桥，跨径为 76 m。20 世纪 80 年代后期，斜拉桥在我国迅速发展，数量急剧增加，跨径不断增大，类型日渐丰富，结构也日趋完善。后期修建的大跨径斜拉桥的主梁通常以钢梁为主，部分斜拉桥也会采用混合梁。目前，我国已建成的苏通长江公路大桥（主跨长 1 088 m），主梁为钢箱梁。嘉绍大桥主航道桥为 2 680 m（70 m+200 m+5 × 428 m+200 m+70 m）长的六塔独柱双幅四索面钢箱梁斜拉桥，钢箱宽度为 55.6 m（双向分离结构+横梁连接）。荆州长江大桥（主跨长 500 m）的主梁为预应力混凝土箱梁。

铁路方面，我国在 20 世纪 80 年代初首次建成铁路斜拉桥——湘桂线红水河桥，其主跨长 96 m。早期由于技术、经济等因素限制，混凝土斜拉桥在铁路桥梁上应用较少，很长一段时间没有得到发展。高速铁路兴起之后，斜拉桥在铁路中的应用增多，在普铁、高铁、重载等铁路中修建了普通塔高、矮塔、单塔至三塔、混凝土、钢箱、钢桁及钢-混混合等各种结构。福平铁路乌龙江特大桥是跨径为（144+288+144）m 的混凝土连续刚构斜拉桥，是目前国内铁路跨径最大的矮塔刚构斜拉桥。国内首座跨径为 300 m 的高速铁路无砟轨道箱型钢-混凝土结合梁斜拉桥是昌赣客专赣州赣江特大桥（2019 年）。蒙华铁路洞庭湖特大桥是跨径为（99+140+406+406+ 140+99）m 的三塔斜拉桥。宁安铁路安庆长江大桥采用双塔钢桁斜拉桥方案，主跨达 580 m，主梁为 3 片主桁的钢桁架结构，是四线铁路桥。安九铁路鳊鱼洲长江大桥主航道桥是主跨跨径为（2 × 50+224+673+174+3 × 50）m 的钢-混凝土组合箱梁斜拉桥，是四线铁路，为我国铁路斜拉桥（不含公铁两用桥）跨径之最。

公铁两用斜拉桥方面，目前千米级以上的斜拉桥有在建的常泰长江大桥和已建的沪通长江大桥，主跨跨径分别为 1 176 m 和 1 092 m。我国斜拉桥起步虽比欧美晚了 20 年，但现居世界领先水平。

4. 悬索桥的发展

我国的现代悬索桥起步较晚，1995 年建成的汕头海湾大桥，主跨长 452 m，采用预应力混凝土箱形加劲梁，是我国桥梁在现代悬索桥的首次尝试。随后建成了西陵长江大桥、虎门珠江大桥、厦门海沧大桥和江阴长江公路大桥，其中1999年建成的江阴长江公路大桥主跨长达1 385 m，主梁为钢结构。

进入21世纪后，大跨径悬索桥迎来了新的发展。2009年建成的舟山西堠门大桥，主跨长1 650 m，名列当时世界第二；2012年建成的湖南矮寨大桥主跨长1 176 m，是跨峡谷钢桁梁悬索桥，并成了当地的旅游景点，还首创了“轨索滑移法”架设加劲梁技术；2019年建成的主跨长1 688 m的广东南沙大桥（虎门二桥），是跨海钢箱梁悬索桥；主跨长1768 m的六横大桥正在建设中。在跨径提升的同时，结构形式也有所突破，修建了多座三塔四跨悬索桥。如泰州长江大桥（2012年），跨径为（390+1 080+1 080+390）m；马鞍山长江大桥（2013年），跨径为（360+1 080+1 080+360）m；鹦鹉洲长江大桥（2014年），是跨径为（200+850+850+200）m的三塔四跨全悬吊悬索桥。

目前我国已建成主跨1 000 m以上的悬索桥数量位居世界前列，悬索桥建造技术位居世界领先水平。

5. 跨海桥的发展

进入21世纪后，我国修建了多个跨海（包括海湾）桥梁工程，我国已建和在建的跨海工程代表性桥梁见表1.2。

表1.2 中国已建和在建跨海工程

序号	工程名称	长度/km	通车年份	代表性桥梁结构
1	汕头海湾大桥	2.5	1995	主跨454 m悬索桥
2	澳门西湾大桥	1.825	2004	主跨180 m斜拉桥
3	东海大桥	32.5	2005	主跨420 m斜拉桥
4	湛江海湾大桥	3.981	2006	主跨480 m斜拉桥
5	深圳湾大桥	5.5	2007	主跨210 m斜拉桥
6	杭州湾跨海大桥	35.673	2008	主跨448 m斜拉桥
7	舟山大陆连岛工程	26.54	2009	金塘大桥（主跨620 m斜拉桥）
				西堠门大桥（主跨1650 m悬索桥）
8	平潭海峡公路大桥	3.51	2010	主跨180 m预应力连续刚构
9	青岛胶州湾跨海大桥	36.48	2011	200 m级悬索桥与斜拉桥
10	嘉绍大桥	10.137	2013	主跨428 m的多塔斜拉桥
11	厦漳跨海大桥	9.33	2013	主跨780 m斜拉桥
12	港珠澳大桥	49.986	2018	主跨458 m斜拉桥
13	平潭海峡公铁大桥	16.34	2022	主跨532 m斜拉桥
14	深中通道伶仃洋大桥	24	在建	主跨1 666 m悬索桥

从20世纪90年代中期起，我国开始规划超长的跨海桥梁工程。2002年6月，东海跨海大桥开工建设，该桥是上海国际航运中心洋山深水港区一期工程的重要配套工程，全长约为32.5 km，全桥设5 000吨级主通航孔一处，采用主跨长420 m的双塔双索面结合梁斜拉桥，

另设 1 000 吨级辅通航孔一处和 500 吨级辅通航孔两处，引桥为 50 ~ 70 m 不等的预应力混凝土连续箱梁，2005 年年底建成通车。2003 年 6 月，杭州湾跨海大桥开工建设，该桥位于国道主干线——同三线上，全长 36 km，设南北两个航道，其中北航道桥为主跨长 448 m 的双塔双索面钢箱梁斜拉桥，南航道桥为主跨长 318 m 的单塔双索面钢箱梁斜拉桥，引桥采用 30 ~ 80 m 不等的预应力混凝土连续梁，2008 年建成通车。

港珠澳大桥、舟山大陆连岛工程、平潭海峡公铁大桥等“超级工程”在创造了世界工程奇迹的同时，也推动了我国桥梁的建造技术，特别是在深水、抗台风、耐久性等方面，达到了世界领先水平。拟修建的跨海工程还有琼州海峡工程、渤海湾海峡工程、台湾海峡工程等，为实现这些跨海工程，深水基础施工等方面的技术还需要发展，这也是今后努力的一个方向。

6. 跨谷桥的发展

为发展我国西部地区的现代交通，在修建铁路和高等级公路时，难以避免山高壑深的地理环境，因此，跨谷桥成为必然的选择。跨越大峡谷的主要桥梁形式有悬索桥、斜拉桥和上承式拱桥等。近些年，我国建成了一批跨越深大峡谷的桥，堪称“天路上的天桥”。图 1.6 所示的杭瑞高速北盘江第一桥（2016 年）为斜拉桥结构，该桥跨越尼珠河大峡谷，桥位处河谷深切最大高差约 570 m，桥位处峡谷宽约 400 m，跨径为（80+2 × 88+720+2 × 88+80）m，桥面至江面垂直距离为 565.4 m，桥塔顶部至江面垂直距离为 740 m。图 1.7 所示的湖北四渡河特大桥（2009 年）为悬索桥结构，主跨长 900 m，高 496 m。贵州赵庄马岭河公铁两用大桥为上承式钢桁拱桥，主跨长 410 m，高 329 m。贵州纳界河特大桥（2016 年）为上承式钢桁拱桥，主跨长 352 m，高 310 m。中国工程师在不断刷新桥梁跨径纪录的同时，也在结构形式、施工工艺等方面取得了一系列的创新成果。

图 1.6　杭瑞高速北盘江第一桥

图 1.7　湖北四渡河特大桥

1.1.2　国外桥梁发展

与中国桥梁建筑情况相似，直至 19 世纪中期，国外桥梁建筑材料仍以木、石、铸铁、锻铁为主。据记载，公元前 2000 年以前，巴比伦曾在幼发拉底河上建造石墩木梁桥。在伊拉克境内的石拱桥——Nimrod 桥，大约建于公元前 1800 年。在希腊，仍保留着公元前 1300 年建造的石拱桥。第一座在罗马跨越台伯河的 Sublicius 桥建于公元前 621 年，采用石墩木梁结构。图 1.8 所示为罗马跨越台伯河的圣天使桥，其始建于公元 134 年，共 5 孔（中间 3 孔为原桥），跨径为 18 m，1688 年，圣天使桥的栏杆柱上增加了 10 尊天使雕像后成为罗马最优雅美观的桥。

图 1.8　罗马圣天使桥

18 世纪，欧洲石拱桥建造技术达到最高水平。这个时期的桥梁专家以法国的佩罗内为代表，其代表作是跨越瓦兹河的圣马克桑斯桥，共 3 孔，跨径为 21.8 m，矢高为 1.98 m，桥墩由两对石柱构成，该桥已于 1970 年毁于战火。当冶炼业能使用焦炭生产大型铸件时，铸铁拱桥才能被建造出来。英国 1779 年在科尔布鲁克代尔首次建成一座主跨长 30.5 m 的铸铁肋拱桥，该桥使用了 170 年，现已作为文物保存。

19 世纪中期，钢材问世，静定钢桁架梁、拱以及悬索桥的内力分析方法逐步被工程界所掌握。1867 年，德国的海因里希·格贝尔建造了一座主跨长 38 m 的静定悬臂桁架梁桥。1880—1890 年，英国采用悬臂桁架梁桥式，建成了跨径空前（跨径为 521.2 m）的福斯铁路桥（Forth Railway Bridge）（见图 1.9），该桥为悬臂桁架梁，总长 1 620 m，支承处桁高达 110 m，被视为现代桥梁的典型代表。

图 1.9　英国福斯铁路桥

从 20 世纪 50 年代至今，随着公路和铁路桥梁的大量兴建、新型桥式的广泛应用、施工方法的不断改进，各种桥型的跨径纪录一再被刷新，世界桥梁工程取得了长足的进步。

梁桥方面，1980 年建成的 Sellbjom 桥（挪威），主跨长 212 m，为当时世界上跨径最大的预应力混凝土连续梁桥；1998 年建成的 Stolma 桥（挪威），主跨长 301 m，为当时世界上跨径最大的预应力混凝土连续刚构；1974 年建成的博诺姆桥（法国），主跨长 196.3 m，为当时世界上跨径最大的斜腿刚架桥。

在拱桥中，钢拱由于自重轻、易于施工、跨越能力大而得到广泛应用。世界上第一座钢拱桥是美国圣路易斯的 Eads 桥（1867—1874 年），主跨长 158.8 m，双层桥面。在 20 世纪中期，钢拱桥建造在西方国家迅猛发展。1977 年，美国建成的新河谷桥（New River Gorge Bridge）

（见图 1.10），以结构轻、跨径大闻名于世，该桥采用缆索吊装，主拱圈为钢桁架且采用了耐候钢材以减少养护工作量，跨径为 518.2 m，这一拱桥的跨径纪录一直保持到 2000 年。这一年韩国建成傍花大桥（Banghua Bridge）（见图 1.11），主跨跨径达到 540 m。2010 年修建的印度切纳布大桥，跨径为 480 m，高 359 m，是当时世界上最高的铁路钢管混凝土拱桥。从 20 世纪 80 年代至今，跨径大于 300 m 的钢拱桥只有日本的本津川桥，跨径为 305 m；跨径大于 190 m 的混凝土拱桥只有两座公路桥。由于大跨径拱桥施工复杂且不经济，在国外不属于重点发展的桥型。

图 1.10　美国新河谷桥

图 1.11　韩国傍花大桥

斜拉桥的早期工艺技术（正交异性板、钢箱梁、斜拉索预应力工艺、施工方法等）发展于德国，建桥材料以钢材为主。德国在 1959 年首创了独塔式，1961 年首创了单索面，1967 年首创了密索体系，1971 年首创了混合体系，并在 1979 年修建了当时世界上跨径最大的独塔混合体系斜拉桥，主跨长 367 m。1955 年，世界第一座现代化斜拉桥是瑞典建成的斯特罗姆海峡桥。1978 年，美国建成的 P-K（Pasco-Kennewick）桥，跨径为 299 m，是世界上第一座密索体系的预应力混凝土斜拉桥。日本的斜拉桥以钢斜拉桥为主，本四联络线上的多多罗大桥于 1999 年竣工，跨径为 890 m，是当时世界上跨径最大的斜拉桥。法国 1975 年修建的圣纳泽尔大桥（钢斜拉桥），跨径为 404 m，保持了 9 年钢斜拉桥主跨长度的世界纪录。法国米约高架桥（2004 年）为七塔单索面钢斜拉桥（见图 1.12），分孔布置为（204+6×342+204）m，梁下最大墩高 245 m，是当时世界之最，其“云中散步”美学效果享誉全球。2012 年完工的俄罗斯符拉迪沃斯托克俄罗斯岛跨海大桥，全长 3 150 m，主跨长 1 104 m，是目前世界上已建的最大跨径的斜拉桥。

图 1.12　法国米约高架桥

悬索桥方面，1883 年于美国纽约建成的布鲁克林悬索桥，跨径为 486 m，是现代悬索桥的开端；1937 年美国建成的跨径为 1 280 m 的金门桥，保持了 27 年的世界纪录，是悬索桥梁的经典之作；1964 年美国又建成跨径为 1 298 m 的维拉扎诺桥。加劲梁为钢桁梁，吊索为直吊索是美国悬索桥的建设风格。1966 年英国采用钢箱梁和斜吊索修建了跨径为 988 m 的塞文悬索桥；1981 年又采用钢箱梁和斜吊索修建了跨径为 1 410 m 的恒比尔桥，该桥使用正交异性桥面板，桥宽 28.5 m，混凝土桥塔高 155.5 m。带翼扁箱梁的加劲梁、斜吊索成了英国悬索桥的建设风格。日本在本四联络线上修建了 10 多座悬索桥，加劲梁大多为钢桁梁，其中 3 座为公铁两用桥，最大跨径达 1 100 m；已竣工的跨径为 1 991 m 的明石海峡桥，是世界上跨径第二大的悬索桥。土耳其建成的 1915 恰纳卡莱大桥（主跨长 2 023 m）已超过日本明石海峡大桥并刷新桥梁跨径的世界纪录，成为目前世界上已建成的最大跨径的桥梁。

在跨海桥方面，1964 年美国修建了切萨皮克湾大桥隧道（Chesapeake Bay Bridge Tunnel），全长 28.2 km，由大约 3.22 km 长的堤道和海底隧道、4 个人工岛、两座用于通航的大桥以及 19.3 km 长的多跨混凝土梁桥组成。1986 年，在沙特和巴林之间，建成了长达 26 km 的堤道桥（Causeway Bridge，指越过宽阔水域，桥面尽可能接近水面的桥）。在巴林和卡塔尔之间，一条长达 45 km 的堤道桥也在建设之中。加拿大联邦大桥（Confederation Bridge）跨越诺森伯兰海峡，连接爱德华王子岛与新不伦瑞克，1997 年建成通车，全桥长 12.9 km，由 63 孔预应力混凝土连续梁（刚构）桥组成，其中 43 孔的跨径为 250 m。其他跨海桥有马来西亚的滨城桥（Penang Bridge，全长 13.5 km，1985 年），巴西的里约—尼泰罗伊桥（Rio Niteroi Bridge，全长 13.29 km，1974 年），美国的七英里桥（Seven Mile Bridge，全长 11.27 km，1982 年）等。

1.1.3 桥梁工程展望

桥梁的建造技术体现了一个国家的经济、工业和科学技术水平。经过近 20 年的发展，一些大型工程的蓝图已变为现实，如港珠澳大桥、杭州湾跨海工程、长江口越江工程、千米级公路斜拉桥和千米级公铁两用大桥等。一批跨海工程已经建成，这些工程的实施大幅度提高了我国桥梁的建造水平，同时我国的土木建设大军正在全球很多地方为改善当地的交通而努力工作。

从现代桥梁的发展趋势来看，各种桥型结构都在向大跨径发展，尤其是大跨径的悬索桥与斜拉桥。按目前的认识，现代桥梁各种桥型的经济适用跨径和极限跨径见表 1.3。

未来的桥梁工程将面对自然情况更复杂、建设难度更大的挑战，如川藏铁路建设中面临的显著的地形高差、强烈的板块活动、频发的山地灾害和脆弱的生态环境挑战，琼州海峡工程面临的深水、跨海挑战等。已建成的大量桥梁随时间的推移而逐步老化，对这些桥梁进行科学有效的管理、养护、维修同样也面临着新的挑战。21 世纪大跨径桥梁将迅速发展，我国桥梁也将更上一层楼，实现创新能力和国际竞争力的同步提升，从桥梁大国向桥梁强国迈进。

表 1.3 桥梁的经济适用跨径和极限跨径

桥型		经济适用跨径/m	极限跨径/m
简支梁	RC 板桥	10 ~ 20	50
	PC	20 ~ 50	100
连续梁	PC	50 ~ 150	200
	钢	200 ~ 300	500
	钢混	200 ~ 300	400

续表

桥型		经济适用跨径/m	极限跨径/m
连续刚构	PC	150 ~ 300	400
拱	石	20 ~ 50	150
	RC	50 ~ 150	200
	钢管混凝土	150 ~ 300	400
	钢箱	200 ~ 500	700
	钢桁	500 ~ 600	800
斜拉桥	PC	200 ~ 500	700
	钢混	500 ~ 700	1 000
	钢	700 ~ 1 400	1 800
悬索桥	钢	600 ~ 2 500	3 000
斜拉悬索	钢	≥3 000	—

1.2　桥梁的组成与分类

1.2.1　桥梁的组成

图 1.13 为跨河桥图示，图中注明了桥梁的主要组成部分，包括桥跨结构、桥面系、桥墩、桥台、支座、基础及桥头锥体护坡等。

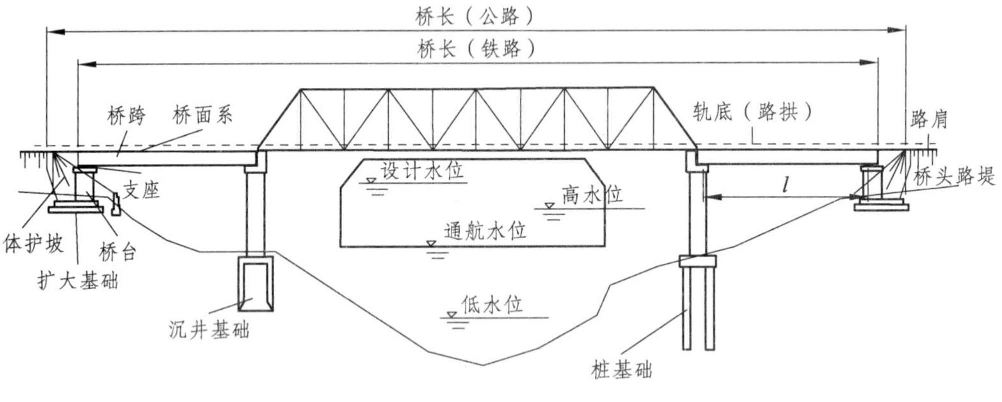

图 1.13　跨河桥图示

一般将桥梁结构划分为上部结构、下部结构、支座和附属工程四个部分。

1. 上部结构

上部结构是指桥梁位于支座以上的部分，包括桥跨结构和桥面系两个部分。桥跨结构是桥梁中的承重和跨越结构，如梁桥中主梁、拱桥中的主拱等；桥面系是保证桥梁结构能正常使用而建造的各种设施和附属结构，如公路桥梁的行车道铺装，铁路桥梁的道砟、轨枕、钢轨，以及人行道、栏杆、伸缩缝、照明等。

2. 下部结构

下部结构是指桥梁位于支座以下的部分，包括桥墩、桥台和基础。桥墩位于桥梁中部的相邻两跨梁支撑处，以支撑上部结构并将荷载传递给基础；桥台位于桥梁的两端，在支撑上部结构、传递荷载的同时，还起到衔接桥梁与路堤、防止路堤坍塌的作用；桥梁墩台底部与地基相接触的结构部分称为墩台的基础，墩台基础是承受由上至下的全部荷载（包括交通荷载和结构重力）并将其传递给地基的结构物，它通常埋入土层之中或建筑在基岩之上，有时需要在水中施工。

3. 支　座

支座设置在桥梁的上部结构与墩台之间，其作用是传递桥跨结构的荷载至墩台，并能适应桥跨结构所产生的变形。

4. 附属工程

附属工程是桥梁主体工程的辅助性配套工程，需依据工程的具体情况进行设置，主要包括锥体护坡、桥台搭板、引道工程以及导流堤、丁坝、护岸等防护工程。锥体护坡是在桥台两侧做成填土或填石锥体并在表面加以铺砌，用来保证桥台与路堤衔接良好以及桥头路堤的稳定。桥台后路基填土容易产生沉降变形，形成路面积水坑洼，造成道路或线路不平顺，进而引起跳车等病害。因此，在桥台后方设置钢筋混凝土板，一端搭置在桥台上，另一端铺设在路基中，形成满足变形的过渡结构，称为桥台搭板。有些桥梁为免遭水害，还修建导流堤以引导水流从桥下顺畅宣泄，修建丁坝、护岸等防护工程保护桥头路堤或附近河岸。

因桥梁与桥头引线和导流防护工程等建筑物与船渡相对应，故称为桥渡。

下面介绍一些与桥梁布置有关的专业术语：

（1）跨径。跨径也称跨度，表示桥梁的跨越能力。公路桥梁的跨径定义为两桥墩中线距离或桥墩与台背前缘之间的水平投影距离。铁路桥梁的跨径定义为顺桥方向两支座中心之间的水平投影距离。常规结构宜采用标准跨径，公路、铁路部门均颁布了标准跨径结构的标准图，详见第5章。

（2）标准跨径。对于梁式桥、板式桥，以两桥墩中线之间的桥中心线长度或桥墩中线与桥台台背前缘线之间的桥中心线长度为准；拱式桥和涵洞以净跨径为准。

（3）净跨径。对于设支座的桥梁是指在设计洪水位线上相邻两墩、台身顶内缘之间的水平净距；对于不设支座的桥梁是指上、下部结构相交处内缘间的水平净距。

（4）计算跨径。对于设支座的桥梁，是指桥跨结构相邻两个支座中心间的距离（见图1.13中的 l）；对于不设支座的桥梁，为上、下部结构的相交面中心间的水平距离。铁路桥梁以计算跨径为跨径，而公路桥梁的计算跨径小于桥梁跨径。桥梁结构的力学计算是以计算跨径为基础的。

（5）桥梁孔径。对梁式桥，设计洪水位线上相邻两桥墩（或桥台）间的水平净距，称为桥梁的净孔径。各孔净孔径之和称为总孔径，它能反映桥位处排泄洪水能力的大小。对公路桥梁，把两桥墩中线间距离或桥墩中线与台背前缘（胸墙）的距离，称为标准跨径 L_k（也称为单孔跨径）。当跨径在 50 m 以下时，通常采用标准跨径（0.75～50 m，共 21 级，常用 10 m、16 m、20 m、40 m 等）设计。对铁路桥梁，则以计算跨径作为标准跨径（4～168 m，共 18 级，常用 20 m、24 m、32 m、48 m、64 m、96 m 等）。采用标准跨径设计，有利于桥梁制造和施工的机械化，也有利于桥梁养护维修等的需要。

（6）桥长。对于桥长的规定，公路、铁路规范不统一。对于梁桥，铁路桥长是指桥台挡砟前墙之间的长度，公路桥长是指两桥台侧墙或八字墙尾端间的距离。

（7）桥梁建筑高度与容许建筑高度。桥面（或铁路桥梁的轨底）到桥跨结构最下缘的高 h，称为桥梁建筑高度。公路或铁路桥定线中所确定的桥面（或轨底）标高与通航及排洪要求所规定的净空高度之差，为容许建筑高度。显然，桥梁建筑高度不得大于容许建筑高度。

（8）水位。水位指河流、湖泊等水体自由水面的高程。图 1.13 中标注了低水位、高水位、设计水位及通航水位。低水位是指枯水季节的最低水位；高水位是指出现洪峰时的最高水位；设计水位指相应于设计洪水频率的洪峰流量水位，即设计流量的水位；能保持船舶正常航行的最高和最低水位称为通航水位，其中最高通航水位为设计通航水位；用于制定施工作业计划和安排工期的水位称为施工水位。有关设计流量、设计水位的确定参考桥涵水文的计算结果。

（9）设计洪水频率。设计洪水频率指的是工程设计时采用的某洪水重现的概率，常用“1/年数”表示，如 1/100 表示“百年一遇”。设计洪水频率是为了合理选择设计流量、水位而制定的一个设计标准。

（10）净空。净空分为桥下净空和桥面净空。桥面净空是指保证车辆、行人安全通过桥梁所需的桥面上的净空界限，在此界限内，不得有任何结构侵入。桥下净空是指桥梁下方满足通车、通航、泄洪等功能要求的净空界限。

（11）主桥、引桥、主跨。对于规模较大的桥梁工程，一般包含主桥和引桥两部分，跨越主要障碍物的结构部分称为主桥，而连接主桥与道路部分的结构称为引桥。在独立的桥梁工程中，桥梁两端外的道路部分称为引道。对于多跨桥梁，最大跨径称为主跨。

1.2.2 桥梁的分类

桥梁有各种不同的分类方式，每一种分类方式均能反映出桥梁在某一方面的特征。

1. 按工程规模划分

按工程规模划分，有特大桥、大桥、中桥、小桥和涵洞（见表 1.4）。

表 1.4 桥梁工程规模分类

桥梁分类	公路桥涵		铁路桥涵
	多孔跨径总长 L/m	单孔跨径 L_k/m	桥长 L/m
特大桥	$L \geqslant 1\,000$	$L_k \geqslant 150$	$L > 500$

续表

桥梁分类	公路桥涵		铁路桥涵
	多孔跨径总长 L/m	单孔跨径 L_k/m	桥长 L/m
大桥	$100 \leqslant L < 1\,000$	$40 \leqslant L_k < 150$	$100 < L \leqslant 500$
中桥	$30 < L < 100$	$20 \leqslant L_k < 40$	$20 < L \leqslant 100$
小桥	$8 \leqslant L \leqslant 30$	$5 \leqslant L_k < 20$	$L \leqslant 20$
涵洞	管涵、箱涵	$L_k < 5$	$L < 6$ 且顶上有填土

2. 按桥梁用途划分

按桥梁用途划分，有铁路桥、公路桥、公铁两用桥、人行桥等。

铁路桥专供铁路列车行驶，桥的宽度和跨径有限，其所承受的车辆活载相对较大。由于铁路迂回运输不易实现，铁路桥必须结实耐用且易于修复。

与铁路桥相比，公路桥的车辆活载相对较小，桥的宽度和跨径相对较大。

公铁两用桥指能同时承受公路和铁路车辆荷载的桥。我国长江上主要的特大桥有武汉长江大桥、南京长江大桥、枝城长江大桥、九江长江大桥、芜湖长江大桥等。

人行桥（也称天桥）指专供行人（有时包括非机动车）使用的桥。它跨越城市繁忙街道、市区内河流或封闭高速公路处，为行人（行车）提供方便。除高速公（铁）路上的桥梁外，其他桥梁通常会提供行人过桥的通道。

相对于公路桥和铁路桥而言，在城市范围内的桥梁（包括立交桥及人行桥，但不包括铁路桥）也被称为城市桥，其设计荷载标准与公路桥和铁路桥有所差别，桥梁的造型和景观也需适当考虑城市环境因素。

3. 按桥跨结构所用材料划分

按桥梁主要承重结构所用的材料来划分，有木桥、石桥、混凝土桥、钢筋混凝土桥、预应力钢筋混凝土桥、铸铁桥、钢桥和玻璃钢桥等。

铸铁桥是古代建筑结构，后随冶金工业的发展而被钢桥所替代。由于钢材具有均质性好、强度高、自重轻等优点，直至预应力混凝土广泛应用前，是大跨径桥梁的主要建筑材料。我国铁路部门 20 世纪 80 年代以前建造的大跨径桥梁多采用钢桥。钢筋混凝土桥和预应力混凝土桥的经济性好、养护维修量小，是目前应用最广泛的桥梁。随着预应力混凝土技术的进步，在很大的跨径范围内，已逐步取代了钢桥，而钢桥则主要应用在斜拉桥、悬索桥等更大跨径的桥梁中，或应用于城市桥梁中某些受施工条件限制的场合。

钢-混凝土结合梁桥和钢-混凝土混合梁桥是为充分发挥两种材料各自的优势而形成的桥梁结构。前者指其主要的承重结构为钢，而桥面板为混凝土结构的桥梁；后者指桥梁承重结构中的某段结构为钢，而其余部分为混凝土的桥梁。

以砖、石、素混凝土为主要建筑材料的桥，又称圬工桥，多用于小跨径桥（跨径＜20 m）。玻璃钢即纤维强化塑料，由于其轻质、高强性能和特殊的美观效果，在桥梁工程，特别是在风景区或人行桥上已经开始应用。木材易腐蚀且资源有限，除了少数临时性桥梁外，一般不采用。

4. 按结构体系划分

按结构体系划分，桥梁可分为梁桥、刚构桥、拱桥、悬索桥四种基本体系。也有将刚构桥划在梁桥体系的，主要是因为梁墩固结处墩分担的弯矩较小，基本不影响梁的行为，这样就划分为三种基本体系。桥梁结构基本体系分类如图 1.14 所示。

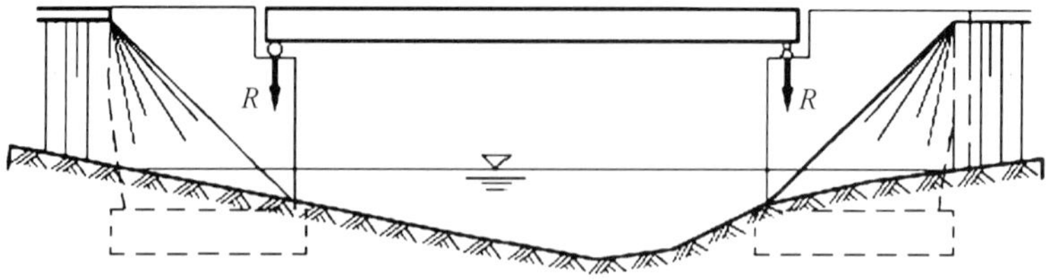

（a）简支梁桥

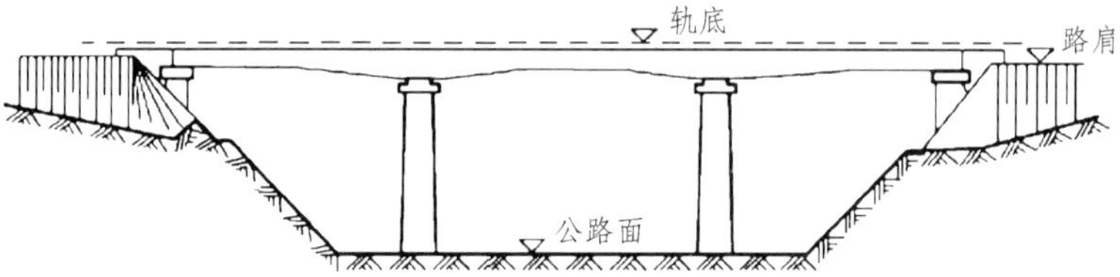

（b）连续梁桥

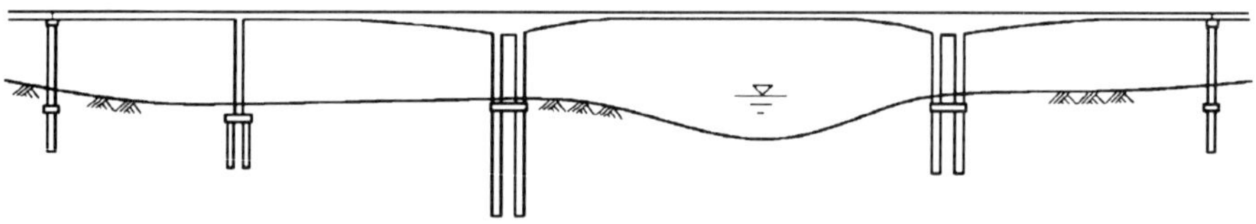

（c）连续刚构桥

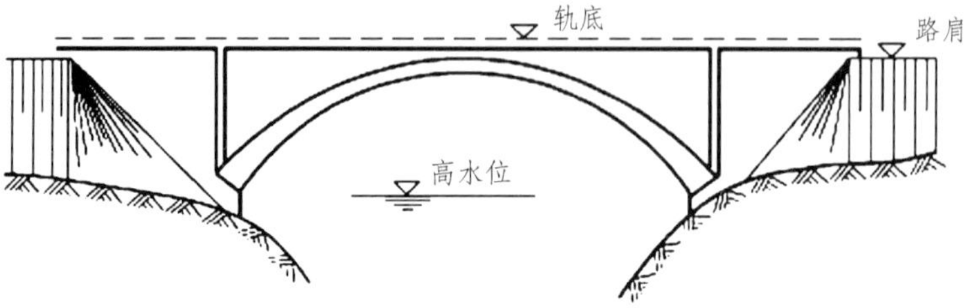

（d）上承式拱桥

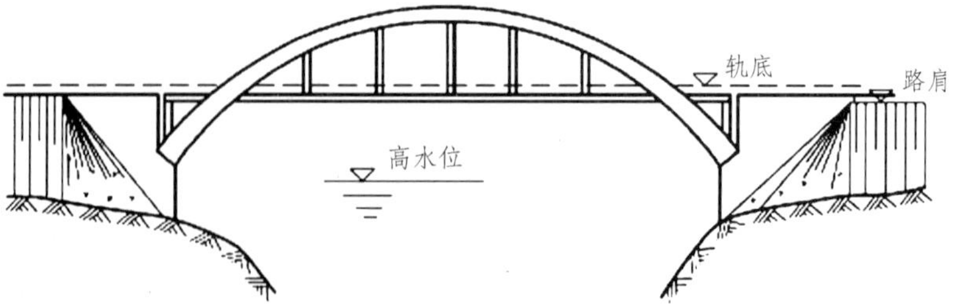

（e）中承式拱桥

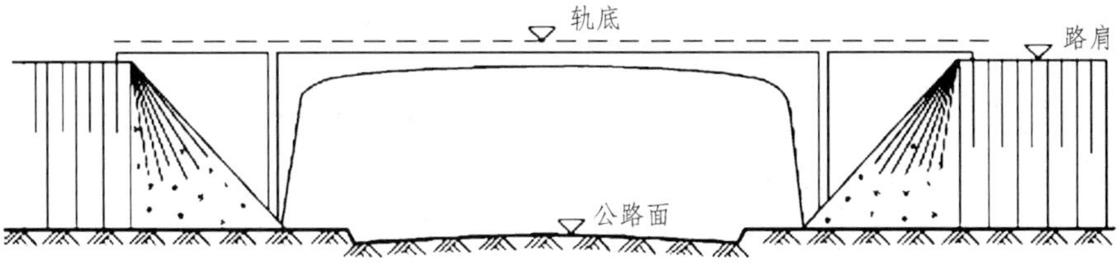

（f）门型刚架桥

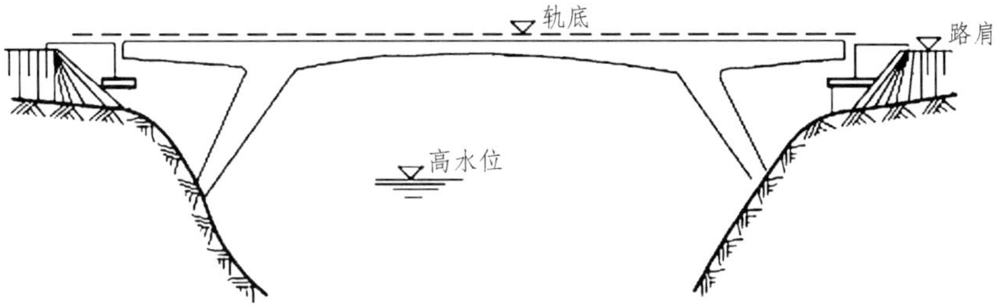

（g）斜腿刚架桥

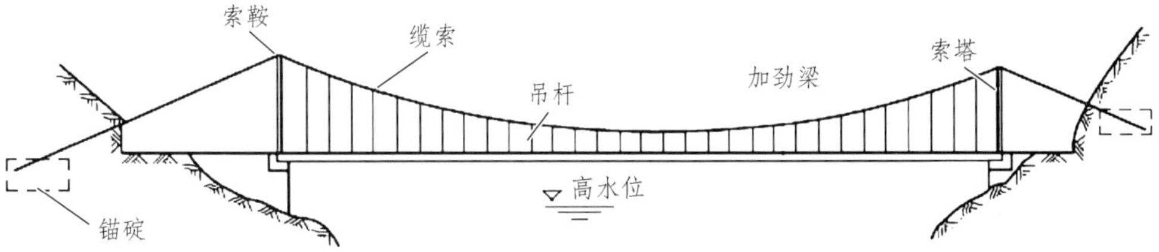

（h）地锚式悬索桥

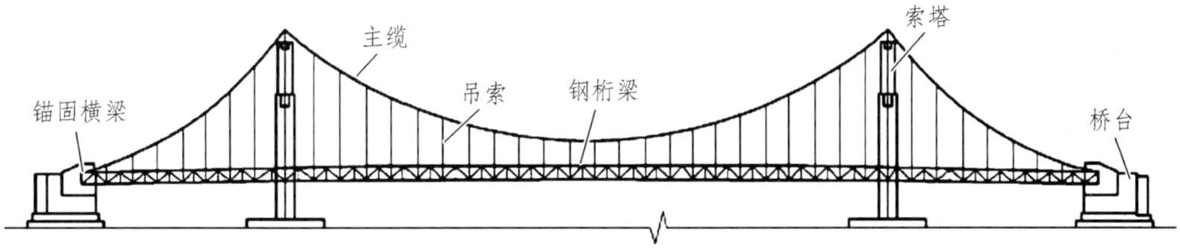

（i）自锚式悬索桥

图 1.14　桥梁结构基本体系分类

除了上述桥梁结构基本体系外，还有由上述基本体系中的两种基本体系或一种基本体系与梁、柱、塔及索等构件形成的组合体系，如图 1.15 所示有斜拉桥、系杆拱桥、有推力组合拱桥等。

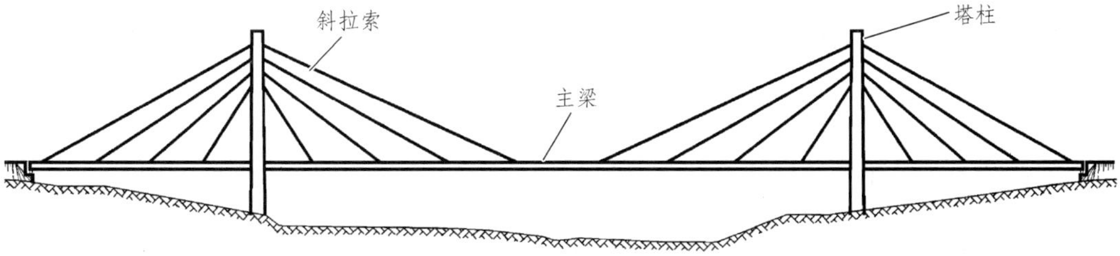

（a）斜拉桥

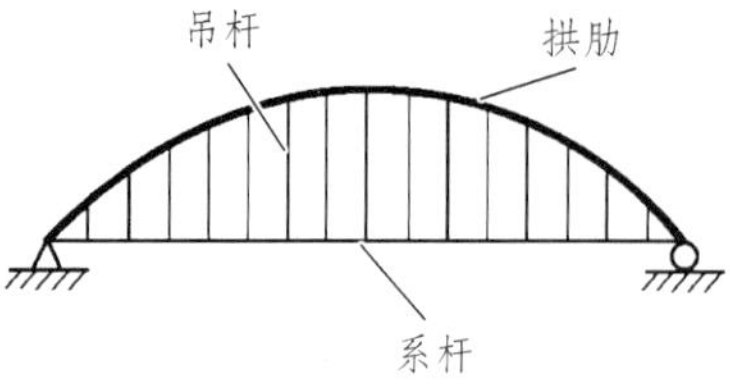

（b）系杆拱桥

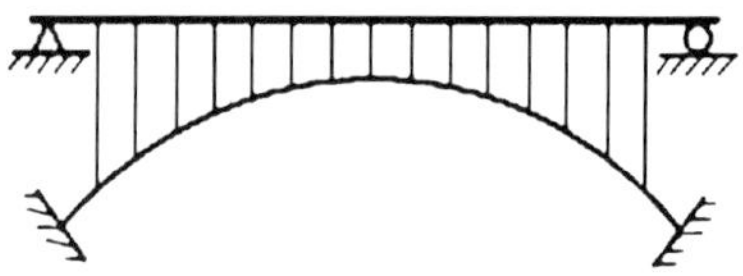

（c）有推力组合拱桥

图 1.15　桥梁结构组合体系

5. 按桥跨结构与桥面的相对位置划分

按桥跨结构与桥面的相对位置划分，有上承式、下承式和中承式桥。对梁桥和拱桥，桥面布置在桥跨结构顶面的为上承式桥［见图 1.14（d）］；相应地，布置在底面的称为下承式桥；布置在中间的称为中承式桥［见图 1.14（e）］。桥面位置的选择与容许建筑高度和实际需要有关。

上承式桥被广泛采用，适用于容许建筑高度较大的情况，其特点是上部结构的宽度较小，墩台的圬工数量较少，桥面视野开阔等。在容许建筑高度很小、布置上承式桥困难时，可采用下承式桥。由于桥跨结构在桥面之上且需要满足桥上净空的要求，故结构横向宽度相对较大，墩台尺寸也相应有所增加。有时因地形限制或结构造型需要把桥面布置在桥跨结构高度的中间部位，形成中承式桥。因承重结构有一部分是位于桥面之上，占用了桥面宽度，为使桥面宽度满足要求，必须加宽两片拱肋或桁梁的中心距，这将使横梁宽度增加，用料偏多。在同一座桥中，桥跨结构与桥面的相对位置可有所变化。

6. 按跨越的对象划分

按桥梁跨越的对象划分，有跨河桥、跨谷桥、跨线桥、立交桥、地道桥、旱桥、跨海桥等。

大部分桥梁是跨越河流的。修建跨河桥时，不可使河流功能受到损害，为此，必须遵循现行规范的要求，使桥的孔径、跨径、桥面高程、基础埋深等既能保证桥在排洪和通航时的安全，又不影响河流的功能。

跨谷桥指跨越谷地的桥梁。谷地的特点是地形变化大、地质变化大、水流变化大且谷底至桥面较高，不适于采用跨径小、跨数多、桥墩高的结构形式。通常，对于较窄的河谷，可考虑采用一跨结构（如拱或斜腿刚架）作为正桥越过，避免修建高桥墩；对于较为开阔的河谷，可考虑采用跨径较大的多跨连续梁（或刚构）桥。

直接跨越其他线路（公路、铁路、城市道路等）的桥梁称为跨线桥。当跨线桥还需要与其所跨越的线路互通时，就形成立交桥。跨线桥和立交桥多建于城区，限于桥下净空和桥面高程的要求，容许建筑高度有限，需考虑采用建筑高度小的桥跨结构。

当桥梁采用下降方式（非架空方式），从被跨越线路的下方穿过时，因其主要部分位于地下，便称为地道桥。

旱桥指建在无水地面的桥。其跨径一般不大，桥墩截面形状无需适应水流需要。对于引桥的不过水区段，有时也用此名称。

跨海桥泛指跨越海峡、海湾或为连接近海岛屿而在海上建造的桥。在通航频繁的海峡或海上航道处多采用特大跨径的悬索桥或斜拉桥作为正桥；对水域相对宽阔的海面，引桥可采用多跨的预应力混凝土梁。跨海桥的长度从几千米到几十千米，需在自然条件复杂的海洋环境中施工，对质量（尤其对材料的耐久性和防腐蚀性）的要求高，应采用以大吨位预制浮运架设为主的施工方法，尽量减少海上作业量及对海洋环境的影响。

7. 按桥梁平面关系划分

按桥梁的轴线与跨越对象的轴线或水流方向的相互关系分为正交桥、斜交桥。正交是指两轴线垂直，斜交则不垂直。斜交角是指两轴线夹角的余角，一般控制在45°以内。斜交结构的受力和构造复杂，有时采用加大跨径的方式正交跨越，称为斜交正做，反之为斜交斜做。在跨河桥中，采取斜交正做的方式时需注意河流水文及冲刷的影响。

按桥梁结构所处的平面线形又分为直线桥和曲线桥。

8. 按使用年限划分

按使用年限的长短分为永久性桥梁和临时性桥梁。永久性桥梁指用钢材、混凝土、石材等耐久材料所修建的桥梁。桥梁的设计和施工应该遵照适用的规范，桥梁的设计使用年限一般为 100 年。临时性桥梁也称为便桥，指为了使线路早日开通，对使用年限不作长久要求的桥，其材料可用木材、钢材和制式设备（如万能杆件等），孔径和跨径可以基本不考虑洪水影响，当造桥物资不充足时，还可以对桥上的行车提出一些限制。

9. 按活动方式划分

按桥梁结构的活动方式分为固定式桥梁、开启式桥梁和浮桥。大部分桥梁为固定式桥梁，但在一些需要通航的特殊河段或入海口位置，考虑经济性等原因，需要修建开启式桥梁。桥梁的开启方式包括升降、折叠、竖转、平转、翻转。浮桥（又称舟桥）是指用船或浮箱代替桥墩，浮在水面上的桥梁，鉴于浮桥的架设具有简便快速的特点，常被用于军事和抢险救灾。

10. 其他桥梁

在码头上用于沟通河岸与轮船，以装卸货物或上下旅客的通道，称为栈桥。传统的栈桥采用桩和梁作为承重结构，因其和古代栈道相似而得名。桥梁施工中，为在河岸与水中桥墩之间建立通道，往往也搭建临时性栈桥。

为军事目的而修建的桥，可称为军用桥。军用桥多为临时性桥梁。在我国，公路常用贝雷梁，铁路常用六四军用梁，它们由基本构件组成，拆装简便，运输方便，承载力大。还有一种是浮桥，对于军用的浮桥，需要增加其机动性，多使其具有自行性。目前，采用轻质合金材料、碳纤维复合材料等建造的现代军用桥种类繁多，其构件尺寸小、自重轻，易于快速部署，紧急情况下可用直升机吊运至架桥区域。

专为输水而修建的架空渠道称为渡槽或水道桥。为输送天然气、煤气、自来水、电力等而建造的桥，统称为管线桥。为让运河跨越河流等障碍而修建的桥，称为运河桥，桥上可行船。除此之外，还可根据桥梁的突出构造特点进行分类。

1.3 桥梁工程的规划与设计

1.3.1 桥梁设计内容

桥梁设计内容包括：① 选择桥位；② 技术标准的确定，包括安全等级、车道布置、行车速度、荷载等级、通航标准、抗震等级等；③ 确定桥梁长度和桥面标高；④ 拟定桥式，即选择经济合理的桥梁结构形式，确定墩位，拟定结构主要尺寸，拟定桥跨及墩台基础的施工方案，对结构进行初步的计算分析；⑤ 对桥跨、墩台基础等进行结构设计，即确定桥梁各部分的细节尺寸，确定施工方案，保证满足桥梁在强度、刚度、稳定性和耐久性等方面的要求；⑥ 附属工程设计。

1.3.2 桥梁设计基本原则

桥梁是铁路、公路或城市道路的重要组成部分，特别是大中桥梁，对国家的政治、经济、国防、救灾等都具有非常重要的意义，被视为生命线工程。桥梁建设应根据所在线路的作用、性质和发展的需要，遵循安全、适用、经济、美观、耐久和环保的原则。

1. 安全性要求

（1）桥梁结构在强度、稳定性和耐久性方面应有足够的安全储备。

（2）对于河床易变迁的河道，应设计好导流设施，防止桥梁基础底部被过度冲刷；对于通行大吨位船舶的河道，除按规定加大桥孔跨径外，必要时还需设置防撞构筑物等。

（3）防撞栏杆应具有足够的高度和强度。人与车流之间应做好防护栏，防止车辆撞击人行道或撞坏栏杆而落到桥下。

（4）对于交通繁忙的桥梁，应设计好照明设施并有明确的交通标志，两端引桥坡度不宜太陡，以避免发生由于车辆碰撞等引起的车祸。

（5）对于修建在地震区的桥梁，应按抗震要求采取防震措施；对于大跨柔性桥梁，还应考虑风振效应；对于车速较高的铁路桥梁还应考虑车辆耦合振动所引起的行车安全性及乘车舒适性问题。

2. 适用性要求

桥上行车道与人行道宽度应保证列车（车辆）和人群的安全畅通，并能满足发展的需要；桥型、跨径和净空应满足泄洪、安全通航或通车等的要求；建成的桥梁要保证使用年限，便于检修；桥梁的两端应便于车辆的进入和疏散，以避免产生交通堵塞；应考虑综合利用，方便各种管线（水、电气、通信等）的搭载等。

3. 经济性要求

（1）桥梁设计应遵循因地制宜、就地取材和方便施工的原则。

（2）经济的桥型应该是造价和养护维修费用综合最优的桥型，设计中应充分考虑方便维修和减少维修费用，维修时尽可能不中断交通或中断交通的时间最短。

（3）所选择的桥位应地质、水文条件好，且桥梁长度应较短。

（4）应缩短河道两岸的运距，以促进该地区的经济发展，产生最大的效益。对于过桥收费的桥梁应能吸引更多的车辆通过，达到尽快回收投资的目的。

（5）在设计中应尽量采用先进的施工技术和设备以满足快速施工的要求，从而降低总造价，提高经济效益。

4. 结构和构造要求

整个桥梁结构及各部构件在制造、运输、安装和使用过程中均具有足够的强度、刚度、稳定性和耐久性。

5. 美观要求

桥梁应具有优美的外形，结构在空间上有和谐的比例，与周围环境相协调。城市和游览区的桥梁，可较多地考虑建筑艺术上的要求。另外，施工质量对桥梁美观也有很大影响。

6. 技术要求

桥梁设计应尽可能采用成熟的新结构、新设备、新材料和新工艺。在认真学习国内外先进技术，充分利用新技术的同时，应努力创新、淘汰和摒弃原来落后和不合理的设计思想，只有这样才能更好地贯彻适用、经济、安全、美观的原则，提高我国的桥梁建设水平，赶上和超过世界先进水平。

7. 环境保护要求

桥梁设计应考虑环境保护和可持续发展的要求。从桥位选择、桥跨布置、基础方案、墩身外形、上部结构施工方法、施工组织设计等全面考虑环境要求。采取必要的工程措施，并配合必要的环境监测保护体系，将对环境的不利影响降至最低。

1.3.3 桥梁设计程序

一座大、中型桥梁的规划设计所涉及的因素很多，是一个综合的系统工程。在我国，根据国家基本建设程序的要求逐步形成了包括技术、经济以及组织工作在内的科学的大型桥梁设计程序（见表 1.5）。它分为前期工作及设计阶段：前期工作包括编制预可行性研究报告和工程可行性研究报告；设计阶段按三阶段设计进行，即初步设计、技术设计与施工图设计。各阶段设计文件完成后的上报和审批都由国家指定的行政部门办理，批准后的文件成为各建设阶段进行的依据，也是下一阶段设计文件编制的依据。

表 1.5 大型桥梁设计程序

阶段	名称	内容	成果
前期工作	预可行性研究	1. 论证建设的必要性、经济的合理性、工程的可行性、资金来源和投资回报； 2. 确定建桥地点、规模、标准、环境评估、桥位与桥式方案、投资控制等宏观和重大问题	预可行性研究报告，投资估算； 报审、报批：项目建议书

续表

阶段	名称	内容	成果
前期工作	工程可行性研究	1. 研究和制定桥梁的技术标准； 2. 提出多个桥型方案进行比较	工程可行性研究报告，工程造价估算，设计任务书
三阶段设计	初步设计	在初步勘察和测量的基础上，进行以下程序： 1. 桥式方案比选，得出推荐方案； 2. 提出科研项目和技术难点； 3. 估算工程数量和主要材料数量； 4. 编制设计概算，不超出估算的10%	初步设计图，设计概算（投资依据）； 报审、报批：招标文件
	技术设计	在技术勘察的基础上，针对选定的方案进行以下程序： 1. 研究处理各结构总体的、细部的技术问题； 2. 实施科研成果； 3. 提交详尽的设计图纸； 4. 调整概算（修正概算）	技术设计图，修正概算； 报审、报批：技术方案
	施工图设计	1. 桥梁结构和构件的详细设计与计算； 2. 绘制施工图详图； 3. 提出大临工程施工方案； 4. 编制施工预算，不超出概算的10%	施工设计图，施工图预算（发包依据）

1. 前期研究阶段

前期研究可分为预可行性研究和工程可行性研究，两者的研究内容和目的基本一致，成果均为研究报告和投资估算。预可行性研究着重研究建设的必要性及经济上的合理性，确定建桥地点、规模、标准、环境评估、地质灾害评估、桥位与桥式方案、投资控制等宏观和重大问题。在预可行性研究的基础上，撰写项目建议书，根据工程规模和管辖权限上报相应政府部门，批准后工程立项。工程可行性研究在工程立项后，在预可行性研究的基础上，着重研究工程上的可行性和投资上的可行性，工程可行性研究上报相应政府部门批准后，对桥位和方案进行多方案的评估，形成项目建议书和设计任务书。

工程可行性研究报告中的主要内容包括：概述、现状及发展、交通量分析及预测、建设规模及主要技术指标、建设条件、桥位方案选择、工程方案选择、工程环境影响分析、投资估算、财务分析、经济分析、节能评价、有关专题研究结论、推荐工程建设方案、问题与建议、附件等。

2. 设计阶段

根据设计任务书进行桥梁的设计工作，依据桥梁的规模和复杂程度，桥梁设计可采用三阶段设计、两阶段设计和一阶段设计。由表1.5可知，三阶段设计包括初步设计、技术设计和施工图设计三个阶段，一般用于大型、复杂的工程，如复杂的特大桥、互通式立交桥或新型桥梁结构。两阶段设计包括初步设计和施工图设计两个阶段，国内一般（常规）桥梁设计工作通常采用这种设计步骤。一阶段设计仅包括施工图设计阶段，一般适用于技术简单、方案明确的中小桥建设项目。

1）初步设计

初步设计的目的是确定桥梁设计方案。在该阶段，应根据桥梁规划设计中所确定的桥位、设计荷载等级以及其他各项设计要求，如桥面宽度、桥梁建筑高度、通航标准、设计行车速度、桥面最大纵坡、桥面平纵曲线半径以及抗震安全等级等要求，按照安全、适用、经济、美观、耐久和环保等原则设计桥梁方案。拟定结构形式与主要构造尺寸，确定需要的附属构造物，估算工程数量和主要材料数量，提出施工方案和工期，并据此编制工程概算与文字说明、图表资料等技术文件，进行不同方案的综合评比，确定推荐方案，报送上级主管部门审批。初步设计的概算应作为控制建设项目和以后编制施工预算的依据。

2）技术设计

技术设计是对初步设计的进一步深化，是在已批准的初步设计及审批意见的基础上，对重大、复杂的技术问题通过科学试验、专题研究、加深勘探调查（补充勘测）及分析比较，进一步解决和完善批复的初步设计中未能解决的技术问题，批准后则成为编制施工图设计的依据。技术设计后应对概算重新进行调整，这项工作又称修正概算。

3）施工图设计

施工图设计是根据初步设计或技术设计的批复意见，进行桥梁各部分结构、构件的详细设计计算，绘制施工详图，为施工提供所必需的图纸、材料数量表及有关说明。施工图设计一般应全面贯彻初步设计与技术设计的各项技术要求，与前一设计阶段比较，设计图应有更加详细、具体的细部构造和尺寸和大临工程方案以及材料用量等，并应编制施工组织设计和施工预算。永久结构施工图符合按图施工的深度要求，可直接交付施工部门作为施工依据。施工图设计文件也是安排材料和设备、加工制造非标准设备、编制施工图预算和决算的依据。

1.3.4 桥梁设计基本资料

桥梁规划设计涉及的因素很多，必须经过充分的调查研究，根据具体情况，提出正确合理的设计建议和计划任务书。为此必须进行一系列的野外勘测和资料收集工作，内容包括交通流量调查、地形图的测绘、实地水文勘测调查、工程地质和水文地质调查以及地质钻探、建造材料调查等。对于跨越河流的桥梁一般包括以下几个方面的内容。

1. 桥梁功能需求的调查

对于铁路桥梁，其功能需求一般在线路设计中已确定。对于公路或城市桥梁，则要调查桥上的交通种类（机动、非机动、人行、轨道交通）及其要求，分析实际交通量及其增长率，确定需要的车道数目和行车道、人行道宽度的要求，调查桥上的管线（如电力、通信线和输水管、输气管等）搭载情况等。

2. 桥位的选择

特大桥及大、中桥的桥位选择，一般选择 2 ~ 3 个桥位，开展桥式方案设计，连同引线工程一起进行各方面的综合比较，然后选择最合理的桥位和桥式。在路线和路网层面，应力求避免或减少车辆绕道以节省运营时间和运输成本。在桥梁本身的经济性和稳定性层面，应尽量选择在河道顺直、水流稳定、河面较窄、地质良好、冲刷较少的河段上，以降低造价和养护维修费用，防止因冲刷过大而发生桥梁倒塌的危险。此外，桥中线与洪水流向应尽量正交，应避免在河汊、沙洲、古河道、急弯、汇合口、港口作业区等地段修建桥梁，以免增加桥梁建设费用和降低使用功能。

小桥涵的桥位应完全服从路线走向，当遇到不利的地形、地质和水文条件时，应采取适当的工程措施解决，不应因此而改变线路。桥梁修建在城市范围内时，要注意桥梁建设应满足城市规划的要求。

3. 桥位的地形、地质勘测和调查

不同的研究和设计阶段，其收集基本信息的外业勘察和测量工作深度也不同。其中，可行性研究阶段，一般为踏勘；初步设计阶段为初步勘察和测量（简称初勘、初测）；技术设计阶段为技术勘察（简称技勘）；施工图设计阶段为详细勘察和测量（简称详勘、定测）。

调查收集航拍地图以供可行性研究阶段使用。测量桥位附近的地形地貌，并绘制大比例尺地形图，供设计阶段确定桥位中线位置、桥墩位置、桥头接线位置以及施工时布置场地使用。探测桥位的地质情况，包括土壤的分层标高、物理力学性能、地下水位以及有无不良地质现象（如滑坡、断层、溶洞、裂隙等）。编制工程地质勘探报告并将钻探资料绘成地质剖面图，作为墩台基础设计的重要依据。

4. 河流水文情况的调查

调查和测量河流的水文情况，包括：调查河道性质，了解河道的水流特点、季节性、有无潮水、河床及两岸的冲刷和淤积以及河道的自然变迁和人工规划情况，以便选择合适的方案，减少桥梁建成后受河道变迁的影响程度；测量桥位处河床纵横断面，调查河槽各部分的形态、标高和粗糙率等，计算流速、流量等有关资料，调查了解洪水位的历年资料，通过分析推算设计洪水位；结合河道性质确定桥梁所需要的最小总跨径和冲刷深度；根据有关规定要求，向航运部门了解和确定航道等级、设计通航水位和通航净空，根据通航要求和设计洪水位，选择通航孔的位置，确定桥梁的分孔与桥跨底缘的设计标高。

此外，还要对一些特殊水文条件进行研究，如涌潮、潮汐、流冰等。

5. 其他与建桥有关资料的调查

（1）调查当地建筑材料（砂、石料等）的来源，水泥、钢材的供应情况，以及水陆交通的运输情况，以便因地制宜、就地取材，降低工程造价。

（2）调查和收集有关气象资料，包括气温变化、降雨量、冰冻以及风速或台风等情况，为施工组织设计提供依据。

（3）调查了解施工场地的征用情况，是否需要占用农田，有无需拆迁的建筑物，有无文物等。

（4）调查新建桥位上、下游有无老桥，以及其桥型布置和使用情况等。

（5）调查桥梁施工可能带来的环境影响，如施工引起的噪声、振动、废水污染，施工取土、弃土造成的植被破坏，野生动物迁徙道路受阻等。

1.3.5 桥梁纵、横断面设计和平面布置

1. 桥梁纵断面设计

桥梁纵断面设计包括：确定桥梁孔径，确定桥梁分孔、桥下净空与桥面高程，确定桥上及桥头引道的纵坡布置、基础形式等。

1）桥梁总跨径的确定

对于一般跨河桥，桥梁总跨径的确定往往参考桥涵的水文计算结果，并结合桥位地形、断面形态、河床地质、桥头引道填土高度等综合分析确定。桥墩、桥台、桥台锥体以及桥头路堤的建造，使得桥下过水断面减少、流速加大，引起河床冲刷、桥上游壅水高度升高，桥梁总跨径必须保证桥下有足够的泄洪面积，使河床不会受到过大的冲刷，虽然冲刷将导致河床下切，有利于过水面积的恢复，但局部冲刷和一般冲刷将使基础的覆盖层减小，严重时将导致基础的持力层被掏空，危及桥梁安全。根据建桥经验，桥梁孔径宜长不宜短，规范对孔径压缩及冲刷有一定限制，目前一些地方的水利部门颁布的地方规范，对桥梁的“阻水率”（潮水面积/过水面积）提出了明确的要求和限制值，使得桥墩数量减小、桥梁的跨径加大、山区河流中路堤入河长度减小。对于水深、地质复杂、流速大的跨河桥，其主桥孔径一般取值较大。

路桥分界位置和桥长主要依据经济性和美观性确定，经济性中应包括土地是不可再生资源的因素。如果单纯从建设的直接投资方面考虑，高路堤方案是比较经济的，但是考虑到高路堤占地多，特别占用耕地时，从长远考虑和综合分析是不经济的，低路堤相对更合适；如果两岸取土困难，则宜延长桥孔；在软土地区，路堤高度还受到路堤稳定性要求的限制；对于城市桥梁，过高的引道将加大两端引道的长度而影响景观和通透性，城市桥梁的路桥分界位置的路堤高度往往较小，一般 2 ~ 3 m 为宜。

对于旱桥，桥梁跨径应该由立交条件、地质条件和经济性等确定，桥下有交通功能需求时，须保证桥下的交通净空需求。在墩台位置选择上，应尽量回避不良地质区，合理匹配桥跨与墩高。

2）桥梁的分孔和桥型的确定

确定桥梁总孔径或桥长后，是确定跨径、分孔布置，此时往往是同步、交融地开展桥式方案拟定和桥梁分孔设计。

对于通航河流，首先要确定通航孔跨径，使其满足通航的使用功能要求，同时要考虑基础施工因素，如果基础施工困难，基础施工时航运繁忙，则宜加大孔跨。从经济上考虑，一般说来，采用大跨径相对小跨径造价高、工期长。在满足通航前提下，通过经济技术比较后确定孔径，若综合经济指标相差不大的情况下，宜采用大跨径。这是因为根据已建桥梁经验，通航船只常撞击桥墩，危及桥墩安全，采用大跨径更有利。

对变迁性河流，应视河道可能变迁的情况，加设通航孔，桥梁通航孔的布置必须在掌握充分资料的基础上进行。对通航河流要研究在高、中、低水位时的航道轨迹，通航桥跨位置要与航道适应，能覆盖航道在各种水位时可能出现的变化。

通航孔或主跨确定后，对应连续体系结构，参照桥梁的设计理论配置合理的边跨；对非连续体系桥，可按美学要素进行配孔。

对于非通航孔，要选用经济跨径（标准跨径），一般拟定 2 ~ 3 种桥跨方案作经济比较，

尽量采用预制梁、标准化设计和施工工艺。同一座桥梁中标准跨径的类型不宜过多，以免增加不必要的施工费用。

此外，墩台位置还要考虑地形、地质条件、基础施工等因素。

3）桥面高程的确定

对跨河桥，桥面的高程应保证桥下排洪和通航的要求；对于跨线桥，应满足桥下行车净空高度要求。当这些条件均不受控制时，则由路线纵断面设计确定。

对通航河流，往往由通航净空高度等要求确定梁底的最小高程 H_{dmin}；对非通航河流或立交桥，由桥下净空高度确定梁底的最小高程 H_{dmin} 再叠加结构高度后即可确定桥面高程 H_{min}。

$$H_{dmin}=\max\{H_{sh}+h_{c0},\ H_n+h_{nc}\} \tag{1.1}$$

$$H_{min}=H_{dmin}+h \tag{1.2}$$

式中：H_{sh}——设计水位高程（m）；

H_n——最高通航水位高程（m）；

h_{c0}——非通航河流或通航河流非通航时的桥下最小净空高度（m）；

h_{nc}——通航净空高度（m）；

h——桥梁上部结构建筑高度，包含桥面铺装高度（m）。

当线路高程已知或一定时，线路高程与前述的梁底最小高程之差即构成桥梁的建筑高度。当此桥面高程高于线路高程，即建筑高度受限时，则需调整桥梁结构，如改为下承式结构，或修改线路高程；反之，此桥面高程低于设计的线路高程时，建筑高度不受限，此时需要研究其富余量，一般桥梁越高，引道越长，造价越高。

4）桥上及桥头引道的纵坡

桥面高程确定后，就可根据两端桥头的地形和线路要求来设计桥梁的纵断面线型。

对于公路、城市桥梁，由于其坡度相对较大，调节桥头引道及引桥的坡度是调节桥长、实现经济合理的有效措施。合理加大坡度，能有效地减小桥长、降低路堤高度、实现经济的目的。对于特大、大桥，为利于桥面排水、降低引道坡度、增加美观性，往往从中间设置向两端倾斜的双向纵坡。对于中、小桥，桥头坡度服从线路坡度。

出于安全考虑，桥头坡度不能过大。对于铁路桥梁，如桥跨结构为钢桁梁等明桥面梁，纵坡不得大于 4‰，其他桥跨结构纵坡宜在 6‰以内。对于公路桥梁，其纵坡不得大于 4%，桥头引道纵坡不宜大于 5%。位于市镇交通繁忙地段的桥梁，桥上纵坡和桥头引道坡度均不得大于 3%。桥上或引道处纵坡发生变更的地方，均应按规定设置竖曲线。《铁路桥涵设计规范》（TB 10002—2017）规定，竖曲线不得设在平面缓和曲线上。

5）基础选型与埋深

基础的选型应综合地质、水文、工期、经济等因素而定，基础的埋深对基础的安全性至关重要，一些桥梁被洪水冲毁，最主要的原因就是基础选型不合适、基底埋深不够以及因冲刷导致基底被掏空。最常用的桥梁基础形式包括扩大基础、桩基础和沉井基础。

扩大基础属于浅基础，常用于无水、浅水且持力层埋深较小的情况。其中，“浅水”是指经过改河或筑堤、筑岛能排除的地表水，方便开挖施工。扩大基础的层数不宜过多，且埋深不宜过大。基坑开挖时应不影响邻近建筑物的安全，深基坑开挖时需采取一定的工程措施确保基坑安全。扩大基础用于有水河道中时，其基础底需埋置于局部冲刷线以下并预留一定的安全储备。

桩基础是目前最常用的基础类型，适用范围广泛，特别适用于深水和地质条件差、冲刷严重的场合。桩基础包括挖孔桩和钻孔桩两大类，前者用于无水且地下水不丰富、桩径≥1.0 m的情况，开挖过程中应依据地质情况，做好井壁支护，当孔深超高 10 m 时，必须采取强制通风措施。钻孔桩依据钻孔方法和原理有正循环回旋钻孔、反循环回旋钻孔、冲击钻、旋挖钻等，并逐渐向大直径发展。桩基应充分考虑冲刷对基桩入土深度以及对整个下部结构受力的影响。水中桥梁的基桩可采用水中施工，而承台和墩身需采用无水施工且往往配以围堰进行。

沉井基础的特点是埋置深度可以很大，整体性强，稳定性好，具有较大的承载面积，能承受较大的垂直和水平荷载。它既是基础，又是施工时的挡土和挡水的围堰结构物，为过去常用的基础类型，但近年来由于大量采用桩基础而减少使用。当河床中有较大卵石不便于使用桩基础施工，或基础负荷特别大，需要承受较大的水平力和上拔力时，沉井基础是最合适的选择。沉井基础的缺点是工期较长，施工中易发生流沙、倾斜等现象，当基底埋深较大且基底的持力层平整度不够时应慎用。

一般情况下，无水区的基础顶面埋置于地面下 0.5 m 左右，有水区基础顶面在常水位以下。当基底下为非岩石地基时，还需考虑基础沉降对结构受力的影响。

除上述三种基础类型外，还有管柱基础、地下连续墙等。

6）桥梁结构尺寸的拟定

该部分内容于后面章节介绍。

2. 桥梁横断面设计

桥梁横断面设计主要是确定桥面净空和与此相适应的桥跨结构横断面的布置。

桥梁横断面的布置由桥梁的功能性要求按照前述的桥面净空要求确定。铁路桥梁包括铁路的轨道数；公路桥梁包括公路的机动车道数、非机动车道数以及人行道、分隔带、栏杆等附属结构，并考虑是否设置上下行分离，最终形成桥梁横断面的布置。

对于铁路桥梁，线间距等依据铁路的类型由线路的总体设计确定。对于大跨径桥梁，横截面要满足横向刚度要求，一般要求梁宽满足 $L/20$（L 为跨径），否则应进行横向刚度的计算、分析。对于公路桥梁，由于桥面较宽，一般不存在横向刚度问题，桥面布置从线路中心开始，依次为机动车道、非机动车道、人行道和栏杆。高速公路桥梁一般不设人行道，最外设防撞栏。

对于高速公路、车道数较多的城市桥梁，上下行往往设置为分离式。对于交通繁忙的城市桥梁及公铁两用桥梁，还可采用分层布置方式。

3. 平面布置

桥梁的平面布置与线路和河道（或其他线路）的相交情况有关，并受桥位处的地形、地物制约。桥梁的线形及桥头的引道要保持平顺，使车辆能平稳通过。

中、小桥的线型应按线路要求布置，特大、大桥一般布置于直线上。当线路受到两岸地形限制时，引桥部分或跨径不大的桥梁，可以建设在曲线上，立交的匝道桥往往是曲线桥。

曲线的各项指标应符合设计规范的要求。曲线半径很大的桥梁，曲线部分一般采用直线梁折线布置构成，而小半径曲线桥梁可以设计成曲线梁。

桥梁纵轴线与洪水主流流向或与桥下路线应尽可能避免斜交。但对于一般的小桥，为了改善路线线形或城市桥梁受原有建筑的制约时，也可修建斜交桥，斜交角度通常不宜大于 45°。

1.3.6 桥梁设计方案比选

一座桥梁的方案设计所涉及的因素很多，包括自然条件、功能需求等客观因素，也包括设计人员的设计水平、偏好等主观因素。“设计”本身不具有唯一性，同一工程可以采用不同的桥址，同一桥址可以采用不同的桥式方案，同一桥式结构还可以采用不同的分孔跨径。设计成果只有“更好”，没有“最好”。桥梁工程师的义务就是试图在每项设计中尽可能地进行改进，即根据自然和技术条件因地制宜，综合应用专业知识，合理运用新技术、新材料、新工艺，不断寻找方案中存在的问题或不足，并加以不断修改完善，才能得出相对完美的设计方案。

1. 步骤与过程

在不断完善设计方案的基础上，对不同的方案开展技术、经济等方面的比选，并提出推荐方案，是桥梁方案设计的内容，也是方案设计阶段最重要的环节之一。桥式方案设计的步骤与过程如下：

（1）基本信息采集。在外业勘测的基础上完成桥位河床地质纵断面图，并在该图上明确和绘制出设计水位、通航水位、堤顶标高、桥面标高、通航净空、堤顶行车净空位置。

（2）桥梁分孔和桥式方案草拟。结合水文分析，根据泄洪总跨径的要求，作桥梁分孔和桥型方案草图。在此过程中，思路要宽广，尽可能地多设计几个桥式方案，不要遗漏可能的桥型和布置，当然，方案的拟定也同样必须符合桥梁设计的基本原则。

（3）综合分析、判断和方案初筛。对草图方案作技术和经济上的初步分析和判断，从中筛选出 2～4 个构思好、特色鲜明的方案，做进一步的研究和比较。

（4）桥式方案深化设计。对初筛后保留下来的方案，拟定主要尺寸和施工方案，对新结构和非标准设计方案开展力学分析，核实设计的可行性和合理性，绘制各个桥型方案的结构详图，编制施工横道图，估算工期。桥式方案基本确定后，需报相关的水利、航道、环境等部门，对通航、泄洪、河道、环境和地质灾害影响进行评估和审批。

（5）工程量统计。依据编制方案的详图计算出上、下部结构的主要工程数量。

（6）编制估算或概算。据各省（区、市）或行业的“估算定额”或“概算定额”，编制出各方案的主要材料（钢、木、混凝土等）用量、劳动力数量、全桥总造价。其中特大桥、深水基础等尚应合理计算大型临时设施费用，工程实践中一些桥梁工程出现承包商巨额亏损的主要原因就是设计阶段中遗漏或低估了大型临时设施费用，如此也会导致工期的延后。

（7）方案比选。全面考虑功能适用性、技术先进性与成熟度、施工复杂程度、可维性、环境影响、美观性、建设工期、主要材料指标、建设造价和养护费用等因素进行综合分析，阐述每个方案的优缺点，并生成桥式方案比选表，其写法可参见表 1.6。最后选定一个最佳的推荐方案，作为方案评审和业主决策的依据。

（8）设计说明编制。上述工作全部完成之后，着手编写方案设计说明。设计说明书中应阐明方案编制的依据和标准，跨越河流的流域特征，桥址处地质、水文、通航情况，各方案的主要情况、特色、施工方法和工期，设计概算以及方案比较的综合性评价。对于推荐方案应作较详细的说明，方案说明中尚应包括存在的问题和处置建议等内容，如后期需要开展的科学研究问题等。

表 1.6 黑瞎子岛乌苏大桥桥式方案比选

序号	比选指标		方案一	方案二	方案三	方案四
			单塔单索面斜拉桥	变高度钢桁梁桥	双塔双索面斜拉桥	钢箱拱桥
			（140+140）m	（75+140+140+75）m	（50+65+230+65+50）m	（60+230+60）m
1	主桥长/m		280	432	460	350
2	桥梁总长/m		1 600	1 592	1 620	1 590
3	技术先进性		具有较好抗扭刚度与经济性的主梁，技术先进	板桁组合结构较为先进，技术成熟	结构普通，技术成熟（不是竞争力强的跨径范围）	结构普通，技术成熟
4	施工复杂性		斜拉桥常规对称悬臂施工，施工简单	钢结构工厂制造、现场安装，施工复杂	斜拉桥常规对称悬臂施工，施工简单	施工过程先拱后梁工序多，体系转换复杂
5	建设工期/月		22	20	22	28
6	可维性		斜拉索与结合梁钢结构量小，维护工作简单	钢结构为主，维护工作量较大，钢桥面维护不易	斜拉索与混凝土结构为主，维护工作简单、量小	钢结构量大，维护工作量较大
7	美观性		单塔单索面斜拉桥简洁挺拔，景观效果好	变高度钢桁梁桥造型匀顺飘逸，但构件繁多杂乱	双塔双索面斜拉桥实例多且易重复，地标性不够	中承式拱桥景观效果好
8	环境影响		仅一个主桥基础位于主河槽，对水流影响小	仅一个主桥基础位于主河槽，对水流影响小	两个主桥基础位于主河槽，对水流影响稍大	两个主桥基础位于主河槽，对水流影响稍大
9	主要材料指标	混凝土/m^3	62 128	59 802	68 161	64 387
		钢材/t	2 780	5 600	4 635	6 200
10	造价/万元	建安费	27 177	34 423	32 849	39 380
		年均维护费	120	100	150	150

2. 桥式方案比选案例

以黑瞎子岛乌苏大桥为例简要介绍其桥式方案比选的结果。

黑瞎子岛乌苏大桥地处“中国东极”——黑龙江省抚远市，跨越黑龙江与乌苏里江汇合处的抚远水道，被誉为神州东方第一桥，其采用一级公路、双向 4 车道标准建设，设计速度为 80 km/h，通航要求为单孔单向不小于 95 m × 13.5 m，单孔双向不小于 190 m × 13.5 m。图 1.16 所示为黑瞎子岛乌苏大桥的桥式方案比较，各桥式方案的主要优缺点见表 1.6，经过综合比较，最终选择了方案一（单塔单索面斜拉桥）。建成后的桥梁如图 1.17 所示。

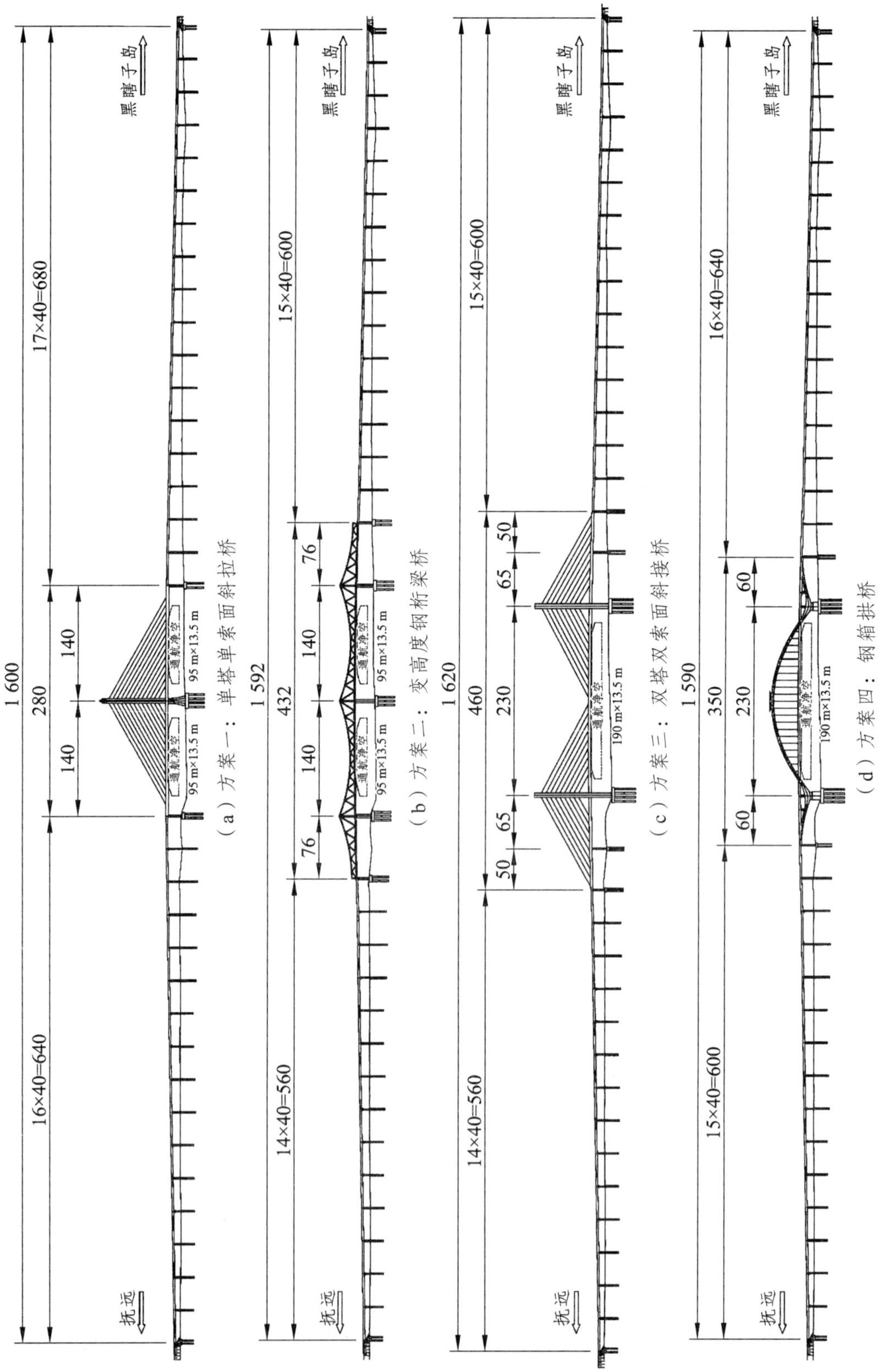

图 1.16　黑瞎子岛乌苏大桥桥式方案比选（尺寸单位：m）

图 1.17 黑瞎子岛乌苏大桥

思考题

1. 桥梁由哪几部分构成？各有何作用？

2. 按结构体系划分，桥梁可分为哪几类？各有何受力特点？

3. 简述大型桥梁建设的基本程序和过程。

4. 桥梁工程应该遵循的设计基本原则有哪些？

5. 简述桥梁建筑高度的定义和作用。

6. 跨河桥梁的跨径与分孔应该如何考虑？桥面标高如何确定？

7. 简述何为桥梁净空？它分为哪几类？为何说不能“侵限”？

8. 简述各类桥型的跨越能力。

9. 简述桥梁的发展方向，并说明你认为中国要从“桥梁大国”走向“桥梁强国”需要注重哪些方面的突破？

Chapter 2

第 2 章

桥梁的设计作用

桥梁的“作用”是指引起桥涵结构反应的各种原因的统称，它可以归纳为两大类，一类是直接施加于结构上的外力，例如车辆、结构自重等；另一类是以间接的形式作用于结构上，例如地震、基础变位、混凝土收缩和徐变、温度变化等。

对工程结构进行分析计算时，需要明确实际和可能引起结构响应的各种“作用”。作用的种类、形式和大小的确定，关系到工程建设的投资和安全，合理确定作用及其组合是工程建设中的重要一环。桥梁设计规范规定了桥梁作用的标准，但其并不是一成不变的，随着经济的发展，作用的标准也需要适时修订，这类用于结构设计的作用，称为“设计作用”，它并不能等同于实际作用。

本章主要介绍现行桥梁设计规范中各类作用的基本概念和计算方法。在确定作用大小或作用标准值时，会涉及设计基准期，它是在确定某些作用的标准值时需要人为事先规定的一个基准时间参数，这些作用的最大值概率分布与时间有关，如风荷载、车辆荷载等。对于桥梁结构，设计基准期通常取 100 年。

2.1 作用的分类和代表值

桥梁的作用按其随时间变化的大小和频率，分为永久作用、可变作用、偶然作用和地震作用。永久作用习惯上称为恒载，是指在设计基准期内，其量值不随时间变化，或其变化与平均值相比可忽略不计的作用，如结构重力。可变作用习惯上称为活载，是指在设计基准期内，其量值随时间变化，且其变化与平均值相比不可忽略的作用，如汽车、人群荷载。偶然作用是指在设计基准期内不一定出现，但一旦出现，其值很大且持续时间很短的作用，如船舶的撞击作用、列车的脱轨作用等。地震作用就是地震对结构所产生的作用。

依据作用类型不同，设计计算中应采用不同的作用代表值，即极限状态设计所采用的作用值包括标准值、频遇值和准永久值等。

作用标准值是作用的基本或主要代表值，可根据对观测数据的统计、作用的自然界限或工程经验确定。为反映作用在设计基准期内随时间的变化，其值应取设计规定期限内可能出现的最不利值，一般按作用在设计基准期内最大值概率分布的某一分位值（0.95）确定。

可变作用的频遇值是可变作用的一种代表值，是在设计基准期内被超越的总时间占设计基准期的比率较小的作用值，或被超越的概率限值在规定的频率内的作用值。其取值可根据在足够长的观测期内作用任意时点概率分布的 0.95 分位值确定。可通过频遇值系数 ψ_f 对作用标准值的折减来表示。

可变作用的准永久值是可变作用的另一种代表值，在设计基准期内被超越的总时间占设计基准期的比率较大的作用值。其取值可根据在足够长的观测期内作用任意时点概率分布的 0.5（或略高于 0.5）分位值确定。可通过准永久值系数 ψ_q 对作用标准值的折减来表示。

可变作用的组合值是在设计基准期内使组合后的作用效应的超越概率与该作用单独出现时其标准值作用效应的超越概率趋于一致的作用值，或组合后使结构具有规定可靠指标的作用值。可通过组合值系数 ψ_c 对作用标准值的折减来表示。

分项系数是指采用概率极限状态法设计时，为保证所设计的结构具有规定的可靠度，在设计表达式中采用的系数，包括作用分项系数和抗力分项系数两类。

作用的设计值是作用代表值与作用分项系数的乘积。

基于足够长的观测期数据进行统计分析，推算设计基准期概率密度曲线，再按分位点确定作用标准值、频遇值和准永久值，如图 2.1 所示为作用的统计曲线及代表值。

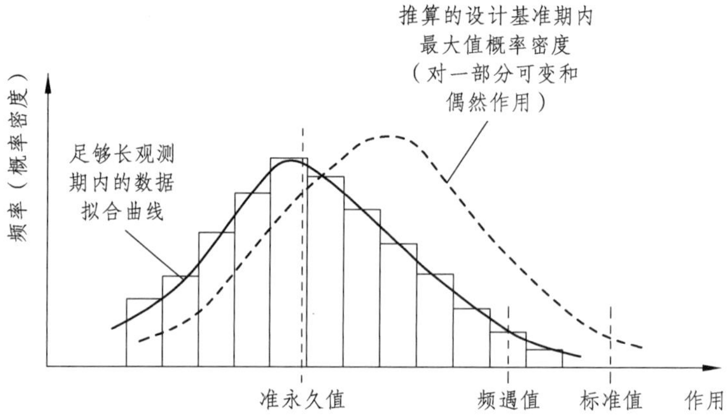

图 2.1　作用的统计曲线及代表值

我国现行规范规定的公路桥梁和铁路桥梁的设计作用及其类型见表 2.1、表 2.2。

表 2.1　公路桥梁作用分类［《公路桥涵设计通用规范》（JTG D60—2015）］

分类	名称	分类	名称
永久作用	结构重力（包括结构附加重力）	可变作用	人群荷载
	预加力		疲劳荷载
	土的重力		风荷载
	土侧压力		流水压力
	混凝土收缩、徐变作用		冰压力
	水浮力		破浪力
	基础变位作用		温度（均匀温度和梯度温度）作用
可变作用	汽车荷载		支座摩阻力
	汽车冲击力	偶然作用	船舶的撞击作用
	汽车离心力		漂流物的撞击作用
	汽车引起的土侧压力		汽车的撞击作用
	汽车制动力	地震作用	地震作用

表 2.2　铁路桥涵作用（荷载）分类

作用（荷载）名称	《铁路桥涵设计规范（极限状态法）》（Q/CR 9300—2018）	《铁路桥涵设计规范》（TB 10002—2017）	
	作用分类	荷载分类	
结构自重	永久作用	恒载	主力
结构附加重力（线路设备自重和人行道自重等）			

续表

<table>
<tr><td rowspan="2">作用（荷载）名称</td><td colspan="2">《铁路桥涵设计规范（极限状态法）》
（Q/CR 9300—2018）</td><td colspan="2">《铁路桥涵设计规范》
（TB 10002—2017）</td></tr>
<tr><td colspan="2">作用分类</td><td colspan="2">荷载分类</td></tr>
<tr><td>预加力</td><td colspan="2" rowspan="5">永久作用</td><td rowspan="5">恒载</td><td rowspan="14">主力</td></tr>
<tr><td>混凝土收缩和徐变</td></tr>
<tr><td>不均匀沉降</td></tr>
<tr><td>土压力</td></tr>
<tr><td>静水压力和浮力</td></tr>
<tr><td>列车荷载</td><td rowspan="19">可变作用</td><td rowspan="9">基本可变作用</td><td rowspan="9">活载</td></tr>
<tr><td>公路（城市道路）荷载</td></tr>
<tr><td>列车竖向冲击力</td></tr>
<tr><td>列车离心力</td></tr>
<tr><td>列车横向摇摆力</td></tr>
<tr><td>列车荷载引起的土压力</td></tr>
<tr><td>挠曲力*</td></tr>
<tr><td>人行荷载</td></tr>
<tr><td>气动力</td></tr>
<tr><td>列车制动力或牵引力</td><td rowspan="10">其他可变作用</td><td colspan="2" rowspan="9">附加力</td></tr>
<tr><td>风荷载</td></tr>
<tr><td>温度作用</td></tr>
<tr><td>伸缩力*</td></tr>
<tr><td>支座摩阻力</td></tr>
<tr><td>流水压力</td></tr>
<tr><td>波浪力</td></tr>
<tr><td>冰压力</td></tr>
<tr><td>冻胀力</td></tr>
<tr><td>施工荷载</td><td colspan="2" rowspan="6">特殊荷载</td></tr>
<tr><td>列车脱轨荷载</td><td colspan="2" rowspan="4">偶然作用</td></tr>
<tr><td>断轨力*</td></tr>
<tr><td>船舶或排筏撞击力</td></tr>
<tr><td>汽车撞击力</td></tr>
<tr><td>地震作用</td><td colspan="2">地震作用</td></tr>
</table>

*注：在《铁路桥涵设计规范》（TB 10002—2017）中，将伸缩力、挠曲力和断轨力统称为长钢轨纵向作用力，归入到特殊荷载中。

需要指出的是，我国铁路桥梁目前处于容许应力设计法和极限状态设计法两类方法和两套规范并行的时期。依据设计理论和规范的不同，设计作用（荷载）分类也有两种不同的方式：在极限状态法设计理论对应的《铁路桥涵设计规范（极限状态法）》（Q/CR 9300—2018）中，作用按其随时间变化的性质，分为永久作用、可变作用、偶然作用和地震作用；而在容许应力法设计理论对应的《铁路桥涵设计规范》（TB 10002—2017）中，作用按性质和发生的概率分为主力、附加力和特殊荷载。

在按极限状态法进行桥梁结构或构件设计时，所采用的是作用的代表值，对不同的作用应按下列规定采用不同的代表值（具体应用见 2.6 节）。

（1）永久作用的代表值为其标准值。

（2）可变作用的代表值包括标准值、组合值、频遇值和准永久值。组合值，频遇值和准永久值可通过可变作用的标准值分别乘以组合值系数 ψ_c、频遇值系数 ψ_f 和准永久值系数 ψ_q 来确定。

（3）偶然作用取其设计值为代表值。

（4）地震作用的代表值为其标准值。

铁路桥梁基于容许应力法设计时，其各类荷载的大小等同于上述的标准值。

在明确了各种作用（种类、形式和大小）及其代表值后，就可按力学方法进行结构响应分析，得到结构的位移、构件承受的内力以及截面应力等，它们统称为作用效应。

2.2 永久作用

永久作用是指结构永久承受的荷载，即恒载，其作用位置、大小和方向一般是固定不变的。作用于桥梁上部结构的永久作用，包括结构重力（一期恒载），桥面铺装和附属设备等重力（二期恒载）；作用于桥梁下部结构的永久作用，包括由支座传递下来的上部结构的重力、墩台自身的重力、墩台可能承受的土压力和水压（浮）力等。

结构重力的标准值，按结构构件的设计尺寸和材料容重计算确定，部分常用材料容重见表 2.3。

表 2.3 一般常用材料容重

材料名称	材料容重/（kN/m^3）	材料名称	材料容重/（kN/m^3）
钢、铸钢	78.5	级配碎石	22.0
铸铁	72.5	填土	17.0 ~ 18.0
铅	114.0	填石（利用弃砟）	19.0 ~ 20.0
钢筋混凝土或预应力混凝土（配筋率在 3%以内）	25.0 ~ 26.0	碎石道砟	21.0
混凝土和片石混凝土	24.0	浇筑的沥青	15.0
浆砌块石或料石	24.0 ~ 25.0	压实的沥青	20.0
浆砌片石	23.0	不注油的木材	7.5

续表

材料名称	材料容重/（kN/m^3）	材料名称	材料容重/（kN/m^3）
干砌块石或片石	21.0	注油的木材	9.0
碎（砾）石	21.0		

注：钢筋混凝土中配筋率大于 3%时，其容重为单位体积中混凝土（扣除所含钢筋体积）自重加钢筋自重。

土压力是土体因自重或外荷载作用对桥梁结构产生的侧向或竖向压力。土压力按其产生的条件，分为静土压力、主动土压力和被动土压力。桥梁下部结构设计时主要用到静土压力和主动土压力。土的侧压力计算涉及结构形式、填料性质、墩台位移和地基变形，也与水文和外加荷载等因素有关。作用于墩台上的土的侧压力按库伦（楔体极限平衡）理论推导的主动土压力计算。

水浮力指浸没在水体（含地下水）中的物体受到水体竖直向上托起的作用力，其值等于建筑物所排开的同等体积的水重。对位于岩石地基上的基础一般被认为不渗水，可不计水浮力。对位于碎石类土、砂类土、黏砂土等透水性地基上的墩台，需在设计中考虑水浮力。当桩嵌入不透水地基并灌注混凝土封闭时，不考虑桩的浮力。在计算承台底面浮力时需扣除桩的截面面积。当不能确定地基是否透水时，以透水或不透水两种情况与其他作用组合，取其最不利者。

对于预应力混凝土桥梁结构，预应力在正常使用极限状态设计和阶段应力计算时，应作为永久作用计算其主效应和次效应，计算时考虑相应阶段的预应力损失，但不考虑由于偏心距增大所引起的附加效应。在结构承载能力极限状态设计（如抗弯承载能力）时，预加力不作为作用（局部承压计算除外），而将预应力钢筋视为结构抗力的一部分，但在连续梁等超静定结构中，仍需考虑预加力的次效应。

在外部超静定的混凝土桥梁结构当中，混凝土收缩及徐变作用是长期存在的，需依据施工过程的具体情况，考虑其次内力效应。混凝土的收缩可按结构降温考虑收缩应变终极值。当混凝土应力不大时，混凝土徐变影响的计算可依据混凝土应力与徐变变形呈线性关系的假定进行分析，混凝土收缩应变终极值和徐变系数按规定执行。

墩台基础或支座可能发生不均匀沉降，对超静定桥梁结构，基础变位一旦产生，将产生二次内力，对结构的影响是长期的，其作用效应可依据基础的实际情况，按最终沉降量分析计算。

2.3 可变作用

可变作用包括列车荷载、汽车荷载、汽车荷载的冲击力、汽车荷载的离心力、汽车荷载的制动力、汽车荷载的牵引力、汽车荷载引起的土侧压力、人群荷载、风荷载、流水压力、冰压力、温度作用和支座摩阻力等。

2.3.1 列车荷载

列车荷载是铁路桥涵上最主要的一种可变荷载。设计采用的列车荷载标准应符合《铁路列车荷载图式》（TB/T 3466—2016）的规定。

1. 铁路列车荷载标准值

国家铁路局于 2016 年发布了《铁路列车荷载图式》（TB/T 3466—2016），规定了高速铁路、城际铁路、客货共线铁路和重载铁路在普通荷载和特种荷载下的荷载图式（见表 2.4）。

表 2.4　铁路列车荷载图式

线路类型	图式名称	荷载图式	
		普通荷载	特种荷载
高速铁路	ZK	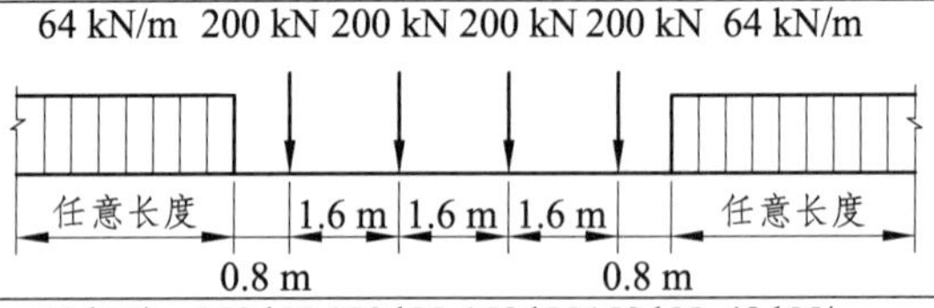	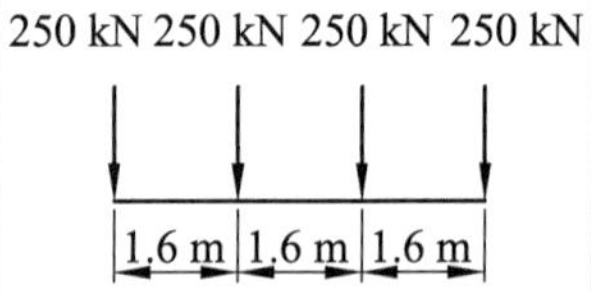
城际铁路	ZC	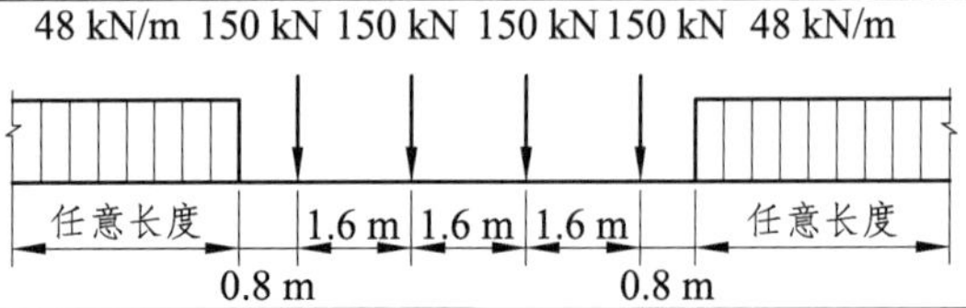	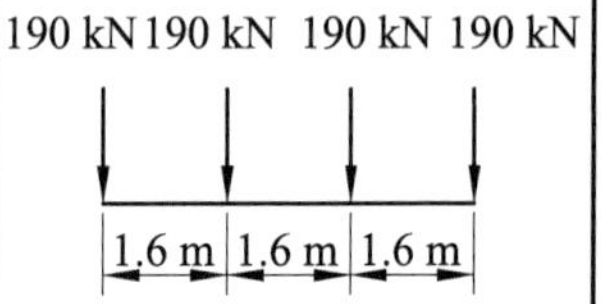
客货共线铁路	ZKH	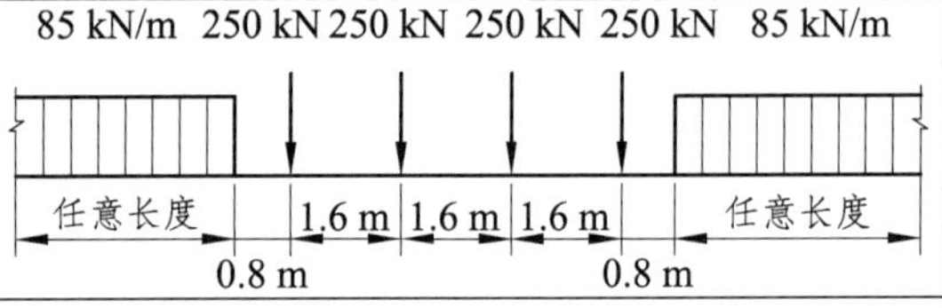	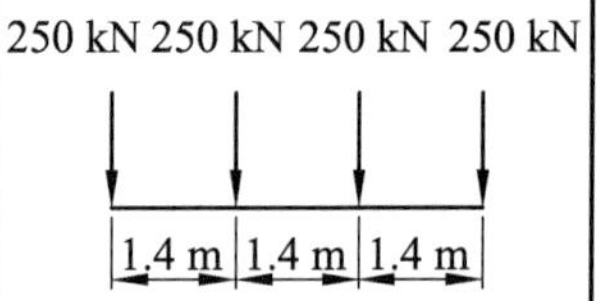
重载铁路	ZH	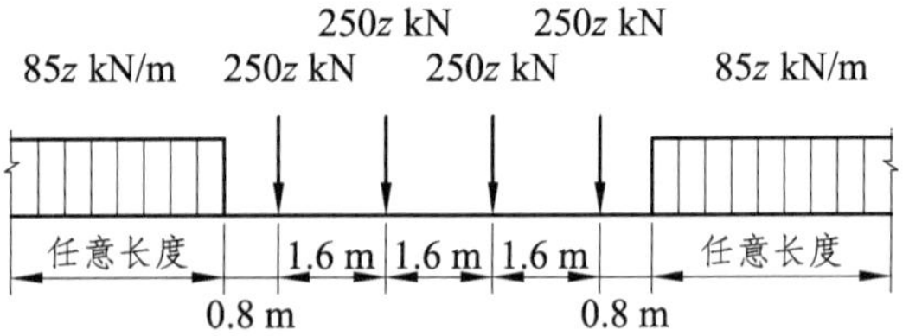 （荷载系数 $z \geqslant 1.0$）	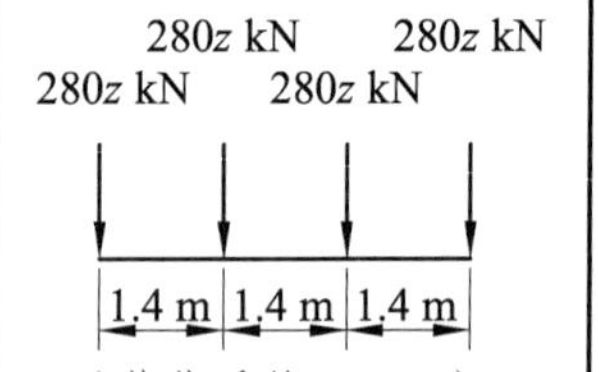 （荷载系数 $z \geqslant 1.0$）

2. 列车荷载的加载

加载就是按最不利原则布置标准活载，计算其作用效应（内力、应力和位移、变形等）的最不利值。一般做法是先计算结构内力及位移影响线，然后进行最不利位置布载并加载。对均布荷载，加载值为荷载集度与对应影响线区段面积的乘积；对集中荷载，加载值为荷载大小与对应影响线纵坐标值的乘积。

加载计算时，列车荷载图式中的均布荷载长度可以任意截取。当需要加载的结构（影响线）长度超过运营列车的最大编组长度时，可采用列车最大编组长度。对于多符号影响段，可在同符号影响线各区段进行加载。异符号影响线区段长度不大于 15 m 时，可不加列车荷载；异符号影响线区段长度大于 15 m 时，可按空车荷载 10 kN/m 加载（用空车检算桥梁各部构件时，竖向荷载应按 10 kN/m 计算）。疲劳验算时异符号影响线区段长度内均应按列车荷载图式中的均布荷载加载。

3. 多线折减

同时承受多线列车荷载的桥梁，各线同时运行的概率很小，考虑经济性，其列车竖向静荷载应进行折减。

采用 ZKH 或 ZH 活载时，双线桥梁结构活载按两条线路在最不利位置承受 90%计算；三线、四线桥梁结构活载按所有线路在最不利位置承受 80%计算；四线以上桥梁结构活载按所有线路在最不利位置承受 75%计算。

采用 ZK 或 ZC 活载时，双线桥梁结构按两条线路在最不利位置承受 100%的 ZK 或 ZC 活载计算。多于两线的桥梁结构应按以下两种情况中最不利者考虑：按两条线路在最不利位置承受 100%的 ZK 或 ZC 活载，其余线路不承受列车活载；所有线路在最不利位置承受 75%的 ZK 或 ZC 活载

桥上所有线路不能同时运转时，按可能同时运转的线路计算列车的竖向力、离心力。

对承受局部活载的杆件均按该列车竖向活载的 100%计算。对于货物运输方向固定的多线重载铁路桥梁结构，列车竖向活载计算时可根据实际情况考虑相应折减。

2.3.2　汽车荷载

汽车荷载是公路桥涵上最主要的一种可变作用。公路桥梁《公路桥涵设计通用规范》（JTG D60—2015）中，汽车荷载分为公路—Ⅰ级和公路—Ⅱ级两个等级。汽车荷载由车道荷载和车辆荷载组成。

各级公路桥涵设计的汽车荷载等级见表 2.5，其中二级公路作为集散公路且交通量小、重型车辆少时，其桥涵的设计可采用公路—Ⅱ级汽车荷载。对交通组成中重载交通比重较大的公路桥涵，应采用与该公路交通组成相适应的汽车荷载模式进行结构整体和局部验算。

表 2.5　各级公路桥涵的汽车荷载等级

公路等级	高速公路	一级公路	二级公路	三级公路	四级公路
汽车荷载等级	公路—Ⅰ级	公路—Ⅰ级	公路—Ⅰ级	公路—Ⅱ级	公路—Ⅱ级

1. 车道荷载

车道荷载不考虑具体车辆的尺寸及车的排列方式，将车辆荷载等效为长度不限的均布荷载 q_k 和一个可以作用在任何位置的集中荷载 P_k，车道荷载如图 2.2 所示。视车道荷载是作用在公路桥的一个车道上，用于桥梁结构的整体计算。

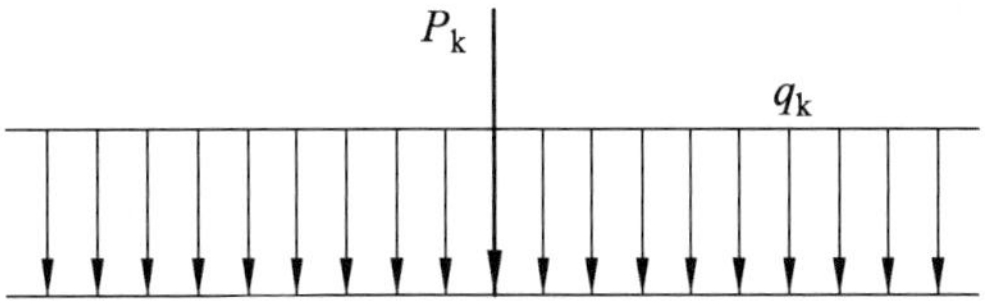

图 2.2　车道荷载

公路—Ⅰ级车道荷载中的均布荷载标准值为 q_k=10.5 kN/m，集中荷载标准值 P_k 取值见表 2.6，计算剪力效应时，集中荷载标准值应乘以系数 1.2。公路—Ⅱ级车道荷载的均布荷载标准值 q_k 和集中荷载标准值 P_k 按公路—Ⅰ级车道荷载的 0.75 倍采用。

表 2.6　集中荷载 P_k 取值

计算跨径 L_0/m	$L_0 \leqslant 5$	$5 < L_0 < 50$	$L_0 \geqslant 50$
P_k/kN	270	2（L_0+130）	360

注：对于设支座的桥梁，计算跨径 L_0 为相邻两支座中心间的水平距离；对于不设支座的桥梁，计算跨径 L_0 为上下部结构相交面中心间的水平距离。

2. 车辆荷载

车道荷载是一个基于现场测定及作用效应分析的虚拟荷载，它可以涵盖大部分公路桥涵的车辆活载情况，但不能用来解决结构局部加载及涵洞、桥台和挡土墙土压力等的计算问题。通过对实际车辆的轮轴数目、前后轴的间距、轮轴压力等情况进行分析、综合和概括，《公路工程技术标准》（JTG B01—2014）中规定了桥梁设计采用的标准化车辆荷载。公路车辆荷载的立面布置、平面尺寸如图 2.3 所示，主要技术指标规定见表 2.7。公路—Ⅰ级和公路—Ⅱ级汽车荷载采用相同的车辆荷载标准值。

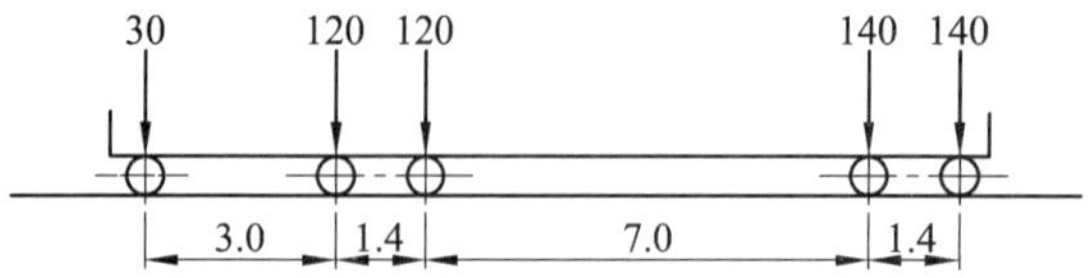

（a）立面布置

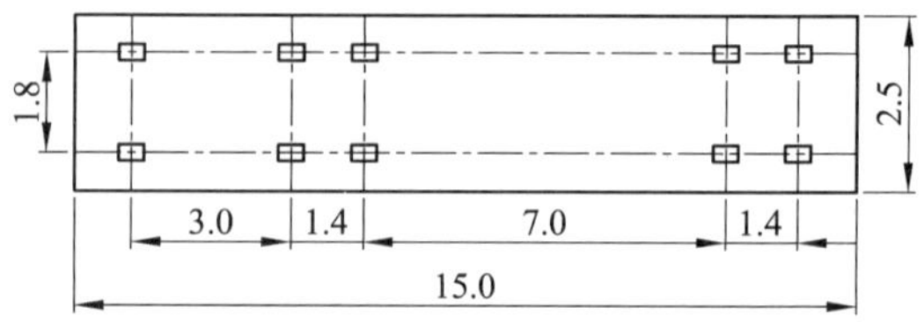

（b）平面尺寸

图 2.3　车辆荷载的立面布置、平面尺寸（尺寸单位：m，荷载单位：kN）

表 2.7　车辆荷载的主要技术指标

项目	技术指标	项目	技术指标
车辆重力标准值/kN	550	轮距/m	1.8
前轴重力荷载值/kN	30	前轮着地宽度及长度/m	0.3 × 0.2
中轴重力荷载值/kN	2 × 120	中、后轮着地宽度及长度/m	0.6 × 0.2
后轴重力荷载值/kN	2 × 140	车辆外形尺寸（长 × 宽）/m	15 × 2.5
轴距/m	3+1.4+7+1.4		

3. 加载方式

车道荷载用于桥梁结构的整体计算；车辆荷载用于桥梁结构的局部加载（比如桥面板计算）及涵洞、桥台和挡土墙土压力等的计算。在各计算中，车道荷载与车辆荷载的作用效应不得叠加。车道荷载在影响线加载时，其均布荷载标准值满布于使结构产生最不利效应的同号影响线上，而集中荷载标准值只作用于相应影响线中一个影响线峰值处。

在横向布置车辆时，既要考虑使桥梁获得最大荷载效应，还要考虑给车辆留有足够的行车道宽度。横向分布计算时，车道荷载或车辆荷载需偏心加载时，均应按照设计车道数和图 2.4 所示的布置方式来进行计算，且最大车辆数目不应超过设计车道数。设计车道数应根据桥梁的行车道宽度和车辆的行驶方向（单向或双向）取用，见表 2.8。

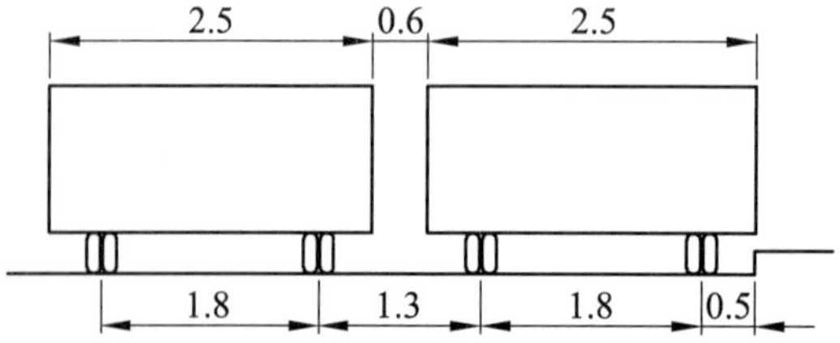

图 2.4　车辆荷载的横向布置（尺寸单位：m）

表 2.8 桥涵设计车道数

桥面宽度 W/m		桥涵设计车道数
车辆单向行驶时	车辆双向行驶时	
$W<7.0$	—	1
$7.0\leqslant W<10.5$	$6.0\leqslant W<14.0$	2
$10.5\leqslant W<14.0$	—	3
$14.0\leqslant W<17.5$	$14.0\leqslant W<21.0$	4
$17.5\leqslant W<21.0$	—	5
$21.0\leqslant W<24.5$	$21.0\leqslant W<28$	6
$24.5\leqslant W<28$	—	7
$28.0\leqslant W<31.5$	$28.0\leqslant W<35.0$	8

4. 汽车荷载的折减

在多车道（或多线）桥梁上行驶的车辆活载使桥梁结构产生某种最大作用效应时，不同车道上的车辆活载同时处于最不利加载位置的可能性较小，车道数越多，同时出现最不利加载的概率越小。对双车道以上的公路桥，需要考虑汽车荷载的多车道横向折减，横向车道布载系数（折减系数）见表 2.9。需要注意的是，对于 1 个车道的桥梁结构，应考虑汽车荷载的提高。

表 2.9 横向车道布载系数

横向布载车道数	1	2	3	4	5	6	7	8
横向车道布载系数	1.20	1.00	0.78	0.67	0.60	0.55	0.52	0.50

除横向车道荷载折减外，对大跨径公路桥梁上的车道荷载，还应考虑纵向折减。在制定车道荷载标准时，采用了自然堵塞的车间间距。在确定荷载大小时，采用了重车居多的调查资料。但对大跨径桥梁，随着跨径的增加，实际通行车辆出现堵塞或重车数多的情况就会逐步缓解，因此，需对汽车荷载（或其效应）按跨径进行折减。《公路桥涵设计通用规范》（JTG D60—2015）规定：当桥梁计算跨径大于 150 m 时，按表 2.10 进行纵向折减。当桥梁为多跨连续结构时，整个结构应按最大的计算跨径考虑汽车荷载效应的纵向折减。

表 2.10 纵向折减系数

计算跨径 L_0/m	$150<L_0<400$	$400\leqslant L_0<600$	$600\leqslant L_0<800$	$800\leqslant L_0<1\,000$	$L_0\geqslant 1\,000$
纵向折减系数	0.94	0.97	0.96	0.95	0.93

5. 城市汽车荷载

城市汽车荷载的等级分为城—A 级和城—B 级，其中车道荷载的取值、加载和折减方法等分别与公路—Ⅰ级和公路—Ⅱ级相同。城市桥梁汽车荷载的类型也分为车道荷载和车辆荷载两个类型，两者的作用与公路汽车荷载相同。

城市汽车荷载与公路的主要差别为车辆荷载，城—A 级车辆荷载为 5 轴 700 kN 车辆，其参数见表 2.11。而城—B 级的车辆荷载与公路桥梁的相同，即为 550 kN 车辆。

表 2.11　城—A 级车辆荷载

车轴编号	1	2	3	4	5
轴重/kN	60	140	140	200	160
轮重/kN	30	70	70	100	80
纵向轴距/m	3.6	1.2	6.0	7.2	
每组车轮的横向中距/m	1.8	1.8	1.8	1.8	1.8
车辆着地的宽度×长度/（m×m）	0.25×0.25	0.60×0.25	0.60×0.25	0.60×0.25	0.60×0.25

《城市桥梁设计规范》（CJJ 11—2011）中还给出了特—160、特—220、特—300 和特—420 四类特种平板挂车荷载，作为特种平板挂车上桥时的验算荷载。

2.3.3　冲击力

列车、汽车以一定的速度在桥上行驶时，会使得桥梁产生振动而导致桥梁的内力、应力和变形较车辆静活载作用引起的效应大，称这一现象为动力作用或冲击作用。

设 f_{jmax} 为静活载产生的最大静力效应值，如挠度、应力等；f_{dmax} 为相应静活载以一定速度过桥时 f_{jmax} 对应位置处的效应-时间历程曲线上的最大值，则有

$$1+\mu=\frac{f_{\text{dmax}}}{f_{\text{jmax}}}\text{，}\mu=\frac{f_{\text{dmax}}-f_{\text{jmax}}}{f_{\text{jmax}}} \tag{2.1}$$

式中：$1+\mu$——动力系数，通常大于 1.0；

μ——冲击系数。

其中，μf_{jmax} 为冲击效应；（$1+\mu$）f_{jmax} 为动力效应。

冲击或动力效应是由于桥面或轨道的不平顺、车辆和机车的偏心轮作用、行车速度以及桥梁结构造成的，影响因素多且复杂，目前难以精确计算。设计计算中一般采用半经验半理论计算公式。这些公式中最为重要的参数为桥梁的刚度，铁路桥梁以桥梁的跨径衡量刚度，公路桥梁以结构的基频衡量刚度。

1. 铁路桥梁

一般而言，桥梁跨径越大，结构刚度越小，柔度越大，结构对动荷载的缓冲作用越强，即冲击作用越弱，因此铁路桥梁以桥梁跨径作为动力作用的参数。动力系数的计算通式为

$$1+\mu=1+\frac{a}{b+L} \tag{2.2}$$

式中：L——桥梁的计算跨径或（局部）构件的影响线加载长度；

a，b——常数，随结构体系或构件的不同而取值不同。

《铁路桥涵设计规范》（TB 10002—2017）按结构类型给出其计算式，支座的动力系数计算公式与相应的桥跨结构计算公式相同。

（1）简支或连续的钢桥跨结构和钢墩台动力系数应按式（2.3）计算：

$$1+\mu=1+\frac{28}{40+L} \tag{2.3}$$

（2）钢与钢筋混凝土板的结合梁动力系数应按式（2.4）计算：

$$1+\mu=1+\frac{22}{40+L} \tag{2.4}$$

（3）钢筋混凝土、素混凝土、石砌的桥跨结构及涵洞、钢架桥，其顶上填土厚度 $h \geqslant 3$ m（从轨底算起）时，不计列车竖向动力作用；当 $h<3$ m 时，动力系数应按式（2.5）计算：

$$1+\mu=1+\alpha\left(\frac{6}{30+L}\right) \tag{2.5}$$

式中：α—— $\alpha=0.32(3-h)^2$，$h<0.5$ m 时，h 取 0.5 m。

式（2.3）～式（2.5）中的 L 以米计，除承受局部活载杆件为影响线加载长度外，其余均为梁跨径。

（4）空腹式钢筋混凝土拱桥的拱圈和拱肋动力系数按式（2.6）计算：

$$1+\mu=1+\frac{15}{100+\lambda}\left(1+\frac{0.4L}{f}\right) \tag{2.6}$$

式中：L——拱桥的跨径（m）；

λ——计算桥跨结构的主要杆件时为计算跨径（m），对于只承受局部活载的杆件，则按其计算图式为一个或数个节间的长度（m）；

f——拱的矢高（m）。

（5）高速铁路、城际铁路桥梁结构动力系数 $1+\mu$ 按式（2.7）计算，且不小于 1.0。

$$1+\mu=1+\left(\frac{1.44}{\sqrt{L_\varphi}-0.2}-0.18\right) \tag{2.7}$$

式中：L_φ——加载长度（m），加载长度小于 3.61 m 时，应取 3.61 m；简支梁应取梁的跨径；连续梁可按平均跨径乘以跨径调整系数（见表 2.12）确定，且不应小于最大跨径。

表 2.12　连续梁跨径调整系数

跨数	2	3	4	≥5
跨径调整系数	1.2	1.3	1.4	1.5

（6）高速铁路、城际铁路涵洞及结构顶面有填土的承重结构，顶面填土厚度大于 3 m 时，可不计列车动力作用；顶面填土厚度小于等于 3 m 时，动力系数应按式（2.8）计算，且不小于 1.0。

$$1+\mu=1+\left(\frac{1.44}{\sqrt{L_\varphi}-0.2}-0.18\right)-\mu_{折减} \tag{2.8}$$

式中：L_φ——加载长度（m），加载长度小于 3.61 m 时，应取 3.61 m；

$\mu_{折减}$——涵洞动力系数折减系数，按式（2.9）计算：

$$\mu_{折减}=0.63-\frac{0.5}{h_c+0.8} \tag{2.9}$$

其中：h_c——涵洞及结构顶面至轨底的填土厚度（m）。

2. 公路桥梁

公路桥梁设计中，《公路桥涵设计通用规范》（JTG D60—2015）按桥梁结构的动力特性来确定冲击力，桥梁结构的自振频率（基频）可综合反映出结构尺寸、类型、材料等动力特性因素的影响，直接表达冲击系数与桥梁结构刚度之间的关系。无论建桥材料和结构类型、尺寸、跨径是否不同，只要结构的基频相同和荷载条件相同，冲击系数就基本相同。

《公路桥涵设计通用规范》（JTG D60—2015）中，基于结构基频f计算冲击系数μ，按式（2.10）计算：

$$\begin{cases} f<1.5\ \text{Hz},\ \ \mu=0.05 \\ 1.5\ \text{Hz}\leqslant f\leqslant 14\ \text{Hz},\ \ \mu=0.176\,7\ln f-0.015\,7 \\ f>14\ \text{Hz},\ \ \mu=0.45 \end{cases} \tag{2.10}$$

式中：f——结构基频（Hz），通常采用有限元等数值分析方法计算，规范也给出了基频的估算公式，例如简支梁的竖向弯曲基频 f 按式（2.11）计算，其他结构的估算公式可参见《公路桥涵设计通用规范》（JTG D60—2015）。

$$f=\frac{\pi}{2l^2}\sqrt{\frac{EI_c}{m_c}} \tag{2.11}$$

其中：l——结构计算跨径（m）；

EI_c——跨中截面刚度（N/m^2）；

m_c——跨中截面处的单位长度质量（kg/m）。

填料厚度（包括路面厚度）大于或等于 0.5 m 的拱桥、涵洞以及重力式墩台不计冲击力。支座的冲击力应按相应的桥梁取用。汽车荷载的局部加载及在 T 梁、箱梁悬臂板上的冲击系数采用 0.3。

2.3.4 人群荷载

1. 铁路桥梁

一般情况下，铁路桥梁的人行道是铁路桥梁检修作业通道，以通行巡道和维修人员为主，并非供当地行人通行而设立。

当桥面上布置有作业通道时，人行荷载标准值为 4.0 kN/m^2。主梁设计时，作业通道的竖向静活载可不与列车荷载同时计算。作业通道走行检查小车时应考虑检查小车的竖向活载，主梁设计时应与列车荷载同时计算。作业通道板应按竖向集中荷载 1.5 kN 检算。检算栏杆立柱及扶手时，水平推力应按 0.75 kN/m 计算。水平推力作用于立柱顶面处。立柱和扶手应按 1.0 kN 的集中荷载检算。

2. 公路桥梁

公路桥梁设有人行道，当用汽车荷载计算时要同时计入人行道上的人群荷载。各国规范关于人群荷载的表达，有的以结构跨径作为指标，有的以加载长度作为指标，两种表达方式各有利弊。我国《公路桥涵设计通用规范》（JTG D60—2015）以结构跨径作为指标，人群荷载的标准值随结构跨径增大予以折减。人群荷载标准值应根据表 2.13 采用，对跨径不等的连续结构，以最大计算跨径为准。

表 2.13 人群荷载标准值

计算跨径 L_0/m	$L_0 \leqslant 50$	$50 < L_0 < 150$	$L_0 \geqslant 150$
人群荷载/（kN/m^2）	3.0	$3.25 - 0.005\,L_0$	2.5

非机动车、行人密集的公路桥梁，人群荷载标准值取上述标准值的 1.15 倍；专用人行桥梁，人群荷载标准值为 3.5 kN/m^2。人群荷载在横向应布置在人行道的净宽度内，在纵向施加于使结构产生最不利荷载效应的区段内。人行道板（局部构件）可以一块板为单元，按标准值 4.0 kN/m^2 的均布荷载计算。计算人行道栏杆时，作用在栏杆立柱顶上的水平推力标准值取 0.75 kN/m，作用在栏杆扶手上的竖向力标准值取 1.0 kN/m。

3. 城市桥梁

城市桥梁中，人行道板的人群荷载按 5 kPa 或 1.5 kN 的竖向集中力作用在一块构件上分别计算，取其不利者。

梁、桁架、拱及其他大跨结构的单位面积的人群荷载 W 可采用式（2.12）或式（2.13）计算，且 W 在任何情况下不得小于 2.4 kPa。

当加载长度 L<20 m 时：

$$W = 4.5 \times \frac{20 - \omega_p}{20} \tag{2.12}$$

当加载长度 $L \geqslant 20$ m 时：

$$W = \left(4.5 - 2 \times \frac{L - 20}{80}\right)\left(\frac{20 - \omega_p}{20}\right) \tag{2.13}$$

式中：W——单位面积的人群荷载（kPa）；

ω_p——单边人行道宽度（m），在专用非机动车桥上为 1/2 桥宽，大于 4 m 时按 4 m 计。

检修道上可分别计算人群荷载 2 kPa 或 1.2 kN 的竖向集中荷载作用在短跨小构件上，取其不利者。计算与检修道相连的构件，当计入车辆荷载或人群荷载时，可不计检修道上的人群荷载。

2.3.5 制动力和列车牵引力

车辆制动力和牵引力分别是指车辆在刹车和启动时，为克服车辆的惯性力而在路面（或轨道）与车轮之间发生的滑动摩擦力。制动力和牵引力是墩台设计的重要荷载，是作用在桥上的纵向水平力，但两者的作用方向恰好相反。车辆制动力或牵引力的传递与分布规律尚待深入研究，目前仍采用简化方法进行计算。

对于铁路桥，制动力或牵引力应按计算长度内列车竖向静活载的 10%计算；但当与离心力或列车竖向动力作用同时计算时，制动力或牵引力应按计算长度内列车竖向静活载的 7%计算。双线铁路桥梁按一线的制动力或牵引力计算，三线或三线以上的铁路桥梁按双线的制动力或牵引力计算。列车车站内的桥梁应根据其结构形式考虑制动和启动同时发生的可能进行设计。桥头填方破坏棱体范围内的列车竖向活载所产生的制动力或牵引力可不计算。采用铁路列车荷载图式中的特种活载时，不计算制动力或牵引力。重载铁路制动力或牵引力作用在轨顶以上 2.4 m 处，其他标准铁路的制动力或牵引力均作用在轨顶以上 2 m 处。当计算桥梁墩台时移至支座中心处，计算台顶以及刚构桥、拱桥时制动力或牵引力移至轨底，均不计移动作用点所产生的竖向力和力矩。

对于公路桥，只考虑制动力。汽车荷载制动力按同向行驶的汽车荷载（不计冲击力）计算，并按表 2.10 考虑纵向折减，以使桥梁墩台产生最不利纵向力的加载长度进行纵向折减。一个设计车道上由汽车荷载产生的制动力标准值按加载长度范围内车道荷载总重力的 10%计算，但公路—Ⅰ级汽车荷载的制动力标准值不得小于 165 kN，公路—Ⅱ级汽车荷载的制动力标准值不得小于 90 kN。同向行驶多车道的汽车荷载制动力标准值按表 2.9 考虑横向折减。

制动力的着力点在桥面以上 1.2 m 处，计算墩台时，可移至支座铰中心或支座底座面上；计算刚构桥、拱桥时，制动力的着力点可移至桥面上，但不计因此而产生的竖向力和力矩。

设有板式橡胶支座的简支梁、连续桥面简支梁或连续梁排架式柔性墩台，应根据支座与墩台抗推刚度的刚度集成情况分配和传递制动力；设有板式橡胶支座的简支梁刚性墩台，应按单跨两端的板式橡胶支座的抗推刚度分配制动力；设有固定支座、活动支座（滚动或摆动支座、聚四氟乙烯板支座）的刚性墩台传递的制动力，按表 2.14 的规定采用。每个活动支座传递的制动力，其值不应大于其摩阻力；当大于摩阻力时，按摩阻力计算。

表 2.14　刚性墩台各种支座传递的制动力

桥梁墩台及支座类型		应计的制动力
简支梁桥台	固定支座	$T_1$①
	聚四氟乙烯板支座	$0.30T_1$
	滚动（或摆动）支座	$0.25T_1$
简支梁桥墩	两个固定支座	$T_2$②
	一个固定支座，一个活动支座	见注④
	两个四氟乙烯板支座	$0.30T_2$
	两个滚动（或摆动）支座	$0.25T_2$
连续梁桥墩	固定支座	$T_3$③
	聚四氟乙烯板支座	$0.30T_3$
	滚动（或摆动）支座	$0.25T_3$

注：① T_1——加载长度为计算跨径时的制动力。
② T_2——加载长度为相邻两跨计算跨径之和时的制动力。
③ T_3——加载长度为一联长度的制动力。
④ 固定支座按 T_4 计算，活动支座按 $0.30T_5$（聚四氟乙烯板支座）或 $0.25T_5$（滚动或摆动支座）计算。T_4 为与固定支座相对应的单跨跨径的制动力，T_5 为与活动支座相对应的单跨跨径的制动力。桥墩承受的制动力为上述固定支座与活动支座传递的制动力之和。

2.3.6　温度作用

桥梁结构长期处于自然环境中，在太阳辐射和气温变化等温度环境的作用下，因材料热胀冷缩效应的影响，结构将产生变形，若该变形受到约束，还将引起结构的内力和应力，这就是温度作用。

各种材料的线膨胀系数，按《公路桥涵设计通用规范》（JTG D60—2015）的规定取值。对于钢材，取 1.2×10^{-5}（1/°C）；对于混凝土（包括钢筋混凝土和预应力混凝土），取 1.0×10^{-5}（1/°C）。结构物内的温度随空间位置和时间 t 的变化而不同，$T=T(x, y, z, t)$，是一个四维度场问题，构造准确温度模式 $T=T(x, y, z, t)$的难度很大，为简化计算，一般将其简化为均匀温度（温差）作用和梯度温度（温差）作用两种模式。设计中应考虑两种模式作用的效应组合。

1. 均匀温度作用

均匀温度作用表示整个结构均匀升温或降温，它将 $T=T(x, y, z, t)$四维度问题简化为均匀温度变化的最不利 ΔT 问题。对静定结构，均匀温度作用通常只会导致结构的伸长或缩短，不产生温度附加力；在超静定结构中，由于气温变化引起的变形受到约束，会导致结构中产生相应的附加力。

均匀温度的取值，可按桥梁所在地区的气温条件确定。对于混凝土结构，一般取当地最高和最低月平均气温计算；对于钢结构，由于钢结构导热性好，取当地历年最高温度和最低温度计算（自结构合龙时的温度算起）。例如，混凝土桥位处最高和最低月平均气温分别为+40 °C 和 0 °C，而架梁或结构合龙时的温度为+20 °C，则均匀温度的变化幅度为 40 °C，而用于计算温度作用效应的均匀温差值为±20 °C。

2. 梯度温度作用

梯度温度是指结构因日照或降温作用，导致结构内产生不均匀的温度场或温度变化。梯度温度作用对静定或超静定的桥梁结构，均将产生附加力。进一步分为日照温差作用和降温温差作用，两种温差作用应分别计算，不能累加。

日照温差是由于太阳照射形成迎光面和避光面，使结构在各尺寸维度上温度变化产生差异性。桥梁为三维结构，考虑到桥梁顺桥向因日照而产生的变化非常小，一般不予考虑其变化量，因此退化为 $T=T(x, y)$二维问题。为简化分析，进一步将其转化竖向梯度温差 $T=T(y)$和横向温差 $T=T(x)$两个一维问题分别计算。很多国家对梯度温差模式开展了研究，形成了不同的日照温差计算模式。

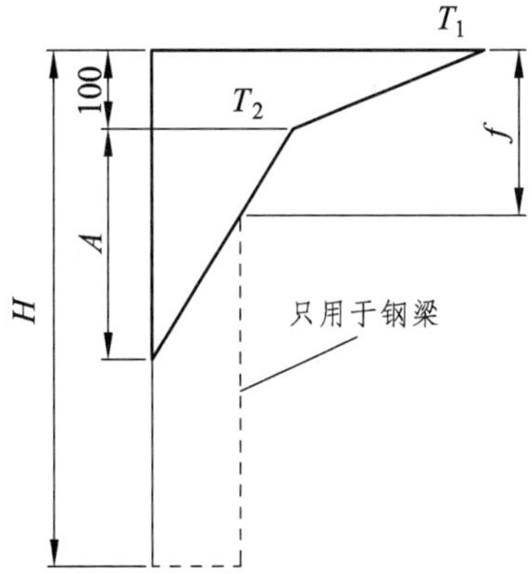

图 2.5　竖向梯度温度（尺寸单位：mm）

我国《公路桥涵设计通用规范》（JTG D60—2015）中，梯度温差 $T=T(y)$ 的模式采用图 2.5 所示的双折线温度梯度曲线，图中 H 为梁高；A 为对应温度梯度曲线上零点与 T_2 间的结构高度（按结构类型及梁高取值，例如，当混凝土结构的梁高 H 大于或等于 400 mm 时，取 A=300 mm）；t 为结合梁中混凝土桥面板的厚度；T_1 为桥面板表面的最高温度；T_2 为桥面板表面下 100 mm 处的温度（T_1、T_2 的取值依据桥面铺装类型而定，例如，对混凝土铺装层，取 T_1=25 °C，T_2=6.7 °C；对 100 mm 厚的沥青混凝土铺装层，取 T_1=14 °C，T_2=5.5 °C；对 50 mm 厚的沥青混凝土铺装层，取 T_1=20 °C，T_2=6.7 °C）。

若桥梁结构两侧腹板外的悬臂板较长，腹板受太阳直接辐射较少，梁底始终不受日照，则可忽略横向温度梯度作用，否则宜考虑横向温度梯度效应。现行公路桥梁规定横向梯度温差模式依据结构形式的不同可采用多折线或直线模式，具体可参见《公路桥涵设计通用规范》（JTG D60—2015）。

图 2.5 所示为结构表面正温差（升温）的情况，将其乘以-0.5，就得到负温差（降温）时的竖向温度梯度曲线。负温差表示骤冷、寒流降温等情况。

铁路桥涵处理温度作用的方法和公路桥梁基本相同，但日照和降温梯度温差模式不同。铁路桥采用指数函数的日照温差模式，如对混凝土箱梁结构，其竖向、横向的日照温差模式按式（2.14）计算：

$$T_y = T_{01}\mathrm{e}^{-\alpha y},\ T_x = T_{02}\mathrm{e}^{-\alpha x} \tag{2.14}$$

式中：T_x，T_y——横向 x 位置和竖向 y 位置处的温度（°C）；

T_{01}，T_{02}——箱高方向和梁宽方向的最高温度（°C），取值见《铁路桥涵设计规范（极限状态法）》（Q/CR 9300—2018）；

y，x——计算点到箱梁表面的距离（m）；

α——计算参数，取值见《铁路桥涵设计规范（极限状态法）》（Q/CR 9300—2018）。

《铁路桥涵设计规范（极限状态法）》（Q/CR 9300—2018）还给出了降温温差的指数曲线模式。计算混凝土结构由于温度梯度引起的效应时，对于日照温差宜采用混凝土的受压弹性模量，对于降温温差宜采用 0.8 倍的受压弹性模量。

2.3.7 风荷载

当风受到桥梁阻碍时，桥梁就会受到风压。桥梁结构设计时，应考虑风荷载，特别是大跨径的斜拉桥、悬索桥以及高耸的桥塔、桥墩等。

风压分顺桥向和横桥向，风压可视为平均风压（静风压）或脉动风压。采用静力学方法简化计算平均风压对结构的影响是桥梁设计的常规做法。对脉动风压，往往需按结构随机振动理论进行分析。

对于风荷载的具体计算，公路桥梁参见《公路桥梁抗风设计规范》（JTG/T 3360-01—2018）；铁路桥梁参见《铁路桥涵设计规范（极限状态法）》（Q/CR 9300—2018）或《铁路桥涵设计规范》（TB 10002—2017）。

2.3.8 其他荷载

1. 离心力

离心力是指车辆行驶在曲线线路上时，因方向变化而引起的径向水平力。

对于公路桥，离心力的着力点在桥面以上 1.2 m 处，为计算简便也可移至桥面，不计由此引起的作用效应。计算多车道公路桥梁的离心力时，汽车荷载标准值应考虑横向车道布载系数予以横向折减。

对于铁路桥，客货共线铁路离心力作用高度应按水平向外作用于轨顶以上 2.0 m 处计算；高速铁路、城际铁路离心力作用高度应按水平向外作用于轨顶以上 1.8 m 处计算；重载铁路离心力作用高度应按水平向外作用于轨顶以上 2.4 m 处计算。

2. 列车横向摇摆力

由于轨道不平顺、机车各部分产生的动力不对称、轨道及车轮存在磨耗损伤等的影响，列车在行进中会发生左右摇摆（蛇行运动），导致轨面受到来自车轮的横向摇摆力，这种水平力较难准确计算。《铁路桥涵设计规范》（TB 10002—2017）规定，列车横向摇摆力作为一个集中荷载取最不利位置，以水平方向垂直线路中心线作用于钢轨顶面，横向摇摆力的取值见表 2.15。多线桥梁可仅计算任一线上的横向摇摆力。客货共线铁路、重载铁路空车时应考虑横向摇摆力。

表 2.15　横向摇摆力计算取值表

设计标准	重载铁路	客货共线铁路	高速铁路	城际铁路
摇摆力/kN	$100z$	100	80	60

注：重载铁路列车横向摇摆力折减系数 z 的取值与重载铁路荷载系数一致。

3. 流水压力和冰压力

位于河流中的桥墩会受到流水压力的作用。通常，桥墩上游迎水一侧会形成高压区，下游一侧会形成低压区。这种前后压力差便构成水流对桥墩的压力。流水压力标准值与桥墩的截面形状、表面粗糙率、水流流速和形态等有关。因流水压力的分布可近似假定为倒三角形，故其着力点在设计水位以下 1/3 水深处。

位于冰凌河流或水库的桥梁墩台，应根据当地冰凌的具体条件及墩台的结构形式，考虑冰荷载的作用。冰荷载可分为以下 5 种：① 河流流冰因顺流而下，撞击桥墩而产生的动压力；② 由于风及水流作用于大面积冰层产生的静压力（常在水库内形成的）；③ 冰覆盖层受温度影响膨胀且受到约束时产生的静压力；④ 冰堆整体推移产生的静压力（与大面积冰层的情况类似）；⑤ 冰层因水位升降产生的竖向作用力。

桥梁结构受冰部位宜采用实体结构。对位于强烈流冰河流中的桥墩，其迎冰面宜做成圆弧形、多边形或尖角。

对流冰期的设计高水位以上 0.5 m 到设计低水位以下 1.0 m 的部位宜采取用抗冻性混凝土或花岗岩镶面或包钢板等防护措施。同时，对建筑物附近的冰体采取适宜的措施以减小冰体对结构物的作用力。

位于外海、海湾、海峡的桥梁结构，必要时下部结构设计应考虑波浪力的作用影响。波浪力按《港口与航道水文规范》[JTS 145—2015（2022 版）] 的有关规定计算，并宜开展专题研究确定波浪力的大小。

4. 支座摩阻力

对于设置活动支座的桥梁，活动支座构成一个滑动面，上部结构由温度、制动力、顺桥向风力、混凝土收缩等引起的变位而形成支座摩阻力，其作用方向与上部结构的变位方向相反，作用点在支座处。

5. 活载土压力

铁路列车竖向静荷载在桥台后引起的侧向土压力可按主动土压力计算，列车竖向静荷载可换算为当量均布土层厚度计算。具体计算可参见《铁路桥涵设计规范》(TB 10002—2017)。

汽车荷载引起的土压力采用车辆荷载加载。具体计算参见《公路桥涵设计通用规范》(JTG D60—2015)

6. 桥梁疲劳荷载

大小、方向随时间作周期性或不规则改变的荷载称为疲劳荷载。结构或构件在使用过程中往往承受着疲劳荷载，与之对应的应力为疲劳应力，通常将荷载和应力随时间变化的历程分别称为荷载谱和应力谱。工程结构事故中，因疲劳损伤破坏而引发的事故占很大比例，且结构的疲劳破坏在宏观上属于脆性破坏，即在破坏之前没有明显的征兆。在重载车辆昼夜不停地往复行驶的作用下，桥梁必然会遭受到疲劳损伤。

公路桥梁疲劳荷载的计算模型按《公路桥涵设计通用规范》(JTG D60—2015)分为3种模型：

(1)模型Ⅰ采用等效的车道荷载，集中荷载为$0.7P_k$，均布荷载为$0.3q_k$。其中P_k和q_k分别为公路—Ⅰ级车道荷载的集中荷载标准值和均布荷载标准值。考虑多车道的影响，应计入车道横向折减系数。

(2)模型Ⅱ采用双车模型，两辆模型车轴距与轴重相同，其单车的轴重与轴距布置如图2.6所示。计算加载时，两模型车的中心距不得小于40 m。

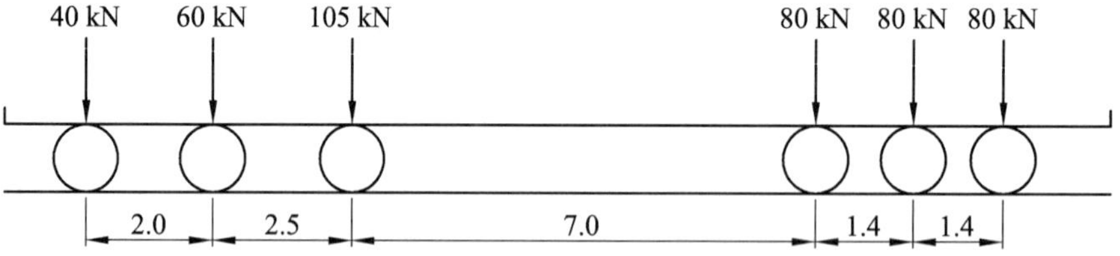

图2.6　桥梁疲劳荷载计算模型Ⅱ（尺寸单位：m）

(3)模型Ⅲ采用单车模型，模型车轴重及分布规定如图2.7所示。

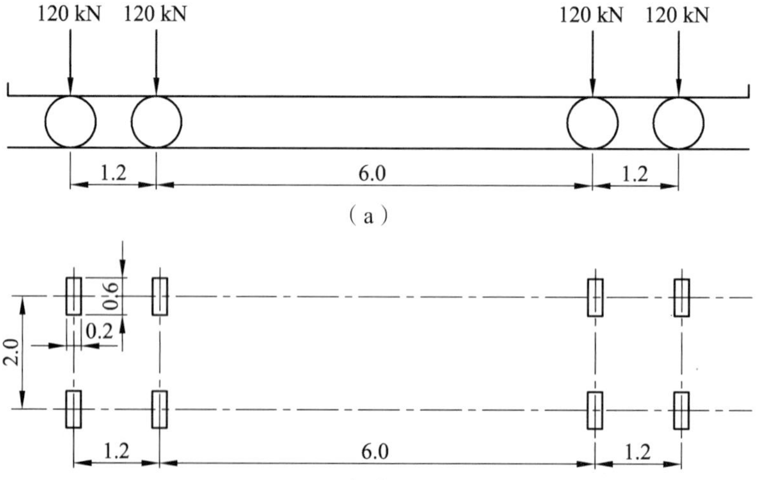

(b)

图2.7　桥梁疲劳荷载计算模型Ⅲ（尺寸单位：m）

当构件和连接不满足疲劳荷载计算模型Ⅰ的验算要求时，应按模型Ⅱ验算。桥面系构件的疲劳验算应采用疲劳荷载计算模型Ⅲ。

铁路桥梁结构疲劳荷载并未作为一个独立的作用项，但是开展铁路疲劳计算时需要注意其作用特征。为此，《铁路桥梁钢结构设计规范》（TB 10091—2017）中给出了具体的规定：结构疲劳荷载应考虑列车竖向静载、运营动力系数和离心力的作用。

7. 气动力

铁路桥梁中，气动力又称列车风压力，是指高速列车运行时带动周围空气随之运动形成的“列车风”在邻近列车的声屏障等建筑物上产生的波动压力。它与列车的形状、运行的速度、声屏障距线路中心的距离以及声屏障的高度等因素有关。气动力呈正、负压力波形式，即气动压力和气动吸力。

8. 冻胀力

在冻土的形成过程中，当温度降低到土体的冻结温度以下时，水分向正在冻结的土体中迁移并发生相态变化，体积增大 9%。当保持此温度或继续降低时，土体中的液态水大部分转变为固态水，形态变化逐渐缓慢直至消失。在这个过程中，土体中的液态水凝固并以冰的形式填充到土颗粒间隙中，当土体中水相态变化的体积膨胀足以引起土颗粒之间的相对位移时就引起了土体的冻胀。位于永冻土及冻胀土（季节冻胀深度大于 2 m）上的结构，在季节冰冻层范围内的土冻胀力按施加在基础（或桩）周边范围内的竖直切向力计算。

9. 施工荷载

结构构件就地建造或安装时，作用在构件上的施工荷载以及在构件制造、运输、吊装时作用于构件上的临时荷载，应根据施工阶段、施工方法和施工条件确定。计算施工荷载时，可根据具体情况分别采用各自相关的安全系数。施工运架时的运梁车、架桥机荷载标准值可采用运梁车、架桥机设计标准轴重。

2.4 偶然作用

偶然作用包括船舶、漂流物、汽车的撞击作用以及铁路桥梁中的列车脱轨荷载、长钢轨作用等。

2.4.1 船舶的撞击作用

在通行船舶或有漂流物的河流中，河中桥墩需要考虑船舶或漂流物的撞击力。船舶或漂流物与桥梁结构的碰撞过程十分复杂，其与碰撞时的风浪、气候、水流等环境因素，船舶的类型、尺寸、速度、装载情况、船体强度和刚度等船舶特性，以及桥梁的尺寸、形状、材料、质量和抗力等桥梁结构特性等有关。要精确分析船舶或漂流物与桥梁的相互作用十分困难，国内外规范计算方法的差异也较大。

根据通航航道的特点及通行船舶的特性，可将需要考虑撞击作用的河流分为内河和通行海轮的近海（包括海湾海峡）两大类。前者的代表船型为内河船舶、船队，后者的代表船型为海轮，两者与桥梁结构发生撞击的机理有所不同。

《公路桥涵设计通用规范》(JTG D60—2015)按照“静力法”，依据现行《内河通航标准》(GB 50139—2014)，Ⅳ～Ⅶ级内河航道当缺乏实际调查资料时，船舶撞击作用的设计值可按表2.16取值，航道内的钢筋混凝土桩墩，顺桥向撞击作用可按表2.16所列数值的50%取值。

表2.16 内河船舶撞击作用设计值

内河航道等级	船舶吨级（DWT）/t	横桥向撞击作用/kN	顺桥向撞击作用/kN
Ⅳ	500	550	450
Ⅴ	300	400	350
Ⅵ	100	250	200
Ⅶ	50	150	125

注：船舶吨级按船舶设计载重吨位确定，即载重吨（Dead Weight Tonnage，DWT）。

对近海通行海轮区域的船舶（3 000～50 000 t）产生的横桥向和顺桥向撞击作用标准值，是根据国内外研究成果，并经综合分析比较确定的。当缺乏实际调查资料时，海轮撞击作用的设计值可按表2.17取值。

表2.17 海轮撞击作用设计值

船舶吨级（DWT）/t	3 000	5 000	7 500	10 000	20 000	30 000	40 000	50 000
横桥向撞击作用/kN	19 600	25 400	31 000	35 800	50 700	62 100	71 700	80 200
顺桥向撞击作用/kN	9 800	12 700	15 500	17 900	25 350	31 050	35 850	40 100

规划航道内可能遭受大型船舶撞击作用的桥墩，应考虑桥墩的自身抗撞击能力、桥墩的位置和外形、水流流速、水位变化、通航船舶类型和碰撞速度等因素进行桥墩防撞设施的设计。当设有与墩台分开的防撞击的防护结构时，桥墩可不计船舶的撞击作用。

内河船舶的撞击作用点一般假定为计算通航水位线以上 2 m 的桥墩宽度或长度的中点。海轮船舶撞击作用点需视实际情况而定。

铁路桥梁根据船舶或排筏的质量、弹性变形系数和墩台材料的弹性变形系计算，具体计算参见《铁路桥涵设计规范》(TB 10002—2017)。

2.4.2 漂流物的撞击作用

水域中有漂流物的桥梁墩台，设计时应考虑漂流物的撞击作用，其横桥向撞击力设计值可按《公路桥涵设计通用规范》(JTG D60—2015)计算。

2.4.3 汽车的撞击作用

桥梁的某些结构构件，如防撞护栏、跨线桥的桥墩等，必要时可考虑汽车的撞击作用。汽车撞击力标准值在车辆行驶方向取 1 000 kN，在车辆行驶垂直（水平）方向取 500 kN。两个方向的撞击力不得同时考虑。撞击力作用于行车道以上 1.2 m 处。

对于设有防撞设施的结构构件，可视防撞设施的防撞能力对汽车撞击标准值予以折减，但折减后的撞击力不应低于上述规定值的 1/6。

2.4.4 列车脱轨荷载

列车脱轨是指列车在行进时脱离轨道。脱轨的主要原因有很多，包括损坏或歪斜的铁轨、列车超速、列车或钢轮异状和轨道上的障碍物等。长度大于 15 m 的桥梁应考虑列车脱轨荷载。列车竖向脱轨荷载可不计动力系数。多线桥只考虑一线脱轨荷载。列车脱轨荷载用于局部构件的承载能力极限状态验算时，列车脱轨荷载分项系数取 1.5。

列车脱轨荷载应按以下两种情况考虑：

（1）情况一：列车脱轨后一侧车轮仍停留在桥面轨道范围内。两条平行于线路中线、相距为 1.4 m 的线荷载，作用于线路中线一侧不超过挡砟墙或防护墙内侧的最不利位置上。该线荷载在长度为 6.4 m 的一段上为 50 kN/m，前后各接以 25 kN/m，如图 2.8 所示。

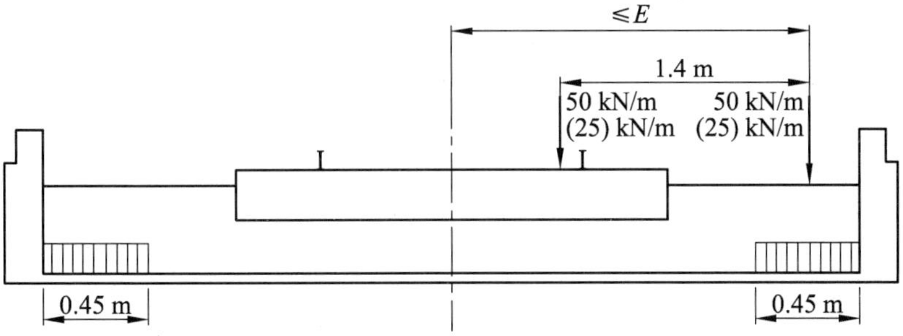

图 2.8 列车竖向脱轨荷载（情况一）

（2）情况二：列车脱轨后已离开轨道范围但仍停留在桥面边缘时，列车脱轨荷载应考虑竖向脱轨荷载。竖向脱轨荷载为一条长度为 20 m 平行于线路中线的线荷载，作用于挡砟墙内侧，离线路中心的最大距离为线路中线一侧不超过挡砟墙或防护墙内侧的距离，如图 2.9 所示。

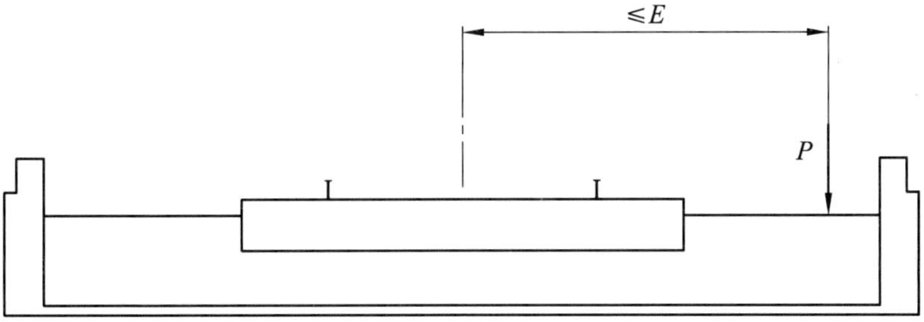

图 2.9 列车竖向脱轨荷载（情况二）

在图 2.8、图 2.9 中，E 为脱轨荷载距线路中心的距离。客货共线铁路、重载铁路，脱轨荷载作用于线路中线一侧 $E \leqslant 2.0$ m 的最不利位置上；高速铁路和城际铁路，脱轨荷载作用于线路中线一侧 $E \leqslant 2.2$ m 的最不利位置上。P 为列车竖向脱轨荷载，客货共线铁路 P=80 kN/m；高速铁路和城际铁路 P=64 kN/m；重载铁路 P=85z kN/m（z 为 ZH 荷载图式中重载铁路荷载系数）。

2.4.5 长钢轨作用

铁路桥梁上铺设无缝线路时，需要考虑无缝线路的纵向力，即长钢轨作用，包括伸缩力，挠曲力、断轨力。

伸缩力是由于温度变化引起桥梁与长钢轨相对位移而产生的纵向力。挠曲力是列车竖向荷载作用下，桥梁挠曲引起桥梁与长钢轨相对位移而产生的纵向力。断轨力是因长钢轨折断，引起桥梁与长钢轨相对位移而引起的纵向力。

桥上无缝线路纵向力按《铁路无缝线路设计规范》（TB 10015—2012）的相关规定计算。检算墩台时，纵向力作用点应为墩台支座中心。检算支座时应为支座顶中心。桥台顶断轨力作用点应为台顶。桥梁位于无缝线路伸缩区时，作用组合中不应计挠曲力、断轨力，墩台所承受的伸缩力按基本可变作用考虑。

桥梁位于无缝线路固定区时，墩台设计时的长钢轨作用组合应依据铁路线路数、有车无车等情况进行，具体参见《铁路桥涵设计规范》（TB 10002—2017）。同一股钢轨的伸缩力、挠曲力、断轨力不得叠加，伸缩力、挠曲力、断轨力不得与同线列车荷载引起的作用力组合。结构进行承载能力极限状态检算时，伸缩力、挠曲力的分项系数取值均为 1.2。

2.5 地震作用

地震是震区发生的地面运动，可带动建于地面上的桥梁基础产生反复的强迫运动，引起整个桥梁结构振动，进而激发作用于结构的惯性力、阻尼力等地震作用。

地震力不仅与地面运动的剧烈程度有关，也与结构的动力特性（频率和振型）有关，还与桥址处的地质情况有关。地震作用具有偶然性，一旦发生，影响非常大，甚至会产生灾难性的影响。设计位于地震区内的桥梁时，必须考虑地震力，提出主动或被动的抗震措施，使结构满足地震力下的动平衡要求，确保结构具有合适的抗震能力。国家和行业部门均颁布相关抗震规范规程，明确了各类结构物的抗震设防要求和计算方法等。

地震烈度是对地震强弱程度的一种等级描述。依据桥梁的功能和重要性不同，设计中采用不同的抗震设防烈度。现行抗震规范中，震区可能遭受的地震影响程度，用抗震设防烈度对应的地震动峰值加速度 A 表示，见表 2.18。目前桥梁抗震设计规范只适用于抗震设防烈度为 6 度、7 度、8 度和 9 度的情况，对设计烈度高于 9 度或有特殊抗震要求的建筑物及新型结构，应进行专门的抗震研究和设计。

表 2.18 抗震设防烈度和地震动峰值加速度 A

抗震设防烈度/度	6	7		8		9
地震动峰值加速度 A	0.05g	0.10g	0.15g	0.20g	0.30g	0.40g

抗震分析涉及地震学、结构动力学、工程地质等多方面的知识，地震作用常用分析方法有静力法、反应谱法和时程分析法。

2.6 作用效应组合

作用效应组合，简称作用组合，是指结构或构件设计时，预计可能同时出现的几种不同作用效应的集合。作用组合要考虑组合的可能性、不利性、合理性和经济性。

当各种作用确定后，采用力学方法计算得出结构的作用效应，如内力、应力和变形等，再依据设计方法的不同，依据一定的规则，将作用效应进行累加。进行作用效应组合的最终目的是将作用效应组合值 S 与桥梁结构或构件的抗力设计值 R 比较，验算结构的安全性或适用性等。

2.6.1 设计状态和安全等级

以极限状态法为基础的桥梁设计计算中，需确定桥梁的设计状态和安全等级。

1. 设计状态

根据不同种类的作用及其对桥涵的影响、桥涵所处的环境条件，分以下 4 种设计状况：

（1）持久设计状况。在结构使用过程中一定出现，且持续期很长的设计状况，其持续期一般与设计使用年限为同一数量级。在该状况下，应进行承载能力极限状态和正常使用极限状态设计。

（2）短暂设计状况。在结构施工和使用过程中出现概率较大，而与设计使用年限相比，其持续时间很短的设计状况，一般指桥涵施工、维修状况。在该状况下，一般只要求进行承载能力极限状态设计，必要时才进行正常使用极限状态设计。

（3）偶然设计状况。偶然设计状况指使用过程中出现概率很小，且持续期很短的设计状况，一般指偶然遭受的异常状况，如撞击、脱轨、断轨、落石冲击等。在该状况下，应进行承载能力极限状态设计。

（4）地震设计状况。地震设计状况适用于结构遭受地震时的情况。在该状况下，应进行承载能力极限状态设计。

2. 安全等级

按照结构可能破坏的严重程度，将桥涵的设计安全等级及结构重要性系数进行划分（见表 2.19）。同一座桥梁的不同构件宜取相同的安全等级。对于不同的等级，在作用效应组合计算中将表 2.19 中规定的结构重要性系数与作用效应组合值相乘。

表 2.19 桥涵结构的设计安全等级及结构重要性系数

设计安全等级	破坏后果	适用对象	结构重要性系数 γ_0
一级	很严重	公路：① 各等级公路上的特大桥、大桥、中桥；② 高速公路、一级公路、二级公路、国防公路及城市附近交通繁忙公路上的小桥。 铁路：跨越大江、大河、山区深谷且技术复杂、修复困难的特殊结构桥梁或重要桥梁	1.1

续表

设计安全等级	破坏后果	适用对象	结构重要性系数 γ_0
二级	严重	公路：① 三、四级公路上的小桥；② 高速公路、一级公路、二级公路、国防公路及城市附近交通繁忙公路上的涵洞。 铁路：特大桥、大桥、中桥、小桥、涵洞	1.0
三级	不严重	公路：三、四级公路上的涵洞。 铁路：其他附属结构或构件	0.9

表 2.19 中，公路桥梁所列的特大、大、中桥按单孔跨径确定，对跨径不等的多跨桥，以其主跨跨径为准。

2.6.2 铁路桥梁极限状态法作用效应组合

采用极限状态法的铁路桥涵结构设计需考虑结构上可能同时出现的作用，按承载能力极限状态、正常使用极限状态、疲劳极限状态分别进行作用组合，并按以下原则取最不利组合效应进行设计：① 桥梁设计时，只考虑永久作用、基本可变作用与一个方向（顺桥向或横桥向）的其他可变作用进行组合。② 构件的主要用途为承受某种其他可变作用时，该其他可变作用应按主导可变作用考虑。③ 流水压力不与冰压力组合，两者也不与制动力或牵引力组合。④ 船舶的撞击力、汽车的撞击力以及长钢轨断轨力，只计算其中的一种与永久作用和基本可变作用的组合，而不考虑其他可变作用组合。⑤ 列车脱轨荷载只与永久作用相组合，不与可变作用组合。

1. 承载能力极限状态下的组合

铁路桥涵结构按承载能力极限状态设计时，基本组合工况有 6 种，见表 2.20。根据不同的设计状况，铁路桥涵结构作用的分项系数见表 2.21。

表 2.20　基本组合工况

基本组合	内容
Ⅰ	永久作用设计值+基本可变作用设计值
Ⅱ	永久作用设计值+其他可变作用设计值
Ⅲ	永久作用设计值+基本可变作用设计值+其他可变作用（温度作用和施工荷载除外）设计值
Ⅳ	永久作用设计值+基本可变作用设计值+其他可变作用（风荷载和施工荷载除外）设计值
Ⅴ	永久作用设计值+基本可变作用设计值+其他可变作用（施工荷载除外）设计值
Ⅵ	永久作用设计值+施工荷载设计值+其他可变作用设计值

表 2.21　铁路桥涵结构作用分项系数

作用名称		承载能力极限状态					
		基本组合					
		Ⅰ	Ⅱ	Ⅲ	Ⅳ	Ⅴ	Ⅵ
结构自重		1.1（1.2）					
结构附加重力	道砟桥面	1.4					1.2
	其他桥面	1.1					
预加力		1.0（1.35）					
混凝土收缩及徐变作用		1.1					
不均匀沉降作用		1					1
土压力		1.2					1.2
静水压力及浮力		1.1					
列车荷载及动力作用		1.5	—	1.2	1.2	1.2	—
列车离心力		1.5	—	1.2	1.2	1.2	—
列车横向摇摆力		1.5	—	1.2	1.2	1.2	—
列车荷载引起的土压力		1.5	—	1.2	1.2	1.2	—
风荷载		—	1.4	1.1	—	0.75	0.75
温度作用	均匀升降温	—	—	—	1.3	1	1
	温度梯度	—	—	—	1	0.8	0.8
流水作用		—	—	0.8	1	0.8	1.1
冰压力		—	—	1.1	1.1	1.1	1
施工荷载		—	—	—	—	—	1.15

1）基本组合

基本组合的效应设计值计算按式（2.15）计算：

$$S_{\mathrm{d}}=\gamma_0 S\left(\sum_{i=1}^{n}\gamma_{Gi}G_{i\mathrm{k}}+\gamma_{Q1}Q_{1\mathrm{k}}+\sum_{j=2}^{m}\gamma_{Qj}\psi_{\mathrm{c}j}Q_{j\mathrm{k}}\right) \tag{2.15}$$

式中：S_{d}——作用组合的效应设计值；

γ_0——结构重要性系数，对应于安全等级一级、二级和三级分别取 1.1、1.0 和 0.9；进行施工阶段各项检算时，结构重要性系数均取 1.0；

S（·）——作用组合的效应函数，其中“Σ”和“+”表示线性组合；

γ_{Gi}——第 i 个永久作用的分项系数，按表 2.21 的规定取用；

$G_{i\mathrm{k}}$——第 i 个永久作用的标准值；

γ_{Q1}——主导可变作用的分项系数，按表 2.21 的规定取用；

$Q_{1\mathrm{k}}$——主导可变作用的标准值；

γ_{Qj}——第 j 个可变作用的分项系数，应按表 2.21 的规定取用；

ψ_{cj}——第 j 个可变作用的组合值系数，除特别规定外，一般取 1.0；

Q_{jk}——第 j 个可变作用的标准值；

n——参与组合的永久作用的个数；

m——参与组合的可变作用的个数。

2）偶然组合

铁路桥涵结构按承载能力极限状态设计时，偶然组合是指永久作用标准值与一种偶然作用设计值和可变作用某种代表值相组合。作用偶然组合的效应设计值按式（2.16）计算：

$$S_d = S\left(\sum_{i=1}^{n} G_{ik} + A_d + (\psi_{f1}\text{或}\psi_{q1})Q_{1k} + \sum_{j=2}^{m}\psi_{qj}Q_{jk}\right) \tag{2.16}$$

式中：A_d——偶然作用的设计值；

ψ_{f1}——主导可变作用的频遇值系数，除有特别规定外，一般取 1.01；

ψ_{q1}，ψ_{qj}——主导可变作用和第 j 个可变作用的准永久值系数，一般取 1.0。

3）地震组合

铁路桥涵结构按承载能力极限状态设计时，地震组合是指永久作用标准值与地震作用标准值和可变作用准永久值相组合。当采用减隔震设计时，应考虑减隔震装置对作用效应的影响。作用地震组合的效应设计值按式（2.17）计算：

$$S_d = S\left(\sum_{i=1}^{n} G_{ik} + \gamma_1 A_{Ek} + \sum_{j=2}^{m}\psi_{qj}Q_{jk}\right) \tag{2.17}$$

式中：γ_1——地震作用重要性系数；

A_{Ek}——地震作用的标准值，按《铁路工程抗震设计规范（2009 年版）》（GB 50111—2006）计算；

ψ_{qj}——第 j 个可变作用的准永久值系数，除有特别规定外，一般取 1.0。

2. 正常使用极限状态下的组合

铁路桥涵结构按正常使用极限状态设计时，应根据不同的设计要求，采用作用的频遇组合或准永久组合。

1）频遇组合

频遇组合是指永久作用标准值与基本可变作用频遇值组合，或者永久作用标准值与基本可变作用频遇值及其他可变作用准永久值相组合。作用频遇组合的效应设计值按式（2.18）计算：

$$S_d = \sum_{i=1}^{n} G_{ik} + \psi_{f1}Q_{1k} + \sum_{j=2}^{m}\psi_{qj}Q_{jk} \tag{2.18}$$

式中：ψ_{f1}——主导可变作用的频遇值系数，除有特别规定外，一般取 1.0；

ψ_{qj}——第 j 个可变作用的准永久值系数，除特别规定外，一般取 1.0。

2）准永久组合

准永久组合是指永久作用标准值与可变作用准永久值组合。作用准永久组合的效应设计值按式（2.19）计算：

$$S_{\mathrm{d}}=\sum_{i=1}^{n}G_{i\mathrm{k}}+\sum_{j=2}^{m}\psi_{\mathrm{q}j}Q_{j\mathrm{k}} \tag{2.19}$$

式中：$\psi_{\mathrm{q}j}$——第 j 个可变作用的准永久值系数，除有特别规定外，一般取 1.0。

3. 其他组合

进行结构疲劳设计时，只考虑永久作用和列车荷载（包括运营动力系数和离心力），各作用应采用标准值，作用分项系数可取 1.0。

结构构件当需进行弹性阶段截面应力计算时，各作用应采用标准值，作用分项系数除特别指明外应取 1.0。

施工荷载组合的效应设计值应按计算需要及结构所处条件而定，结构上的施工人员和施工机具设备均应作为临时荷载加以考虑。

2.6.3 铁路桥梁容许应力法荷载组合

对采用容许应力法设计的铁路桥梁，仍采用单一安全系数综合考虑荷载效应和构件抗力的变异性及结构的安全性，直接采用参与组合的荷载效应（即前述的标准值）进行组合运算。

基本的组合方式：

（1）主力：恒载与活载的组合。

（2）主力+附加力：恒载、活载及附加力的组合。

（3）主力+特殊荷载：恒载、活载及特殊荷载的组合。

组合的原则：

（1）组合中的恒载并不是表 2.2 中所列的所有恒载项，而是其中需要参加组合的一项或几项，对活载、附加力、特殊荷载也是如此。

（2）应考虑主力与一个方向（顺桥向或横桥向）的附加力组合。

（3）如杆件的主要用途为承受某种附加力，则在计算此杆件时，该附加力应按主力考虑。

（4）流水压力不与冰压力组合，两者也不与制动力或牵引力组合。

（5）船舶的撞击力、汽车的撞击力，只计算其中的一种荷载与主力相组合，不与其他附加力组合。

（6）列车脱轨荷载只与主力中恒载组合，不与主力中活载和其他附加力组合。

（7）地震力与其他荷载的组合应符合《铁路工程抗震设计规范（2009 年版）》（GB 50111—2006）的相关规定。

（8）无缝线路纵向作用力不参与常规组合。

桥梁设计根据各种结构的不同荷载组合将材料基本容许应力和地基容许承载力乘以不同的提高系数。预应力混凝土结构中的强度及抗裂性计算应采用不同的安全系数。

2.6.4 公路桥梁作用效应组合

公路桥梁采用极限状态法设计，分别按承载能力极限状态和正常使用极限状态进行作用效应组合，作用效应组合通过结构重要性系数、作用分项系数、组合值系数、频遇值系数和准永久值系数来共同考虑变异性和可靠度，作用效应组合值为结构重要性系数乘以各作用效应的设计值之和。

设计计算时应考虑结构可能同时出现的作用，均应按下列原则取其最不利组合效应进行设计：① 只有在结构上可能同时出现的作用，才进行组合；当结构或结构构件需做不同受力方向的验算时，则应以不同方向的最不利的作用组合效应进行计算。② 当可变作用的出现对结构或结构构件产生有利影响时，该作用不应参与组合。实际不可能同时出现的作用或同时参与组合概率很小的作用，按表 2.22 的规定不考虑其同时参与组合。③ 施工阶段的作用组合，按计算需要及结构所处条件而定。结构上的施工人员和施工机具设备均应作为可变作用加以考虑。组合式桥梁，当把底梁作为施工支撑时，作用组合效应宜分两个阶段计算，底梁受荷为第一个阶段，组合梁受荷为第二个阶段。④ 多个偶然作用不同时参与组合。⑤ 地震作用不与偶然作用同时参与组合。

表 2.22 可变作用不同时组合

作用名称	不与该作用同时参与组合的作用
汽车制动力	流水压力、冰压力、破浪力、支座摩阻力
流水压力	汽车制动力、冰压力、破浪力
破浪力	汽车制动力、流水压力、冰压力
冰压力	汽车制动力、流水压力、破浪力
支座摩阻力	汽车制动力

1. 承载能力极限状态下的组合

公路桥涵结构按承载能力极限状态设计时，对持久设计状况和短暂设计状况应采用作用的基本组合；对偶然设计状况应采用作用的偶然组合，对地震设计状况应采用作用的地震组合。作用地震组合的效应设计值应按现行《公路工程抗震规范》（JTG B02—2013）的有关规定计算。

1）基本组合

基本组合指永久作用的设计值效应与可变作用的设计值效应相组合。这种组合用于结构的常规设计，是所有公路桥涵结构都应该考虑的。基本组合的效应设计值按式（2.20）或（2.21）计算：

$$S_{\mathrm{ud}}=\gamma_0 S\left(\sum_{i=1}^{m}\gamma_{Gi}G_{ik},\gamma_{Q1}\gamma_{\mathrm{L1}}Q_{1\mathrm{k}},\psi_{\mathrm{c}}\sum_{j=2}^{n}\gamma_{\mathrm{L}j}\gamma_{Qj}Q_{j\mathrm{k}}\right) \tag{2.20}$$

或

$$S_{\mathrm{ud}}=\gamma_0 S\left(\sum_{i=1}^{m}G_{id},Q_{1\mathrm{d}},\sum_{j=2}^{n}Q_{j\mathrm{d}}\right) \tag{2.21}$$

式中：S_{ud}——承载能力极限状态下作用基本组合的效应设计值；

S(·)——作用组合的效应函数；

γ_0——结构重要性系数，按表 2.19 取值；

γ_{Gi}——第 i 个永久作用的分项系数，按表 2.23 取值；

G_{ik}，G_{id}——第 i 个永久作用的标准值和设计值；

γ_{Q1}——汽车荷载效应（含汽车冲击力、离心力）的分项系数，采用车道荷载计算时取 $\gamma_{Q1}=1.4$；采用车辆荷载计算时，其分项系数取 $\gamma_{Q1}=1.8$；当某个可变作用在组合中其效应值超过汽车荷载效应时，则该作用取代汽车荷载，其分项系数取 $\gamma_{Q1}=1.4$；对专为承受某种作用而设置的结构或装置，设计时该作用的分项系数取 $\gamma_{Q1}=1.4$；计算人行道板和人行道栏杆的局部荷载，其分项系数也取 $\gamma_{Q1}=1.4$；

Q_{1k}，Q_{1d}——汽车荷载（含汽车冲击力、离心力）的标准值和设计值；

γ_{Qj}——在作用组合中除汽车荷载（含汽车冲击力、离心力）、风荷载外的其他第 j 个可变作用的分项系数，取 1.4，风荷载的分项系数取 1.1；

Q_{jk}，Q_{jd}——在作用组合中除汽车荷载（含汽车冲击力、离心力）外的其他第 j 个可变作用的标准值和设计值；

ψ_c——在作用效应组合中除汽车荷载（含汽车冲击力、离心力）外的其他可变作用的组合值系数，$\psi_c=0.75$；

Q_{jk}——在作用组合中除汽车荷载（含汽车冲击力、离心力）外的第 j 个可变作用的组合值；

γ_{Lj}——第 j 个可变作用的结构设计使用年限荷载调整系数，公路桥涵的设计使用年限按现行《公路工程技术标准》（JTG B01—2014）取值时，可变作用的设计使用年限荷载调整系数取 $\gamma_{Lj}=1.0$；否则，γ_{Lj} 取值应按专题研究确定。

当作用与作用效应可按线性关系考虑时，作用基本组合的效应设计值 S 可通过作用效应代数相加计算。设计弯桥时，当离心力与制动力同时参与组合时，制动力标准值或设计值按 70%取用。

表 2.23 永久作用的分项系数

<table>
<tr><th colspan="2" rowspan="2">作用类别</th><th colspan="2">永久作用分项系数</th></tr>
<tr><th>对结构的承载能力不利时</th><th>对结构的承载能力有利时</th></tr>
<tr><td colspan="2">混凝土和圬工结构重力（包括结构附加重力）</td><td>1.2</td><td rowspan="2">1.0</td></tr>
<tr><td colspan="2">钢结构重力（包括结构附加重力）</td><td>1.1（钢桥面板）或
1.2（混凝土面板）</td></tr>
<tr><td colspan="2">预加力</td><td>1.2</td><td>1.0</td></tr>
<tr><td colspan="2">土的重力</td><td>1.2</td><td>1.0</td></tr>
<tr><td colspan="2">混凝土收缩和徐变作用</td><td>1.0</td><td>1.0</td></tr>
<tr><td colspan="2">土侧压力</td><td>1.4</td><td>1.0</td></tr>
<tr><td colspan="2">水的浮力</td><td>1.0</td><td>1.0</td></tr>
<tr><td rowspan="2">基础变位作用</td><td>混凝土和圬工结构</td><td>0.5</td><td>0.5</td></tr>
<tr><td>钢结构</td><td>1.0</td><td>1.0</td></tr>
</table>

2）偶然组合

偶然组合指永久作用标准值、可变作用某种代表值和一种偶然作用设计值的效应组合。与偶然作用同时出现的可变作用，可根据观测资料和工程经验取用频遇值或准永久值。作用偶然组合的效应设计值按式（2.22）计算：

$$S_{ad}=S\left(\sum_{i=1}^{m}G_{ik},A_{d},(\psi_{f1}\text{或}\psi_{q1})Q_{1k},\sum_{j=2}^{n}\psi_{qj}Q_{jk}\right) \tag{2.22}$$

式中：S_{ad}——承载能力极限状态下作用偶然组合的效应设计值；

A_d——偶然作用的设计值；

ψ_{f1}——汽车荷载（含汽车冲击力、离心力）的频遇值系数，取 ψ_{f1}=0.7，当某个可变作用在组合中其效应值超过汽车荷载效应时，该作用取代汽车荷载，人群荷载中 ψ_f=1.0，风荷载中 ψ_f=0.75，温度梯度作用 ψ_f=0.8，其他作用 ψ_f=1.0；

$\psi_{f1}Q_{1k}$——汽车荷载的频遇值；

ψ_{q1}，ψ_{qj}——第 1 个和第 j 个可变作用的准永久值系数，汽车荷载（含汽车冲击力，离心力）ψ_q=0.4，人群荷载 ψ_q=0.4，风荷载中 ψ_q=0.75，温度梯度作用中 ψ_q=0.8，其他作用 ψ_q=1.0；

$\psi_{q1}Q_{1k}$，$\psi_{qj}Q_{jk}$——第 1 个和第 j 个可变作用的准永久值。

3）地震组合

地震效应组合应包括永久作用效应和地震作用效应，其中永久作用包括重力、预应力、土压力和水压力。作用代表值为标准值。

2. 正常使用极限状态下的组合

公路桥涵结构按正常使用极限状态设计时，根据不同的设计要求，采用作用的频遇组合或准永久组合。

1）频遇组合

频遇组合是指永久作用标准值与汽车荷载频遇值、其他可变作用准永久值相组合。作用频遇组合的效应设计值按式（2.23）计算：

$$S_{fd}=S\left(\sum_{i=1}^{m}G_{ik},\ \psi_{f1}Q_{1k},\sum_{j=2}^{n}\psi_{qj}Q_{jk}\right) \tag{2.23}$$

式中：S_{fd}——作用频遇组合的效应设计值；

ψ_{f1}——汽车荷载（不计汽车冲击力）频遇值系数，取 0.7；

ψ_{qj}——第 j 个可变荷载的准永久值系数，人群荷载取 0.4；风荷载取 0.75；温度梯度作用取 0.8；其他作用取 1.0。

2）准永久组合

准永久组合是指永久作用标准值与可变作用准永久值相组合。作用准永久组合的效应设计值按式（2.24）计算：

$$S_{qd}=S\left(\sum_{i=1}^{m}G_{ik},\sum_{j=2}^{n}\psi_{qj}Q_{jk}\right) \tag{2.24}$$

式中：S_{qd}——作用准永久组合的效应设计值；

ψ_{qj}——第 j 个可变荷载的准永久值系数，汽车荷载（不计汽车冲击力）取 0.4，人群荷载取 0.4，风荷载取 0.75，温度梯度作用取 0.8，其他作用取 1.0。

3. 其他组合

结构构件当需进行弹性阶段截面应力计算时，除特别指明外，各作用应采用标准值，作用分项系数应取为 1.0，各项应力限值应按各设计规范规定采用。钢结构构件抗疲劳设计时，除特别说明外，各作用应采用标准值，作用分项系数应取为 1.0。验算结构的抗倾覆、滑动稳定时，稳定系数、各作用的分项系数及摩擦系数，应根据不同结构按各有关桥涵设计规范的规定取用。构件在吊装、运输时，构件重力应乘以动力系数 1.2（对结构不利时）或 0.85（对结构有利时），并可视构件具体情况作适当增减。

2.6.5 公铁两用桥作用效应组合

公铁（城市道路）两用桥梁考虑同时承受公路和铁路（城市道路）活载时，考虑到铁路和公路（城市道路）同时出现最不利活载的可能性极小，故公路（城市道路）活载应按现行规范规定的全部活载的 75% 计算，铁路活载应按现行规范规定活载的 100% 计算。采用极限状态法设计计算时，分项系数按铁路荷载规定取值。对于特别重要的公铁两用桥，公路和铁路活载的作用也可通过研究确定。

思考题

1. 名词解释：永久作用、可变作用、偶然作用、作用代表值、极限状态。
2. 铁路桥梁和公路桥梁的作用包括哪些？
3. 简述现行公路、铁路桥梁规范中的作用效应组合。
4. 铁路桥梁作用与公路桥梁相比，有何特点？
5. 简述现行公路桥梁规范的汽车活载的类型、作用和组成。
6. 何谓冲击力，其影响因素有哪些？冲击系数与动力系数有何不同？
7. 桥梁设计中应考虑哪两类极限状态？其具体的含义是什么？
8. 铁路活载分为哪几类？试分析其活载作用效应大小关系。
9. 作用组合中，不同时考虑的作用有哪些？为什么？
10. 温度作用分为哪几类？公路、铁路桥梁的日照温度模式各是什么？

Chapter 3

第 3 章
桥面布置及构造

铁路、公路桥的桥面构造（桥面系）是指桥梁与车辆或行人接触的部分，直接承受车轮和行人荷载，对桥梁的承重结构起到防护作用，并满足桥梁的使用、维护及美观要求。桥面系主要包括铁路桥梁的道床、公路桥梁的桥面铺装、防排水系统、伸缩缝、防撞护栏、人行道及栏杆等。

3.1 铁路桥面布置及构造

3.1.1 桥面构造

铁路桥面类型可概括为有砟轨道桥面、无砟轨道桥面和钢梁明桥面三种类型，前两类主要用于混凝土或钢-混结构桥面。

1. 有砟轨道桥面

有砟轨道桥面指桥枕下铺设有一定厚度道砟的桥面结构形式，如图 3.1 所示，主要用于设计速度<250 km/h 的铁路线路或高速铁路中的大跨径桥梁。

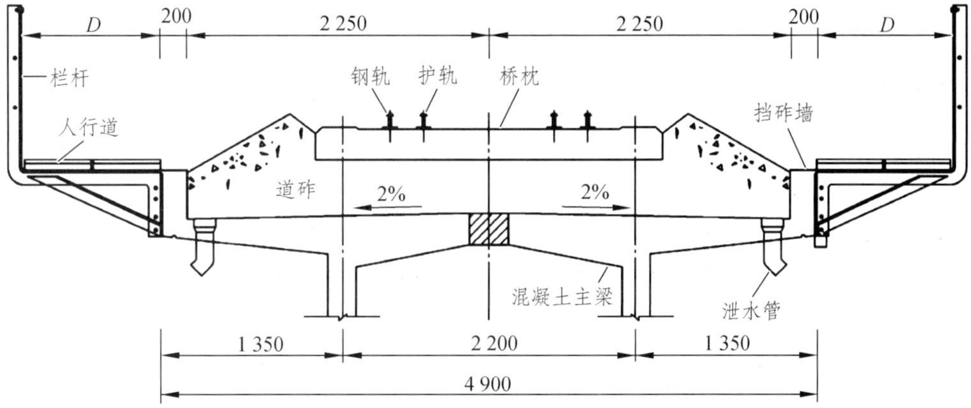

D—人行道宽度。

图 3.1 道砟桥面（尺寸单位：mm）

干线铁路有砟轨道桥面通常包括钢轨、护轨、桥枕、道砟、挡砟墙、泄水管、人行道、栏杆和钢轨伸缩调节器等构造。钢轨是列车的运行轨道，护轨可约束车轮行驶，防止列车掉道时冲出桥面。桥枕及道砟将列车车轮的集中荷载分布到主梁梁面，减弱列车对桥梁的冲击作用，道砟还可以防止枕木位移，并有利于轨底标高的调整。梁顶两侧设置挡砟墙，为了使挡砟墙不参与主梁的共同受力，沿纵向每隔 3 ~ 4 m 设置横向断缝，缝内填塞防水材料。为便于抽换枕木，枕木底宜高于挡砟墙顶面。

枕底道砟最小厚度：对于新建Ⅰ级铁路，≥30 cm；对于新建Ⅱ级铁路，≥25 cm；对于高速和重载铁路，≥35 cm。

两片主梁之间由纵向构造缝或后浇混凝土连接，纵梁与纵梁之间、主梁与桥台之间也有横向构造缝，通常在梁缝上设置钢盖板或钢筋混凝土盖板以防止道砟掉落。钢盖板下每隔一定间距焊有一排或两排短钢筋伸入梁缝，避免盖板移位。

我国部分高速铁路和客运专线也采用有砟轨道桥面，其构造与干线铁路类似，轨枕为Ⅲ型轨枕，不设置护轨。高速铁路有砟道床如图 3.2 所示。

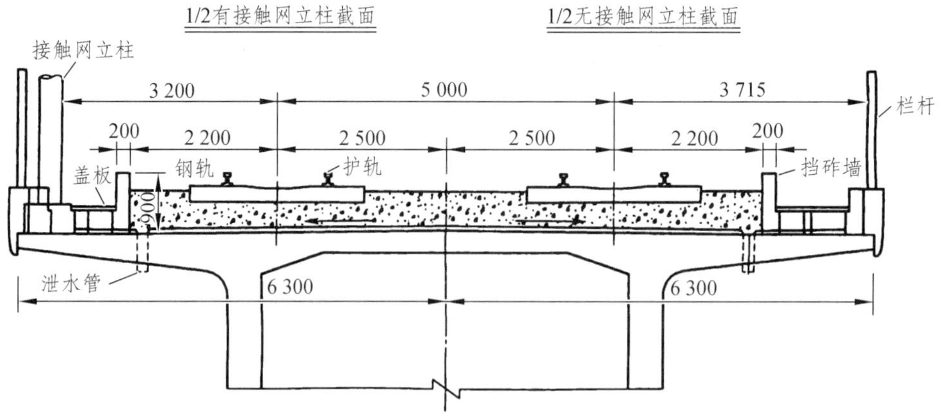

图 3.2　高速铁路有砟道床（尺寸单位：mm）

高速铁路有砟轨道铺设简便、建设费用低、维修方便，有利于桥上线路高程的调整，可改善行车舒适度和降低噪声。但存在二期恒载大、维修工作量大等不足，并且随着列车速度的提高，会出现道床变形、道砟粉化、石砟飞溅、轨道不平顺等现象，不仅影响高速列车的舒适性和安全性，也给轨道的维修造成困难。

2. 无砟轨道桥面

无砟轨道桥面是指用混凝土、沥青混合料等整体道床取代散粒碎石道床的轨道结构，是设计速度≥250 km/h 的高速铁路和客运专线普遍采用的桥面构造方式，主要由钢轨、道床、防排水系统、防护墙、电缆槽、接触网立柱、人行道和栏杆等组成。高速铁路无砟轨道桥面如图 3.3 所示。

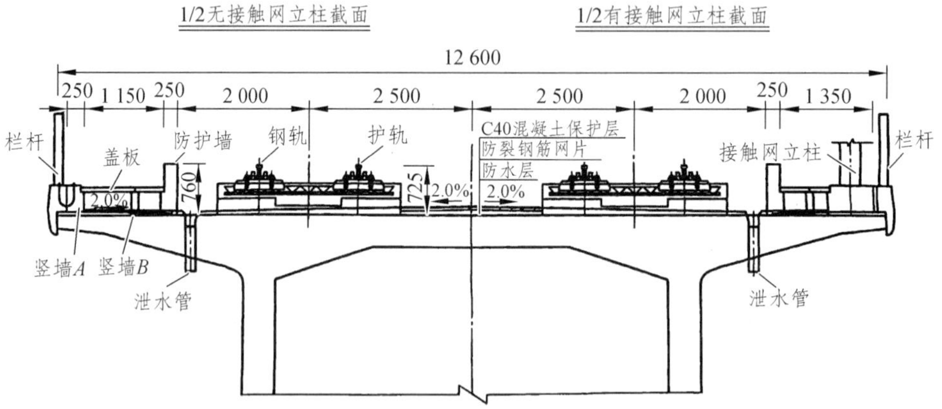

图 3.3　高速铁路无砟轨道桥面（尺寸单位：mm）

无砟轨道结构可分为预制板式无砟轨道和现浇整体式无砟轨道两大类，有板式、轨枕埋入式、弹性支承块式等结构形式。目前我国高速铁路无砟轨道有 CRTS Ⅰ型、CRTS Ⅱ型和 CRTS Ⅲ型系列。无砟轨道结构具有平顺性好、稳定性好、维修工作量少、能避免道砟飞溅等优点，但是也存在初期投资大、轨道弹性小、修复困难等不足。

3. 明桥面

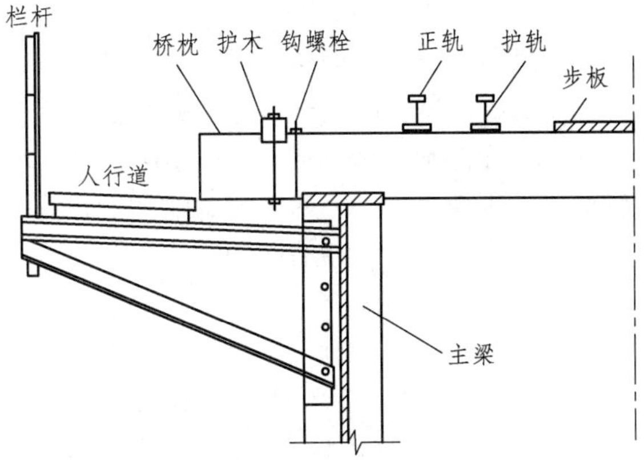

图 3.4 明桥面

设计速度≤160 km/h 的客货共线和重载铁路钢板梁和钢桁梁的桥可不铺设道床，直接将枕木布置于主梁或桥面纵梁上。图 3.4 所示为明桥面，其优点是自重轻，但缺点是噪声大，不适合在城市人口密集的地区使用。

明桥面包括钢轨、护轨、桥枕、护木、防爬角钢、枕间板、人行道等构造。明桥面的桥枕一般采用木枕以减轻自重、增加弹性，可吸收部分列车振动能量。为便于更换枕木，桥枕的净距不能小于 10 cm。为防止列车脱轨时车轮卡入桥枕，桥枕最大净距不宜超过 21 cm。护木的作用是固定桥枕的相对位置，一旦车轮脱轨越出护轨后，护木还可以起到第二道护轨的作用。防爬角钢连接在纵梁上，防止桥面在纵向力作用下沿纵梁爬行。

钢筋混凝土枕间板铺设在桥枕之间，便于养护人员通行。人行道设于线路两侧，供养护人员行走，如进入铁路建筑限界范围以内，每隔 30 m 应设置避车台。人行道板的顶面应低于桥枕底面，以方便抽换枕木。

3.1.2 铁路桥梁伸缩装置

桥跨结构在气温变化、混凝土收缩徐变、活载作用下将会发生伸缩变形，需要在梁端设置伸缩缝满足纵向变形需求，同时又要保证车辆平顺地通过伸缩缝，因此，要在相邻梁端之间，或梁端与桥台之间设置桥梁伸缩装置。值得注意的是，设置伸缩装置处的栏杆、人行道结构也应断开，以满足梁体的自由变形。

伸缩量的大小是伸缩装置选择的主要参数，计算时以安装伸缩装置时的温度为基准，考虑环境温度变化、混凝土收缩徐变以及梁体的制造和安装误差，其计算公式为

$$\Delta l = \Delta l_t^+ + \Delta l_t^- + \Delta l_s^- + \Delta l_c^- + \Delta l_e \tag{3.1}$$

式中：Δl——基本伸缩量；

Δl_t^+——温度升高引起的梁体伸长量；

Δl_t^-——温度下降引起的梁体缩短量；

Δl_s^-——混凝土收缩引起的梁体缩短量；

Δl_c^-——混凝土徐变引起的梁体缩短量；

Δl_e——梁体的制造和安装误差。

式（3.1）中各项为绝对值之和。对于大跨径桥梁，还应计入因荷载、温度梯度等引起的梁端转角产生的伸缩变形。

列车在钢轨上运行，当桥梁纵向伸缩量较小时，道砟桥面桥梁只需在结构伸缩缝处进行

挡砟处理，即在主梁与主梁之间、主梁与桥台之间的伸缩缝采用钢结构或铺设钢筋混凝土挡砟盖板。

高速铁路桥梁结构和轨道需在梁端设置伸缩装置，以适应结构的纵向位移。伸缩装置的选择既要考虑环境温度变化、混凝土收缩和徐变，还需要考虑牵引力、制动力等荷载。

在荷载和温度作用下，铁路桥梁的钢轨随同桥梁一起伸长或缩短，由于钢轨与梁体沿线路纵向的约束条件不同，两者的温度变化和膨胀系数也不一样，将导致两者之间伸缩长度存在差异，有产生相对位移的趋势。该相对位移的趋势受钢轨与梁体间连接的约束，产生钢轨与桥梁结构之间的伸缩力、挠曲力等相互作用，对墩台和轨道受力产生不利影响，需通过桥梁和轨道的共同受力分析选择合适位置断开钢轨，可以在纵向产生一定相对位移处设置钢轨伸缩调节器。大跨径桥梁一般设置在桥端的桥梁伸缩缝附近，以减小桥梁与轨道的相互作用力，改善长钢轨和桥梁墩台的受力，减小轨道的变形并保持其稳定。

钢轨伸缩调节器由基本轨、尖轨、扣件系统等部件组成，将原来对接的两根轨道分别向内、外侧弯曲，并保持一段重叠距离，内侧钢轨磨削成尖头状，使两根钢轨的内缘处于同一直线。尖轨与外侧基本轨用弹簧压紧，保持钢轨伸缩时尖轨与外侧钢轨的紧贴状态，便于车轮通过。钢轨伸缩调节器分为单向伸缩［见图 3.5（a）］和双向伸缩［见图 3.5（b）］两种。

（a）单向伸缩

（b）双向伸缩

图 3.5　铁路钢轨伸缩调节器

3.1.3　防排水系统

桥梁上部结构应经常处于干燥状态，雨水的侵蚀将导致钢筋、钢板锈蚀以及混凝土冻胀等现象产生，降低结构使用寿命，因此应有适当的防排水和通风条件。通常在桥面上铺设防水层，并设置排水纵横坡和泄水管将雨水及时排出，提高结构的耐久性。

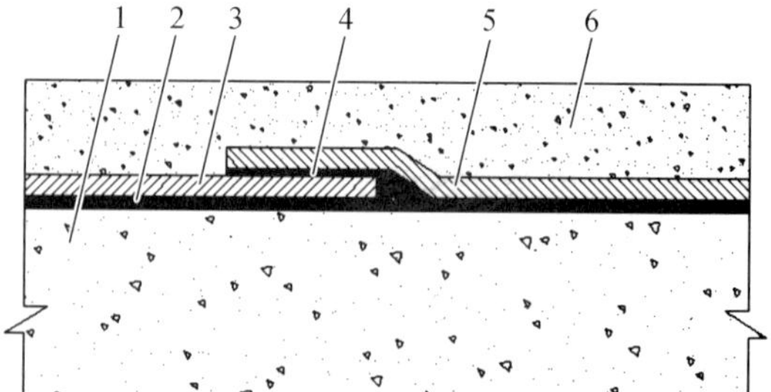

1—桥面基层；2—黏结用聚氨酯涂料；3，5—L 类氯化聚乙烯防水卷材；4—卷材搭接处两层间热熔焊接；6—保护层。

图 3.6　氯化聚乙烯防水层

铁路桥梁的防水层分为卷材类和涂料类，目前常用的防水卷材有氯化聚乙烯（见图 3.6）、高聚物改性沥青等，涂料主要为聚氨酯防水涂料。卷材类防水层适用于防护墙（挡砟墙）以内的桥面，涂料防水层仅适用于防护墙（挡砟墙）以外的部位。

保护层采用掺加聚丙烯腈纤维或聚丙烯纤维网的 C40 细石混凝土。有砟混凝土桥面道砟槽内保护层厚度不小于 60 mm，道砟槽外及无砟混凝土桥面保护层厚度不小于 40 mm。

聚氨酯防水涂料分为粘贴防水卷材的涂料和直接用作防水层的涂料。粘贴防水卷材的涂料层厚度不小于 1.5 mm，直接用作防水层的涂料层厚度不小于 2.0 mm。

桥梁的排水措施应保证桥面行车道的结构表面排水顺畅，一般考虑纵、横向设置排水坡，坡度不小于 2%。排水管的间距和孔径根据设计径流量计算确定，还需注意在结构的缝隙处须设置防止落砟和防止漏水的措施。铁路桥梁纵坡小，主要通过横坡汇集雨水并排出桥面。干线铁路一般在道砟槽板顶部铺设防水层和保护层，形成单向或双向横坡；高速铁路桥梁则根据主梁构造、道床类型、线路布置等状况，采用双向、四向或六向横坡，如图 3.1 和图 3.3 所示。

《高速铁路桥梁附属设施有关工作的通知》铁总建设〔2014〕143 号要求：除受无砟轨道类型影响须设置中间排水的桥梁外，其他桥梁箱内不应设置纵向排水管；上跨铁路或道路的铁路桥梁，应尽量采用梁端排水方式；当采用梁端排水不能满足要求时，可采用外挂纵向排水管等排水方式，但设计中应优化连接措施，施工中应加强施工质量控制，以确保排水管材质和安装质量符合设计和有关标准要求。空心墩台应在底部设置排水孔，以避免内部积水。

泄管分为铸铁管、PVC（聚氯乙烯）、钢管等不同材质，主要有方形和圆形两种截面形式。铸铁泄水管是由高密度钢铁添加其他助剂而形成的管材；PVC 泄水管是以聚氯乙烯为主要原料的管材，具有防腐蚀、抗老化、耐候性好、便于运输等特点。图 3.7 所示为铸铁和 PVC 泄水管的实物图片。

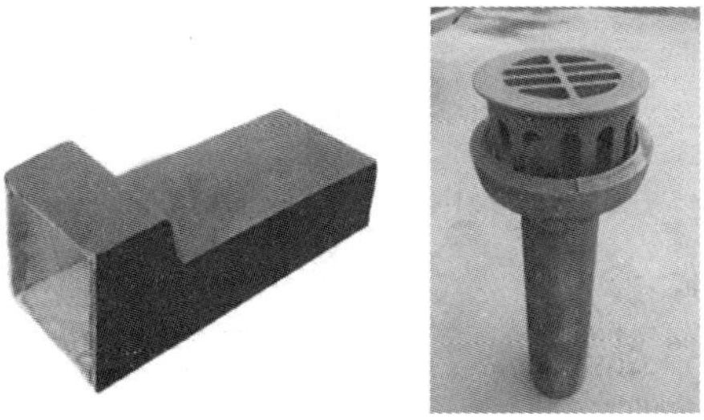

（a）铸铁管

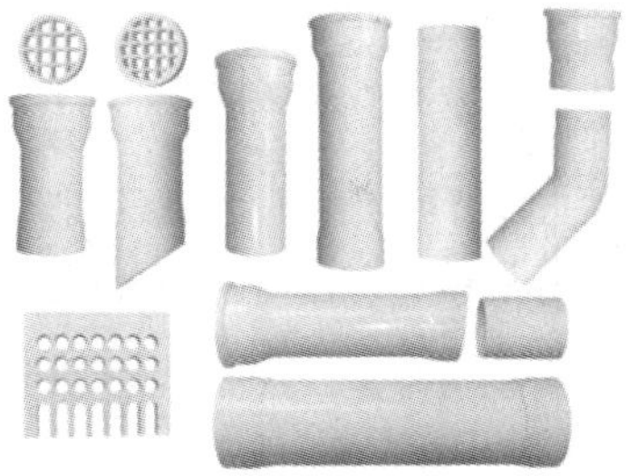

（b）PVC 泄水管

图 3.7　泄水管

泄水管可采用竖向或横向的排水方式，横向排水的坡度小，容易产生淤堵。对于跨越一般河流、水沟的桥梁，桥面水流可经泄水管直接排放，泄水管管口应伸出结构 3 cm 以上以便于滴水。跨越公路、铁路的桥梁以及城市桥梁，泄水管中的雨水应汇集在纵向排水管或排水槽中，再通过设置在墩台处的竖向排水管汇入地面排水设施。对于跨越饮用水源区域的桥梁，需将雨水引至两岸排放。

3.1.4　人行道

铁路桥梁设置人行道是为了方便维修养护人员的通行以及临时堆放道砟、枕木、钢轨等材料。客货共线铁路、重载铁路桥面应设置双侧带栏杆的人行道，明桥面还应在轨道中心铺设步行板。考虑到建筑限界、桥上大机器作业、桥上避车安全距离以及桥面设施的影响，根据铁路类型及桥面形式的不同，线路中心至人行道栏杆内侧的最小净距为 2.45 ~ 3.75 m。

3.1.5 其他桥面设施

声屏障是降低铁路列车运行噪声对沿线周围环境污染的主要设施，在某些强风地段，声屏障还可以兼具风屏障的作用，在国内客运专线、高速铁路线路上广泛采用。

铁路声屏障主要包括整体式和承插式两大类。整体式声屏障为钢筋混凝土构件，其面向铁路轨道侧，预留的框式凹槽便于安装吸声材料，如图 3.8（a）所示。承插式声屏障包含直立式、折角式、微弧式等不同构造形式，主要构件为声屏障单元板（为加强降噪效果，声屏障单元板多制成既有隔声性能，又具备吸声性能的构件），材料有金属类（如铝合板、钢板）和非金属类（如透明材料板、混凝土板、木屑混凝土板等），如图 3.8（b）所示为承插式声屏障构造图，由于其质量轻、安装方便，目前在铁路桥梁中广泛应用。

一些铁路桥面上还布置有电缆槽，电气化铁路还布置有接触网立柱等。

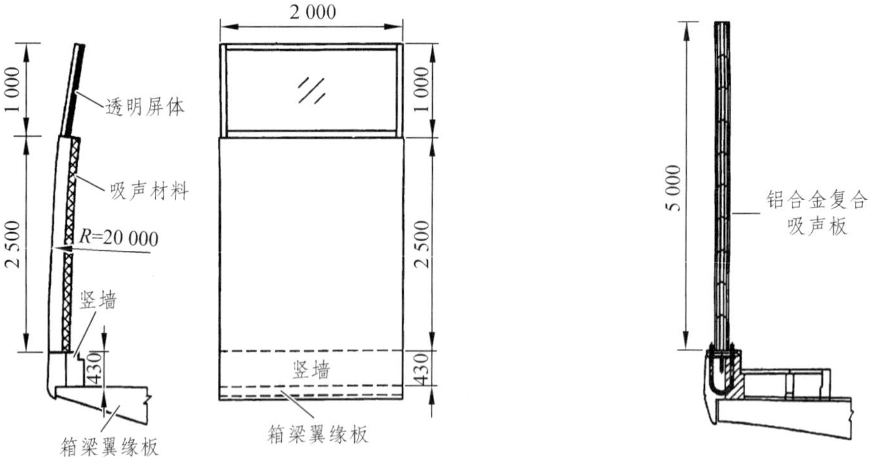

（a）整体式声屏障　　（b）承插式声屏障

图 3.8　声屏障（尺寸单位：mm）

3.2 公路桥面布置及构造

3.2.1 公路桥面铺装

公路桥梁在行车道上设桥面铺装层，作用是防止车辆轮胎或履带直接磨耗行车道板，保护主梁免受雨水侵蚀，并对车辆轮重的集中荷载起分布作用。桥面铺装应具有抗滑、行车舒适，有一定的强度、抗裂性和耐磨性等特点。

公路桥面铺装的类型有水泥混凝土、沥青混凝土、沥青表面处治等类型。水泥混凝土铺装造价低、耐磨性好，但养生期长，损坏后修补比较麻烦。沥青混凝土铺装自重较轻，维修养护比较方便，铺筑几个小时后就可以通车运营，但高温稳定性差，易老化。沥青表面处治桥面铺装耐久性差，仅在中级或低级公路桥梁上使用。

1. 水泥混凝土铺装

水泥混凝土铺装直接铺设在桥面防水层上，厚度不宜小于 80 mm，强度等级不应低于 C40，铺设时应避免二次成形。铺装层内应配置钢筋网，钢筋直径不小于 8 mm，间距不宜大于 100 mm。为了提高铺装层的抗拉强度和耐磨性，可在混凝土内掺入少量的钢纤维或聚丙烯纤维，形成纤维混凝土铺装。

图 3.9 所示为水泥混凝土桥面铺装构造，图中桥面现浇层将各片 T 梁连接起来共同承受活载，T 梁顶部预留的竖向钢筋伸入现浇层，加强与现浇层的联系。通常不考虑桥面铺装层参与主体结构受力，如铺装层与桥面板紧密结合，可将一定厚度的水泥混凝土铺装层计入桥面板厚度，与桥面板共同受力。

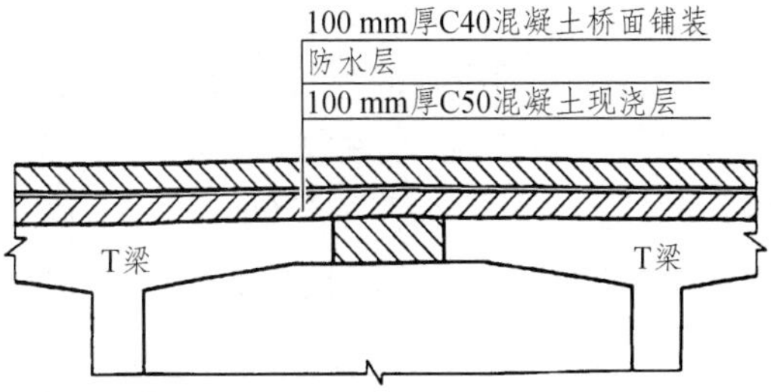

图 3.9 水泥混凝土桥面铺装构造

2. 沥青混凝土铺装

混凝土主梁的沥青混凝土铺装一般由黏结层、保护层及磨耗层组成，总厚度为 50 ~ 100 mm，分单层、双层和三层的铺设方式。大部分沥青混凝土铺装采用双层式，下层为 40 ~ 70 mm 厚的中粒式沥青混凝土，上层为 30 ~ 40 mm 厚的细粒式或中粒式沥青混凝土。

钢主梁的沥青混凝土铺装构造比较复杂，种类也很多，如高温拌和浇筑式沥青、沥青胶砂混合料、改性沥青 SMA、环氧树脂沥青等。应根据当地气象与环境条件、桥面板构造和受力状态等因素综合选用。钢桥面沥青混凝土铺装层厚度一般为 70 ~ 100 mm。图 3.10 所示为采用改性沥青 SMA 的钢桥面铺装构造。

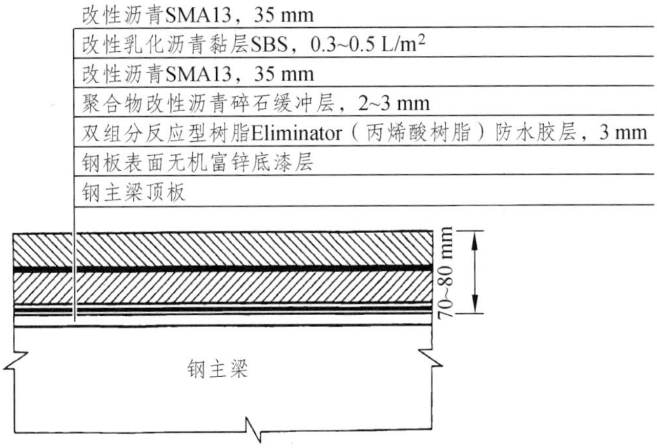

图 3.10 钢桥面改性沥青铺装构造

3. 其他桥面铺装

桥面底层采用水泥混凝土，面层采用沥青混凝土，可形成混合型桥面铺装。底层水泥混凝土可以起到调平层的作用，根据需要设置钢筋网，与桥面板共同受力。

针对钢主梁采用沥青混凝土铺装出现的车辙、推挤、开裂等问题，部分桥梁采用了钢-UHPC（超高性能混凝土）组合桥面，即在钢梁顶板上布置间距 12 ~ 16 cm 的剪力钉和钢筋网，铺设 35 ~ 50 mm 的超高性能混凝土，再设置 20 ~ 40 mm 的沥青混凝土磨耗层。超高性能混凝土的抗压强度和抗拉强度都较高，可与桥面共同受力，使桥面结构刚度大、受力性能好，但其造价较高。

3.2.2 桥面防水和排水

公路桥梁的防水层直接铺设在桥面结构层之上，将透过铺装层的雨水汇集到排水设施排出。防水层要求有一定的强度、弹性和韧性，耐候性好，与沥青混凝土和水泥混凝土有良好的亲和性。目前，公路桥梁的防水层种类繁多，如沥青或改性沥青防水卷材、聚氯乙烯防水卷材、水性沥青基防水涂料、高分子聚合物涂料等，有的桥梁也直接用防水混凝土做桥面铺装。

桥面排水通过纵坡、横坡及泄水管实现。当桥面纵坡小于 0.5%时，宜在桥面铺装较低侧边缘设置纵向渗沟排水系统。公路桥面的横坡一般为 1.5% ~ 3.0%，直线段通常为双向横坡，曲线段桥面上需要设置横向超高，即单向横坡。人行道也应设置倾向行车道 0.5% ~ 1.5%的横坡。常用的横坡布置方式如图 3.11 所示。图 3.11（a）所示为装配式梁桥，采用混凝土三角垫层形成横坡，再铺设等厚的桥面铺装层，构造简单，架设和拼装方便，适合于桥宽不大的桥面；图 3.11（b）所示为墩台顶部设置横坡，也可将墩台顶做成水平，通过调整支承垫石高度形成横坡，这种方式的桥面铺装在整个桥宽上等厚；图 3.11（c）所示为直接将行车道板做成倾斜面形成横坡，为整体式箱梁的常用方式，可减轻二期恒载，但主梁的构造、施工稍复杂。

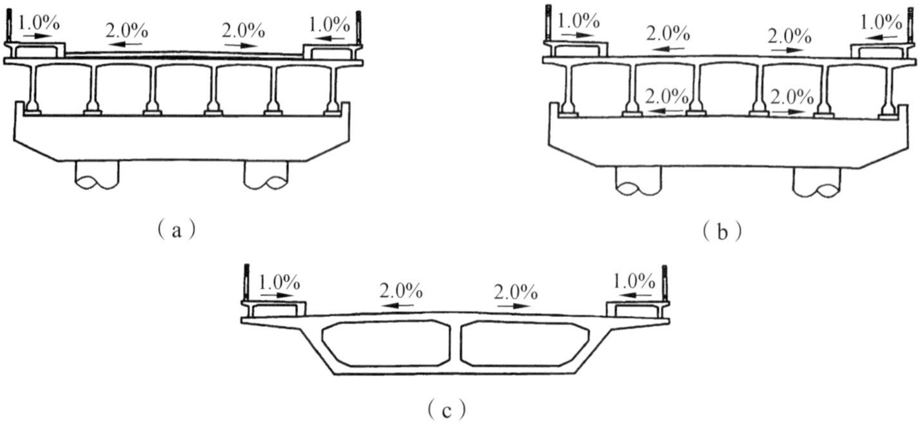

图 3.11 公路桥面横坡的设置

公路桥面的泄水口宜设置在桥面行车道边缘处，纵向间距可依据桥位处设计径流量计算确定，且最大间距不宜超过 20 m。在桥梁伸缩缝的上坡方向应增设泄水口，在桥面凹形竖曲线的最低点及其前后 3 ~ 5 m 处应各设置一个泄水口。

与铁路桥梁类似，公路桥梁泄水管也有铸铁、PVC 和复合材料等不同材质，泄水管内径不宜小于 150 mm，截面为圆形或矩形，顶部设置格栅盖板，比周围桥面铺装低 5 ~ 10 mm。为了不影响铺装结构内部雨水的排出，泄水管伸入铺装结构内部的部分应做成孔隙状，其周围的桥面板配置补强钢筋网。桥面排水对桥下通行有影响时，城市桥梁以及环保要求高的桥梁，应将泄水管的雨水汇集到纵向排水管或排水槽中，再通过设在墩台处的竖向排水管排入地面排水设施或河流中（见图 3.12），形成封闭式排水系统。

图 3.12　桥梁排水管

排水管宜采用铸铁管、PVC（聚氯乙烯）管、PE（聚乙烯）管或钢管，其内径应大于或等于泄水管的内径，多设置于悬臂板外侧。排水槽宜采用铝、钢或玻璃钢材料，其横截面应为矩形或 U 形，宽度和深度均不宜小于 200 mm。纵向排水管或排水槽的坡度不得小于 0.5%，桥梁伸缩缝处的纵向排水管或排水槽应设置可伸缩的柔性套筒。寒冷地区的竖向排水管，其末端宜距地面 500 mm 以上。

3.2.3　公路桥梁伸缩装置

公路桥梁的伸缩装置处桥面的平整度和刚度均有突变，汽车通过时将产生较大的冲击作用，桥梁容易遭到损坏，是桥梁的薄弱环节，应对其设计、施工和养护引起足够重视。此外，在满足结构变形的基础上，伸缩装置应能避免桥面雨水下落至梁端、盖梁和墩台等结构上，其两侧的现浇混凝土应采取浇筑微膨胀混凝土、抗渗混凝土等防渗漏的措施，避免雨水下渗。公路桥梁伸缩装置种类繁多，目前常用的伸缩缝类型有对接式、模数式、梳齿板式、板式橡胶和无缝式伸缩装置等。

1. 对接式伸缩装置

对接式伸缩装置利用钢构件将不同形状的橡胶条嵌固，以橡胶条的拉压变形来适应梁体的变位。这种伸缩装置构造简单，安装高度小，一般无须在梁顶结构层预留安装槽口，广泛应用于伸缩量在 80 mm 以下的桥梁中。图 3.13 所示为对接式伸缩装置。

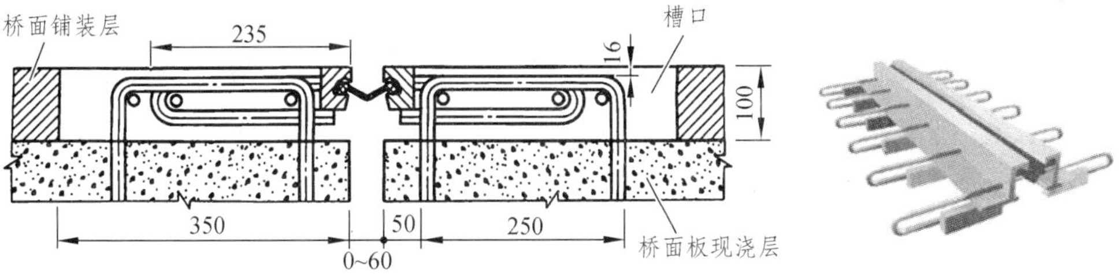

图 3.13　对接式伸缩装置（尺寸单位：mm）

2. 模数式伸缩装置

模数式伸缩装置由异型钢与橡胶条组成类似手风琴式的伸缩构造，配以支承横梁、位移控制系统和弹簧支承系统。纵梁和橡胶条组成的单个伸缩体的伸缩量为 60 ~ 100 mm，通过增加中纵梁数量可形成多个伸缩体，并支承于顺桥向的横梁上，其总伸缩量可达 2 000 mm，是大跨径桥梁中常采用的一种伸缩装置。模数式伸缩装置的特点是橡胶伸缩体和钢构件可定型生产，并根据伸缩量需求进行模数组合设计，但是构造比较复杂，预留槽口尺寸大。图 3.14 所示为德国毛勒模数式伸缩装置。

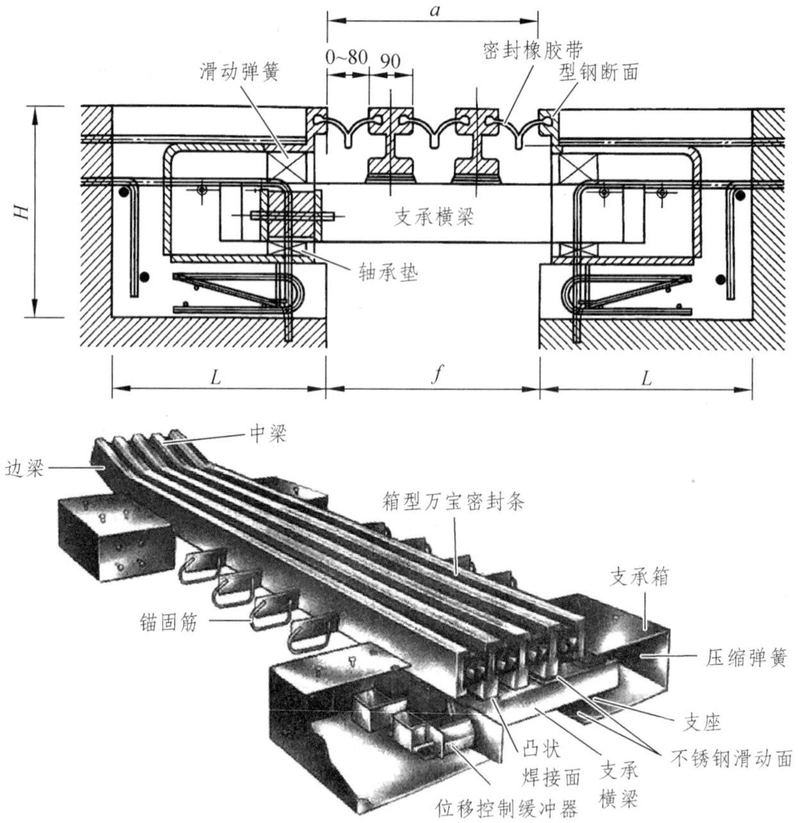

注：a、H、L、f 为伸缩装置的设计参数。

图 3.14　毛勒模数式伸缩装置（尺寸单位：mm）

3. 梳齿板式伸缩装置

梳齿板式伸缩装置由连接于相邻两个梁端的梳形钢板交错咬合而成，利用梳齿的张合来满足桥梁的伸缩要求。面层的梳齿钢板下设不锈钢板，以便于滑动，并在梁顶伸缩缝位置设置橡胶止水结构，避免雨水渗漏。梳齿板式伸缩装置构造简单、结构预留槽浅、伸缩量较大，但是梁端转角易在齿端形成折角，影响行车的平顺性，一般适用于伸缩量在 300 mm 以下的桥梁。梳齿板式伸缩装置构造如图 3.15 所示。

4. 板式橡胶伸缩装置

板式橡胶伸缩装置利用橡胶板的弹性和伸缩槽实现伸缩变形，并在橡胶板中预埋加劲钢板以提高橡胶的承载能力，具有结构简单、造价相对较低、行车舒适性好等优点，但是载荷能力差、伸缩阻力较大，长期承受车辆冲击容易造成橡胶与钢板剥离。这种伸缩装置的伸缩量一般为 30 ~ 60 mm，如果在橡胶板下增设支承钢板，则伸缩量可达到 200 mm 以上。板式橡胶伸缩装置如图 3.16 所示。

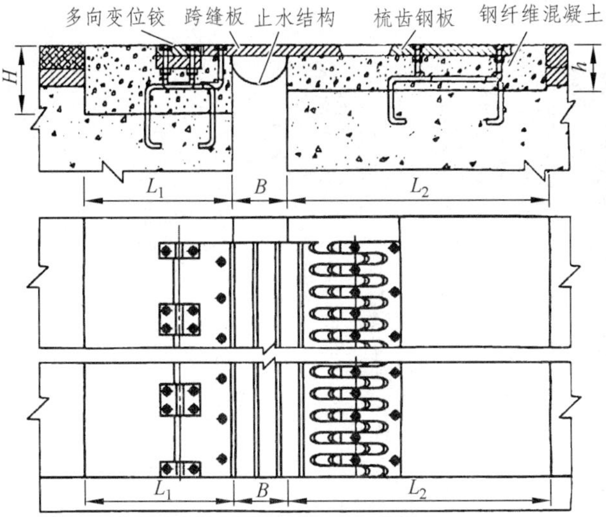

注：H、B、L_1、L_2 为伸缩装置的设计参数。

图 3.15　梳齿板式伸缩装置

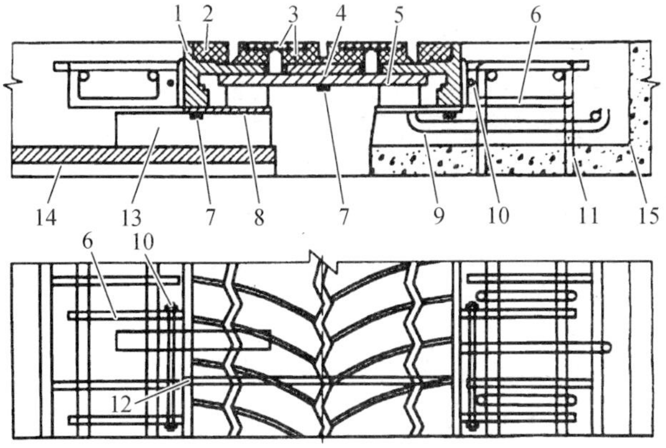

1—边纵钢梁；2—波形橡胶板（面层为轮胎花纹高耐磨橡胶材料）；3—加劲钢板；4—支承顶钢板；
5—高阻尼减震橡胶支承；6—锚固钢板；7—定位固定螺栓；8—支承底钢板；9—锚固钢筋；
10—节段接缝拉紧螺杆；11—预埋钢筋；12—节段接缝端面凹凸卡槽；
13—支承钢垫板；14—钢梁；15—混凝土梁。

图 3.16　板式橡胶伸缩装置

5. 无缝式伸缩装置

无缝式伸缩装置是在伸缩缝处的桥面填入专用的弹塑性黏结材料，利用其拉压变形适应桥梁伸缩要求的一种构造方式，伸缩体与桥面铺装连续设置，桥面无缝槽。无缝式伸缩装置构造简单、行车平顺、施工及维护简便，但是其伸缩量一般在 50 mm 以下。

图 3.17 所示为 TST（弹塑体）碎石填充无缝式伸缩装置。TST 主要由高分子聚合物和精化沥青组成，在高温熔融后加入碎石材料既能承受车辆载荷又能适应梁体的纵向变形。施工时完成开槽、清洗等工作后，对开槽面进行涂胶处理，以便 TST 与槽面更好地结合。在竖缝内放置苯板或泡沫条等填缝材料，将盖板放置其上并固定，然后加热碎石材料，放入 TST 一同加热、搅拌并摊铺，最后进行碾压和整形。

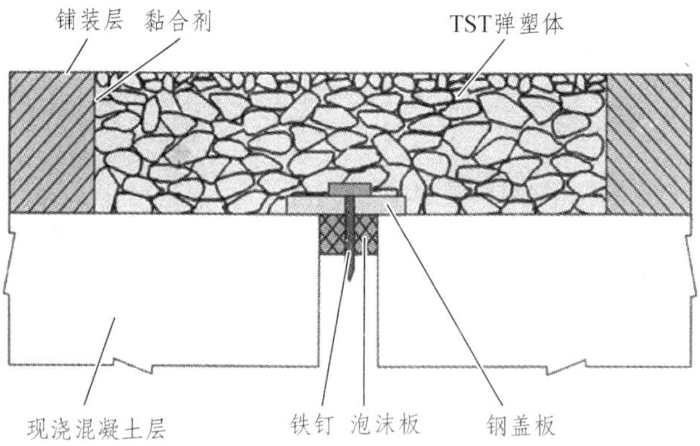

图 3.17　TST 碎石填充无缝式伸缩装置

简支梁桥的断缝多，不利于行车平顺性。为此，公路标准设计采取了连续构造措施，将桥面铺装在简支梁端的结构断缝处连续通过，如图 3.18 所示。

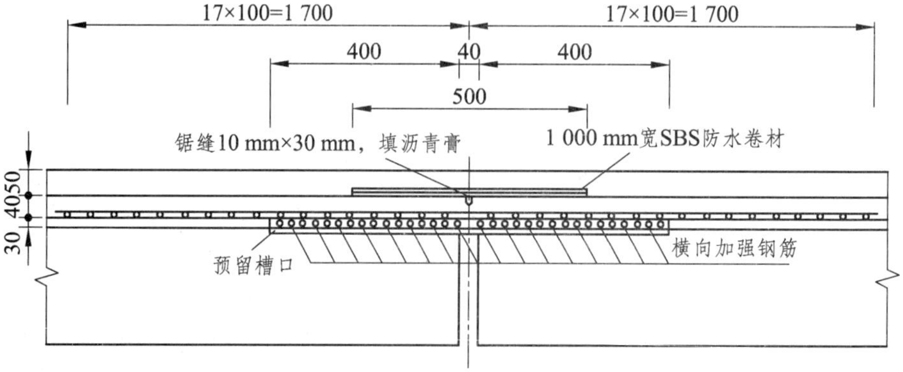

图 3.18　桥面连续构造（尺寸单位：mm）

荷载作用下简支梁梁端将出现折角，桥面连续处的桥面铺装易出现开裂现象，因此在接缝位置的桥面现浇层预留 10 mm（宽）× 30 mm（深）的锯缝，使裂缝沿该锯缝开展，并在桥墩中心线两侧各 500 mm 长度区域内的水泥混凝土和沥青混凝土铺装层之间的结合面上铺贴 SBS（Styrene-Butadiene-Styrene，苯乙烯-丁二烯-苯乙烯）防水卷材，防止接缝位置沥青铺装表面出现反射裂缝。

采用桥面连续构造的多孔简支梁在竖向荷载作用下的受力按简支体系计算，而在纵向水平力作用下则按连续体系考虑。

3.2.4　行车道、人行道、栏杆、护栏、中央分隔带

1. 行车道

行车道指机动车车道，车道宽度与设计车速相关，各设计车速的车道宽见表 3.1。

表 3.1　车道宽度

设计车速/(km/h)	120	100	80	60	40	30	20
车道宽/m	3.75	3.75	3.75	3.50	3.50	3.25	3.00 （单车道时 3.50 m）

确定桥面宽度时应符合现行《公路工程技术标准》(JTG B01)中的相关规定，并应符合下列规定：

(1)确定桥面净宽时，应首先考虑与桥梁相连的公路路段的路基宽度，保持桥面宽度与路基宽度相同。

(2)多车道公路上的特大桥为整体式上部结构时，中央分隔带宽度应根据所采用的护栏形式确定，路肩宽度经验证后可采用现行《公路工程技术标准》(JTG B01)有关规定的最小值。

(3)高速公路和作为干线功能的一级公路上的特大桥的右侧路肩宽度小于 2.50 m 且桥长超过 1 000 m 时，宜设置紧急停车带和过渡段，紧急停车带宽度包括路肩在内应为 3.50 m，有效长度不应小于 40 m，间距不宜大于 500 m。

2. 人行道

位于城镇和近郊的桥梁一般应在桥面两侧设置人行道，其宽度根据行人的交通流量来决定。单侧人行道的最小宽度为 0.75 m 或 1.0 m，大于 1.0 m 时按 0.5 m 的倍数递增，为确保行人安全，人行道通常高于行车道 0.25 ~ 0.35 m，在人行道与行车道之间设置路缘石或防撞护栏。

人行道的构造方式多种多样，根据施工方法，可分为就地浇筑式、预制装配式和部分现浇部分装配的混合式。就地浇筑的人行道与桥梁承重结构直接浇筑为一体，施工比较烦琐，目前较少采用［见图 3.19(a)］；预制装配式将人行道做成预制构件铺设在主体结构之上，具有构件标准化的特点，应用比较广泛［见图 3.19(b)］；混合式一般将路缘石、栏杆基座等构件直接现浇，再安装预制人行道板，这是目前普遍采用的一种构造形式［见图 3.19(c)］。

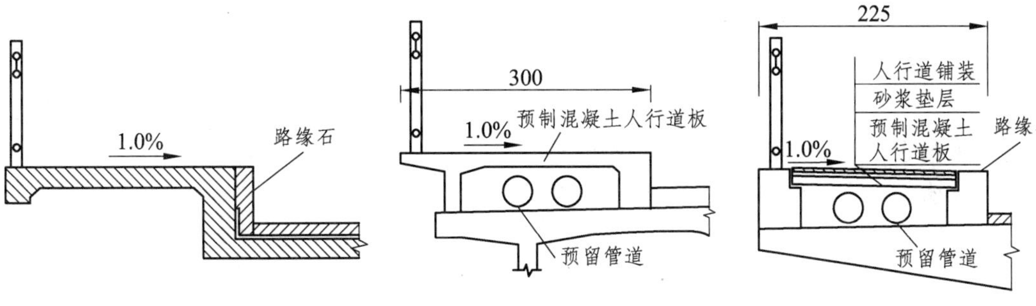

(a)整体浇筑式　(b)预制装配式　(c)混合式

图 3.19　人行道构造方式(尺寸单位：cm)

采用预制装配式和混合式构造的人行道板下可放置过桥的管线，而整体装配式人行道下的管线检修和更换比较困难。具体设计时，需结合桥梁用途、结构形式和人行需求选择合理的人行道构造形式。

人行道板厚度一般为 6 ~ 10 cm，顶面可铺设水泥砂浆或沥青砂浆作为面层，也可镶嵌彩色面砖，并做成坡度为 0.5% ~ 1.5%的内倾排水横坡。

3. 人行道栏杆

人行道栏杆是保护桥上行人安全的设施，在满足构造和受力要求的基础上，也是桥梁设计师表现桥梁美观的重要构件。栏杆种类繁多，造型各异，可以采用混凝土、石材、铸铁、不锈钢等材料(见图 3.20)。

图 3.20　栏杆构造

栏杆柱或底座要与桥面结构牢固连接，计算人行道栏杆时，作用在栏杆立柱顶的水平推力标准值取 0.75 kN/m，作用在栏杆扶手上的竖向力标准值取 1.0 kN/m。从人行道顶面起，桥面栏杆高度不应小于 1.1 m，栏杆构件的最大净距不得大于 14 cm，且不宜采用横线条栏杆。采用金属网状栏杆时，网状开口不宜大于 5 cm。在桥面伸缩缝处，人行道和栏杆也必须随主体结构设置伸缩装置，使其能与主体结构一起自由变形。

4. 护栏

为了避免车辆碰撞行人或冲出桥梁，各级公路必须设置路侧护栏，也称防撞护栏。设计速度≤60 km/h 的公路桥梁设置人行道时，可通过路缘石将人行道和车行道分离；设计速度>60 km/h 的公路桥梁设置人行道时，应通过桥梁护栏将人行道与车行道进行隔离；高速公路、一级公路上的桥梁，应设置中央分隔带护栏。

防撞性能是护栏设计和选用的关键指标，根据防撞性能的差异，目前我国《公路交通安全设施设计规范》（JTG D81—2017）将路侧护栏由低到高分为一（C）级，二（B）级、三（A）级、四（SB）级、五（SA）级、六（SS）级、七（HB）级、八（HA）级，中央分隔带的护栏分为二（Bm）级、三（Am）级、四（SBm）级、五（SAm）级、六（HBm）级、七（HAm）级（括号内为护栏防护等级的代码）。桥梁设计时，应根据公路等级、设计速度及车辆越出桥梁造成二次事故的严重程度，选用合适的防撞等级，桥梁护栏防护等级的选取见表 3.2。

表 3.2　桥梁护栏防护等级选取

公路等级	设计速度/（km/h）	车辆驶出桥外或进入对向车行道的事故严重程度等级	
		高：跨越公路、铁路或饮用水水源一级保护区等路段的桥梁	中、其他桥梁
高速公路	120	六（SS、SSm）级	五（SA、SAm）级
高速公路、一级公路	100、80	五（SA、SAm）级	四（SB、SBm）级
一级公路	60	四（SB、SBm）级	三（A、Am）级
二级公路	80、60	四（SB）级	三（A）级
三级公路	40、30	三（A）级	二（B）级
四级公路	20		

因桥梁线形、高度、交通量、车辆构成、运行速度等因素易造成更严重碰撞后果的路段，经综合论证，可在表 3.1 桥梁护栏防护等级选取的基础上提高一个或一个以上等级。其中，跨越大型饮用水水源一级保护区和高速铁路的桥梁以及特大悬索桥、斜拉桥等缆索承重桥梁，防护等级宜采用八（HA）级。

护栏的形式种类很多，按构造特征，可分为金属梁柱式护栏、钢筋混凝土墙式护栏和组合式护栏；按护栏碰撞变形性能，可分为刚性护栏、半刚性护栏和柔性护栏，如图 3.21 所示。

钢筋混凝土墙式护栏为刚性护栏，通过车辆碰撞后的爬高及转向来吸收碰撞能量；波形护栏由钢立柱和波形钢板梁组成，通过立柱和波形钢板的变形来吸收碰撞能，是一种半刚性护栏；缆索护栏由数根施加初拉力的缆索固定于立柱，是具有较大缓冲能力的柔性护栏，主要在路基上应用。组合式护栏是在钢筋混凝土墙式护栏的上部设置金属梁柱式护栏，兼顾了混凝土护栏的刚性和半刚性护栏的通透性，在大、中桥梁中使用较多。

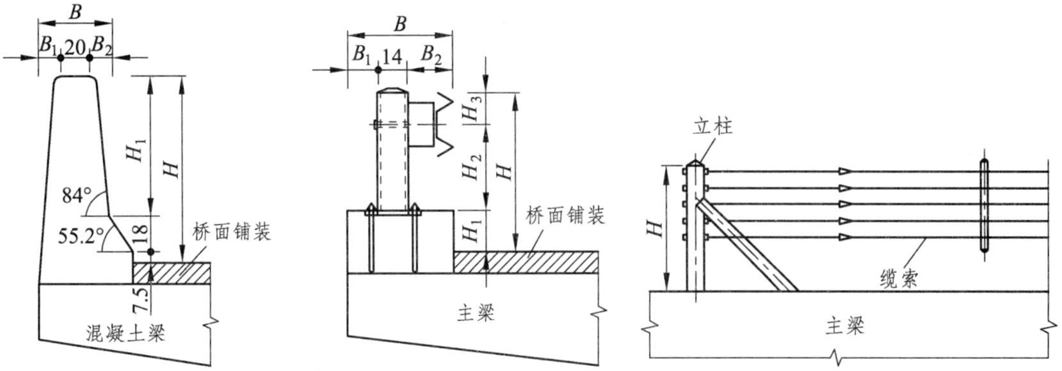

（a）刚性护栏　　（b）半刚性护栏　　（c）柔性护栏

图 3.21　护栏构造（尺寸单位：cm）

5. 中央分隔带

桥梁中央分隔带是桥面分隔不同行车方向的隔离设施，构造及分类形式与防撞护栏类似，常用的为钢筋混凝土墙式护栏和波形梁护栏分隔带，如图 3.22 所示。城市桥梁也常采用轻型分隔栏杆。

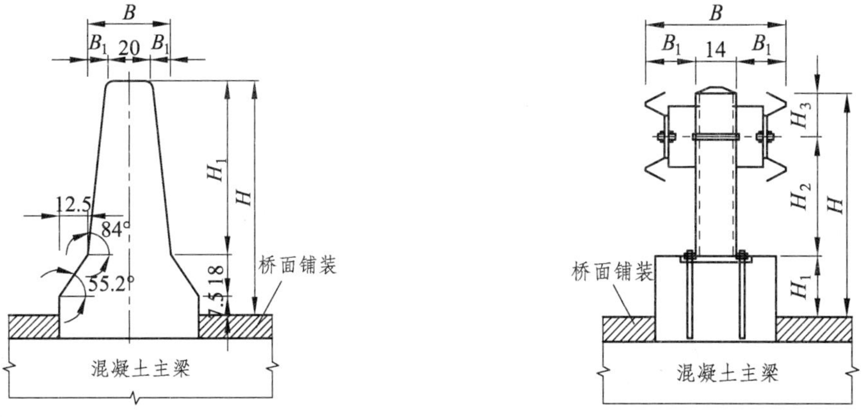

（a）钢筋混凝土墙式护栏　　（b）波形梁护栏

图 3.22　中央分隔带（尺寸单位：cm）

3.2.5 桥面照明

城市桥梁及城郊行人和车辆较多的公路桥梁上需要设置照明设备，一般采用在路缘石或人行道上布置灯柱的方式。对于有中央分隔带的桥梁，灯柱也可以布置在中央分隔带内。为营造桥梁夜景环境，照明设计在满足功能要求的同时应顾及其艺术效果，并与桥梁的风格相融合。

桥上灯柱应根据道路等级、路面亮度及照度的要求进行合理设计，照明用灯一般高出行车路面 8 ~ 12 m，多采用双侧对称布置、中心对称布置或双侧交错布置等方式。灯柱柱脚锚固于桥面，电路通常从人行道或防撞护栏下的预留孔道内通过。根据需要，还可应用栏杆照明、护栏照明等方式形成桥梁景观照明系统，但应防止眩光对行车的不利影响。

3.2.6 其他桥面设施

桥梁在跨越公路、铁路、饮用水保护区等区域时，为了防止桥上落物进入公路、铁路等限界，应设置防抛网。防抛网的设置宽度范围通常为下穿公路、铁路等被保护区的宽度向路外延长 10 ~ 20 m，设置高度距桥面 1.8 ~ 2.1 m，多采用型钢和钢丝网片组拼而成，并进行防腐和防雷接地处理。桥梁两侧设置混凝土护栏时，防抛网的网面可从护栏顶部布置。设置梁柱式护栏时，网面应从桥面开始设置。

为了降低桥上行车噪声对周边环境的影响，某些公路桥梁也设置声屏障，其构造方式与铁路声屏障类似。

思考题

1. 铁路桥面构造有哪几类？各有何特点？
2. 高速铁路中为何大量采用无砟轨道？相对于有砟轨道，它有何优缺点？
3. 简述桥梁伸缩装置的作用和选用依据。
4. 公路桥梁的桥面构造包括哪些组成部分？
5. 公路桥梁铺装的功能是什么？有哪几种基本类型？
6. 桥面防水层的设计原则是什么？
7. 桥面泄水管和排水管设置的原则各是什么？
8. 桥面横坡有何作用？其设置方式有哪些？取值范围一般为多少？
9. 栏杆设计中需要注意哪些安全措施？
10. 提高桥面铺装抗裂性的措施有哪些？
11. 铁路挡砟墙沿纵向设置断缝的目的是什么？

Chapter 4

第 4 章

桥梁支座

桥梁支座的主要作用是将桥跨结构的支承反力（包括竖向力和水平力）传递给桥梁墩台，并保证桥跨结构在汽车荷载、温度变化、混凝土收缩和徐变等因素作用下能自由变形，使桥梁结构的实际受力情况与结构的设计要求相符合。

桥梁支座是工厂制造的定型产品，一般情况下，桥梁设计人员只进行支座选型和必要的验算。

4.1 常用支座类型

支座按其容许变形性能可分为以下类型：

（1）固定支座。它能承担桥跨结构支承点处顺桥向、横桥向的水平力和竖向反力，并约束相应的线变位。

（2）单向活动支座。它在承担竖向反力的同时，能约束顺桥向或横桥向水平位移中的一个方向的线位移。

（3）多向活动支座。它能容许支座在顺桥向、横桥向两个方向发生线位移，仅承担竖向反力。

支座按其使用材料可分为以下类型：

（1）钢支座（平板支座、弧形支座、摇轴支座和辊轴支座）。钢支座的传力通过钢的接触面，变位主要通过钢和钢的滚动及滑动实现。

（2）普通板式橡胶支座。普通板式橡胶支座的传力通过橡胶板来实现，通过橡胶板的剪切变形适应水平位移，转角通过橡胶的压缩变形来实现。

（3）滑板橡胶支座（聚四氟乙烯支座）。以聚四氟乙烯板和不锈钢板作为支座的相对滑动面，其滑动摩擦系数远小于钢对钢的滑动摩擦系数，转角通过橡胶的压缩变形来实现。

（4）钢与橡胶的组合支座（盆式支座、球形支座）。

（5）混凝土支座（混凝土铰支座）。

（6）铅支座。传力部分由硬铅构成。

按支座的结构形式可分为弹性垫层简易支座、弧形支座、摇轴支座、辊轴支座、板式橡胶支座、盆式支座、四氟乙烯橡胶支座和球形支座等。

4.1.1 板式橡胶支座

板式橡胶支座具有构造简单、加工方便、造价低、结构高度小、安装方便和使用性能良好等一系列优点。它能较好地适应任意方向的变形，特别适用于宽桥、曲线桥和斜交桥。此外，橡胶的弹性还能削减上、下部结构所受的动力作用，对抗震有利。目前，板式橡胶支座已经得到越来越广泛的使用，是公路、城市道路 30 m 以下中、小跨径混凝土梁桥最常用的支座形式。

板式橡胶支座按结构形式可分为普通板式橡胶支座和滑板橡胶支座。常见的板式橡胶支座包括矩形和圆形两种平面形状，不同的平面形状适用于不同的桥跨结构。板式橡胶支座按适用温度可分为常温型和耐寒型。常温型橡胶支座适用温度为−25 ~ 60 °C，采用氯丁橡胶生产；耐寒型橡胶支座适用温度为−40 ~ 60 °C，采用天然橡胶生产。

1. 普通板式橡胶支座构造

普通板式橡胶支座由两层以上加劲钢板和橡胶组成，且钢板全部包在橡胶体内，如图 4.1（a）所示。板式橡胶支座放置在梁部与支承垫石之间，构造非常简单，其变位机理是：利用橡胶的不均匀压缩实现转角变位，利用橡胶的剪切变形实现水平位移，如图 4.1（b）所示。由于橡胶与钢或混凝土之间有足够大的摩阻力（摩擦系数 0.25 ~ 0.40），橡胶板与梁底和墩台顶之间一般无需固定连接。因此，普通板式橡胶支座一般无固定支座和活动支座之分，所有纵向水平力和纵向位移由各个支座分担。通过选用不同大小和不同厚度的橡胶板来适应各个支座的承载力和变形要求。

为了避免产生初始剪切变形，板式橡胶支座应水平放置。对于坡桥，应采用构造措施对梁底进行调平，如梁底采用楔形垫块、预埋钢板等方式。安装时，应使梁底面和墩台顶面清洁平整，必要时，可在墩顶面敷设一层水泥砂浆，以确保橡胶支座受力均匀，如图 4.1（c）所示。

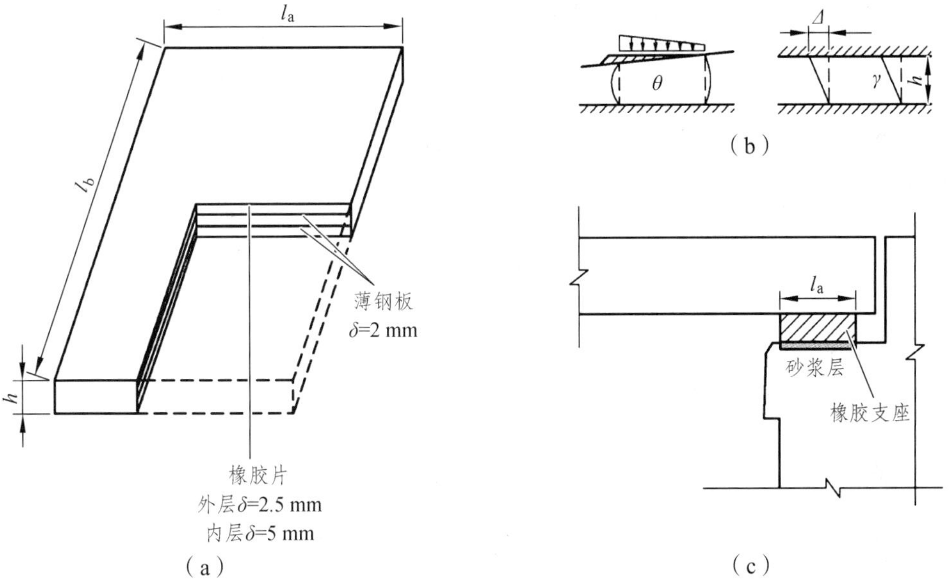

图 4.1　板式橡胶支座

普通板式橡胶支座按其内部构造分为无加劲层的纯橡胶支座和加劲支座两种。纯橡胶支座只由一层单纯的橡胶构成，因其容许应力小（约为 3 MPa）、承载能力小，只适用于小跨径桥。加劲支座由若干层橡胶片（厚度为 5 mm、8 mm、11 mm）和加劲钢板（厚度为 2 mm、3 mm、4 mm）组合而成，加劲层能起到阻止橡胶板受压侧向膨胀的作用，可显著提高橡胶支座的抗压刚度（抗压容许应力可提高到 8 ~ 10 MPa），而加劲层对橡胶板的转动变形和剪切变形几乎没有影响。加劲板式橡胶支座的承载能力可达 5 000 kN，目前已广泛应用于中、小跨径的公路桥。对跨径不大于 20 m 的铁路桥，也可采用板式橡胶支座，但必须设置横向限位装置，避免因梁体横向位移较大而导致支座剪切破坏。

板式橡胶支座的基本设计参数（抗压弹性模量 E_e、抗剪弹性模量 G_e、压应力限值 σ_e、容许剪切角的正切值 $\tan\alpha$）和技术要求等，应符合现行《铁路桥梁橡胶支座》（TB/T 2331—2020）和《公路桥梁板式橡胶支座》（JT/T 4—2019）的要求。根据试验分析，抗压弹性模量、压应力限值和容许剪切角的值，均与支座的形状系数 S 有关。

对矩形板式橡胶支座，其形状系数 S（用于描述支座的形状特征，取值范围为 5 ~ 12）为

$$S=\frac{l_{0a}\times l_{0b}}{2t_1(l_{0a}+l_{0b})} \tag{4.1}$$

式中：l_{0a}——矩形加劲钢板短边尺寸（mm）；

l_{0b}——矩形加劲钢板长边尺寸（mm）；

t_1——支座中间单层橡胶片厚度（mm）。

2. 滑板橡胶支座

普通板式橡胶支座仅依靠橡胶的剪切变形来适应伸缩位移的需要，使用上是受限的，譬如桥长太长，则两端的伸缩量很大，单靠橡胶的剪切变形很难满足变形要求，必须采取其他措施或改用滑板橡胶支座等其他类型支座。

滑板橡胶支座由板式橡胶支座、滑板（通过热硫化与板式橡胶支座黏接）、不锈钢板、上支座钢板等组成，其构造如图 4.2 所示。其在普通板式橡胶支座的表面热硫化黏接一层滑板（聚四氟乙烯板或改性聚四氟乙烯板），滑板与粘贴在梁底预埋钢板下的不锈钢板之间形成摩擦系数很小的滑动面，靠滑动来满足大纵向变位。滑板橡胶支座常作为桥梁的活动支座。

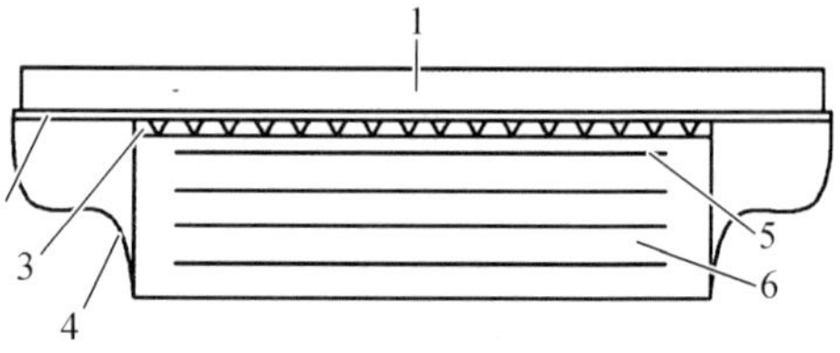

1—上支座钢板；2—不锈钢板；3—滑板（聚四氟乙烯板或改性聚四氟乙烯板）；4—防尘罩；5—加劲钢板；6—橡胶。

图 4.2 滑动橡胶支座

4.1.2 盆式支座

盆式支座是国外 20 世纪 50 年代开发的一种桥梁支座，我国 20 世纪 70 年代末才开发应用，它是目前桥梁中特别是大跨径桥梁中最主要的桥梁支座形式。

盆式支座是在普通板式橡胶支座的基础上，将钢部件与橡胶部件组合而成的一种混合型支座。其变形原理综合了普通板式橡胶支座和滑板橡胶支座的优点，即用设置在钢盆中的橡胶板承压和转动，用高性能滑板（改性聚四氟乙烯板或改性超高分子量聚乙烯板）和不锈钢冷轧钢板之间的平面滑动来适应桥梁的纵向位移要求，同时克服了普通板式橡胶支座处于无侧向受压状态时承载力不高的缺点。盆式支座的橡胶板安放在钢盆中，受压时处于三向受压状态，其承载力大大提高，且变位量大。

盆式支座由顶板（上支座板）、不锈钢冷轧钢板、高性能滑板、高性能滑板密封圈、中间钢板、橡胶板、黄铜密封圈、钢盆（下支座板）、橡胶密封圈和锚固螺栓等组成，其主要部件的功能如下：

（1）橡胶板。橡胶板用来传递支座反力。由于橡胶板被密封在钢盆（下支座板）中，受力时处于三向受力状态，因而承载能力大大提高，一般情况下，只要钢盆不破坏，橡胶就不会丧失承载能力。普通板式橡胶支座的橡胶变形受到支座内钢板的约束，其破坏应力为 70 ~ 100 MPa，而盆式支座的橡胶变形受支座钢盆的外约束，其破坏应力可达 150 ~ 225 MPa，因而盆式支座更适用于大吨位的桥梁支座。同时，处于三向应力状态下的钢盆中的橡胶有类似

液体的功能，转动灵活，能满足梁体转动的需要。承压橡胶板的硬度一般为 IRHD50 ~ IRHD60，橡胶板厚为直径的 1/15 ~ 1/10。

（2）高性能滑板和不锈钢冷轧钢板。高性能滑板采用改性聚四氟乙烯板或改性超高分子量聚乙烯板，因其与不锈钢冷轧钢板之间的摩擦系数小，所以通过高性能滑板和不锈钢冷轧钢板的相对滑动，可以满足桥梁的纵向位移需要。高性能滑板的厚度不应小于 7 mm，其中嵌放中间钢板凹槽内的深度不应小于板厚的 1/2，凸出中间钢板的高度不应小于 3 mm，以便不锈钢冷轧钢板滑动。不锈钢冷轧钢板的厚度为 2 ~ 3 mm。

（3）中间钢板。中间钢板位于橡胶板与高性能滑板之间，其底面凸起嵌入下支座钢盆中，直径较钢盆内径小 1 mm，以保证支座的灵活转动。中间钢板上部设有凹槽，以便镶嵌高性能滑板。

（4）黄铜密封圈。在橡胶板上设有 2 ~ 3 层由开口圆环组成的黄铜密封圈，每层厚度 1.5 ~ 4.0 mm，它的外径与钢盆内径相等，镶嵌在橡胶板内，顶面与橡胶板平齐。其作用是防止橡胶板受压后从中间衬板与钢盆中间 1 mm 的缝隙中挤出，导致橡胶板沿周边破坏，降低其承载力。

（5）橡胶密封圈。橡胶密封圈使承压橡胶板基本上处于密封状态，提高橡胶板的耐老化能力。密封圈橡胶的硬度一般为 IRHD50，稍低于橡胶板。

盆式支座按其使用性能分为固定支座、双向活动支座、纵向（或横向）活动支座 3 种，如图 4.3 所示。

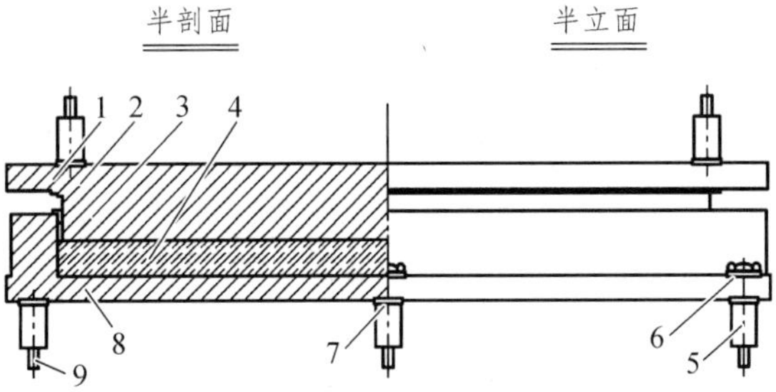

1—顶板（上支座板）；2—防尘圈；3—黄铜密封圈；4—橡胶板；5—套筒；6—锚固螺栓；7—垫圈；8—钢盆（下支座板）；9—螺杆。

（a）固定支座

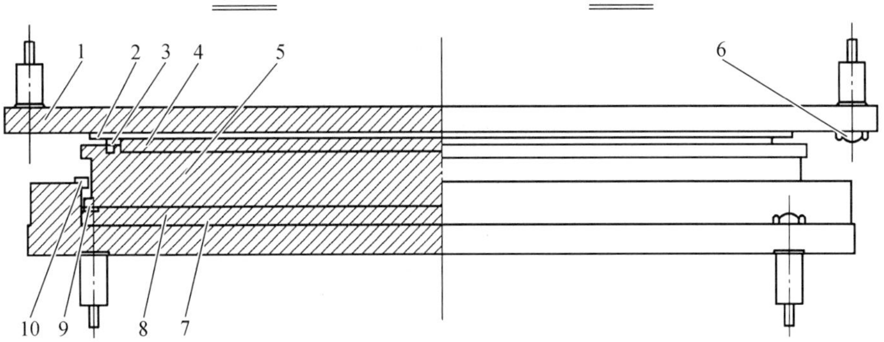

1—顶板（上支座板）；2—不锈钢冷轧钢板；3—高性能滑板密封圈；4—高性能滑板；5—中间钢板；6—锚固螺栓；7—钢盆（下支座板）；8—橡胶板；9—黄铜密封圈；10—橡胶密封圈。

（b）双向活动支座

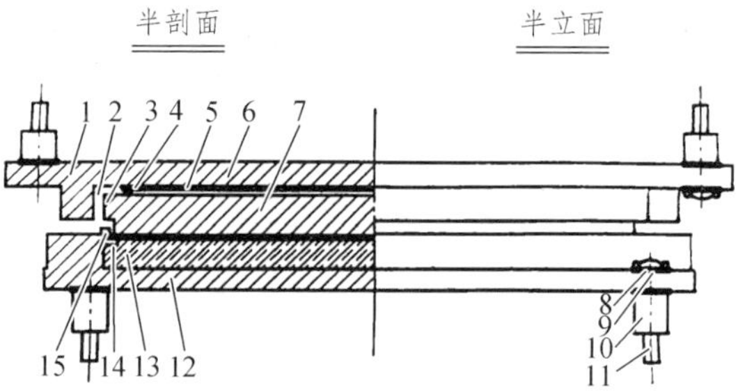

1—顶板（上支座板）；2—侧向不锈钢冷轧钢条；3—导向滑条；4—高性能滑板密封圈；5—不锈钢冷轧钢板；6—高性能滑板；7—中间钢板；8—锚固螺栓；9—垫圈；10—套筒；11—螺杆；12—钢盆（下支座板）；13—橡胶板；14—黄铜密封圈；15—橡胶密封圈。

（c）纵向（或横向）活动支座

图 4.3　盆式支座的固定支座、纵向（或横向）活动支座

固定支座由顶板（上支座板）、橡胶板、黄铜密封圈、钢盆（下支座板）、橡胶密封圈和锚固螺栓等组成，它承受桥梁结构的竖向、横向和纵向反力，容许转角变位。

双向活动支座由顶板（上支座板）、不锈钢冷轧钢板，高性能滑板、高性能滑板密封圈、中间钢板、橡胶板、黄铜密封圈、钢盆（下支座板）、橡胶密封圈和锚固螺栓等组成，它承受竖向反力，并能适应桥梁的转角和纵向、横向位移的需要。

纵向（或横向）活动支座的构造基本上与多向活动支座构造相同，只是在支座的顶板挡块上还包括侧向不锈钢冷轧钢条，对应的中间钢板两侧设有导向滑条，以限制支座的纵向（或横向）位移。

此外，为了满足桥梁抗震的需要，近年来还研发了减震型盆式支座，包括减震型固定支座和减震型纵向或横向活动支座两种，如图 4.4 所示。减震型盆式支座是在一般盆式支座的基础上设置一个摩擦系数较大（一般为 0.2）的滑动面，并设置高阻尼橡胶减震圈。正常使用时，支座不滑动，起固定或限制纵向（或横向）位移的作用，能承受 $0.2P$ 的水平力（P 为支座垂直反力）。地震时，当水平地震力大于 $0.2P$ 时，设置在支座上的滑动面相对滑移，产生隔震效果，随后高阻尼橡胶减震圈发挥阻尼效果。通过这两项措施，支座起到减震耗能的作用。

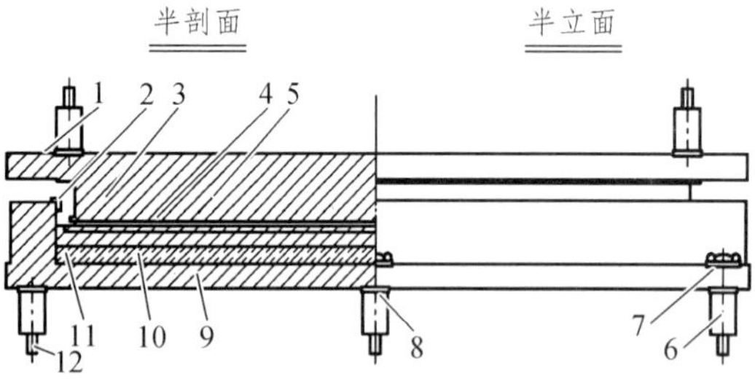

1—顶板（上支座板）；2—高阻尼橡胶圈；3—上摩擦板；4—下摩擦板；5—下衬板；6—套筒；7—锚固螺栓；8—垫圈；9—钢盆（下支座板）；10—橡胶圈；11—黄铜密封圈；12—螺杆。

（a）减震型固定支座

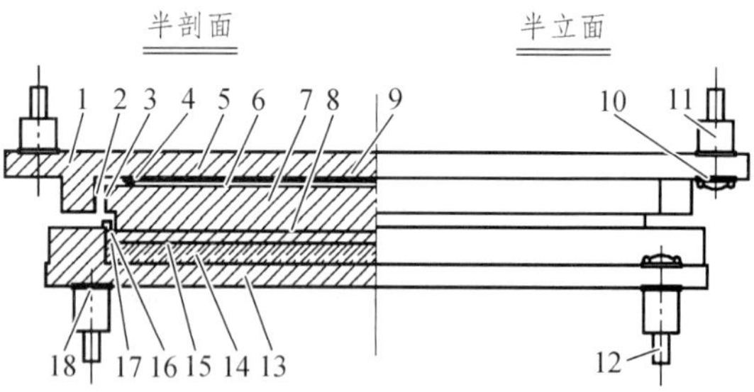

1—顶板（上支座板）；2—侧向不锈钢冷轧钢条；3—导向滑条；4—高性能滑板密封圈；5—不锈钢冷轧钢板；6—高性能滑板；7—中间钢板；8—上摩擦板；9—下摩擦板；10—锚固螺栓；11—套筒；12—螺杆；13—钢盆（下支座板）；14—橡胶板；15—下衬板；16—高阻尼橡胶圈；17—黄铜密封圈；18—垫圈。

（b）减震型纵向（或横向）活动支座

图 4.4　盆式支座的减震型固定支座、纵向（或横向）活动支座

减震型盆式固定支座由顶板、高阻尼橡胶圈、上摩擦板、下摩擦板、下衬板、橡胶板、黄铜密封圈和钢盆等组成。

减震型盆式纵向（或横向）活动支座由顶板、高阻尼橡胶圈、上摩擦板、下摩擦板、不锈钢冷轧钢条、高性能滑板、高性能滑板密封圈、中间钢板、橡胶板、黄铜密封圈、钢盆、下衬板、导向滑条和侧向不锈钢冷轧钢条等组成。

4.1.3 钢支座

铸钢支座的优点是承载能力和刚度均较大，但存在构造尺寸大、易生锈和养护维修费用高等缺点。常用的几种类型有平板支座、弧形支座、摇轴支座和辊轴支座，如图 4.5 所示。

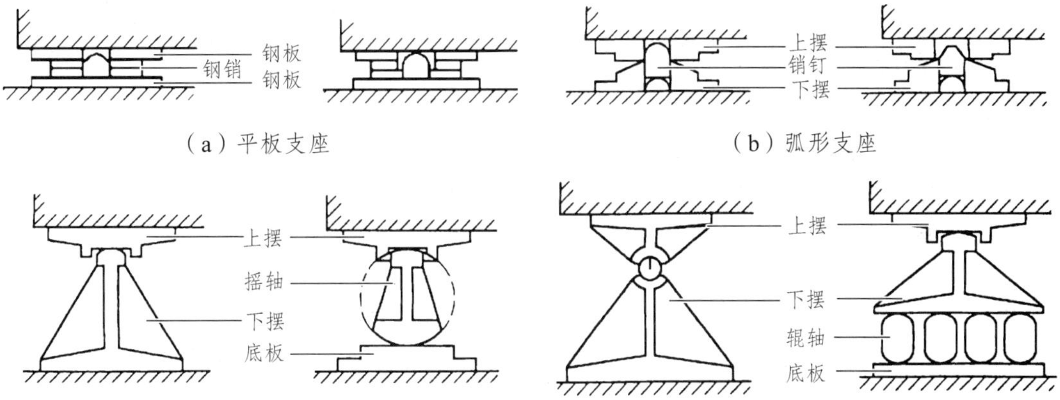

（a）平板支座　（b）弧形支座

（c）摇轴支座　（d）辊轴支座

图 4.5　钢支座类型

（1）平板支座［见图 4.5（a）］。平板支座由上、下两块平面钢板组成。固定支座的上、下板间用钢销固定，活动支座只将上平板销孔改为长圆形。这种支座是桥梁支座最早的一种支座形式，构造简单、加工容易，但位移量有限，所以只适用于 $L \leqslant 8$ m（L 为桥梁跨径）的钢筋混凝土桥。目前平板支座大部分已被普通板式橡胶支座所代替。

（2）弧形支座［见图 4.5（b）］。弧形支座是将平板支座的上、下两块钢板的平面接触改为弧面接触，其他完全同平板支座。这样梁端能自由转动，但伸缩时仍要克服较大的摩阻力，所以只适用 8 m$<L<$20 m 的钢筋混凝土桥。目前，不少桥梁的弧形支座已被板式橡胶支座所代替。

（3）摇轴支座［见图 4.5（c）］。铁路桥梁 20 m$\leqslant L \leqslant$48 m 时，可采用铸钢摇轴支座。摇轴支座有固定支座和活动支座之分。活动支座由底板、摇轴和直接与梁底相连的顶板组成。摇轴的顶面和底面均做成圆曲面形，能自由转动，并由摇轴顶面、底面的位移差来适应梁体纵向位移的需要；固定支座由顶板和摇轴两部分构成，而摇轴的底面为水平面，直接和墩台相连，因而只能转动，不能纵向位移。

（4）辊轴支座［见图 4.5（d）］。辊轴支座是大跨径混凝土桥和钢桥常用的支座形式。辊轴支座通常由若干个小直径辊轴并列、组联在一起，通过辊轴的转动来适应梁体位移的需要，在下摆的顶部加设弧形支座，以保证梁端能自由转动。辊轴的数量视支座反力大小而定，根据线接触应力的大小，确定单个辊轴所需要的直径。为了节省钢材并减小支座尺寸，可将辊轴两侧削去，但必须注意确保被削辊轴仍能调节所要求的位移量而不使支座倾覆。为了保证辊轴之间的相对位置，通常在辊轴两端中心处设置连杆，使各辊轴平行转动。

普通钢支座存在的缺点：① 材料强度低、尺寸大、耗钢量多、价格贵。尤其是大跨径重型桥梁，支座的设计、布置、制造和安装都比较困难。② 材料硬度低，辊轴摩擦系数大，摩阻力对上、下结构均不利。③ 采用围板保护，支座的活动部分容易生锈及积垢，导致转动不灵。④ 较难适应宽桥、斜交桥和曲线桥等多向活动和多向转动的要求。

为了克服以上缺点，出现了新型钢支座，新型钢支座主要在以下 3 个方面进行了改进：① 采用高强度优质合金钢，或采用焊接代替铸造来改进设计制造，并缩小支座尺寸。② 辊轴支承的强度和接触面内侧的剪力强度和材料硬度成正比，故一般采用表面热处理的方法来提高支承接触应力处的硬度，同时也可以降低辊轴的滚动摩阻力。③ 采用将转动部分镀铬、用耐候钢制造或封闭在油箱内等办法，防止生锈。

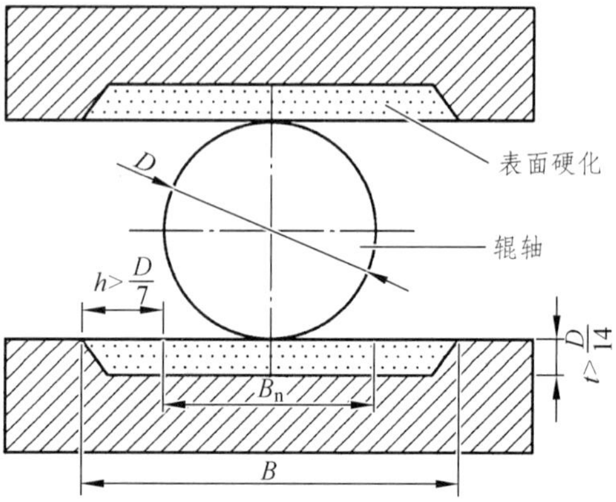

图 4.6　德国克劳次·阿莫高级钢支座

图 4.6 所示为德国克劳次·阿莫高级钢支座，其将辊轴的不锈钢表面硬化，以提高辊轴的表面接触应力，从而减小支座的质量和高度。

钢支座的计算包括活动支座位移量计算、梁底与垫石顶承压应力计算、弧面局部应力检算、辊轴尺寸及相互间距、座身强度检算和锚栓检算等。桥梁结构设计中一般只计算前两项。

4.1.4　球型支座

球型支座是在盆式支座的基础上发展起来的一种新型桥梁支座，特别适用于曲线桥、宽桥和斜桥等，目前已广泛应用在公路、铁路和城市道路桥梁上。

图 4.7 所示为球型支座，其由下支座凹板、球面钢衬板、上支座板、聚四氟乙烯板（平面和球面聚四氟乙烯板各一块）、橡胶密封圈和防尘罩等部件组成。各主要部件的功能如下：

（1）球面钢衬板。球面钢衬板是球型支座的核心。其平面部分有镶嵌聚四氟乙烯板的凹槽，用以固定平面聚四氟乙烯板。其球面部分需保证球面半径及球面度符合设计要求，通常球面度为球面聚四氟乙烯板直径的 0.3‰。球面表面镀以工作性铬层，其厚度为 80 ~ 100 μm。球面的加工精度直接影响支座的转动性能。支座的转动位移通过球面钢衬板与球面聚四氟乙烯板之间的滑动来实现。球面钢衬板通常采用 Q235 钢板制成。

（2）平面和球面聚四氟乙烯板。平面和球面聚四氟乙烯板是支座的主要滑动部件。平面聚四氟乙烯板与上支座板的不锈钢板之间的滑动满足支座的水平位移需要，其工作原理与盆式支座相同。

（3）下支座凹板。下支座凹板由钢板或铸件制成，主要起固定球面聚四氟乙烯板的作用，并将支座反力分散传递到桥墩、桥台上。

（4）上支座板。上支座板用普通钢板或铸钢制成。上支座板与聚四氟乙烯板接触面处焊接一块精轧不锈钢板，并要求不锈钢板表面平面度不大于聚四氟乙烯板直径的 0.3‰，以保证支座的摩擦系数不超过 0.03。

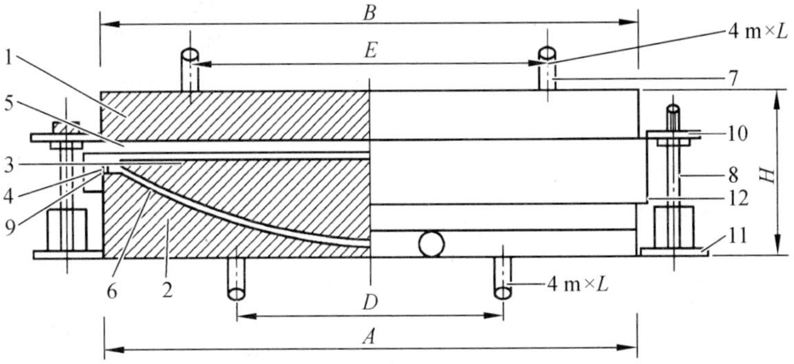

1—上支座板；2—下支座板；3—球面钢衬板；4—钢挡圈；5—平面聚四氟乙烯板；6—球面聚四氟乙烯板；7—锚固螺栓；8—连接螺栓；9—橡胶防尘条；10—上支座连接板；11—下支座连接板；12—防尘围板。

图 4.7　球型支座

球型支座按其使用性能也可分为固定支座、多向活动支座和单向活动支座三种形式。通过在上支座板上设置导向槽或导向环可约束支座的单向或多向位移，可以制成球形支座的单向活动支座及固定支座。

球型支座与盆式支座的主要区别在于：① 盆式支座通过钢盆中橡胶的转动来满足梁体转角的需要。由于橡胶的转动反力矩与橡胶直径、厚度和硬度有关，在支座转动时，随着支座转角的变化，支座的转动反力矩相应发生变化，而且支座橡胶厚度有一定限制，一般为橡胶直径的 1/15 ~ 1/10，因此盆式支座的设计转角一般为 0.012 rad。② 球型支座则通过球面钢衬板与球面聚四氟乙烯板之间的滑动来满足支座转角的需要。只要克服了球面钢衬板与球面聚四氟乙烯板之间摩擦，支座即可发生转动，转动力矩只与支座的球面半径及球面聚四氟乙烯板的滑动摩擦系数有关，与转角的大小无关。因此球型支座可适用于大转角的支座，其设计转角可达 0.05 rad 以上。

此外，球型支座通过球面传力，其作用到支承混凝土上的反力较均匀；球形支座各个方向的转动性能一致，适用于曲线桥和宽桥；球型支座不再利用橡胶板承压，不存在橡胶老化和变脆等影响支座转动性能的因素，特别适用于低温寒冷地区。

4.1.5　其他桥梁支座

1. 拉压支座

有些桥梁因结构布置等原因，支点出现“负反力”，因此要求支座不仅能承受压力，还要承受拉力，这类支座称为拉压支座。板式橡胶支座、盆式支座和球型支座都可以做成拉压支座。

图 4.8 所示为板式橡胶支座的拉压支座。在板式橡胶支座的中心埋设一根拉力螺栓或预应

力钢筋，将梁底和支座垫石相连，由拉力螺栓或预应力钢筋承受拉力。

2. 抗震支座

1）铅芯隔震橡胶支座

铅芯隔震橡胶支座是在普通板式橡胶支座的基础上，在支座中心放入铅芯，以改善橡胶支座阻尼性能的一种抗震支座。铅芯隔震橡胶支座承受结构物的重量和水平力，使铅芯产生滞后阻尼的塑性变形，并通过橡胶提供水平恢复力。图 4.9 所示为铅芯隔震橡胶支座。

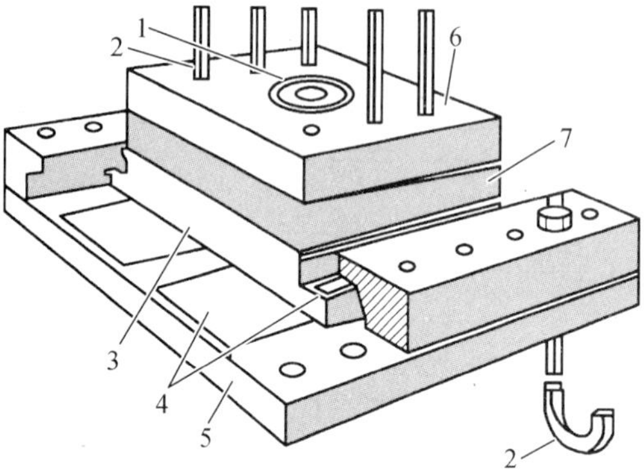

1—拉力螺栓；2—锚固螺栓；3—滑板；4—不锈钢板；
5—下支座板；6—上支座板；7—加劲板式橡胶支座。

图 4.8　板式橡胶拉压支座

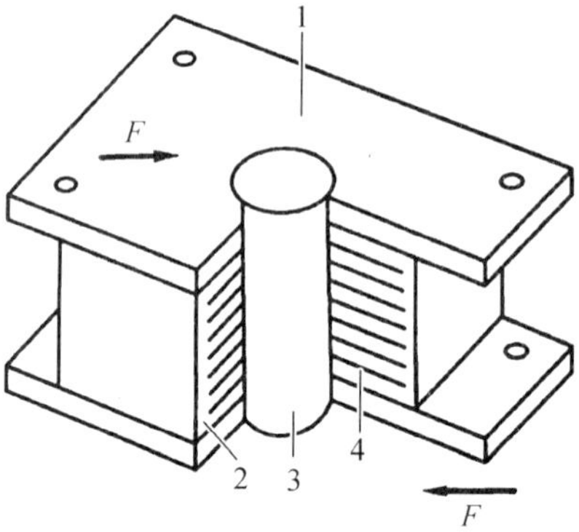

1—竖向力；2—橡胶；3—铅芯；4—钢板。

图 4.9　铅芯隔震橡胶支座

铅芯隔震橡胶支座已广泛应用于一些多地震国家（如新西兰、日本和美国等）的桥梁上，其具有以下特点：① 竖向刚度大，承载性能好，能稳定地支承桥梁上部结构的荷载。② 水平刚度适中，能满足地震产生的大位移需要。③ 通过调整铅芯的面积，可以改变铅芯隔震橡胶支座的阻尼比，能有效地吸收地震能量。在铁路桥上采用铅芯隔震橡胶支座时，必须采取可靠的限位措施，以确保正常行车安全。

2）高阻尼隔震橡胶支座

试验研究表明，铅芯隔震橡胶支座的橡胶在低温条件下存在硬化现象，在温度和交通荷载（低周疲劳）作业下，支座中的铅芯会发生疲劳剪切破坏，使支座的阻尼性能大幅下降。同时，铅芯隔震橡胶支座在生产和使用过程中，铅会对环境造成污染。近年来日本、美国和欧洲的部分国家等研发了采用高阻尼隔震橡胶制造的高阻尼隔震橡胶支座，它是在天然橡胶中加入各种配合剂，用来提高橡胶的阻尼性能（增加滞后损失，降低其储存模量）。然后利用这种具有阻尼效果的橡胶制成与普通橡胶支座结构近似的一种钢板和橡胶通过热硫化构成的叠层产品，其阻尼比可达到 0.15。

高阻尼隔震橡胶支座由上、下连接钢板、高阻尼橡胶板和加劲钢板组成，其结构形式和普通板式橡胶支座相同。上、下连接钢板用于和梁体及墩台连接。

高阻尼隔震橡胶支座作为隔震支座，具有以下特点：① 具备承载能力、恢复力和阻尼（吸收能量）三位一体的功能。② 滞回特性（荷载-变形曲线）饱满，对大、中、小地震都能发挥隔震效果。③ 自身具有隔震功能，无须再配置其他装置，维修管理成本低。④ 大地震后无残余变形，特性变化小，无须更换。⑤ 对温度的依赖性小，蠕变特性和耐老化性能都比较好。

3）摩擦摆式减隔震支座

摩擦摆式减隔震支座的本质是摩擦阻尼支座，其依靠两个曲面的摩擦来实现支座的正常功能。图 4.10 所示为摩擦摆式减隔震支座。

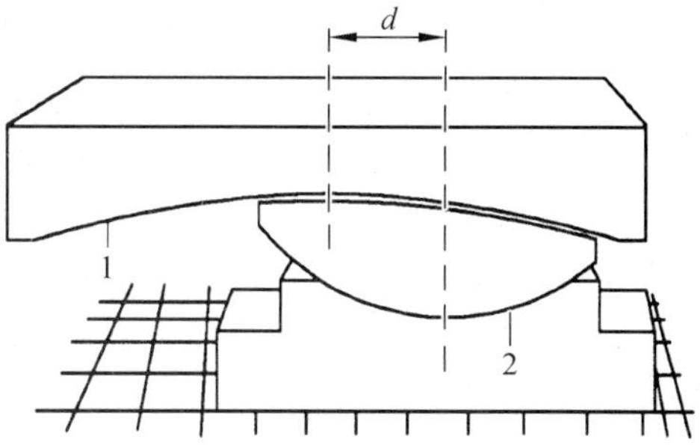

1—第一滑动面；2—第二滑动面。

图 4.10 摩擦摆式减隔震支座

摩擦摆式减隔震支座的作用原理：桥面支承在可滑动的球形曲面上，当桥面与桥墩发生相对位移时，它就像钟摆一样运动。因此，任何一个水平运动都会产生一个重力的竖向提升，如忽略摩擦力，该体系的运动方程近似于一个质量相等的钟摆运动，钟摆长度为球面的曲率半径，通过改变支座球面的曲率半径，可以改变支座的摆动周期，达到预期的隔震周期。通过支座水平运动时的竖向提升，将动能转化为势能，消耗地震能量。地震后，支座在重力作用下具有一定的复位能力。

3. 高速铁路桥梁支座

高速铁路桥梁具有列车行车速度高、行车密度大以及高速行车的安全性和舒适度要求高等特点，因此对用于高速铁路桥梁的支座提出了较高的技术要求。另外，由于长钢轨纵向力、制动力、列车动力作用和机车车辆横向摇摆等动力的影响较普通铁路桥梁更剧烈，因而对支座的减震消震性能提出了新的要求。我国高速铁路桥梁主要采用盆式橡胶支座和球形支座，支座构造在细节的处理上，结合环境状况增加了多道防尘构造，并特别考虑了支座更换的可能性。高速铁路桥梁支座性能应满足以下要求：

（1）桥梁支座应有足够的竖向和水平向的承载能力。

（2）桥梁支座应有可靠的横向限位，在列车行车时支座的横向位移应控制在±1 mm 内。

（3）桥梁支座用的橡胶材料和聚四氟乙烯等滑板材料应具有可靠的耐久性和耐磨耗性能。

（4）桥梁支座应具有良好的外防护和油漆涂装。

1）盆式橡胶支座

由于盆式橡胶支座构造简单，性能可靠，造价低廉，同时橡胶对箱形梁各支点的反力有一定的调整作用，对梁体的垂直荷载有一定的减震缓冲作用，因此盆式橡胶支座在高速铁路桥梁上采用较为广泛。目前，高速铁路桥梁采用的盆式橡胶支座是在原有盆式橡胶支座基础上改进而成。高速铁路桥梁盆式橡胶支座的特点如下：

（1）盆式橡胶支座的橡胶设计应力为 25 ~ 30 MPa，橡胶材料采用氯丁橡胶、天然橡胶或三元乙丙橡胶，温度为−25 ~ +60 °C 的常温地区可采用氯丁橡胶和天然橡胶，温度为−40 ~ +40 °C 的低温地区可采用天然橡胶或三元乙丙橡胶。橡胶的物理机械性能应满足《铁路桥梁橡胶支座》（TB/T 2331—2020）的要求。

（2）使用聚四氟乙烯板的性能要求明显高于普通铁路支座，主要原因是高速铁路的行车速度快，高速行车引起桥梁支座的滑动速度变大。以铁路 32 m 箱梁为例，当客车以 300 km/h 速度在桥上通过时，在活动支座处的相对位移速度可达 6 mm/s 左右，而且客车的行车密度大，活动支座在使用寿命中的累积滑移距离将明显大于普通铁路的桥梁支座，因此对支座用滑板提出了较高的要求。聚四氟乙烯板的设计应力为 30 MPa，表面应压制储硅脂凹槽，储硅脂凹槽的排列方向应与主位移方向一致，槽内涂满 5201 硅脂。

（3）盆式橡胶支座聚四氟乙烯板采用镜面不锈钢板，通常采用 1Cr18Ni9Ti 不锈钢板，不锈钢板表面粗糙度 $Ra \leqslant 1$ μm。不锈钢板应与基层钢板用氩弧焊焊接，焊接后不锈钢板的表面平面度应小于聚四氟乙烯板直径的 0.000 3 倍或小于 0.2 mm，取其较大者。

（4）盆式橡胶支座的钢件（钢盆、钢衬板和上支座板）可用钢板、铸钢件或锻钢件等加工。钢板的强度等级可采用 Q235 ~ Q345，铸钢件可采用 ZG270 ~ 500。用于支座的铸钢件除了要满足化学成分和机械性能要求外，还应满足冲击韧性的要求（$a_k \geqslant 22$ J）。支座钢盆应力除了考虑橡胶作用的侧向应力外，还必须考虑由于桥上的制动力、离心力、横向摇摆力和地震力等横向水平力引起的钢盆应力。

（5）盆式橡胶支座承压橡胶板的密封采用黄铜紧箍圈，材料采用 H62 黄铜。黄铜圈厚度为 1.5 ~ 4.0 mm，密封用 2 ~ 3 圈，各圈的切口均匀错开，以避免橡胶在高应力下从盆壁内侧挤出。

（6）盆式橡胶支座的聚四氟乙烯板滑动表面外侧应设置可靠的防尘构造，以避免聚四氟乙烯板滑动面被污染，支座的外侧还应另设防尘罩。

（7）盆式橡胶支座与梁体和墩台采用套筒螺旋方式连接，可以在需要时更换支座。

（8）盆式橡胶支座钢件的外露表面应进行油漆防护。

（9）盆式橡胶支座在机加工和组装过程中应符合设计要求，确保其精度和质量。

2）球形支座

球形支座具有使用寿命长、工程造价低、转角大、适用范围广、耐低温性能好等优点，因此，球型支座也是高速铁路桥梁上常用的一种支座形式。球型支座具有以下特点：

（1）球形支座采用平面和球面聚四氟乙烯板，聚四氟乙烯板的设计平均压应力为 30 MPa，其材料性能要求与盆式橡胶支座相同。球形支座也可以采用改性超高分子量聚乙烯板，改性超高分子量聚乙烯板的设计平均压应力为 45 MPa。在特大吨位的球形支座上采用改性超高分子量聚乙烯板，可以进一步减小支座构造尺寸。

（2）球形支座球冠板的滑动球面的球面半径为滑板直径的 1.4 ~ 2.8 倍，通常采用滑板直径的 1.5 倍。球形滑动表面可以采用镀硬铬处理，也可以采用不锈钢板包覆的方式。采用镀硬铬表面时，硬铬层的厚度不小于 100 μm，滑动表面的球面度应小于滑板直径的 0.000 3 倍，且不大于 0.2 mm。

（3）球形支座的平面滑动面通常采用不锈钢板，对其平面滑动面的要求与盆式橡胶支座一样，即滑动表面的球面度应小于滑板直径的 0.000 3 倍，且不大于 0.2 mm。

4.2 支座的布置

桥梁支座在布置上要有利于墩台传递纵向水平力和变形，一般一片 T 梁的支点宜设一个支座，一个箱梁的支点宜设两个支座。当超过此数时，则应考虑采取使多支座均衡受力的措施。

1. 支座布置方式

根据梁桥的结构体系以及桥宽，支座在纵、横桥向的布置方式主要有以下 3 种：

（1）简支梁桥应在每跨的一端设置固定支座，另一端设活动支座。对于多跨简支梁，一般把固定支座布置在桥台上，每个桥墩上布置一个（组）活动支座与一个（组）固定支座，若个别桥墩较高，也可以在高墩上布置两个（组）活动支座。简支梁板支座布置如图 4.11 所示。

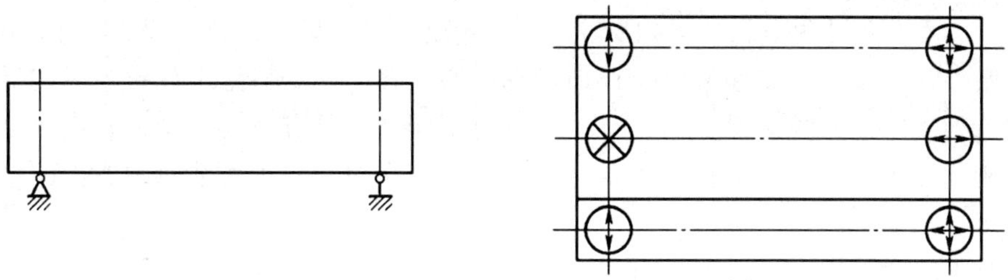

（a）立面图　（b）平面图

固定支座；纵向活动支座；横向活动支座；多向活动支座；活动方向。

图 4.11　简支梁桥支座布置

（2）对于坡桥，宜将固定支座布置在标高低的墩台上。同时，为了避免整个桥跨下滑，影响车辆的行驶，当纵坡大于 1%或横坡大于 2%时，通常在支座处梁底面增设局部的楔形构造，以使支座保持水平状态。坡桥楔形垫块如图 4.12 所示。

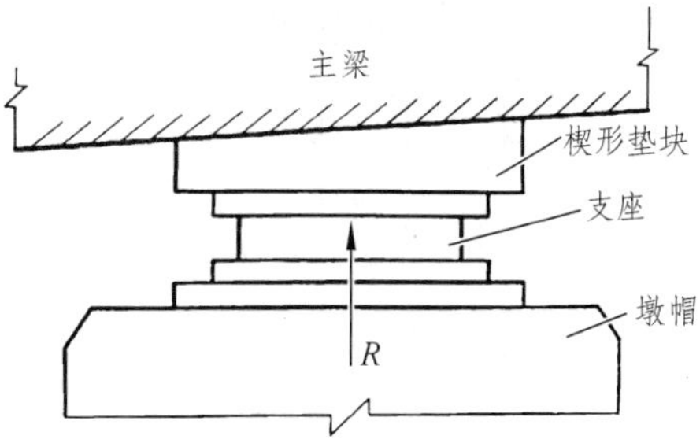

图 4.12　坡桥楔形垫块

（3）对于桥面连续的简支梁及连续梁桥，一般在每一联设置一个固定支座，并宜将固定支座设置在靠近温度中心处，以使全梁的纵向变形分散在梁的两端，其余墩台上均设置活动支座。在设置固定支座的桥墩（台）上，一般采用一个固定支座，其余为横桥向的单向活动支座；在设置活动支座的所有桥墩（台）上，一般在设置固定支座的一侧均布置顺桥向的单向活动支座，其余均为双向活动支座。对于一些特别宽的桥梁，尚应设置沿纵向和横向均能自由移动的活动支座。连续梁桥支座布置如图 4.13 所示。

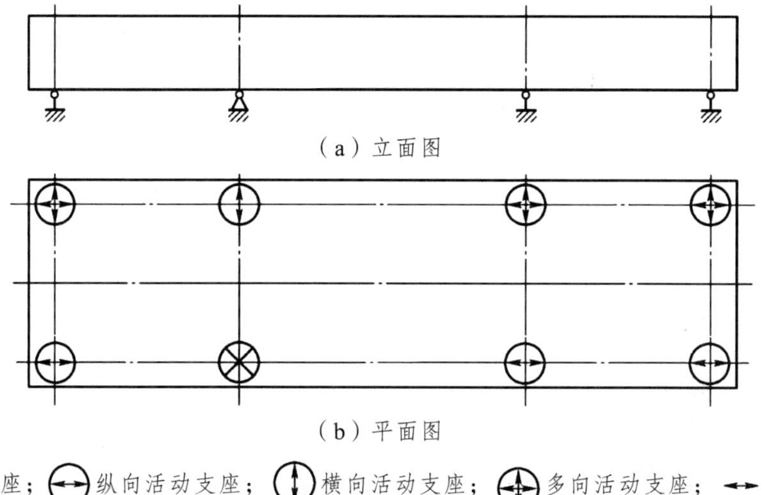

（a）立面图

（b）平面图

固定支座；纵向活动支座；横向活动支座；多向活动支座；活动方向。

图 4.13　连续梁桥支座布置

2. 高速铁路桥梁支座布置方式

（1）对于简支箱梁，当梁底横向两排支座中心距<4 m 时，可在一个桥墩上设两个固定支座，在另一个桥墩上设两个纵向活动支座。简支箱梁当梁底横向两排支座中心距≥4 m 时，可在一个桥墩上设一个固定支座和一个横向活动支座，在另一个桥墩上设一个纵向活动支座和一个多向活动支座，如图 4.14（a）所示。应该指出的是，应使固定支座和横向活动支座的顺桥向水平刚度尽可能接近，以使两个支座同时承受水平力，否则可能将主要由固定支座承受水平力。

（2）对于连续梁桥，当梁底横向两排支座中心距<4 m 时，可在一个桥墩上设两个固定支座，在其余桥墩上均设置纵向活动支座。连续梁桥当梁底横向两排支座中心距≥4 m 时，可在一个桥墩上设一个固定支座和一个横向活动支座，其余桥墩上设一个纵向活动支座和一个多向活动支座，如图 4.14（b）所示。

（3）多片简支 T 梁可在靠近桥梁横截面中心部位的两片 T 梁下，一端设固定支座，另一端设纵向活动支座，其余各片 T 梁在邻近固定支座端设横向活动支座，临近纵向活动支座端设多向活动支座，如图 4.14（c）所示。

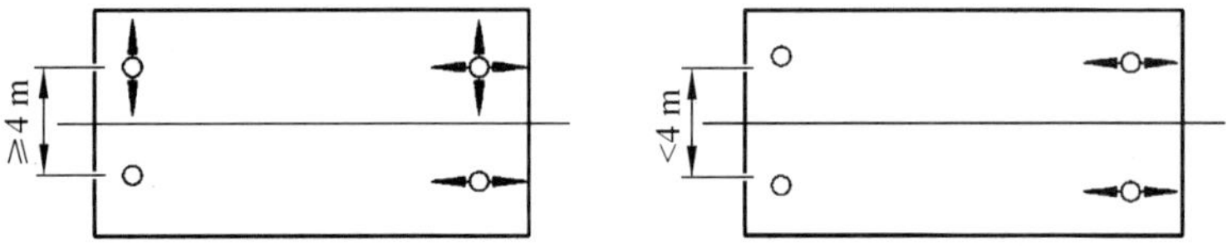

（a）简支箱梁

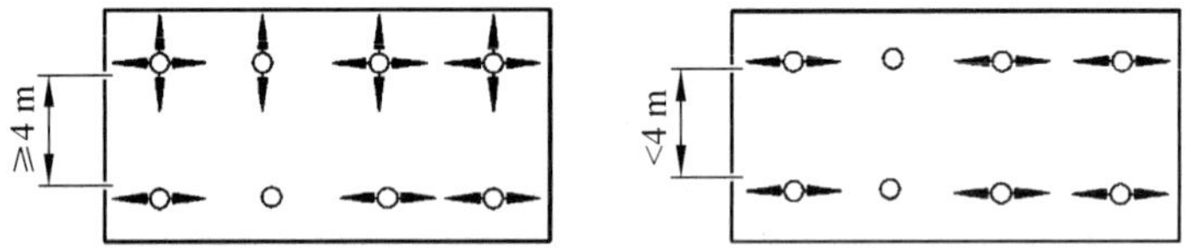

（b）连续梁桥

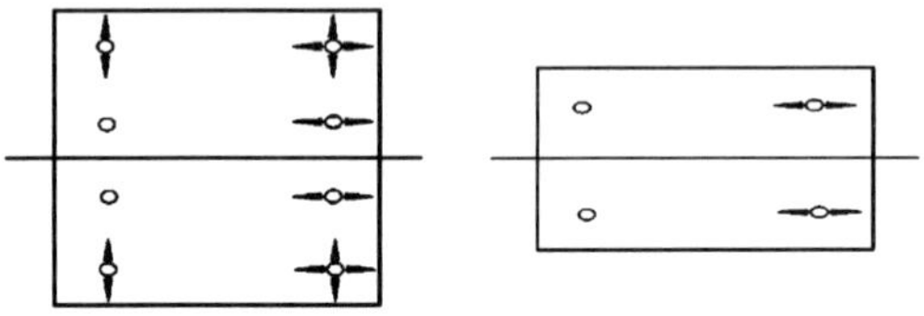

（c）多片简支 T 梁

横向活动支座；多向活动支座；固定支座；纵向活动支座。

图 4.14　高速铁路桥梁支座布置

支座设计与选型应根据竖向、水平反力大小和位移量、转角变形等因素确定。其形式可按表 4.1 选用。

目前，我国的混凝土桥主要采用板式橡胶支座和盆式支座，钢桥主要采用钢支座，球形支座近年来使用越来越广泛。一般桥梁工程师并不涉及支座本身的设计，支座是由制造厂商提供，桥梁工程师可依据工程需要，结合支座反力、水平及转角位移大小进行选型。目前弹性垫层简易支座在新桥设计中已不再使用。

表 4.1 支座选型

跨径/m	≤6	8	10～16	20～32	≥32
钢（铸钢）支座		平板支座	弧形支座	辊轴（摇轴）支座	
橡胶支座	板式橡胶			板式橡胶支座	—
钢-橡胶组合支座	—			—	盆式、球形支座
其他	弹性垫层	—			

3. 防止落梁的措施

桥梁支座除在设计与选配上必须满足承受竖向反力、位移和转角的要求外，在梁端支座处还要采取措施防止上部结构产生纵向位移或坠落等。其中以落梁最为严重，防止落梁的措施一般有以下 2 种：

（1）桥梁墩台顶部沿梁轴方向的预留设计宽度 s（见图 4.15）应满足以下要求：

对于桥梁跨径 L，当 $L \leqslant 100$ m 时，$s=200+5L$；当 $L>100$ m 时，$s=300+4L$。此外，对于架设在松软地基上的重要桥梁，s 应大于 350 mm。

悬臂梁与挂梁在支座处的搭接长度 s（见图 4.16）宜大于 600 mm；但对软弱地基上的桥梁，其值应大于 700 mm。

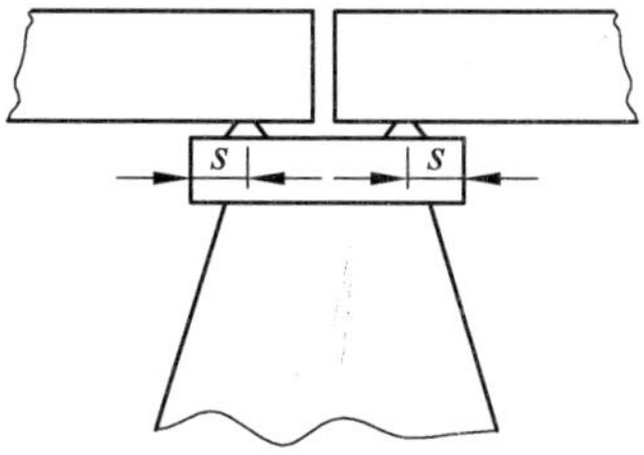

图 4.15 支座两侧预留设计宽度

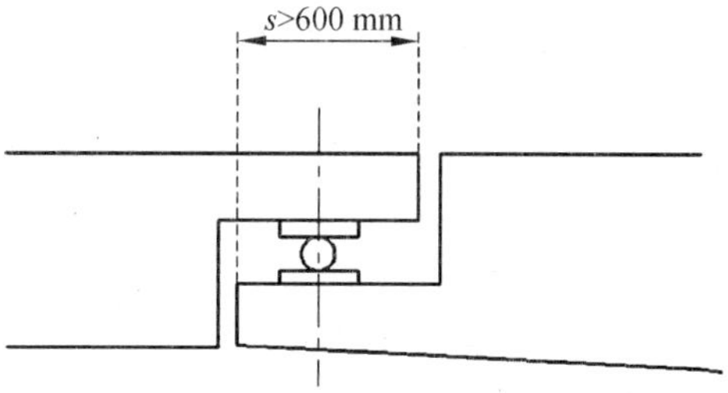

图 4.16 悬臂梁与挂梁在支座处的搭接

（2）桥跨结构的抗震连接。对于钢筋混凝土梁桥和预应力混凝土梁桥，当墩顶较宽时，可采用连接螺栓和嵌塞将桥跨结构连为一体，如图 4.17 所示。连接螺栓与端横梁之间以及嵌塞与端横梁之间均应设置氯丁橡胶或海绵胶垫，使梁体在温度变化或混凝土收缩时能自由伸缩，而在地震时，又能起抗震作用。另外，在墩台顶面设置限制位移锚栓或钢筋混凝土挡块，也是常用的防落梁措施，如图 4.18 所示。为防止梁横向位移，目前在高速铁路上常采用横向限位装置，如图 4.19 所示。

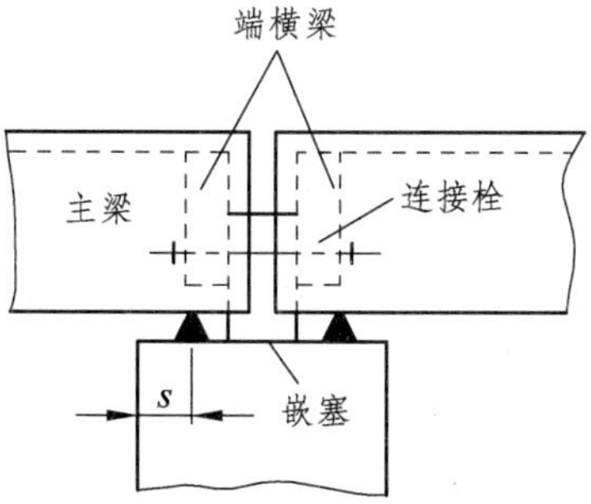

图 4.17 桥跨结构的抗震连接

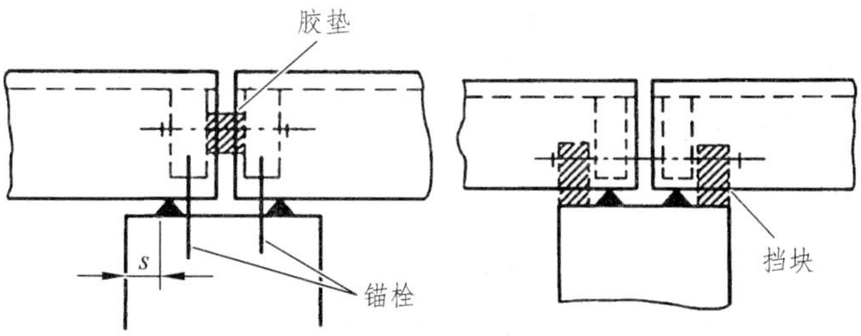

图 4.18 桥跨限位措施

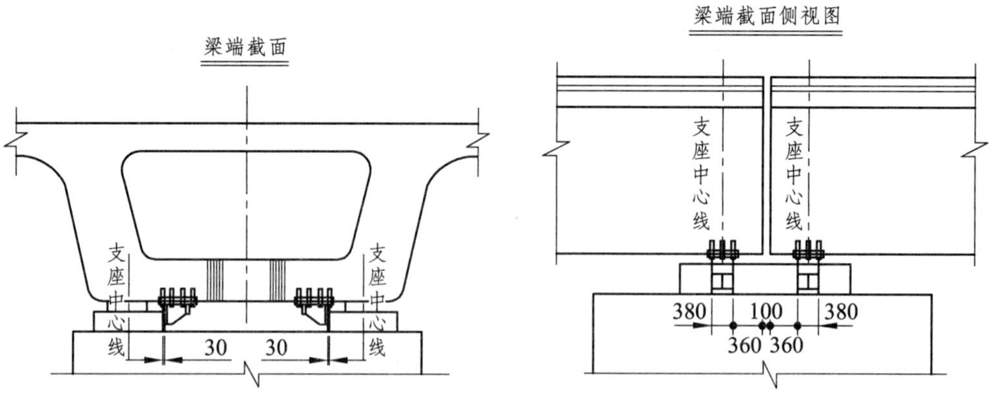

图 4.19　横向限位装置构造

4.3　支座的设计及计算

4.3.1　板式橡胶支座设计与计算

板式橡胶支座设计计算的主要内容是依据结构反力和变位进行支座选型，然后进行必要的验算，即验算支座的承载和变形能力是否满足功能要求并有适当的安全储备。

现行铁路桥规和公路桥规对板式橡胶支座的计算规定有所不同，应根据桥梁的使用情况采用相应的规范进行设计。对于公路矩形板式橡胶支座，其设计计算的主要内容如下：

1. 支座的有效承压面积 A_e

支座面积的确定要全面考虑橡胶板本身的抗压强度、梁部和墩台顶混凝土的局部承压强度后确定。一般情况下，由橡胶支座控制设计，要求橡胶支座的平均压应力 σ 不超过其使用阶段平均压应力限值 σ_c，即

$$\sigma=\frac{R_{ck}}{A_e}\leqslant[\sigma_c] \tag{4.2}$$

式中：R_{ck}——支座压力标准值，按竖向荷载（汽车荷载应计入冲击系数）标准值进行组合计算；

A_e——支座有效承压面积（承压加劲钢板面积）；

$[\sigma_c]$——支座使用阶段平均压应力限值，$[\sigma_c]$=10 MPa；当支座形状系数小于 7 时，$[\sigma_c]$=8 MPa。

按橡胶支座内加劲钢板与支座边缘的最小距离不小于 5 mm，可基本确定支座短边长度 l_a、长边长度 l_b 及毛面积 A_g。为便于转动，支座的短边应置于顺桥方向。

2. 支座厚度 h

板式橡胶支座的重要特征是梁的纵向位移全部要通过橡胶的剪切变形来实现，如图 4.20 所示。

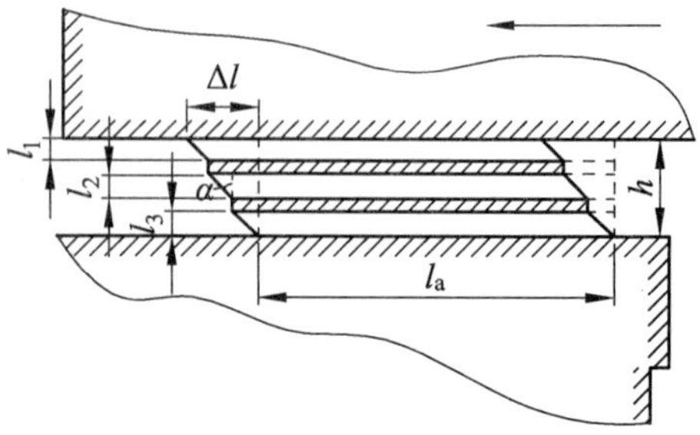

图 4.20　支座厚度的计算图式

因此，从满足剪切变形考虑，支座橡胶层总厚度 t_e 与支座纵向位移 Δl 之间应符合式（4.3）和式（4.4）的条件：

$$t_e = \sum t \geqslant 2\Delta l \text{（不计制动力时）} \tag{4.3}$$

$$t_e = \sum t \geqslant 1.43\Delta l \text{（计入制动力时）} \tag{4.4}$$

式中：t_e——支座橡胶层总厚度；

Δl——各种作用引起的支座剪切变形。

当板式橡胶支座在横桥向平行于墩台帽或盖梁顶横坡设置时，支座橡胶层总厚度 t_e 应符合式（4.5）和式（4.6）的条件：

$$t_e = \sum t \geqslant 2\sqrt{\Delta l^2 + \Delta t^2} \text{（不计制动力时）} \tag{4.5}$$

$$t_e = \sum t \geqslant 1.43\sqrt{\Delta l^2 + \Delta t^2} \text{（计入制动力时）} \tag{4.6}$$

式中：Δt——支座在横桥向平行于不大于 2%的墩台帽或盖梁顶横坡上设置时，由支座反力设计值平行于横坡方向分力产生的剪切变形。

此外，从保证受压稳定考虑，支座橡胶层的总厚度 t_e 须满足 $l_a/10 \leqslant t_e \leqslant l_a/5$。确定 t_e 后，再加上加劲薄钢板的总厚度，即为橡胶支座厚度 h。

3. 竖向平均压缩变形

主梁受荷挠曲，梁截面将出现转动，支座竖向平均压缩变形 $\delta_{c,m}$ 应满足式（4.7）的要求，以确保支座与梁底接触可靠，不致脱空而导致过大的局部承压问题。

$$\theta \frac{l_a}{2} \leqslant \delta_{c,m} \leqslant 0.07 t_e \tag{4.7}$$

式中：θ——由上部结构挠曲在支座顶面引起的倾角，以及由支座直接设置于不大于 1%纵坡的梁底面下，在支座顶面引起的纵坡倾角（rad）；

$\delta_{c,m}$——支座竖向平均压缩变形，按式（4.8）计算：

$$\delta_{c,m} = \frac{R_{ck} t_e}{A_e E_e} + \frac{R_{ck} t_e}{A_e E_b} \tag{4.8}$$

其中：E_e——支座抗压弹性模量（MPa），$E_e = 5.4 G_e S^2$；

G_e——支座抗剪弹性模量（MPa），取 1.0 MPa；

S——支座形状系数；

E_b——橡胶弹性体体积模量（MPa），取 2 000 MPa；

l_a——矩形支座短边尺寸。

4. 加劲钢板厚度

板式橡胶支座加劲钢板厚度 t_s，应符合式（4.9）的要求，且其最小厚度不应小于 2 mm。

$$t_s \geqslant \frac{K_p R_{ck} (t_{es,u} + t_{es,l})}{A_e \sigma_s} \tag{4.9}$$

式中：t_s——支座加劲钢板厚度；

K_p——应力校正系数，取 1.3；

$t_{es,u}$，$t_{es,l}$——一块加劲钢板上、下橡胶层厚度；

σ_s——加劲钢板轴向拉应力限值，可取钢材屈服强度的 0.65 倍。

加劲钢板与支座边缘的最小距离不应小于 5 mm，上、下保护层厚度不应小于 2.5 mm。

5. 抗滑稳定性

橡胶支座一般直接搁置在墩台与梁底之间，当它受到水平力 H 后，应保证支座不致滑动，即应满足式（4.10）和式（4.11）的规定：

$$\mu R_{Gk} \geqslant 1.4 G_e A_g \frac{\Delta l}{t_e}（不计制动力时） \tag{4.10}$$

$$\mu R_{ck} \geqslant 1.4 G_e A_g \frac{\Delta l}{t_e} + F_{bk}（计入制动力时） \tag{4.11}$$

式中：R_{Gk}——由结构自重引起的支座反力；

R_{ck}——由结构自重标准值和 1/2 汽车荷载标准值（计入冲击系数）引起的支座反力；

μ——支座与接触面的摩擦系数，与混凝土接触时，μ=0.3，与钢板接触时，μ=0.2；

G_e——支座抗剪弹性模量，一般取值为 1.0 MPa；

Δl——各种作用（不包括汽车制动力）引起的支座剪切变形；

F_{bk}——由汽车荷载引起的制动力标准值；

A_g——支座平面毛面积。

此外，对于聚四氟乙烯板式橡胶支座，其摩擦力应符合式（4.12）和式（4.13）的规定：

$$\mu_f R_{Gk} \geqslant G_e A_g [\tan\alpha] \quad（不计制动力时） \tag{4.12}$$

$$\mu_f R_{ck} \geqslant G_e A_g [\tan\alpha] \quad（计入制动力时） \tag{4.13}$$

式中：μ_f——聚四氟乙烯板与不锈钢板的摩擦系数；

$[\tan\alpha]$——橡胶支座剪切角正切值限值，当不计制动力时，取 0.5；当计入制动力时，取 0.7；

R_{ck}——由结构自重标准值和汽车荷载标准值（计入冲击系数）引起的支座反力。

4.3.2 盆式支座设计与计算

盆式支座的计算与构造形式有关。盆式支座同样是依据上部结构的最大支点反力和变位量，对比支座产品的性能进行支座选型。《公路桥涵设计通用规范》（JTG D60—2015）对盆式支座的计算没有详细规定，本节根据铁路桥规的规定，给出盆式支座使用中需要计算的内容。

1. 确定橡胶承压板的面积 A

橡胶承压板的面积 A 由橡胶承压板的平均压应力 σ_m 不超过橡胶承压板的容许压应力$[\sigma]$来确定，即

$$\sigma_m = \frac{N}{A} \leqslant [\sigma] \tag{4.14}$$

式中：N——支座竖向反力（MN）；

A——橡胶承压板的承压面积（m^2）；

$[\sigma]$——橡胶承压板的容许压应力限值，$[\sigma]=30$ MPa。

2. 确定橡胶承压板的厚度 t

支座橡胶承压板的厚度，应符合式（4.15）的要求：

$$\begin{cases} t \geqslant 3.33\alpha D \\ t \geqslant D/15 \end{cases} \tag{4.15}$$

式中：α——支座设计转角；

D——橡胶承压板的直径。

3. 验算钢盆盆环最大环向应力 σ_θ

钢盆盆环的最大环向拉应力 σ_θ 应符合式（4.16）的要求：

$$\sigma_\theta = \frac{\dfrac{R^2}{r^2}+1}{\dfrac{R^2}{r^2}-1} \cdot \sigma_m \cdot \frac{h}{H} \leqslant [\sigma_\theta] \tag{4.16}$$

式中：σ_θ——最大环向拉应力（MPa）；

$[\sigma_\theta]$——盆环容许拉应力（MPa），对于铸钢 ZG270～500 和 Q235 钢，取 150 MPa；

R，r——盆环的外径和内径（m）；

σ_m——承压橡胶板平均压应力（MPa）；

h，H——承压橡胶板高度和盆环全高。

4. 验算固定支座上支座盆凸与下支座盆环接触应力

对于固定支座，承受了较大的水平力，水平力由上支座板凸边（盆凸）传递到下支座板，应计算上支座板盆凸和下支座盆环的接触应力，可用两个圆环接触的赫兹公式计算，即

$$\sigma_j = 0.59\sqrt{\frac{F_h}{h} \cdot E_s \cdot \frac{d_1 - d_2}{d_1 \cdot d_2}} \leqslant [\sigma_j] \tag{4.17}$$

式中：σ_j——盆环接触应力（MPa）；

F_h——固定支座的设计水平荷载（MN）；

h——上支座盆凸厚度（m）；

E_s——钢的弹性模量（MPa）；

d_1——下支座盆环内径（mm）；

d_2——上支座盆凸外径（mm）；

$[\sigma_j]$——接触应力容许值（MPa），对于铸钢 ZG270～500 和 Q235 钢，取 150 MPa。

此外，还应确定盆塞凸缘厚度、验算支座处梁底面和支承垫石的局部承压强度。

4.3.3 球形支座设计与计算

球型支座的主要部件应符合以下计算规定。

（1）球型支座应受力均匀，并满足式（4.18）的要求：

$$\frac{R}{d} \geqslant 1.0 \tag{4.18}$$

式中：R——球面半径（m）；

d——滑板的直径（m）。

一般 R/d=1.5 ~ 2.8。

（2）球型支座的受压转动力矩 M 应满足式（4.19）的要求：

$$M \leqslant N\mu R \tag{4.19}$$

式中：N——竖向荷载的计算值（kN）；

μ——球面滑动材料的摩擦系数；

R——球面半径（m）。

（3）球型支座的平均压应力 σ_1 应满足式（4.20）的要求：

$$\sigma_1 = \frac{N}{A} \leqslant [\sigma_z] \tag{4.20}$$

式中：N——竖向荷载的计算值（kN）；

A——滑动面投影面积（mm^2）；

$[\sigma_z]$——滑板中心受压容许应力。

思考题

1. 桥梁支座的作用是什么？
2. 简述目前常用支座的类型及使用条件。
3. 普通板式橡胶支座的变形机理是什么？
4. 简述简支梁支座布置的原则。
5. 已知某三跨宽桥面单箱多室连续梁，在连续梁每个支点位置布置两个盆式支座。支座类型有固定、单向活动与多向活动支座，固定支座设置在中间墩上。请绘制全梁支座类型布置示意图，并标明支座类型。

Chapter 5

第 5 章

混凝土简支梁桥

简支梁桥属于静定结构，是应用最早、使用最广的桥型。简支梁桥传力简单、受力明确，梁中只有正弯矩，结构构造简单，易于系列化、标准化和规模化制造，施工方便，质量可靠，经济性好。温度变化、基础变位、混凝土收缩和徐变以及张拉预应力均不会在简支梁桥结构中产生附加内力，在竖向荷载作用下不会产生支点水平力，简化了下部结构的受力，特别适用于软土地基等地质较差的场合。

5.1 铁路混凝土简支梁桥

5.1.1 铁路混凝土简支梁桥构造特点

铁路混凝土简支梁桥常用跨径有 16 m、24 m 和 32 m 等，其中数值均为计算跨径，对应的梁长分别为 16.50 m、24.60 m 和 32.60 m，墩中心距离一般为 16.60 m、24.70 m 和 32.70 m。高速铁路桥梁中，因构造原因，梁长和墩中心距离与上述数据相同，但计算跨径略小。

1. 标准设计简介

我国铁路桥梁不同时期有不同的设计标准，如 20 世纪 50 年代的“大参”系列；20 世纪 60 ~ 70 年代的“叁标桥”系列；20 世纪 80 ~ 90 年代的“专桥”系列；21 世纪主要使用的“通桥”系列。其中，“通桥”系列包括有砟轨道、无砟轨道，设计速度为 160 ~ 350 km/h，单线与双线铁路，T 梁和箱梁，16 ~ 32 m 等不同跨径的设计标准。以图号作为唯一标识，如图号“通桥（2016）2322A-Ⅱ-1”为“时速 350 km 高速铁路预制无砟轨道后张法预应力混凝土 32 m 简支箱梁”，适用于 CRTS Ⅰ型板式、双块式、CRTS Ⅲ型板式无砟轨道双线桥梁，计算跨径为 31.5 m，梁宽 12.6 m。设计中，通过图号直接采用相关标准或通用参考图。

2. 钢筋混凝土梁构造特点

铁路钢筋混凝土简支梁标准设计适用于计算跨径≤20 m 的梁，主要跨径包括 4 m、5 m、6 m、8 m、10 m、12 m、16 m、20 m。目前计算跨径≥16 m 的梁主要采用预应力混凝土结构，以分片式结构为主，单线铁路每跨为两片式结构，常用的截面形式有板式和肋板式（T 形）。

对于计算跨径≤6 m 的梁，由于跨径小、梁高低，为了使截面形式简单、制造方便，采用实体板式截面。图 5.1 所示为跨径为 5 m，由两片主梁组成的普通单线铁路桥的横截面。为了节省材料，适当减窄板的下部。由于板底支承面较宽、截面重心较低，不会发生侧向倾覆，故两片梁之间未设置任何联结。

对于跨径≥8 m 的梁，随着跨径的增大，梁高也随之增加，为了节省材料、减轻梁重，便于架设和运输，采用肋板式 T 形截面。

考虑到梁体运输、架设问题，跨径 40 m 以下的梁大多采用的是 T 形截面构造，两片梁之间设置 6 cm 的纵缝用于吊装捆梁，分片架设后将横隔板或桥面连成整体应用。目前的新建工程中，为提高分片式 T 形梁桥的整体性，分片架设后采取现浇混凝土桥面湿接缝、横隔板连成整体并施加横向预应力等措施，横隔板设置在支点、跨中、$l/4$、$3l/4$ 等位置。

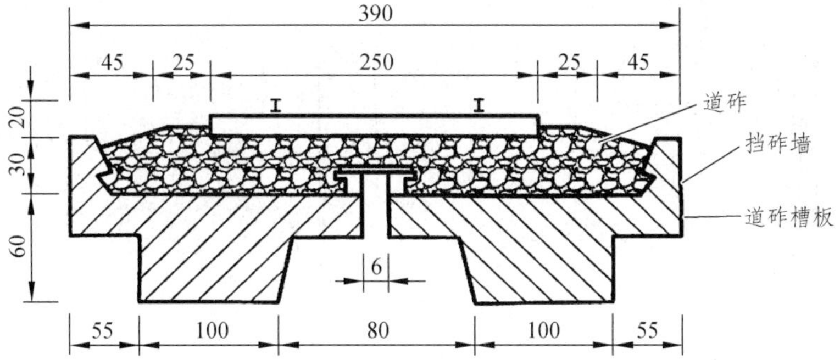

图 5.1 单线铁路板梁桥横截面（尺寸单位：cm）

横隔板的作用不仅是使梁连成整体保持横向稳定性，更重要的是使各片梁在列车荷载下能很好地共同工作并防止梁体受扭。由于单片 T 形梁易侧向倾覆，在运输及架设过程中应设置临时支撑。

标准设计中分普通高度梁与低高度梁，一般情况下采用普通高度梁，其高跨比 H/L_0 为 1/9.1 ~ 1/7.2；当建筑高度受到限制时，可采用降低梁高的低高度梁，其高跨比 H/L_0 为 1/14.8 ~ 1/11.4。低高度梁的经济性弱于普通高度梁，但线路总体上能获取较好的经济效益。

由于铁路的平曲线半径比较大，因此曲线上的简支梁一般采用与直线梁相同的结构尺寸，配筋予以加强以满足偏心荷载要求。

挡砟墙高出梁顶面，为使其不参与主梁的工作，将内、外挡砟墙沿纵向用断缝断开，如 16 m 跨径的 T 梁挡砟墙设 5 条断缝。

图 5.2 所示为“叁标桥”系列中跨径为 16 m 的普通单线铁路道砟桥面钢筋混凝土简支梁的一般构造。梁全长 16.5 m，沿纵缝分为两片 T 形梁。在梁端以及距梁端 5.25 m 处，设有与主梁一起浇筑的横隔板，中间横隔板厚度为 16 cm。考虑到维修及更换支座时，需在端横隔板下放置千斤顶，一般端横隔板宜厚些。为了减轻自重及便于维修检查，所有横隔板中间留有方孔。主梁高度为 1.9 m，单线铁路道砟槽顶面宽 3.9 m，每片梁的道砟槽顶面宽为 1.92 m，两片梁之间留有 6 cm 的缝，用于吊装时捆梁。梁肋中心距为 1.8 m。跨中部分腹板厚 30 cm，靠近梁端部分增厚到 49 cm，以适应腹板内主拉应力变化及钢筋布置的需要。考虑钢筋布置需要和施工方便，下翼缘采用马蹄形，宽 70 cm。道砟槽板因最小板厚的需要取为 12 cm，为使道砟槽板与主梁共同工作，在道砟槽板与梁肋相交处设置梗肋，其底坡为 1∶3。板与肋相交处的板厚为 24 cm，大于梁高的 1/10，满足 T 形截面翼缘的受力需要与构造要求。

图 5.3 所示为跨径为 16 m 的钢筋混凝土简支直线梁的钢筋布置。每片梁肋的受力主筋共有 43Φ20（编号为 N1 ~ N15）。N1 ~ N12（共 23 根）由跨中向两端逐次弯起并锚固在梁的受压区，和箍筋一起承受主拉应力。其中，N1 ~ N10 弯至梁顶后伸入受压区长度大于 20 倍的钢筋直径，满足锚固长度要求，不设与纵筋平行的直线段，且不设弯钩；N11 ~ N12 因不能满足上述锚固长度的要求，需要向上弯转锚固在受压区。N15 钢筋（共 14 根）伸入支座，与弯起的 N13、N14 钢筋端部均加直角钩以保证足够的锚固长度。为了减小翼缘尺寸并增大截面有效高度，主钢筋在梁下翼缘内采用成束布置。N1 ~ N7 布置在下翼缘中心部分且在最上两排，使它们能在腹板较薄的跨中部分相继弯起。N8 ~ N14 布置在下翼缘中心偏外部分，或布置在下翼缘的底排，它们只能在腹板较厚的梁端部分相继弯起。

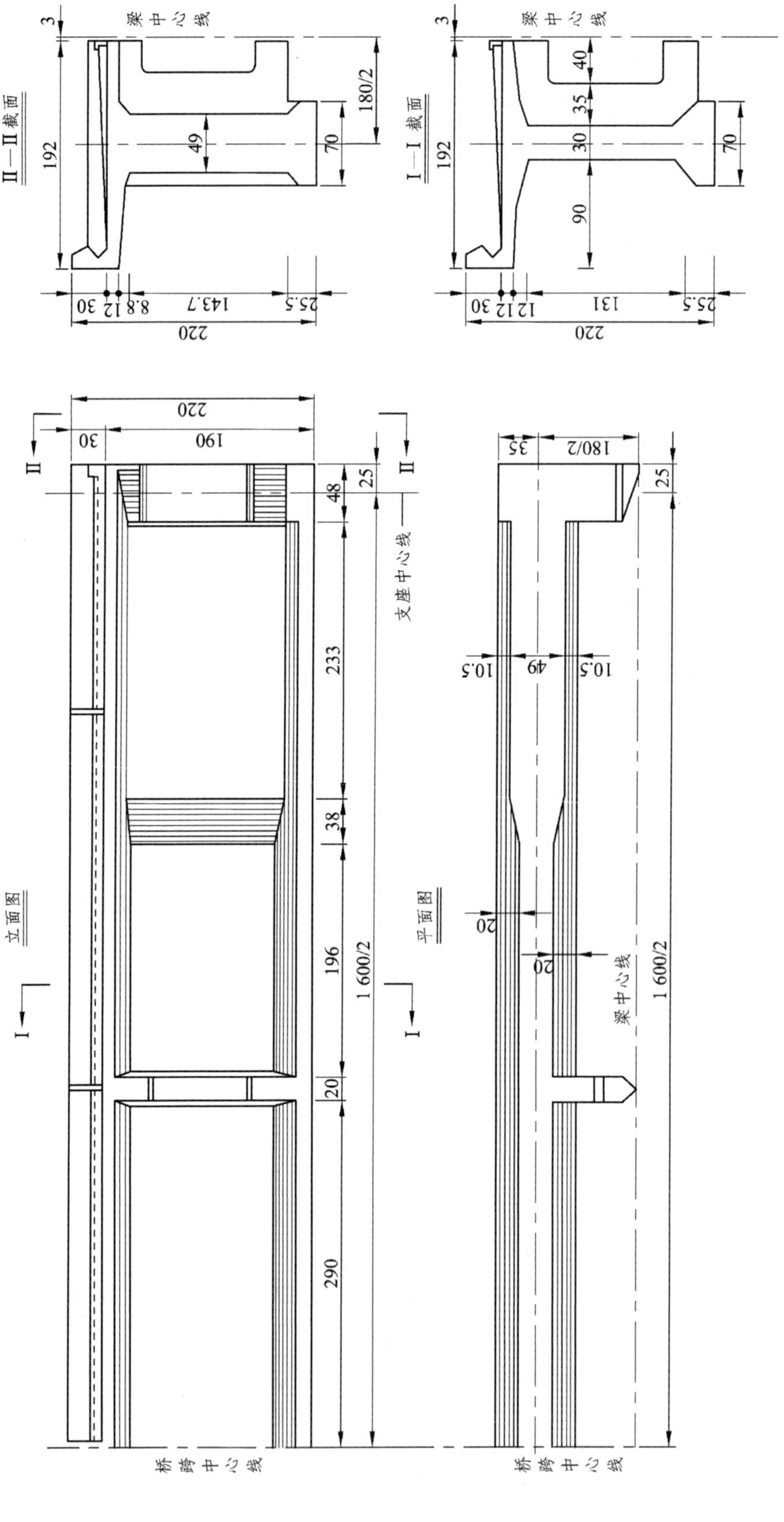

图 5.2　16 m 跨径普通铁路道砟桥面钢筋混凝土梁构造（尺寸单位：cm）

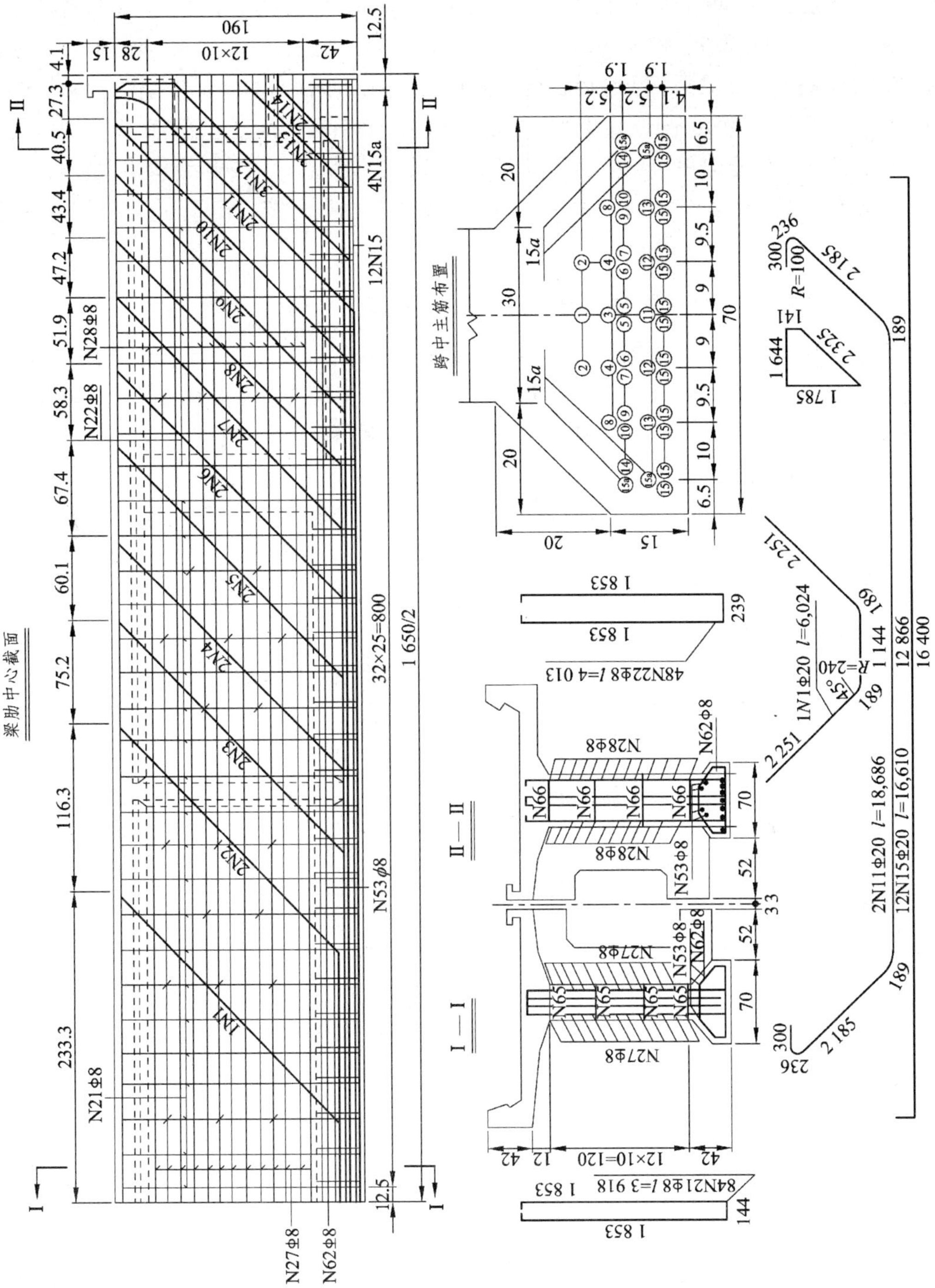

图 5.3　16 m 跨径普通铁路道砟桥面钢筋混凝土梁钢筋布置（尺寸单位：钢筋大样为 mm，其余为 cm）

箍筋采用 4 肢 $\phi 8$ 钢筋，间距为 25 cm，编号为 N21 和 N22。N21 布置在跨中区段薄腹板部分内，N22 在梁两端厚腹板部分内，同一处用 2 根 N21（或 N22）错开叠成 4 肢。所有箍筋均钩在架立钢筋上。在梁的下翼缘内还设有捆扎主筋用的小箍筋 N62，并有架立钢筋 N53。在腹板两侧布置有间距为 10 cm，直径为 8 mm 的纵向水平钢筋，以防止腹板的温度裂纹与收缩裂纹。为使浇筑混凝土时保持纵向水平钢筋和箍筋的设计位置，还分别设置了水平联系筋。

为方便维修，现行的标准设计中规定铁路桥面宽度应予以加宽，具体可参见铁路桥梁标准设计图。

3. 后张法预应力混凝土梁构造特点

由于混凝土抗拉强度低，极限拉应变很小，钢筋混凝土梁在较小的荷载作用下受拉区混凝土就会出现裂缝，其对应的钢筋应力在 20 ~ 30 MPa。结构耐久性要求钢筋混凝土梁的裂缝宽度一般不应超过 0.15 ~ 0.2 mm，即限制了高强材料的使用，同时由于梁自重所占比例随跨径的增加而增大，钢筋混凝土梁的使用跨径也受到很大限制。目前铁路钢筋混凝土梁一般用于跨径小于 16 m 的桥梁。为增大梁的跨越能力，充分利用高强度钢材及高等级混凝土并提高梁的抗裂性能，常采用预应力混凝土梁。

与钢筋混凝土梁相比，预应力混凝土梁主要有 5 个突出优点：

（1）可以使用高强度钢材和高等级混凝土，能节约 20% ~ 40%的钢材用量。

（2）在使用荷载作用下，可使梁不出现拉应力，延缓裂缝的出现或使裂缝宽度限制在一定范围内，从而提高梁的抗裂性，增强梁的刚度和耐久性。

（3）可减小梁的截面尺寸，减轻自重，增大结构的跨越能力。

（4）弯起的预应力钢筋可提供预剪力，抵消部分荷载剪力，使梁的抗剪能力提高，可做成薄腹板梁。

（5）由于预应力梁在荷载作用下截面不开裂或裂缝张开度较小，预应力钢筋的应力变化幅度小，可提高其耐疲劳性能。

目前国内铁路预应力混凝土简支梁应用跨径一般为 12 ~ 32 m，简支梁最大跨径达 64 m，截面类型多为 T 形或箱形。图 5.4 所示为普通铁路 32 m 后张法 T 形梁构造图。依据工艺和材料的不同，各个不同时期的预应力简支梁构造不同。本节以现行的客货共线装配式 T 梁和高速铁路整孔预制箱梁为例，介绍其构造及设计特点。

1）普速铁路后张法预应力混凝土简支 T 梁

现行客货共线铁路后张法预应力混凝土简支 T 梁适用于设计速度为 160 km/h 和 200 km/h 的新建、改建Ⅰ、Ⅱ级单双线铁路，其跨径有 32 m、24 m、20 m、16 m、12 m 等类型。本节以现行 160 km/h 单线铁路跨径为 16 m 的“通桥”系列为例介绍预应力混凝土简支 T 梁。

对于客货共线标准轨距的新建、改建Ⅰ、Ⅱ级单线铁路，桥面宽 4.9 m，由两片梁组成。双线铁路线间距按 4.2 m 设计时，桥面宽 8.9 m，由 4 片梁组成。当线间距大于 4.2 m 小于 5.0 m 时，调整中梁间湿接缝的宽度以满足需要；当线间距大于 5 m 时，采用并置线布置。梁肋中心距为 2.2 m（单线）或 2.0 m（双线）。对横隔板施加横向预应力将各片梁连成整体，并进行桥面连接。

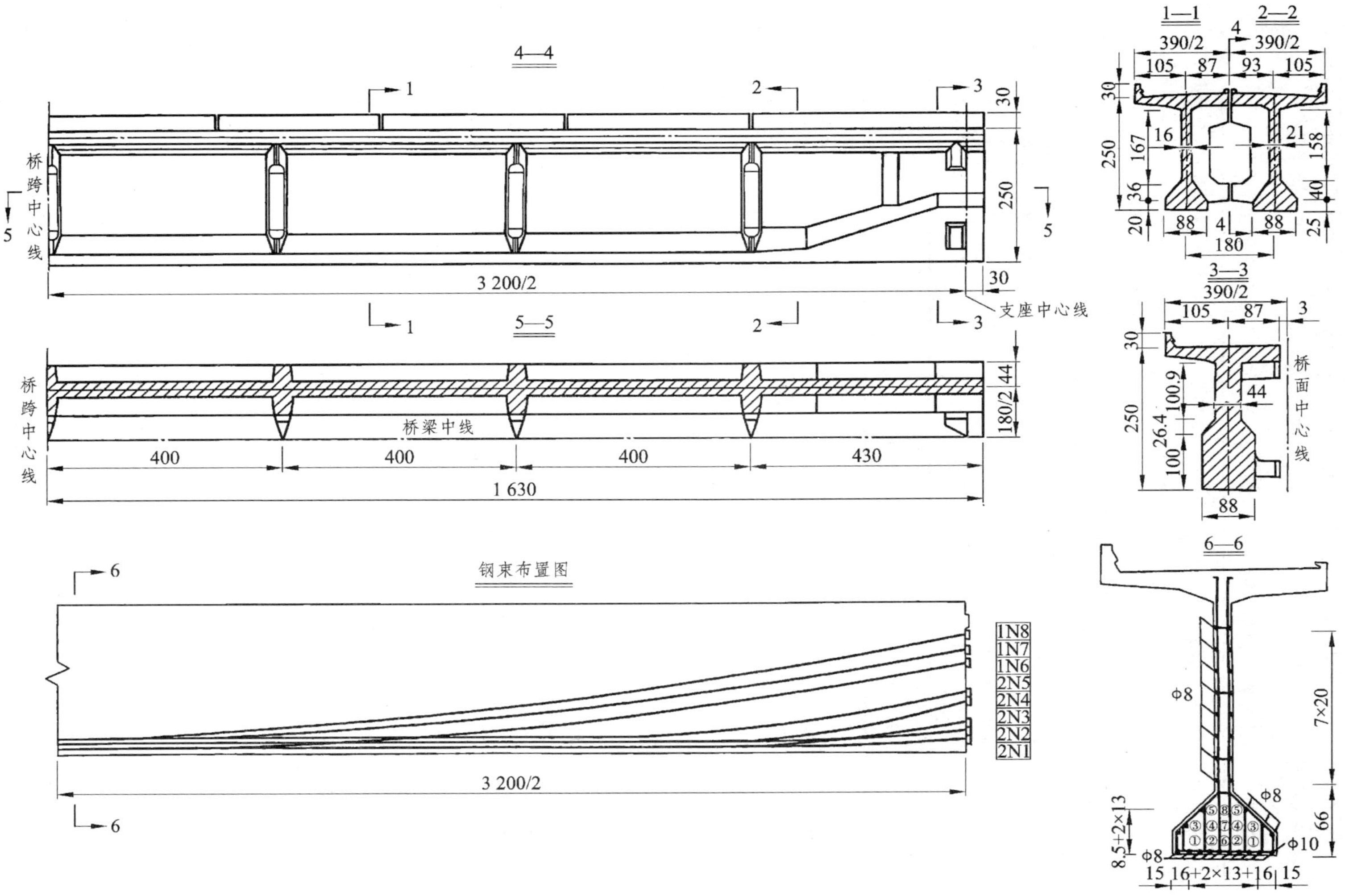

图 5.4　32 m 跨径普通铁路后张法 T 形梁构造（尺寸单位：cm）

表 5.1 和表 5.2 分别为不同跨径、设计速度 160 km/h 的客货共线铁路预制后张法简支 T 梁的主要参数和主要尺寸。

表 5.1　设计速度 160 km/h 客货共线铁路预制后张法简支 T 梁主要参数

类型	二期恒载/（kN/m）		主梁自重/kN				
	线别		跨径/m				
	直线	曲线	12	16	20	24	32
单线（孔）/m	78.83	88.50	841	1 200	1 497	1 897	2 685
双线（孔）/m	163.27	181.70	1 637	2 341	2 885	3 658	5 187

表 5.2　设计速度 160 km/h 客货共线铁路预制后张法简支 T 梁主要尺寸　　单位：m

类型	跨径				
	12	16	20	24	32
计算跨径	12.0	16.0	20.0	24.0	32.0
梁长	12.5	16.5	20.6	24.6	32.6
梁高	1.3	1.6	1.8	2.1	2.5
轨底至梁底距离	1.95	2.25	2.45	2.75	3.15

图 5.5 所示为计算跨径 16 m、设计速度 160 km/h 简支 T 梁的一般构造。混凝土强度等级为 C55。梁全长 16.5 m，主梁高度为 1.6 m，单线铁路梁顶面宽 4.9 m（不含人行道），单片 T 梁的道砟槽宽为 4.4 m，跨中部分腹板厚 21 cm，靠近梁端部分增厚到 44 cm，以适应腹板内斜向拉力变化的需要。考虑到钢筋的合理布置和施工方便，下翼缘宜宽 88 cm。边梁道砟槽板边缘厚度为 130 mm，满足最小厚度 120 mm 的要求，挡砟墙沿全桥设 2 条断缝。

图 5.6 所示为简支 T 梁的预应力钢束布置。每片梁中布置 5 束公称直径 15.2 mm 的钢绞线，抗拉强度为 1 860 MPa，弹性模量为 1.95×10^5 MPa，采用自锚式拉丝体系锚固，夹片式锚具。横向预应力采用直径 16 mm 的预应力钢棒，抗拉强度为 1 420 MPa，弹性模量为 2.0×10^5 MPa。

梁内非预应力钢筋采用 HRB400 螺纹钢筋和 HPB300 钢筋。在跨中至 $L/8$ 截面内，按构造要求布置 2 肢 ⌀12 箍筋，间距为 10 cm。因抗剪强度的需要从 $L/8$ 截面至支座范围内，箍筋间距加密，布置 4 肢 ⌀12 箍筋，间距为 8 cm。

在梁下翼缘底面靠近最下排预应力筋处，沿翼缘宽度等距离布置 11 根 $\phi 10$ 的纵向非预应力钢筋，以增强正截面的抗裂性。为了增加下翼缘在预压力作用下的纵向抗裂性，布置了间距为 10 cm、直径为 10 mm 的闭合形小箍筋。在梁腹板两侧布置直径为 10 mm、间距为 20 cm

的纵向水平筋，以防止腹板发生收缩裂纹。横隔板内的抗扭钢筋为 ⌀12，间距为 10 cm，为了加强隔板与主梁的连接并增强混凝土的表面抗裂性能，在竖向和横向均布置直径为 10 mm、间距为 20 cm 的构造钢筋。图 5.7 所示为跨中截面非预应力筋布置。

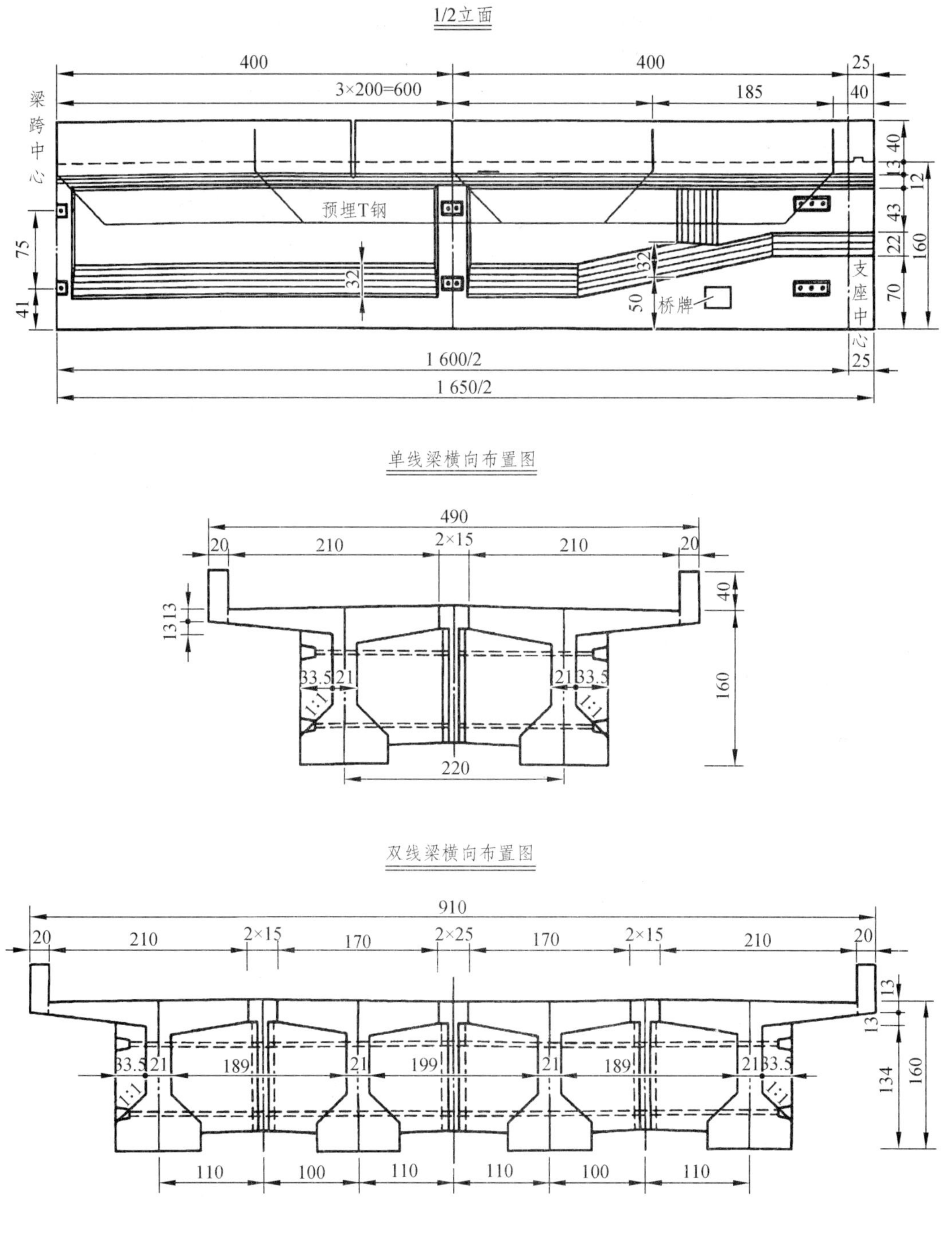

图 5.5　跨径 16 m、设计速度 160 km/h 简支 T 梁一般构造（尺寸单位：cm）

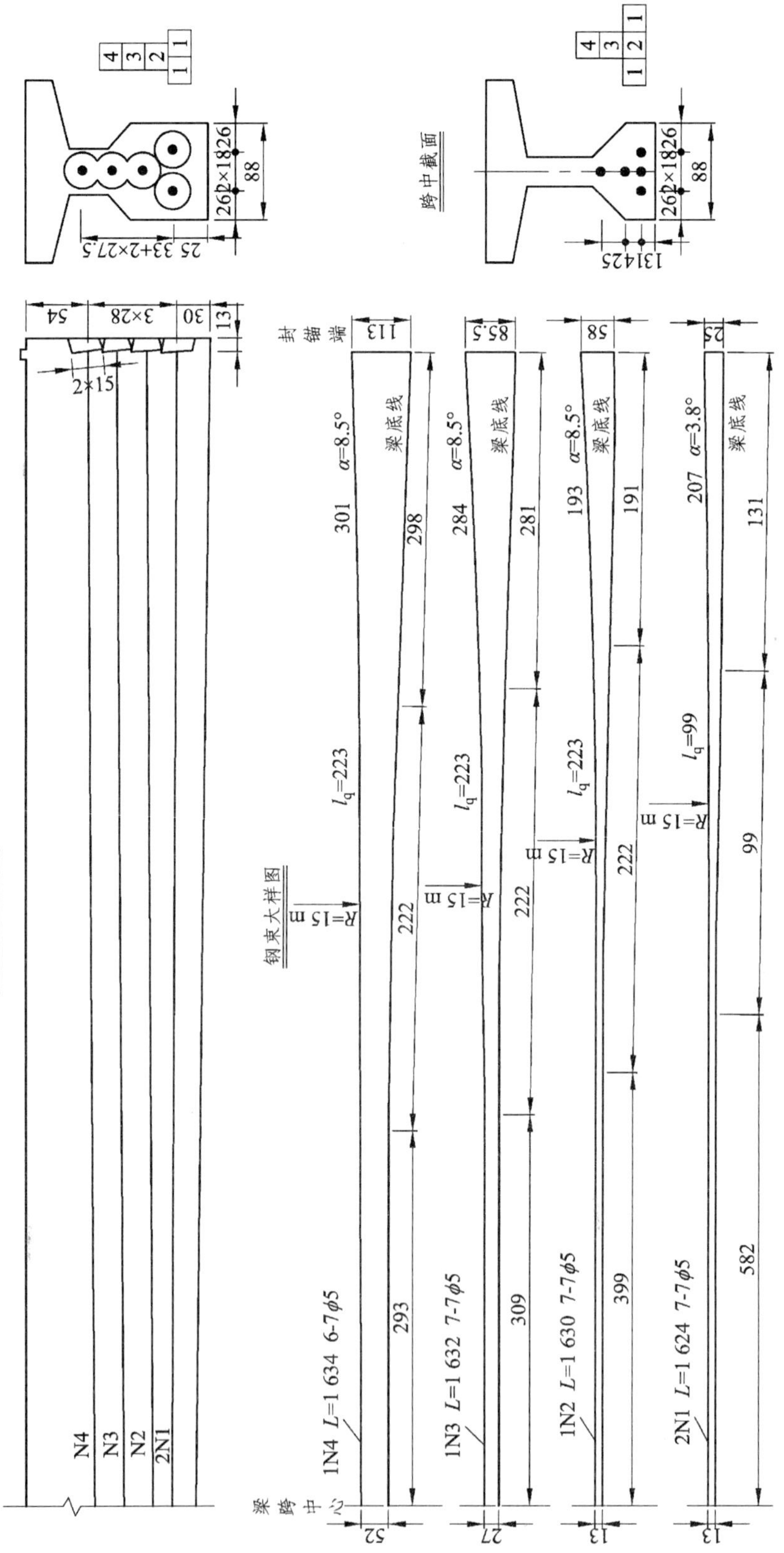

图 5.6 跨径 16 m、设计速度 160 km/h 简支 T 梁中梁预应力钢束布置（尺寸单位：cm）

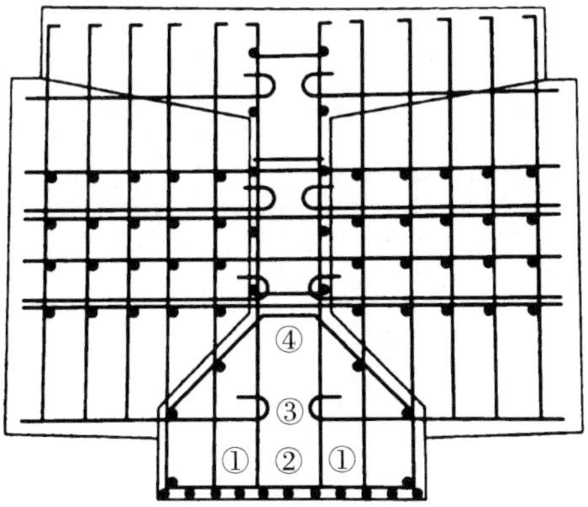

图 5.7 跨中截面非预应力筋布置

2）高速铁路后张法预应力混凝土整孔预制简支箱梁

我国已建成的高速铁路混凝土简支梁桥中，主要采用后张法预应力混凝土整孔预制简支箱梁，其中应用最广泛的是 32 m 简支箱梁，少量采用 24 m 简支箱梁，截面形式为单箱单室斜腹板截面。采用沿线设置制梁厂进行箱梁预制，用运梁车、架桥机运输架设，部分采用移动模架、膺架法桥位灌筑。

图 5.8 所示为京沪高铁采用原位现浇法施工的 32 m 简支箱梁的一般构造和预应力钢束布置。设计最高运行速度为 350 km/h，主梁设计使用寿命为 100 年。正线线间距为 5 m，横桥向支座中心距为 4.5 m，适用于 T1、T2 级环境。

二期恒载按 184 kN/m 设计，其中无砟轨道自重荷载按 90 kN/m 设计。人行道外侧设置人行道栏杆、挡板或声屏障，人行道挡板每侧水平力按 6.5 kN/m 设计，声屏障按每侧竖向力 15 kN/m 设计，弯矩按 16.5 kN · m 设计。

采用单箱单室等高度箱梁截面，梁端顶板、底板及腹板局部向内侧加厚，防护墙内侧的桥面净宽 9.4 m，桥上人行道内侧净宽 13.2 m，桥梁净宽 13.4 m，桥梁建筑总宽 13.8 m。梁长 32.6 m，跨径为 31.5 m，梁高 3.05 m，箱梁顶板厚 30cm，跨中截面的底板和腹板厚度分别为 28 cm 和 45 cm。由于预应力钢束弯起锚固的需要，支座附近的底板厚度增加到 70 cm，腹板厚度增加到 105 cm。每孔梁重 819.05 t。

梁体采用 C50 混凝土，封锚采用 C50 无收缩混凝土，防护墙、遮板、电缆槽及盖板混凝土采用 C40。预应力钢绞线采用 1 × 7-15.2-1860，锚固体系采用自锚式拉丝体系，管道采用直径 80 mm 和 90 mm 的抽拔管或相同内径的波纹管成型。整个截面共 27 束钢绞线，其中除编号 N2 为 12-7 ϕ 5 钢绞线外，其余预应力钢束均为 9-7 ϕ 5 钢绞线。

在设计荷载下，理论计算跨中截面的抗裂安全系数 K_f=1.39，强度安全系数 K=2.01，跨中下缘混凝土压应力 σ_f=0.92 MPa，梁端竖向折角为 0.75‰。轨道铺设后，无砟轨道桥面的徐变上拱度不大于 10 mm，梁体竖向自振频率大于 3.81 Hz，扣除自重影响后预应力产生的上拱度为 11.89 mm，静活载挠度为 6.12 mm，为跨径的 1/5 147。跨中反拱的理论值为 17.84 mm，其他位置按二次抛物线设置。施工反拱的设置应充分考虑混凝土收缩徐变的影响及预计二期恒载上桥时间。

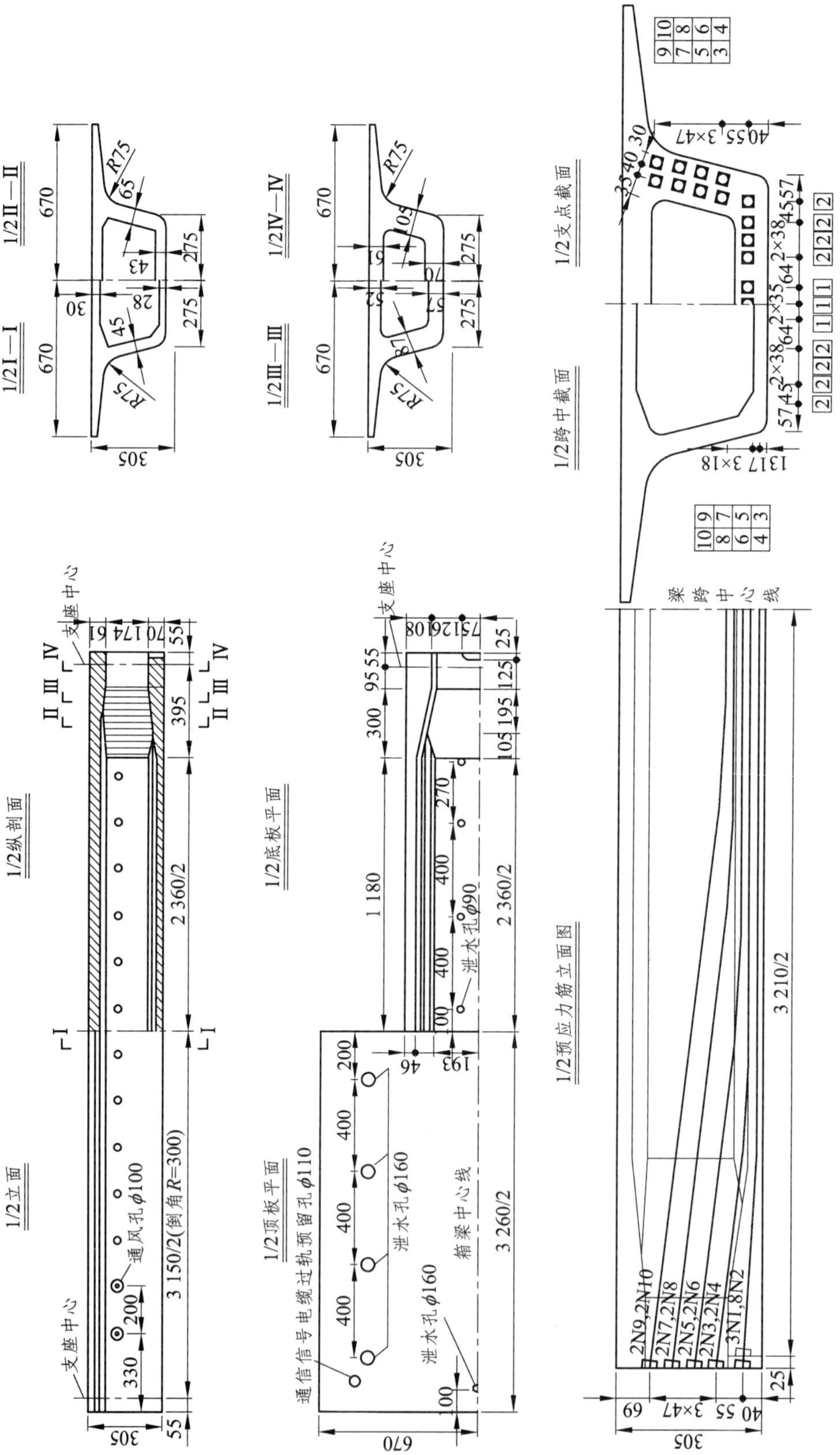

图 5.8　跨径 32 m 京沪高速铁路无砟轨道后张法简支箱梁构造（尺寸单位：cm）

支座采用客运专线盆式支座，型号为 KTPZ-Ⅰ-6000 型或 KTPZ-Ⅳ-6000 型。每孔双线梁采用固定支座、纵向活动支座、横向活动支座、多向活动支座各一个。

在结构两侧腹板上设置直径为 100 mm 的通风孔，通风孔距梁底距离为 1.9 m，间距为 2 m。若通风孔与预应力筋相碰，应适当移动其位置，并保证与预应力钢筋的保护层厚度大于 1 倍的管道直径，在通风孔处增设直径为 170 mm 的螺旋筋。

排水系统采用三列排水方式，分别在防护墙与承轨台及两线承轨台间设置泄水管，电缆槽内积水通过防护墙内侧泄水孔排出。保护层设置 2%的流水坡，当梁设于平坡上时，应沿纵向由跨中向两端设置 3%左右的流水坡，积水通过排水管导管引到桥下，为满足箱内排水的需要，在箱梁底板沿纵向设置间距不大于 4 m，内径为 80 mm 的泄水孔，避免箱内积水。

为保证结构在地震力作用下的安全性能，在设防烈度为 7 度及以上的地震区桥梁墩梁之间设置防落梁挡块，对梁部结构进行横向限位，图 5.9 所示为防落梁挡块结构。由于梁部预埋防落梁挡块作用于支承垫石，应在垫石中预埋抗剪钢筋，墩顶垫石应做抗剪检算。制梁时将焊接有套筒及锚固钢筋的预埋钢板埋在梁体相应位置，梁体就位后，将焊接成型的防落梁挡块通过连接螺栓安装于梁体底部。图 5.9 中锚固钢筋的直径、连接螺栓及套筒的直径应根据所处地区的地震动峰值确定。对于设防烈度为 8 度以上的地区，其防落梁措施应另行设计。

4. 先张法预应力混凝土简支梁

与后张法相比，先张法预应力混凝土简支梁的预应力靠黏结力自锚，省去了管道成形、压浆、封锚等工艺，施工简单。临时锚具（一般称工具式锚具或夹具）可以重复使用，大批量生产时效率较高、质量稳定、张拉力较小，适用于小跨径桥梁批量化生产。

1）小跨径先张法预应力混凝土简支梁

从 20 世纪 60 年代末开始，我国开始研究铁路小跨径先张法预应力混凝土梁的制造，针对不同荷载类型，跨径为 8～12 m，分别编制了直线和曲线、普通高度和低高度梁标准设计图。如“专桥 2081”先张法预应力混凝土简支梁，跨径分别为 8 m、10 m、12 m，梁高分别为 1.25 m、1.4 m、1.55 m；“专桥 2082”为低高度先张法预应力混凝土简支梁，跨径分别为 8 m、10 m、12 m，梁高分别为 0.55 m、0.70 m、0.85 m。

截面形式有板式（包括空心和实心）、工字形两种，如图 5.10 所示。普通高度的先张梁采用工字形截面［见图 5.10（a）］，每孔分为两片，梁在工地架设就位后，用横隔板连接成整孔。对于低高度先张梁，跨径为 8 m 的采用实心板式截面［见图 5.10（b）］，跨径为 10 m 的采用空心板式截面［见图 5.10（c）］，跨径为 12 m 和 16 m 的采用工字形截面［见图 5.10（d）］。由于梁高较低，预应力钢束数量有所增加，为降低预应力筋重心位置，梁下翼缘较宽，且由于梁高较低，每片梁自身稳定性较好。

先张法预应力混凝土梁的力筋可以采用高强度钢丝、粗钢筋和钢绞线三种，但由于先张法预应力混凝土简支梁的预应力钢筋两端不设锚具，完全靠自锚固定，高强度钢丝与混凝土的黏结性能较差，当应力较高时，需经刻痕处理。强度和疲劳性能满足铁路动载要求的高强度精轧螺纹钢和高强度低松弛的钢绞线，其质量稳定、自锚可靠，是比较理想的力筋形式。

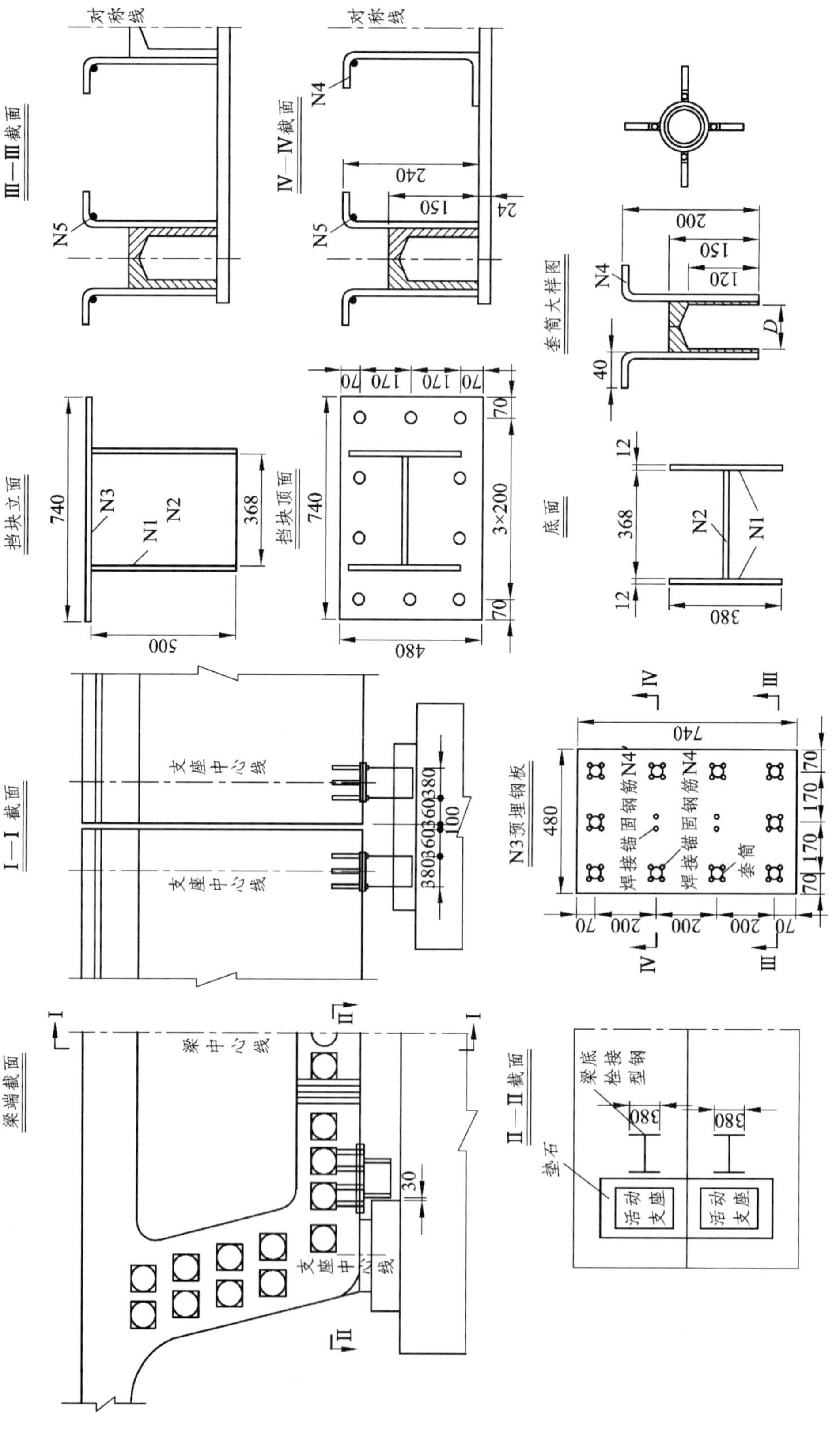

图 5.9　防落梁挡块构造（尺寸单位：mm）

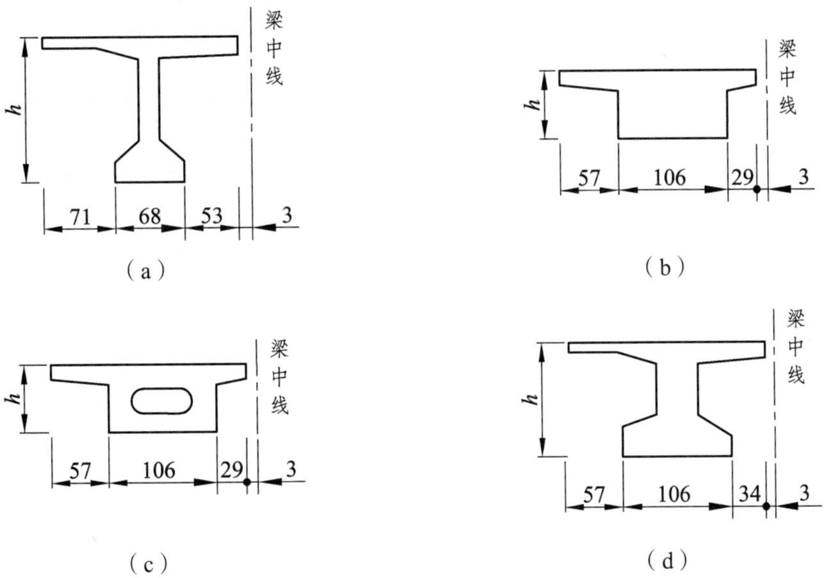

图 5.10　先张法铁路预应力混凝土简支梁截面形式（尺寸单位：cm）

先张预应力钢筋均为直线或折线配筋，利用钢绞线与混凝土的黏结力自锚于混凝土中。为适应弯矩沿跨径的变化，避免梁端部区域因预应力过大产生的负弯矩而使上缘混凝土开裂，在跨径 1/4 处至梁端有不同数量的钢绞线分批进行“绝缘”，即用硬质塑料管套在钢绞线上，使之与混凝土隔离开，以消除绝缘区段钢绞线的预应力。

图 5.11 所示为跨径为 16 m 的普通高速铁路先张法预应力混凝土简支梁构造。先张法预应力混凝土简支梁中，预应力钢筋不能弯起承担剪力，腹板厚度应根据主拉应力和剪力沿梁长变化，在支点附近区段适当加厚，跨中 9.98 m 范围内腹板厚 20 cm，两端 2.49 m 范围内的腹板厚 46 cm，其余部分按直线变化过渡，下翼缘宽度为 68 cm，高度为 20 cm。每片梁下翼缘布置 28 根 7ϕ5 钢绞线，除 14 根全长有效外，其余 14 根分 4 批在两端不同长度内用塑料套管绝缘，按设计决定其有效长度（图中虚线所示）。

跨中 4 m 范围内根据主拉应力计算采用直径为 10 mm、间距为 15 cm 的箍筋；其余区段根据斜截面抗剪要求，箍筋间距加密至 10 cm。箍筋在薄腹板区段内为 2 肢，在厚腹板区段内为 4 肢。该设计主梁采用 C40 混凝土，每片梁自重为 488.4 kN，可用 65 t 架桥机架设。

2）跨径 32 m 高速铁路整孔预制先张箱梁

图 5.12 所示为跨径 32 m 高速铁路先张法整孔式箱梁构造及配筋，梁体跨中梁高 2.8 m，支点梁高 3 m，桥面宽 13 m，在距梁端 4.5 m 范围内，箱梁顶板、底板及腹板均加厚。为适应弯矩和剪力的分布，采用了“直线+折线+绝缘”的预应力钢束布置方式，其中腹板预应力钢束采用折线布置，每种类型预应力钢束的形状及转折点的位置均不同，底部束采用“直线+绝缘”的方式。腹板弯束和底板直束分别采用 1 × 7-15.2-1860 和 1 × 7-17.8-1860 钢绞线。每片梁施工时，当梁体混凝土强度达到设计强度的 90%、弹性模量达到相应数值时开始放张，放张控制应力为 1 200 MPa。底板直束在距梁端 2 ~ 5 m 范围内采用内径为 16 mm 的塑料套管进行绝缘。整片箱梁的 C50 混凝土用量为 315.2 m^3，曲线和直线箱梁的预应力钢束用量分别为 10.6 t 和 10.4 t。该梁型因制作台座造价昂贵、施工周期和效益问题，现场应用不多。

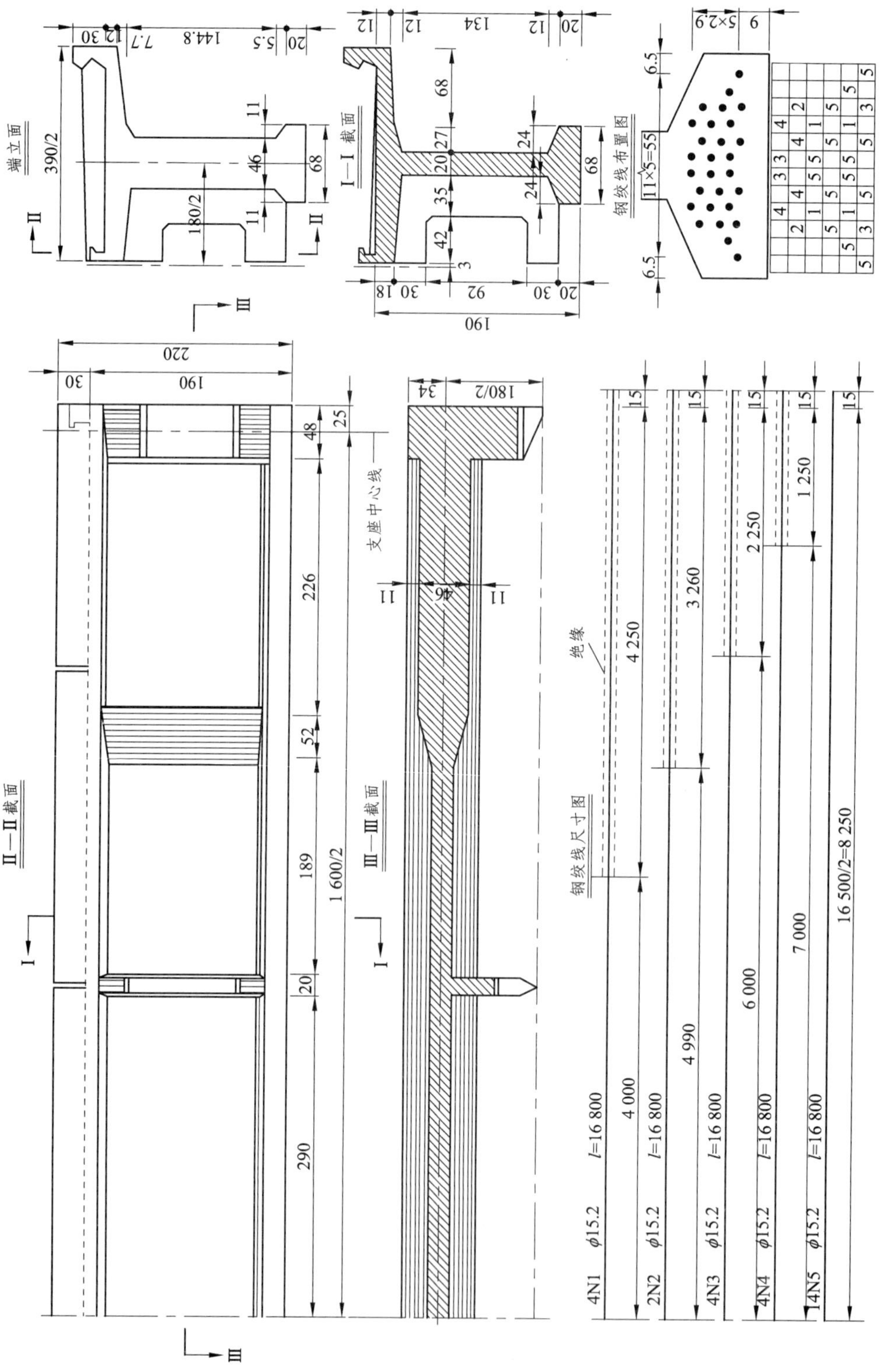

图 5.11 跨径 16 m 普通高度铁路先张法预应力混凝土简支梁构造（尺寸单位：cm）

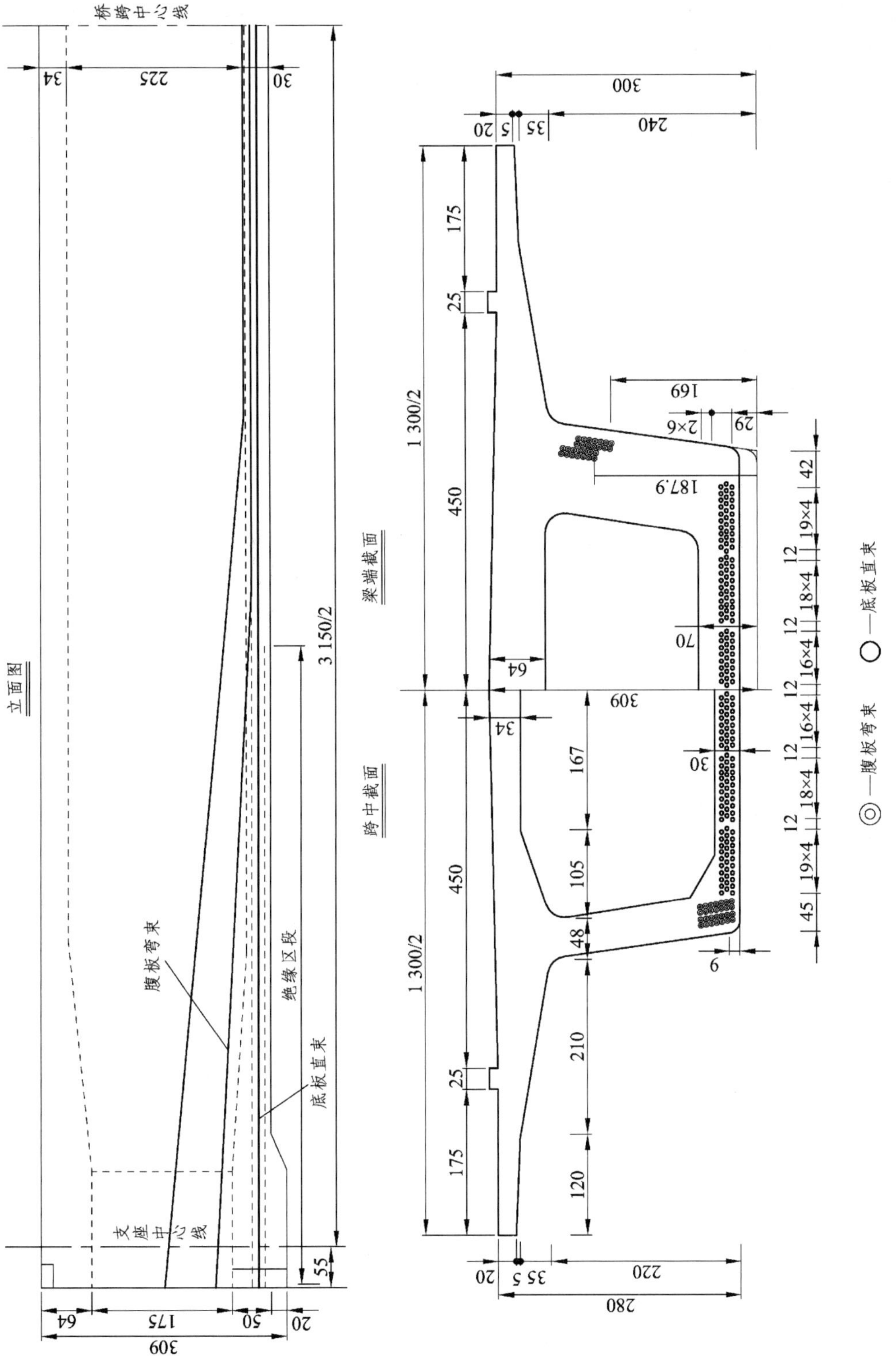

图 5.12 跨径 32 m 高速铁路先张法整孔式箱梁构造及配筋（尺寸单位：cm）

先张梁中预应力筋有直线和折线两种布置形式，从结构合理性来说，折线配筋更符合力学要求，但折线配筋张拉及转折设备复杂，施工难度较大，因此较少采用。

5.1.2 铁路混凝土简支梁设计与计算

1. 结构尺寸拟定

装配式结构确定主梁的截面形式及分块方式的原则主要有：

（1）每片梁的自重及尺寸应满足现有运输、架梁设备及装载限界的要求。

（2）制造、施工及维护费用低、经济性好。

（3）结构构造应简单、可靠、耐久，接头数量少，并具有足够的刚度以保证结构的整体性。

（4）为便于制造及更换，截面形状和尺寸应力求标准化。

1）主梁高度

主梁高度是主梁尺寸中最主要的一项，它主要取决于荷载大小、使用及经济条件。在建筑高度受限制的桥梁中，可采用低高度梁，根据平衡设计或按容许挠度决定梁高。在普通高度梁的设计中，一般按经济条件确定梁高。梁的高度增加，用钢量减少，尽管混凝土用量较多，但总的经济性较好，故在满足运输限界和起吊能力的前提下，采用较大的梁高是适宜的。

目前《铁路桥涵设计规范》（TB 10002—2017）设计中，普通高度梁的高跨比为 1/9 ~ 1/7，低高度梁的高跨比为 1/15 ~ 1/11。客货共线铁路预应力混凝土简支 T 梁的高跨比为 1/12 ~ 1/8，高速铁路预应力混凝土简支箱梁的高跨比为 1/12 ~ 1/10。梁的跨径越大，高跨比越小。

2）梁肋厚度

梁肋的厚度取决于梁内最大主拉应力和主筋布置的构造要求。由于简支梁剪力由支座向跨中逐渐减小，为节省混凝土及减轻梁重，梁肋可以是变厚度的，但为方便施工和避免应力集中，通常设计成分段等厚度，并设置厚度渐变段过渡。

梁肋厚度还应考虑肋内主筋布置和混凝土振捣需要，最小尺寸可根据钢筋数量、类型、排列、钢筋净距、保护层厚度以及振捣等要求确定。在 T 梁设计中，为减轻自重、增大内力偶臂、节省材料，一般在梁肋下翼缘增宽，形成马蹄形，既可以满足布筋的要求，又可保证安放、移梁时的稳定要求。梁肋厚度一般为 20 ~ 40 cm，并且要满足规范规定的梁肋最小厚度的构造要求。

后张法预应力混凝土梁因其弯起的预应力钢筋竖向分力能平衡部分荷载剪力，其腹板厚度相对较薄。

3）梁肋间距

分片式 T 梁梁肋间距的确定首先要考虑梁肋两侧内外道砟槽板的悬臂弯矩大致相近，有利于板内钢筋的布置，同时考虑梁在运输架设时的稳定性，每片梁的重心应尽量位于梁肋中心附近。为使结构标准化，在铁路简支梁标准设计中，各种跨径的梁肋中心距一般为 1.8 m、2.0 m 或 2.2 m。对于早期普通铁路单线有砟轨道，梁顶面宽 3.9 m，梁肋间距为 1.8 m。由于考虑维修作业、桥面构造、横向刚度等影响，现在客货共线单线有砟轨道梁顶宽 4.9 m，梁肋间距为 2.2 m，双线桥面宽 8.9 m 及以上，梁肋间距为 2 m。

4）桥面板厚度

桥面板的厚度由构造要求及受力条件确定。从受力看，板在横桥向承受弯矩，在纵向作为主梁受压翼缘参与主梁的受力。《铁路桥涵设计规范》（TB 10002—2017）规定板的最小厚度为 12 cm。

2. 桥面板（道砟槽板）的计算

以单线有砟铁路 T 形梁的桥面板计算为例进行介绍。

1）计算图式与荷载

道砟槽板支承在梁肋上面，每片梁的内外侧道砟槽板按固结在梁肋上的悬臂板计算。道砟槽板承受的荷载有恒载和活载。恒载包括板自重以及线路等附属设备重量，道砟容重按 21 kN/m^3 计。道砟槽板承受的列车荷载按特种活载计，特种活载轴重经钢轨、枕木、道砟分布到道砟槽板顶面上，按均布荷载计算，ZKH 特种荷载作用图式如图 5.13 所示。

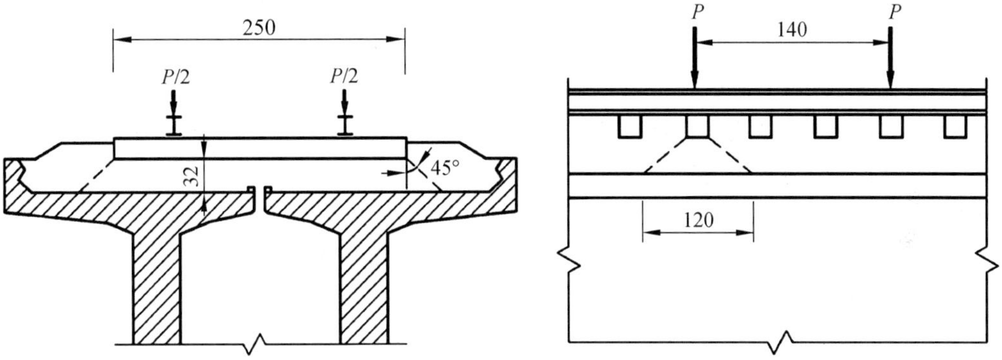

图 5.13　道砟槽板上活载的分布（尺寸单位：cm）

特种活载的轴重 P（见表 2.4）自枕木底面向下按 45°角扩散，顺桥方向考虑钢轨作用分布长度取 1.2 m，普通单线铁路轨枕长度为 l，轨道下道砟厚度为 h，故分布长度为 $l+2h$。则列车活载强度为

$$q = (1+\mu)\frac{P}{1.2(l+2h)} \tag{5.1}$$

式中：q——列车活载强度（kN/m^2）；

$1+\mu$——动力系数，按第 2 章相关公式计算；

P——轴重（kN）。

图 5.13 中 l=2.5 m，h=0.32 m，P=250 kN（ZKH 特种荷载）。

故
$$q = (1+\mu)\frac{250}{1.2\times 3.14} = 66.35(1+\mu)$$

外侧道砟槽板还应计算人行道的恒载和活载。人行道恒载包括人行道支架栏杆和步板自重。人行道活载，在距桥中心 2.45 m 范围以内考虑养护翻修道床时堆放的道砟按 10 kN/m^2 计算，在距离桥中心 2.45 m 范围以外的按 4 kN/m^2 计算。

2）内力计算

道砟槽板的控制截面为板肋交接处以及板厚变化处，内力计算时取沿桥梁方向 1 m 宽板带进行，其荷载组合情况如下：

内侧板按恒载+列车活载计算。外侧板按两种情况计算：① 恒载+人行活载；② 恒载+列车活载+桥梁中心 2.45 m 范围以外的人行活载。

当作用在板上的荷载确定后，利用一般力学方法计算出截面的弯矩和剪力。

湿接缝连接的道砟槽板，二期恒载和活载内力按单向板和《铁路桥涵混凝土结构设计规范》（TB 10092—2017）的简化方法计算。

3. 主梁内力计算及组合

1）荷载计算

主梁所承受的荷载包括恒载和活载。恒载包括道砟和线路设备、人行道和梁体自重等。梁体自重可按总重沿梁长均布计算。活载包括列车活载和人行道的竖向活载。列车活载需计入冲击影响。人行道的竖向静活载应按实际情况确定。

2）主梁内力计算

主梁内力一般需要计算跨中、$l/4$ 等截面处的最大弯矩以及支点、跨中及尺寸变化截面的最大剪力。

恒载内力按全桥满布均匀荷载作用下的简支梁计算。活载在主梁内产生的最大内力，可利用有关影响线进行最不利加载，并计入动力系数。

例如，计算跨径为 l 的简支梁跨中截面在活载作用下的最大弯矩值时，首先作出跨中截面的弯矩影响线，然后根据加载长度及影响线的最大纵坐标位置，按结构力学的方法，在影响线上进行最不利加载，一片梁的跨中最大弯矩 M_q 为

$$M_q = (1+\mu)\left(\sum_{i=1}^{n} P_i y_i + q\Omega\right)m \tag{5.2}$$

式中：$1+\mu$——动力系数；

P_i——铁路列车荷载图式中的集中力；

y_i——集中力作用位置的影响线竖标值；

n——施加到影响线上的集中力个数；

q——铁路列车荷载图式中的均布荷载；

Ω——与 q 对应的影响线面积，仅计算加载同号区面积；

m——主梁的横向分布系数，单线铁路梁，若一孔梁由二片梁组成，则 $m=0.5$。

同理可求得其他截面的有关内力。

3）内力组合

由各单项荷载引起的最不利内力，按规范要求的组合规定进行组合，形成梁的弯矩包络图和剪力包络图。具体的组合方法已在第 2 章 2.6 节中介绍。

4. 预应力钢束布置及设计

简支梁中预应力钢筋在截面中的位置可根据下列原则确定：

（1）为了增大截面的抗弯能力，预应力筋应具有最大的偏心。

（2）为了使在预加应力阶段截面上缘混凝土不出现过大的拉应力而导致截面上缘开裂，应限制预应力筋重心的偏心不能太大。

（3）在使用阶段的活载作用下，截面下缘混凝土不出现拉应力（或受限制的拉应力），为了充分利用预应力钢筋，要求预应力筋的偏心尽可能大。

若构件混凝土的截面和预应力钢筋面积已经确定，根据以上（2）、（3）的要求，确定沿梁各截面预应力钢筋容许偏心的上限和下限。沿跨长逐点定出预应力钢筋重心的容许偏心上、下限，得到的图形即为束界图。利用束界图对预应力钢筋的纵向布置是有效的途径。束界图的绘制可按下述方法。

根据预应力梁预加应力阶段及梁自重作用时上翼缘混凝土的容许拉应力 αf_{ct}（不同规范及不同荷载效应对应的 α 不同），则

$$\frac{N_{pi}}{A_c}-\frac{N_{pi}e_{pi}}{W_c'}+\frac{M_{g1}}{W_c'}\geqslant -\alpha f_{ct} \tag{5.3}$$

则

$$e_{pi}\leqslant K_b+\alpha f_{ct}\frac{W_c'}{N_{pi}}+\frac{M_{g1}}{N_{pi}} \tag{5.4}$$

在使用荷载作用下，若截面下缘混凝土不允许出现拉应力，则

$$\frac{N_{pe}}{A_c}+\frac{N_{pe}e_{pe}}{W_c}-\frac{M_{g1}+M_{g2}+M_q}{W_c}\geqslant 0 \tag{5.5}$$

则

$$e_{pe}\geqslant -K_u+\frac{M_{g1}+M_{g2}+M_q}{N_{pe}} \tag{5.6}$$

式中：N_{pi}，N_{pe}——预加应力阶段及使用阶段的有效预压力；

M_{g1}，M_{g2}，M_q——梁自重，二期恒载和活载产生的弯矩；

A_c——构件混凝土截面积；

W_c'，W_c——构件截面对其上、下缘的截面抵抗矩；

e_{pi}，e_{pe}——预加应力阶段及使用阶段的容许偏心距。

预应力钢筋重心的偏心距必须满足式（5.4）和式（5.6）要求，即 $e_{pe}\leqslant e_p\leqslant e_{pi}$。

截面效率指标 $\rho=(K_u+K_b)/h$，其中，K_u、K_b 为构件截面的上、下核心距，上核心距 K_u 是使用阶段梁下缘应力为 0 时，预加力的位置至形心轴的距离；下核心距 K_b 是张拉阶段梁上缘应力为 0 时，预加力的位置至形心轴的距离。

可以根据式（5.4）和式（5.6）绘制出预应力混凝土简支梁的束界图，如图 5.14 所示。

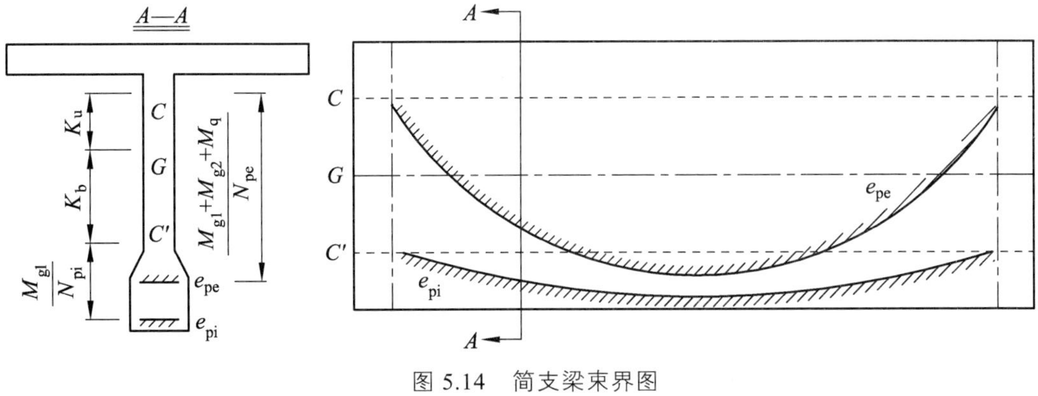

图 5.14 简支梁束界图

对于允许出现拉应力或裂缝的部分预应力简支梁而言，只要将式（5.5）中右端部分改为拉应力允许值（或名义拉应力容许值），同样可以得到束界图，其范围比全预应力混凝土简支梁束界图要宽。

按上述方法绘制的束界图，在上、下两条线的限定范围之内布置预应力钢束。这里指的是全部预应力钢束的重心，即预应力钢束合力作用点，个别预应力钢束位置在束界之外并不受此限制。当上、下束界出现交叉时，说明无可行的预应力钢束布束区，此时需修改截面尺寸。

下面介绍铁路预应力混凝土简支梁标准设计中一般预应力钢束的具体布置方法。

（1）根据跨中弯矩计算确定预应力钢束面积。从跨中向支点方向，弯矩逐渐减小，剪力逐渐增大，要求预应力钢束从跨中向支点逐渐向上弯起，以减小预加力产生的负弯矩，避免梁上缘混凝土因拉应力过大而开裂。另一方面，弯起预应力筋可以抵抗一部分剪力，使梁端截面主拉应力减小。

（2）预应力钢束向上弯起，便于梁端锚具均匀布置，减小梁端压力集中，使千斤顶有足够的工作空间。因此，在后张法预应力混凝土梁中，随着跨中至支点弯矩的减小，梁中大部分预应力钢束都逐步弯曲成曲线形。

（3）为了减小弯起钢筋内侧混凝土的局部压应力，钢束曲率半径不宜过小。根据《预应力混凝土结构设计规范》（JGJ 369—2016）规定，其曲率半径不得小于钢丝直径的 800 倍，且不小于 4 m。为了减小摩阻力，预应力钢束的起弯角度不宜过大，一般取 6° ~ 9°为宜（公路桥梁一般在 20°以内）。起弯角过小，预剪力太小；起弯角过大，则摩阻损失太大。钢束在梁端位置由锚具的布置决定。当确定了起弯角及曲率半径后，即可求出钢束各段长度及位置。钢束布置可按图 5.15 和式（5.7）~ 式（5.9）确定。

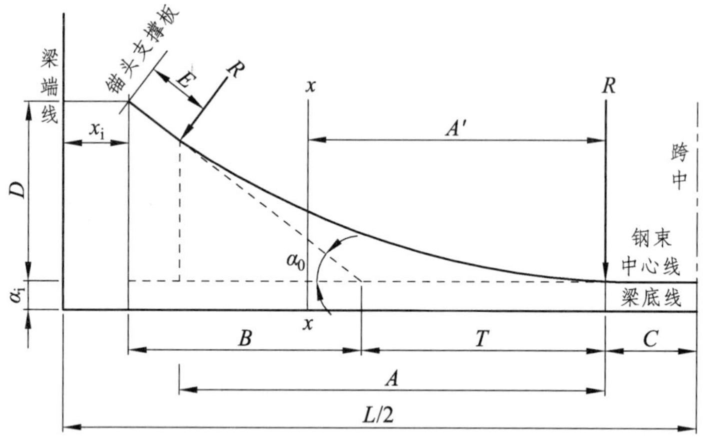

图 5.15　钢束位置计算图式

$$B=\frac{D}{\tan\alpha_0}, T=R\tan\frac{\alpha_0}{2}, A=R\sin\alpha_0,$$
$$E=\frac{B}{\cos\alpha_0}-T, C=\frac{L}{2}-x_i-B-T \tag{5.7}$$

钢束在 x—x 截面处 $A'=L_x-C$，L_x 为截面至跨中距离。从而求得 $\sin\alpha_x=A'/R$ 及 $\cos\alpha_x$。

x—x 截面处钢束弯起高度：

$$D_x = R(1-\cos\alpha_x) \tag{5.8}$$

钢束计算长度 L_s：

$$L_s = 2(E + L_{kp} + C) \tag{5.9}$$

其中 $$L_{kp} = \frac{\alpha_0}{180}\pi R$$

预应力混凝土简支梁的箍筋布置同钢筋混凝土梁一样，可先按构造要求布置，并进行抗剪承载能力或主拉应力检算，若不能满足要求，可再作适当调整，直到满足为止。

预应力梁中箍筋的构造要求：① 箍筋直径不小于 8 mm。② 腹板箍筋间距不大于 20 cm，并宜用带肋钢筋。③ 在布置有纵向预应力钢筋的翼缘中，应设置闭合形箍筋，其间距不大于 10 cm，而在梁跨端部 50 cm 范围翼缘内，其间距应为 6 ~ 8 cm。④ 当翼缘宽度大于 50 cm 时，箍筋不应少于 4 肢。

5. 主梁截面检算

目前铁路桥梁设计处于容许应力法和极限状态法的并行期，下面简要地给出了检算的主要内容。

1）极限承载能力计算

承载能力极限状态计算时，荷载设计值可取基本组合和偶然组合中最不利者，包括正截面承载力和斜截面承载力计算。

初步设计时可以根据正截面承载力条件来估算预应力钢筋的面积 A_p，对于部分预应力梁还应考虑非预应力受力钢筋的面积 A_s。矩形截面或翼缘位于受拉边的 T 形截面构件，可以按式（5.10）~式（5.12）计算：

$$M_d \leqslant f_{cd} b x Z_p = f_{ptd} A_p Z_p \tag{5.10}$$

$$A_p = \frac{M_d}{f_{ptd} Z_p} \tag{5.11}$$

$$Z_p = h_0 - \frac{x}{2} \tag{5.12}$$

式中：M_d——弯矩设计值；

f_{cd}——混凝土轴心抗压强度设计值；

b——矩形截面宽度或 T 形截面腹板宽；

x——截面受压区高度；

h_0——截面有效高度；

f_{ptd}——预应力钢筋的抗拉强度设计值；

A_p——纵向受拉预应力钢筋的截面面积；

Z_p——预应力钢筋重心到受压合力作用点的距离，对于翼缘位于受压边的 T 形截面可近似按式（5.13）取用：

$$Z_p = h_0 - \frac{h_f'}{2} \tag{5.13}$$

其中：h_f'——T形梁受压翼缘的平均厚度。

当预应力钢筋面积及布置确定之后，再参照规范中的有关规定按强度条件对其进行校核。

2）弹性阶段应力计算

这里主要介绍预应力混凝土梁计算的主要内容和特点，其具体的方法参见《预应力混凝土结构设计规范》（JGJ 369—2016）。

（1）正应力计算。

选取梁的几个控制截面（$l/2$、$l/4$或变截面处），根据正常使用阶段作用荷载引起的内力，计算梁正截面上的混凝土及钢筋（预应力筋及非预应力筋）的应力。计算时把预加力作为一个偏心的压力荷载考虑，然后将外荷载及预加力两者引起的应力进行叠加。

在运营阶段，假设钢束中的预应力损失已全部完成，预加力为有效预压力，即

$$N_{pe}=\sigma_{pe}A_p=(\sigma_{con}-\sum\sigma_l)A_p \tag{5.14}$$

式中：σ_{pe}——有效预应力；

σ_{con}——预应力筋的锚下张拉控制应力；

$\sum\sigma_l$——全部预应力损失；

A_p——预应力钢筋的面积。

对不允许开裂的构件，混凝土、预应力钢筋及非预应力钢筋中产生的应力应分别按式（5.15）~式（5.17）计算。

$$\sigma_c=\frac{N}{A}\pm\frac{M}{I}y \tag{5.15}$$

$$\sigma_p=n_p\sigma_{co} \tag{5.16}$$

$$\sigma_s=n_s\sigma_{cs} \tag{5.17}$$

式中：N，M——轴向力及弯矩计算值（标准值）；

y——计算点处至截面中和轴的距离；

σ_c——计算点处的混凝土应力；

σ_p,σ_s——预应力钢筋重心处和非预应力钢筋重心处的钢筋应力；

σ_{co},σ_{cs}——预应力钢筋重心处和非预应力钢筋重心处的混凝土应力；

n_p,n_s——预应力钢筋和非预应力钢筋与混凝土的弹性模量比。

当计算由荷载引起的应力时，先张法构件可以采用换算截面；后张法构件压浆前采用净截面，压浆后由于预应力钢筋与混凝土的黏结作用应采用换算截面；当计算由预应力引起的应力时，除具体指明外一般均采用净截面；当截面性质对计算应力或控制条件影响不大时，也可采用毛截面。

施工和运营阶段的混凝土和钢筋应力，均不得超过《铁路桥涵设计规范（极限状态法）》（Q/CR 9300—2018）规定的限值。

（2）主拉应力计算。

为保证预应力混凝土梁在施工和运营阶段的斜截面抗裂性，主拉应力按式（5.18）计算，并满足式（5.19）的要求：

$$\sigma_{tp}=\frac{\sigma_{cx}+\sigma_{cy}}{2}-\sqrt{\left(\frac{\sigma_{cx}-\sigma_{cy}}{2}\right)^2+\tau_c^{\ 2}} \tag{5.18}$$

$$\sigma_{tp}\leqslant f_{ct} \tag{5.19}$$

式中：σ_{tp}——混凝土主拉应力；

σ_{cx}, σ_{cy}——计算主拉应力点处混凝土的法向应力及竖向应力；

τ_c——计算主拉应力点处混凝土的剪应力；

f_{ct}——混凝土抗拉极限强度，按《铁路桥涵设计规范（极限状态法）》（Q/CR 9300—2018）取值。

3）抗裂性计算

抗裂计算包括正截面抗裂和斜截面抗裂计算。

正截面抗裂计算有计算拉应力和计算抗裂安全性两种方法，按极限状态法设计的铁路规范和公路规范计算用拉应力，按容许应力法设计的铁路规范计算用抗裂安全性。采用应力计算时一般规定：对于不允许出现拉应力的混凝土梁，由预加力引起的预压应力 σ_{pc} 应大于或等于由频遇荷载效应组合作用下受拉区边缘的拉应力 σ_{ct}，即 $\sigma_{ct}\leqslant\gamma\sigma_{pc}$，$\gamma\leqslant1.0$；对允许出现拉应力的预应力混凝土梁，其拉应力应小于 αf_{tk}，$\alpha\leqslant1.0$；采用抗裂安全性计算时，需考虑混凝土受拉的塑性效应，要求其抗裂安全系数 $K_f\geqslant1.2$。其中，α，γ 具体取值见《铁路桥涵设计规范（极限状态法）》（Q/CR 9300—2018）。

斜截面抗裂一般计算混凝土的主拉应力 σ_{tp}，要求 $\sigma_{tp}\leqslant\beta f_{tk}$，$\beta\leqslant1.0$。其中，$\beta$ 具体取值见《铁路桥涵设计规范（极限状态法）》（Q/CR 9300—2018）。

当对拉应力不受限制或允许出现裂缝的构件时，应按规定检算裂缝宽度，使 $W_{tk}\leqslant[W]$。W_{tk} 为计算特征裂缝宽度，$[W]$为《铁路桥涵设计规范（极限状态法）》（Q/CR 9300—2018）规定的裂缝宽度限值。

4）疲劳承载能力的计算

工程结构在变幅重复荷载作用下，由于累积疲劳损伤达到的极限状态，称为结构的疲劳承载能力极限状态。铁路桥梁由于活载占比大，疲劳问题突出，需对疲劳承载能力进行检算。公路桥梁中不要求计算该项内容。

铁路桥梁实际承受的是变幅重复荷载，为简化计算，《铁路桥涵设计规范（极限状态法）》（Q/CR 9300—2018）采用“等效等幅重复应力法”进行疲劳检算，为此必须将按标准活载求得的应力换算为相应的等效等幅应力。材料的等效等幅应力换算应力系数 K 是根据标准荷载效应比频谱，按不同年运量、跨径以及材料相应的 $S\text{-}N$ 曲线方程，在荷载循环次数 $N=2\times10^6$ 次时求算的，具体数值可查《铁路桥涵设计规范（极限状态法）》（Q/CR 9300—2018）中相应的表格。

《铁路桥涵设计规范（极限状态法）》（Q/CR 9300—2018）规定：对于承受疲劳荷载的混凝土构件，混凝土检算应力应不超过疲劳强度 $0.5f_{ck}$，钢筋和预应力钢筋应检算其应力幅，应分别满足 $\Delta\sigma_s\leqslant\Delta f_{sfd}$ 和 $\Delta\sigma_p\leqslant\Delta f_{pfd}$。预应力钢筋的疲劳强度设计值 Δf_{pfd} 可按表 5.3 取值，普通钢筋可按《铁路桥涵设计规范（极限状态法）》（Q/CR 9300—2018）中的方法计算确定。

表 5.3　预应力钢筋疲劳强度设计值 Δf_{pfd}　　单位：MPa

钢筋种类	$[\Delta\sigma]$	钢筋种类	$[\Delta\sigma]$	钢筋种类	$[\Delta\sigma]$
预应力钢丝	150	钢绞线	140	预应力用螺纹钢筋	80

6. 主梁变形检算

为了确保列车运行的安全性、平顺性和旅客的舒适性，特别是高速铁路，需对桥梁结构的变形进行限制，主要包括竖向、横向、梁端转角变形等静力指标以及基频、加速度和舒适度等动力指标。

恒载挠度可以通过施工预拱度予以调整。活载引起桥梁的反复变形，对线路的平顺性和行车的舒适性均有较大的影响，必须对活载变形进行限制。

铁路运营线路上，有砟桥面轨道平顺性可以通过调整道砟厚度来保证线路的平顺性，但预应力混凝土梁徐变上拱过大对线路的平顺性维护带来困难。铺设无砟轨道的桥梁，运营期间桥梁产生徐变上拱只能通过扣件调整，由于扣件的调整量非常有限，设计、施工必须严格控制轨道铺设后的徐变上拱量。

下面以高速铁路桥梁为例，不同类型桥梁的控制指标具体参见《铁路桥涵设计规范（极限状态法）》（Q/CR 9300—2018）。有关变形的计算方法在结构设计原理中已经介绍，不再复述，

1）竖向变形限值

（1）挠跨比限值。

桥梁活载作用下的挠度与跨径之比，称为挠跨比，一般采用挠跨比作为竖向变形指标和桥梁竖向刚度指标，各类型桥梁都有相应的限值规定，表 5.4 列出了高速铁路梁体竖向挠度的限值。

表 5.4　梁体的竖向挠度限值

速度/（km/h）	$L\leqslant 40$ m	40 m$<L\leqslant 80$ m	$L>80$ m
250	L/1 400	L/1 400	L/1 000
300	L/1 500	L/1 600	L/1 100
350	L/1 600	L/1 900	L/1 500

注：L 为梁体跨径。

（2）徐变上拱度限值。

对于预应力混凝土梁，截面长期处于偏压状态，随着时间的推移，梁体逐渐产生较大的徐变上拱。轨道铺设完成后，预应力混凝土梁的竖向残余变形应满足下列限值：

① 对于有砟轨道桥面，梁体的竖向变形不应大于 20 mm。

② 对于无砟轨道桥面，跨径在 50 m 及以下的梁体的竖向变形不应大于 10 mm；跨径大于 50 m 的梁体的竖向变形不应大于跨径的 1/5 000，且不应大于 20 mm。

2）横向变形限值

为了保证轨道的方向性，对梁体的横向挠度和梁端横向折角也要控制。在列车横向摇摆力、离心力、风力和温度的作用下，梁体的水平挠度不应大于 L/4 000。高速铁路、城际铁路

无砟轨道桥梁的相邻梁端两侧的钢轨支点处，横向相对位移不应大于 1 mm。

桥面扭曲过大会产生较大的轮重减载，影响行车安全。斜交桥、双线桥等不对称受力的桥梁结构上以及对称结构上桥梁与线路偏心，均会产生桥面轨道扭曲不平顺。高速铁路在 3 m 长的线路范围内，一线两根钢轨的竖向相对变形限值为 1.5 mm，桥面的扭曲变形如图 5.16 所示。

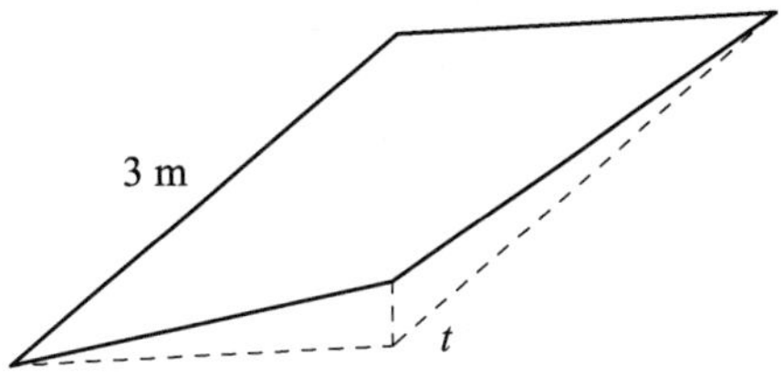

图 5.16 桥面扭曲变形

3）梁端转角限值

在列车荷载作用下，铁路桥梁梁端转角如图 5.17 所示。

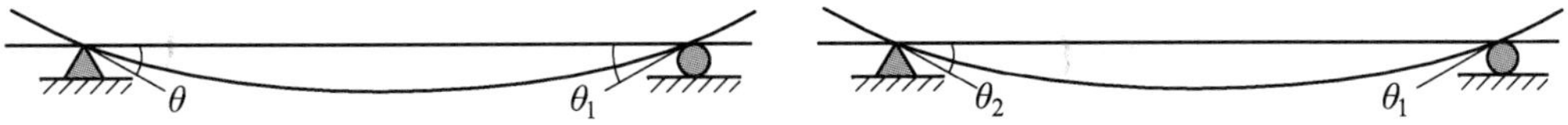

图 5.17 梁端转角

梁与桥台、梁与梁之间的梁缝宽度频繁变化，并伴随梁端桥面上抬，而且梁缝处轨道刚度较大，相应的轮轨作用也大，为保持有砟轨道梁缝处道床的稳定性和无砟轨道梁缝处扣件处于良好的受力状态，保证桥上列车安全平稳运行，其梁端转角限值见表 5.5。

表 5.5 高速铁路梁端转角限值

桥上轨道类型	位置	限值/rad	备注
有砟轨道	桥台与桥梁之间	$\theta \leqslant 2.0‰$	—
	相邻两孔梁之间	$\theta_1+\theta_2 \leqslant 4.0‰$	—
无砟轨道	桥台与桥梁之间	$\theta \leqslant 1.5‰$	梁端悬出长度≤0.55 m
		$\theta \leqslant 1.0‰$	0.55 m＜梁端悬出长度≤0.75 m
	相邻两孔梁之间	$\theta_1+\theta_2 \leqslant 3.0‰$	梁端悬出长度≤0.55 m
		$\theta_1+\theta_2 \leqslant 2.0‰$	0.55 m＜梁端悬出长度≤0.75 m

注：θ 为梁体的梁端竖向转角，θ_1、θ_2 分别为相邻跨梁体各自的梁端竖向转角。

4）梁体自振频率限值

桥梁结构的竖向固有频率是影响桥梁竖向动力作用的主要因素之一。列车以一定的速度过桥所产生的激振频率与桥梁固有频率相近时，易引发共振，造成道床松散、钢轨损伤，还会引起混凝土开裂、结构疲劳损伤加剧、承载力降低，甚至危及桥梁的安全。为了避免产生此类现象，需对桥梁的最小自振频率加以限制。

设计速度 250 km/h 及以上时，简支梁竖向自振频率 n_0（单位：Hz）应满足：$L \leqslant 20$ m 时，$n_0=80/L$；20 m$<L \leqslant 96$ m 时，$n_0=23.58L^{-0.592}$（L 为简支梁跨径）。

5）加速度限值

列车走行舒适性评定的最基本指标是车体的竖、横向振动加速度。高速铁路、城际铁路、客货共线铁路车体竖向振动加速度 $a_z \leqslant 1.3$ m/s^2（半峰值）；横向振动加速度 $a_y \leqslant 1.0$ m/s^2（半峰值）。

6）旅客乘坐舒适度指标

桥梁振动会对人产生心理和生理效应，引起过往司机及行人感到不舒适和不安全，但目前还没有统一的舒适度指标。斯佩林指标多用于司乘人员舒适度评价，狄克曼指标多用于行人对桥振动的敏感性评价。高速铁路、城际铁路的斯佩林舒适度指标 $W \leqslant 2.50$ 为优；$2.50<W \leqslant 2.75$ 为良；$2.75<W \leqslant 3.00$ 为合格。

7. 锚下应力分析及配筋

在后张法预应力混凝土梁中，钢束通过锚具底部传递给混凝土的压力 N 很大，而直接承压的面积不大，导致应力非常集中。在锚具附近不仅产生很大的压应力，还有很大的拉应力，如图 5.18 所示，通常将沿锚具中线截面上拉应力的合力称促使混凝土拉裂的劈裂力。图 5.18（b）、（c）所示为在不同的锚具位置方式下劈裂力大小和位置的近似值。为了防止锚具附近混凝土产生裂缝，需要对局部承压区的承压及抗裂性进行检算，还必须配以足够的局部锚下钢筋网或螺旋钢筋予以加强。

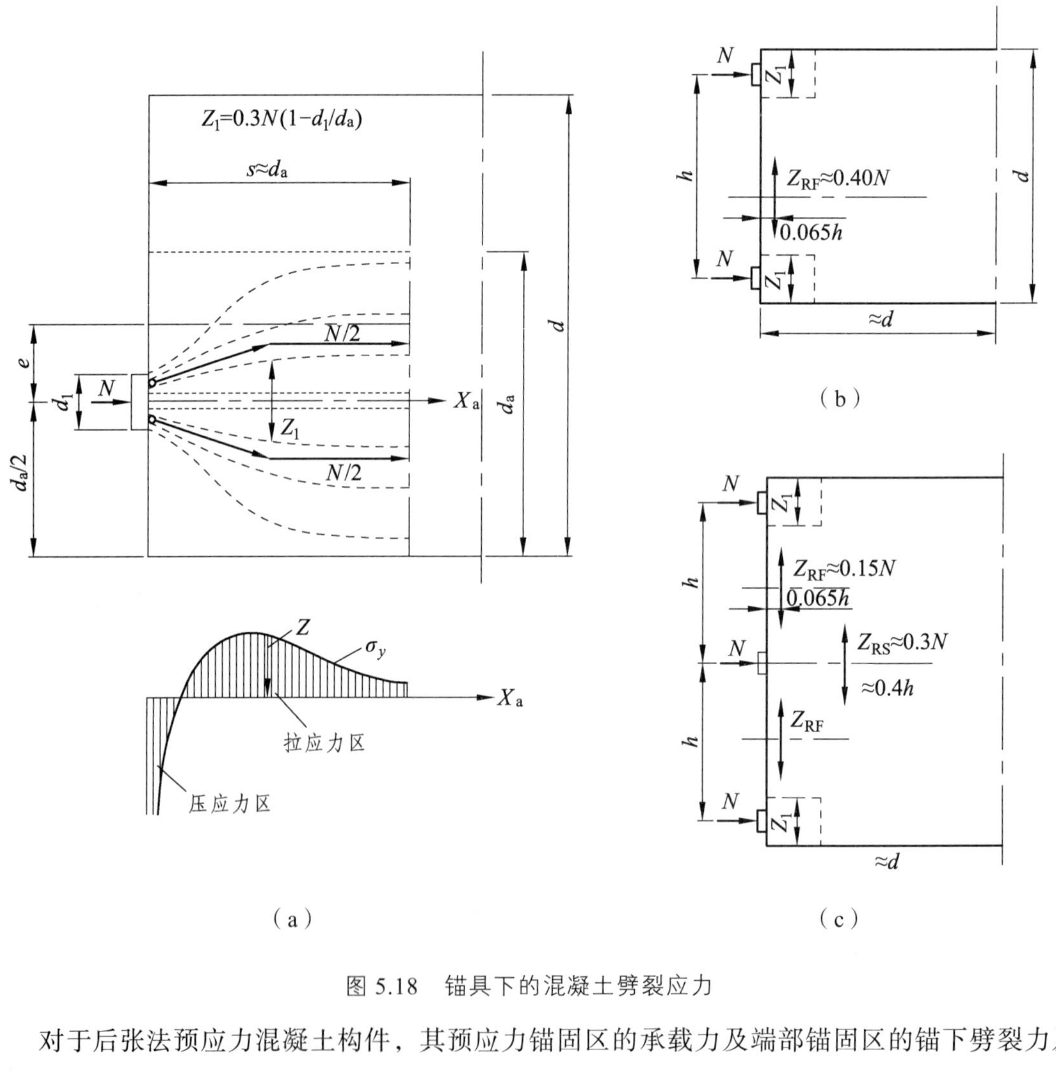

图 5.18　锚具下的混凝土劈裂应力

对于后张法预应力混凝土构件，其预应力锚固区的承载力及端部锚固区的锚下劈裂力及边缘拉力设计值应满足《铁路桥涵混凝土结构设计规范》（TB 10092—2017）的相应要求。

图 5.19 所示为后张法预应力混凝土 T 形截面简支梁端部锚固区（约等于一个梁高的长度）的配筋构造。加强钢筋网的网格约为 10 cm × 10 cm。锚具下设置厚度不小于 16 mm 的钢垫板与 $\phi 8$ 的螺旋筋，以提高混凝土的抗裂性。

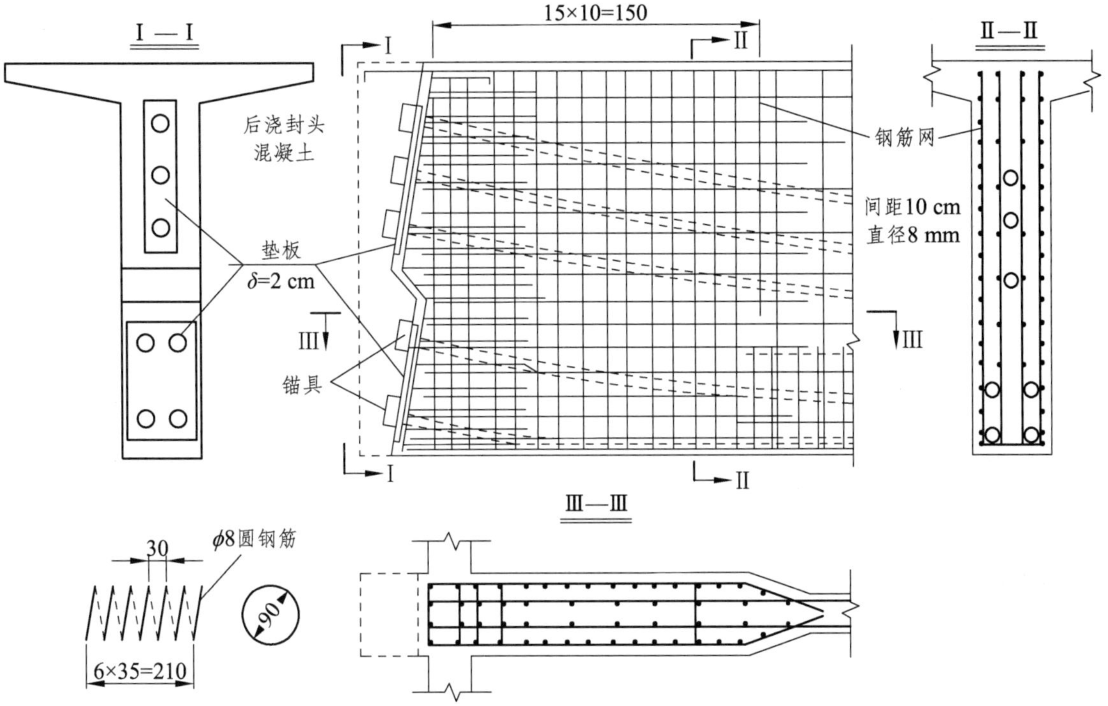

图 5.19　梁端的垫板及加强钢筋网（尺寸单位：mm）

5.2　公路混凝土简支梁桥

5.2.1　公路混凝土简支梁桥构造特点

与铁路桥相比较，公路桥的活载有两个明显特点：一是竖向活载占全部荷载比例远小于铁路桥。二是桥上总是布置几行并列的车队，而且可以在桥面上一定范围内横向移动。反映在公路桥梁的构造上，即桥面较宽、厚度较小、材料用量较少、显得轻巧。

1. 简支板桥的构造

板梁的建筑高度小、外形简单、设计施工方便，在小跨径的钢筋混凝土桥中应用广泛，常用的板式截面形式如图 5.20 所示，其特点如下：

（1）截面一般为实体或空心板，建筑高度低，尤其适用于桥下净空受限制的桥梁。

（2）构造简单、制作方便，易于做成装配式结构，实现标准化和批量化生产。

（3）跨径不宜过大。跨径超过一定量值时，随着截面板厚的增加，结构自重过大。

当跨径增加到一定程度时，由于板式截面中受拉混凝土所占的比例过大，不仅浪费材料，而且导致截面自重增大，承担外荷载的能力增幅有限。因此，混凝土板梁的经济跨径一般在 13 m 以下，预应力混凝土空心板桥的跨径一般不超过 30 m。

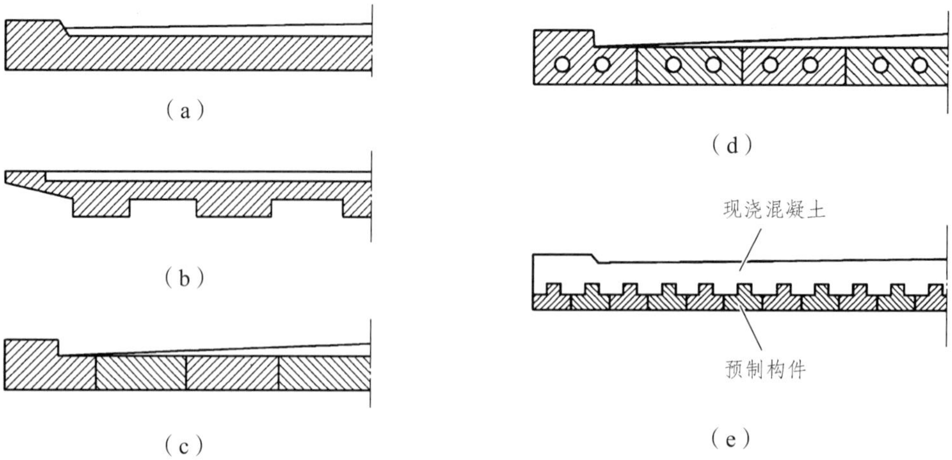

图 5.20　公路桥的板式截面

公路桥面较宽，板梁可以采用整体式和装配式两种结构形式。整体式结构为非标准结构设计，整体式结构刚度大、受力性能好，适用于现场浇筑，施工简单方便，不需要大的起重设备，但是需要的支架模板数量较多；装配式结构则较好地克服了这一缺点，但对现场的起重设备要求较高。

板梁一般设计成等高度。整体式板梁的 H/L 一般为 1/16 ~ 1/12；采用预应力的装配式板梁的 H/L 为 1/22 ~ 1/16。装配式板梁的跨径与板厚见表 5.6。

表 5.6　装配式板梁的跨径与板厚

结构类型	截面形式	L（跨径）/m	H（板厚）/m
钢筋混凝土	实心	＜8	0.16 ~ 0.36
	空心	6 ~ 13	0.4 ~ 0.8
预应力混凝土	实心	—	—
	空心	8 ~ 20	0.4 ~ 0.85

1）整体式板

整体式板梁的截面一般为等厚度的矩形，有时为了减轻自重将受拉区部分挖空成矮肋式板梁，如图 5.21 所示。对于宽桥，为了防止因温度变化和混凝土收缩而产生过大的横向负弯矩而导致板的上缘纵向裂缝，可以设计成平行的两幅桥。

为了减小墩台的宽度，可将人行道板做成悬臂形式从板的两侧挑出。整体式板梁的跨径与宽度差别不大时，一般具有双向受弯特征，除了配置纵向的受力钢筋以外，还要配置横桥向的受力钢筋，尤其是斜交板桥的配筋在部分区域要特别加强。

整体式板梁的主拉应力较小，按计算可以不配弯起的斜筋，但设计时在支座附近剪力较大区段还需将部分主筋弯起或设置部分专用斜筋。

2）装配式板

常用的装配式板梁截面有实心板和空心板。跨径在 6 m 以下的非标准构件，结构受力和板厚都比较小，为了构造简单，常采用实体的板式截面。跨径增大时，为了减轻自重和节省材料，将截面中部部分挖空，做成空心板，如图 5.22 所示。目前装配式空心板的常用跨径为 6 ~ 30 m，跨径较大时采用预应力混凝土结构。

图 5.22（a）、（b）所示为单孔截面，挖空率较大，自重轻，但顶板需配置横向受力钢筋承受桥面荷载的作用。其中，图 5.22（a）呈微弯形，可以节省一些钢筋，但模板制作较图 5.22（b）复杂；图 5.22（c）、（d）为双孔截面，挖空率较小，自重较大，图 5.22（c）施工时可以利用橡胶气囊等做芯模，图 5.22（d）的芯模由两个上、下半圆形模板和侧模组成。空心板截面的最薄处厚度不得小于 8 cm，为了保证抗剪强度，应在截面内按受力计算设置弯起钢筋和斜筋。

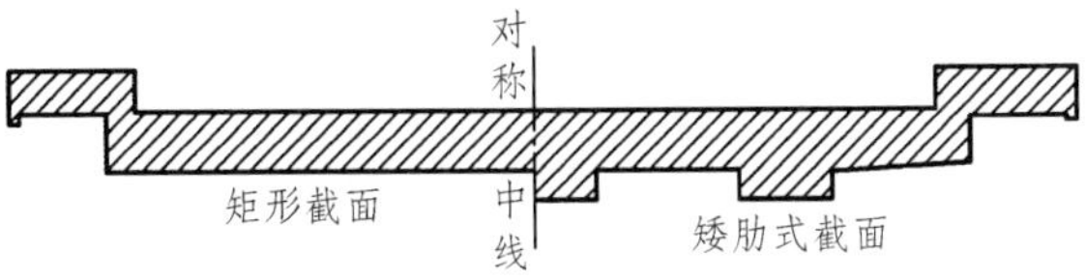

图 5.21　整体式板梁截面

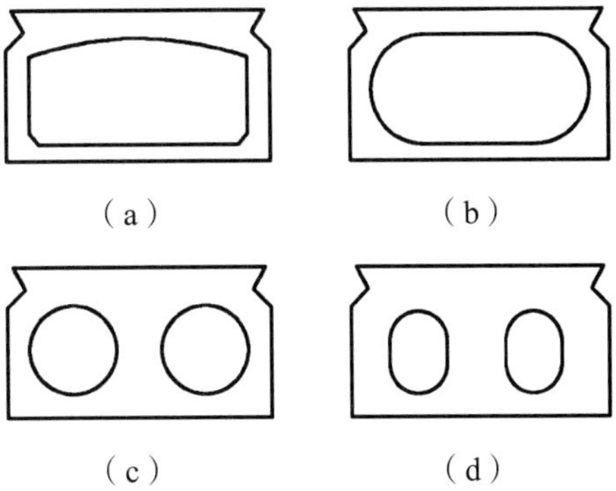

图 5.22　装配式板梁截面

3）装配式板的横向连接

为了使装配式板块组成整体，共同承受车辆荷载，在块件之间必须具有横向连接构造。常用的连接方法有企口式混凝土连接和钢板焊接连接。

（1）企口式混凝土连接。

常见的混凝土企口铰缝形式有圆形、菱形、漏斗形等，如图 5.23 所示。铰缝内用 C30 以上的混凝土填实。研究表明，这种铰缝构造可以很好地传递剪力，也是现场常用的连接构造。

（2）钢板连接。

由于企口式混凝土连接需要现场浇筑混凝土，并需要混凝土达到一定强度才能通车，有时为了加快工程进度，采用钢板连接，如图 5.24 所示，用一块钢盖板焊在相邻的预埋钢板上。连接构造的纵向中心距通常为 80 ~ 150 cm，根据其受力特点，在跨中部分布置较密，向梁端支点处逐渐减疏。

4）构造示例

图 5.25 所示为计算跨径为 5.69 m 的桥面宽（7.5+2 × 0.5）m 的整体式钢筋混凝土简支板梁，按公路—Ⅱ级设计。该梁板厚 42 cm，主筋采用 HRB400 钢筋，直径为 16 mm，分布钢筋直径为 10 mm、间距为 20 cm。虽然板内的主拉应力很小，在骨架内仍设置了一定数量的斜筋，由主筋在跨径两端 1/6 ~ 1/4 范围内呈 30°弯起而成。

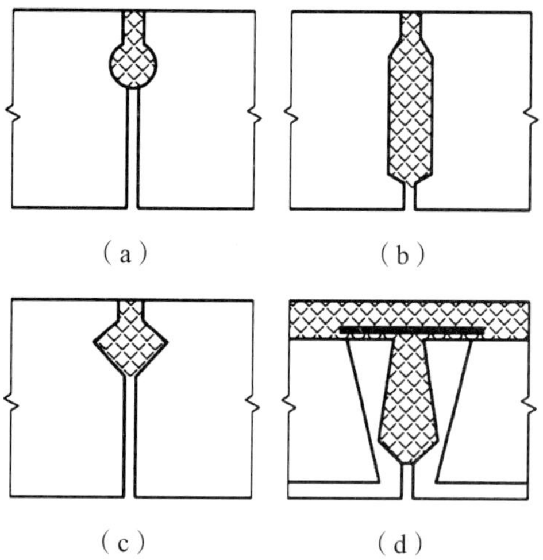

图 5.23 企口式混凝土连接

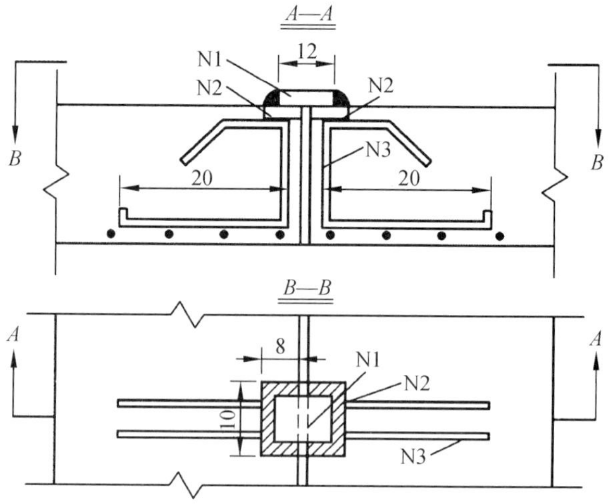

图 5.24 钢板连接

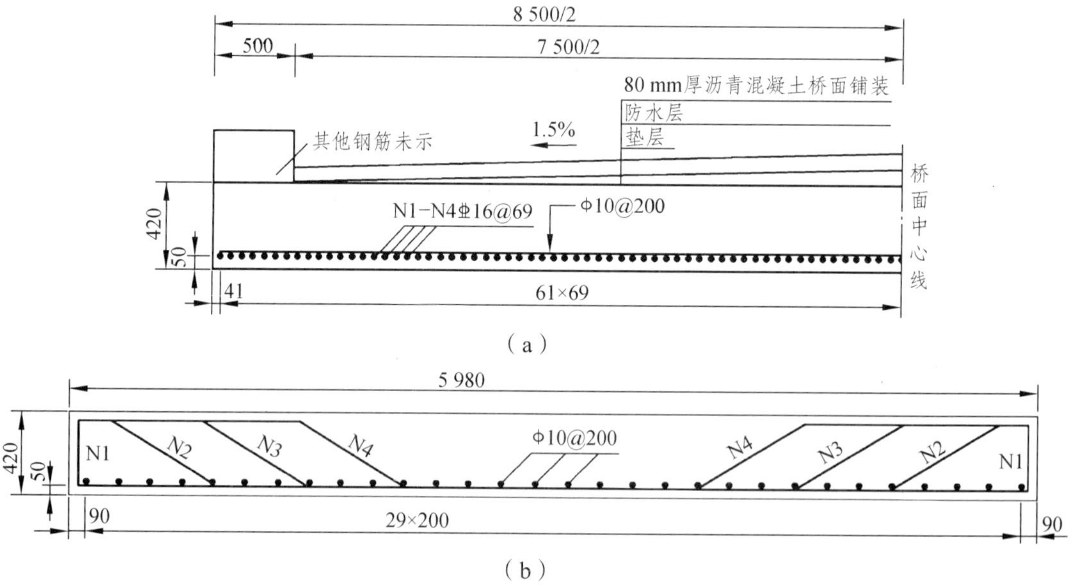

图 5.25 钢筋混凝土整体式板梁构造（尺寸单位：mm）

图 5.26 所示为一标准跨径为 6 m，荷载等级为公路—Ⅱ级的装配式空心板梁构造。预制板厚 32 cm，桥面现浇混凝土层厚度为 10 cm。该板梁预制混凝土强度等级为 C30，纵向主筋采用 ⏀16 钢筋，箍筋和架立钢筋采用直径为 10 mm 的钢筋，预制混凝土板时预埋铰缝钢筋，预制板安装就位后，浇筑铰缝混凝土前先用 M15 水泥砂浆填塞铰缝底部，待砂浆强度达 50% 后方可浇筑 C40 铰缝混凝土，且须振捣密实。

图 5.27 所示为跨径为 20 m 的预应力混凝土装配式空心板中板的预应力钢筋布置。设计荷载等级为公路—Ⅰ级，人群荷载为 3.5 kN/m^2，计算跨径 L=19.50 m，桥面净宽（9.0+2×0.75）m，主梁全长 19.96 m。全桥共由 9 块宽 1.25 m 的空心板组成，板与板之间的间隙为 1 cm，两侧的边板带有 25 cm 的小悬臂，板厚 90 cm，板用 C50 混凝土浇筑而成，后张法施工。钢绞线公称面积为 140 mm^2，标准强度为 1 860 MPa，张拉控制应力为 1 395 MPa。在混凝土强度达到

90%设计强度且龄期达到设计要求时进行预应力钢束的张拉。每块中板的混凝土用量为11.2 m^3，预应力钢束用量为 464.8 kg。

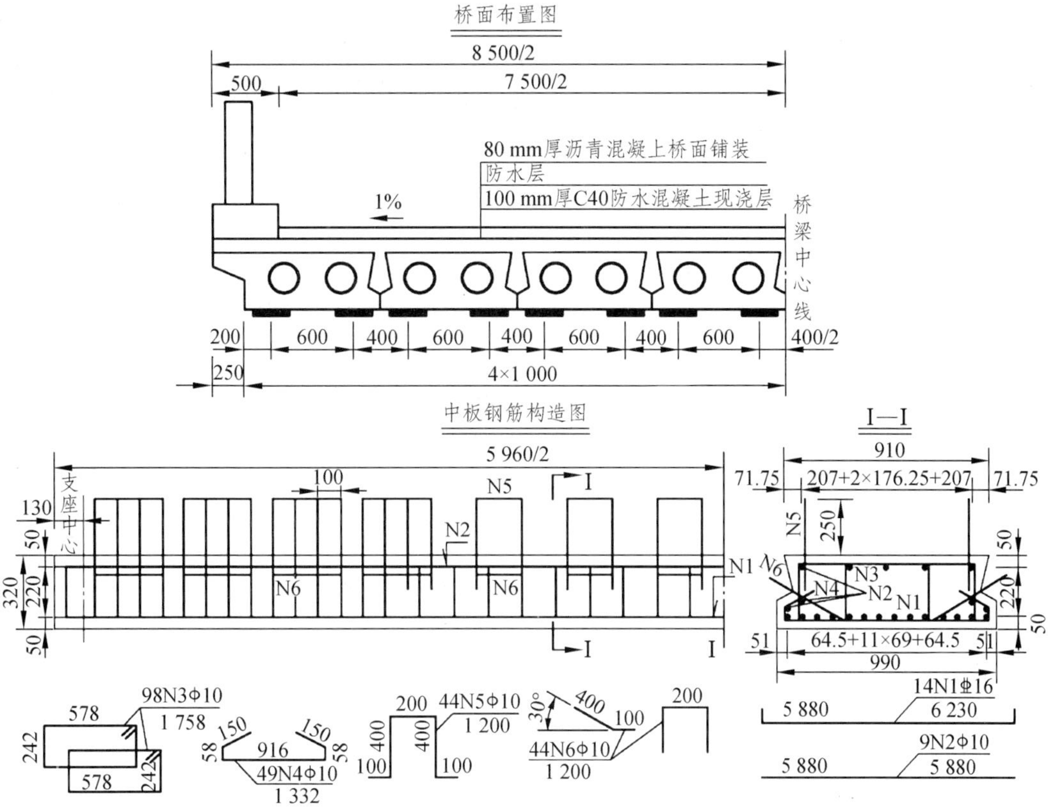

图 5.26　装配式空心板梁构造（尺寸单位：mm）

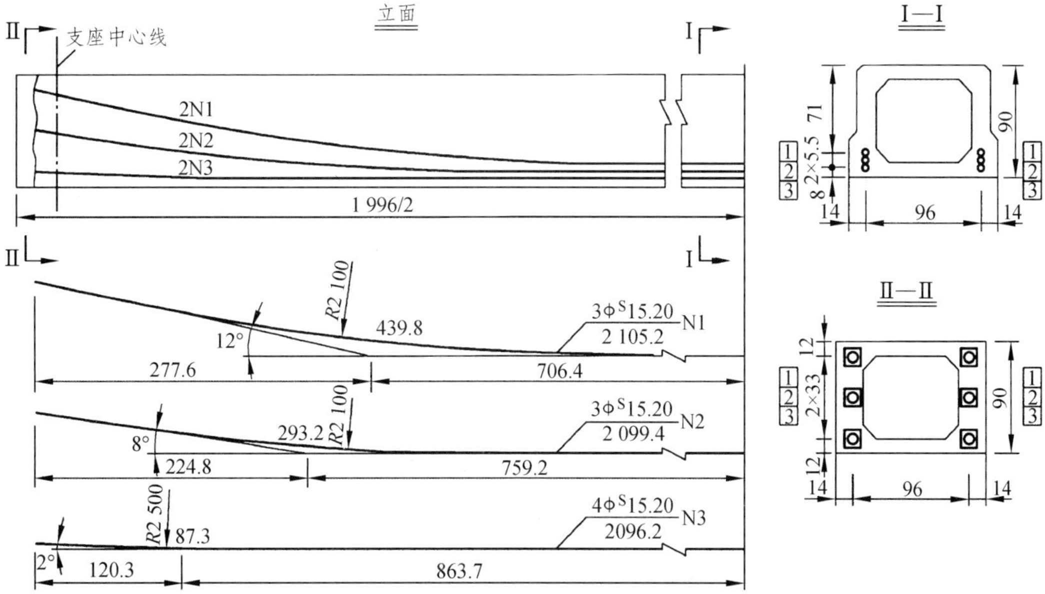

图 5.27　装配式预应力空心板（中板）预应力钢筋（尺寸单位：cm）

2. 简支梁桥的构造

混凝土简支肋梁桥具有受力明确、构造简单、施工方便等优点，是中小跨径桥梁中应用最广泛的桥型。

简支肋梁桥的上部构造由主梁、横隔板、桥面板等部分组成。主梁是桥梁的主要承重结构。横隔板保证各根主梁相互结成整体，以提高桥梁的整体刚度。主梁的上翼缘构成桥面板，组成行车（人）平面，承受车辆（人群）荷载的作用。这类桥梁可采用整体现浇和预制装配两种不同的方式进行施工。

1）整体式简支T形梁桥

整体式梁桥在城市立交桥中应用较广泛，具有整体性好、刚度大、易于做成复杂形状等优点，多数在桥孔支架模板上现场浇筑，个别也有整体预制、整孔架设的情况。

常用的整体式简支T形梁桥，如图5.28所示。在保证抗剪、稳定的条件下，主梁的肋宽为梁高的1/6～1/7，但不宜小于16 cm，以利于浇筑混凝土。当肋宽有变化时，其过渡段长度不小于12倍肋宽差。主梁高度通常为跨径的1/8～1/16。为了减小桥面板的跨径（一般限制在2～3 m），还可以在两根主梁之间设置次纵梁，如图 5.28（b）所示。为了合理布置主钢筋，梁肋底部可做成马蹄形。

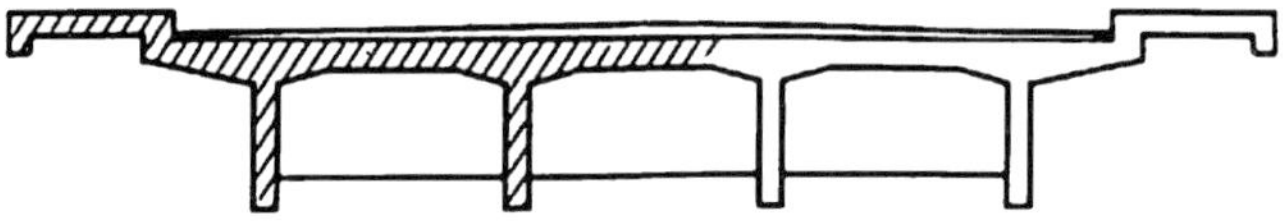

（a）

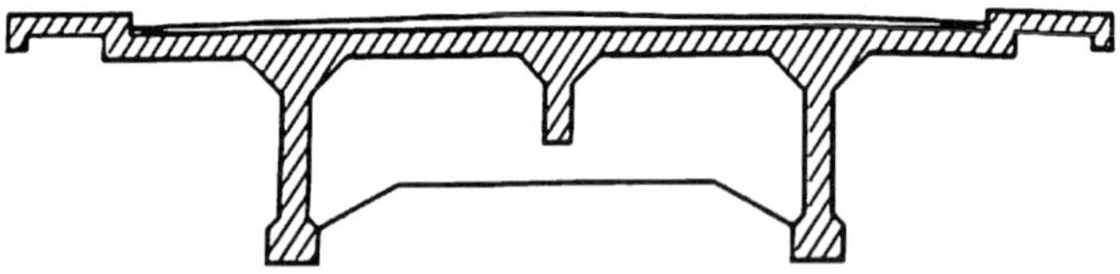

（b）

图5.28　整体式梁桥横截面

对于整体式简支梁桥，其桥面板的跨中板厚度不应小于10 cm。桥面板与梁肋衔接处一般都设置承托结构，承托长高比一般不大于3。

2）装配式简支T形梁桥

装配式简支梁桥因具有建桥速度快、工期短、模板支架少等优点而应用广泛。

如图5.29所示的装配式简支梁主梁的横截面形式可分为Π形［见图5.29（a）］、T形［见图5.29（b）～（d）］和箱形［见图5.29（e）］三种。

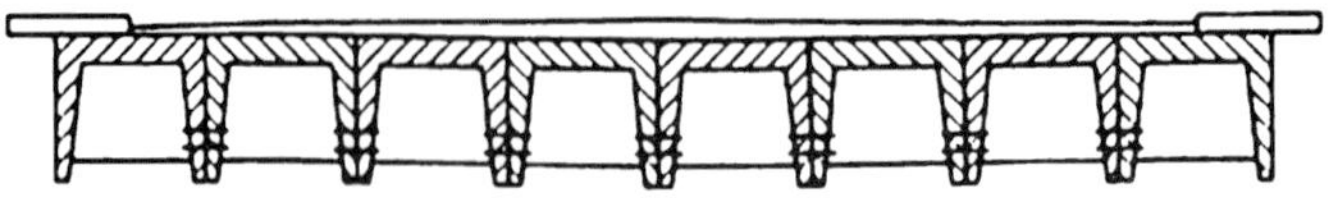

（a）

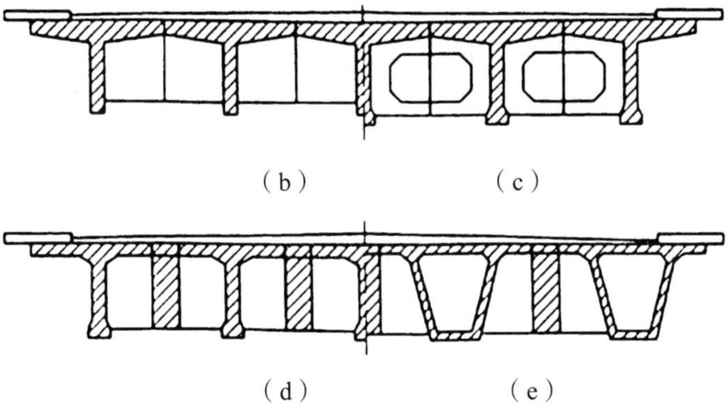

图 5.29　装配式简支梁桥横截面

Π 形主梁的特点是截面形状稳定，横向抗弯刚度大，块件堆放、装卸方便。但当跨径较大时，混凝土和钢的用量较大，横向联系较差，现已很少采用。

装配式 T 形梁桥是使用最为普遍的结构形式，其优点是制造简单、整体性好、接头也方便。

图 5.30 所示为一座五片式 T 形梁桥的上部构造标准横断面，该桥的桥面净宽为 11 m，两侧各 0.5 m 的防撞护栏。设计荷载等级为公路—Ⅰ级，预制梁长 19.92 m，预制梁高 1.5 m，现浇层厚 80 mm，沥青铺装厚 100 mm，路基宽 24.5 m（分离式路基）。

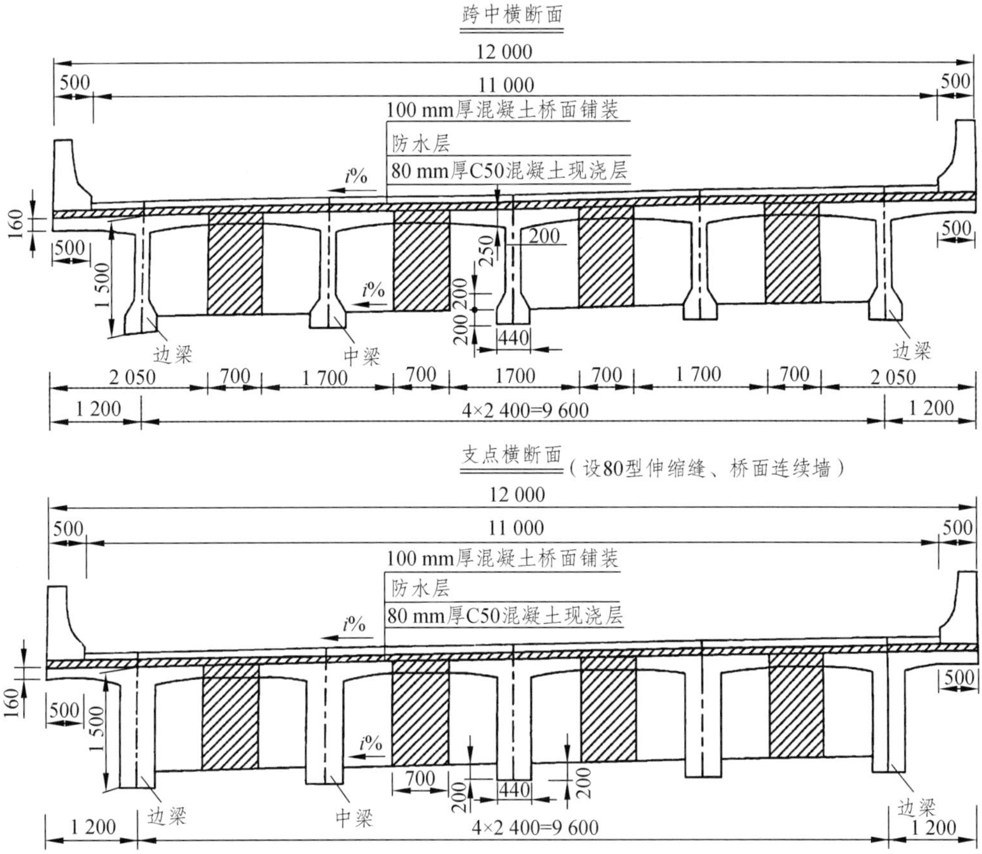

图 5.30　上部构造标准横断面（尺寸单位：mm）

（1）主梁。

① 构造。

表 5.7 为常用的简支梁桥主梁尺寸的经验数据，其数据变化范围较大。当跨径较大时应取较小的比值；反之，则应取较大的比值。

表 5.7　装配式 T 梁跨径与尺寸

桥梁形式	适用跨径/m	主梁间距/m	主梁高度/m	主梁肋宽度/m
钢筋混凝土简支梁	$8<l<20$	1.5 ~ 2.2	$\left(\frac{1}{11}\sim\frac{1}{18}\right)l$	0.16 ~ 0.20
预应力混凝土简支梁	$20<l<50$	1.8 ~ 2.5	$\left(\frac{1}{14}\sim\frac{1}{25}\right)l$	0.18 ~ 0.20

主梁梁肋厚度在满足抗剪要求时可适当减薄，但梁肋太薄，混凝土不易振捣密实。梁肋端部 2.0 ~ 5.0 m 范围内可逐渐加宽，以满足抗剪和安放支座的要求。对于预应力主梁梁肋，一般做成马蹄形，端部宽度尚应满足预应力锚具布置的要求。

当吊装起重量允许时，主梁间距采用 1.8 ~ 2.4 m 为宜。过去我国多采用 1.6 m 的主梁间距。在主梁间距为 2.40 m 的标准图中，其 T 形梁预制宽度为 2.05 m，吊装后接缝宽 70 cm。

图 5.31 所示为标准跨径为 20 m 的简支 T 形梁桥的 T 梁梁肋钢筋布置。其中，主筋为 5 根 ф25、2 根 ф12 钢筋；下马蹄处的交叉斜筋采用 ф12 钢筋，在跨中处加密；防收缩钢筋采用 ф10 钢筋；箍筋采用 ф12@150，但支座附近由于剪力较大，箍筋需加倍。

② 预应力钢筋的布置。

预应力钢筋的布置形式与桥梁结构体系、受力情况、构造形式、施工方法都有密切关系。图 5.32 所示为后张法预应力混凝土简支梁中的预应力钢束立面布置，束筋锚固在梁端。

从梁的立面上看，预应力束筋应该布置在束界界限内，以保证梁的任何截面在弹性工作阶段时，梁的上、下缘应力不超过规定值。束筋一般在梁端三分点处起弯，同时考虑横截面的位置及锚固位置，一般在第一道内横隔板附近起弯，弯起角度不宜大于 20°。

从梁体横断面上看，预应力束筋在满足构造要求的同时，应尽量互相紧密靠拢，以减小下马蹄的尺寸，减小自重，并保证在满足梁底保护层的前提下，重心尽量靠下，以提高效率、节约钢材。横断面预应力筋布置如图 5.33 所示。

（2）翼缘板及桥面板横向连接构造。

① 翼缘板构造。

装配式简支 T 形梁桥翼缘板一般采用变厚度形式，其厚度随主梁间距而定，翼缘板根部（与梁肋衔接处）的厚度不应小于梁高的 1/10，边缘厚度不应小于 10 cm，当板间采用横向整体现浇连接时，悬臂端厚度不应小于 14 cm。主梁间距小于 2.0 m 的铰接梁桥，边缘厚度可采用 12 cm（桥面铺装不参与受力）或 10 cm（桥面铺装通过预埋的连接钢筋与翼缘板共同受力）。

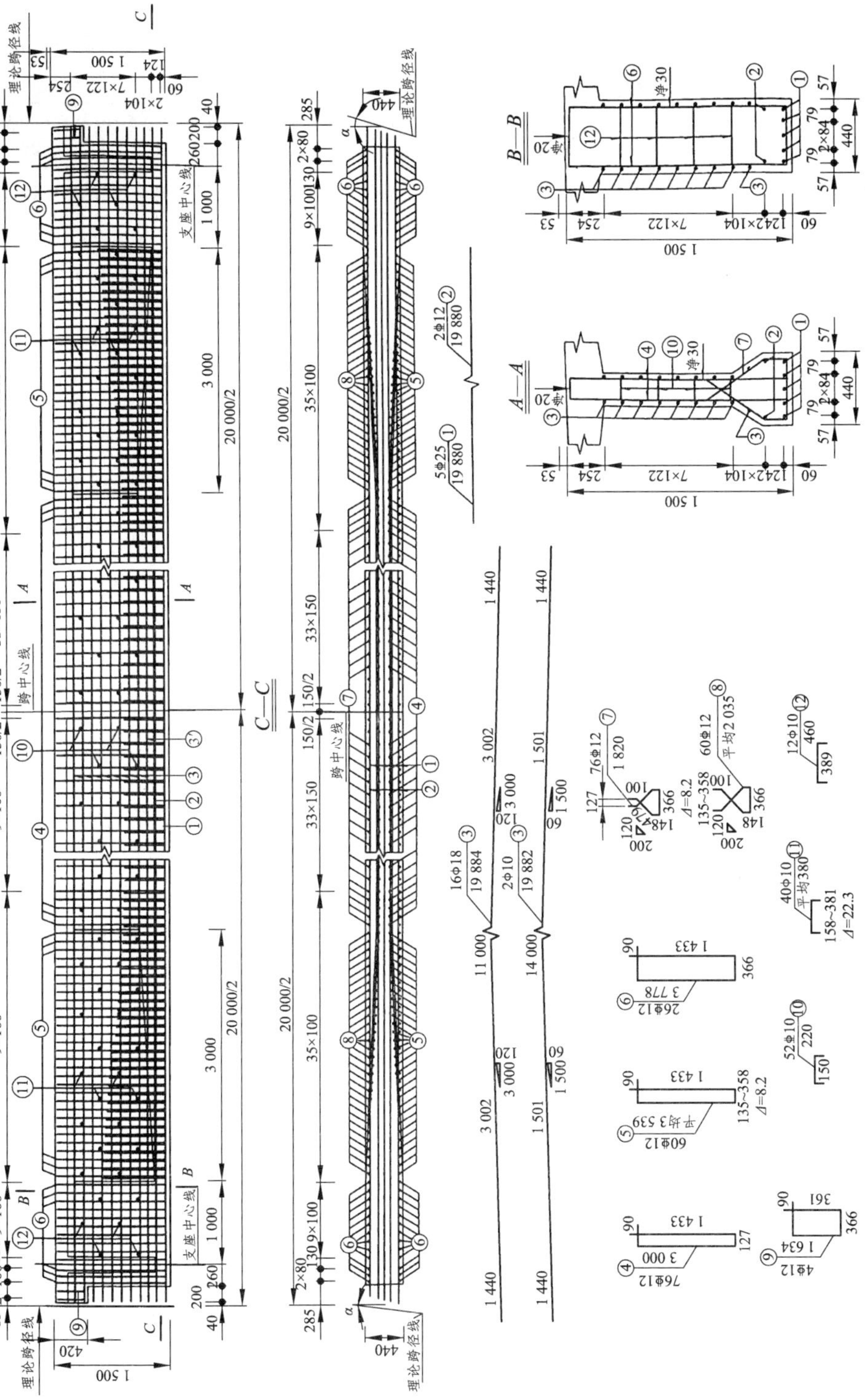

图 5.31 T 形梁肋钢筋布置（尺寸单位：mm）

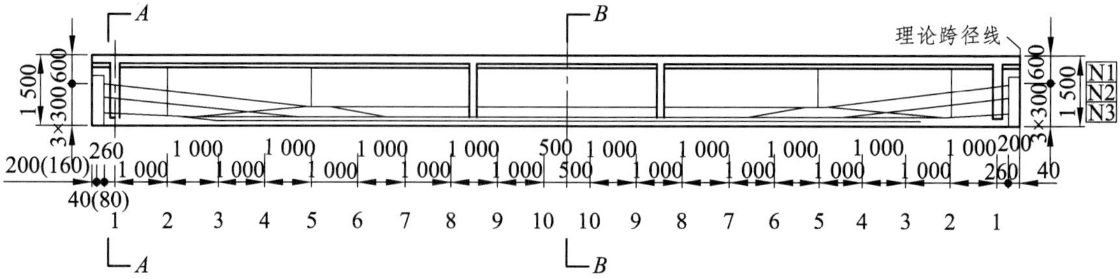

图 5.32　预应力钢束立面布置（尺寸单位：mm）

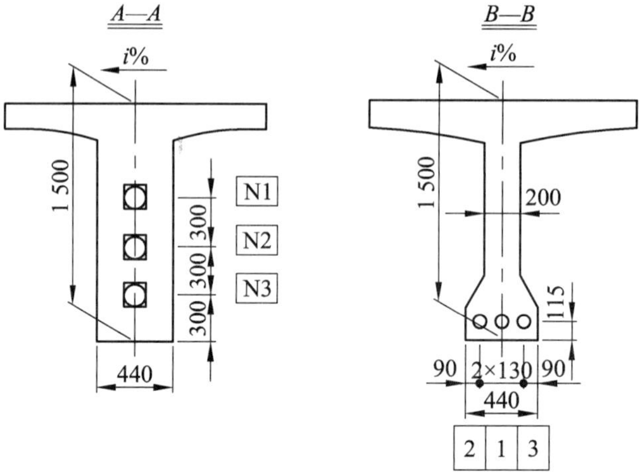

图 5.33　横断面预应力筋布置（尺寸单位：mm）

图 5.34 所示为 T 形梁桥的翼缘板布筋，板上缘承受负弯矩。按《公路钢筋混凝土及预应力混凝土桥涵设计规范》（JTG 3362—2018）的要求，各主钢筋间横向净距和层与层之间的竖向净距，当钢筋为三层及以下时，不应小于 30 mm，并不小于钢筋直径；当钢筋为三层以上时，不应小于 40 mm，并不小于钢筋直径的 1.25 倍。对于束筋，此处直径采用等代直径。主钢筋直径不小于 10 mm，间距不大于 20 cm，但其最小净距不应小于 30 mm，并不小于钢筋直径。在垂直于主钢筋方向的分布钢筋，其直径不应小于 8 mm，间距不应大于 20 cm，且截面面积不宜小于板的截面面积的 0.1%。在主钢筋的弯折处，应布置分布钢筋。

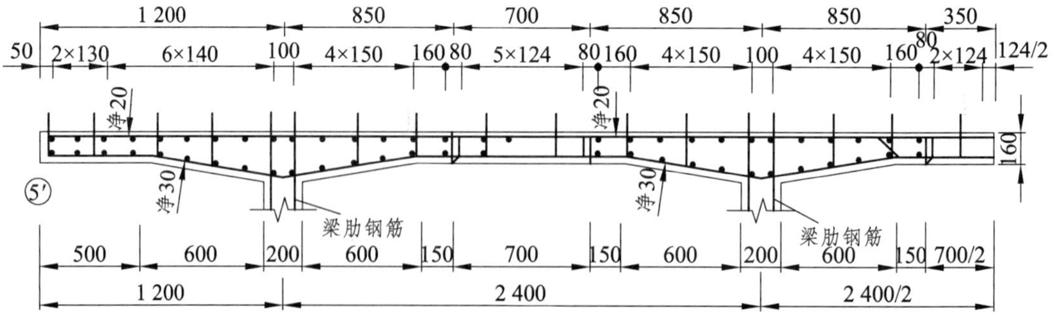

图 5.34　T 形梁桥的翼缘板布筋（尺寸单位：mm）

② 桥面板横向连接构造。

预制 T 形主梁吊装就位后，当设有横隔板时，必须借助横隔板和翼缘板的接头将所有主梁连接成整体。对于少横隔板的主梁，应在翼缘板上加设接头和加强桥面铺装，使横向连成整体。因此接头应有足够的强度以保证结构的整体性，并能在运营过程中安全承受荷载的反复作用和冲击作用而不发生松动。

常用的桥面板（翼缘板）横向连接有湿接接头，桥面连接构造如图 5.35 所示，通过一定措施将翼缘伸出钢筋连成整体，在接缝铺装混凝土内再增补适量加强钢筋。

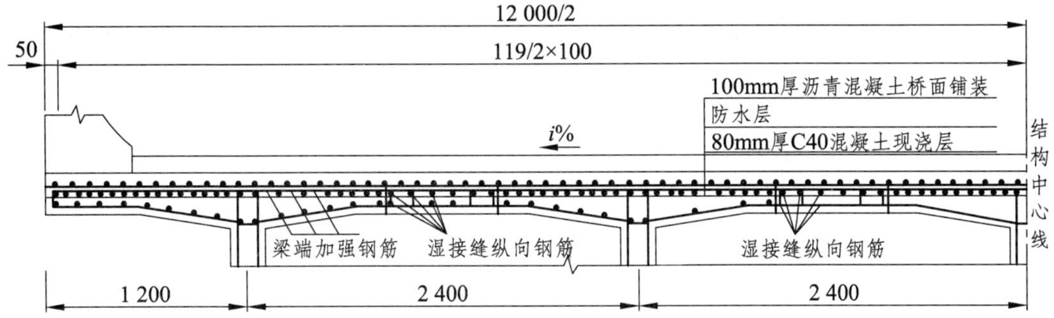

图 5.35 桥面连接构造（尺寸单位：mm）

（3）横隔板及横向连接构造。

① 横隔板构造。

横隔板刚度越大，梁的整体性越好，在荷载作用下各主梁越能更好地共同受力。端横隔板是必须设置的，跨内的横隔板随跨径的大小宜每隔 5.0 ~ 10.0 m 设置一道。

从运输和安装的稳定性考虑，通常将端横隔板做成与梁同高，内横隔板的高度一般为梁肋高度的 0.7 ~ 0.9 倍。预应力梁的横隔板常与马蹄的斜坡下端齐平，其中部可挖空，以减小质量和利于施工，如图 5.29（c）所示。横隔板的厚度一般为 15 ~ 18 cm，为便于施工脱模，一般做成上宽下窄和内宽外窄的楔形。

图 5.36 所示为装配式 T 形梁桥内梁横隔板钢筋的布置，在每一块横隔板的上缘布置 4 根 ф25 受力钢筋。⑥、⑦钢筋为横隔板加腋钢筋。若预应力钢束或梁肋钢筋与横隔板钢筋相干扰时，可适当挪动横隔板钢筋。

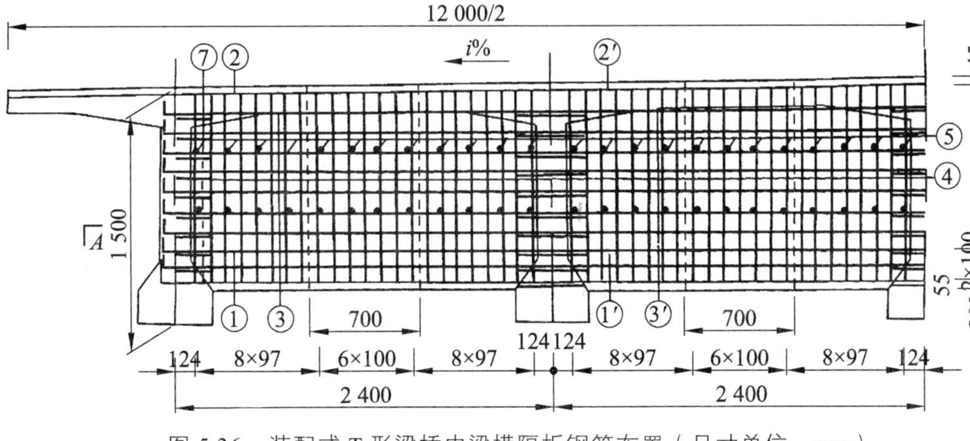

图 5.36 装配式 T 形梁桥内梁横隔板钢筋布置（尺寸单位：mm）

② 横隔板横向连接构造。

横隔板连接接头采用湿接法，横隔板中的①与①′钢筋间在现浇段内需采用单面焊连接，其焊缝长度不得小于 10 倍钢筋直径。③与③′钢筋间采用绑扎连接，横隔板上、下端的①、①′、②、②′钢筋为束筋，施工时应对应点焊成束。装配式横隔板接头如图 5.37 所示。

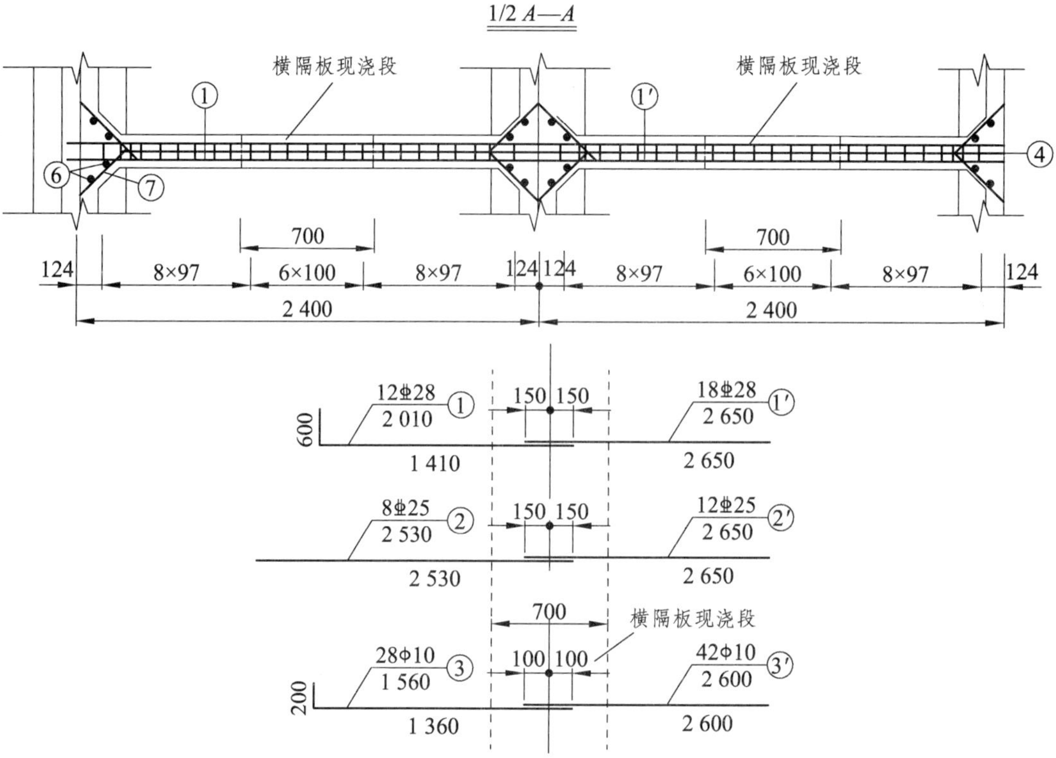

图 5.37　装配式梁横隔板接头（尺寸单位：mm）

3）组合梁桥

组合梁桥也是一种装配式的桥跨结构，即用纵向水平缝将桥梁的梁肋部分与桥面板（翼板）分隔开，使单梁的整体截面变成板与肋的组合截面。施工时先架设梁肋，再安装预制板（有时采用微弯板以节省钢筋），最后在接缝内或连同在板上现浇一部分混凝土使结构连成整体。目前国内外采用的组合式梁桥有 I 形组合梁桥［见图 5.38（a）、（b）］和箱形组合梁桥［见图 5.38（c）］。前者适用于混凝土简支梁桥，后者则适用于预应力混凝土梁桥。组合式梁桥的优点在于可以显著减小预制构件的质量，便于集中制造和运输吊装。

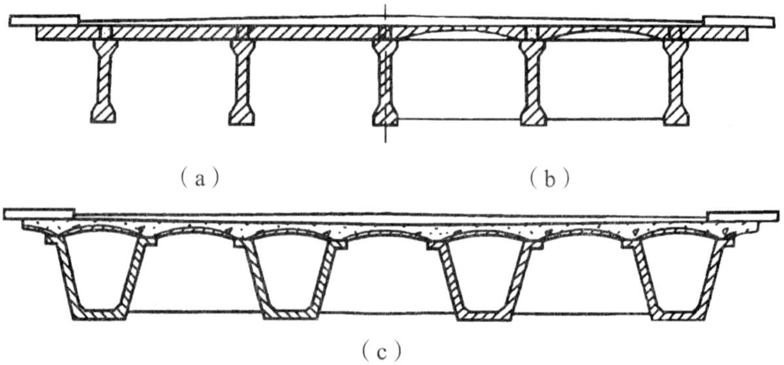
（a）　（b）

（c）

图 5.38　组合式梁桥横截面

在组合式梁桥中，梁与现浇板的结合面处，应做成凹凸不小于 6 mm 的粗糙面，板的厚度不应小于 15 cm；当梁顶伸入板中时，梁顶以上板的厚度不应小于 10 cm。

组合梁是分阶段受力的，在梁肋架设后，所有事后安装的预制板和现浇桥面混凝土（甚至现浇横隔板）的质量，连同梁肋本身的质量，都要由尺寸较小的预制梁肋来承受，这与装配式 T 形梁由主梁全截面来承受全部恒载不同，因而组合梁梁肋的上、下缘应力远大于 T 形梁上、下缘的应力。图 5.39 所示为装配式 T 形梁与组合梁的跨中截面在恒载+活载工况下的截面应力图比较。

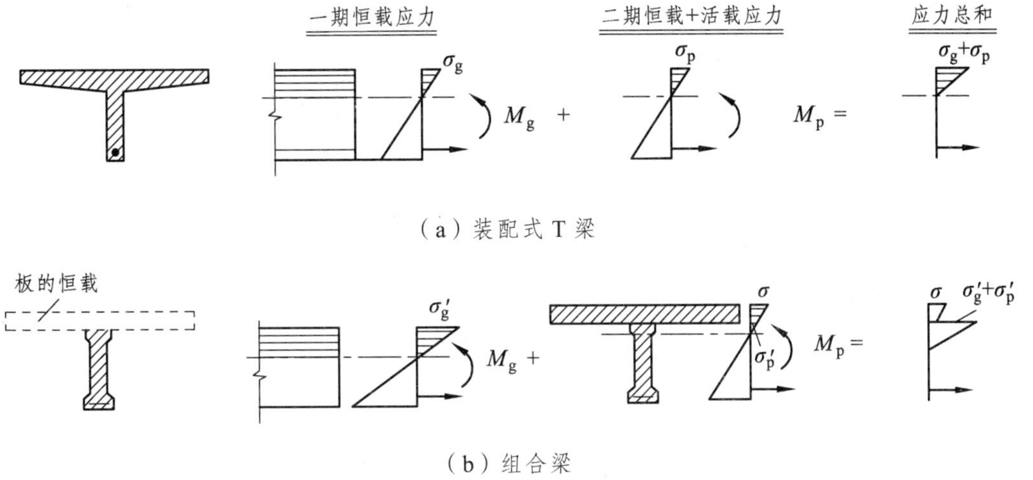

图 5.39 装配式 T 形梁与组合梁的截面应力图比较

5.2.2 公路混凝土简支梁设计与计算

1. 桥面板计算

1）桥面板的力学模型

混凝土肋梁桥的桥面板是直接承受车轮压力的钢筋混凝土板，它在构造上与主梁梁肋和横隔板联结在一起，既保证了梁的整体受力，又将活载传递到主梁上。

混凝土梁的桥面板是支承在主梁（有时为内纵梁）和横梁上的，它的受力情况与支承条件和板的平面尺寸有关。一块四边支承的矩形板，长边为 l_a，短边为 l_b。对于 $l_a/l_b \geqslant 2$ 的板，荷载的绝大部分沿短跨方向传递，此时可将其视为仅由短跨承受荷载的单向受力板（简称单向板），在短跨方向配受力筋，而在长跨方向只要适当配置一些分布钢筋即可；对于 $l_a/l_b<2$ 的板，将沿短跨和长跨两方向传递荷载，故称双向板，需按两个方向的内力分别配置受力钢筋。实际桥梁工程很少出现双向板。

对于最外侧的翼缘板，按悬臂板来分析。对于相邻翼缘板之间设计为铰接接缝的板，应按一端嵌固一端铰接的铰接悬臂板进行计算。

因此，桥面板按受力模式分为单向板、悬臂板和铰接板三种。下面将主要介绍其计算方法。

2）车轮荷载的分布

作用在桥面上的车轮压力通过桥面铺装层扩散分布在混凝土板面上。由于板的计算跨径相对于车轮压力的分布宽度来说不是很大，故在计算中应将车轮压力作为分布荷载来处理，以免造成较大的计算误差。

富有弹性的充气车轮与桥面的接触面实际上接近于椭圆，为了计算方便，通常可近似地把车轮与桥面的接触面看作是 $a_2 \times b_2$ 的矩形面积，此处 a_2 是车轮沿行车方向的着地长度，b_2 为车轮的宽度，车辆荷载在板面上的分布如图 5.40 所示。典型车辆的 a_2 和 b_2 值见表 2.7 和表 2.11。对于混凝土或沥青面层，荷载在铺装层内按 45°角扩散。则作用在混凝土承重板顶面的矩形荷载压力面的边长为

$$\begin{aligned} &\text{沿纵向：}\quad a_1 = a_2 + 2H \\ &\text{沿横向：}\quad b_1 = b_2 + 2H \end{aligned} \tag{5.20}$$

式中：H——铺装层厚度。

当汽车的后轮作用于桥面板上时，作用于桥面上的局部分布荷载为

$$p = \frac{P}{2a_1 b_1} \tag{5.21}$$

式中：P——车辆荷载后轴的轴重。

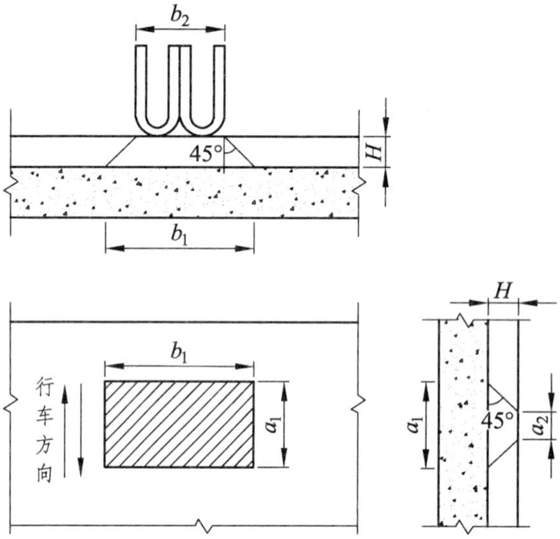

图 5.40　车辆荷载分布

3）桥面板的有效工作宽度

板在局部分布荷载 p 的作用下，不仅直接承压部分（例如宽度为 a_1）的板带参加工作，与其相邻的部分板带也会分担一部分荷载而共同参加工作。因此，计算桥面板时，必须首先确定板的有效工作宽度。图 5.41 所示为简支板在局部分布力作用下的变形和跨中弯矩 m_x 的分配。在荷载作用下，不仅宽度为 a_1 的板条参与受力，其邻近的板条也参与工作，共同承受车轮荷载所产生的弯矩，在荷载中心处板条承受的弯矩最大为 $m_{x\max}$，离荷载越远的板条，其承受的弯矩越小。荷载有效工作宽度 a 的力学概念见式（5.22）：

$$a=\frac{\int m_x \mathrm{d}x}{m_{x\max}} \tag{5.22}$$

式中：a——板的有效工作宽度；

m_x——板中的分布弯矩值；

$m_{x\max}$——板中分布弯矩的最大值。

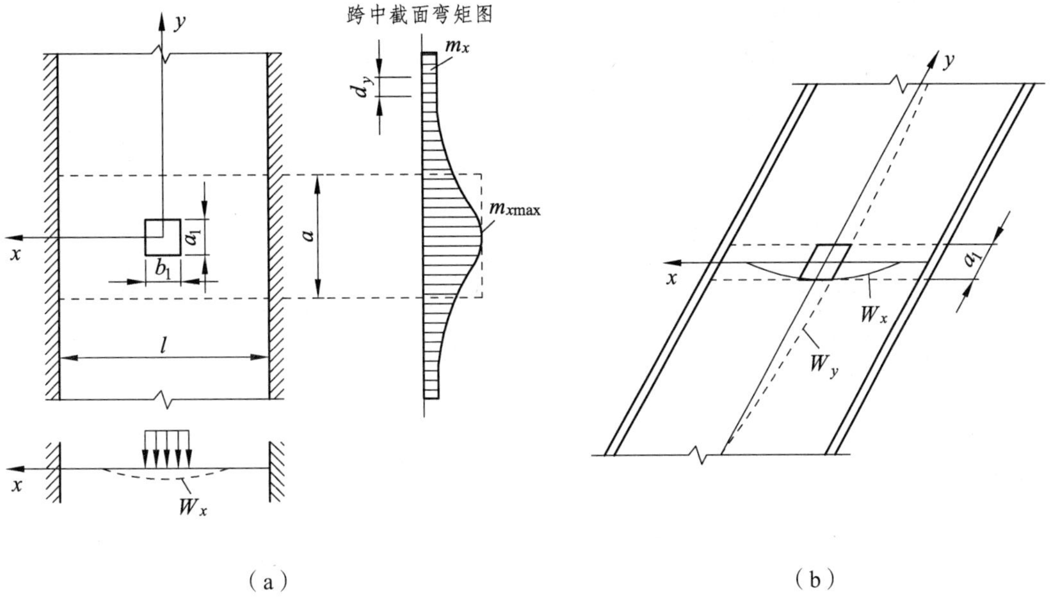

图 5.41　桥面板的受力状态

桥面板的有效工作宽度与板的支承条件、荷载性质以及荷载位置有关。为简化计算，《公路钢筋混凝土及预应力混凝土桥涵设计规范》（JTG 3362—2018）对单向板、悬臂板的有效工作宽度作如下规定：

（1）单向板。

① 荷载在跨径中间。

如图 5.42（a）所示，对于单独的一个荷载，有

$$a=a_1+\frac{l}{3}=a_2+2H+\frac{l}{3}\geqslant\frac{2}{3}l \tag{5.23}$$

式中：a——板的有效工作宽度（荷载在跨径中间）；

l——板的计算跨径。

对于几个靠近的相同荷载，如按式（5.23）计算所得各相邻荷载的有效工作宽度发生重叠时，应按相邻靠近的荷载一起计算其有效工作宽度，如图 5.42（b）所示，即

$$a=a_1+d+\frac{l}{3}=a_2+2H+\frac{l}{3}+d\geqslant\frac{2}{3}l+d \tag{5.24}$$

式中：d——最外两个荷载的中心距离，如果只有两个相邻荷载一起计算时，d 往往就是车辆荷载的轴距。

② 荷载在板的支承处。

$$a' = a_1 + t = a_2 + 2H + t \tag{5.25}$$

式中：a'——板的有效工作宽度（荷载在板的支承处）；

t——板的厚度；

其余符号意义同前。

③ 荷载靠近板的支承处。

$$a_x = a' + 2x \tag{5.26}$$

式中：a_x——板的有效工作宽度（荷载靠近板的支承处）；

x——荷载离支承边缘的距离；

其余符号意义同前。

也就是说，荷载由支承处向跨中移动时，相应的有效工作宽度可以近似地按 45°线过渡。综上所述，对于不同荷载位置时单向板的有效工作宽度如图 5.42（c）所示。

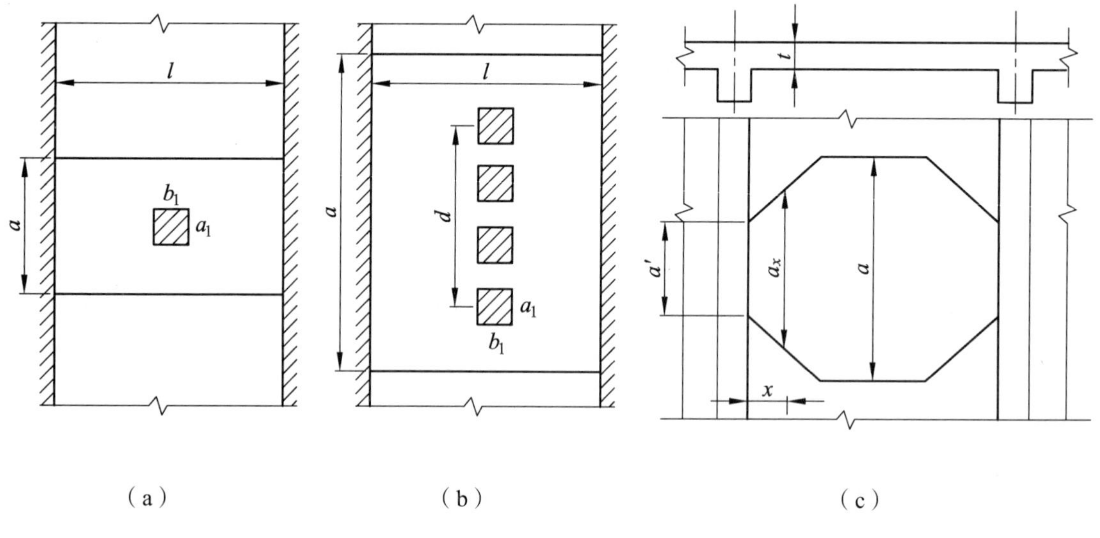

图 5.42　单向板的有效工作宽度

（2）悬臂板。

车轮作用在板的跨径中部时，如图 5.43 所示，悬臂板的有效工作宽度为

$$a = a_1 + 2b' = a_2 + 2H + 2b' \tag{5.27}$$

式中：b'——承重板上荷载压力面外侧边缘至悬臂根部的距离；

其余符号意义同前。

对于分布荷载靠近板边的最不利情况，b' 就等于悬臂板的跨径 l_0，于是 $a = a_1 + 2l_0$。

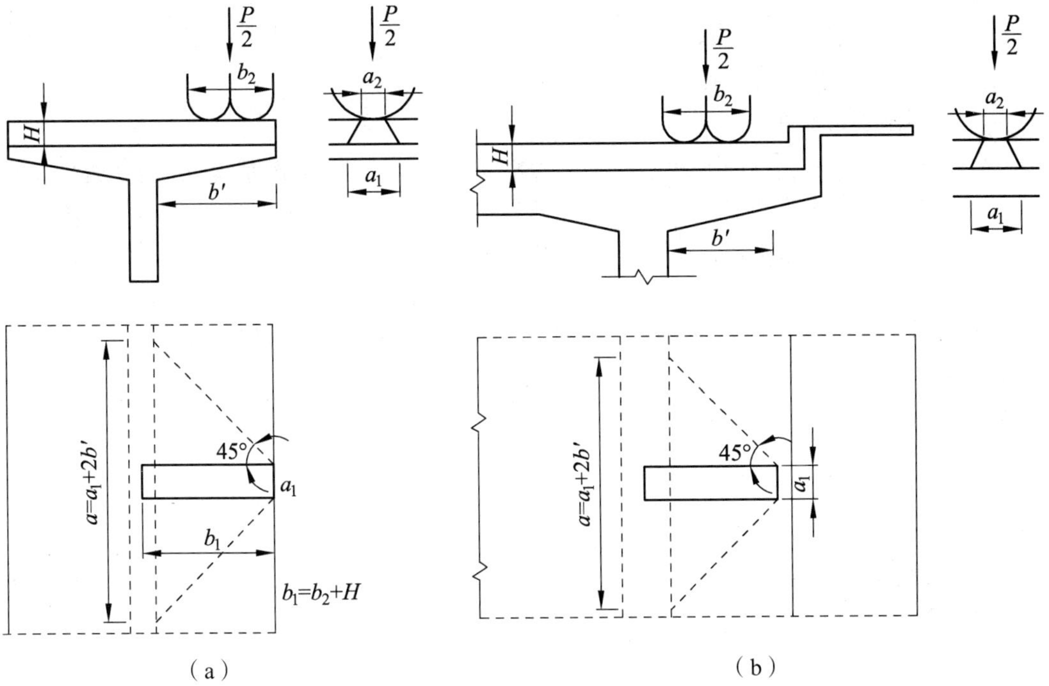

图 5.43 悬臂板的有效工作宽度

4）桥面板的内力计算

设计计算时，以每米宽板条进行计算，沿跨径方向不同位置的荷载除以相应位置板的有效工作宽度，得到每米宽板条的荷载，再按梁式板计算内力。下面介绍 3 种类型桥面板内力的计算方法。

（1）多跨连续单向板的内力。

从构造上看，桥面板与主梁梁肋是整体连接在一起的，当板上有荷载作用时会使主梁也发生相应的变形，而这种变形又影响到板的内力。主梁抗扭刚度的大小对多跨连续板的弯矩有显著的影响。

由于桥面板的受力情况比较复杂，影响因素比较多，通常采用近似方法计算，先算出一个跨径相同的简支板的跨中弯矩 M_0，然后再根据试验及理论分析的结果用修正系数法修正，修正系数根据板厚 t 与梁肋高度 h 的比值来选用。

$t/h \geqslant 1/4$（主梁抗扭能力小）时，有

$$M_{中} = +0.7M_0，\quad M_{支} = -0.7M_0 \tag{5.28}$$

$t/h<1/4$（主梁抗扭能力大）时，有

$$M_{中} = +0.5M_0，\quad M_{支} = -0.7M_0 \tag{5.29}$$

式中：$M_{中}$——跨中弯矩；

$M_{支}$——支点弯矩；

M_0——简支板跨中弯矩，$M_0 = \gamma_{Q_1} M_{0q} + \gamma_{G_i} M_{0g}$。

M_{0q} 为 1 m 宽简支板的跨中活载弯矩。如图 5.44（a）所示，对于汽车荷载，有

$$M_{0q}=(1+\mu)\frac{P}{8a}\left(l-\frac{b_1}{2}\right) \tag{5.30}$$

式中：P——车辆荷载后轴的轴重；

a——板的有效工作宽度；

l——板的计算跨径，当梁肋不宽时（如窄肋 T 形梁）可取梁肋中距，当主梁的梁肋较宽时（如箱形梁等）可取两肋间的净距加板的厚度，即 $l=l_0+t$，但不大于 l_0+b，此处 l_0 为板的净跨径，t 为板厚，b 为梁肋宽；

μ——冲击系数，对于局部加载，桥面板通常为 0.3。

如果板的跨径较大，可能还有第二个车轮进入跨径内时，可按结构力学方法将荷载布置得使跨中弯矩最大。

M_{0g} 为 1 m 宽简支板的跨中恒载弯矩，可由式（5.31）计算：

$$M_{0g}=\frac{1}{8}gl^2 \tag{5.31}$$

式中：g——1 m 宽板条每延米的自重荷载集度。

计算单向板的支点剪力时，按同跨径的简支板计算，此时荷载必须尽量靠近梁肋边缘布置，板的计算跨径采用净跨径 l_0，如图 5.44（b）所示。

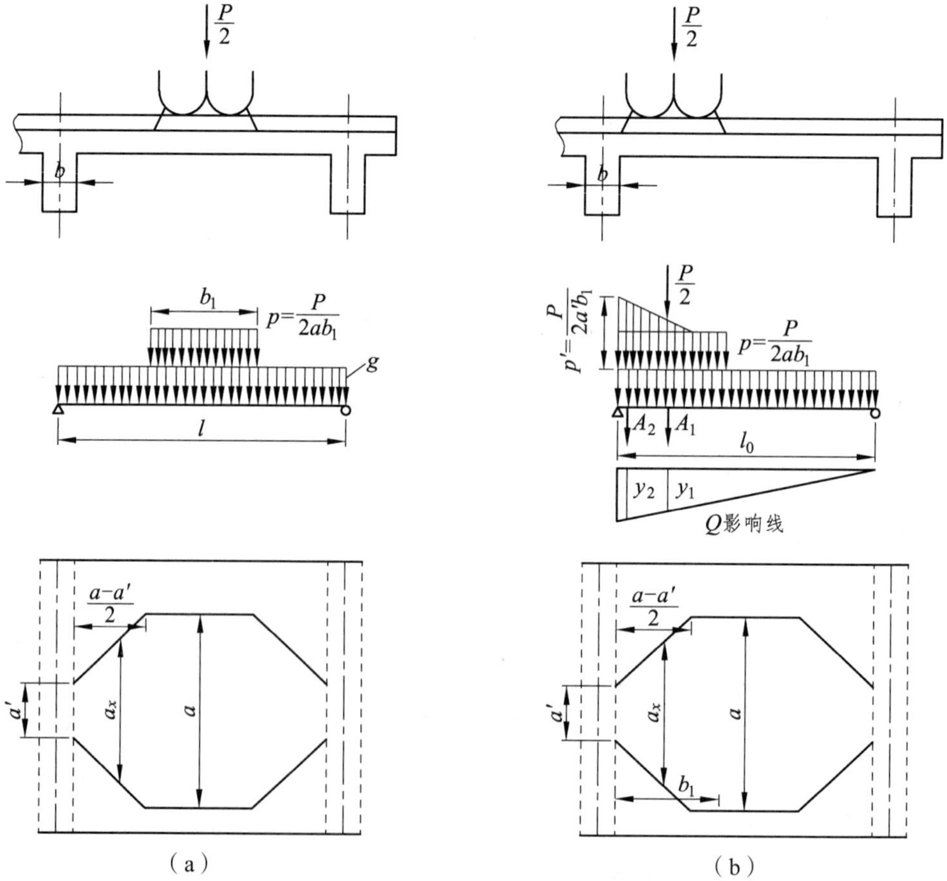

图 5.44　单向板内力计算

（2）铰接悬臂板的内力。

T 形梁翼缘板作为桥面板用铰接的方式联结时，最大弯矩在悬臂根部，根据计算分析可知，计算活载弯矩 M_{Aq} 时，最不利的荷载位置是将车轮荷载对中布置在铰接处，这时铰内的剪力为零，两相邻悬臂板各承受半个车轮荷载，即 $P/4$，如图 5.45（a）所示。因此每米宽悬臂板在根部的车辆弯矩为

$$M_{Aq}=-(1+\mu)\frac{P}{4a}\left(l_0-\frac{b_1}{4}\right) \tag{5.32}$$

每米板块的自重荷载弯矩为

$$M_{Ag}=-\frac{1}{2}gl_0^2 \tag{5.33}$$

注意，此处 l_0 为铰接双悬臂板的净跨径，其余符号意义同前。

最后，悬臂根部 1 m 板宽的最大弯矩设计值为

$$M_A=\gamma_{Q_1}M_{Aq}+\gamma_{G_i}M_{Ag} \tag{5.34}$$

悬臂根部的剪力可以偏安全地按一般悬臂板的图式来计算。

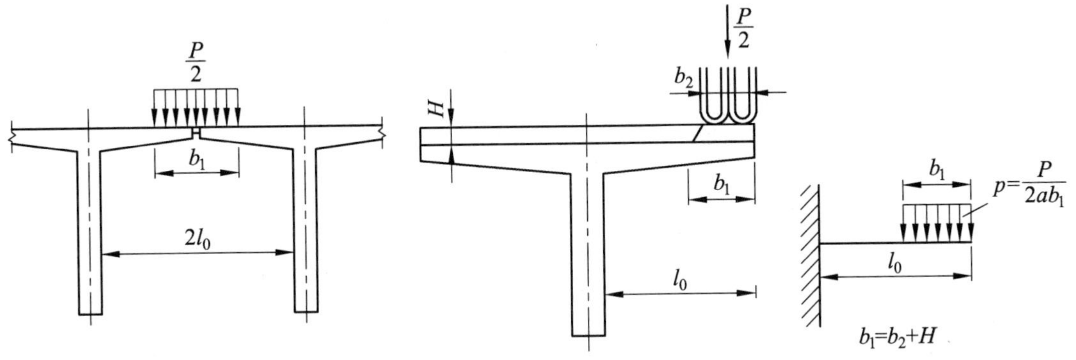

图 5.45　铰接板与悬臂板计算图式

（3）悬臂板的内力。

对于沿纵缝不相连接的悬臂板，在计算根部最大弯矩时，应将车轮荷载靠板的边缘布置，此时 $b_1=b_2+H$，如图 5.45（b）所示。则自重和汽车荷载弯矩值可由一般的公式求得。

汽车荷载弯矩：

$$b_1\geqslant l_0\text{时：}\quad M_{Aq}=-\frac{1}{2}(1+\mu)pl_0^2=-(1+\mu)\frac{P}{4ab_1}l_0^2 \tag{5.35}$$

$$b_1<l_0\text{时：}\quad M_{Aq}=-(1+\mu)pb_1\left(l_0-\frac{b_1}{2}\right)=-(1+\mu)\frac{P}{2a}\left(l_0-\frac{b_1}{2}\right) \tag{5.36}$$

式中：p——汽车荷载作用在每米宽板条上的荷载集度，$p=P/2ab_1$；

l_0——悬臂板的跨径；

其余符号意义同前。

自重弯矩按式（5.33）计算。

同理，最后可得 1 m 宽板条的最大设计弯矩为 $M_{A}=\gamma_{Q_1}M_{Aq}+\gamma_{G_i}M_{Ag}$。剪力计算略。

【例 5.1】如图 5.46 所示为一铰接悬臂板（C30 混凝土容重取 25 kN/m^3），桥面铺装 2 cm 厚的沥青混凝土层面（容重取 23 kN/m^3）和 9 cm 厚的 C25 混凝土铺装层（容重取 24 kN/m^3）。荷载等级为公路—Ⅰ级。试计算悬臂板根部的设计荷载内力。

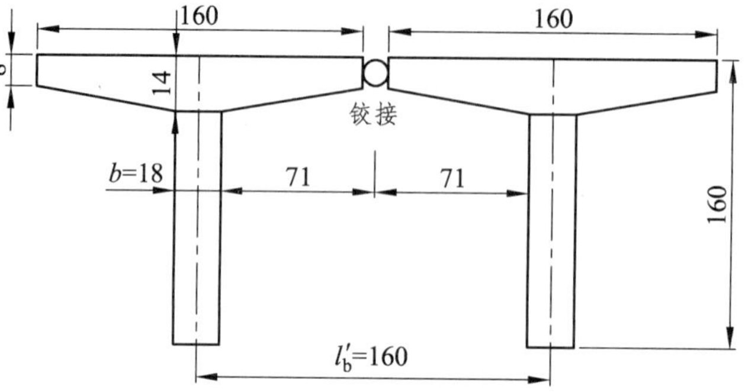

图 5.46　铰接悬臂板计算图式（尺寸单位：cm）

解：① 自重荷载作用。

沥青混凝土层面：$g_1=0.02\times1.0\times23=0.46$（kN/m）

C25 混凝土垫层：$g_2=0.09\times1.0\times24=2.16$（kN/m）

T 梁翼缘板：$g_3=0.11\times1.0\times25=2.75$（kN/m）

每延米板上的自重效应：

$$M_{Ag}=-\frac{1}{2}\times5.37\times0.71^2=-1.35\ (\text{kN}\cdot\text{m})$$

$$Q_{Ag}=5.37\times0.71=3.81\ (\text{kN})$$

② 汽车荷载作用。

车辆荷载后轴重 P=140 kN，最不利布置为重车后轮作用于铰缝轴线上，两边的悬臂板各承受一半的车轮荷载，如图 5.45（a）所示。汽车车辆荷载的计算图式如图 5.47 所示。局部加载冲击系数 μ=0.3。

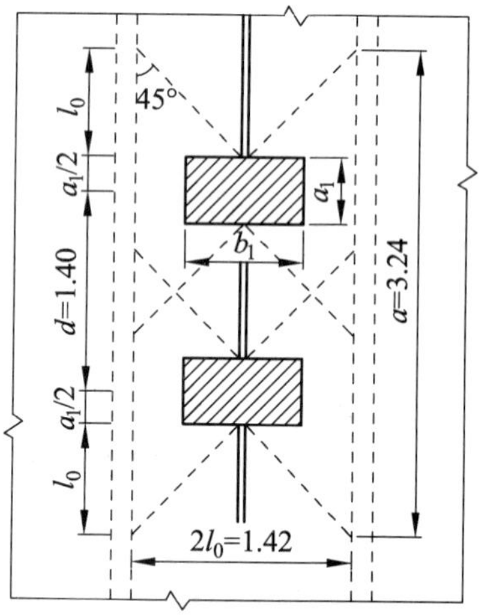

图 5.47　汽车车辆荷载的计算图式（尺寸单位：m）

车轮着地长度 a_2=0.2 m，宽度 b_2=0.6 m，经铺装层扩散到板顶的车轮压力分布宽度：

$a_1=a_2+2H=0.2+2\times0.11=0.42$（m）

$b_1=b_2+2H=0.6+2\times0.11=0.82$（m）

车轮作用在板的跨径中部时：

$a=a_1+d+2l_0=0.42+1.4+2\times0.71=3.24$（m）

作用于每米宽板条上的汽车荷载效应：

$$M_{Ap}=-(1+\mu)\times\frac{P}{4a}\left(l_0-\frac{b_1}{4}\right)\times2=-1.3\times\frac{140}{4\times3.24}\times\left(0.71-\frac{0.82}{4}\right)\times2=-14.18\ (\text{kN}\cdot\text{m})$$

$$Q_{Ap}=-(1+\mu)\times\frac{P}{4a}\times 2=1.3\times\frac{35}{3.24}\times 2=28.08\text{（kN）}$$

③ 组合内力。

基本组合下的桥面板的设计作用效应：

$$M_{Ad}==1.2M_{Ag}+1.8M_{Ap}=-1.2\times 1.35-1.8\times 14.18=-27.14\text{（kN·m）}$$

$$Q_{Ad}=1.2Q_{Ag}+1.8Q_{Ap}=1.2\times 3.81+1.8\times 28.08=55.12\text{（kN）}$$

2. 横向分布系数计算

1）荷载横向分布的定义

对于一座由多片主梁和横隔板组成的梁桥［见图 5.48（a）］来说，当桥上有荷载 P 作用时，由于结构的横向联系必然会使所有主梁不同程度地参与工作，并且随着荷载作用位置（x, y）的变化，某根主梁所承担的荷载也随之变化。因此，设计者必须首先了解某根主梁所分担的最不利荷载，然后再沿桥纵向确定该梁某一截面的最不利内力，并以此得出整座桥梁中最不利主梁的最大内力值。

对于某根主梁某一截面的内力值 S 的确定，在桥梁纵、横向均引入影响线的概念，将空间问题简化成了平面问题，即

$$S=P\eta(x,y)\approx P\eta_2(y)\eta_1(x) \tag{5.37}$$

式中：$\eta(x,y)$——空间计算中某梁的内力影响面；

$\eta_1(x)$——单梁在 x 轴方向某一截面的内力影响线；

$\eta_2(y)$——单位荷载沿桥面横向（y 轴方向）作用在不同位置时，梁所分配的荷载比值变化曲线，也称作对于梁的荷载横向分布影响线。

$P\eta_2(y)$ 就是当 P 作用于点 a（x, y）时沿横向分配给某梁的荷载［见图 5.48（b）］，暂以 P' 表示，即 $P'=P\eta(y)$。按照最不利位置布载，就可求得其所受的最大荷载 P'_{max}。

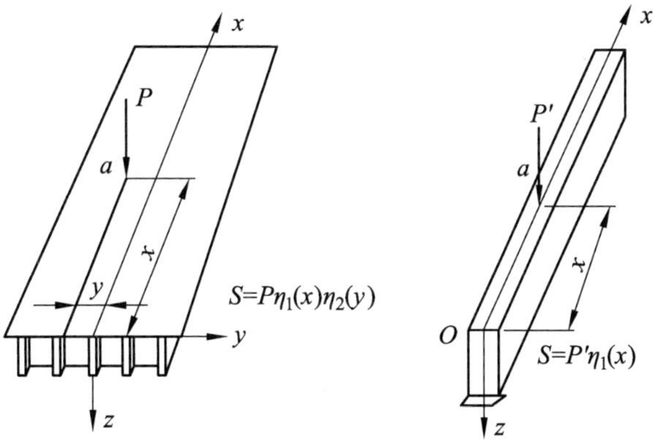

（a）在梁式桥上　　（b）在单梁上

图 5.48　荷载作用下的内力计算

定义 $P'_{max}=mP$，P 为轴重，m 为荷载横向分布系数，它表示某根主梁所承担的最大荷载

是各个轴重的倍数（通常小于 1）。

对于汽车、人群荷载的横向分布系数 m 的计算公式如下：

汽车荷载： $$m_q = \frac{\sum \eta_q}{2}$$ （5.38）

人群荷载： $$m_r = \eta_r$$

式中：m_q，m_r——对应于汽车荷载和人群荷载的横向分布系数；

η_q，η_r——对应于汽车荷载和人群荷载集度的荷载横向分布影响线竖标值。

2）荷载横向分布的计算

根据各种梁式桥不同的宽度、横向连接构造和截面位置建立计算模型，有以下 5 种荷载横向分布影响线的计算方法：

① 杠杆原理法。把横向结构（桥面板和横隔板）视作在主梁上断开而简支在其上的简支梁。

② 偏心压力法。把横隔板视作刚性极大的梁。

③ 铰接板（梁）法。把相邻板（梁）之间视为铰接，只传递剪力。

④ 刚接梁法。把相邻主梁之间视为刚性连接，即传递剪力和弯矩。

⑤ 比拟正交异性板法。将主梁和横隔板的刚度换算成正交两个方向刚度不同的比拟弹性平板来求解。

本节重点介绍较常用的杠杆原理法和偏心压力法，比拟正交异性板法因需要查阅计算图表和进行插入换算，计算较烦琐，目前在设计中也较少采用，故不作介绍。

（1）杠杆原理法。

按杠杆原理法进行荷载横向分布计算的基本假定是忽略主梁之间横向结构的连接作用，即假设桥面板在主梁梁肋处断开，而当作沿横向支承在主梁上的简支梁或悬臂梁来考虑，如图 5.49（a）所示。

利用上述假定作出主梁的荷载横向分布影响线，即当移动的单位荷载 P=1 作用于计算梁上时，该梁承担的荷载为 1；当 P 作用于相邻或其他梁上时，该梁承担的荷载为零。该梁与相邻梁之间按线性变化，如图 5.49（b）、（c）所示。

杠杆原理法适用于计算荷载位于靠近主梁支点时的荷载横向分布系数 m_0。此时主梁的支承刚度远大于主梁间横向联系的刚度，受力特性与杠杆原理法接近。另外该法还可用于双主梁桥的荷载横向分布计算。

【例 5.2】图 5.50（a）所示为五梁式钢筋混凝土 T 形梁桥，其桥面净宽为 7.0 m，两侧各 0.75 m 的人行道。试求荷载位于支点处时，1 号梁和 2 号梁相应于公路—Ⅱ级和人群荷载的横向分布系数。

解：当荷载位于支点处时，应按杠杆原理法计算荷载横向分布系数。

首先绘制 1 号梁和 2 号梁的荷载横向影响线，如图 5.50（b）、（c）所示。

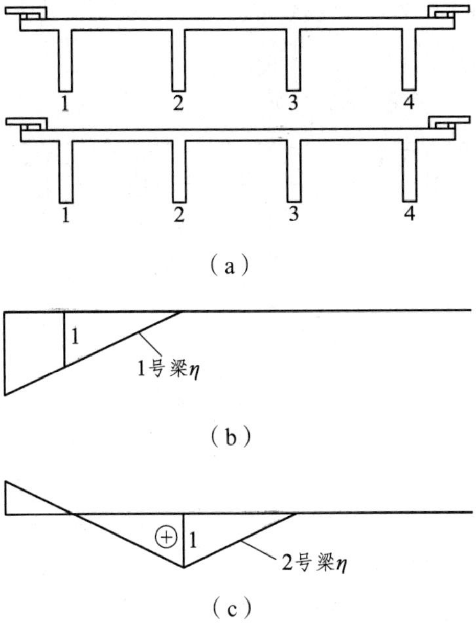

图 5.49　杠杆原理法计算荷载横向分布系数

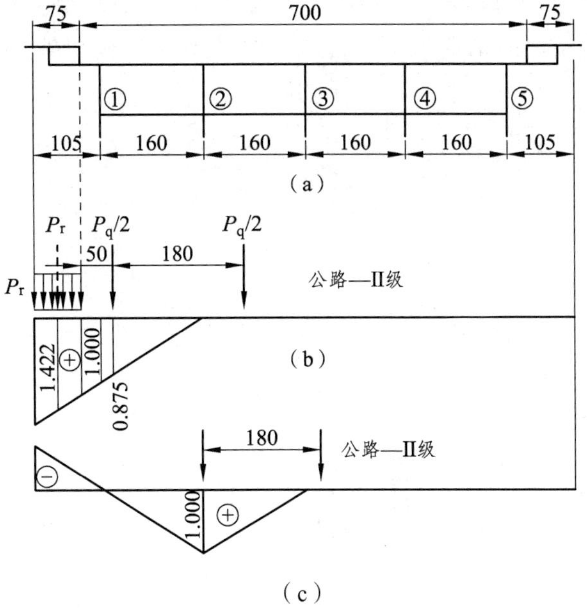

图 5.50　杠杆原理法计算横向分布系数（尺寸单位：cm）

根据《公路桥涵设计通用规范》（JTG D60—2015）的规定，在横向影响线上确定荷载沿横向最不利的布置位置。例如：对于汽车荷载，汽车横向轮距为 1.8 m，两列汽车车轮的横向最小间距为 1.3 m，车轮和人行道缘石的距离最小为 0.5 m。由此，求出相应于荷载位置的影响线竖标值后，按式（5.38）可得 1 号梁的荷载横向分布系数为

汽车荷载：$m_q = \sum \frac{\eta_q}{2} = \frac{0.875}{2} = 0.438$

人群荷载：$m_r = \eta_r = 1.422$

同理，按图 5.50（c）计算，可得 2 号梁的荷载横向分布系数 $m_q = 0.5$ 和 $m_r = 0$。这里在人行道上没有布载，是因为人行道荷载引起的负反力在考虑荷载组合时反而会减小 2 号梁的受力。

3 号梁的荷载横向分布影响线与 2 号梁“+”的区段完全相同，但它的各荷载横向分布系数与 2 号梁并不完全相同。

（2）偏心压力法。

偏心压力法计算荷载横向分布，适用于桥上具有可靠的横向联结且桥的宽跨比小于或接近 0.5 的情况（一般称为窄桥），计算跨中截面荷载横向分布系数 m_c。

偏心压力法的基本前提：① 汽车荷载作用下，中间横隔板可近似地看作一根刚度为无穷大的刚性梁，横隔板仅发生刚体位移。② 忽略主梁的抗扭刚度，即不计入主梁扭矩抵抗活载的影响。如图 5.51（a）所示，图中 w_i 表示桥跨中央各主梁的竖向挠度。基于横隔板无限刚性的假定，此法也称“刚性横梁法”。

根据在弹性范围内，某根主梁所承受的荷载 R_i 与该荷载所产生的跨中弹性挠度 w_i 成正比的原则，可以得出：在中间横隔板刚度相当大的窄桥上，在沿横向偏心布置的汽车荷载作用

下，总是靠近汽车荷载一侧的边主梁受载最大。下面，将介绍单位荷载 P=1 作用在跨中任意位置（偏心距为 e）时，1 号主梁所承担的力 R_1。

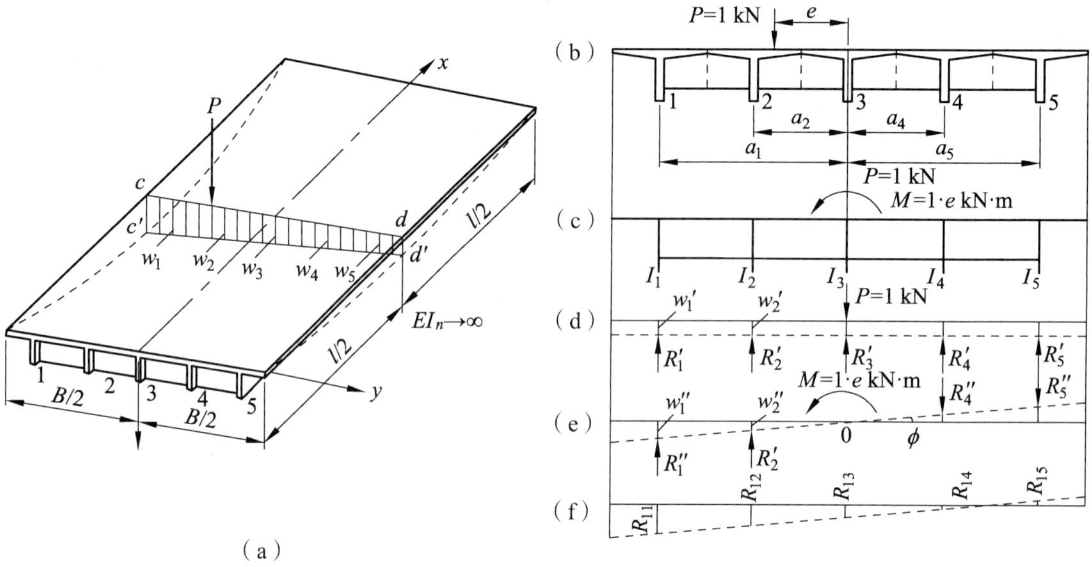

图 5.51 偏心压力法计算图式

取跨中 $x=l/2$ 截面，如图 5.51（b）～（f）所示。通常情况下，各主梁的惯性矩 I_i 相等。显然，对于具有近似刚性中间横隔板的结构，偏心荷载 P=1 可以作用于桥轴线的中心荷载 P=1 和偏心力矩 $M=1\cdot e$ 来替代，分别求出这两种情况下 1 号主梁所承担的力，然后进行叠加，如图 5.51（c）所示。

① 中心荷载 P=1 的作用［见图 5.51（d）］。

由于中心荷载作用下，刚性中横梁整体向下平移，则各主梁的跨中挠度相等，即

$$w_1' = w_2' = \cdots = w_n' = \overline{w} \tag{5.39}$$

根据材料力学，作用于简支梁跨中的荷载（即主梁所分担的荷载）与挠度的关系为

$$w_i' = \frac{R_i' l^3}{48EI_i} \tag{5.40}$$

式中：I_i——桥梁横截面内各主梁的抗弯惯性矩。

当各主梁截面相等时，即 $I_1 = I_2 = \cdots = I_n = I$，则由上两式得反力与挠度成正比的关系如下

$$\frac{R_1'}{w_1'} = \frac{R_2'}{w_2'} = \cdots = \frac{R_i'}{w_i'} = \cdots \frac{R_n'}{w_n'} = \frac{48EI}{l^3} = C \text{（常数）}$$

由此得

$$R_i' = Cw_i' = C\overline{w} \tag{5.41}$$

根据静力平衡条件，有

$$R_1' + R_2' + \cdots + R_n' = 1 \tag{5.42}$$

将式（5.41）代入式（5.42），便有

$$C(w'_1 + w'_2 + \cdots + w'_n) = Cn\overline{w} = 1$$

所以 $$C\overline{w}=\frac{1}{n} \tag{5.43}$$

再将式（5.43）代入式（5.41）后得

$$R_i'=\frac{1}{n} \tag{5.44}$$

② 偏心力矩 $M=1\cdot e$ 的作用［见图 5.51（e）］。

在偏心力矩 $M=1\cdot e$ 作用下，桥的横截面产生绕中心点 O 的转角 φ，因此各主梁的跨中挠度为

$$w_i''=a_i\tan\varphi \tag{5.45}$$

式中：a_i——各片主梁的梁轴到截面形心的距离。

根据力矩平衡条件，有

$$\sum_{i=1}^{n}R_i''\cdot a_i=1\cdot e \tag{5.46}$$

再根据反力与挠度成正比的关系，有

$$R_i''=Cw_i'' \tag{5.47}$$

$$R_i''=Ca_i\tan\varphi \tag{5.48}$$

将式（5.48）代入式（5.46），得

$$C\tan\varphi\sum_{i=1}^{n}a_i^2=1\cdot e$$

或 $$C\tan\varphi=\frac{e}{\sum\limits_{i=1}^{n}a_i^2} \tag{5.49}$$

将式（5.49）代入式（5.48）后，得

$$R_i''=\frac{a_ie}{\sum\limits_{i=1}^{n}a_i^2} \tag{5.50}$$

③ 偏心距离为 e 的单位荷载 $P=1$ 对 1 号主梁的总作用［见图 5.51（f）］。

$$R_{1e}=\eta_{1e}=\frac{1}{n}\pm\frac{ea_i}{\sum\limits_{i=1}^{n}a_i^2} \tag{5.51}$$

这就是 1 号主梁的荷载横向影响线在各梁位处的竖标值。

注意，当式（5.51）中的荷载位置 e 和梁位 a_i 位于形心轴同侧时，取正号，反之应取负号。

当 $P=1$ 位于第 k 号梁轴上（$e=a_k$）时，对 1 号主梁的总作用可写成

$$\eta_{1k}=\frac{1}{n}\pm\frac{a_1a_k}{\sum\limits_{i=1}^{n}a_i^2} \tag{5.52}$$

④ 同理，当 P=1 位于第 k 号梁轴上（e=a_k）时，对 i 号主梁的总作用

$$\eta_{ik}=\frac{1}{n}\pm\frac{a_i a_k}{\sum\limits_{i=1}^{n}a_i^2} \tag{5.53}$$

由此不难得到关系式：

$$\eta_{1k}=R_{1k}=\eta_{k1} \tag{5.54}$$

⑤ 同理可得，当各主梁的惯性矩 I_i 不相等时，偏心荷载 P=1 对各主梁的总作用

$$\eta_{ie}=\frac{I_i}{\sum\limits_{i=1}^{n}I_i}\pm\frac{e a_i I_i}{\sum\limits_{i=1}^{n}a_i^2 I_i} \tag{5.55}$$

当 P=1 位于第 k 号梁轴上（e=a_k）时，式（5.55）可写成

$$\eta_{ik}=\frac{I_i}{\sum\limits_{i=1}^{n}I_i}\pm\frac{a_i a_k I_i}{\sum\limits_{i=1}^{n}a_i^2 I_i} \tag{5.56}$$

【例 5.3】一座计算跨径 l =19.50 m 的简支梁，其横截面如图 5.52（a）所示，纵断面布置如图 5.53（b）所示。试求荷载位于跨中时 1 号边梁的荷载横向分布系数 m_{cq}（汽车荷载）和 m_{cr}（人群荷载）。

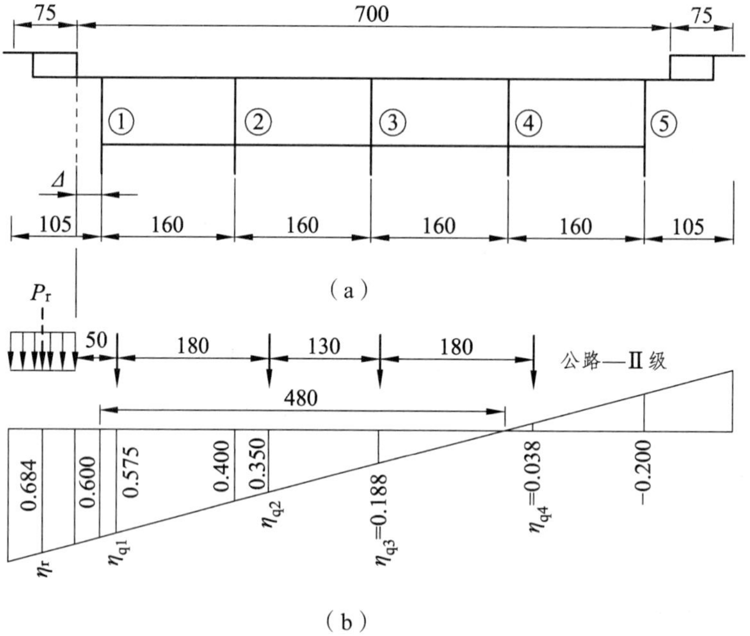

图 5.52 刚性横梁法计算横向分布系数图式（尺寸单位：cm）

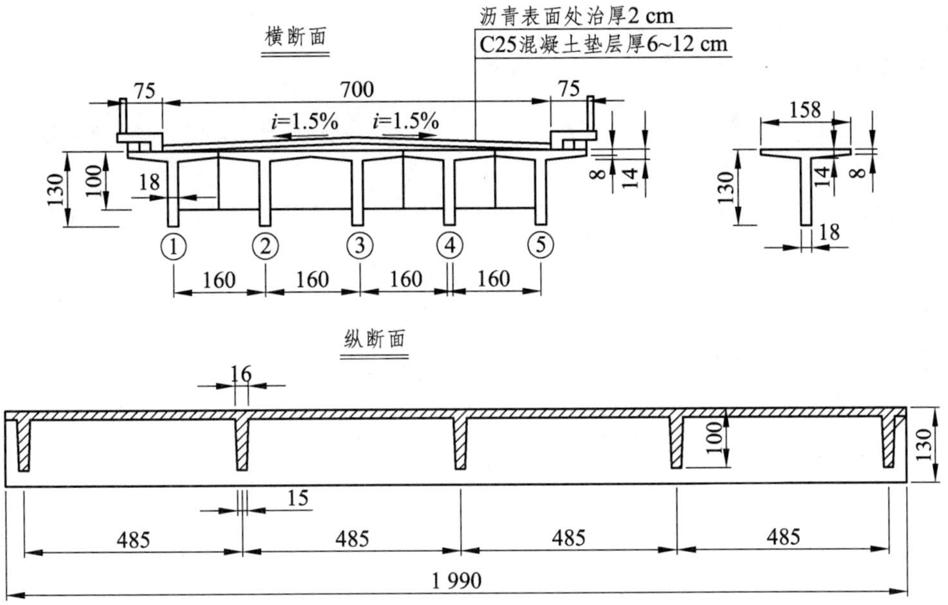

图 5.53 简支 T 梁的主梁和横隔板简图（尺寸单位：cm）

解：从图 5.53 中可知，此桥设有刚度强大的横隔板，且承重结构的跨宽比为

$$\frac{l}{B}=\frac{19.50}{5\times1.60}=2.4>2$$

故可按偏心压力法来计算横向分布系数，其步骤如下：

① 求荷载横向分布影响线竖标。

此桥各根主梁的横截面均相等，梁数 n=5，梁间距为 1.60 m，则

$$\begin{aligned}\sum_{i=1}^{5}a_i^2&=a_1^2+a_2^2+a_3^2+a_4^2+a_5^2\\&=(2\times1.60)^2+1.60^2+0+(-1.60)^2+(-2\times1.60)^2\\&=25.60\ (\text{m}^2)\end{aligned}$$

由式（5.51）得，1 号梁在两个边主梁处的横向影响线的竖标值为

$$\eta_{11}=\frac{1}{n}+\frac{a_1^2}{\sum\limits_{i=1}^{n}a_i^2}=\frac{1}{5}+\frac{(2\times1.60)^2}{25.60}=0.20+0.40=0.60$$

$$\eta_{15}=\frac{1}{n}-\frac{a_1a_5}{\sum\limits_{i=1}^{n}a_i^2}=0.20-0.40=-0.20$$

② 绘出荷载横向分布影响线，并按最不利位置布载，如图 5.52（b）所示。

人行道缘石至 1 号梁轴线的距离为 1.05−0.75=0.3（m）。

荷载横向分布影响线的零点至 1 号梁位的距离为 x，可按比例关系 $\frac{x}{0.60}=\frac{4\times1.60-x}{0.2}$；解得 x=4.80（m）。并据此计算出对应各荷载点的影响线竖标值 η_{qi} 和 η_{r}。

③ 计算荷载横向分布系数 m_c。

1 号梁的活载横向分布系数分别计算如下：

汽车荷载：$m_{cq}=\frac{1}{2}\sum_{i=1}^{4}\eta_{qi}=\frac{1}{2}(\eta_{q1}+\eta_{q2}+\eta_{q3}+\eta_{q4})=\frac{1}{2}\times\frac{0.60}{4.80}(4.60+2.80+1.50-0.30)=0.538$

人群荷载：$m_{cr}=\eta_r=\frac{\eta_{11}}{x}x_r=\frac{0.60}{4.80}\times\left(4.80+0.30+\frac{0.75}{2}\right)=0.972$

求得 1 号梁的各种荷载横向分布系数后，就可得到各类荷载分布至该梁的最大荷载值。

（3）修正偏心压力法。

偏心压力法忽略了主梁的抵抗扭矩，这导致了边梁受力的计算结果偏大。为了弥补不足，国内外也广泛采用考虑主梁抗扭刚度的修正偏心压力法。

修正偏心压力法计算荷载横向分布，只要对偏心力矩 $M=1\cdot e$ 的作用进行修正即可。如图 5.54 所示，根据力矩的平衡条件，式（5.46）可改写为

$$\sum_{i=1}^{n}R_i''a_1+\sum_{i=1}^{n}M_{Ti}=1\cdot e \tag{5.57}$$

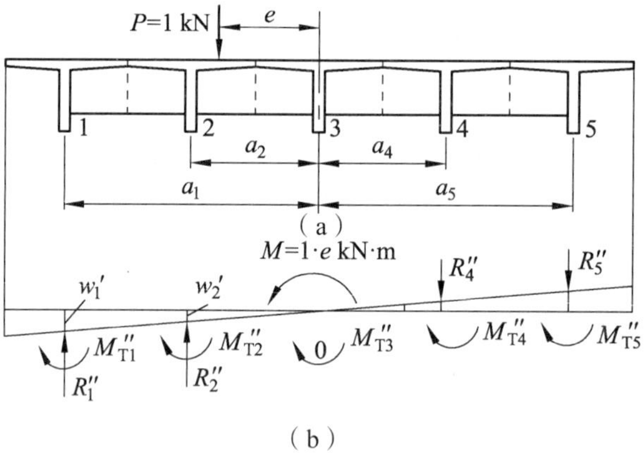

图 5.54　修正刚性横梁法计算图式

由材料力学知，简支梁跨中截面扭矩 M_T 与扭角 φ 以及竖向力与挠度之间的关系为

$$\varphi=\frac{lM_{Ti}}{4GI_{Ti}}，\ w_i''=\frac{R_i''l^3}{48EI_i} \tag{5.58}$$

式中：G——材料的剪切模量；

I_{Ti}——梁的抗扭惯性矩；

w_i''——挠度；

R_i''——竖向力。

由几何关系知

$$\varphi\approx\tan\varphi=\frac{w_i''}{a_i} \tag{5.59}$$

将式（5.59）代入式（5.58）得

$$\varphi=\frac{R_i''l^3}{48a_iEI_i} \tag{5.60}$$

将式（5.60）代入式（5.58）得

$$M_{\mathrm{T}i}=R_i''\frac{l^2GI_{\mathrm{T}i}}{12a_iEI_i} \tag{5.61}$$

另由几何和刚度的比例关系，可知 1 号主梁的荷载为

$$\frac{R_i''}{a_iI_i}=\frac{R_1''}{a_1I_1}\Rightarrow R_i''=R_1''\frac{a_iI_i}{a_1I_1} \tag{5.62}$$

将式（5.62）代入式（5.61），得

$$\sum_{i=1}^{n}R_1''\frac{a_i^2I_i}{a_1I_1}+\sum_{i=1}^{n}\left(R_1''\frac{a_iI_i}{a_1I_1}\cdot\frac{l^2GI_{\mathrm{T}i}}{12a_iEI_i}\right)=e$$

或

$$R_1''\frac{1}{a_1I_1}\left(\sum_{i=1}^{n}a_i^2I_i+\frac{Gl^2}{12E}\sum_{i=1}^{n}I_{\mathrm{T}i}\right)=e$$

则

$$R_1''=\frac{ea_1I_1}{\sum\limits_{i=1}^{n}a_i^2I_i+\frac{Gl^2}{12E}\sum\limits_{i=1}^{n}I_{\mathrm{T}i}}=\frac{ea_1I_1}{\sum\limits_{i=1}^{n}a_i^2I_i}\left(\frac{1}{1+\frac{Gl^2\sum\limits_{i=1}^{n}I_{\mathrm{T}i}}{12E\sum\limits_{i=1}^{n}a_i^2I_i}}\right)=\beta\frac{ea_1I_1}{\sum\limits_{i=1}^{n}a_i^2I_i} \tag{5.63}$$

即 1 号主梁所承担的总荷载为

$$R_{1e}=\eta_{1e}=\frac{I_1}{\sum\limits_{i=1}^{n}I_i}\pm\beta\frac{ea_1I_1}{\sum\limits_{i=1}^{n}a_i^2I_i} \tag{5.64}$$

其中

$$\beta=\frac{1}{1+\frac{Gl^2\sum\limits_{i=1}^{n}I_{\mathrm{T}i}}{12E\sum\limits_{i=1}^{n}a_i^2I_i}}<1$$

则任意主梁所承担的总荷载为

$$R_{ie}=\eta_{ie}=\frac{I_i}{\sum\limits_{i=1}^{n}I_i}\pm\beta\frac{ea_iI_i}{\sum\limits_{i=1}^{n}a_i^2I_i} \tag{5.65}$$

修正偏心压力法比偏心压力法的计算精度要高，更接近于真实值，但是当主梁的片数增多，桥宽增加，横梁与主梁相对弯曲刚度比值降低，横梁不再能看作是无限刚性时，用修正偏心压力法计算仍会产生较大的误差，此时应采用刚接梁法计算，具体计算方法可参见《公路桥梁荷载横向分布计算方法》等相关内容。

3）荷载横向分布系数沿桥跨的变化

用杠杆原理法确定出位于支点处的荷载横向分布系数以 m_0 表示，用（修正）偏心压力法确定出位于跨中的荷载横向分布系数以 m_c 表示，其他位置的荷载横向分布系数 m_x 便可用图 5.55 所示的近似处理方法来确定。

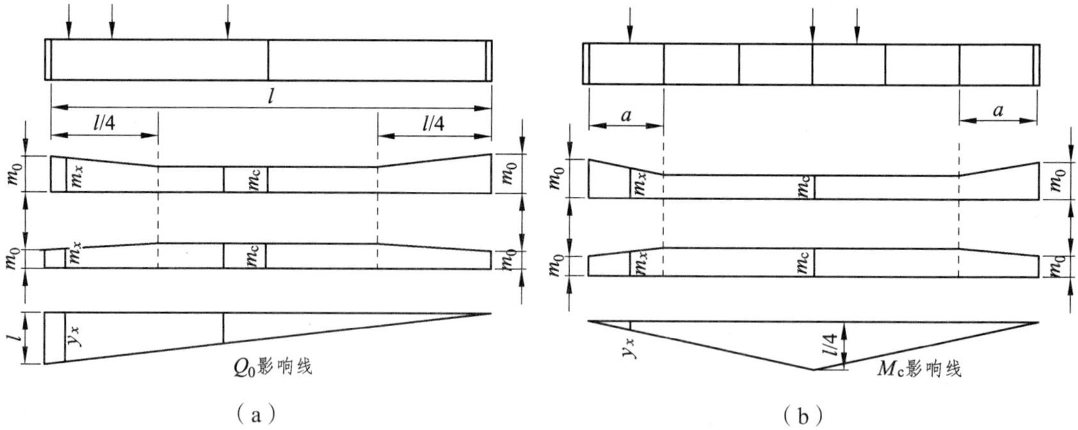

图 5.55　荷载横向分布系数沿桥跨变化

对于无中间横隔板或仅有一根中横隔板的情况，跨中部分需用不变的 m_c，从离支点 $l/4$ 处起至支点的区段内 m_x 呈直线形过渡至 m_0［见图 5.55（a）］；对于有多根内横隔板的情况，m_c 从第一根内横隔板起向支点的 m_0 直线形过渡［见图 5.55（b）］。

这样，主梁上的汽车荷载因其纵向位置不同，就应有不同的横向分布系数。

在实际应用中，当求简支梁跨内各截面的最大弯矩时，为了简化起见，通常均可按不变化的 m_c 来计算。只有在计算主梁梁端截面的最大剪力时，才考虑荷载横向分布系数变化的影响［见图 5.55（a）］。对于跨内其他截面的主梁剪力，也可视具体情况考虑 m 沿桥跨变化的影响。

4）汽车、人群作用效应计算

汽车、人群作用效应一般按式（5.66）计算：

$$S=(1+\mu)\xi\sum_{i=1}^{n}m_iPy_i \tag{5.66}$$

可见，对于汽车荷载，将集中荷载直接布置在内力影响线数值最大的位置，其计算公式为

$$S_{汽}=(1+\mu)\xi(m_cq_k\Omega+m_iP_ky_i) \tag{5.67}$$

而对于人群荷载，其计算公式为

$$S_{人}=m_cq_c\Omega \tag{5.68}$$

式中：S——所示截面的弯矩或剪力；

μ——汽车荷载的冲击系数；

ξ——汽车荷载横向车道布载系数；

m_c——跨中横向分布系数；

q_k——汽车车道荷载中每延米均布荷载标准值；

Ω——弯矩、剪力影响线的面积；

m_i——沿桥跨纵向与集中荷载位置对应的横向分布系数，参见图 5.55；

P_k——车道荷载中的集中荷载标准值；

y_i——沿桥跨纵向与荷载位置对应的内力影响线坐标值；

y_r——纵向每延米人群荷载标准值。

应该注意的是，利用式（5.67）和式（5.68）计算支点截面剪力或靠近支点截面的剪力时，应另外计算支点附近因荷载横向分布系数变化而引起的内力增（或减）值，即

$$\Delta S=(1+\mu)\xi\frac{a}{2}(m_0-m_c)q\overline{y} \tag{5.69}$$

式中：a——荷载横向分布系数 m 过渡段长度；

q——每延米均布荷载标准值；

$\overline{y}$——荷载横向分布系数 m 变化区荷载重心处对应的内力影响线坐标；

其余符号意义同前。

3. 主梁内力计算与设计

为了简化设计、制造和施工，对于由多片梁（板）组成的结构，可以只选其中受力最大的中梁（板）和边梁（板）来进行设计，根据其上作用的恒载和通过横向分布系数计算活载，按结构力学的方法来计算各控制截面的内力。

对于中小跨径桥梁，控制截面一般取跨中、支点截面、$l/2$、$l/4$、$l/8$ 以及截面尺寸发生变化的截面。截面内力主要包括弯矩和剪力。计算出截面内力后，就可以依据混凝土结构设计原理进行主梁各截面的配筋设计，再进行结构强度、刚度、稳定性和抗裂性的检算。

1）永久作用

结构重力作用除了梁体结构自重（一期恒载）外，还包括桥面及附属设备等二期恒载的自重。在设计计算时，为了简化计算，习惯上将沿桥跨分隔布置的横隔板自重、沿桥横向变厚度分布的铺装层自重以及作用于两侧的人行道和栏杆等自重，均匀分摊给各主梁承担。

对于预应力混凝土简支梁，在预加应力阶段，要分别考虑梁体自重和预应力产生的截面应力并叠加，并控制该阶段梁体上下缘的混凝土应力。在结构发生体系转换等特殊情况时，结构重力作用可能需要分成更多的阶段来考虑。

2）基本可变荷载

对于分片式主梁，在计算出各片梁的横向分布系数后，就可以具体确定一片主梁所承担的活载，然后用结构力学的方法计算主梁各控制截面的活载内力。

（1）车辆荷载。

车辆荷载由若干车轮轴重组成，主梁截面由汽车车辆荷载产生的内力计算公式为

$$S=(1+\mu)\xi\cdot\max\left\{\sum_{i=1}^{n}(m_iP_iy_i)\right\} \tag{5.70}$$

式中：S——所求截面的弯矩或剪力；

μ——汽车荷载的冲击系数，按《公路桥涵设计通用规范》（JTG D60—2015）的规定取值；

ξ——多车道横向折减系数，见第 2 章相关规定；

m_i——沿桥纵向与车辆荷载对应的荷载横向分布系数；

P_i——车辆荷载的各轴重；

y_i——沿桥纵向与车辆荷载各轴重对应的内力影响线纵坐标值。

（2）车道荷载。

为了简化计算，当计算简支梁各截面的最大弯矩时，可以近似取跨中截面的横向分布系

数 m_c 来计算车道荷载的内力。

对于车道荷载中的均布荷载 q_k，其内力计算公式为

$$S=(1+\mu)\xi m_c q_k \Omega \tag{5.71}$$

式中：m_c——跨中横向分布系数；

q_k——汽车车道荷载中每延米布荷载标准值；

Ω——同符号弯矩或剪力影响线的面积；

其余符号意义同前。

当计算人群荷载的内力时，可以用纵向每延米人群荷载集度代替式（5.71）的 q_k。

当计算剪力将其荷载布置在梁端时，并计入荷载横向分布系数在梁端及过渡段范围的变化值（见图 5.55）。

对于车道荷载中的集中力 P_k 的效应，参照式（5.70）计算。

3）作用效应组合及包络图

针对不同的计算状况和计算目的，按照第 2.6 节的方法进行荷载效应组合。将荷载效应组合值沿梁纵向汇成曲线，得到内力包络图，如图 5.56 所示。

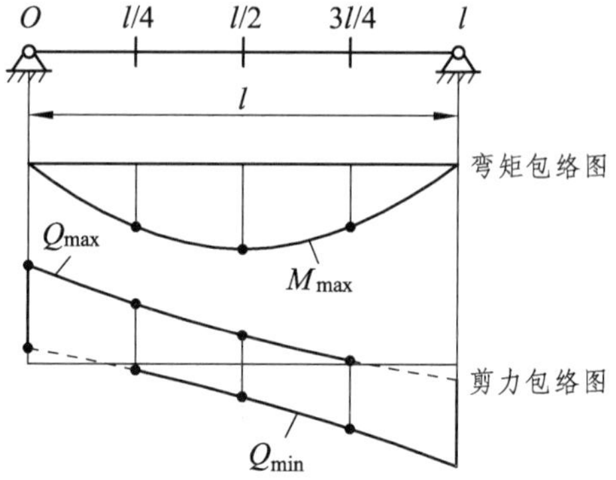

图 5.56　简支梁的内力包络图

【例 5.4】以例题 5.3 所示的装配式简支梁为例，计算 1 号边梁在公路—Ⅰ级和人群荷载作用下（q_r=3.0 kN/m²）的跨中最大弯矩及支点截面的最大剪力（为简化计算，桥面铺装按平均厚度 10 cm 计；横隔板截面按高 1 m、厚 15 cm 的矩形计；每侧的栏杆及人行道构件自重的作用力按 5 kN/m 计；混凝土容重取 25 kN/m³）。

解：（1）横向分布系数的计算，见例 5.2 和 5.3，结果见表 5.8。

表 5.8　横向分布系数

梁号	荷载位置	公路—Ⅰ级	人群荷载	备注
边梁	跨中	0.538	0.684	偏心压力法
	支点	0.438	1.422	杠杆原理法

（2）作用效应计算。

① 永久作用。

主梁面积：$A=0.18\times1.3+\dfrac{0.08+0.14}{2}\times(1.6-0.18)=0.390\,2$（m²）

主梁自重：$g_1=0.390\,2\times25=9.76$（kN/m）

边梁横隔板自重：$g_2=\left(1.0-\dfrac{0.08+0.14}{2}\right)\times\dfrac{1.6-0.18}{2}\times\dfrac{0.15+0.16}{2}\times5\times25/19.5=0.63$（kN/m）

2 cm 沥青混凝土层面：$g_3'=0.02\times7.0\times23/5=0.644$（kN/m）

9 cm C25 混凝土垫层：$g_3''=0.09\times7.0\times24/5=3.024$（kN/m）

桥面铺装自重：$g_3=0.644+3.024=3.67$（kN/m）

人行道及栏杆：$g_4=5\times2/5=2$（kN/m）

永久作用合计：$g=\sum_{i=1}^{4}g_i=(9.76+0.63+3.67+2)=16.06$（kN/m）

跨中弯矩：$M_{1/2}=\frac{1}{8}gl^2=\frac{1}{8}\times16.06\times19.5^2=763.4$（kN·m）

支点剪力：$Q_0=\frac{1}{2}gl=\frac{1}{2}\times16.06\times19.5=156.6$（kN）

② 可变作用。

a. 简支梁的自振频率计算。

混凝土的弹性模量 $E=3.0\times10^4$ MPa；梁的抗弯惯性矩 $I_c=0.066\ 146\ \mathrm{m}^4$；包括结构自重及二期恒载 $G=16.06$ kN/m，$m_c=\frac{G}{g}=\frac{16.06}{9.81}=1.637$。

$$f=\frac{\pi}{2l^2}\sqrt{\frac{EI_c}{m_c}}=\frac{3.14}{2\times19.5^2}\sqrt{\frac{3\times10^{10}\times0.066\,146}{1.637\times10^3}}=4.546\ (\mathrm{Hz})$$

频率 f 介于 1.5 ~ 14 Hz，按《公路桥涵设计通用规范》(JTG D60—2015）计算冲击系数：

$$\mu=0.176\,7\ln f-0.015\,7=0.252$$

b. 公路—Ⅰ级荷载效应计算。

《公路桥涵设计通用规范》(JTG D60—2015）规定：公路—Ⅰ级的车道荷载 q_k=10.5 kN/m，集中荷载 P_k=299 kN，计算剪力效应时 $P_k=1.2\times299=358.8$ kN，双车道不折减 $\xi=1$。

在均布荷载 q_k 作用下的跨中弯矩：

$$M'_{1/2}=\frac{1}{8}q_kl^2=\frac{1}{8}\times10.5\times19.5^2=499.1\ (\mathrm{kN\cdot m})$$

在集中荷载 P_k 作用下的跨中弯矩：

$$M''_{1/2}=\frac{1}{4}P_kl=\frac{1}{4}\times299\times19.5=1\,457.6\ (\mathrm{kN\cdot m})$$

汽车荷载产生的跨中弯矩：

$$M_{1/2}=(1+\mu)\xi m(M'_{1/2}+M''_{1/2})=1.252\times1\times0.538\times(499.1+1\,457.6)=1\,317.9\ (\mathrm{kN\cdot m})$$

绘制荷载横向分布系数沿桥纵向的变化图和支点剪力影响线如图 5.57 所示。m_c 变化区荷载重心处的内力影响线坐标为

$$y=1\times\left(19.5-\frac{1}{3}\times4.9\right)/19.5=0.916$$

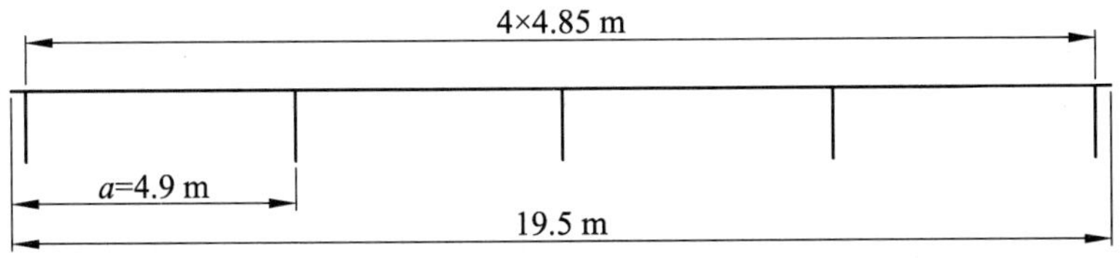

（a）桥梁立面

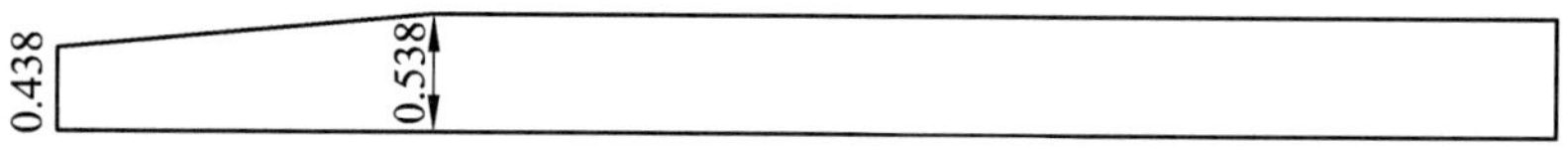

（b）公路—Ⅰ级荷载的 m 分布

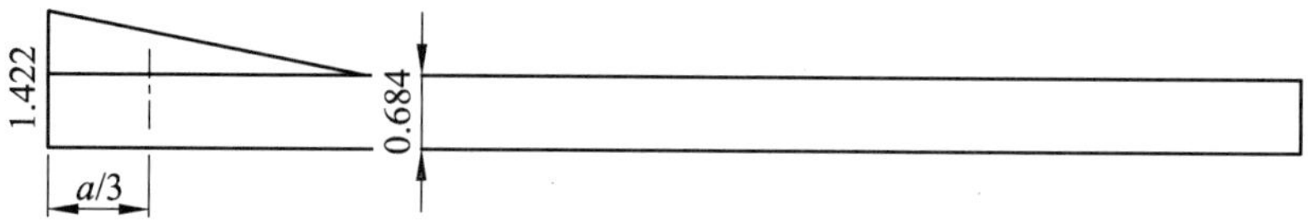

（c）人群荷载的 m 分布

（d）剪力影响线

图 5.57　简支梁横向分布系数沿桥纵向的变化图和支点剪力影响线

在 q_k 作用下：$Q_0=(1+\mu)\xi q_k\left[m_c\Omega+\frac{a}{2}(m_0-m_c)y\right]$

$$=1.252\times1\times10.5\times\left[0.538\times\frac{19.5}{2}+\frac{4.9}{2}\times(0.438-0.538)\times0.916\right]=66.0\text{（kN）}$$

在 P_k 作用下：$Q_0=(1+\mu)\xi m_0\times1.2P_k y_0=1.252\times1\times0.438\times1.2\times299\times1=196.8$（kN）

汽车荷载产生的支点剪力：

$$Q_0=(66.0+196.8)=262.8\text{（kN）}$$

c. 人群荷载效应计算。

人群荷载每延米：

$$q_人=3\times0.75=2.25\text{（kN/m）}$$

人群荷载产生的跨中弯矩：

$$M_{1/2}=m_c q_人 \Omega_人=0.684\times2.25\times\frac{1}{8}\times19.5^2=73.1\text{（kN·m）}$$

人群荷载产生的支点剪力：

$$Q_0=m_c q_人 \Omega+\frac{a}{2}(m_0-m_c)q_人 y$$

$$=0.684\times2.25\times9.75+\frac{4.9}{2}\times(1.422-0.684)\times2.25\times0.916=18.7\text{（kN）}$$

同理可以求出 $l/4$ 截面的弯矩和 $l/2$ 截面的剪力值。

（3）效应组合。

分别考虑承载能力极限状态的基本组合和正常使用极限状态的频遇、准永久组合，得到各种组合下的内力值见表 5.9。

表 5.9 主要控制截面的内力组合

序号	荷载及组合类型	弯矩/（kN·m）	剪力/kN
		$M_{L/2}$	Q_0
（1）	结构自重	763.4	156.6
（2）	汽车荷载	1 317.9	262.8
（3）	人群荷载	73.1	18.7
（4）	基本组合：1.2×（1）+1.4×（2）+0.8×（3）	2 819.6	570.8
（5）	频遇组合：（1）+0.7×（2）$_{不计冲击力}$+1.0×（3）	1 573.3	322.2
（6）	准永久组合：（1）+0.4×（2）$_{不计冲击力}$+0.4×（3）	1 213.7	248.0

4）结构的配筋及检算

对于钢筋混凝土和预应力混凝土结构，已知主梁在各种荷载组合时各截面的设计内力，就可以应用结构设计原理的方法进行主梁纵向配筋、腹筋和箍筋的设计，并配置构造钢筋，然后依据《公路钢筋混凝土及预应力混凝土桥涵设计规范》（JTG 3362—2018）进行承载能力极限状态和正常使用极限状态的刚度（变形）、应力、抗裂性（裂缝宽度）和稳定性的验算。

4. 横隔板内力计算

在钢筋混凝土和预应力混凝土桥中，设置横隔板可以加强结构的横向联系和整体性能，使各片主梁能够很好地共同工作。对于具有多片内横隔板的桥梁，一般只计算受力最大的跨中横隔板，其他横隔板的设计可偏安全地仿此设计。下面介绍横隔板内力的简化计算方法。

1）作用在横隔板上的荷载

对于跨中横隔板来说，除了直接作用在其上的轮重荷载外，前后的轮重对其内力也有影响。在计算中可假设荷载在相邻横梁之间按杠杆原理法传力，如图 5.58 所示。

汽车荷载：$$P_{cq}=\frac{1}{2}(q_k\Omega+P_k y_1)=\frac{1}{2}q_k L_a+\frac{1}{2}P_k y_1 \tag{5.72}$$

人群荷载：$$P_{cr}=q_r\Omega=q_r L_a \tag{5.73}$$

式中：P_{cq}，P_{cr}——汽车荷载，人群荷载分配给跨中横隔板的计算荷载；

Ω——按杠杆原理计算的纵向荷载影响线面积；

L_a——横隔板的间距；

y_1——集中荷载 P_k 作用在中横梁上时，所对应的按杠杆原理计算的纵向荷载坐标值；

其余符号意义同前。

2）横隔板的内力影响线

将桥梁的中横梁近似地视为支承在多片弹性主梁上的多跨弹性支承连续梁，其计算如图 5.59 所示。由上述方法求得各主梁分配到的荷载 P_{cq} 或 P_{cr}，即求得主梁对横隔板的支承反力后，便可用一般方法求出横隔板的内力。

当荷载 P=1 作用在截面 r 的左侧时：

$$M_r = R_1 \cdot b_1 + R_2 \cdot b_2 - 1 \cdot e = \sum_{左} R_i \cdot b_i - e\ ,\quad Q_r = R_1 + R_2 - 1 = \sum_{左} R_i - 1 \tag{5.74}$$

当荷载 P=1 作用在截面 r 的右侧时：

$$M_r = R_1 \cdot b_1 + R_2 \cdot b_2 - 1 \cdot e = \sum_{左} R_i \cdot b_i\ ,\quad Q_r = R_1 + R_2 = \sum_{左} R_i \tag{5.75}$$

式中：M_r，Q_r——横隔板任意截面 r 的弯矩和剪力；

e——荷载 P=1 到所求截面的距离；

b_i——支承反力 R_i 到所求截面的距离；

$\sum_{左} R_i$——所求截面以左的全部支承反力 R_i 的总和。

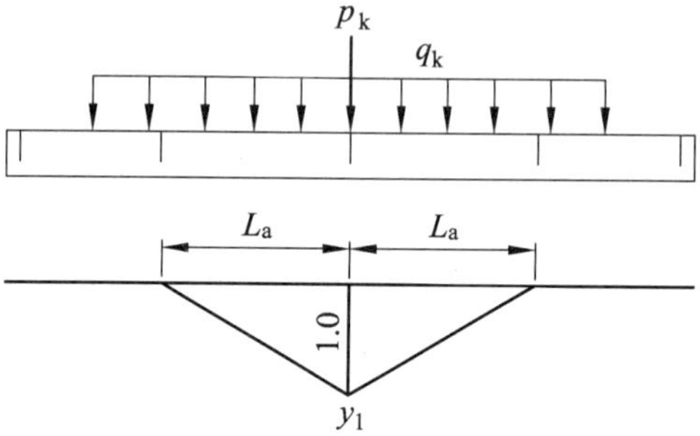

图 5.58　横隔板荷载计算图式

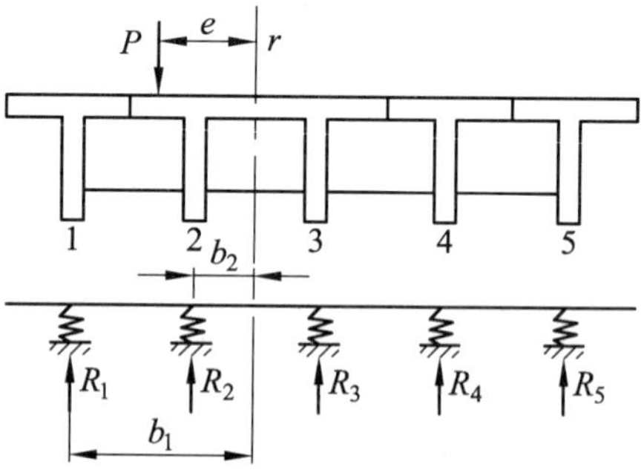

图 5.59　横隔板计算图式

为了求得横隔板的最大内力，可先绘横隔板内力影响线（见图 5.60）。然后按照这些影响线加载，求出内力最大值。

3）横隔板内力值

用上述计算荷载在横隔板某截面的内力影响线上按最不利位置加载，就可求得横隔板在该截面上的最大（或最小）内力值。例如汽车荷载作用的横隔板截面内力值为

$$S = (1+\mu) \cdot \xi \cdot P_{cq} \cdot \sum \eta \tag{5.76}$$

式中：η——横隔板内力影响线竖标；

μ——主梁的冲击系数；

ξ——汽车荷载的横向折减系数；

其余符号意义同前。

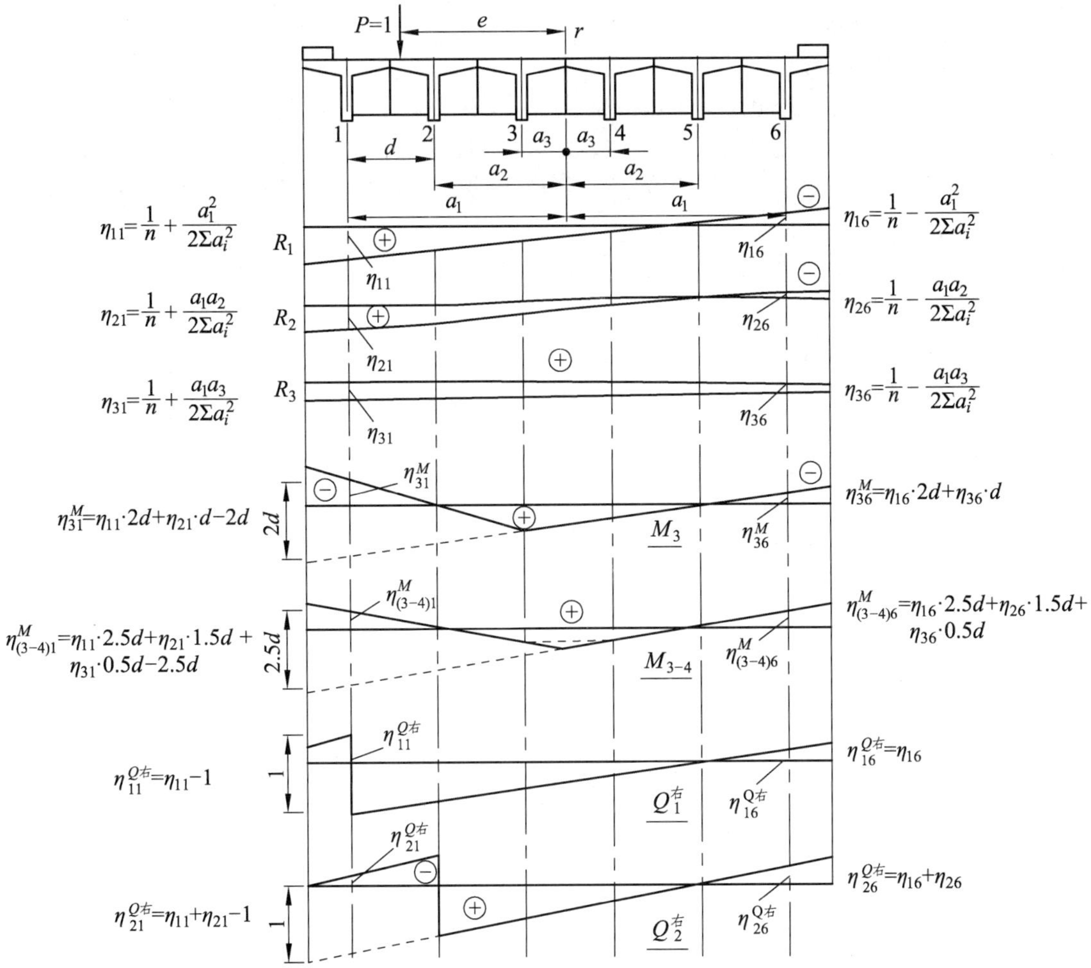

图 5.60 按偏心压力法计算的横隔板内力影响线

5. 挠度及预拱度计算

梁的挠度分为永久荷载挠度和可变荷载挠度两部分，前者指长期荷载作用（包括恒载、预应力、混凝土收缩和徐变等）引起的挠度，后者指列车、汽车及人群等引起的挠度。

永久荷载挠度可以通过施工时的预拱度加以消除，可使竣工后的桥梁达到设计时的理想线形，因此，大部分规范对恒载挠度未有明确的限值规定。可变荷载挠度会引起结构线形的不平顺，影响行车速度及乘车舒适性。

预应力混凝土梁由于偏心预加力作用使梁产生向上的挠曲，通常称为梁的上拱。

桥梁的预拱度通常按结构自重和 1/2 可变荷载频遇值计算的长期挠度之和采用。对于钢筋混凝土桥梁，当由结构自重和汽车荷载所产生的长期挠度不超过跨径的 1/1 600 时，可以不设预拱度。

《公路钢筋混凝土及预应力混凝土桥涵设计规范》（JTG 3362—2018）规定：对于钢筋混凝土及预应力混凝土梁式桥，用可变荷载频遇值计算的上部结构长期跨中最大竖向挠度，不应超过计算跨径的 1/600；悬臂体系的端点最大挠度不应超过计算跨径的 1/300。

公路钢筋混凝土和预应力混凝土简支梁的长期挠度值 f_c 可按式（5.77）计算：

$$f_c = \eta_\theta f \tag{5.77}$$

式中：f_c——长期挠度值；

f——按荷载频遇效应组合计算的频遇挠度值；

η_θ——挠度长期增长系数，当采用 C40 以下混凝土时，取 1.6；当采用 C40～C80 混凝土时，取 1.45～1.35；中间强度等级可按直线内插；计算预应力混凝土简支梁反拱时，取 2.0。

对于钢筋混凝土简支梁，按荷载频遇效应作用下的跨中截面挠度值按式（5.78）计算：

$$f = \frac{5}{48} \cdot \frac{M_s L^2}{B} \tag{5.78}$$

$$B = \frac{B_0}{\left(\frac{M_{cr}}{M_s}\right)^2 + \left[1 - \left(\frac{M_{cr}}{M_s}\right)^2\right]\frac{B_0}{B_{cr}}} \tag{5.79}$$

$$M_{cr} = \gamma \cdot f_{tk} \cdot W_0 \tag{5.80}$$

$$\gamma = \frac{2S_0}{W_0} \tag{5.81}$$

式中：M_s——由荷载的频遇效应组合计算的弯矩值；

L——计算跨径；

B——开裂构件等效截面的抗弯刚度；

B_0——全截面的抗弯刚度，$B_0 = 0.95E_c I_0$；

B_{cr}——开裂截面的抗弯刚度，$B_{cr} = E_c I_{cr}$；

M_{cr}——开裂弯矩；

γ——构件受拉区混凝土塑性影响系数；

I_0——全截面换算截面惯性矩；

I_{cr}——开裂截面换算截面惯性矩；

f_{tk}——混凝土轴心抗拉强度标准值；

S_0——全截面换算截面中性轴以上（或以下）部分面积对中性轴的面积矩；

W_0——换算截面抗裂边缘的弹性抵抗矩。

计算预应力混凝土受弯构件的频遇挠度时，对于不开裂的全预应力混凝土和部分预应力混凝土 A 类构件，截面刚度采用 $B_0 = 0.95E_c I_0$。对于允许开裂的部分预应力混凝土 B 类构件，开裂弯矩 M_{cr} 作用时，截面刚度采用 $B_0 = 0.95E_c I_0$；在 $(M_s - M_{cr})$ 作用时，截面刚度采用 $B_{cr} = E_c I_{cr}$，且 $M_{cr} = (\sigma_{pc} + \gamma f_{tk})W_0$。$\sigma_{pc}$ 为扣除全部预应力损失的预应力钢筋和普通钢筋合力在构件抗裂边缘产生的混凝土预压应力。

5.3 混凝土简支梁桥施工

混凝土简支梁的架设方法，包括就地浇筑法（支架现浇施工法）、整孔（片）预制吊装法、移动模架法。其中桥梁施工的基本工程如支架工程、模板工程、钢筋工程、混凝土工程、预应力工程参见《桥梁建造与维养》（杨剑，黄天立，李玲瑶等编著）或施工手册。

5.3.1 就地浇筑法

就地浇筑法是在桥位处搭设支架作为工作平台，然后在其上安装模板、绑扎钢筋、浇筑梁体混凝土，待混凝土达到强度后张拉预应力，再拆除模板、支架，最后施工桥面系。

支架现浇法主要适用于孔数不多、地基条件好、工期灵活、墩高较矮或桥下净空不受限制的小跨径桥梁，以及一些弯桥、变宽桥等异形桥梁。

支架按材料可分为木支架、钢支架、钢木混合支架和万能杆件拼装支架等。支架按其构造形式分为立柱式支架、梁式支架和梁-柱式组合支架，如图 5.61 所示。

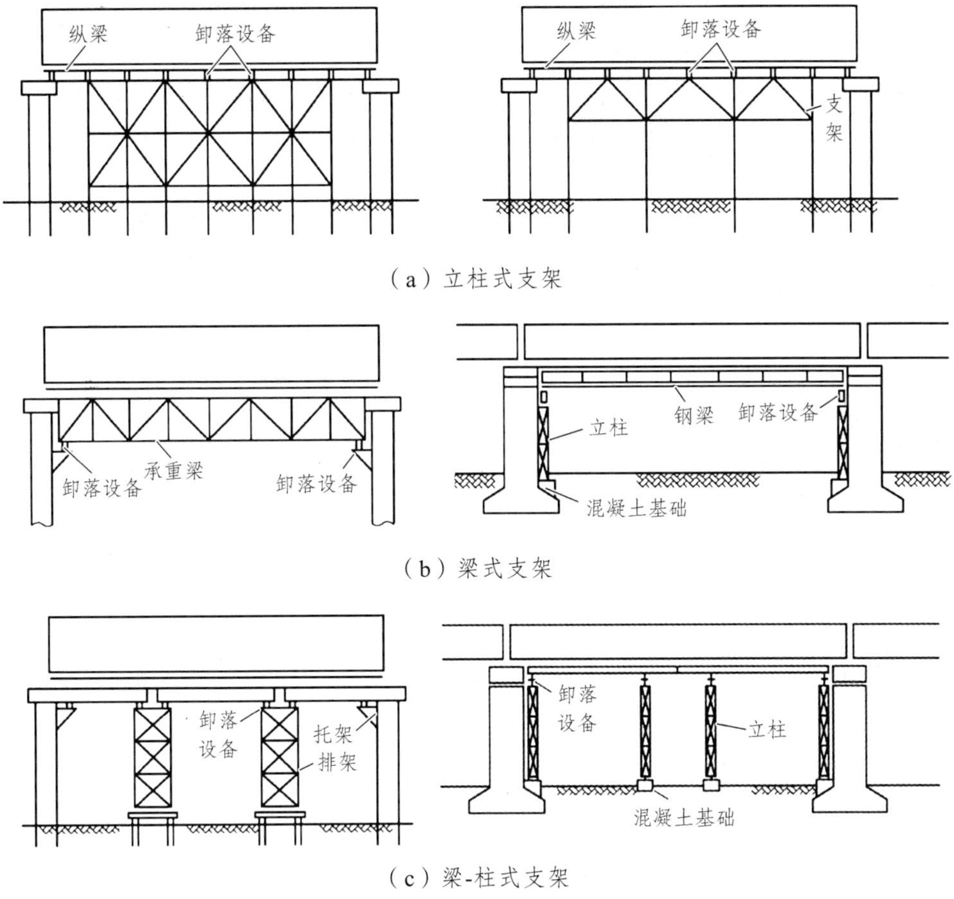

图 5.61 常用支架构造

立柱式支架构造简单，可用于陆地或不通航河道以及桥墩不高的小跨径桥梁施工。支架通常由排架和纵梁等构件组成，排架由枕木或桩、立柱和盖梁组成。立柱式支架常采用钢管满堂搭设，钢管由扣件接长或搭接，上端用可调节的槽形顶托固定纵、横木龙骨，形成立柱式支架。搭设钢管支架要设置纵、横向水平杆加劲，桥较高时还需加剪刀撑，水平加劲杆与剪刀撑均需用扣件与立柱钢管联成整体。一般需在纵梁下布置卸落设备。

梁式支架根据跨径不同，梁可采用工字钢、钢板梁、钢桁梁和贝雷梁等。梁可以支承在墩旁支柱以及桥旁托架上。

当桥梁较高、跨径较大或必须在支架下设通航孔、通车或排洪时可用梁-柱式支架。梁支承在桥墩台以及临时支柱或临时墩上，形成多跨的梁-柱式支架。

支架预拱度的设置应考虑施工荷载引起的结构弹塑性变形及桥梁结构由于施工荷载、混凝土的收缩和徐变、温度等引起的变形，一般通过调整顶托的标高来控制排架的预拱高度。支架拼装完成后应按施工规范的要求进行预压。

5.3.2 预制吊装法

预应力吊装法指在预制厂或工地的预制场进行梁的预制，将预制构件运输到桥位，采用吊装机具将分段、分片的构件吊装就位后拼接或整孔梁架设。其中拼接包括分片式结构的横向连接以及纵向分段构件的纵向连接。

现在铁路、公路等大型桥梁建设中，一般在现场设预制梁场，其中包括生活区、混凝土制备区、钢筋制作区、混凝土浇筑区、存梁区以及龙门吊等设备。整个预制工艺过程按流水线作业。

分片式、整孔式预制吊装的过程简单，工期短，施工质量容易控制，施工成本较低，可减少混凝土收缩、徐变引起的变形，但需要大型的起吊、运输设备和施工场地。与就地浇筑法相比，分片式预制吊装梁的整体工作性能略差。

钢筋混凝土构件在混凝土强度达到设计要求后或预应力混凝土构件在预应力张拉后就可以移至存梁区。预制梁经起吊后运输至施工现场，在吊装和运输过程中应采取一定的构造措施，以防止构件发生倾倒、滑动或因负弯矩过大使梁上缘开裂。

预制混凝土简支梁的架设包括起吊、纵移、横移和落梁等工序。按架梁工艺进行分类常用的有架桥机架梁自行式吊车架设、浮吊船架梁、龙门式吊车架梁等，其中架桥机架设往往辅以喂梁运输机具进行。大型预制梁的发展与机械化施工技术的进步，两者相互促进，共同发展。

（1）架桥机架梁。

这是目前最为常用的架设方法，架桥机是将预制梁（或梁段）吊装在桥梁支座上的专业施工机械，按其用途可分为公路架桥机、铁路架桥机和公铁两用架桥机。如图 5.62 所示为步履式公路架桥机，常用于公路的分片式架设。

我国高速铁路中，整孔预制吊装法是最为主要的施工方法，以整孔式双线 32 m 简支箱梁为主，20 m、24 m 仅作为调整跨径使用，形成了 1 000 t 梁制运架技术的自主知识产权。高速铁路整孔箱梁架桥机主要有导梁式架桥机、走行式架桥机、导梁式定点起吊架桥机和运架一体式架桥机等 4 种。图 5.63 所示为高速铁路走行式架桥机。

整孔预制架设箱梁时，制梁台座和模板等设备可重复利用，提高了制梁效率，节省了大量费用。目前，我国高速铁路在全自动箱梁液压整体内模、大体积箱梁钢筋绑扎、孔道压浆、高性能混凝土施工等方面积累了丰富的工程经验。图 5.64 所示为运架一体式架桥机，该系列运梁车和架桥机是专为铁路客运专线建设开发的技术装备，运梁车由车架、悬挂、枕梁、动力舱及驾驶室组成，主要用来运输大吨位混凝土预制箱梁，可将 20 m、24 m、32 m 双线整孔箱梁从预制场地运输至桥梁工位，并与多种形式的架桥机协同配合完成作业。该运梁车可以驮运架桥机，实现桥间短途运输及穿越隧道等作业的要求。预制箱梁在运输过程中应保证其几何中心与运梁车中心一致，通过液压伺服系统的控制防止箱梁受扭。

图 5.62 步履式公路架桥机

图 5.63 高速铁路走行式架桥机

图 5.64 运架一体式架桥机

架桥机的结构形式为采用双导梁简支架设、一跨式下导梁移位过孔。主梁在架设前由前、后支腿简支支承，其受力明确、操作简单。通过借助一跨式下导梁，架桥机自身可以实现移位过孔。整机自重轻，可以和运梁车有效配合，解决了同步运行、自行移位、短途运输及施工转场等作业要求。

（2）自行式吊车架梁。

对于陆地桥梁、城市高架桥预制安装时，当桥梁跨径不大或分片式结构自重较轻时可以采用自行式吊车架梁。一般先将梁运到桥位处，采用一台或两台自行式汽车吊机或履带吊机直接将梁片吊起就位，简单方便，但吊车的起吊能力有限。

（3）浮吊船架梁。

在通航河道或深水河道上架梁时，可采用浮吊船安装预制梁。浮吊船可以提供稳固的起吊平台，当装有成批预制构件的装梁船停靠到位后，浮吊船开始起吊工作。浮吊船宜逆流而上，由远及近，逐次安装。吊装前需要牢固锚固定位，工作时需临时封锁航道，注意施工安全。

（4）龙门式吊车架梁。

当陆地上的桥跨径不大，桥孔数较多，且沿桥墩两侧可以设置走行轨道时，可以采用跨墩龙门式吊车架梁。需要在龙门吊车的内侧铺设运梁轨道或者利用便桥运梁。

思考题

1. 名词解释：桥面板的有效工作宽度、荷载横向分布影响线、荷载横向分布系数、预拱度。
2. 简述钢筋混凝土简支 T 形梁腹板内主要钢筋的类型和作用。
3. 试说明预应力混凝土简支 T 形梁腹板中配置的普通钢筋的类型和作用。
4. 绘制预应力混凝土简支 T 形梁预制的施工流程图。
5. 确定混凝土 T 形梁梁肋宽度的原则是什么？为什么后张法预应力混凝土 T 形梁的梁肋比普通混凝土 T 形梁的薄？
6. 简支梁荷载横向分布系数的计算方法有哪几种？各种方法的基本假定和适用条件是什么？
7. 简述公路混凝土简支梁主梁内力计算的过程。
8. 绘制汽车多车道（车道数≥3）最不利偏载作用下的车轮横向布置图。
9. T 形梁桥面板的结构形式有哪几种？各按什么力学模式计算？
10. 为什么后张法预应力混凝土简支梁的预应力筋从跨中向支座两端弯起？
11. 装配式梁桥和板桥的横向联结方式各有哪些？
12. 混凝土简支梁常用的架设方法有哪些？

Chapter 6

第 6 章

混凝土连续体系梁桥

混凝土连续梁桥是桥梁工程常用的桥型，但其在铁路桥梁中应用时间并不长。我国在 20 世纪 60 年代，开始用悬臂法施工预应力混凝土 T 形刚构桥。1965 年建成河南卫河窄轨铁路桥，跨径为（25+50+25）m。1966 年在成昆线用悬臂拼装法建成旧庄河一号桥，跨径为（24+48+24）m。1970 年又用悬臂灌筑法建成结构形式相同的成昆线孙水河五号桥，跨径为（32.6+64.6+32.6）m。这几座桥梁揭开了我国铁路桥梁建设史上应用预应力混凝土连续梁的序幕，在施工过程中也做了大量的科学研究，具有十分重要的意义。1975 年建成的北京东北环线通惠河桥，是我国第一座在支架上施工的预应力混凝土连续梁桥，跨径为（26.7+40.7+26.7）m。1977 年建成的西延线狄家河桥，是我国第一座用顶推法施工的预应力混凝土连续梁桥，跨径为（4×40）m，为我国桥梁应用顶推法施工技术开创了先河。20 世纪 80 年代，邯长铁路浊漳河桥跨径为（23.5+44+23.5）m，采用二次超静定结构，梁与斜腿刚性固结，斜腿下设铰支座，两端设活动支座，是我国铁路干线第一座斜腿刚构桥，为建设大跨径预应力混凝土刚构桥提供了实践经验。1992 年，我国修建的彭埠大桥是跨径为（45+65+14×80+65+14）m 的 18 跨连续梁，总长达 1 340 m，采用三向预应力，解决了长联连续梁桥制动力分配、温度应力释放等方面的技术问题，标志着我国此类桥梁的建设能力达到了国际先进水平。其后在南昆线、内昆线修建了不少大跨径的预应力混凝土连续梁桥和连续刚构桥，如清水河大桥、板其二号桥、李子沟大桥和花土坡特大桥等。到我国开始大规模修建客运专线前，此类桥梁已修建了 40 多座，2007 年客运专线大规模建设开始后，此类桥梁得到了广泛的应用，其跨径也有了很大的提高。2020 年修建的阿墨江双线特大桥主桥采用跨径为（112+216+112）m 的预应力混凝土连续刚构，是我国目前跨径最大的铁路混凝土连续刚构桥。2021 年修建的贵南高铁红水河双线特大桥采用跨径为（83+156+83）m 的预应力混凝土连续梁桥，是我国目前跨径最大的铁路混凝土连续梁桥。

公路预应力混凝土连续体系梁桥的发展要比铁路快些，目前跨径超过 200 m 的大桥已有 20 余座。

6.1 结构类型及特点

6.1.1 结构类型

1. 按立面布置的构造分类

图 6.1 所示为混凝土连续体系梁桥常见的立面构造形式。

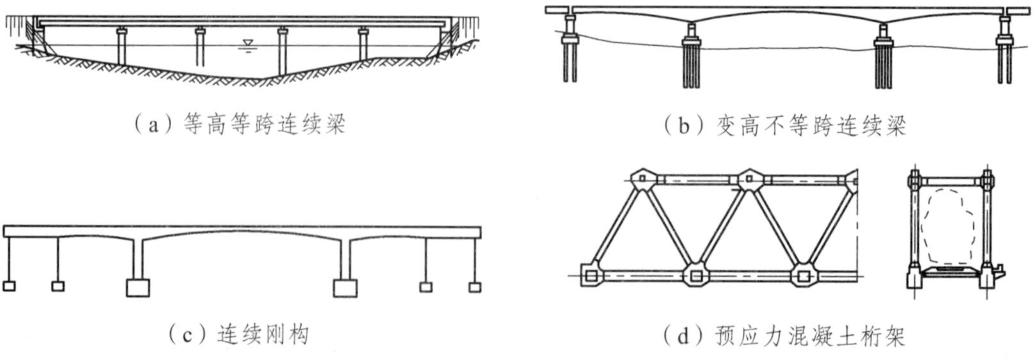

（a）等高等跨连续梁　（b）变高不等跨连续梁

（c）连续刚构　（d）预应力混凝土桁架

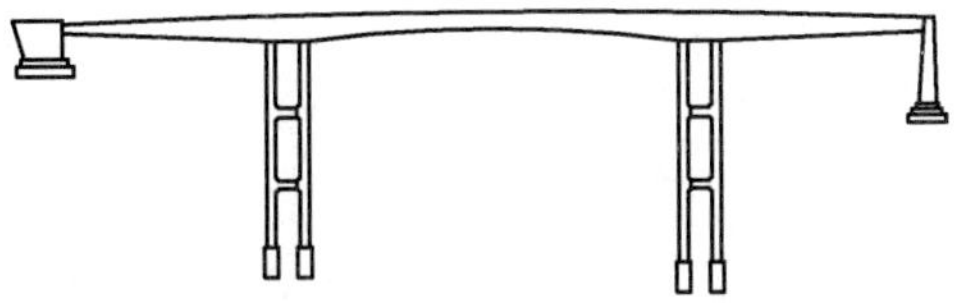

（e）双壁墩连续刚构

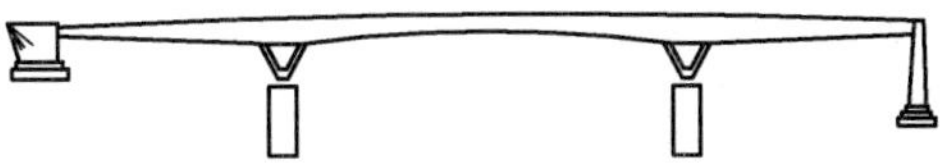

（f）V 形墩连续刚构

图 6.1 混凝土连续体系梁桥结构形式

按桥梁跨径布置分为等跨径连续梁［见图 6.1（a）］和不等跨径连续梁［见图 6.1（b）］。

按梁高变化情况分为等高度连续梁［见图 6.1（a）、（d）］和变高度连续梁［见图 6.1（b）、（c）］。前者适用于中、小等跨径，后者为大跨径桥梁所采用。

按主梁梁身的构造分为空腹式的桁架连续梁［见图 6.1（d）］和实腹式连续梁。

按下部结构形式分为单式墩连续梁［见图 6.1（a）~（c）］、双壁墩连续刚构［见图 6.1（e）］和 V 形墩连续刚构［见图 6.1（f）］，其中 V 形连续刚构又分设支座和固结等不同方式。

按墩梁连接方式或结构体系分为墩梁分离的连续梁体系［见图 6.1（a）、（b）、（d）］、墩梁固结的连续刚构体系以及连续-刚构体系。

连续刚构系指除边墩上设支座外，中墩墩梁均刚接的连续梁体系；连续-刚构又称为连续-刚构组合体系，除边墩上设支座外，部分中墩采用墩梁刚接，其余中墩采用单墩式、墩梁分离、墩上设支座的连续梁体系，是连续梁与连续刚构的组合体系。后文中，将这两者统称为连续刚构体系，不再区分。

连续刚构体系与刚架桥的相同点是结构中均有部分桥墩与主梁刚接，而最大的不同点是主梁的受力性质。连续刚构体系的主梁受力特性类似于连续梁，以受弯剪为主，轴力很小，主墩的纵向抗推刚度小，利用主墩的柔性来适应桥梁的纵向变形，包括纵向水平力、徐变、收缩、温度等引起的变形。刚架桥的桥墩刚度较大，主梁受弯矩和剪力的同时还会承受较大的轴力。刚架桥包括墩与主梁固结的框架结构、部分墩梁固结的 T 构和斜腿刚构等。

2. 按施加预应力情况分类

按施加预应力情况分类包括普通钢筋混凝土和预应力混凝土两大类，后者又分为全预应力和部分预应力。

梁内的预应力布置分为纵向、竖向和横向三种。同时布置有三向力筋的称为三向预应力体系，只布置了纵向和横向或者是纵向和竖向预应力筋的则称为双向预应力体系，只有纵向预应力的称为单向预应力体系。

小跨径连续体系梁桥既可采用普通钢筋混凝土，也可采用预应力混凝土，是城市桥梁和高架桥的主要结构形式之一。中大跨径的连续体系梁桥往往采用预应力混凝土结构。

3. 按主梁结构的建筑材料分类

按主梁结构的建筑材料分为混凝土、预应力混凝土、钢结构和钢-混凝土混合连续梁。在连续梁体系中采用钢-混凝土混合体系为我国首创。本章主要介绍预应力混凝土结构。

6.1.2 一般特点

1. 受力特性

从结构力学的基本知识可知，由于超静定结构的赘余约束作用，连续梁与简支梁相比具有较高的刚度和较小的变形量，且桥跨在桥墩上连续、主梁变形曲线匀顺、行车平顺性好，有利于高速行车。

连续梁的内力分布要比同等跨径的多跨简支梁均匀、合理，这是因为连续梁为超静定体系，中支点负弯矩的存在使得跨中正弯矩值显著减小。连续梁与简支梁的弯矩比较如图 6.2 所示。

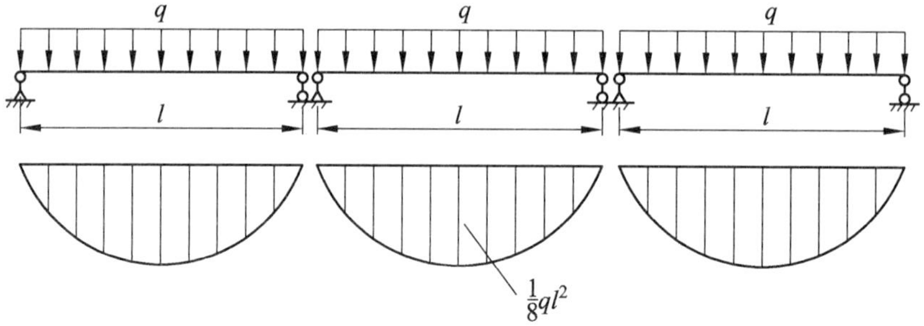

（a）简支梁

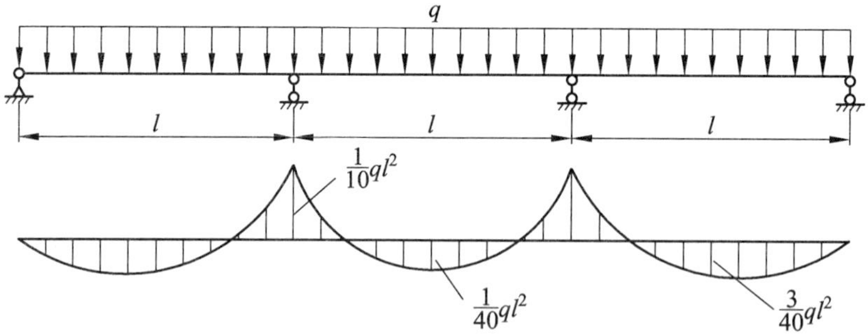

（b）连续梁

图 6.2 连续梁与简支梁的弯矩比较

在恒载和活载的作用下，连续梁在较大区域梁段范围内弯矩和剪力出现正负交变，如图 6.3 所示。配筋必须依据正、负弯矩进行配置，使得配筋、构造趋于复杂化，也降低了配筋效果。所以，小跨径桥梁采用连续梁不一定经济合理，特别是活载比重大的铁路桥，一般认为当跨径大于 40 m 时，采用连续梁比较适合。

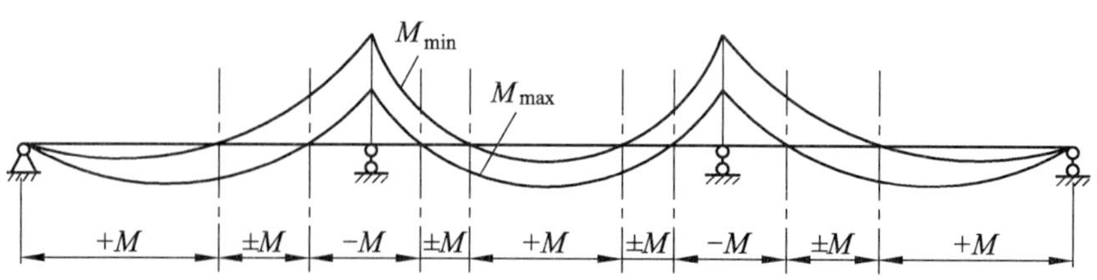

图 6.3 连续梁弯矩包络图

连续体系梁为超静定结构，在预应力、支座不均匀沉降、温度等作用下，结构的变形受到赘余约束而不能自由发生，故将产生附加的支座反力和内力。张拉预应力力筋而产生的支座反力称为“预应力引起的二次反力”，“二次反力”对应的内力为“二次内力”。

在预应力简支梁中，混凝土徐变主要引起预应力损失和结构的徐变位移，不会产生支座反力。但是对于采用节段法施工的连续梁等超静定结构，徐变除产生上述影响外，还可能引起支座反力和结构内力的变化，且采用节段法施工的节段混凝土的龄期不同，更是加大了计算的复杂性。由徐变产生的这部分支座反力和结构内力分别称为徐变“二次反力”和“二次内力”。

2. 结构构造特征

连续梁跨径配置对桥梁的受力影响很大。为了使得边跨和中跨的最大弯矩接近相等，以便边跨和中跨梁高一致，方便施工和设计，将多数三跨连续梁采用不等跨布置，且边跨跨径比中跨小。单纯从受力合理考虑，边中跨跨径比取 0.8 为宜。当考虑施工时，则应视施工方法不同而异，悬臂施工时，比值一般为 0.6 ~ 0.67；顶推法施工时，比值常取 1.0，即等跨布置。对于多跨连续梁，如无特殊要求，中间各跨跨径往往相同。

连续梁随着边跨的减小，端支座反力会减小，乃至出现负反力。当因特殊原因而设计成这类结构时，则必须采取结构措施以抵消或承受负反力，从而保证梁端不致翘起，在活载作用下边支点位置不至于产生拍击效应。常用的措施有在边跨末端设置混凝土平衡重，在支点位置设置预应力锚杆或预埋钢杆，采用能承受负反力的拉力支座等。

大跨径连续体系梁一般采用加大中支点附近的梁高、减小跨中和边跨边段的梁高而构成变高度梁（见图 6.1）等措施。依据内力按刚度分配的原则，相对于简支梁而言，变高连续梁的梁高和自重效应相一致，因此，特别适用于大跨径和特大跨径桥梁。

连续体系梁的主梁截面大量采用箱形截面，箱形截面能很好地适用正、负及变号弯矩的作用和抗扭需求。梁高主要取决于边跨、中跨的最大正弯矩和中支点负弯矩。

连续刚构、V 形墩连续刚构与同跨径的连续梁或墩梁固结的单肢连续刚构相比，减小了主梁的计算净跨径，梁的弯矩峰值明显降低，使梁的建筑高度得以减小，但是墩部结构的受力较复杂。V 形墩和双壁墩（又称双肢薄壁墩）连续刚构的梁高可比照主跨中扣除相应墩壁间距后的净跨径连续梁设计。

下部结构方面，连续梁多数只有一排支座，墩帽尺寸可以较小。对设置活动支座的桥墩，主要荷载工况下墩身轴心受压，因此桥墩尺寸较小。对于制动墩（安放固定支座的桥墩），需要承担几跨梁上的制动力，故尺寸较大。

连续刚构体系桥采用墩梁固结，减少了大吨位支座和支座养护工作量，可不设专用制动墩，制动力按刚度由各桥墩分摊。同时，采用悬臂法施工时，墩顶上无需设置临时固结措施，简化了施工工艺。为满足抗震、变形、温度等要求，桥墩刚度不宜太大。目前，已建成的桥梁、桥墩刚度都不大（柔性墩）。连续刚构体系特别适合高墩结构。

当桥梁的墩高不大时，采用特大跨径连续刚构往往是不合理的，相反，当墩高很大、需要采用特大跨径时，采用连续刚构体系则更能充分发挥该类体系的优势。

3. 施工特征

连续体系梁桥的施工方法多样，其发展与施工技术的进步有着密切关系。悬臂法、顶推法、逐孔架设法等施工方法的出现和应用，克服了满堂支架法施工连续梁使用场合受到限制、施工费用昂贵等缺点，大大推动了连续体系梁桥的发展。目前，除小跨径和极少量的中等跨径的连续梁仍采用满堂支架法施工，其他主要采用悬臂法、顶推法、逐孔架设法等节段施工法。其中变高梁主要采用悬臂施工法，中等跨径的等高梁以顶推法施工为主。在跨越高速铁路时，也可以采用转体法施工，以减小对高速铁路运营的影响。

上述大部分的施工方法都不能一次成桥，需通过一系列阶段和体系转换形成最终体系。由于结构施工过程中超静定次数或边界约束条件发生变化，导致结构静力体系的变化称为结构的“体系转换”，如简支变连续、一次超静定变为两次超静定、连续梁施工中的临时固结拆除、合龙等。

恒载内力与施工方法密切相关，不同的施工方法产生的恒载内力不同，同一种施工方法不同施工阶段的内力也不相同。大部分施工方法的施工内力与最终成桥结构的内力不一致，设计计算必须针对不同阶段分别进行，保证各个阶段的结构受力良好。

6.2 预应力混凝土连续体系梁桥构造

6.2.1 预应力混凝土连续梁桥主梁构造

1. 横截面形式

混凝土连续梁的主梁截面形式很多，应依据桥梁的跨径、宽度、施工方法、经济技术条件和美观要求进行综合比选后确定。常用的截面形式有板式、肋式和箱形截面三大类。

1）板式截面

板式截面有整体矩形、异形板和矩形空心板，如图 6.4 所示。板式截面的特点是构造简单、梁高小、造型美观、施工方便。

图 6.4（a）所示的矩形板主要用于城市中跨径在 13 m 以下的梁桥，常采用普通钢筋混凝土结构，梁高为 0.4 ~ 0.8 m，由于构造、施工非常简单，与 20 m 左右的混凝土箱梁相比，上部结构的经济指标略好，但抗裂性能差。图 6.4（b）所示的异形板，常与柱式桥墩相配合，造型美观。图 6.4（c）、（d）所示的空心板结构复杂，常用于跨径在 20 ~ 30 m 的预应力混凝土连续板桥，板厚可取 0.8 ~ 1.2 m。

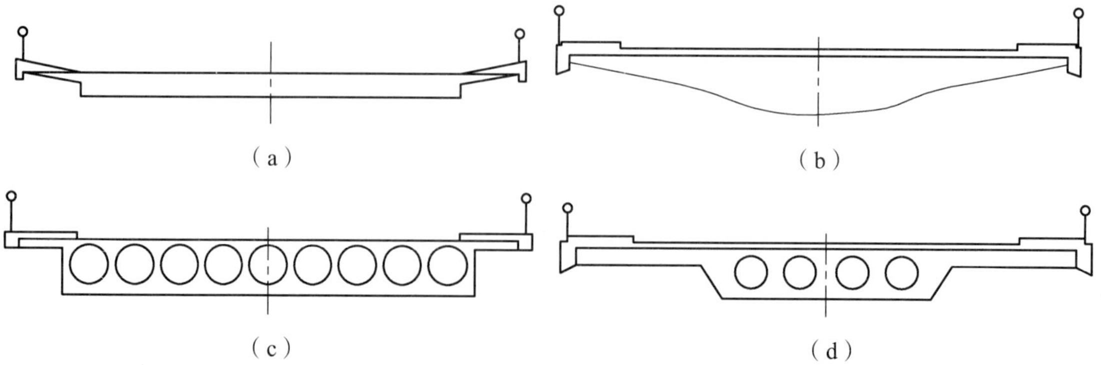

图 6.4　板式截面

2）肋式截面

肋式截面梁预制架设方便，用于公路桥，常采用先简支后连续的施工方法，跨径为 24～50 m，梁高一般取 1.6～2.5 m。图 6.5 所示为一般的肋式截面形式。由于肋的宽度不大，布置钢筋受到限制，在负弯矩区承压面积较小，因此应用跨径受限。

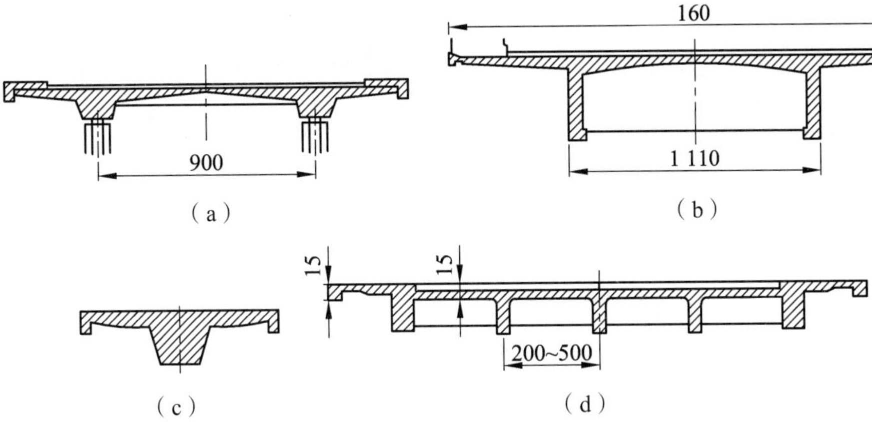

图 6.5　肋式截面（尺寸单位：cm）

为了克服肋式截面用于连续梁结构在负弯矩区承压面积小的缺点，同时增大其抗剪能力，可采用加宽下部马蹄、工字形截面代替 T 形截面，或改用装配式小箱梁结构（见图 6.6）的方式。

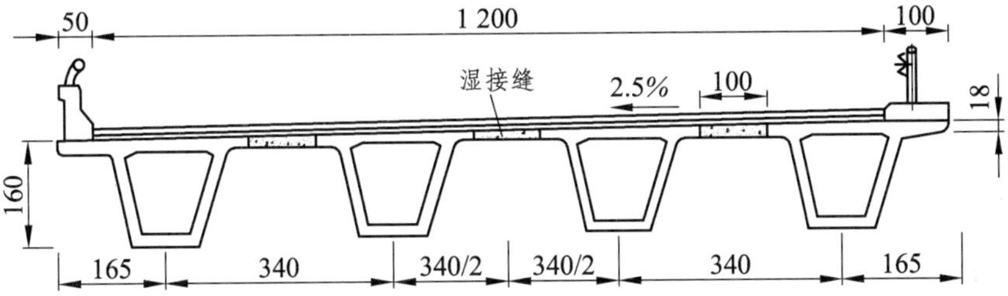

图 6.6　装配式小箱梁构造（尺寸单位：cm）

3）箱形截面

箱形截面是连续梁中最常用的截面形式。箱形截面与板式、肋式截面相比具有如下显著特点：① 顶部、底部都具有较大的承压面积，能有效抵抗正、负弯矩，抗弯刚度大。② 采用闭口截面，抗扭刚度大。③ 布置纵向钢筋的空间位置多、范围大，方便钢筋布置。④ 外形简洁、美观。箱形截面在各类跨径特别是大跨径桥中得到了广泛的应用，主要不足是施工工艺相对复杂。

箱形截面按箱室数可分为单箱单室、单箱双室、单箱多室、双箱单室、双箱双室、双箱多室等。依据具体需要，还可以采用不同的腹板、底板和加劲隔板等结构形式，如图 6.7 所示。

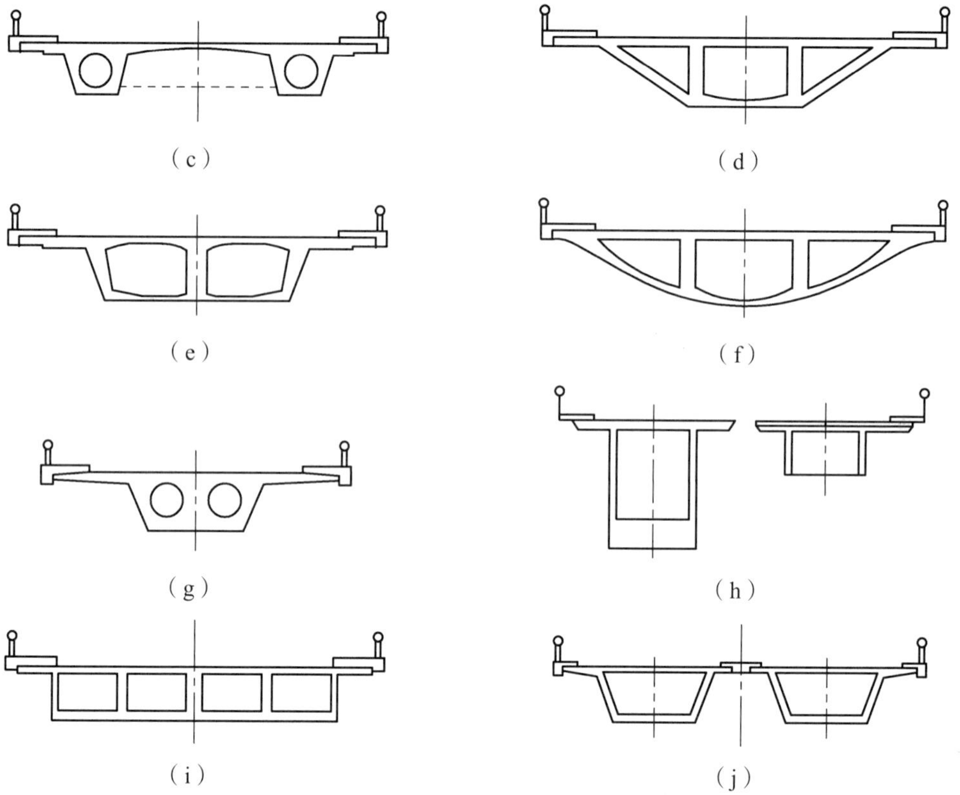

图 6.7　箱形截面构造

具体采用何种截面形式，取决于桥面宽度、跨径、墩台结构形式、受力、抗风、施工等诸多方面的要求。

从受力和构造分析：单箱单室截面具有受力明确、构造简单、施工方便、节省材料等优点，是桥宽在 16 m 以下的首选形式，单、双线铁路桥均采用此形式。

公路中的中小跨径连续箱梁，桥宽在 14 m 以下时宜采用单箱单室截面形式；桥宽在 18 m 左右时宜采用单箱双室截面形式；桥宽在 22 m 以上时，一般采用单箱多室截面，也可采用双箱形式。

公路中的大跨连续箱梁，桥宽在 16 m 以下时一般采用单箱单室截面形式；桥宽在 18 m 以上时可采用单箱双室截面或分幅建造。对于桥宽特别大而又不分幅建造的，当腹板间距大于 10 m 时应考虑增设箱室形成单箱多室结构。

铁路中的单双线连续箱梁一般均采用单箱单室截面形式，三线以上的连续箱梁应根据线数考虑腹板个数，使线路中心线基本上位于腹板中心线位置。

随着桥宽增大，箱梁的横向受力增大。若在 20 ~ 30 m 宽范围内使用单箱单室截面，一般采用设置加劲横梁或横向预应力等措施改善横向受力状况。增加腹板个数，即采用单箱双室或多室截面，能有效地减小箱梁顶底板的跨径，改善箱梁横向受力性能，同时能有效增加结构的抗剪能力和预应力布筋的空间。横向不设预应力的箱梁结构，顶板的净跨径一般控制在 3 ~ 6 m 范围内。需要指出的是，中腹板个数的增加对结构的抗弯和抗扭刚度的贡献很小，截面构造趋于复杂，既增加了施工难度，也增加了结构自重。

在宽桥上还可采用双箱或多箱结构。依据各箱之间的连接构造分类，一类是整体式结构[见图 6.7（c）]，箱与箱之间采用横隔板连为整体，这类结构形式在连续梁中使用较少，在斜拉桥等大跨桥中较多；另一类是分离式箱梁[见图 6.7（j）]，其特点是施工、结构都简单，车道受力明确，偏载系数小，两个箱梁分别支承在一排桥墩上，施工时可分箱进行，当上下车道的地质变化较大时，往往采用该形式，

直腹板箱梁[见图 6.7（b）、（h）、（i）]构造简单、施工方便，主要用于箱宽不大的情况。大跨径铁路桥一般均采用直腹板形式。将直腹板改为斜腹板形式，可使主梁显得更纤细、美观，还能有效减小迎阳面，改善风的攻角，改善温度应力和抗风性能，同时还可减小底板的横向跨径，避免底板又宽又厚，节省下部结构的圬工量，但其缺点是模板制造较复杂。

2. 横截面尺寸

1）箱梁截面高度

结构类型和结构跨径确定后，主梁截面高度取值成为一个非常关键的技术环节，直接影响结构设计的合理性和经济性。

依据统计分析，表 6.1 列出了常用的等高和变高预应力混凝土连续梁的高跨比经验数据。由于铁路活载所占比重比公路桥大，加之疲劳问题比较突出，因此，铁路桥的梁高一般比公路桥的要大些。对于高速铁路的桥梁，虽然其活载较普通铁路的活载小，但是由于行车速度高，要求的平顺性高，一般是刚度控制设计，其梁高比普通铁路梁高还要大。

表 6.1　连续梁高跨比经验数据

桥梁类型	等高度连续梁	变高度连续梁	
	梁高 H	支点梁高 H_s	跨中梁高 H_c
公路、城市桥	（1/18.0 ~ 1/15.0）L	（1/18.0 ~ 1/15.0）L	（1/2.5 ~ 1/2.0）H_s
普通铁路桥	（1/18.0 ~ 1/16.0）L	（1/16.0 ~ 1/12.0）L	（1/2.0 ~ 1/1.5）H_s
高速铁路桥	（1/13.5 ~ 1/11.0）L	（1/16.0 ~ 1/12.0）L	（1/2.0 ~ 1/1.3）H_s

注：L 为中跨跨径。

不同的施工方法对梁高的取值也有影响，如悬臂法、顶推法与满堂支架法相比，悬臂法在施工中要承受更大的恒载内力，所以其他条件相同时，梁高取值要大些。箱梁内需要进行预应力张拉等作业时，尚应考虑施工上的方便性，净空不宜过小。

变高度梁梁高变化或者底板下缘的线形，一般采用圆曲线或者抛物线，若以变高度梁段跨中桥面处为原点，水平向右为 x 轴，竖直向下为 y 轴建立坐标系（见图 6.8），则

圆弧段梁高：$H = H_c + R - \sqrt{R^2 - x^2}$

圆曲线半径：$R = \dfrac{l_a^2 - (H_s - H_c)^2}{2(H_s - H_c)}$

抛物线段梁高：$H = H_c + ax^k$

抛物线系数：$a = \dfrac{H_s - H_c}{l_a^k}$

其中，对于 k 的取值，公路一般取 1.60 ~ 2.0，而铁路一般取 1.8 ~ 2.0。

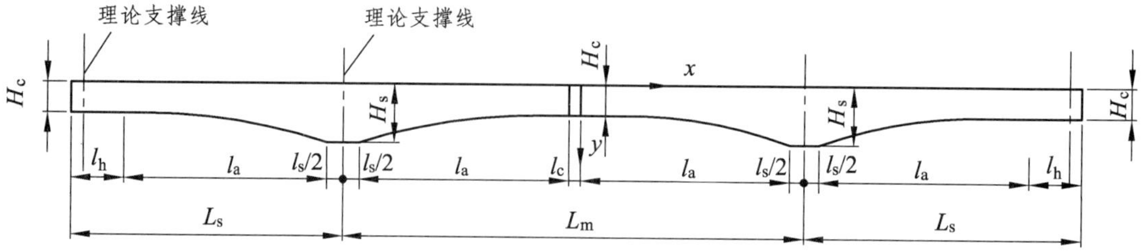

图 6.8　箱梁截面坐标系

2）顶板厚度

箱梁的顶板除参与主梁抗弯，承受主梁弯曲的拉应力或压应力外，它还是结构的行车道板，承受较大的横向内力，处于一个复杂的空间受力状态。

单纯从纵向受力方面分析，在预应力混凝土梁中，由于其承压面积较大，顶板纵向压应力一般不控制设计。顶板的厚度主要由横向受力和布筋构造要求确定，其预应力混凝土梁的最小尺寸应考虑预应力管道外径、上下两层钢筋网的厚度、上下混凝土净保护层厚度等。

公路桥中，箱梁腹板间距变化较大，对于横向不设置预应力筋的普通混凝土桥面板，在腹板间距为 3.5 ~ 7.0 m 时，顶板厚度可采用 0.20 ~ 0.30 m，也可按式（6.1）计算，式中的 l 为腹板之间的净跨径。

$$t_l = 30l + 110 \tag{6.1}$$

对于设置横向预应力的顶板厚度，可在上述取值的基础上叠加横向预应力管道厚度，扁形管道约厚 20 mm。

对于铁路桥，桥面宽度和箱梁腹板间距变化量很小，顶板厚度一般在 0.3 ~ 0.35 m。

3）底板厚度

底板厚度不仅与结构跨径有关，还与施工方法有关，设计应同时考虑施工、使用阶段要求和破坏阶段的塑性破坏条件，并留有适当富余。

底板在负弯矩区特别是在靠近桥墩的截面，会承受较大的压应力，由于底板的宽度比顶板小得多，底板的厚度要比顶板大。

对于悬臂法施工的变截面梁，底板厚度随负弯矩的增加而增大，其在跨中最小，在墩部最大，墩顶处的厚度一般约为支点梁高的 1/12 ~ 1/10，沿纵向厚度变化规律与底板线形基本一致。跨中底板厚度受力上不控制设计，但由于正弯矩区需在底板内配置一定数量的预应力钢筋和普通钢筋，由配筋的构造要求控制，一般为 0.20 ~ 0.30 m 或 l/30。

对于顶推法施工的等高连续梁，由于施工过程中截面承受交变的正、负弯矩，底板往往设计成等厚，厚度宜为 0.20 ~ 0.25 m。

底板除承受自身荷载外，还承受一定的施工荷载。当采用悬臂法施工时，箱梁底板还承受挂篮底模后吊点的反力，设计时应考虑这类施工荷载的作用。

4）腹板厚度

腹板的厚度同样是由受力和构造两个方面综合控制。

受力方面，腹板厚度必须满足抗剪（扭）、抗主拉应力和稳定性的最小厚度要求。当腹板内锚固有预应力钢筋时，还必须满足局部应力要求。腹板厚度一般采用 0.40 ~ 0.80 m，特殊情况可达 1.0 m。

依据剪力沿纵向的分布规律，大跨径桥的腹板沿纵向采用变厚度形式。为方便施工，简化内模构造。腹板在变厚度时应尽量简洁，采用分段变厚方式，通常，中大跨径连续梁支点处腹板较厚，跨中处腹板较薄，起变点一般设置在 $l/4$ 截面附近，变化段长度一般为 3 ~ 6 m 或一个节段长。

构造方面，考虑钢筋、锚具布置和混凝土浇筑要求，腹板最小厚度按如下要求控制：无预应力钢筋管道时，除构造要求外，需保证混凝土的振捣要求；有预应力钢筋管道时，为 2 层混凝土净保护层+预应力管道的累计值+管道之间的最小净距累计值+2 层钢筋网厚度；有预应力钢筋锚固时，计算类似，但需保证锚垫板有足够的混凝土保护层。

箱梁一般采用直腹板。等高度箱梁外侧腹板也可采用斜腹板，配合合理的圆弧倒角可以有效改善箱梁外观。变高度箱梁采用斜腹板时将增加难度，支点附近底板宽度变小可能导致设计困难。计算箱梁腹板抗剪时，应采用腹板垂直厚度，而不应取腹板水平截线宽度。

5）悬臂板

桥面板的悬臂长度是调节板内弯矩的重要参数，悬臂板沿横向常为变厚，其端部一般按最小构造要求取值，根部按受力要求确定为 30 ~ 50 cm，并不小于梁高的 1/10。

无横向预应力钢筋时，悬臂长度不宜过大，一般在 1.4 ~ 2.5 m 之间。布置有横向预应力筋或采用加劲肋时，宜尽量外伸，美学效果较好。国内建造的“展翅梁”，悬臂长度达 5.0 m。

6）梗腋尺寸

梗腋提供了预应力钢筋的布置空间，同时有利于混凝土的浇筑及脱模；在受力方面，有利于剪力的传递，改善剪力滞后效应影响。从变刚度的力学概念可知：设置梗腋能吸收弯矩，有利于底板和顶板厚度的减薄，同时提高截面的抗扭和抗弯刚度；减小弯扭剪应力和畸变应力；克服应力集中现象。在顶推梁顶推过程中，当支座不平整时，畸变效应易使箱梁在对角点部位产生裂纹，适当加厚梗腋尺寸可有效克服或改善此裂缝。

箱梁顶板梗腋的高宽比一般在 1∶2 ~ 1∶4，尺寸较大，高度一般大于 30 cm；底板梗腋的高宽比一般在 1∶1 ~ 1∶2，尺寸较小，高度一般不大于 30 cm。

需要注意的是，《公路钢筋混凝土及预应力混凝土桥涵设计规范》（JTG 3362—2018）对箱梁的尺寸还提出了如图 6.9 所示的限值要求。

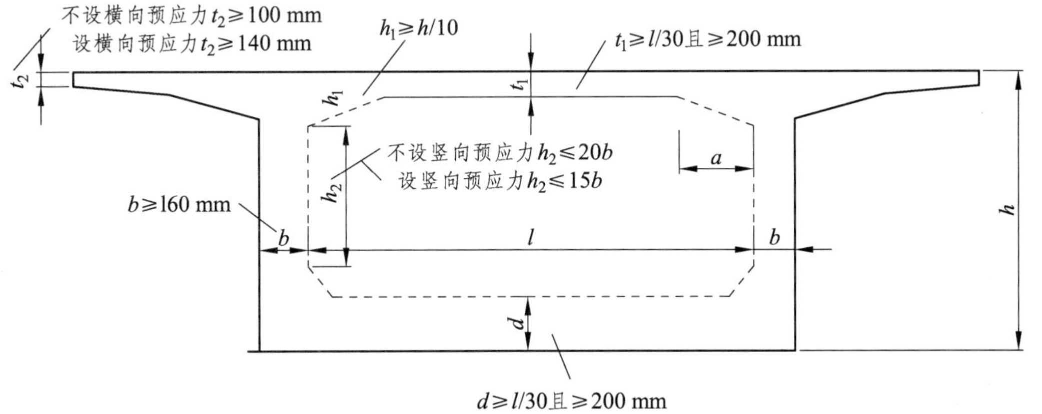

图 6.9　公路桥梁规范的箱梁尺寸限值

3. 横隔板

横隔板的作用、构造和设置位置、数量等均与主梁结构形式有较大的关系。

1）肋式截面梁

对于 T 形梁等肋式结构，横隔板的主要作用是将主梁连接成整体，增加结构的整体性和横向刚度，保证各主梁共同受力，其构造、设置位置与简支梁相同。

2）箱形截面梁

（1）支点横隔板。

各种箱形梁在支点位置上均设横隔板，其作用是传递支反力、约束箱梁的畸变变形和扭转变形。

如图 6.10（a）所示，当支座直接布置在箱梁腹板下时，上部结构向支座传力比较直接，横隔板以约束畸变变形与扭转变形为主，其厚度一般在 0.3 ~ 1.6 m，具体取值取决于主梁跨径。配筋按构造要求配置。

如图 6.10（b）、（c）所示，支座设置在横隔板中部时，横隔板为传递支反力的重要构件，其厚度和配筋由受力要求确定，一般为 1.0 ~ 2.0 m，按深梁或一般梁进行抗弯、抗剪配筋。

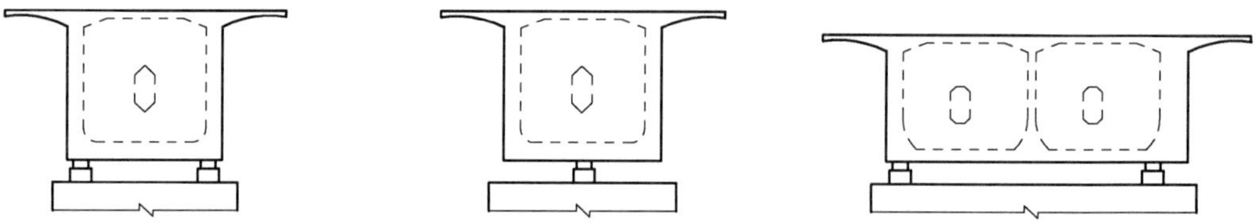

（a）　（b）　（c）

图 6.10　横隔板构造

（2）中横隔板。

对于整体式双箱结构，设置横隔板的目的是将两箱连为整体，应根据整体刚度的要求，由计算确定横隔板的位置和构造。

在箱梁内部设横隔板的主要作用是约束截面的畸变和扭转变形。分析表明，对于直线箱梁，其作用很小，反而会增加构造和施工的复杂性，目前倾向于不设。对于弯、斜梁，设置中横隔板的效果明显，为了减轻自重，厚度较小，一般为 0.3 ~ 0.4 m，间距应依据结构分析确定。

箱梁内的横隔板结构形式通常采用板式结构，为满足施工、维修和通风要求，在横隔板设置过人洞，一般设计为矩形，并带有直线或圆弧形倒角。在受力可行的前提下，过人洞尺寸以方便通行为原则确定，宽度、高度的最小尺寸不宜小于 0.8 m、1.6 m。

6.2.2　预应力混凝土连续刚构桥主梁构造

连续刚构桥几乎都采用变高度箱形断面，故本节仅对箱形断面进行论述。

1. 箱梁高度

（1）三跨对称布置时的主梁高度。

早期设计的连续刚构桥，主梁根部高度多为 $L/20 \sim L/18$（L 为中跨跨径，后同）部分早期连续刚构桥主梁根部高见表 6.2。

表 6.2 部分早期连续刚构桥主梁根部高

桥名	孔径/m	h/m	h/L	建成年份
黄石长江大桥	162.5+3×245+162.5	13.0	1/18.85	1995
三门峡黄河大桥	105+4×160+105	8.0	1/20	1993
广东石南大桥	75+135+75	7.5	1/18	1991
东明黄河大桥	75+7×120+75	6.5	1/18.46	1993
南海金沙大桥	66+120+66	6.0	1/20	1994
珠海大桥	70+2×125+70	6.8	1/18.38	1993

近年来，连续刚构桥出现了一些病害，主要是箱梁腹板产生斜裂缝和跨中挠度过大，箱梁根部高度有增大的趋势为 $L/17 \sim L/16$。主梁跨中高度为 $L/60 \sim L/45$，当跨径较小时，从构造和方便施工考虑，跨中梁高一般不宜小于 2 m。

（2）两跨 T 构的主梁高度。

国内外已建成的两跨 T 构桥很少。主要原因是主梁高度大，不经济。贵州省已建成的两座两跨 T 构桥：小阁丫大桥跨径为（138.1+138.1）m，主梁根部高度为 13.4 m；两岔河大桥跨径为（132+126）m，主梁根部高度为 13.4 m。两座桥的主梁根部高度约为 $L/10$，主梁端部梁高均为 4.1 m，约为 $L/32$。

（3）孔跨非对称布置时的主梁高度。

孔跨非对称布置时，一般情况下会出现大、小 T 的情况。例如：云南省怒江大桥，孔径为（55+138+95）m，主桥由一个 100 m 的小 T 和一个 176 m 的大 T 组成，小 T 的主梁根部高度为 6.5 m，大 T 主梁根部高度为 9.5 m，中跨跨中梁高为 3.5 m；贵州省思南岩头河大桥，孔径为（53.5+128.5+92）m，主桥由一个 87 m 的小 T 和一个 170 m 的大 T 组成，小 T 的主梁根部高度为 6.25 m，大 T 主梁根部高度为 9.5 m，中跨跨中梁高为 3.2 m。

大、小 T 的根部梁高应按结构计算控制。作为初步拟定尺寸，下述两点可供参考：大 T 的根部梁高约为大 T 边跨跨径的 1/10；小 T 的根部梁高约为 $2h-h_1$，式中 $h=L/16 \sim L/17$（L 为中跨跨径；h_1 为大 T 根部梁高）。中跨最小梁高约为中跨跨径的 1/40。

（4）主梁高度变化曲线。

主梁高度的变化曲线，常用的有三种，即按二次抛物线变化，按正弦曲线变化和按半立方抛物线变化。

图 6.11 所示为主梁从根部高度 h_a 变化到跨中高度 h_b 的过程。几种变化曲线主梁高度 h_i 的计算公式如下：

按圆曲线变化时：$h_{i1}=h_b+[R-\sqrt{R^2-(L-x)^2}]$

按二次抛物线变化时：$h_{i2}=h_b-\Delta h\dfrac{L-x^2}{L}$

按正弦曲线变化时：$h_{i3}=h_a+\Delta h\sin\dfrac{90x}{L}$

按半立方抛物线变化时：$h_{i4}=h_b+\Delta h\left(\dfrac{L-x}{L}\right)^{\frac{3}{2}}$

按直线变化时（作对比用）：$h_{i5}=h_b+\Delta h\dfrac{L-x}{L}$

其中，$\Delta h=h_a-h_b$；$90x/L$ 以度为单位；R 为圆曲线半径。

当 x 相同，且 $x\neq0$、$x\neq L$，则有 $h_{i1}<h_{i2}<h_{i3}<h_{i4}<h_{i5}$。

早期的设计多采用二次抛物线变化。近年来由于多座连续刚构桥产生腹板斜裂缝，且常出现在 $L/4$ 截面附近，为了增大该区段的主梁高度，采用半立方抛物线变化有利于减小主拉应力。但有的学者则认为，从增大底板下缘曲率半径以减小预应力束径向力考虑，建议采用二次抛物线。

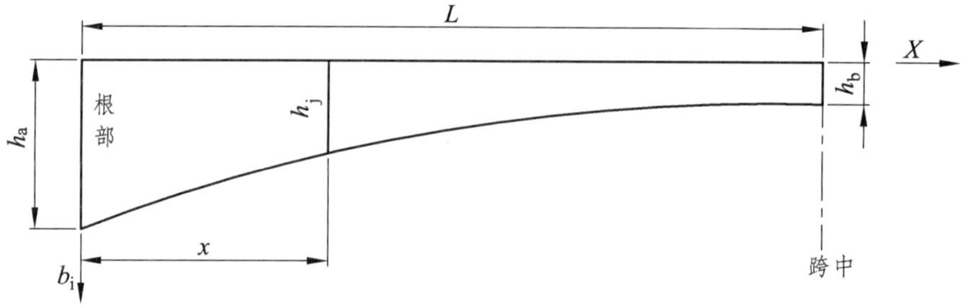

图 6.11　梁高抛物线曲线

2. 箱梁顶、底板和腹板厚度

（1）顶板厚度。

根据箱的宽度和是否布置横向预应力筋，顶板跨中厚度在 25 ~ 35 cm 变化，一般情况下不小于 25 cm。0 号梁段和边跨现浇段梁端的顶板应加厚，一般加厚至 50 ~ 70 cm。顶板两侧的根部要布置承托，其尺寸应根据顶板预应力钢束构造要求确定。

箱梁两侧的悬臂板，其端部厚度一般为 15 ~ 20 cm。当布置横向预应力筋时，厚度多为 20 cm，根部设置承托，尺寸由顶板钢束构造要求确定。边跨梁端因设置伸缩缝，顶板厚度（含两侧悬臂板）要满足预埋锚固钢筋的要求。

（2）底板厚度。

跨中底板厚度一般取 25 ~ 35 cm。主梁根部底板厚度一般取根部梁高的 1/10 ~ 1/8。0 号梁段底板应加厚，一般取根部梁高的 1/7 ~ 1/6。边跨现浇段梁端的底板厚度应按端横隔板的构造要求确定。从箱梁根部至跨中，底板厚度应采用渐变，其变化曲线多采用半立方抛物线或二次抛物线。

（3）腹板厚度。

腹板厚度主要取决于布置预应力筋和浇筑混凝土必要的间隙等构造要求。从箱梁根部至跨中，根据跨径的大小，可分为不同厚度的二段或三段。一般取值为 40 ~ 80 cm。当腹板内设置下弯钢束和竖向预应力筋时，腹板厚度按构造要求确定。沿纵向腹板厚度不宜突变，可安排在一个梁段内完成渐变。0 号梁段的腹板要加厚，根据跨径的大小，一般取值在 80 ~ 140 cm。

边跨主梁端部附近应结合端横隔板设计，加大腹板厚度，并设置一渐变段与一般梁段的腹板厚度衔接。

3. 箱梁横隔板

图 6.12 所示为箱梁横隔板，通常是在 0 号梁段对应于主墩墩柱位置布置横隔板，其厚度

与桥墩两壁的厚度一致。另外还会在边跨支承处布置端横隔板，其厚度可根据边跨跨径的大小确定，取值为 0.8 ~ 2 m。其余梁段不设横隔板。

近年来，有连续刚构桥发生底板崩裂的事故。当箱梁较宽时，为了减小底板钢束径向力的不利影响，可在主梁跨中布置横隔板。当边跨跨径较大、箱梁较窄时，为了提高梁端支承的抗扭能力，必要时可将端横隔板延伸至箱外（腹板的外侧），梁端支承相应移至腹板之外。所有横隔板都应设孔洞，以保证箱内通道全桥贯通，孔洞大小，应方便管养人员及小型机具通过。

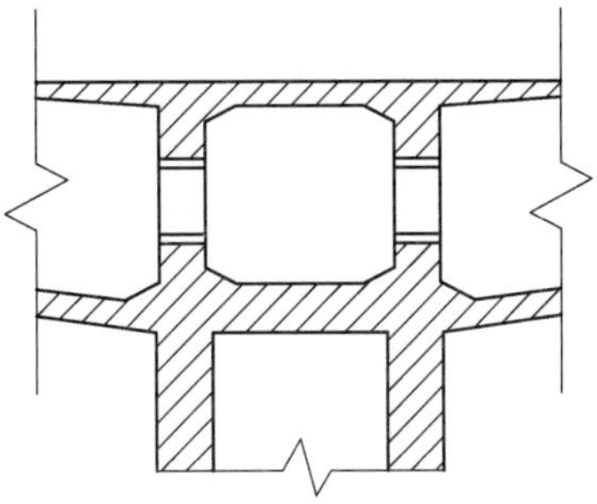

图 6.12 0 号梁段箱梁横隔板

6.2.3 预应力混凝土连续刚构桥桥墩构造

1. 设计原则

在满足抗弯、抗压强度和压杆稳定的前提下，桥墩应具有较小的抗推刚度，使温度、混凝土收缩徐变和顺桥向地震的不利影响降至最低限度。

2. 墩身结构形式及尺寸

一般多采用双柱式（顺桥向双柱，后同），如图 6.13 所示。从已建成的连续刚构桥可以知道，随着主桥跨径和墩高的不同，b、c 值变化较大。b 值在 100 ~ 400 cm，c 值在 200 ~ 800 cm，个别桥的 c 值达到 900 ~ 1 000 cm。

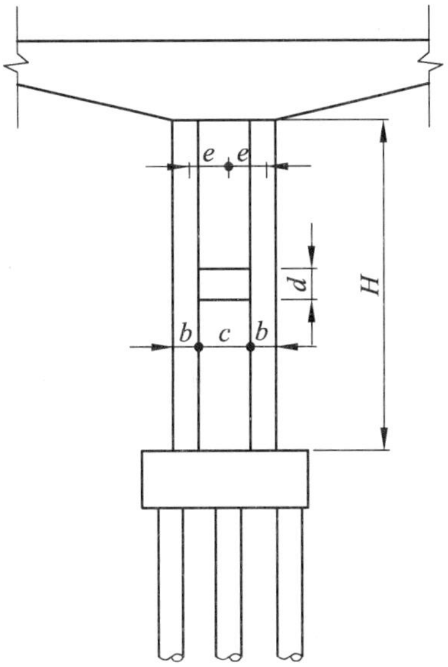

图 6.13 双柱式墩身

当主跨 $L \geqslant 120$ m 时，墩身宜采用箱形断面。箱壁顺桥向厚度一般可取墩柱横向宽度的 1/14 ~ 1/12；箱壁横桥向厚度，一般大于顺桥向壁厚 30 ~ 40 cm；箱内不设或设置少量横隔板。部分桥为了减小施工阶段的墩身应力，提高稳定安全系数，墩身下段做成实体，上段为箱形断面。实体段的高度视跨径大小和墩高而定。

当主跨 L 在 80 ~ 120 m 时，可采用实体双柱式，顺桥向厚度为 60 ~ 150 cm。墩身断面常用矩形和工字形。跨径小于 80 m 时，可采用单柱式箱形断面墩身。横桥向墩身宽度 a_1 一般取等于箱梁的底板宽度 a_0，即 $a_1=a_0$。如果主梁箱宽过小，桥墩较高，或者考虑造型美观，也可使 $a_1>a_0$，a_1-a_0 在 150 ~ 250 cm（见图 6.14）。

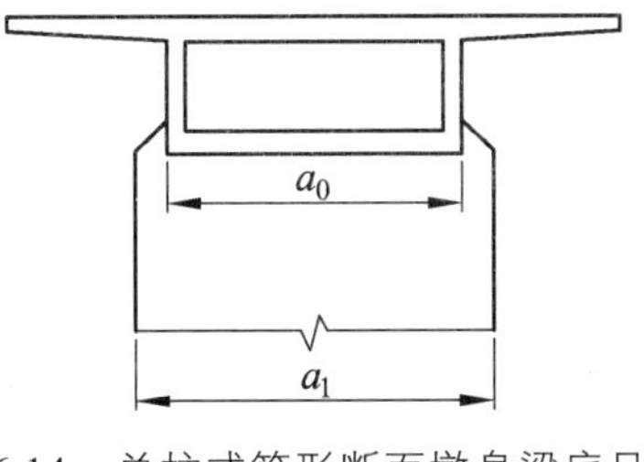

图 6.14 单柱式箱形断面墩身梁底尺寸

分析计算表明，施工过程中，当主梁为 T 构大悬臂状态时，稳定安全系数最小。当跨径较大，桥墩较高时，为了提高墩身的稳定安全系数，在双柱之间设置横系梁，横系梁的高度一般为 100 ~ 200 cm。经计算，如果使用阶段不需要横系梁，可以按临时构件设计，如用钢结构，全桥合龙后便可拆除。横系梁受力较大，尤其是在两柱发生不均匀变形时，横系梁两端出现很大的弯曲应力；当两端为铰接时，横系梁对墩柱的稳定无贡献，应采取措施确保横系梁两端承载力满足规范要求，限制混凝土的裂缝宽度，使之达到刚接状态。

3. 墩身设计参数的优化

墩身设计参数为双柱的中距 $s=2e$ 和壁厚 b。影响 s 和 b 的主要因素是主跨跨径 L 和墩高 H。三滩黄河大桥［(78+140+78) m 连续刚构］设计中，采用有限元计算和参数回归分析，得到初步结论：随着 b 值的减小，桥墩整体稳定安全系数 λ 减小，桥墩所受弯矩、轴力显著减小；随着 s 值的减小，桥墩整体稳定安全系数 λ 减小，桥墩所受弯矩减小，桥墩所受轴力增大，反之亦然。

6.2.4 预应力钢筋构造

连续体系梁桥主梁的内力主要有三个，即纵向受弯、受剪及横向受弯。通常所说的三向预应力就是为了抵抗上述三个内力。纵向预应力抵抗纵向受弯和部分受剪，竖向预应力抵抗受剪，横向预应力则抵抗横向受弯。

1. 预应力钢筋与锚具

常用的预应力钢筋有钢绞线、高强碳素钢丝和高强粗钢筋三大类。钢绞线和高强碳素钢丝常用作纵向和横向预应力筋、高强粗钢筋主要用于竖向预应力筋。

预应力钢绞线已经取代高强碳素钢丝成为桥梁中最常用的一种预应力筋形式，桥梁上主要采用公称直径为 15.20 mm 的钢绞线，由 7 根 $\phi 5$ 钢丝扭绞而成，依据受力要求可采用单根钢绞线或由多根钢绞线组成一束，采用夹片式锚具锚固，属于拉丝体系。成束布置时采用群锚锚固体系，分为圆形和扁形两类，代号分别为 YJM 和 BJM，如锚固 12 根公称直径为 15.20 mm 的钢绞线的圆形夹片式群锚锚具标识为 YJM15-12。这类锚具的产品类型较多，常用的有 OVM、QM、XM、YM 等。

高强碳素钢丝目前主要采用镦头锚，它属于拉锚体系，由于锚具应力损失小、接长方便，镦头锚常用于顶推梁等结构中。

上述两类力筋在连续梁中采用波纹管，包括铁皮和 PVC 两类；对一些预制构件可采用橡胶抽拔管。为确保管道位置正确，防止在浇筑和振捣混凝土时波纹管或橡胶管浮动，应采用定位钢筋网将其定位，定位钢筋网的间距直线段应不大于 1.0 m、曲线段加密至不大于 0.5 m。

预应力粗钢筋采用扎丝锚，管道一般采用铁皮管或 PVC 管，和力筋一起安装就位。它是竖向预应力的主要方式，设置竖向预应力筋时，其间距宜为 0.5 ~ 1.0 m。

当采用顶推法等节段法施工时，纵向力筋往往需要接长。力筋的接长是通过联结器实现的。联结器是一种与锚具配套的定型钢制构件。图 6.15 所示为联结器构造，其中图 6.15（a）用于平行钢丝镦头锚，图 6.15（b）用于钢绞线群锚体系。

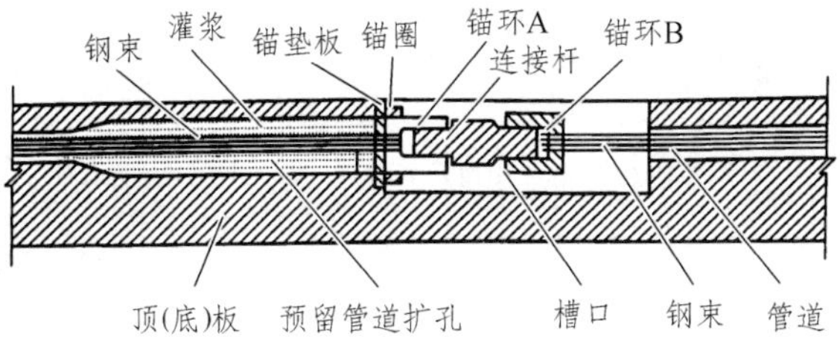

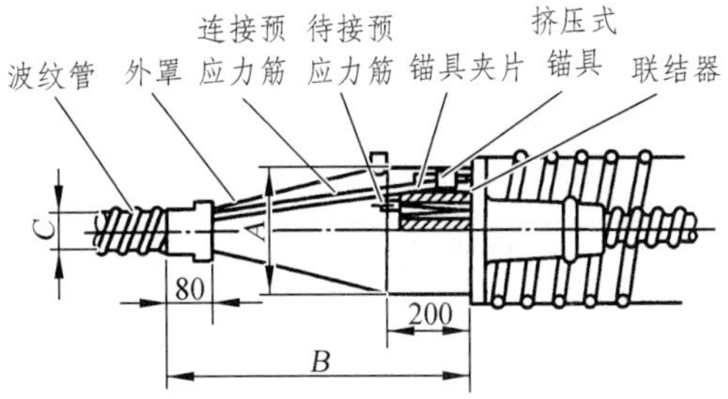

图 6.15 联结器构造（尺寸单位：mm）

由于力筋的张拉力很大，锚具尺寸较小时，锚下混凝土将承受很大的局部应力，为不致使锚下混凝土开裂甚至压碎，应提高局部承压能力，常采取如下措施：锚下采用钢制锚垫板，起扩散应力的作用，厚度不宜太薄，应不小于 12 mm，厚度太薄将引起局部承压破坏；锚垫板的后方埋设螺旋筋和由短钢筋编织成的钢筋网，以提高混凝土的局部承压能力。

2. 纵向预应力筋的作用类型

连续体系梁当采用节段法施工时，结构体系和结构内力随施工阶段不同而变化，纵向力筋的配置必须确保在所有施工和成桥运营阶段，其结构都具有良好的应力状态。因此，应依据预应力筋的作用进一步界定其类型。

（1）按力筋是否被拆除分为临时束和永久束。在施工阶段张拉的力筋，如果在使用荷载作用下将产生不利的作用，在施工成桥时，应予以拆除，称这类力筋为临时束。相反，多数力筋是一旦张拉后，不再拆除，永久保留在梁体内，称其为永久束，它既用于抵抗施工阶段的荷载，又能抵抗运营阶段的荷载。

（2）按力筋的张拉阶段分为前期束和后期束。在节段施工的连续体系梁中，各阶段均需张拉一定的预应力，一般以合龙阶段为界，分为前期束和后期束。后期束是施工阶段不需要，但运营阶段需要，如悬臂法施工连续梁的底板力筋，它在合龙后进行穿束、张拉；相反，在合龙前的施工阶段张拉的力筋则称为前期束，它是为了满足施工阶段内力需要而设置的，若该内力与成桥内力基本协调，则这些束将永久保留，否则，若施工阶段的内力与成桥内力不协调，甚至是反向的，如顶推梁中部分束，在成桥或合龙后就需拆除，成了临时束。

（3）按预应力束设置在梁体中的位置分体外预应力和体内预应力。顾名思义，预应力束设置在混凝土梁体外的，称为体外预应力，目前一般用于预应力混凝土梁的加固设计；预应力束埋置在混凝土梁体内的，称为体内预应力，设计新桥多采用体内预应力。

预应力筋的类型不同，其锚固于梁体的方式也不同。后期束及前期束中的临时束，均在梁体混凝土成型后张拉或拆除，因此设置专用的“齿板”锚固。其中，后期束张拉完成后再用混凝土封锚，以保护好锚具，同时这类束不使用联结器接长，临时束在施工中也不压浆；而前期束中永久束一般直接锚固在梁体内，如顶板或腹板中。

齿板构造如图 6.16(a)所示。为避免产生过大的预应力损失，齿板的倾角 α 不宜大于 15°，锚固面尺寸应根据锚具布置、千斤顶张拉空间等要求确定，以保证其局部承压、抗裂和防崩，应配置足够的普通钢筋，如图 6.16（b）所示。

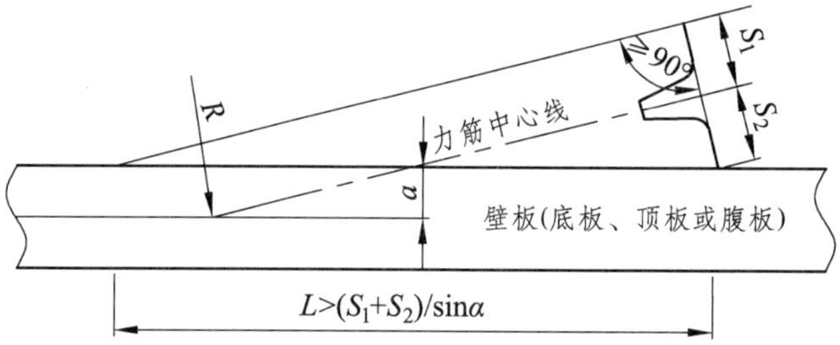

（a）齿板构造

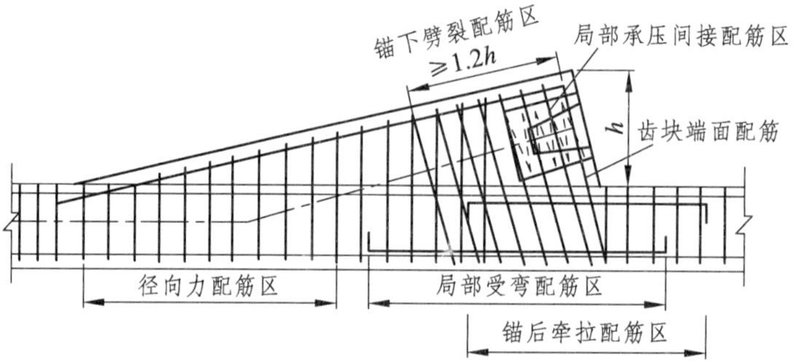

（b）齿板的普通钢筋布置

图 6.16 齿板构造及普通钢筋布置

3. 纵向预应力筋的纵向布置方式

纵向预应力筋的布置不仅与结构形式有关，还与施工方法、施工内力有很大的关系，最终取决于施工和运营阶段的内力分布。常用的布筋方式有连续配筋和分段配筋。

1）连续配筋

当采用满堂支架法施工时，因结构为一次落架成桥，不存在施工阶段的内力变化问题，此时，可直接根据成桥内力采用连续配筋方式，如图 6.17 所示。力筋往往配合受力需要采用分段二次曲线加直线的布置方式。这种方式构造简单，且曲线段力筋（弯筋）还具有抗剪作用。但是，由于弯道多，特别当连续跨数较多时，预应力损失大，穿束施工难度也大，比较适合桥长≤100 m 的连续配筋。

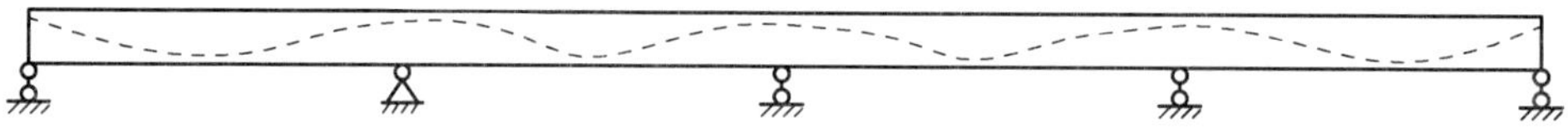

（a）

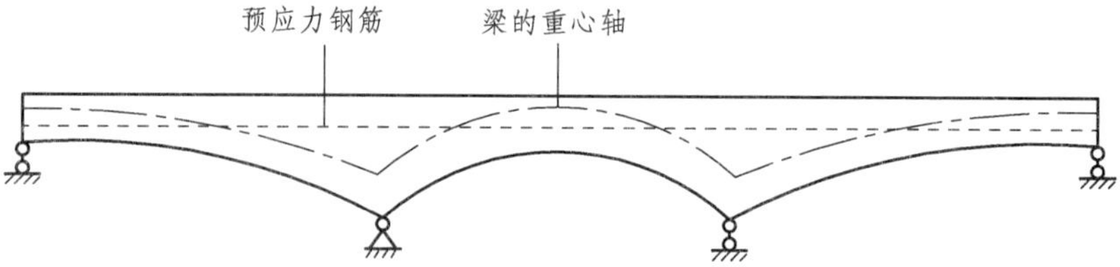

（b）

图 6.17 连续配筋

2）分段配筋

分段配筋是节段法和简支-连续施工结构中常采用的布筋方式，如图 6.18 所示。

悬臂法施工中，永久束中的直束布置在截面的上、下翼缘，弯束布置在腹板宽度范围内。将在抗弯束中有富余的部分起弯，或增设专用的弯束用于抗剪。力筋的起弯半径一般大于 4 m。

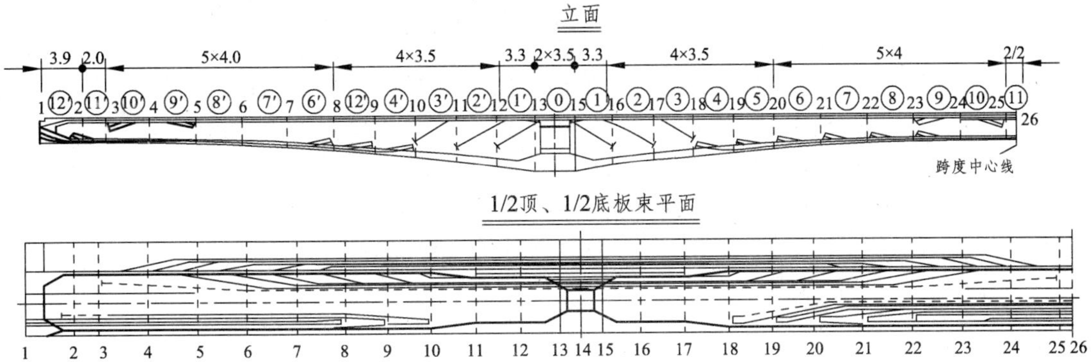

（a）节段法施工

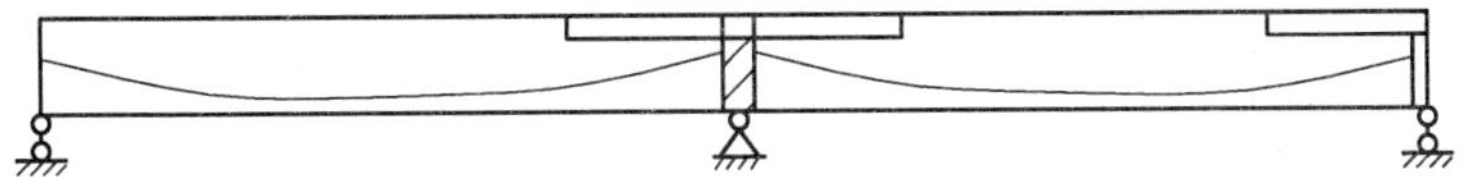

（b）简支-连续施工

图 6.18 分段配筋（尺寸单位：m）

4. 纵向预应力筋的横向布置方式

纵向预应力筋在箱梁截面上的布置应遵循以下原则：

（1）力筋在截面上应对称布置，以避免梁体产生人为的横向弯曲。

（2）弯束尽量布置在腹板及梗腋内，以减少或避免平弯，简化构造和减小预应力损失。

（3）顶、底板力筋应适当集中在腹板及梗腋等混凝土较厚的位置，而不宜采用均匀分散布置的方式。大量的调查结果表明：箱梁顶、底板的纵向裂缝均发生在混凝土较薄的纵向力筋位置处，均匀分散布置时易导致该类裂纹。这是预应力管道大大削弱了有效混凝土面积、板的有效混凝土厚度所致。而将力筋布置在腹板及梗腋位置时，混凝土的面积大，横向弯曲应力小，可以避免产生此类裂缝。

（4）若因力筋数量较多而不得不在板的中部布筋时，应尽量避开横向正弯矩较大区域或改用较小型号的预应力筋。

（5）力筋较多时，可分层布置，按从下至上的次序锚固或弯起力筋。

5. 横向和竖向预应力钢筋的布置

当横截面的悬臂宽度较大或箱梁腹板间距较大时，在荷载作用下，截面横向受力较大。为了控制顶板沿纵向不开裂或裂缝宽度在容许范围，此时可以对行车道板施加横向预应力，其布置方式和数量应依据具体受力要求由计算确定，常采用扁形夹片式锚具锚固于悬臂板端部。图 6.19 所示为箱梁横向预应力筋布置，是依据箱梁顶板的内力分布规律采取的曲线布置方式。当为双向或三向预应力结构时，应特别注意处理好各力筋之间的空间位置关系。

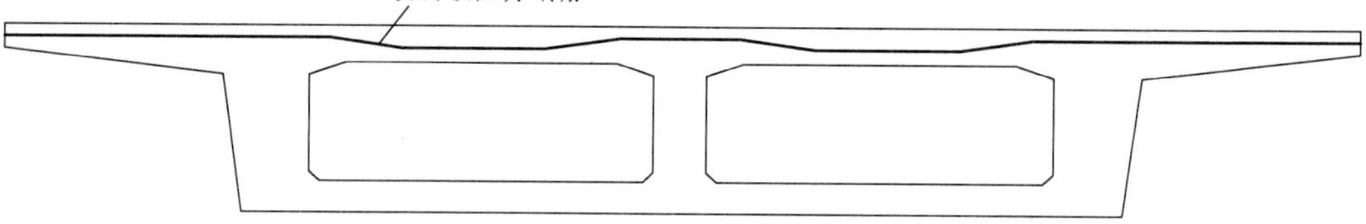

图 6.19　箱梁横向预应力筋布置

除在行车道板布置横向预应力筋外，依据结构受力需要，还有可能要对横隔板施加横向预应力，特别是支点横向间距较大或横向为单支点的桥梁。横向预应力筋的数量和线形，应视具体结构由受力要求确定。

竖向预应力筋的作用是抗剪，通常采用粗钢筋或钢绞线，布置在腹板中，其间距由计算确定，一般在 0.5 ~ 1.0 m。图 6.20 所示为竖向预应力钢筋布置。

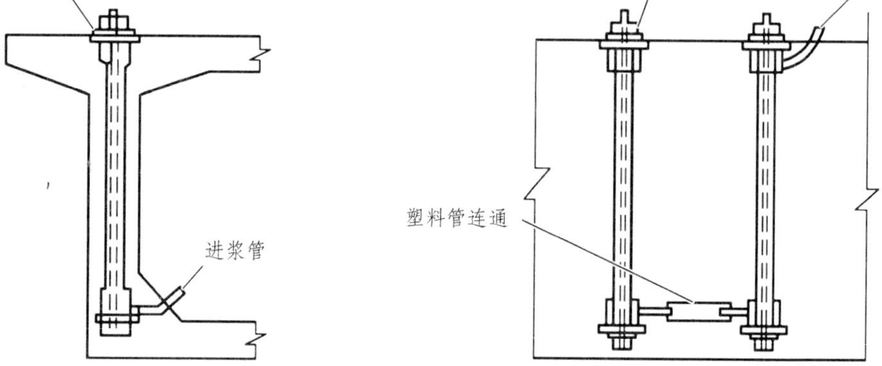

图 6.20　竖向预应力筋布置

6.2.5　合龙段构造

合龙段是指各悬臂 T 构完成后，两相邻悬臂梁段之间或一个悬臂段与边跨现浇直线段之间的连接段。合龙段可实现结构体系转换，是悬臂法施工技术中一道非常关键的工序。因为合龙段混凝土从浇筑到达到设计强度，直至张拉预应力钢筋，需要一定的时间，在此期间内，由于昼夜温差的变化、混凝土收缩和徐变、施工荷载及风力等影响，结构将产生变形和内力。合龙口至少存在一个能自由变形的悬臂端面，该自由变形对尚未达到强度的合龙段混凝土质量有直接影响，必须采取措施使合龙段在其全过程施工中能承受上述作用，称之为合龙措施。如合龙段设计不合理、施工措施不到位，势必引起合龙段混凝土的开裂，其后果是非常严重的。工程中常用的具体措施有：

（1）在满足施工需要的前提下，尽量缩短合龙段长度，以减少现浇混凝土数量。合龙段长度一般取 1.4 ~ 2.0 m，最常用的是 2.0 m。

（2）锁定支撑：在合龙段设置临时劲性支撑和临时预应力束，以“锁定”左、右 T 构，使合龙段两端形成能承受一定弯矩、剪力和轴力的“刚”节段，实现从 T 构悬臂到连续的临时性转换，保证合龙前、后结构变形协调，防止由于温度等各种因素影响使合龙段混凝土在尚未达到设计强度时产生原生性病害。“锁定”的结构措施很多，图 6.21 所示是常用的合龙时的临时劲性支撑。

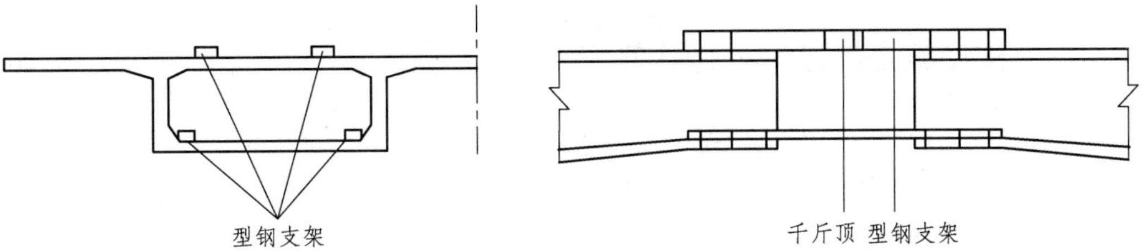

图 6.21 合龙时的临时劲性支撑

（3）在合龙段顶板增设适当的合龙预应力钢束，与底板的短索一道承担合龙至体系转换期间的温度、风力等作用。

6.3 预应力混凝土连续体系梁桥内力与配筋计算

第 2 章已经介绍了作用于桥上的荷载类型及其计算方法，已知结构及其作用（荷载），求解结构内力和变形是结构力学、有限元等基础力学的主要内容。力学课程中所讨论的结构一般未考虑施工的影响，如结构力学中的连续梁和框架结构等，基本上是一次性成型结构。结构工程师的重要任务之一是基于施工过程合理地将实际工程结构概化为力学模型。本章所讨论的连续梁和连续刚构桥的力学模式简明清晰，难点在于：连续体系梁桥一般需要通过系列施工阶段才能成桥，其中还包含着系列的“结构体系转换”，恒载内力与施工方法（见 6.4 节）有很大的关系，力学计算过程中还需要考虑施工过程的影响。另外，作为桥梁结构，仍有一些特殊问题在基础力学中并未涉及，通常将其归结为桥梁力学，包括：

（1）考虑施工过程中的恒载内力计算方法。

（2）对超静定结构施加预应力，赘余约束将制约主梁的变形，由此将引起支座次反力和结构次内力。

（3）超静定结构在施工过程中发生结构体系转换时，先期结构恒载内力由于混凝土收缩、徐变作用，将不断引起次内力。

（4）超静定结构中温度变化和支座沉降引起结构的内力，设计中应依据桥梁所处环境的温度变化、地基基础的可能沉降量来确定是否计入该两项内力的不利影响。其中支座沉降和均匀温度引起的内力方法已在结构力学课程中介绍，而梯度温度效应的分析在本节中介绍。

活载作用在成桥结构上，连续梁活载内力往往是通过先求影响线然后进行最不利加载计算。目前在设计工作中，主要采用电算程序计算影响线，自动加载来计算活载内力。

对于变截面的连续体系梁，计算内力时，截面特性可以按不计钢筋的全截面进行计算，对内力分配影响很小。但是在计算挠度时，构件的刚度应考虑配筋、开裂、疲劳等影响，具体参见《公路钢筋混凝土及预应力混凝土桥涵设计规范》（JTG 3362—2018）。

连续体系梁桥正常使用状态一般在线弹性范围，且结构体系的几何非线性影响非常小，可以忽略不计。因此，各项荷载所产生的总效应符合叠加原理的前提和条件，工程中采用分项计算，再组合累加。

对于预应力锚固区、宽跨比小于 2.0 的支座处的横隔板可按《公路钢筋混凝土及预应力混凝土桥涵设计规范》（JTG 3362—2018）中的应力扰动区进行计算。

6.3.1 连续梁主梁自重内力计算

主梁自重包括一期恒载和二期恒载两类。一期恒载，即主梁自重，因其作用效应与施工方法和施工阶段关系密切，主梁一期恒载的荷载大小为主梁混凝土方量 × 钢筋混凝土的容重；二期恒载即桥面系及附属设施自重，一般为均布荷载或分段均布荷载，作用于最终成桥的结构上，按一般力学方法计算。

结合主要的施工方法介绍如下。

1. 满堂支架法

整个主梁结构在满堂支架上浇筑，结构在支架落架后一次性形成。落架前结构自重作用于支架上，是支架设计中的荷载项；落架时，结构自重对主梁随即产生自重效应，主梁自重荷载一次性施加于主梁上，其计算力学图式为成桥结构的力学图式。例如，满堂支架施工三跨等跨连续梁，其力学图式为受自重荷载 q 的三跨连续梁，内力和变形可采用结构力学的力法、位移法或有限元数值法等计算。

2. 逐孔支架法

图 6.22 所示为四孔等跨等截面连续梁，分四个阶段进行支架逐孔现浇，前一个施工阶段完成落架后，支架转至下一孔，图中未示支架。

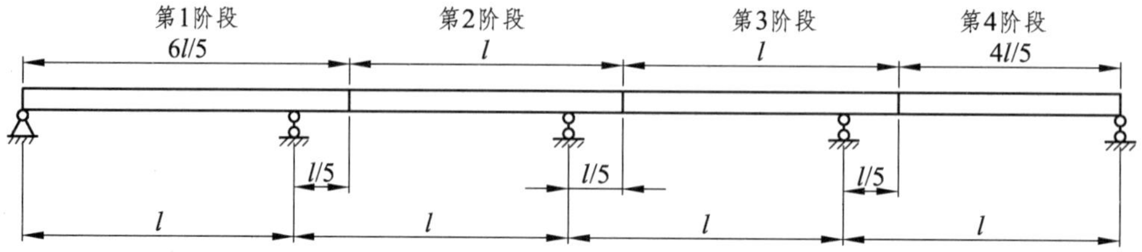

（a）

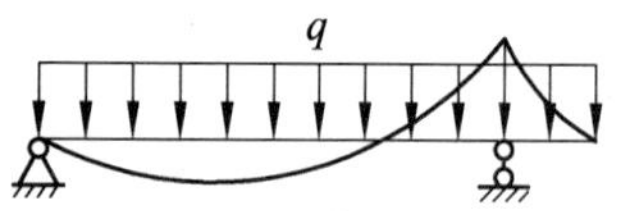

（b）

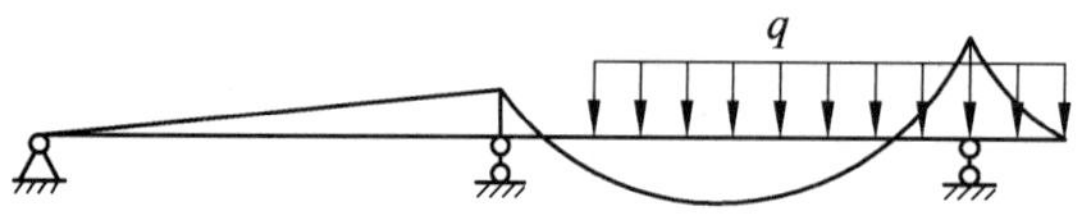

（c）

（d）

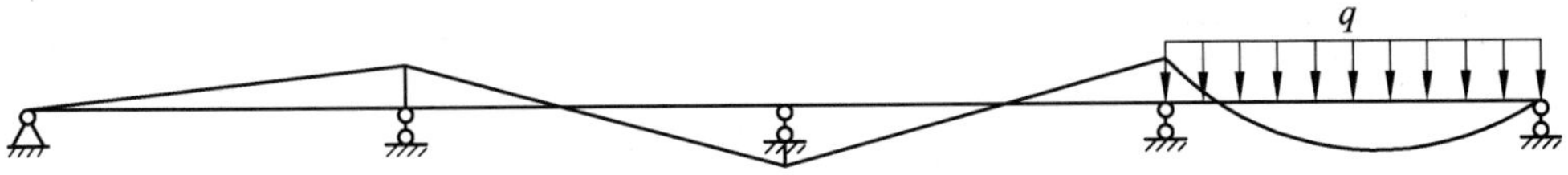

（e）

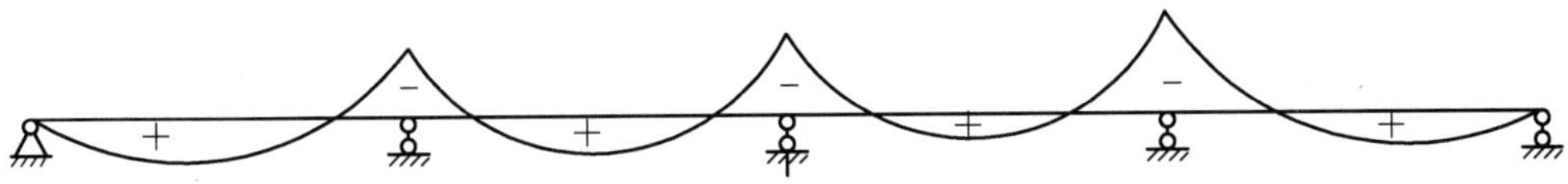

（f）

图 6.22　逐孔支架法恒载内力计算

阶段 1：如图 6.22（b）所示（结构中的内力为 F_b），支架上浇筑第一孔和第二孔中的 $l/5$ 节段，落架后形成简支梁带悬臂结构，自重 q 作用于该结构上，计算求解方法同一般力学。

阶段 2：在阶段 1 的基础上，施工一个跨长为 l 的梁段，落架后形成两跨连续梁带悬臂结构，本阶段新施加的荷载为该阶段浇筑部分梁的自重 q，计算力学图式和对应产生的弯矩增量如图 6.22（c）所示（结构中的内力为 F_c），本阶段结构中的总内力=F_b+F_c。

阶段 3：在阶段 2 的基础上，再在支架上施工一个跨长为 l 的梁段，落架后形成三跨连续梁带悬臂结构，计算力学图式和对应产生的弯矩增量如图 6.22（d）所示（结构中的内力为 F_d），本阶段结构中的总内力=F_b+F_c+F_d。

阶段 4：在支架上施工第四跨的剩余部分，落架后形成四跨连续梁结构，计算力学图式和对应产生的弯矩增量如图 6.22（e）所示（结构中的内力为 F_e），成桥后一期恒载产生的总内力=F_b+F_c+F_d+F_e。

从本案例过程可以看出，分析施工阶段受力的重要概念是明确是什么荷载、发生在什么时间，作用于什么样的结构上，然后就是选择力学方法和叠加计算。

3. 先简支后连续施工法

先简支后连续施工法是将预制梁吊装成简支状态［见图 6.23（a）］之后，浇筑接头处的混凝土［见图 6.23（b）］，张拉支点负弯矩区的预应力束，将临时支座更换为永久支座，完成体系转换形成连续梁。

显然，主梁自重 q 发生在简支梁状态，而湿接头处的自重作用、后期预应力张拉、二期恒载和活载作用在连续状态，总内力等于简支状态的内力与连续状态的内力累加之和。

4. 悬臂法

某三跨连续刚构梁采用悬臂法施工［见图 6.24（a）］，中墩施工完成，浇筑 0 号块之后，对称悬臂施工 10 个节段，在悬臂浇筑第 10 个节段的同时进行边跨支架现浇段施工，再依次合龙边跨和中跨，最后进行桥面铺装。悬臂施工连续刚构恒载内力计算如图 6.24 所示，其中未计预应力和施工荷载。

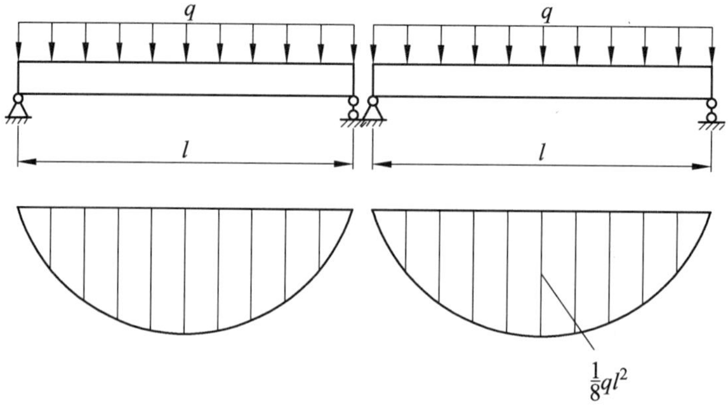

（a）

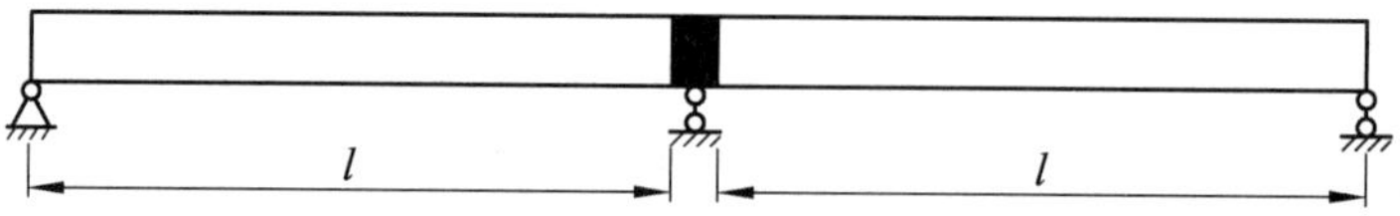

（b）

图 6.23　先简支后连续恒载内力计算

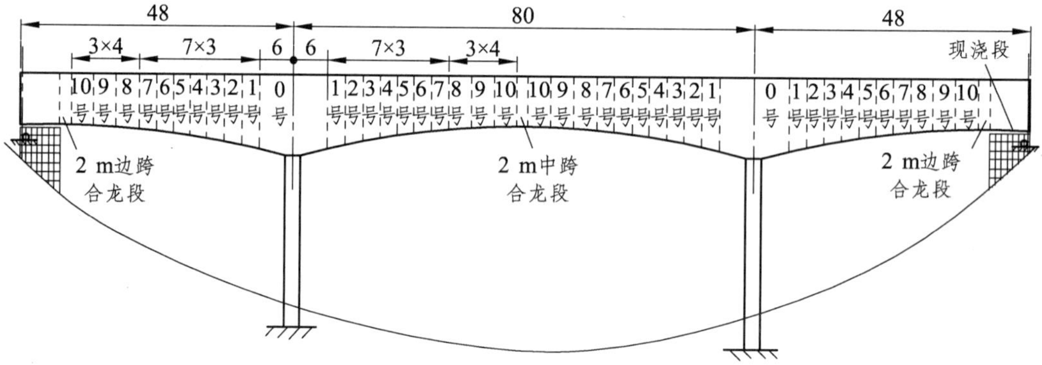

（a）施工节段划分

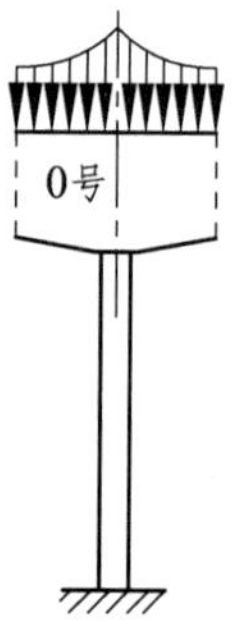

（b）施工 0 号块计算简图

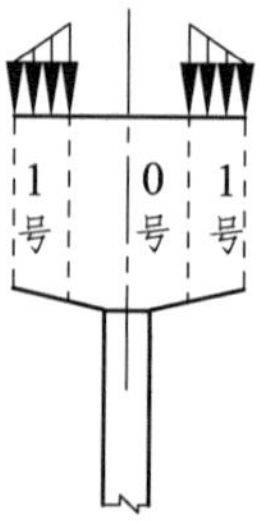

（c）施工 1 号节段计算简图

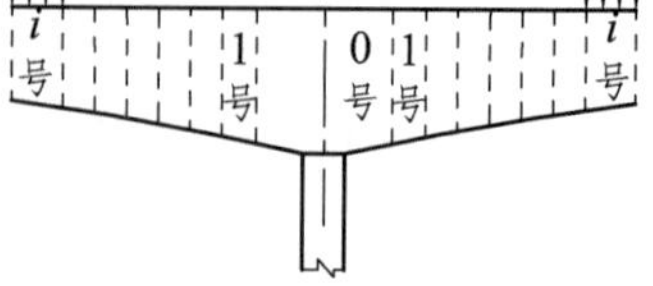

（d）施工 i 节段计算简图

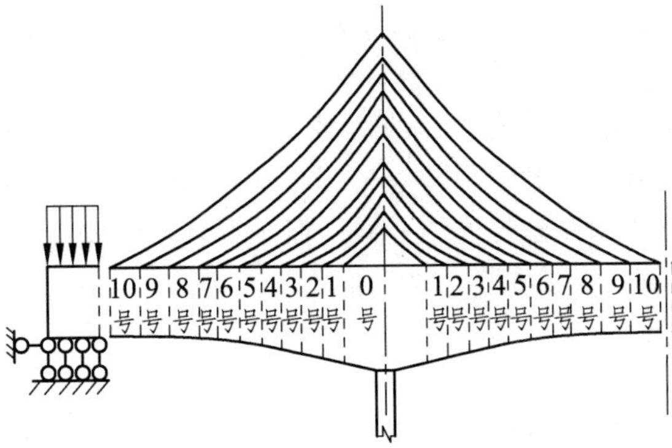

（e）施工 0～10 号节段自重弯矩图

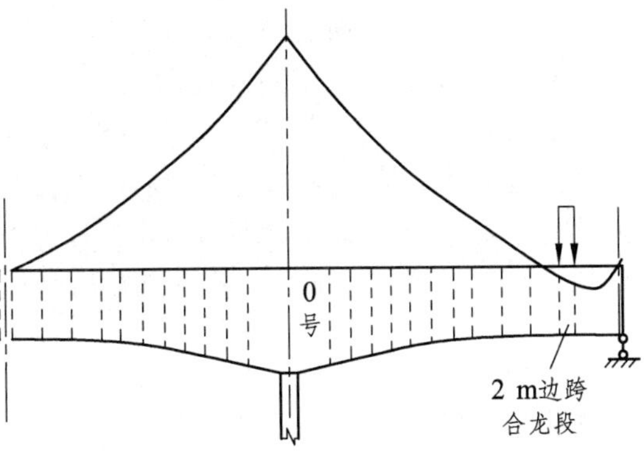

（f）边跨合龙时自重弯矩图

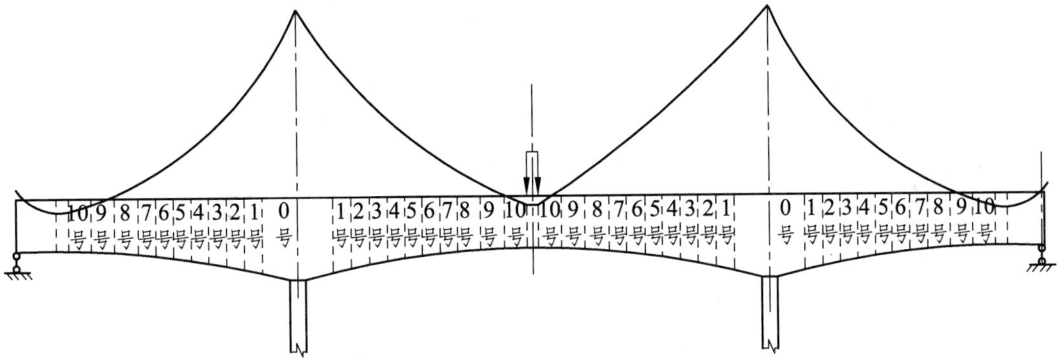

（g）中跨合龙时自重弯矩图

图 6.24　悬臂施工连续刚构恒载内力计算（尺寸单位：m）

按施工阶段次序组织恒载内力的计算阶段：

计算阶段 1：支架上施工 0 号块；

计算阶段 2：对称悬臂浇筑 1 号块；

计算阶段 3：对称悬臂浇筑 2 号块；

……

计算阶段 10：对称悬臂浇筑 9 号块；

计算阶段 11：对称悬臂浇筑 10 号块；并在支架上施工边跨现浇段。

计算阶段 12：边跨合龙段施工；

计算阶段 13：中跨合龙段施工；

计算阶段 14：桥面铺装。

计算阶段 1～10 的计算力学图式为单 T 悬臂结构，各计算阶段的结构规模为对应已完成的结构，各阶段上施加的荷载为对应阶段新增结构自重，如图 6.24（b）～（d）所示。各阶段对应弯矩累计值如图 6.24（e）所示。

计算阶段 11 的力学图式分为 T 构部分和边跨直线段部分，边跨直线段可采用多点竖向约束的力学模式模拟支架。

计算阶段 12 为边跨合龙后的单跨梁+悬臂结构，此时边跨直线段的临时约束应拆除，对应荷载为边跨合龙段自重，如图 6.24（f）所示。

计算阶段 13 为中跨合龙后成桥结构，本阶段新增的自重荷载为中跨合龙段自重，如图 6.24（g）所示，其弯矩为前述阶段的累加值。

计算阶段 14 的力学图式是成桥结构，荷载为全桥满布的二期恒载。

实际计算中，还应考虑施工挂篮等施工荷载及其拆除、预应力、收缩徐变效应等，连续梁还要考虑中支点的临时固结与拆除，计算方法和原理与前述一样，但计算阶段更细、考虑的作用（荷载）更多，部分计算难点在后面将进一步介绍。

5. 顶推法

现代的顶推法一般采用“分段预制，逐段顶推，逐段接长，连续施工”的工艺，其施工阶段自重内力计算较其他方法更为复杂，主要原因和特点如下：

（1）连续梁在顶推施工过程中被不断地接长，这一点与悬臂施工方法类似，也具有明显的阶段性。

（2）在逐段顶推过程中，其墩台上的支点是不动点，而主梁在墩台上滑动，因此力学计算中主梁的支点是连续变化的，这一特征是其他施工方法所不具有的。成桥结构的支点截面，在施工过程中将经历从支点至跨中截面的交替变化，其他截面也是如此。也正是由于该特点，使得施工内力与成桥内力严重不协调，施工内力与成桥运营状态的内力一样成为设计中的控制状态，在顶推施工阶段中采用中心配束法配置预应力筋以满足施工内力需要，其中大量力筋为临时束，顶推到位后必须拆除，如此使得顶推连续梁的经济性不佳、使用跨径受限。

（3）导梁的设置使得结构和计算过程趋于复杂。顶推过程中，最前端的一跨常处于悬臂状态，最大悬臂长度为一个跨长，导致前方第一跨的施工内力非常大，为了减小此悬臂内力，施工中往往在顶推梁的最前端安装导梁。导梁的设计理念是质量小而刚度大，一般均采用钢结构。当导梁达到最后一个墩顶时，为了不妨碍其他孔结构施工，常常将超出最后一个墩的导梁部分予以拆除，力学计算中应考虑带导梁分析。

（4）恒载内力包络图。因为顶推过程中梁截面内力是连续变化的，为确保施工阶段结构设计的合理性和可靠性，需要计算各截面在整个施工过程中的最不利值，由各截面的最大和最小内力，构成恒载（自重荷载）作用下的内力包络图。如图 6.25 所示为顶推法施工中梁的弯矩包络图，其显示出带导梁的第一孔梁的截面常是受力最大的部位，而其余梁段上的受力变化很小，但与恒载作用下的弯矩图差异很大。以此内力包络图为依据开展施工阶段的结构配筋设计。

顶推法施工连续梁的恒载内力计算目前均采用桥梁专用软件计算，基于支点不动，按步长移动主梁，形成不同顶推时刻的力学计算图，分析顶推全程中不同顶推时刻的结构内力，获取全梁（含导梁）各截面的最不利内力，形成内力包络图，之后开展配筋设计和复核。也可采用图 6.26 和图 6.27 所示的顶推法施工时主梁最大正、负弯矩位置来初估顶推时主梁的最大正、负弯矩。

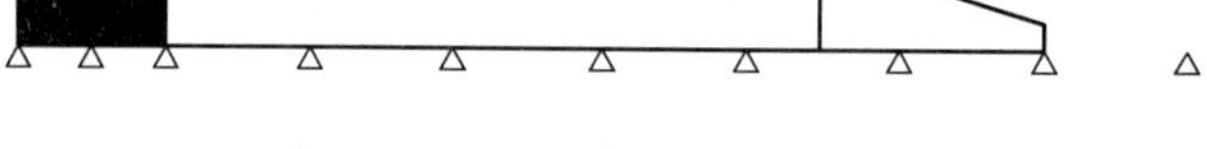

（a）顶推孔径布置

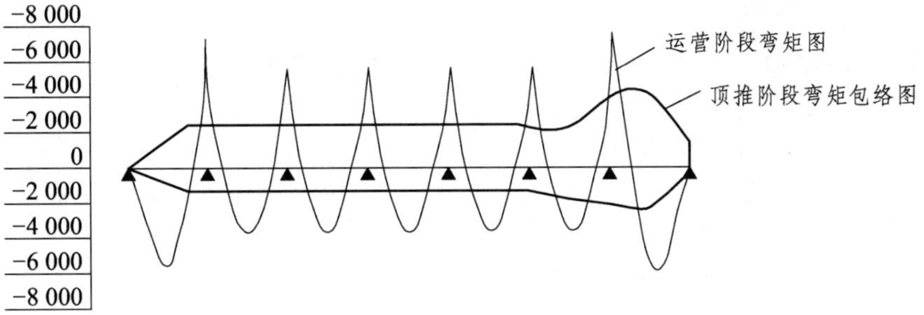

（b）弯矩

图 6.25 顶推法施工中梁的弯矩包络图

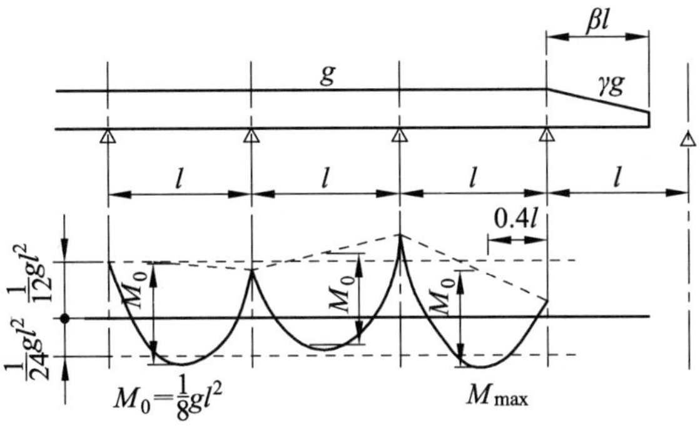

图 6.26 顶推法施工时主梁最大正弯矩位置

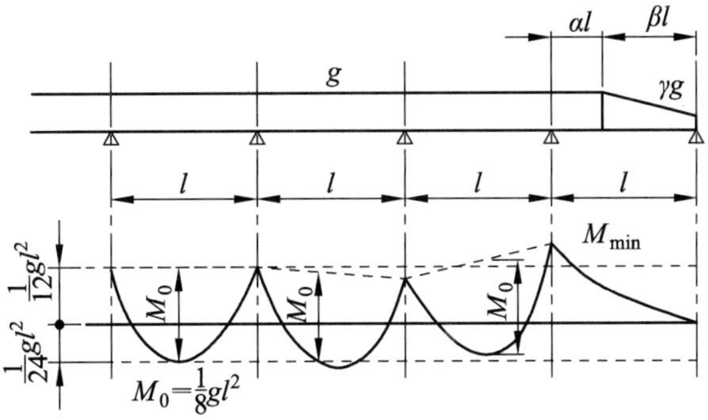

图 6.27 顶推法施工时主梁最大负弯矩位置

① 整个导梁推移过墩顶。

$$M_{\max}^{+}=-\frac{gl^2}{12}(0.933-2.96\gamma\beta^2) \tag{6.2}$$

式中：γ——导梁与混凝土主梁的自重比；

β——导梁长度与跨径之比；

l——单跨间距；

g——单跨均布荷载。

② 导梁刚到达墩顶前面，最大悬臂状态。

$$M_{\min}^{-}=-\frac{gl^2}{12}[6\alpha^2+6\gamma(1-\alpha^2)] \tag{6.3}$$

其中 $$\alpha = 1-\beta$$

③ 导梁前端刚搁置上墩顶，此时梁内也可能再出现最大负弯矩值。

定义导梁与主梁的刚度比值 K 为

$$K=\frac{E_s I_s}{E_c I_c} \tag{6.4}$$

此时 $M_{\min}^{-}$ 值与刚度比 K 有关，为

$$M_{\min}^{-}=-\mu\frac{gl^2}{12} \tag{6.5}$$

式中：μ——计算系数，由 K 与 β 查图 6.28 所示曲线可得；

其余符号意义同前。

（5）配筋措施。

为了保证箱梁在整个施工过程中任何截面不致受拉开裂，必须针对施工过程的内力分布特点采取必要的配筋措施。

综合考虑施工阶段内力和运营阶段内力的特点，预应力混凝土顶推施工连续梁中的预应力束分类：第一类是兼顾运营和施工要求所需的力筋，为前期束中的永久束；第二类是专门为满足施工内力要求而配置的，为前期束中的临时束；第三类是在顶推到位后，为满足运营状态的需要增加的力筋，为后期束。

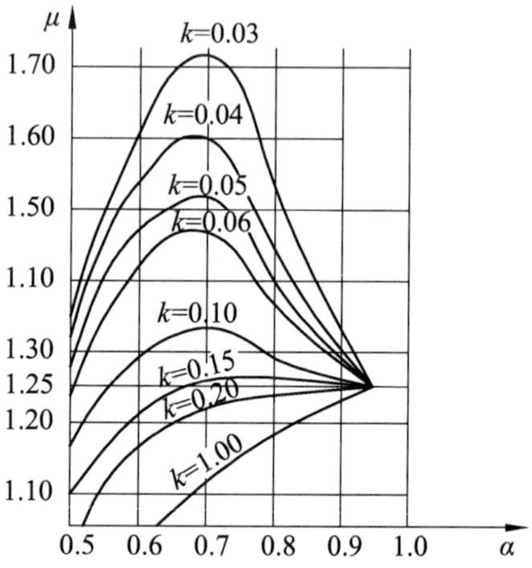

图 6.28　μ 与 K 和 β 的关系曲线

依据施工恒载内力包络图，前期束常采用直束和中心配束法，根据施工内力的特点将其布置在截面的上下缘，对梁施加一个近似于中心受压的预应力。

不同类型的预应力筋采用的锚具和锚固位置也不相同。对于兼顾运营和施工要求的力筋，前期束中的永久束可采用镦头锚，采用接长器接长，为了避免接头集中在同一截面上，钢束的长度取用两个节段的长度，使接头交错布置。对于临时束，一般选用短束，布置在梁的跨中部位的上缘和支点部位的下缘，锚固于箱梁顶底板的齿板上，以便拆除。对于后期束，由于张拉的需要，采用短束锚固于齿板上，布置在梁跨中部位的下缘和支点部位的上缘。

6.3.2　次内力计算

1. 预加力次内力分析

1）静定结构中预加力的作用

图 6.29 所示为曲线配筋时预应力引起的简支梁内力，张拉钢筋后，在预应力作用下，构件将产生轴向压力 N_y、弯矩 M_y 和剪力 Q_y。

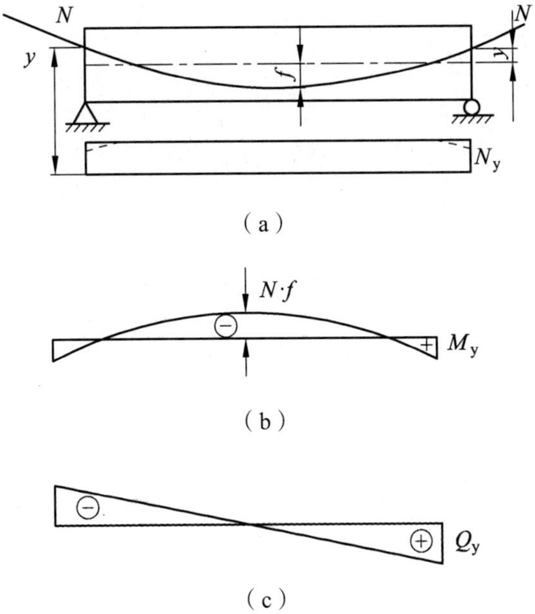

图 6.29　曲线布筋时预应力引起的简支梁内力

预应力在各截面产生的内力如图 6.30 所示，其计算过程如下：

弯矩：$M_y = N\cos\varphi_i e_i$　　(6.6)

轴向力：$N_y = N\cos\varphi_i$　　(6.7)

剪力：$Q_y = N\sin\varphi_i$　　(6.8)

式中：N——梁内有效预加力（为简化计算，忽略各截面预应力损失的差别，假定为常数）；

φ_i，e_i——i 截面预应力筋与梁轴线的夹角，以及该截面预应力筋到梁重心轴的距离。

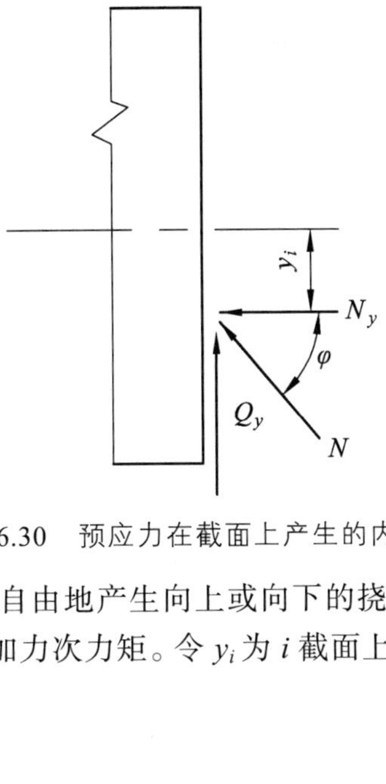

图 6.30　预应力在截面上产生的内力

由于预应力混凝土简支梁可自由地产生向上或向下的挠曲变形，因此在预应力作用下不产生多余的约束力，故不产生预加力次力矩。令 y_i 为 i 截面上预应力合力作用点至梁重心轴的距离，则

$$y_i = \frac{M_y}{N_y} = e_i \tag{6.9}$$

由式（6.9）可以看出，由于预应力混凝土简支梁不产生预加力次力矩，故混凝土的压力线必然与预应力筋重心线重合。

直线布筋时预应力引起的简支梁内力如图 6.31 所示，此时 $M_y = Ne$，$Q_y = 0$。

如果预应力筋锚固在跨内，则由预加力产生的内力将在锚固点处发生突变（见图 6.32）。

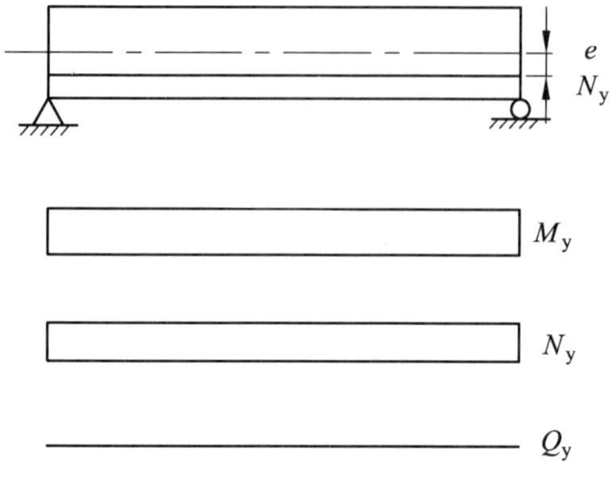

图 6.31　直线布筋时预应力引起的简支梁内力

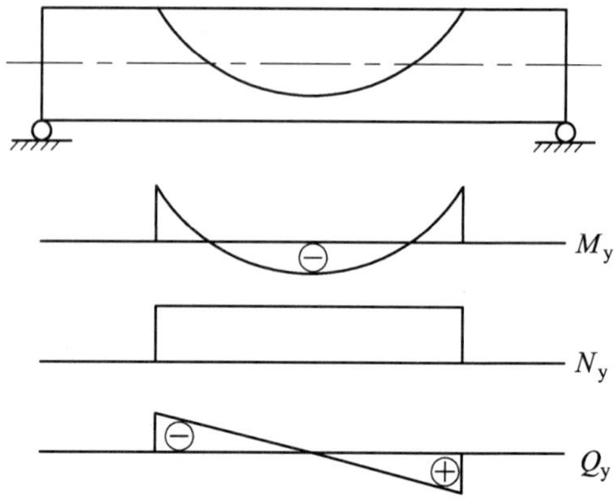

图 6.32　锚固于跨内时预应力引起的内力

如果截面中有多束预应力筋作用，可叠加各内力图得到总的 M_y，Q_y。

2）超静定结构中预加力的作用

图 6.33 所示为两跨连续梁的初预矩、次力矩和总预矩。

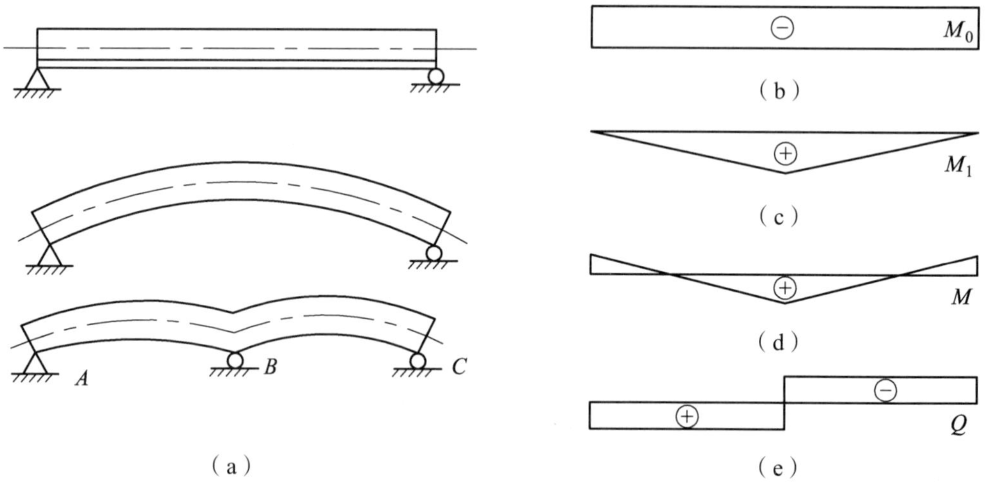

图 6.33　两跨连续梁的初预矩、次力矩和总预矩

在预应力作用下，该梁将脱离中间支承向上拱起。但是，在连续梁等超静定结构中，由于支座的约束作用，中间支座必然给梁一个向下的反力，约束由于预加力产生的上拱位移，以满足支座处的变形协调条件。由此，向下的支座反力引起的各截面内力即为预加力次内力。

图 6.33（b）所示为在预加力作用下对重心轴产生的弯矩，其计算公式和简支梁相同，为 $N_y e$，此值称为初预矩。

图 6.33（c）所示为在次反力作用下产生的次力矩，可以看出，次力矩沿梁轴线是线性变化的，这也是所有其他因素引起的结构次内力的共同特性。

图 6.33（d）所示为总预矩图，它等于初预矩加次力矩，用公式 $M = M_0 + M_1$ 表示。次力矩可用力法或等效荷载法计算。

图 6.33（e）所示为梁内相应的总预剪力图，它等于初预剪力加次预剪力。

此时，截面上压力合力作用点至梁重心轴的距离为

$$y = \frac{M}{N_y} = \frac{M_0 + M_1}{N_y} \neq e \tag{6.10}$$

显然，由式（6.10）可知，超静定结构次力矩不为零，混凝土的压力线也不再与预应力筋重心线重合。

（1）力法。

此种方法是将预应力混凝土梁视为一个整体，采用结构力学中的力法直接求解。

假定两等跨连续梁直线布筋，预应力筋的有效预加力为 N_y，偏心矩为 e，图 6.34 所示为直线配筋的两跨连续梁的次力矩及总预矩。求次力矩时，取简支梁为基本结构，中间支点截面的多余支座反力为赘余力。在预加力作用下，梁要起拱脱离中间支承，使梁仍支承于中间支座上，必有一向下的反力将梁压回，此反力即为次反力。

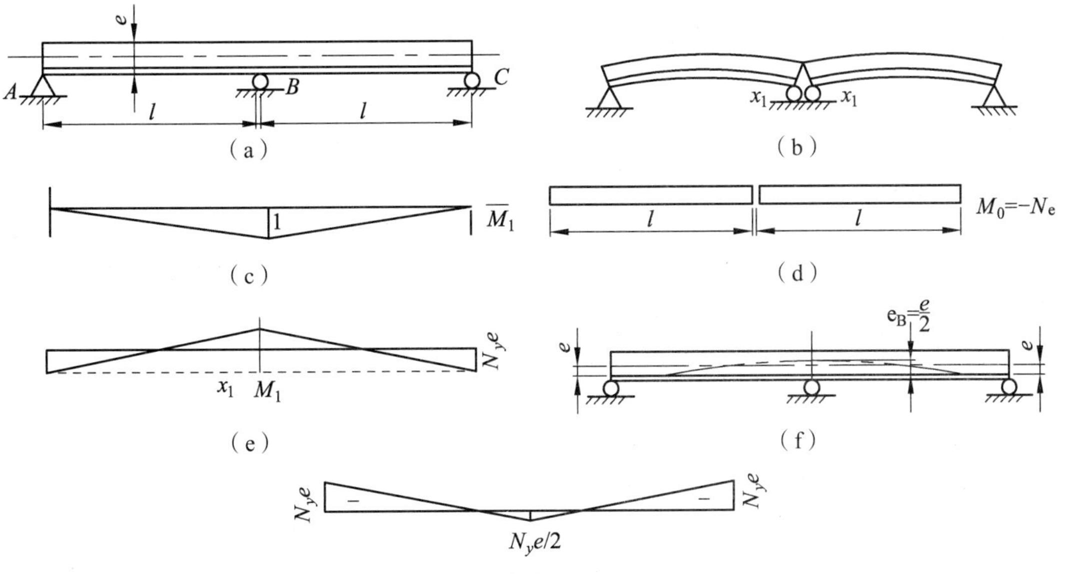

图 6.34　直线配筋两跨连续梁的次力矩及总预矩

中间支承处的变形协调方程为

$$\delta_{11} x_1 + \Delta_{1N} = 0 \tag{6.11}$$

由图 6.34（c）、（d）解出 $\delta_{11} = \frac{l^3}{6EI}, \Delta_{1N} = -\frac{N_y e l^2}{2EI}$（向上），代入式（6.11）可得次反力值为

$$x_1 = \frac{\Delta_{1N}}{\delta_{11}} = \frac{3}{l}N_y e\text{（向下）}$$

B 支承处次力矩为

$$M_{1B} = x_1\frac{l}{2} = \frac{3}{2}N_y e$$

连续梁各截面预加力次力矩为

$$M_1 = x_1\bar{M}_1$$

梁内各截面总预矩为

$$M = M_0 + M_1 = -N_y e + \frac{3}{2}eN_y\bar{M}_1$$

B 支承处总预矩为

$$M_B = N_y\frac{e}{2}$$

边支点处总预矩为

$$M_{边} = -N_y e$$

次力矩及总预矩沿梁轴的分布图可见图 6.34（e）、（g）。

将总预矩 M 的表达式除以预加力 N 得

$$y = \left(-e + \frac{3}{2}e\bar{M}_1\right) \tag{6.12}$$

式中：y——混凝土压力线和梁轴线之间的偏离值。

图 6.34（f）中的虚线表示各截面压力线的分布，从图中可以看出，除两边支座处预应力筋和压力线重合外，其余截面两者均不重合。

假如将图 6.34（a）中预应力筋的位置，按照图 6.34（f）所示压力线的位置重新布置，如图 6.35（b）所示，则初预矩与直线布筋时的总预矩相同。同理计算可得 B 支点支承反力为 0，故次预矩为 0，总预矩与初预矩相同，即与直线布筋时相同。

假如预应力筋的布置采用图 6.35（c）所示的形式，中支点处力筋偏心距为 0，用同样方法可算出 B 支点支承反力为 $N_y e/l$（向下），由该次反力引起的 B 支点次预矩为 $N_y e/2$，而初预矩在 B 支点处为 0，则 B 支点总预矩仍为 $N_y e/2$，仍与直线布筋时相同。

由上述 3 个例子可知，只变动中间支承处预应力筋的偏心距，保持梁端偏心距、预应力筋的形状及预应力的数值不变，此时次反力和次预矩虽然发生变化，但并不影响预加力在梁中产生的总预矩。由此可以得出结论：在预应力混凝土连续梁中，在不改变预应力筋两端支承处的位置和各支承间的基本形状（如直线、曲线或折线）的条件下，改变它在各中间支承处的偏心距，并不影响其压力线的位置，这就是预应力钢筋的线性变换原理。

因为次力矩的图形总是线性分布的，所以预应力筋的线性变换原理只有在保持力筋线型不变的条件下，仅在中间支座力筋上、下移动时才成立。此时所改变的初预矩图的图形也是线性分布的，如果改变预应力筋在梁端的偏心距，则由预加应力产生的弯矩和压力线的位置就会发生变化。

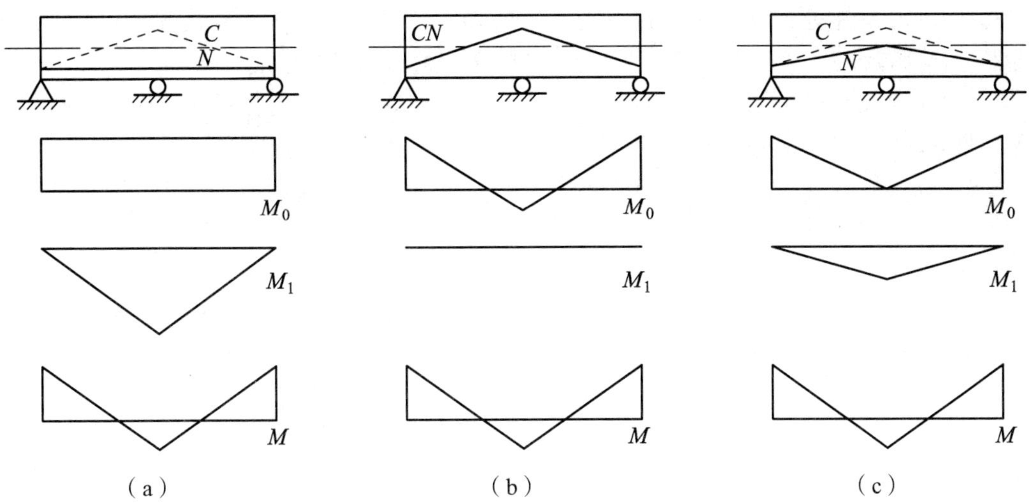

图 6.35　两跨连续梁不同布筋方式下的初预矩、次预矩和总预矩

线性转换的概念对预应力混凝土超静定结构设计中预应力力筋的布置有很大优势，它允许在不改变结构内混凝土压力线位置的条件下调整力筋合力线的位置以适应结构构造上的要求。

预应力混凝土梁中采用曲线配筋或局部配筋时，均可按上述方法计算预加力次内力。具体方法可参考相关文献，在此不再赘述。

（2）等效荷载法。

在力法中，是将预应力混凝土梁作为一个整体来考虑的。因为预应力混凝土结构是一种预加力和混凝土压力相互作用并取得平衡的自锚体系，因此可把预应力钢筋和混凝土视为相互独立的脱离体。此时预加力对混凝土的作用可模拟成分布荷载、集中荷载或弯矩，即所谓的等效荷载（通过分析预应力筋脱离体的内力平衡，就可得到等效荷载）。

① 不同配筋形式下等效荷载的计算。

预应力混凝土梁的等效荷载主要包括力筋对构件端部产生的偏心压力（可分解为轴向力、竖向力和偏心弯矩）、折线形力筋对构件产生的集中荷载和曲线形力筋产生的分布荷载。

a. 力筋端部。

如图 6.36 所示为折线形预应力筋的等效荷载，其力筋作用在梁端的力 N_y 可以分解为 3 个分量。

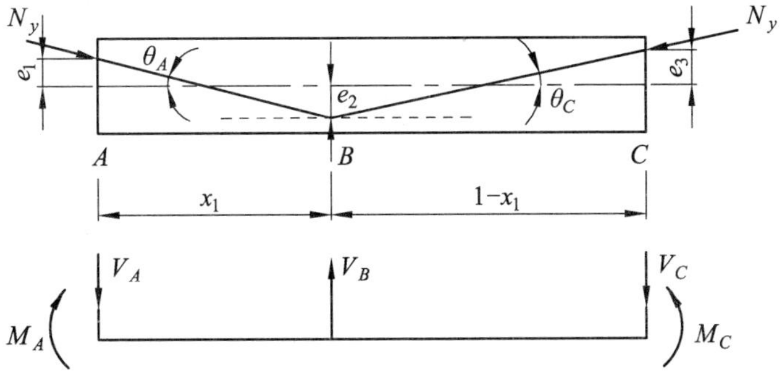

图 6.36　折线形预应力筋的等效荷载

轴向力：A 支座处为 $N_y\cos\theta_A$，C 座处为 $N_y\cos\theta_C$。此力作用在锚头的端部，通常在计算连续梁弯矩时没有影响，但是在刚架内，由于轴向压缩的影响将产生次力矩。

竖向力：A 支座处 $V_A=N_y\sin\theta_A$，C 支座处为 $V_C=N_y\sin\theta_C$。此力作用于支座处，被支座竖向反力平衡，所以它在连续梁内也不产生力矩。

力矩：A 支座处为 $M_A=N_y\cos\theta_A e_1$，C 支座处为 $M_C=N_y\cos\theta_C e_3$。此力作用在梁的端部，在连续梁全长都产生内力矩，计算中必须考虑。

b. 折线布筋。

图 6.36 所示为折线布筋的两跨连续梁，取其折角处的预应力筋为隔离体，其折角处的力平衡图如图 6.37 所示，在折角 K 点处对混凝土的压力 N_K 可表示为

$$N_K = N_y \sin\theta_A + N_y \sin\theta_C \tag{6.13}$$

一般情况下力筋折角很小，所以 N_K 也可以表示为

$$N_K \approx N_y(\theta_A+\theta_C) = N_y\theta \tag{6.14}$$

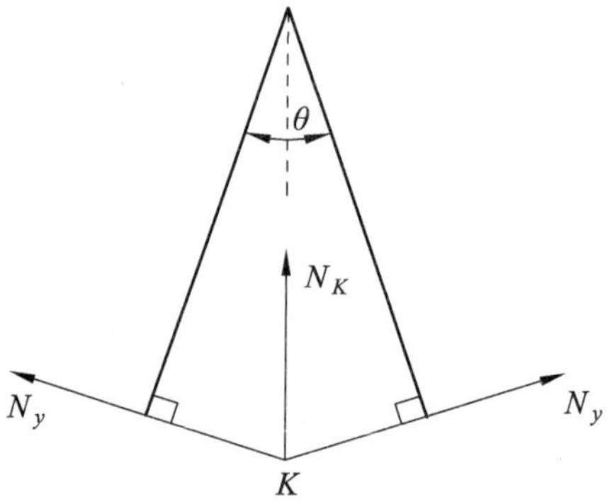

图 6.37　折角处的力平衡图

可见当力筋斜率发生改变时，力筋对混凝土的压力值与力筋斜率的变化幅度成正比，在通常使用的坐标系统中，如果 $\theta>0$，作用于混凝土的压力方向朝上；如果 $\theta<0$，则作用于混凝土的压力方向朝下。从混凝土梁的隔离体来看，此 N_K 即为预加力对梁的等效荷载。

折线布筋时预应力钢筋的等效荷载为集中荷载。图 6.36 中各符号的计算式为

$$V_A = N_y\theta_A \tag{6.15}$$

$$V_C = N_y\theta_C \tag{6.16}$$

$$V_B = N_y(\theta_A+\theta_C) \tag{6.17}$$

$$M_A = N_y e_1 \tag{6.18}$$

$$M_C = N_y e_3 \tag{6.19}$$

$$\theta_A \approx \frac{e_1+e_2}{x_1},\quad \theta_C \approx \frac{e_2+e_3}{l-x_1}$$

c. 二次曲线布筋。

图 6.38 所示为二次曲线预应力筋的力平衡图，取跨中一段预应力筋为隔离体，其曲线预

应力筋的等效荷载如图 6.39 所示，根据竖向力平衡有

$$N_y \mathrm{d}\theta = \omega \mathrm{d}x$$

$$\omega = N_y \frac{\mathrm{d}\theta}{\mathrm{d}x}$$

又因 $\theta \approx \tan\theta = \frac{\mathrm{d}y}{\mathrm{d}x}$，所以 $\frac{\mathrm{d}\theta}{\mathrm{d}x} = \frac{\mathrm{d}^2 y}{\mathrm{d}x^2}$，故

$$\omega = N_y \frac{\mathrm{d}^2 y}{\mathrm{d}x^2} \tag{6.20}$$

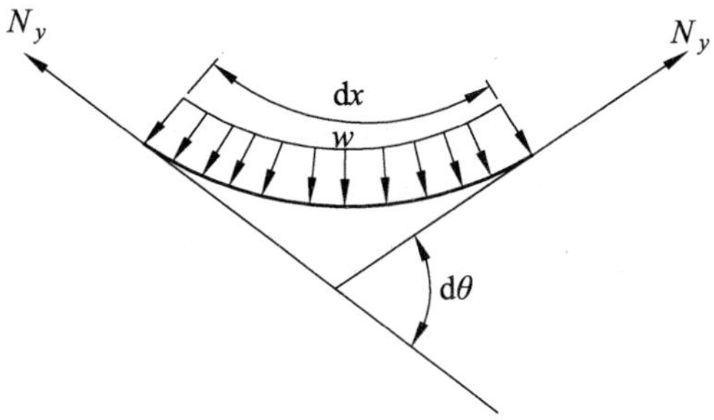

图 6.38　二次曲线预应力筋的力平衡图

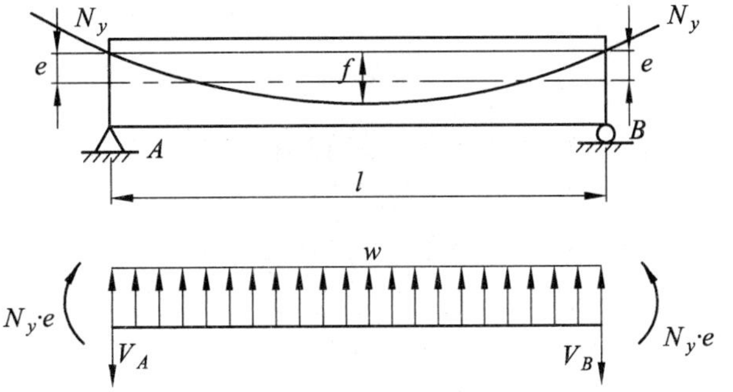

图 6.39　曲线预应力筋的等效荷载

若二次曲线为抛物线，则

$$\omega = N_y \frac{8f}{l^2} \tag{6.21}$$

式中：f——曲线预应力筋的矢高；

l——曲线型力筋的水平投影长度；

N_y——力筋作用在梁端的力。

当预应力筋按圆曲线、悬链线、正弦曲线布置时，仍可用式 $8N_y f/l^2$ 计算荷载集度，计算精度应符合工程要求的精度。当预应力筋按三次曲线布置时，等效荷载为按直线变化的分布荷载。当 y 的变化不便用代数式表达时，可采用有限差分方程式计算：

$$\frac{\mathrm{d}^2 y}{\mathrm{d}x^2} = \frac{y_{n-1} - 2y_n + y_{n+1}}{(\Delta x)^2} \tag{6.22}$$

② 次力矩的计算。

用等效荷载法计算次力矩可通过两条途径：一是首先求得不同配筋情况下的等效荷载，然后把预应力混凝土梁看作等效荷载作用下的普通梁（不除去多余约束），用力矩分配法或影响线加载法等方法直接求得超静定梁，由预加力产生的总力矩再减去初力矩，即得次力矩（用影响线加载法计算时，注意不要遗漏力筋在梁端的力矩对结构内力的影响）；二是求总力矩时直接取出多余支承处的次反力值，再当作荷载加载到去除多余约束后的简支梁上，直接求得次内力。

应当注意，对于实际配筋的预应力混凝土梁，通常配筋较多，形式比较复杂，且等效荷载需根据实际的施工工序来加载，计算时需考虑结构的体系转换。以移动模架法施工的两跨连续梁为例，其荷载如图 6.40 所示。第一跨施工完成时为简支单悬臂体系［见图 6.40（a）］，

静定结构，故等效荷载不产生次内力；第二跨施工完成时为一次超静定结构［见图 6.40（b）］，此时等效荷载是由于张拉第二施工段力筋所引起的，在两跨连续梁各截面内将产生次内力。对于施工周期较长的，尚应考虑后期施工时由于先期结构预应力损失导致的等效荷载下降引起的次内力变化。

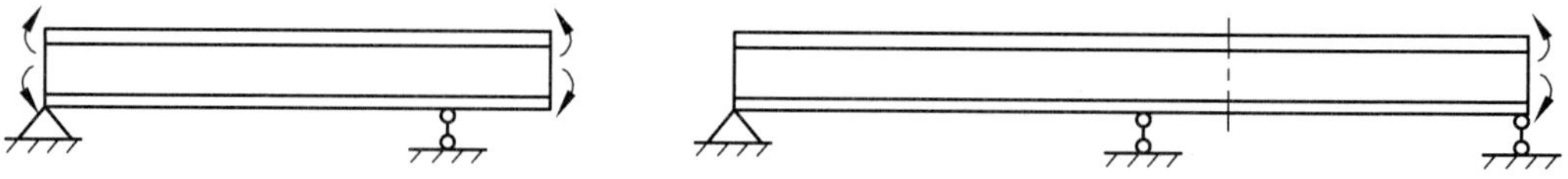

（a）　　　　（b）

图 6.40　移动模架法施工连续梁等效荷载

2. 混凝土徐变次内力计算

混凝土的徐变是指在荷载和应力保持不变的情况下，变形和应变随时间持续变化的特性。而混凝土在空气中结硬时，由于水分蒸发而体积减小的现象称为收缩。收缩变形与混凝土中的应力情况无关。混凝土若吸收水分也会发生膨胀。混凝土徐变和收缩会引起结构的变形，在超静定情况下就会产生次内力。

1）徐变和收缩变形规律

混凝土的徐变是在长期荷载作用下，混凝土塑性变形随时间增长的现象。

影响混凝土徐变的主要影响因素有水泥用量、水灰比、周围环境的温度与湿度、构件的截面形状、加载时混凝土的龄期和应力的大小等。

在应力作用下，混凝土的应变随时间变化的曲线如图 6.41 所示。加载时，混凝土发生瞬时弹性应变 ε_e，随着时间的推移，变形逐渐增加，此逐渐增加的应变称为徐变 $\varepsilon_c(t)$，它在加载后的初期增长较快，经 3～5 年后趋于稳定。总的变形为

$$\varepsilon_b(t)=\varepsilon_e+\varepsilon_c(t) \tag{6.23}$$

通常，徐变特征是用徐变系数 $\varphi(t)$ 来描述，其定义为

$$\varphi(t)=\varepsilon_c(t)/\varepsilon_e \tag{6.24}$$

如果荷载一直作用到 $t=\infty$，则总的变形 $\varepsilon_b(\infty)=\varepsilon_e+\varepsilon_c(\infty)$。当中途卸荷时，瞬时弹性变形 ε_e 立即恢复，之后随时间的发展，徐变也可以恢复一部分，可以恢复的这部分称为滞后弹性变形，不可恢复的部分称为塑性变形。如图 6.41 所示为混凝土应变与时间的关系。

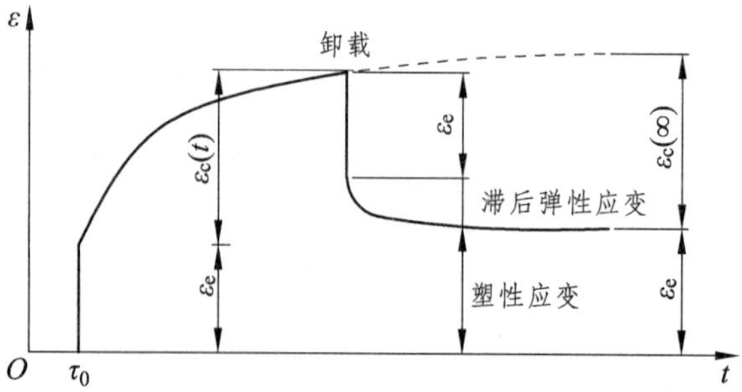

图 6.41　混凝土应变与时间的关系

徐变系数的大小与加载时混凝土的龄期有较大关系，加载龄期越大则徐变系数越小。定义 $\varphi(\tau,t)$ 为加载龄期为 τ 的混凝土在 t 时的徐变系数。

关于徐变系数发展曲线和加载龄期之间的关系有很多假定和计算理论，如老化理论、先天理论和混合理论等。使用最广泛的是老化理论，该理论假定不同加载龄期 τ 的混凝土徐变发展曲线在任意时刻 $t(t>\tau)$，其徐变系数 $\varphi(\tau,t)$ 的增长率相同。老化理论的徐变系数发展曲线如图 6.42 所示，老化理论的徐变系数关系表达式为

$$\varphi(t,\tau)=\varphi(t,\tau_0)-\varphi(\tau,\tau_0) \tag{6.25}$$

式中：$\varphi(t,\tau_0)$——加载龄期为 τ_0 的混凝土，在 $t(t>\tau)$ 时的徐变系数；

$\varphi(\tau,\tau_0)$——加载龄期为 τ_0 的混凝土，在 τ 时的徐变系数。

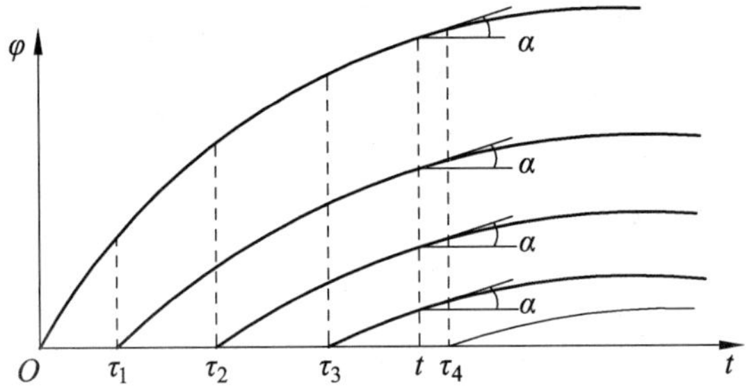

图 6.42 老化理论的徐变系数发展曲线

由老化理论得出的徐变发展曲线，是一组竖向平移的曲线。试验表明，老化理论比较适合早期加载的情况。

对于徐变系数随时间的发展规律，德国狄辛格尔提出了指数函数的曲线方程式：

$$\varphi(t,0)=\varphi(\infty,0)(1-\mathrm{e}^{-\beta t}) \tag{6.26}$$

或简写为

$$\varphi_t=\varphi_k(1-\mathrm{e}^{-\beta t}) \tag{6.27}$$

式中：$\varphi(t,0)$——加载龄期 $\tau=0$（混凝土开始硬化时）的混凝土在 t 时的徐变系数；

$\varphi(k,0)$——徐变终极值，即加载龄期 $\tau=0$ 的混凝土在 $t=\infty$ 时的徐变系数，一般取 1.0 ~ 4.0，常用 2.0 ~ 3.0；

β——表示徐变系数增长速度的系数，一般取 1.0 ~ 3.0。

将式（6.26）代入式（6.25）得老化理论徐变系数的表达式为

$$\varphi(t,\tau)=\varphi(t,0)-\varphi(\tau,0)=\varphi_k(\mathrm{e}^{-\beta\tau}-\mathrm{e}^{-\beta t}) \tag{6.28}$$

只要知道了基本的徐变系数曲线 $\varphi(t,0)$，则后期徐变系数 $\varphi(t,\tau)$ 便可由式（6.28）求得。

老化理论和狄辛格尔公式具有概念明确、计算方便的优点，对于桥梁结构的计算也是比较适用的，现在仍广泛应用。

徐变系数 $\varphi(t,\tau)$ 的数学模式有很多种，可参考有关规范，我国《铁路桥涵混凝土结构设计规范》（TB 10092—2017）采用下面公式计算徐变系数：

$$\varphi(t,\tau)=\beta_\mathrm{a}(\tau)+0.4\beta_\mathrm{d}(t-\tau)+\varphi_\mathrm{f}[\beta_\mathrm{f}(t)-\beta_\mathrm{f}(\tau)] \tag{6.29}$$

式中：$\beta_a(\tau)$——$\beta_a(\tau)=0.8\left(1-\frac{R_\tau}{R_\infty}\right)$表示加载初期产生的不可恢复的变形系数；

$\beta_f(t)-\beta_f(\tau)$——随混凝土龄期而增长的滞后塑性应变；

$\beta_d(t-\tau)$——随时间而增长的滞后弹性应变（见图 6.41）；

φ_f——流塑系数，由周围环境湿度和截面理论厚度而定；

R_τ，R_∞——混凝土龄期为 τ 时的强度和最终强度。

式（6.28）比较全面地考虑了混凝土的物理力学特性，但公式中的系数没有数学表达式，其数值通过图表查得。《公路钢筋混凝土及预应力混凝土桥涵设计规范》（JTG 3362—2018）中 $\varphi(t,\tau)$ 的计算公式参照 1990 年《CEB-FIP 模式规范》的规定给出。

试验表明，当混凝土中的应力为其极限强度的 0.3 ~ 0.6 倍时，徐变变形与应力呈线性关系，称线性徐变，可以采用叠加原理。当应力超过此界限后，随着应力的增加，徐变变形增加得更快，呈非线性关系，称为非线性徐变。正常使用情况下，混凝土的最大应力≤$0.5f_c$，属于线性徐变范畴。

在配筋结构中，混凝土的徐变、收缩将受到钢筋的抑制，在截面上产生应力重分布现象。若在徐变、收缩中计入钢筋的影响，其计算要比素混凝土复杂得多。目前使用上多是忽略钢筋的影响，按素混凝土结构计算，其精度往往能满足工程要求。

综上所述，考虑徐变的结构计算是十分复杂的，下文考虑徐变对恒载内力影响的计算中，采用了如下基本假定：

（1）徐变系数随时间的发展规律采用狄辛格尔公式，即式（6.26）。

（2）徐变系数发展和加载龄期的关系采用老化理论公式，即式（6.28）。

（3）徐变变形和应力呈线性关系，可采用叠加原理。

（4）材料各向同性，混凝土受拉和受压的徐变系数相同。

（5）不考虑结构内配筋的影响，这对预应力混凝土结构中含筋率较小的情况是适用的。

（6）混凝土弹性模量假定为定值。

2）徐变对恒载内力的影响

徐变对连续梁恒载内力的影响，视结构在施工过程中是否发生体系转换而不同。下面的例子将证明如下结论：若连续梁在施工过程中不发生体系转换，则在不变荷载及预应力作用下，混凝土徐变变形不会引起次内力。若连续梁在施工过程中发生体系转换，则混凝土的徐变变形将产生次内力。需要注意区分徐变对恒载内力的影响与预加力因徐变的损失而引起的内力变化之间的不同。本节中的有关结论和计算方法同样适用于其他混凝土超静定结构。

体系转换前的结构称为先期结构，体系转换后的结构称为后期结构；作用在先期结构上的荷载称为先期荷载，而作用在后期结构上的荷载称为后期荷载。

（1）连续梁在施工中发生体系转换。

以两跨连续梁为例，图 6.43 所示为徐变对连续梁恒载内力的影响，设先用吊装施工方法架设成两跨简支梁，在混凝土龄期为 τ_1 时连成连续梁，即先期结构为两孔简支梁，后期结构为两跨连续梁，体系转换时间为 τ_1。

现分析发生体系转换情况下，作用在先期结构上的恒载（包括预应力和自重）在 $t>\tau_1$ 时连续梁的内力分布，并考虑在任何时刻（$t>\tau_1$），结构必须满足变形协调条件。

取连续梁的基本体系为两孔简支梁，在中支点加上赘余力 M_{1t}，由 M_{1t} 引起沿赘余力方向的转角的弹性部分为 $\delta_{11}M_{1t}$。δ_{11} 为 $M_{1t}=1$ 作用于基本结构上，沿赘余力方向产生的转角。在基本结构中间支点上，由先期结构的恒载引起的沿赘余力方向的转角的弹性部分为 δ_{1p}。在 t 时刻，在先期结构的恒载和后期结构徐变弯矩 M_{1t} 的共同作用下，转角的全部弹性部分为 $\delta_{1p}+\delta_{11}M_{1t}$。

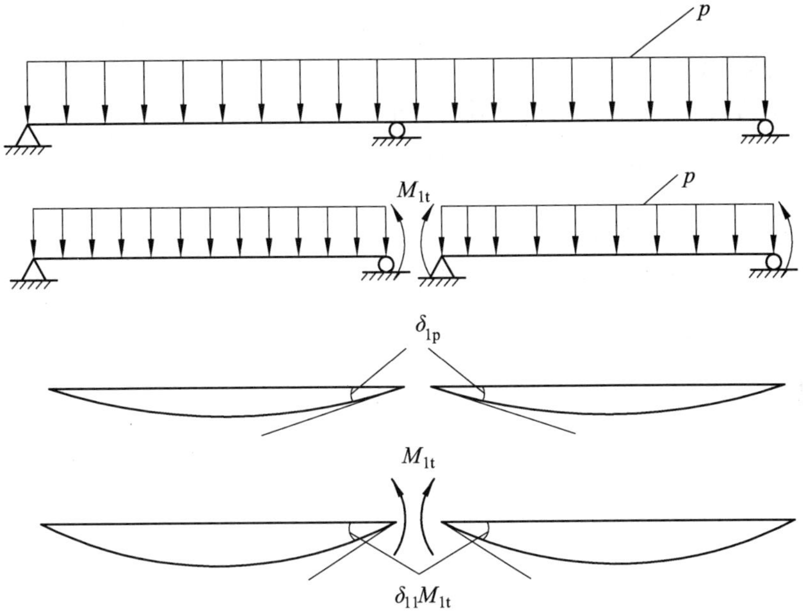

图 6.43　徐变对连续梁恒载内力的影响

现考虑 $t\to t+\mathrm{d}t$ 时刻的变形增量情况，在此时段增量中，假定不考虑预应力损失的变化量，除徐变外，没有外荷载的变化，由此引起的变形增量包括以下 3 个部分。

① 结构在 $\mathrm{d}t$ 时段内赘余力 M_{1t} 变化量为 $\mathrm{d}M_{1t}$，则使转角增加 $\delta_{11}\mathrm{d}M_{1t}$。

② 徐变变形增量：由式（6.24）知，$\varepsilon_c(t,\tau)=\varepsilon_e\varphi(t,\tau)$，现根据“1）徐变和收缩变形规律”中的假定（6），即混凝土弹性模量 E 为常数，则在常应力下 ε_e 为常数。于是 $\mathrm{d}\varepsilon_c(t,\tau)=\varepsilon_e\mathrm{d}\varphi(t,\tau)$，即在 $\mathrm{d}t$ 时间内增加的徐变应为 t 时的弹性应变乘徐变系数增量 $\mathrm{d}\varphi$。对转角同理可得，在 $t\to t+\mathrm{d}t$ 时间内，在 M_{1t} 作用方向增加的徐变转角为 $(\delta_{1p}+\delta_{11}M_{1t})\mathrm{d}\varphi(t,\tau)$，其中 τ 为先期荷载的加载龄期，$\tau<\tau_1$。

③ 弹性内力变化增量引起的位移变化量 $\mathrm{d}M_{1t}\delta_{11}\mathrm{d}\varphi(t,\tau)$ 属于高阶变化量，可予以忽略。

变形增量在 $t\to t+\mathrm{d}t$ 时段内应满足变形增量协调条件。故有

$$(\delta_{1p}+\delta_{11}M_{1t})\mathrm{d}\varphi(t,\tau)+\delta_{11}\mathrm{d}M_{1t}=0 \tag{6.30}$$

式（6.30）可改写为

$$M_{1t}\mathrm{d}\varphi(t,\tau)+\mathrm{d}M_{1t}=-\frac{\delta_{1p}}{\delta_{11}}\mathrm{d}\varphi(t,\tau) \tag{6.31}$$

$$X_1=-\frac{\delta_{1p}}{\delta_{11}} \tag{6.32}$$

式（6.31）变为

$$M_{1t}\mathrm{d}\varphi(t,\tau)+\mathrm{d}M_{1t}=X_1\mathrm{d}\varphi(t,\tau) \tag{6.33}$$

从结构力学可知 $X_1=-\delta_{1p}/\delta_{11}$ 即为作用在先期结构（两孔简支梁）上的恒载，按后期结构（两孔连续梁）计算得到的赘余力方向的弯矩，对本例即为中支点弯矩。

由于 t 取值由 τ_1 开始，所以方程式（6.33）需满足自 τ_1 开始的全部时间内的变形协调条件，式（6.33）称为徐变基本方程。

对徐变基本方程式（6.33）求解，解得 t 时刻中支点弯矩 M_{1t} 为

$$M_{1t}=X_1+c\mathrm{e}^{-\varphi(t,\tau)} \tag{6.34}$$

其中，c 为待定系数，可由初始条件确定。

结构发生体系转换的时间为 τ_1，取 τ_1 为起始时间，式（6.34）的初始条件为

$$\begin{cases}\varphi(t,\tau)=\varphi(\tau_1,\tau)\\ M_{1t}=0\end{cases} \tag{6.35}$$

代入式（6.34）得

$$c=-X_1\mathrm{e}^{\varphi(\tau_1,\tau)}$$

于是 $$M_{1t}=X_1\{1-\mathrm{e}^{-[\varphi(t,\tau)-\varphi(\tau_1,\tau)]}\}$$

简写为 $$M_{1t}=X_1[1-\mathrm{e}^{-(\varphi_t-\varphi_{\tau1})}] \tag{6.36}$$

式（6.36）表明，连续梁在施工过程中由静定结构体系转换为超静定结构体系，恒载内力的徐变作用将引起结构内力重分配，使连续梁产生次弯矩。这一结论对其他超静定混凝土结构也是一样的。

本例中 M_{1t} 为中间支座接缝截面产生的次弯矩，$M_{1t}\overline{M}$ 为连续梁的次弯矩，$\overline{M}$ 为单位赘余力 X=1 作用于基本结构上引起的弯矩。

下面给出徐变次弯矩和总弯矩的一般计算方法。

设先期荷载作用于体系转换前的先期结构，其对应的弯矩为 M_{1g}，对于上述算例即为自重作用下的简支梁弯矩。t 时刻徐变次弯矩为 $\overline{M}M_{1t}$，则对应的梁内任意截面的总弯矩 M_{gt} 为

$$M_{gt}=M_{1g}+\overline{M}M=M_{1g}+\overline{M}X_1[1-\mathrm{e}^{-(\varphi_t-\varphi_\tau)}] \tag{6.37}$$

考虑到 $M_{1g}+\overline{M}X_1$ 为在先期结构上的恒载（包括预加力），按后期结构体系计算的弯矩，令

$$M_{2g}=M_{1g}+\overline{M}X_1$$

式（6.37）也可写为

$$M_{gt}=M_{1g}+(M_{2g}-M_{1g})[1-e^{-(\varphi_t-\varphi_\tau)}] \tag{6.38}$$

式中：M_{1g}——在先期结构上的恒载（包括预加力），按先期结构体系计算的弯矩；

M_{2g}——在先期结构上的恒载（包括预加力），按后期结构体系计算的弯矩；

$\bar{M}$——在基本结构中，单位赘余力作用的弯矩；

M_{gt}——总弯矩，式中等号后的第二项为次弯矩。

基于时段划分和叠加法，结合 M_{1g} 和 M_{2g} 的概念，按式（6.33）可计算多次体系转换的徐变次内力分析。

下面仍以两孔简支变连续梁为例进一步讨论徐变次弯矩的变化趋势。假设两孔简支梁在混凝土龄期为一个月时连接成连续梁。先期荷载仅为自重 q，并设混凝土徐变有关系数 φ_k=2.0，β=1.0。

由式（6.28），计算可得

$$\varphi_t-\varphi_\tau=\varphi_k(e^{-\beta\tau}-e^{-\beta t})=2.0(e^{-\frac{1}{12}}-e^{-\frac{t}{12}})$$

由式（6.36）可求得 t 时刻中支点上的次弯矩为

$$M_{1t}=X_1[1-e^{-(\varphi_t-\varphi_{\tau 1})}]$$

计算 t=1、6、12、24 个月和终极值时的次弯矩 M_{1t}，分别为 0.0、0.47X_1、0.67X_1、0.79X_1 和 0.84X_1。可见，体系转换后，随着时间的增大，徐变次弯矩 M_{1t} 增大，混凝土徐变引起的次弯矩的终极值为 M_{1t}=0.84X_1，M_{1t} 向 X_1 逼近但总是小于 X_1。表 6.3 给出了 $1-e^{-(\varphi_t-\varphi_{\tau 1})}$ 对应的数值。

表 6.3　$1-e^{-(\varphi_t-\varphi_{\tau 1})}$ 对应数值

$\varphi_t-\varphi_\tau$	$1-e^{-(\varphi_t-\varphi_{\tau 1})}$	$\varphi_t-\varphi_\tau$	$1-e^{-(\varphi_t-\varphi_{\tau 1})}$
0	0	1.5	0.78
0.25	0.22	2	0.86
0.5	0.39	3	0.95
0.75	0.53	4	0.98
1	0.63	5	0.99

此例可得出以下结论：简支梁体系转换为连续梁后，由于徐变作用，中支座接缝截面由于恒载的徐变次弯矩，其值最后将接近没有体系转换情况下的连续梁中同一截面的恒载弯矩，特别是在混凝土灌注后 1 ~ 2 个月龄期较早的时候进行结构体系转换的情况，其徐变作用更为显著。

图 6.44 给出了徐变总弯矩变化趋势，即示例中 M_{1g}、M_{2g} 和不同时刻的总弯矩 M_{gt} 分布，其中 M_{1g} 为均布荷载 q 作用下于先期结构即简支梁的弯矩；M_{2g} 为均布荷载 q 作用下于后期结构即两跨连续梁的弯矩，中支点弯矩 $X_1=ql^2/8$。

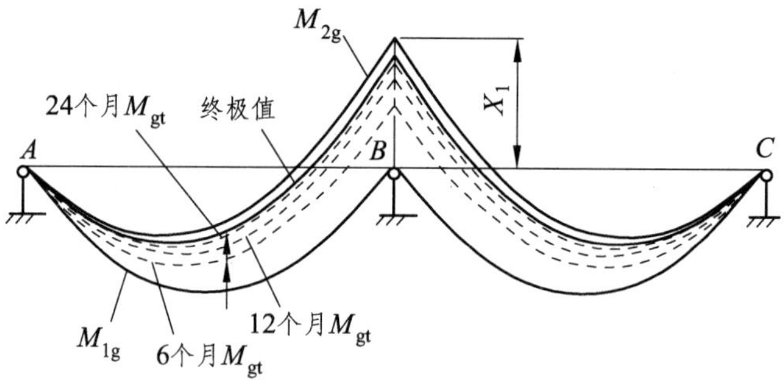

图 6.44　徐变总弯矩变化趋势

由此可见，徐变将使得作用于先期结构的恒载产生的内力向先期恒载作用于后期结构的内力逼近。以上结论同样适用于任何混凝土超静定结构。

（2）连续梁在施工中不发生体系转换。

自重和预应力等在 τ_1 时作用在连续梁上，引起支点弯矩 X_1，并且此后一直作用在上面。

在方程式（6.34）中，初始条件 $t=\tau_1$ 时：

$$\begin{cases}\varphi(t,\tau)=\varphi(\tau_1,\tau)\\ M_{1t}=X_1\end{cases} \tag{6.39}$$

将式（6.39）代入式（6.34），解得待定系数 c=0，得

$$M_{1t}=X_1 \tag{6.40}$$

这说明，连续梁在施工过程中不发生体系转换时，徐变变形并不引起超静定结构内力的变化，即不会引起次内力。

（3）通用表达式。

进一步分析式（6.34）及其初始条件，可得出更一般的情况，即设在 $t=\tau_1$ 体系转换时，在中支点接缝截面上施加一弯矩 M_0（可理解为施加 M_0 以实现体系转换），此后一直作用在上面，则初始条件 $t=\tau_1$ 时：

$$\begin{cases}\varphi(t,\tau)=\varphi(\tau_1,\tau)\\ M_{1t}=M_0\end{cases} \tag{6.41}$$

将式（6.41）代入式（6.34），得

$$M_{1t}=X_1-(X_1-M_0)\mathrm{e}^{-(\varphi_t-\varphi_{\tau1})} \tag{6.42}$$

可见式（6.36）和式（6.41）仅是式（6.42）为 M_0=0 和 $M_0=X_1$ 的特例。更广泛的概念是，只要 $M_0\neq X_1$，结构就会产生徐变次内力。

3）徐变对支座位移引起内力的影响

连续梁在弹性状态下某一支座发生位移而引起的内力，可用结构力学的一般方法求得。这一内力由于混凝土徐变受到约束而引起重分配。下面简要说明徐变对这种内力的影响。

采用图 6.45 所示的两跨连续梁为例说明，假定在混凝土龄期为 τ 时，连续梁的中间支座发生了一个瞬时位移 δ_1。该位移可以是人为的，如用千斤顶起顶，用以减小支座截面的最大负弯矩；也可以是由于地基不均匀沉降引起的，此位移在连续梁的中间支座处产生的反力用

R_1表示。在混凝土徐变的影响下，假设到龄期 t 时支点反力 R_1 减少的数值为 R_{1t}。按前述方法写出 dt 时间内支座 B 的变形增量协调方程。它的变形增量由以下两项组成：

① 反力 R_1-R_{1t} 使梁 B 点挠度值发生的徐变增量为 $(R_1-R_{1t})\delta_{11}\mathrm{d}\varphi(t,\tau)$。

② 在 dt 时间内 R_1 的增量 dR_{1t} 引起梁 B 点的弹性变位挠度为 $\delta_{11}\mathrm{d}R_{1t}$。

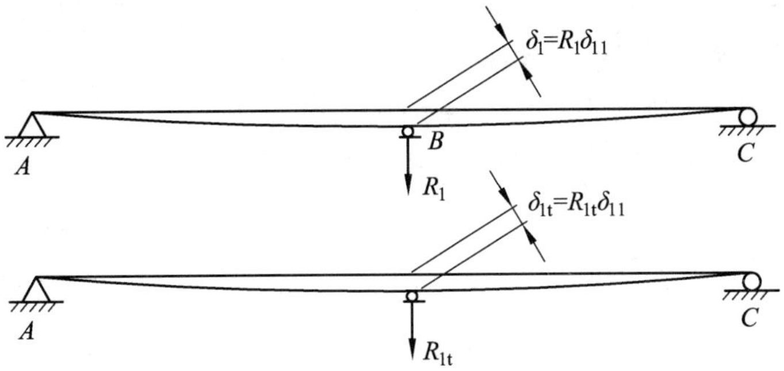

图 6.45　徐变对连续梁支座位移引起内力的影响

根据 B 点在 dt 时间内实际位移为 0 的条件，可建立协调方程：

$$(R_1-R_{1t})\delta_{11}\mathrm{d}\varphi(t,\tau)-\delta_{11}\mathrm{d}R_{1t}=0 \tag{6.43}$$

利用初始条件，解此微分方程得

$$R_{1t}=R_1[1-\mathrm{e}^{-(\varphi_t-\varphi_\tau)}] \tag{6.44}$$

以上关于徐变对支座位移影响的分析，可以参考上一节结构体系转换的概念进行分析。

在图 6.45 中把 AC 视为没有支座 B 的简支梁，在跨中 B 点作用一集中恒载 R_1，产生挠度 δ。然后在挠度下的 B 点加设支座变为两跨连续梁，此时 B 点支座没有受力，反力为零，由原来一孔简支梁变成连续梁，结构体系发生了转变。在恒载 R_1 的作用下，简支梁跨中 B 点的徐变变形受到约束，因此逐渐在 B 点的支座上产生反力，由 0 增加到 R_{1t}，和徐变对恒载内力的影响所作分析的概念相同，得到与式（6.31）类似的微分方程：

$$R_{1t}\mathrm{d}\varphi(t,\tau)+\mathrm{d}R_{1t}=-\frac{\delta_{1p}}{\delta_{11}}\mathrm{d}\varphi(t,\tau)=R_1\mathrm{d}\varphi(t,\tau) \tag{6.45}$$

式（6.45）和式（6.43）是一致的，因此得到相同的分析结果。梁内最后引起的弯矩也可应用式（6.38）计算得到，此时式中的 M_{1g} 为简支梁弯矩，而 M_{2g} 为 0。

式（6.44）说明，由于混凝土徐变的影响，支座位移引起的支点反力 R_1 将随时间而减小，到龄期 t 时剩余的支点反力为

$$R_1-R_{1t}=R_1\mathrm{e}^{-(\varphi_t-\varphi_\tau)} \tag{6.46}$$

仍以上节假设的徐变系数为例，当 $\varphi_t-\varphi_\tau=1.84$ 时，$\mathrm{e}^{-(\varphi_t-\varphi_\tau)}=0.16$，即剩余的支点反力仅为原来的 16%。因此混凝土徐变作用使支座弹性位移产生的内力几乎消失。混凝土徐变作用对支座不均匀沉降起有利作用。

通过以上分析也说明，利用人为降低或顶高支座的措施调整连续梁内弯矩的方法，其效果是随时间而减小的，很难达到预期的目的，对于早期调整的情况更加明显。这个结论对多

跨连续梁以及其他超静定混凝土结构都是适用的。

4）混凝土龄期差对徐变次内力的影响

若假设图 6.43 所示的两跨简支梁在进行体系转换时的龄期不同且差别较大，由于存在龄期差，混凝土的徐变系数有所差别，结构次内力计算将复杂化。原则上仍可按前述基于力法的变形协调条件建立出变形增量协调微分方程组，解方程组且引入边界条件后，即可得出徐变次内力，再利用叠加原理，求总内力。

对于采用悬臂施工法建造的大跨径混凝土桥等复杂结构而言，这种方法的计算是相当复杂的，实用中常采用基于位移法的有限元法进行分析，将在后续章节进一步介绍。

5）徐变、收缩荷载列阵

下面介绍用直接刚度法计算徐变和收缩引起内力的方法，对于静定或超静定、体系转换或不转换结构同样适用，其基本原理也适用于混凝土斜拉桥及组合梁桥等其他桥梁结构。

为具有广泛的实用价值，以节段施工桥梁结构为对象进行阐述。设施工阶段单元的加载龄期为 $\tau_1, \tau_2, \cdots, \tau_m$，$m$ 为单元总数；计算收缩、徐变阶段的时间为 $t_1, t_2, \cdots, t_n$，n 为计算收缩、徐变阶段数，n 可小于或等于施工阶段数。要求第 i 个收缩徐变阶段到第 i+1 个收缩徐变阶段即求 t_i 到 t_{i+1} 时段内的收缩徐变次内力，第 i 个及之前阶段的各项恒载内力（包括预应力和收缩、徐变内力）均已求得，并储存起来。

（1）混凝土收缩的发展曲线。

混凝土收缩变形和徐变变形一样由许多因素确定，在结构中也将引起应力和内力的重分布。不同之处是，它与荷载应力无关，是在混凝土灌注后开始发生，全部收缩完成将要一年以上。

收缩变形随时间增长的性质和徐变变形的发展很相似。对于由龄期 τ 算起到时间 t 的收缩变形可按式（6.47）计算：

$$\varepsilon_{\mathrm{s}}(t,\tau)=\varepsilon_{\mathrm{sk}}(\mathrm{e}^{-p\tau}-\mathrm{e}^{-pt}) \tag{6.47}$$

式中：$\varepsilon_{\mathrm{sk}}$——收缩变形终极值；

p——收缩变形增长速度的参数。

另一类计算收缩的简单方法是不考虑收缩与时间的关系，当作降温处理。

（2）单元的收缩徐变节点荷载向量。

设一个梁单元在杆端作用有不变荷载向量为

$$\{\bar{F}^{\mathrm{e}}\}=[\bar{N}_i\ \ \bar{Q}_i\ \ \bar{M}_i\ \ \bar{N}_j\ \ \bar{Q}_j\ \ \bar{M}_j]^{\mathrm{T}} \tag{6.48}$$

在杆端力作用下左、右杆端的弹性位移差可通过力学分析求得

$$\{\Delta\bar{\delta}^{\mathrm{e}}\}=\begin{Bmatrix}\Delta u\\ \Delta v\\ \Delta\theta\end{Bmatrix}=\begin{Bmatrix}-\dfrac{(\bar{N}_j-\bar{N}_i)}{2EA}\\ -\dfrac{(\bar{M}_j-2\bar{M}_i)L^2}{6EI}\\ \dfrac{(\bar{M}_j-\bar{M}_i)L}{2EI}\end{Bmatrix} \tag{6.49}$$

解除单元的所有约束，任其自由变形，则在 $\Delta t=t_{i+1}-t_i$ 时段内，徐变引起的位移增量可直

接由徐变的概念求得

$$\{\Delta\bar{\delta}_{\mathrm{c}}^{\mathrm{e}}\}=[\varphi(t_{i+1},\tau)-\varphi(t_i,\tau)]\{\Delta\bar{\delta}^{\mathrm{e}}\} \tag{6.50}$$

收缩引起的单元长度缩短量为

$$\Delta L=[\varepsilon_{\mathrm{s}}(t_{i+1},\tau)-\varepsilon_{\mathrm{s}}(t_i,\tau)]L \tag{6.51}$$

式中：τ——单元的加载龄期；

L——单元的长度。

全部变位增量 $\{\Delta\bar{\delta}^{\mathrm{e}}\}$ 为上述两式的矢量和。锁定单元，约束杆端的变位，从而使得杆端产生约束反力，由单元刚度方程可求出此变位增量对应的杆端力为 $\{\bar{P}^{\mathrm{e}}\}=[K]^{\mathrm{e}}\{\Delta\bar{\delta}^{\mathrm{e}}\}$，即为局部坐标系下的收缩徐变节点荷载向量通过坐标转换化为整体坐标系中收缩徐变节点荷载向量 $\{P^{\mathrm{e}}\}$。

实际上，在进行的有限元分析中，式（6.50）中 i 和 i+1 两个相邻计算阶段的位移（包括前期徐变位移）差是已知的。可直接由式（6.50）计算相邻计算阶段的位移差，总的徐变位移可分阶段求和得出。

上述收缩徐变节点荷载向量是在人为锁定单元变位后获得的，最终的徐变内力必须将收缩徐变节点荷载产生的内力与上述收缩徐变节点荷载向量进行反向叠加，以解除约束。

（3）桥梁的收缩徐变内力计算。

当考虑因施工阶段不同而引起的龄期差时，收缩徐变内力的计算必须分阶段计算。

从第 1 个阶段到第 i 个阶段进行循环，首先计算各相邻阶段 k 和 k+1 的单元内力差 $\{\bar{F}_{k,k+1}^{\mathrm{e}}\}$ 和位移差 $\{\bar{\delta}_{k,k+1}^{\mathrm{e}}\}$，作用荷载包括恒载、预应力和收缩、徐变等；然后按上述“②单元的收缩徐变节点荷载向量”中的方法计算在第 i 个收缩徐变阶段到第 i+1 个收缩徐变阶段的时段内，此位移差或内力差对应的徐变节点力向量 $\{P_{\mathrm{c}k,k+1}^{\mathrm{e}}\}$，并考虑时段时间步长 $t_i \to t_i$+1 内对应的收缩节点力向量 $\{P_{\mathrm{s}k,k+1}^{\mathrm{e}}\}$；最后向总体列阵中累加安装荷载列阵。可按式（6.52）计算：

$$\{P_{\mathrm{c}}^{\mathrm{e}}\}=\sum_{k=1}^{i-1}\{P_{\mathrm{c}k,k+1}^{\mathrm{e}}\}+\{P_{\mathrm{s}k,k+1}^{\mathrm{e}}\} \tag{6.52}$$

（4）收缩徐变引起预应力损失及其产生的次内力。

收缩徐变引起单元变位，也就使得单元中预应力钢束产生预应力损失，损失的预加力可以直接根据收缩徐变的变位增量计算得到。

预加力损失的同时结构内力产生变化，计算方法为将损失的预加力转化为等效荷载，具体可参见 6.3.2 节“1. 预加力次内力分析”。

（5）步长分析。

由徐变增量微分方程求解徐变次内力的过程和分析结论可知，徐变次内力的产生和发展过程与徐变的发展过程一样，是一个关于时间的非线性过程。

利用本节介绍的方法用直接刚度法求解时，实际上是在时间步长 $t_i \to t_i$+1 内进行线性化以替代非线性，徐变节点力与徐变系数呈线性关系。

如一个三跨变截面连续梁，跨径为（48+80+48）m，分左、右半桥施工，20 d 时在中跨跨中合龙为连续梁，计算 1 500 d 时的中跨跨中截面徐变次弯矩。通过计算，中跨跨中截面的

弯矩 M_{2g}=52 400 kN · m，M_{1g}=0，$\varphi_t-\varphi_\tau$=2.54。由式（6.37）求得中跨跨中截面徐变次弯矩 M_{1t}=48 270 kN · m；

若按直接刚度法计算，且只用一个时间段计算，则 M_{1t}=97 160 kN · m，远大于理论计算值。若将时间段划分为 10 个小段，且前面的步长小，后面的步长加大，得出 M_{1t}=51 540 kN · m。进一步细分为 20 个小段时，得出 M_{1t}=50 865 kN · m。比较接近理论计算值，但仍比理论值大。

造成这一现象的原因是：在一定时间步长内的线性化过程中，只计入弹性内力（含本步长前求得的徐变内力）引起的徐变位移增量，忽略了本时间步长内的徐变内力和位移增量的影响。因此，为提高计算精度，数值分析计算的时间步长不宜取得过大。

（6）等效弹性模量法。

根据 Trost-Bazant 理论，时间步长 $t_i \to t_{i+1}$ 内，由收缩徐变导致的应变增量与应力增量之间的关系为

$$\Delta\varepsilon_{(i,i+1)}=\frac{\Delta\sigma_{cs(i,i+1)}}{E_{h(i)}}\left[1+\rho_{(i,i+1)}\varphi_{(i,i+1)}\right]+\left\{\sum_{j=1}^{i}\frac{\Delta\sigma_{h(j,j+1)}}{E_{h(j)}}[\varphi_{(i+1,j)}-\varphi_{(i,j)}]+\Delta\varepsilon_{s(i,i+1)}\right\} \tag{6.53}$$

式中：$\Delta\sigma_{cs(i,i+1)}$——i 到 i+1 时间段内因收缩徐变导致的应力增量；

$\Delta\sigma_{h(j,j+1)}$——j 到 j+1 时间段起点的弹性应力（含收缩徐变引起的）；

$E_{h(j)}$——j 到 j+1 时间段起点的混凝土弹性模量；

$\rho_{(i,i+1)}$——i 到 i+1 时间段内的时效系数；

$\varphi_{(i+1,j)}$——i+1 到 j 时间段内的徐变系数；

$\varphi_{(i,j)}$——i 到 j 时间段内的徐变系数；

$\Delta\varepsilon_{s(i,i+1)}$——$i$ 到 i+1 时间段内的收缩应变增量。

令
$$\bar{E}_{h(i,i+1)}=\frac{E_{h(i)}}{1+\rho_{(i,i+1)}\varphi_{(i,i+1)}} \tag{6.54}$$

$$\eta_{(i,j)}=\bar{E}_{h(i,i+1)}\frac{\varphi_{(i+1,j)}-\varphi_{(i,j)}}{E_{h(j)}} \tag{6.55}$$

其中，$\bar{E}_{h(i,i+1)}$ 称为有效弹性模量。式（6.53）可改写为

$$\begin{aligned}\Delta\sigma_{cs}(i,i+1)&=\bar{E}_{h(i,i+1)}\left[\Delta\varepsilon_{(i,i+1)}-\frac{1}{E_{h(i,i+1)}}\sum_{j=1}^{i}\eta_{(i,j)}\Delta\sigma_{h(j,j+1)}-\Delta\varepsilon_{s(i,i+1)}\right]\\&=\bar{E}_{h(i,i+1)}\left[\Delta\varepsilon_{(i,i+1)}-\bar{\varepsilon}_{(i,i+1)}\right]\end{aligned} \tag{6.56}$$

其中
$$\bar{\varepsilon}_{(i,i+1)}=\frac{1}{\bar{E}_{h(i,i+1)}}\sum_{j=1}^{i}\eta_{(i,j)}\Delta\sigma_{h(j,j+1)}-\Delta\varepsilon_{s(i,i+1)} \tag{6.57}$$

从式（6.57）可以看出，用有效弹性模量 $\bar{E}_{h(i,i+1)}$ 代替弹性模量 $E_{h(i)}$ 则在第 $i \to i$+1 阶段的时间间隔内，应变增量与应力增量的关系具有线性形式，从而可以利用弹性体的分析方法来分析收缩徐变的影响。

如果在时段的起点时刻，将节点锁定，使其应变增量为零，即 $\Delta\varepsilon_{s(i,i+1)}=0$，则可由式（6.56）得出该时段内所施加的节点约束力增量。

$$\Delta N_{(i,i+1)}=-\sum_{j=1}^{i}\eta_{(i,j)}\Delta N_{(j,j+1)}-\bar{E}_{h(i,i+1)}A\Delta\varepsilon_{s(i,i+1)} \tag{6.58}$$

$$\Delta M_{(i,i+1)}=-\sum_{j=1}^{i}\eta_{(i,j)}\Delta M_{(j,j+1)} \tag{6.59}$$

$$\Delta Q_{(i,i+1)}=-\sum_{j=1}^{i}\eta_{(i,j)}\Delta Q_{(j,j+1)} \tag{6.60}$$

系数 $\eta_{(i,j)}$ 的物理意义可理解为，当应变保持为常数时在时刻 t_i 所施加的节点力，在时段 $i\rightarrow i+1$ 内产生的松弛比值。

关于时效系数 $\rho_{(i,i+1)}$ 的计算公式，视采用的徐变系数计算公式而定，可参考有关文献。以老化理论为基础的应力松弛规律建立的时效系数公式为

$$\rho(t,\tau)=\frac{1}{1-\mathrm{e}^{-\varphi(t,\tau)}}-\frac{1}{\varphi(t,\tau)} \tag{6.61}$$

用直接刚度法进行结构分析计算的步骤同前，不再赘述。但应注意，在形成计算收缩徐变内力的刚度方程时，弹性模量必须采用有效弹性模量。

3. 温度变化引起的次内力

桥梁结构因自然条件变化而引起的温度差效应主要归纳为年温差影响和局部温差影响。年温差影响是指气温随季节发生周期性变化时对结构物所起的作用。一般假定温度沿结构截面高度方向以均值变化，它对无水平约束的简支梁、连续梁等只会导致桥梁的纵向位移。一般通过桥面伸缩缝、支座位移或柔性桥墩等构造措施相协调。由于结构无弯曲变形，不会产生多余的约束反力，故并不导致结构温度次内力（或温度应力），只有在结构均匀伸缩受到限制时，年温差才会引起温度次内力，如拱式结构、框架结构及部分斜拉桥结构。如图 6.46 所示，温差影响包括日照、降温和混凝土水化热影响。日照、降温影响因日照时间、日照强度、地理位置等随机因素的存在，使结构表面、内部温差形成瞬时的不均匀分布，从而导致结构的温度应力，这是产生结构裂缝的主要因素。

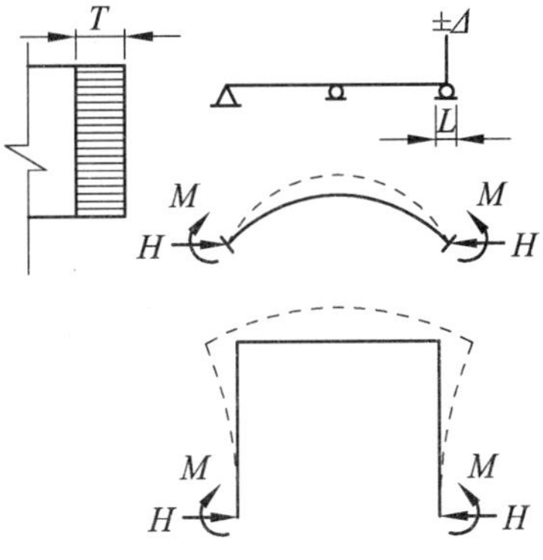

图 6.46　年温差对不同结构的影响

结构的温度分布称为温度场。确定了结构各部分的温度场后，应用力学分析的方法即可求得结构的温度应力。严格地说，桥梁结构内任意一点的温度 T_i 应是三维坐标 x、y、z 和时间 t 的函数，即 $T_i=f(x,y,z)$，为三维热传导问题。考虑到桥梁是一个狭长的结构物，而且一般公路桥梁常用的箱梁结构都带有一定长度的悬臂，腹板因悬臂的遮阴，直接受日照时间较短，两侧温差变化不大，箱梁底板则终日不受日照，处于高空中，通风较好，只有顶板全天受日照。因此在公路箱梁结构中可将三维热传导问题简化为竖向（沿截面高度）的一维热传导状态问题，主要考虑桥面受日照后形成的沿箱梁高

度变化的温度梯度。对于铁路箱梁，因梁较窄，梁腹板直接受日照，导致两侧腹板日照温差较大，除了考虑竖向的日照温差影响外，还要考虑横向的影响。

温度梯度模式与温度设计值大小是否接近实际状态是正确计算结构温度应力的关键，温度梯度模式可分为线性梯度模式和非线性梯度模式。

图 6.47（b）所示为线性变化的梯度模式。由于温度梯度与梁的平截面假定一致，因此在这种温差变化下，梁式结构将产生挠曲变形，变形后仍然服从平截面假定，梁的纵向纤维之间不产生由于相互约束而引起的自相平衡的温度自应力。同时，由于物体热胀冷缩的性质，线性温度梯度会引起结构的位移。在静定梁式结构中，梁的伸长缩短并不引起多余约束反力，故不产生温度次内力和次应力；但在连续梁式结构中，不但会引起结构的位移，还会因多余约束的存在，会产生温度次内力。线性温度梯度对结构的影响如图 6.48 所示。

图 6.47（c）、（d）、（e）所示均为非线性变化的梯度模式。此时温度梯度不再与梁的平截面假定一致，故在温差变化下，无论是静定还是超静定梁式结构，在产生挠曲变形后，由于要服从平截面变形，梁的纵向纤维之间必然会产生相互约束，从而引起温度自应力。同样，在静定梁式结构中，不会产生温度次内力和次应力，但在连续梁式结构中，除自应力还会产生温度次内力和次应力。

关于温度变化引起的次内力计算可参考相关书籍，本书不作详细介绍。

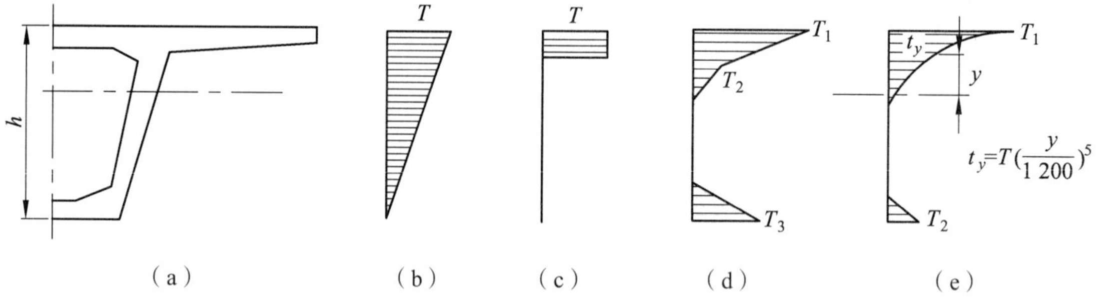

图 6.47　不同温差梯度模式

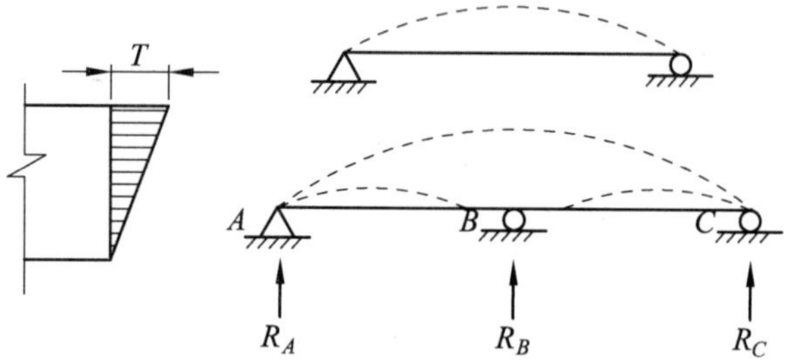

图 6.48　线性温度梯度对结构的影响

4. 墩台不均匀沉降引起的次内力

连续梁桥墩台基础沉降与地基土壤的物理性质有关，一般规律是随时间而递增，经过相当长的时间，沉降接近终值。为简化计算，可假定沉降变化规律类似于徐变变化规律，具体计算方法本书不作详细介绍，请参考相关书籍。

6.3.3 活载内力计算

活载作用于桥上时，桥梁已成为最终的结构体系，其产生的内力可由内力影响线，按最不利位置布置荷载，计算步骤与简支梁基本相同。下面仅将连续梁活载内力计算的特点作简单介绍。

在大跨径预应力混凝土连续梁中，绝大多数在纵向采用变截面，各截面刚度不同，计算时应注意。在初步设计时，为简化计算，如主梁刚度沿纵向变化不大（一般在 $EI_{max}/EI_{min}\leqslant 2.5$ 或 $h_{max}/h_{min}\leqslant 1.35$ 时），也可以近似按等刚度结构体系求解主梁内力。

连续梁内力影响线中，大多数截面都存在变号的弯矩和剪力，按最不利荷载位置布置活载求截面控制内力值时，应分别对正、负区段加载，以求出正、负内力值。另外，对于公路预应力混凝土连续梁，还应考虑荷载的横向分布系数 m。

6.3.4 刚构桥内力计算

1. 计算的基本原则和假定

目前，超静定体系桥梁的内力，仍按在运营荷载作用下结构为弹性的假定进行计算，然后用算得的内力进行截面强度的验算。计算刚构桥内力时，可遵循下列原则和假定：

（1）计算图式的轴线取支柱厚度的中分线和平分主梁跨中截面高度的水平线。对于截面高度或厚度变化较大的刚构桥，则以各截面高度中分点的连线作为计算图式的理论轴线。

（2）计算截面包括全部混凝土截面（包括受拉区），不考虑钢筋。对于 T 形和箱形截面，不论其顶板和底板厚度如何，均应全部计入计算截面。

（3）计算变位时，一般可略去轴向力和剪力，仅计弯矩的影响。但在计算张拉力作用所产生的次内力时，则必须计入轴向力对变位的影响。刚构桥横向宽度应根据道路等级、使用功能、主梁的截面形式等确定。

（4）当采用变截面的主梁和支柱时，如果在同一构件中最大截面惯性矩超过最小截面惯性矩的 2 倍时，则应考虑此项变化的影响。

（5）在主梁与支柱相交接的区域，其截面惯性矩与其他地方相比要大得多，可视为趋于无限大，而此区域的变形实际上非常之小，因此在计算内力时，可不考虑此区域变形的影响。

（6）当刚架置于压缩性甚小的土壤中时，支柱底端可认为是固定的。若刚架置于中等坚实土壤时，则仅在下列情况下，支柱底端可认为是固定的，即由于基础有足够大的尺寸致使基础底面一边的土压应力与另一边之比不大于 3 倍时。

（7）关于混凝土的弹性模量 E_h，根据《公路钢筋混凝土及预应力混凝土桥涵设计规范》（JTG 3362—2018）的规定，截面刚度按 $0.8E_hI$ 计。其中，关于惯性矩 I 的计算规定：对于静定结构，不计混凝土受拉区，计入钢筋；对于超静定结构，包括全部混凝土截面，不计钢筋。

2. 竖向荷载作用下的内力计算

刚构桥在竖向荷载作用下的内力计算可参考相关结构力学书籍或采用计算机程序。目前一般按平面结构计算为多，但也可按空间结构进行分析，在此不再赘述。

3. 次内力计算

刚构桥次内力计算与连续梁基本相似，但其在计算过程中必须考虑轴力的影响，可参考相关书籍计算。

6.3.5 预应力配筋估算

根据《公路钢筋混凝土及预应力混凝土桥涵设计规范》（JTG 3362—2018）的规定，预应力梁应满足正常使用阶段的应力和承载力的要求。据此形成了预应力配筋设计的两类估束方法，即应力估束法和强度估束法。

强度估束法：一般用于采用通长配筋的结构，如简支梁等，其计算方法在结构设计原理课程中已介绍，在此不再赘述。

应力估束法：对于预应力连续体系，特别是采用节段法施工的结构，一般均采用分段配筋法，此时多采用应力估束法。具体方法如下：

使用荷载下，应力应满足式（6.62）：

$$\begin{cases}\sigma'_{\mathrm{p}}+\dfrac{M_{\min}}{W'_{\mathrm{c}}}\geqslant[\sigma_{\mathrm{l}}]\\[2ex]\sigma'_{\mathrm{p}}+\dfrac{M_{\max}}{W'_{\mathrm{c}}}\geqslant[\sigma_{\mathrm{a}}]\\[2ex]\sigma_{\mathrm{p}}-\dfrac{M_{\max}}{W_{\mathrm{c}}}\geqslant[\sigma_{\mathrm{l}}]\\[2ex]\sigma_{\mathrm{p}}-\dfrac{M_{\min}}{W_{\mathrm{c}}}\geqslant[\sigma_{\mathrm{a}}]\end{cases}\tag{6.62}$$

式中：σ'_{p}、σ_{p}——预应力在截面上缘、下缘所产生的应力；

W'_{c}、W_{c}——截面上缘、下缘的抵抗矩；

$M_{\min}$、$M_{\max}$——外荷载作用的最小和最大弯矩包络值，以梁下缘受拉为正；

$[\sigma_{\mathrm{l}}]$、$[\sigma_{\mathrm{a}}]$——混凝土的容许拉、压应力，以压为正。

一般情况下，由于梁截面较高，受压区面积较大，压应力不是控制因素，配筋时可只用拉应力控制条件，对于全预应力混凝土桥梁$[\sigma_{\mathrm{l}}]=0$。

根据梁的弯矩包络图的正、负性质，可以按如下三种情况分别考虑：

1. 正、负弯矩区段

为抵抗正、负交变弯矩，在截面上、下缘布置力筋，由上、下缘的拉应力条件同时控制：

$$\frac{N_{\mathrm{p}}}{A_{\mathrm{c}}}-\frac{N_{\mathrm{p}}e}{W'_{\mathrm{c}}}+\frac{N'_{\mathrm{p}}}{A_{\mathrm{c}}}+\frac{N'_{\mathrm{p}}e'}{W'_{\mathrm{c}}}+\frac{M_{\min}}{W'_{\mathrm{c}}}=[\sigma_l]\tag{6.63}$$

$$\frac{N_{\mathrm{p}}}{A_{\mathrm{c}}}+\frac{N_{\mathrm{p}}e}{W_{\mathrm{c}}}+\frac{N'_{\mathrm{p}}}{A_{\mathrm{c}}}-\frac{N'_{\mathrm{p}}e'}{W_{\mathrm{c}}}-\frac{M_{\max}}{W_{\mathrm{c}}}=[\sigma_l]\tag{6.64}$$

式中：A_{c}——混凝土的面积，按毛截面面积计算；

e'、e——上、下缘钢束的重心到混凝土截面的重心的距离；

N'_p、N_p——上、下缘钢束的有效预压力；

其余符号意义同前。

解上述方程组，得 N'_p、N_p，按式（6.65）、式（6.66）计算预应力筋的根数：

$$n'_p = \frac{N'_p}{a_p \sigma_p} \tag{6.65}$$

$$n_p = \frac{N_p}{a_p \sigma_p} \tag{6.66}$$

式中：a_p、σ_p——单根预应力束的截面积和钢束的永存预应力。

2. 正弯矩区段

在截面下缘布置力筋，以抵抗正弯矩，由下缘的拉应力条件控制，即

$$\frac{N_p}{A_c} + \frac{N_p e}{W_c} - \frac{M_{max}}{W_c} = [\sigma_l] \tag{6.67}$$

由式（6.67）求得 N_p 后，按式（6.66）计算预应力筋的根数。

3. 负弯矩区段

在截面上缘布置力筋，以抵抗负弯矩，由上缘的拉应力条件控制，即

$$\frac{N'_p}{A_c} + \frac{N'_p e'}{W'_c} + \frac{M_{min}}{W'_c} = [\sigma_l] \tag{6.68}$$

由式（6.68）求得 N'_p 后，按式（6.65）计算预应力筋的根数。

对于施工阶段，各截面的弯矩方向是确定的，可以仿照上述方法估算钢束数量。

以上完成的是预应力桥梁设计中的截面估束计算工作，它是设计中的重要环节之一。对于预应力超静定结构，计算估束时，结构与内力等还存在一些未知量，为减少以后计算估束的工作量，可采用如下措施：

（1）估束用的内力中尚未包括一些次内力，如与预应力有关的次内力等，一般可通过将结构最大控制设计弯矩值增大 20%～30%进行初估计算，或适当增大按结构最大控制设计弯矩估束的结果。

（2）预应力筋的永存应力也是未知的，准确的永存应力需在预应力束束形确定后才能得到。估束时凭经验取值，一般可取$(0.45\sim0.55)f_{ptd}$（f_{ptd} 为预应力筋的抗拉设计强度）。

（3）上、下缘预应力筋重心位置估算，应综合考虑规范规定的保护层厚度、选用的管道直径和层数确定，必要时进行调整和迭代计算。

（4）对于悬臂施工的连续体系梁和采用顶推法施工的连续梁，施工阶段内力和成桥内力差别较大，应分别计算，必要时可加临时束。

6.4 预应力混凝土连续体系梁桥施工

初期的混凝土连续梁采用满堂支架法建造，桥梁的跨径多为 30～40 m，由于施工工期长、

耗用的支架量大，使用受到限制，目前主要用于城市的立交桥、高架桥以及无水的中、小跨径连续梁桥。连续梁施工的满堂支架法与简支梁类似，本章不再介绍。

20 世纪 50 年代初期以来，随着节段施工技术的发展，连续梁桥的施工可以不需要在河中搭设支架，使得连续体系梁桥迅速发展。节段施工法包括悬臂施工法、顶推施工法、转体施工法和移动模架逐孔施工法等。

悬臂施工法是节段施工法中发展较早、应用较广的一种施工方法，采用对称悬臂施工建造大跨径预应力混凝土连续体系梁桥，大力推动了梁式桥结构形式和跨越能力，用它建造的预应力混凝土连续体系梁桥的最大跨径达 300 m。目前，它是建造大跨径桥梁的一种最主要的施工方法。悬臂施工法分为悬臂浇筑法和悬臂拼装法，前者具有施工不受地形条件限制、结构整体好、对起重能力要求不高、施工变位控制相对较简单等优点，优势较明显。已建成的大跨径预应力混凝土桥大多采用悬臂浇筑法施工，该方法也应用于斜拉桥、拱桥的建造中。对于中等跨径多跨连续梁桥，常采用分段预制、逐段顶推的顶推施工法，也可采用一套机具设备如移动模架的逐孔施工法，可方便、快速地连续施工。为了减小对桥下交通等的影响，近年来不少桥梁采用平转法施工。

6.4.1 悬臂施工法

1. 悬臂浇筑法

悬臂浇筑法是以桥墩为中心，从墩顶开始，利用已浇梁段将梁体自重和施工荷载传递到桥墩、基础上，以移动式挂篮作为主要的施工设备，对称向两岸逐段浇筑混凝土，待混凝土到达要求的强度后，张拉预应力筋，再向前移动挂篮，进行下一个节段的施工，直至合龙成桥的施工方法。

墩顶上方需要一定长度的梁段供拼装挂篮用，这个长度称为起步长度或 0 号块，其长度一般为 8 ~ 12 m，一般采用支架或墩旁托架法现浇。挂篮悬臂施工的节段长度划分，主要取决于施工工期和挂篮的承重能力，一般长度为 2 ~ 5 m。

对称悬臂施工的总长度实际上略小于半个中跨长，依据桥梁的跨数、边中跨径比和施工方法的不同，有不同的结构合龙方案可供选择。这一工作需结合具体结构和施工条件确定，一般在设计中考虑。

在用悬臂浇筑法建造连续梁桥时，需要采用临时固结措施将墩梁临时固结，以承担施工中出现的不平衡荷载，待合龙后恢复到原结构状态。

1）挂篮结构

挂篮支承在已浇梁段上，既是新浇梁段的承重结构，又是一个能够沿轨道行走的活动脚手架和施工操作平台。在挂篮上完成一个梁段的模板、钢筋、管道的安设，混凝土浇筑和预应力筋的张拉、灌浆等作业。当一个节段施工完成后，解除挂篮的锚固，移到下一个梁段施工。

挂篮的种类很多，其构造也随之各不相同。主要的类型有菱形挂篮（见图 6.49）、梁式挂篮（见图 6.50）、三角形挂篮和斜拉挂篮等。菱形挂篮一般由型钢组成，因其刚度大、质量小而最为常用。梁式挂篮，可以采用型钢、万能杆件或贝雷架，其中贝雷架需特别注意其变形与刚度问题。尽管挂篮结构形式差异很大，但是就各部分构成的功能而言，各类挂篮基本相同。

以图 6.50 所示的梁式挂篮为例，对挂篮的 6 个部分构成进行介绍，包括底模架系统、悬吊系统、承重结构、行走系统、平衡重和锚固系统、工作平台。

（1）底模架系统。底模架系统是混凝土节段施工的底部支撑系统，包括下纵梁、前下横梁、后下横梁和底膜等构件，一般为钢结构，其前端通过吊杆或吊带悬吊于承重结构上，后端在浇筑混凝土时锚固于主梁上，行走时通过导梁和吊杆转换悬吊于承重结构上。

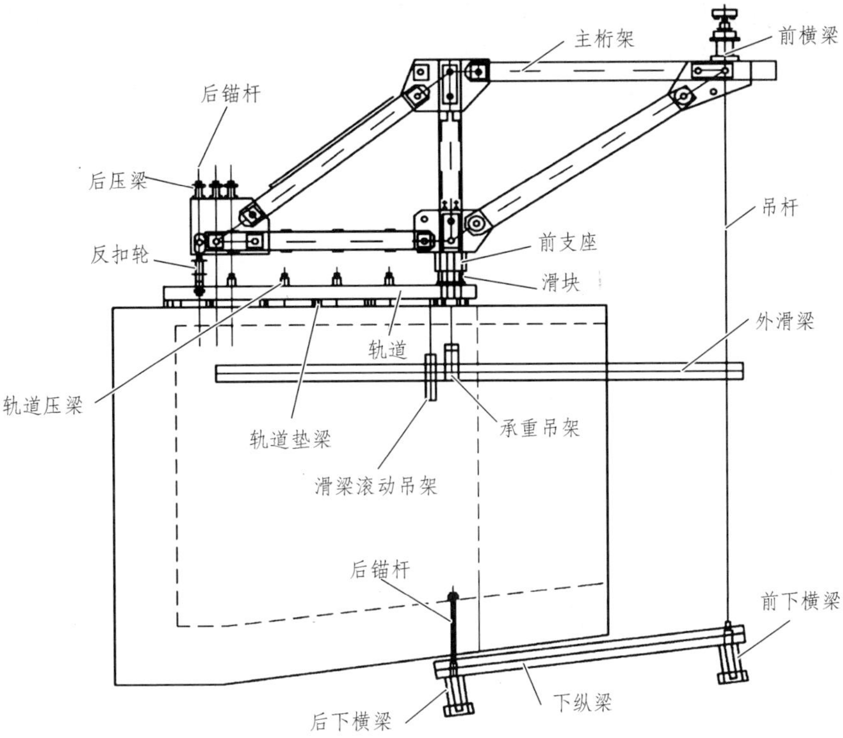

图 6.49 菱形挂篮结构

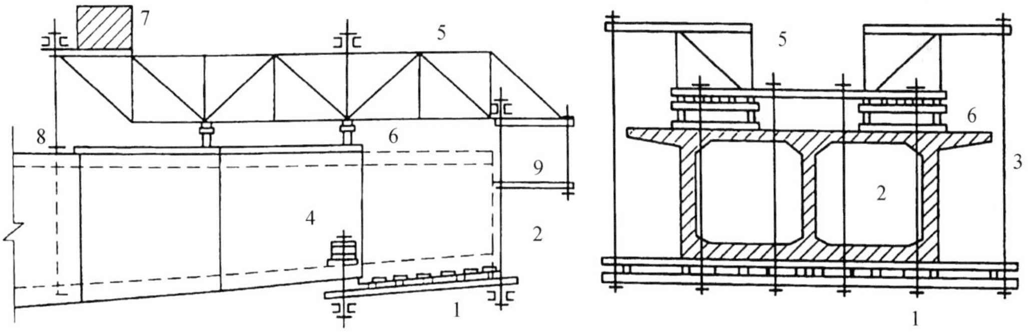

1—底模架系统；2，3，4—悬吊系统；5—承重结构；6—行走系统；7—平衡重；8—锚固系统；9—工作平台。

图 6.50 梁式挂篮结构

（2）悬吊系统。悬吊系统可采用吊杆或吊带，悬挂底模架和侧模等，并具有高程调节功能，通过千斤顶顶升实现。

（3）承重结构。承重结构承受全部荷载，并将之传递到已浇梁段上，为了施工新浇筑节段，承重结构前端呈悬臂状态，下方悬吊底模架、侧模等，为保证其平衡稳定性，其后端一般锚固于主梁上。

（4）走行系统。走行系统包括走行轨道、千斤顶或卷扬机等施力装置。承重结构安装在走行轨道上，两者之间设置滑块或滚轮，分别构成滑动或滚动两种不同的走行方式。在节段施工完成后，解除承重结构、底模架的后锚装置，将底模架、内模、外模通过导梁的承重吊杆转换到导梁（滑梁）的滚动吊架上，使整个挂篮结构形成悬挂于承重结构的状态，启动水平液压千斤顶或卷扬机，将挂篮承重结构及导梁带动底模架、模板系统一起前移。为确保走行中挂篮的稳定性，承重结构的后方需设置反扣轮、压重等平衡装置。

（5）锚固系统。锚固系统包括承重结构的锚固结构和底模架的锚固结构，由锚杆和锚梁等部件组成。承重结构可通过腹板竖向预应力或专用的锚固装置锚固于主梁，必要时可进行压重；底模架锚固于主梁底部上，锚杆系统一般采用高强精轧螺纹钢筋。

（6）操作平台。在挂篮的前方通过悬吊设置人员操作平台，为确保人员安全，操作平台的临空面需设置围栏。

2）挂篮设计

挂篮的结构设计应遵循的原则有结构简单、受力明确、稳定性好、自重轻、变形小、行走和装拆安全方便、充分利用常备构件。挂篮与悬浇梁段混凝土的质量比不宜大于 0.5，挂篮的最大变形不应大于 20 mm。

挂篮的横断面布置，取决于桥梁宽度和箱梁横断面形式。对于单箱断面，最常用的是全断面一个挂篮；对于双单箱断面，常采用全断面两个挂篮；对于大悬臂宽断面箱梁，可采用多挂篮方式，如先用一个主挂篮施工箱梁，后用两个小挂篮施工悬臂板。

挂篮的悬臂长度需考虑施工和预应力张拉等操作空间要求，一般比最长悬臂节段至少长 1 m。

挂篮设计荷载包括挂篮自重、模板自重、箱梁梁段自重、平衡重力、混凝土浇筑振动力和其他施工荷载。

结构设计完成后，依据实际情况开展不同工况的挂篮力学分析，确保承重结构、底模架、吊杆、锚具件等各结构的强度、刚度（变位）和稳定性满足使用要求，挂篮行走及浇筑混凝土时的抗倾覆安全系数以及锚固系统安全系数均不应小于 2.0。计算工况中需考虑箱梁最大节段重、最长节段以及满载与走行等不同的控制工况。

悬臂施工中，左右两侧出现不对称施工时，应检算结构的稳定性，稳定系数不小于 2.0。

主梁施工过程中，还应严格控制挂篮的实际质量，使其不超过设计文件提出的挂篮控制质量要求。挂篮拼装完成后应进行荷载试压试验。

当墩顶位置受限、0 号块长度不足以安装两个独立的挂篮时，可将两个挂篮的承重结构连在一起，如图 6.51（a）所示。待浇筑到一定长度后再将两侧承重结构分解，如图 6.51（b）所示。

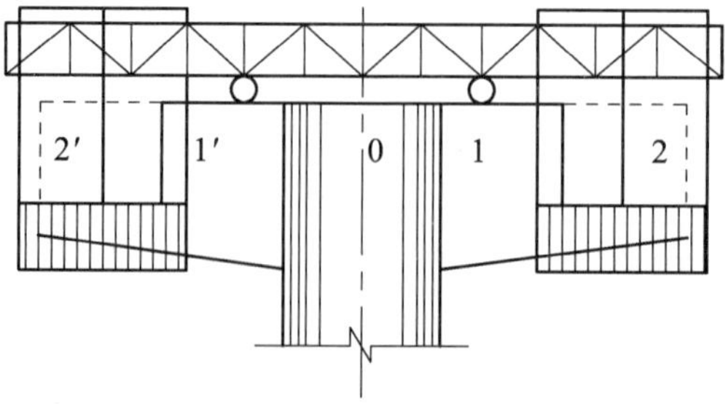

（a）

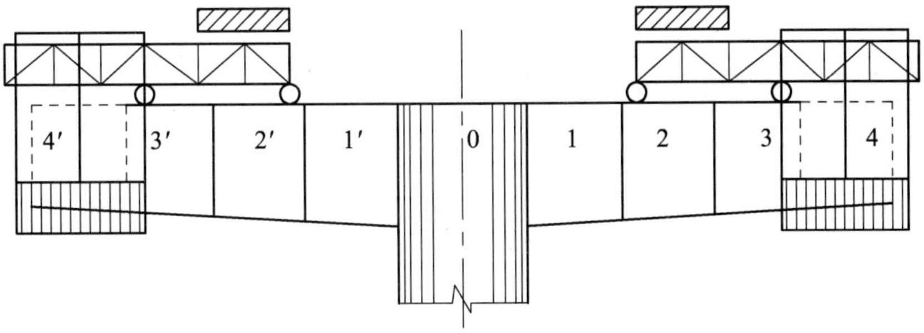

（b）

图 6.51　挂篮的两种施工状态

3）悬浇工艺

当挂篮安装就位后，即可在其上进行梁段悬臂浇筑的各项作业，应注意如下 5 点：

（1）挂篮就位后，安装并校正模板吊架和模板，核准模板中线位置和标高，标高控制中应特别注意预留抛高，抛高量包括理论计算的主梁抬高量和挂篮变位等。模板与前一段混凝土面应平整密贴，如前一节段施工后出现中线或高程误差需要调整时，应在模板安装时予以调整。

（2）当箱梁梁段采用分次浇筑时，由于先浇筑的混凝土已经凝结，后浇筑的混凝土将引起挂篮二次变形，从而导致先浇筑的混凝土开裂。为避免这种开裂，对挂篮可采取水箱压重等措施。

（3）梁段拆模后，应对梁端的混凝土表面进行凿毛处理，在安装新旧梁段接缝处的钢筋、锚具等时，应严格控制质量，加强接缝处的连接，避免在此开裂。

（4）安装预应力管道位置应正确，线形顺和，接头严密对准，并用胶布保护贴，防止灰浆渗入管道。振捣时，也要注意对预应力管道的保护。

（5）为提高混凝土早期强度，加快施工进度，在设计混凝土配合比时，一般加入早强剂或减水剂。严格控制拆模和预应力张拉时间以及混凝土强度。

4）临时固结措施

连续梁中支点下设置的是单排支座，不能承受弯矩。悬臂施工法中为了承受施工过程中可能出现的不平衡力矩，保证结构的稳定性和安全性，必须采取措施使 0 号块梁段与桥墩临时固结或支承起来。临时固结措施或支承措施有下列 3 种方式：

（1）在墩帽顶永久支座旁设置混凝土垫块，用精轧螺纹钢筋或普通钢筋将 0 号块与桥墩临时固结，如图 6.52 所示。待全部块件浇筑完毕后，凿除临时混凝土垫块，切断钢筋。

（2）在桥墩的两侧设置临时的立柱、落地支架或墩旁托架，具体方法必须结合墩高、水深、地质等情况综合考虑，以经济合理为原则，如图 6.53 所示。

（3）临时支承可用硫黄水泥砂浆块、砂筒或混凝土块等卸落设备，以便体系转换时，能较方便地拆除临时支承，如图 6.53 所示为临时支承措施构建。

临时固结结构设计计算中应考虑悬臂施工的不对称性、风力作用的不均匀性等作用，确保结构的安全性，必要时需提出施工工艺限制性条件。

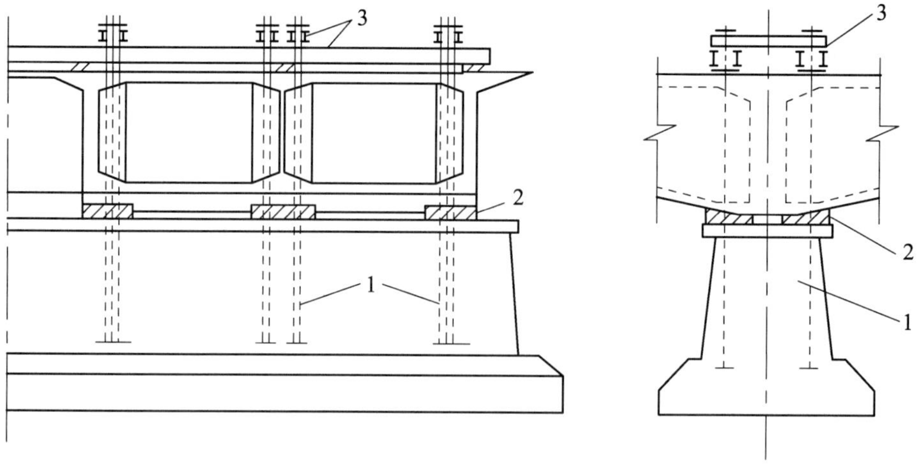

1—临时锚固用预应力钢筋；2—临时混凝土垫块；3—工字钢。

图 6.52　0 号块与桥墩的临时固结构造

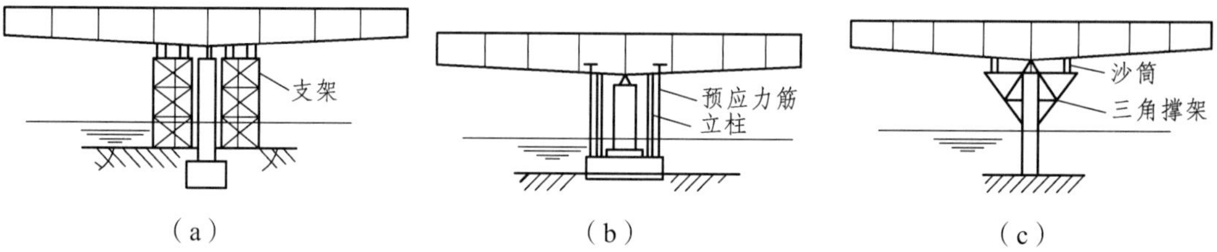

图 6.53　临时支承措施构造

5）0 号块、边跨边段与合龙段施工

（1）0 号块。

墩顶 0 号块梁段采用在施工托架上立模现浇。施工托架可根据墩身高度、承台形式和地形情况，利用墩身、承台或地面作为支承，设立支承托架。

施工托架有扇形、门形等形式，如图 6.54 所示，常采用万能杆件、贝雷架、型钢等构件拼装。托架的长度视拼装挂篮的需要而定，横桥向宽度要考虑箱梁外侧立模要求，一般比箱梁底板宽出 1.4 ~ 2.0 m。托架顶面应与箱梁底面线形一致。

考虑到托架变形对梁体的质量影响很大，可采取水箱预压、抛高等措施，以减小或消除托架变形的影响。

（2）边跨边段。

对于多跨连续梁，当边跨/中跨>0.5 时，按对称悬浇工艺，边跨边段不能按常规的单 T 悬臂施工，常采用如下方案施工该梁段：

① 最常用的方法是利用边墩（台）的墩旁托架或落地支架现浇边跨、边梁段，再通过边跨合龙段与悬臂 T 构合龙。

② 当边跨过长或不便于搭设支架时，可先合龙中跨，形成单跨带悬臂或多跨带悬臂结构后，再利用挂篮悬浇余下梁段。但该方法若在边跨边段过长的情况下，需布置较多的临时预应力束。

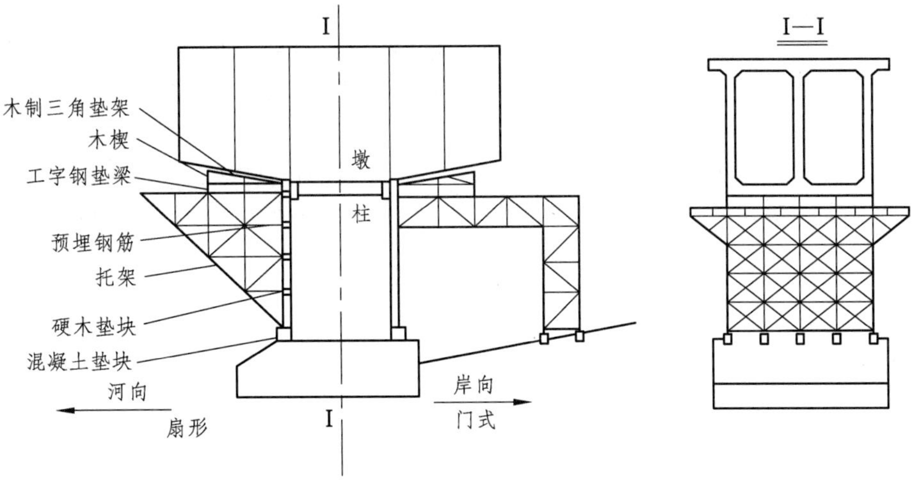

图 6.54 扇形、门形托架

（3）合龙段。

合龙段是悬臂法施工中一个结构体系转换的关键性工艺，它对成桥内力影响很大，按合龙段所处的位置分为中跨合龙和边跨合龙。中跨合龙时通常先拆除一个挂篮，移动另一个挂篮至另一端悬臂梁段上，形成合龙段施工吊架，也可以直接采用吊架作为合龙段的施工支架。

在合龙过程中，由于温差、混凝土的收缩和徐变、混凝土的早期收缩和水化热、预应力、施工荷载等因素的影响，必须采取以下措施，以保证合龙段乃至全桥的质量。

① 临时锁定措施。首先将劲性型钢（见 6.2.5 节）安装在合龙段上、下部，将两侧悬臂结构临时固定连接；然后张拉部分预应力筋，浇筑合龙段混凝土并养生至设计强度，张拉其余预应力筋；最后解除临时锁定装置。

② 合龙顺序应与设计一致，使得体系转换产生的二次内力与设计相符。

③ 混凝土浇筑的温度和时间选择。为避免新浇混凝土早期受到较大的拉应力，合龙段的混凝土浇筑时间往往选择在当天气温最低时刻，即“低温浇筑、升温养护”，使得混凝土早期硬化过程处于升温受压状态。同时还应加强合龙段混凝土的养护。

④ 混凝土中宜加入减水剂、早强剂和微膨胀剂以便较早达到设计强度。应及时张拉预应力筋，防止合龙段混凝土出现裂纹。

⑤ 为保证合龙段施工时始终处于稳定状态，在浇筑混凝土前可在各悬臂端配置与混凝土质量相当的压重，浇筑混凝土时分级卸载。

⑥ 为顺利合龙，还应考虑混凝土配比、预应力筋张拉、结构变位控制等采取必要的措施，如设置合龙预应力束、合龙口预顶等。

6）施工控制

悬臂浇筑法施工控制的目的是使得成桥结构的线形和受力状态与设计相吻合，它是一个关键性的环节，也是施工中的一个难点。由于连续梁体系施工过程的不可逆性以及线形很难调整，若控制不好，到合龙时，两悬臂端的高程差会大大超出容许范围，此时可采取如下合龙措施：

（1）硬性合龙后，调整桥面铺装，必要时调整线形。但如此将导致铺装厚度和线形与设计不符。

（2）采取压重等措施，先调平再合龙。但如此又将导致结构中产生与设计不符的内力。

综上，无论如何调整，最终结果是既对结构受力不利，又影响结构的线形和美观，形成永久性缺陷，故要严格控制线形。

施工中，影响标高的因素很多，为进行有效控制，常用的措施有加强施工测量，基于施工控制的理论和方法开展施工误差预测，估算并调整悬臂节段的立模标高，发现问题及时予以调整。其中各阶段的测量时间、气温尽量保持一致。

2. 悬臂拼装法

悬臂拼装法是将梁体划分为若干段，在预制场预制梁段以桥墩为中心，从桥墩两侧开始对称吊装，就位后施加预应力，逐段悬拼直至合龙成桥。主要工艺包括块件的预制、运输、拼装、施加预应力和合龙。悬臂拼装法与悬臂浇筑法的主要差别在于节段成型和安装上。

下面以预应力混凝土箱形T构为例介绍悬臂拼装法的主要工艺。

1）块件预制

（1）预制方法。

箱梁块件采用立式预制方法，分为长线预制法（见图6.55）和短线预制法（见图6.56）。桁架片采用卧式预制方法。

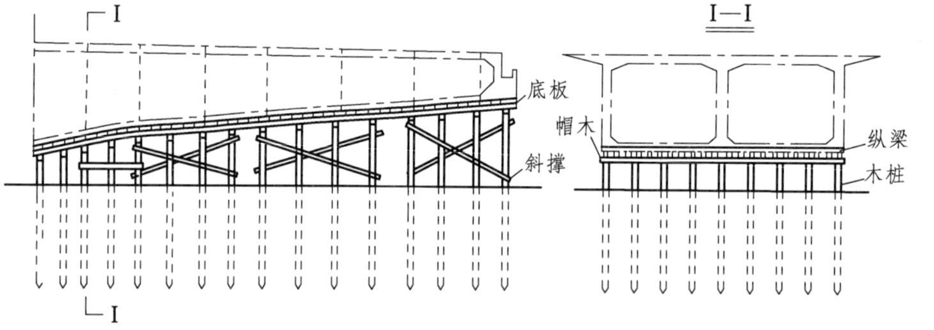

图6.55　长线法预制箱梁

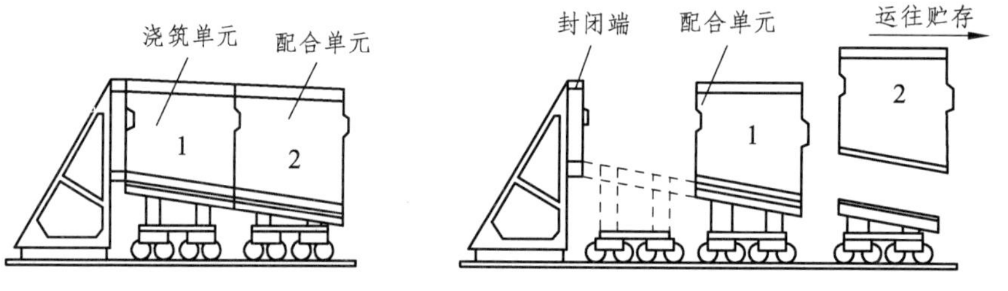

图6.56　短线法预制箱梁

长线预制法是在工厂或施工现场按桥梁底缘曲线制作固定的底座，底座长度一般宜为一跨内预制吊装节段长度之和的一半，在底座上安装底模，箱梁节段的预制在底座上进行，模板常用钢模，以便于装拆使用。为加快施工进度，保证节段间密贴，常采用先浇筑奇数块，后利用奇数块节段混凝土的断面弥合偶数块节段。当混凝土的强度达到设计强度的70%以上后，可吊出预制场。

短线预制法施工箱梁节段是由可调整外部及内部模板的台车与端模架来完成。第一节段混凝土浇筑完成后，在其相对位置上安装下一节段模板，并利用第一节段的端面作为第二节段的端模完成混凝土的浇筑工作。

短线预制适合工厂节段预制，设备可周转使用，每条生产线平均 5 d 可生产一块，但是节段的尺寸和相对位置调整要复杂一些。

（2）定位器和孔道形成。

设置定位器的目的是使预制梁段在拼装时能准确而迅速地安装就位。有的定位器不仅能起到固定位置的作用，还能承受剪力，这种定位装置称为抗剪楔或防滑楔。

块件预制时，除注意正确预埋定位器外，还要注意准确预埋预应力管道和吊点装置（吊环或竖向预应力粗钢筋）等。

2）拼装方式与接缝处理

悬臂拼装法施工中的 0 号块，由于其梁高大、质量大且吊装不方便，同时，为便于控制整个梁体的安装精度，大多采用现场就地浇筑法施工，也有在墩上采用预制装配施工的。

梁段的接缝可采用湿接缝、胶接缝和干接缝几种形式。湿接缝宽 0.1 ~ 0.2 m，拼装时下面设置临时托架和模板，当拼装梁段的位置调整准确后，用强度等级高的砂浆或小石子混凝土填实，待接缝混凝土达到设计强度后施加预应力。湿接缝常在 0 号块与 1 号节段间使用，因为 1 号节段的施工精度对后续节段的相对位置和对控制桥梁拼装的标高影响甚大。胶接缝用环氧树脂加水泥在节段接缝面上涂一薄层，厚约 1 mm，它在施工中起润滑作用，使节缝密贴，完工后可提高结构的抗剪能力、整体刚度和不透水性，常在中间节段的接缝中使用。干接缝，即接缝间无任何填充料，施工方便，但若接触面不平整，接缝就不密合，会导致钢筋锈蚀，故较少使用。

3）起吊机具和方法

预制块件的悬臂拼装可根据现场布置和设备条件采用不同的方法来实现。当靠岸边的桥跨不高且可在陆地或便桥上施工时，可采用自行式吊车、门式吊车来拼装。对于河中桥孔，也可采用水上浮吊进行安装。如果桥墩很高，或水流湍急而不便在陆上、水上施工时，就可利用各种吊机进行高空悬拼施工。

（1）悬臂吊机拼装法。

悬臂吊机由承重梁、横梁、锚固装置、平衡系、起重系、行走系和工作吊篮等部分组成，其构造如图 6.57 所示。承重梁和横梁可由万能杆件、型钢等构成。与用挂篮悬浇施工类似，在开始拼装靠近墩顶的 1 号、2 号节段时，可以用一根承重梁对称同时起吊，在容许布置两台移动式悬臂吊机时，拆分承重梁形成两台吊机，开始独立对称吊装。目前国内悬臂吊机的起吊能力在 18 000 kN 以内。

节段的运输可从桥下或水上浮运至桥位，再由悬臂吊机吊装就位。

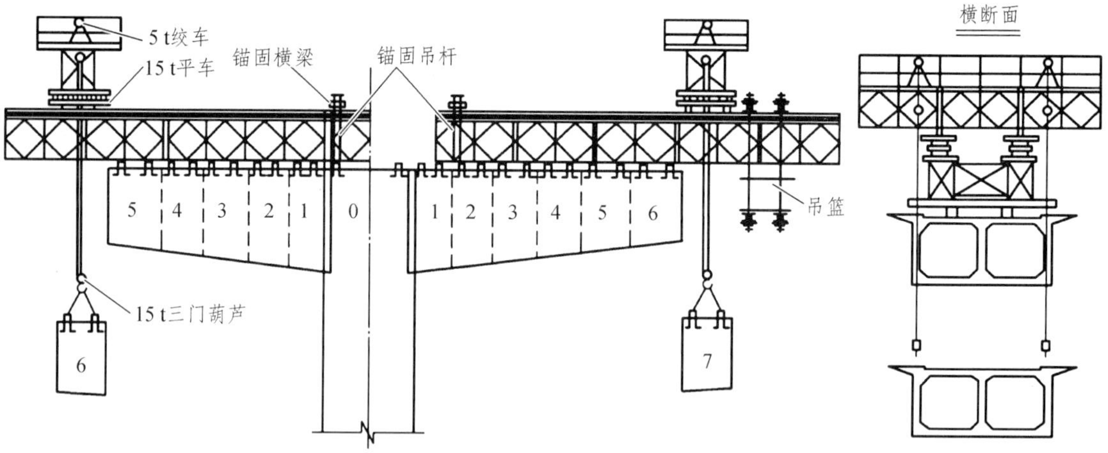

图 6.57　悬臂吊机构造

（2）桁架拼装法。

桁架拼装法是一种移动支架法，它以桁梁作为承重结构和运梁设备进行悬拼施工，已被大量地应用在中等以上的高架桥上。桁架拼装法分为移动式和固定式，常用的是移动式。依据桁梁支承状态分为两类，一类是简支悬臂桁梁（见图 6.58），长度大于桥梁的最大跨径，桁梁支承在已拼装完的梁段上和待拼墩顶上，必要时可用加劲索加强桁梁；另一类是连续桁梁，长度大于两倍桥梁跨径，形成三个支点的连续梁，国内称这类移动式连续桁梁为造桥机。图 6.59 所示为我国自行设计制造的大跨度造桥机，跨径为 96 m，起吊重量为 1 600 kN。石长铁路大桥就是用该造桥机架设的。石长铁路大桥的主要施工顺序为：0 号块现浇，然后用造桥机从桥的一端开始拼装，逐墩对称拼装，基本节段长 4 m，采用长线法预制，由平板车运至造桥机端，再由起重小车起吊运至待拼位置，被吊的块件可进行上下、顺桥、横桥方向的移动和平面转体。图 6.60 所示为大跨度造桥机拼装，造桥机施工的显著特点是节段运输方便、拼装速度快。

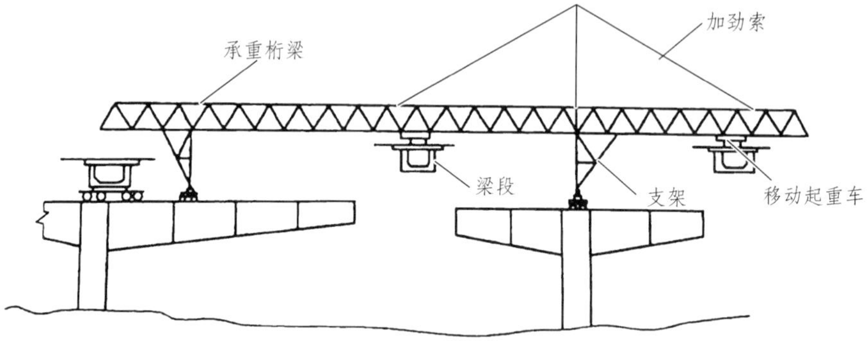

图 6.58　简支悬臂桁梁拼装

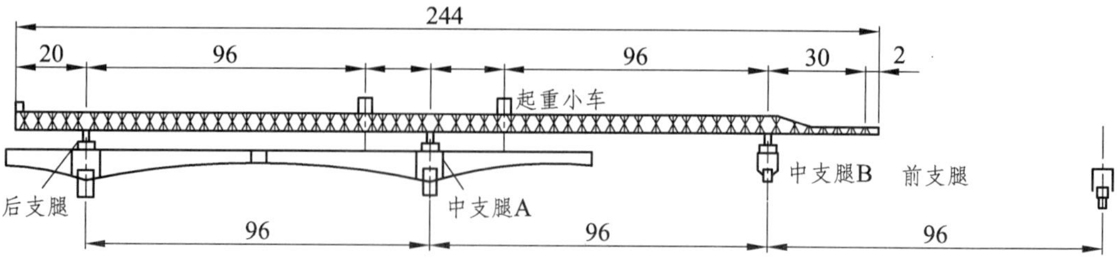

图 6.59　大跨径造桥机（尺寸单位：m）

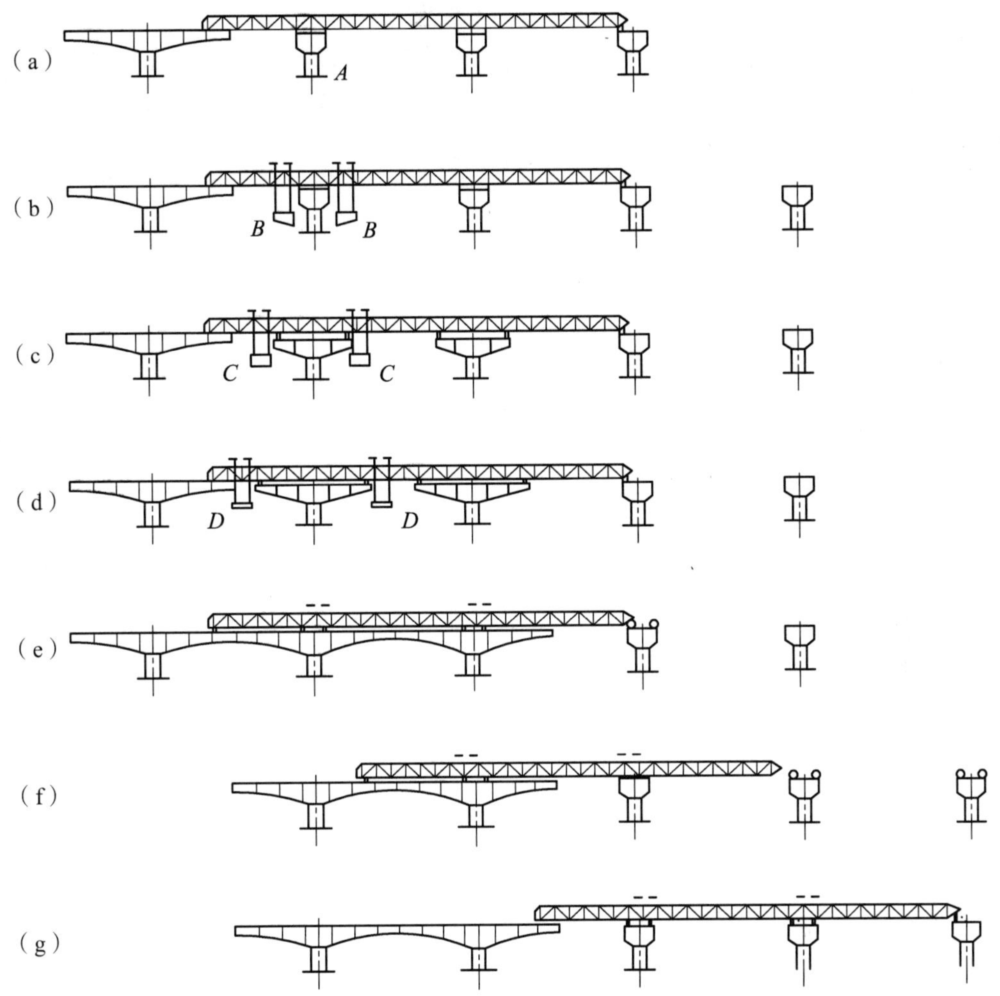

图 6.60 大跨径造桥机拼装

（3）起重机拼装法。

可采用伸臂吊机、缆索吊机、龙门吊机、人字扒杆、汽车吊、履带吊、浮吊等起重机械进行悬臂拼装。根据吊机的类型和桥孔具体条件的不同，吊机可以支承在墩柱上，已拼好的梁段上或处在栈桥上、桥孔下。

悬臂拼装法将大跨径桥化整为小，预制和拼装方便，上下部结构平行作业，拼装速度快、周期短，施工速度快。同时预制节段施工质量易控制，结构的附加内力小。但是，需较大的预制场地和较高的起重能力，拼装精度要求高，施工的高程控制难度大，一般宜用于跨径小于 100 m 的多跨桥梁。

6.4.3 顶推施工法

顶推施工法是在桥位的台或墩后设置预制场，分节段预制梁体并用纵向预应力筋将各节段连接成整体，用水平液压千斤顶施力，借助不锈钢板与聚四氟乙烯板（或 MGE 板）组成的滑道装置减小摩擦力，将梁段向对岸推进，待全部节段顶推到位后，利用竖向千斤顶顶梁，更换或恢复正式支座后落梁，完成桥梁施工。此法可以不中断桥下现有交通，省去大量施工脚手架，减少高空作业，便于集中管理和指挥，施工安全可靠，是中等跨径等高连续梁桥的常用施工方法。

顶推施工法的构思类似于钢桥的纵向拖拉施工法。顶推施工法用水平千斤顶取代了拖拉法的卷扬机和滑车，用板式滑动取代了滚动，从而改善了因卷扬机和滑车在启动时的冲击和滚动的线支承作用而引起的应力集中现象。

1959 年，德国的莱昂哈特和鲍尔教授在建造奥地利的阿格尔桥时，首先将顶推施工法用于预应力混凝土连续梁的施工，该桥全长 280 m，为四跨一联的连续结构，最大跨径为 85 m。该桥施工时在台后分节段预制，用湿接头和预应力筋将所有节段组拼成桥，一次性顶推施工。1963 年，用同样的方法施工修建了委内瑞拉的卡罗尼河桥，全长 500 m，六孔一联，最大跨径为 96 m，在施工中首次采用了钢导梁和跨间临时墩。1964 年，顶推施工法得到了进一步改进，形成了现代意义的顶推施工法，其主要思路是：分段预制、逐段顶推、逐段接长、连续施工。

我国于 1974 年首次在狄家河铁路桥上采用顶推施工法，该桥为（4 × 40）m 的预应力混凝土连续梁，采用单点顶推施工法。1980 年施工的湖南望城沩水河桥采用柔性墩多点顶推连续梁施工，为我国采用顶推施工法创造了成功的经验，有力推动了我国预应力混凝土连续梁桥的发展。之后，我国在用顶推施工法建造预应力混凝土连续梁桥时，基本上采用多点顶推施工法修建。

目前，世界各国采用顶推施工法修建的大桥有 1 000 余座，顶推长度和顶推跨径之最为法国米约大桥（见图 1.16），其上部结构采用顶推施工法，南侧顶推长度为 1 743 m。其中，主跨设置 1 个临时墩，顶推跨径达 171 m，最大顶推质量为 5 280 t。国内，顶推最大悬臂跨径达 92 m，最大顶推质量为 4.3×10^4 t、顶推总长为 1 142.5 m（钢桁梁），顶推跨径最长的混凝土连续梁桥为九江大桥引桥，其跨径为（40+13 × 50）m。

随着施工技术和装备的发展，顶推技术的发展体现在：从单点顶推到多点顶推，从间歇式顶推到连续顶推，从预应力混凝土连续梁推广应用于钢桁连续梁桥、结合梁桥、斜拉桥、拱上结构以及组合拱桥等多种桥型，还可以应用到立交箱涵、地道桥和房屋结构。

实践表明：顶推施工法适合于中等跨径预应力混凝土连续梁多跨桥，而公路桥比较经济合理的跨径为 40 ~ 50 m，不必设跨间临时墩。当采用单向顶推时，顶推总长在 500 ~ 600 m 比较恰当。等高连续梁桥可以在曲线上、坡桥上实施顶推。

连续梁桥的主梁采用顶推施工法，如图 6.61 所示。

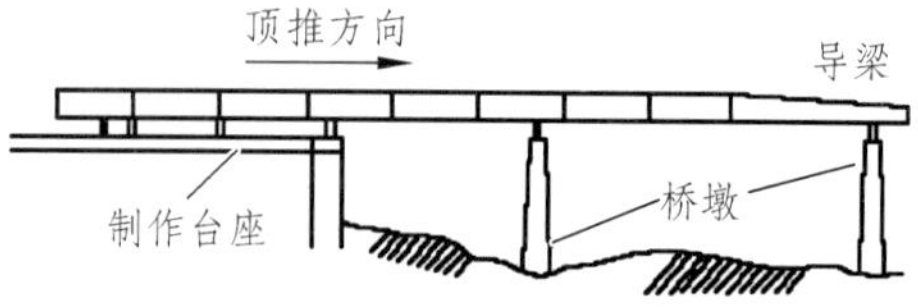

（a）短跨径情况

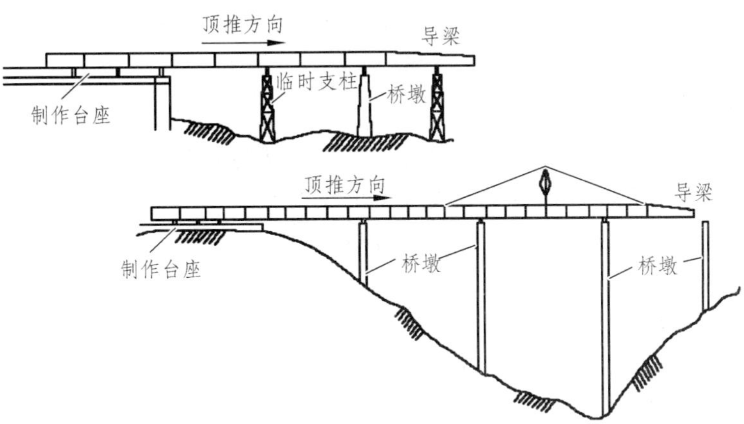

（b）长跨径情况

图 6.61 顶推施工法

顶推施工时，连续梁的内力和成桥内力严重不协调，对此，应采用临时配置预应力进行处理，详细内容可见 6.3 节，在此不再赘述。

6.4.4 转体施工法

转体施工法是指将桥梁结构在非设计轴线位置制作（浇筑或拼接）成形后，在桥梁的某位置处设置转盘等转体装置，施加转动力矩使梁体转体就位，拆除转体装置，封固转盘，再合龙成桥的一种施工方法。转体施工法分为竖转法、平转法、竖转与平转结合法，其优点是能较好地克服桥下障碍，减少对桥下交通的影响，施工速度快、造价低。竖转法多应用于拱桥，平转法主要应用于斜拉桥、T 构桥、连续梁桥和拱桥，已实现的转体质量达 20 000 多吨。平转法于 1976 年首创于维也纳多瑙河运河桥斜拉桥的施工中，因其要求的施工设备少、操作简便且安全性较高，在我国公路桥梁建设中应用较多。国内首座采用转体施工法的铁路桥梁为大秦至京秦下行联络线的大里营斜拉桥，其主桥跨径为（50+40.75）m。

近年来，在高速铁路建设中，转体施工法在连续体系梁桥中的应用逐渐增多。

6.4.5 移动模架逐孔施工法

移动模架逐孔施工法是使用一套可移动施工设备从桥梁一端逐孔施工、逐孔接长的施工方法，是中等跨径预应力混凝土连续梁桥较常用的一种施工方法。桥越长，施工设备的周转次数越多，经济性越高。其中，可移动设备称为移动模架，也称造桥机，它既是浇筑和拼装桥梁的承重结构，也是施工的脚手架与模板。1959 年，在德国的克钦卡汉桥首次使用移动模架逐孔施工法，该桥为 13 孔跨径为 39.2 m 的预应力混凝土连续梁桥。之后移动模架逐孔施工法得到了很大的发展，它形成了一个可沿桥纵向移动的机械化、自动化程度高的“桥梁工厂”，适用于跨径为 30 ~ 50 m 的预应力混凝土多跨桥。

思考题

1. 名词解释：徐变、徐变系数、线性变换原理、结构体系转换。

2. 简述连续体系梁的适用跨径比简支梁大的主要原因。

3. 从设计和施工角度阐述大跨径预应力混凝土连续梁桥纵向为何常采用变截面？

4. 连续梁边跨与中跨比值、高跨比常用取值范围是多少？

5. 大跨径预应力混凝土连续体系梁桥中，何谓预应力前期束与后期束，永久束与临时束？其中哪些预应力束是采用齿板锚固？为什么？

6. 试从变形的角度举例说明预应力混凝土超静定结构中预应力次内力产生的机理。

7. 简要论述混凝土超静定结构体系转换与徐变次内力的关系。

8. 简述温度次应力和自应力的概念与区别。

9. 连续梁合龙段施工应注意哪些事项？

10. 混凝土刚构桥的结构和受力特点是什么？

11. 简述连续体系梁桥中悬臂施工法、顶推施工法、转体施工法、移动模架通孔施工法的基本概念。

12. 何谓预应力等效荷载？按等效荷载法能求得预应力次内力吗？为什么？

13. 某预应力混凝土简支梁，实测得到恒载（包括预应力）作用下跨中截面上拱 2 cm，第三年实测得总上拱度为 6 cm，可推出徐变上拱度值为多少？

14. 画出图 6.62 所示刚构桥在均布荷载作用下的弯矩图，并对分跨布置情况与墩高进行适当的参数分析。

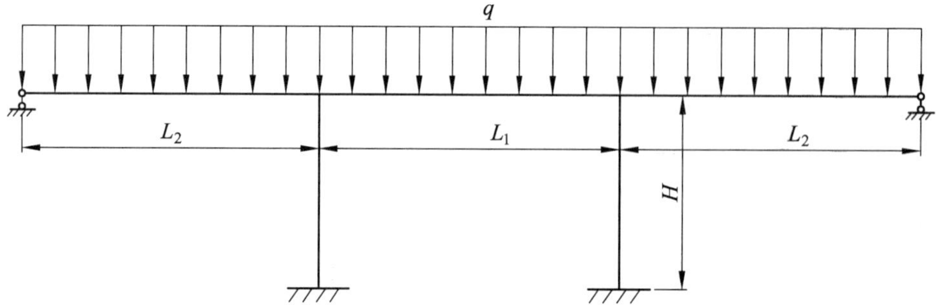

题图 6.62　连续刚构（两端为活动铰支）

Chapter 7

第 7 章
拱　桥

拱桥是一种应用广泛的桥梁结构形式。1956—1966 年，是我国钢筋混凝土拱桥技术发展较快的时期。十年间，拱桥的最大跨径由 53 m 增长到 150 m；在结构形式上，开始采用空腹式拱桥，并由单一的上承式发展到中承式、下承式，拱肋截面也出现了工字形和箱形；施工技术方面，逐渐以钢拱架代替满布排架式木拱架。1966—1973 年，出现了钢筋混凝土管芯拱桥和双曲拱桥，两者在构造及施工上各有特点，并逐步推广到铁路桥梁建设中。1949—1980 年，共修建铁路石拱桥和混凝土拱桥约 900 座，总延长达 30 km。

20 世纪 80 年代以后，随着经济和科技实力的不断提升，石拱桥逐步退出了历史舞台，而钢管混凝土拱桥、钢筋混凝土刚架拱桥、劲性骨架混凝土拱桥和钢拱桥等许多新式拱桥引领着拱桥发展的方向。2001 年建成通车的水柏铁路北盘江大桥（见图 7.1），主跨长 236 m，是我国首座铁路钢管混凝土拱桥，也是目前世界上最大跨径的铁路钢管混凝土拱桥。2011 年年底，当时世界上跨径最大的铁路拱桥——南广铁路西江特大桥主拱顺利合龙，大桥主跨达到 450 m，设计速度最大为 250 km/h，是中承式钢箱提篮拱桥。

图 7.1　水柏铁路北盘江大桥

7.1　拱桥的组成及分类

7.1.1　拱桥的组成及特点

1. 拱桥的组成

拱桥同其他桥梁一样，也是由上部结构（桥跨结构）及下部结构两大部分组成，图 7.2 所示为拱桥的主要组成部分。

拱桥上部结构由主拱圈（又称主拱）和拱上建筑组成。主拱圈是拱桥的主要承重结构。桥面与主拱圈之间需要有传力的构件或填充物，以使车辆能在平顺的桥道上行驶。桥面系和这些传力构件或填充物统称为拱上结构或拱上建筑。

拱桥的下部结构由桥墩、桥台及基础等组成，用以支承桥跨结构，将桥跨结构的荷载传至地基。桥台还起到与两岸路堤相连接的作用，使路桥形成一个协调的整体。

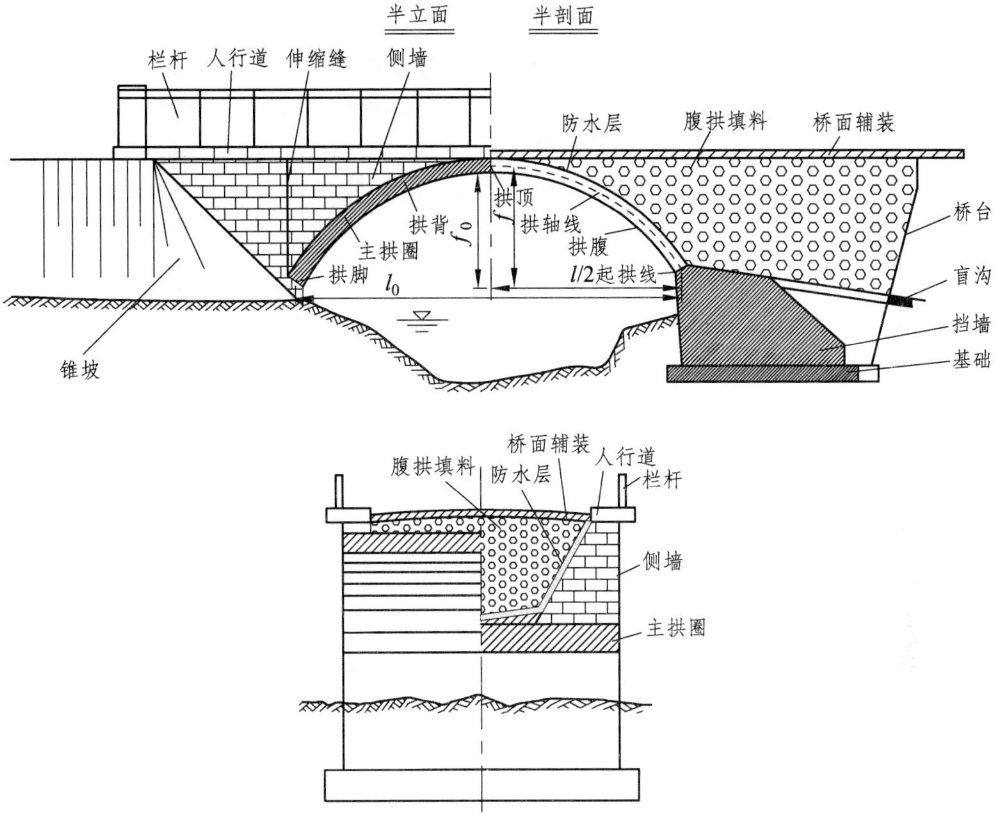

l_0—净跨径；l—计算跨径；f_0—净矢高；f—计算矢高；$D=f/l$（或 $D_0=f_0/l_0$）—矢跨比。

图 7.2 拱桥的主要组成部分

拱圈最高处称为拱顶，拱圈和墩台连接处称为拱脚（或起拱面）。拱圈各横向截面（或换算截面）的形心连线称为拱轴线。拱圈的上曲面称为拱背，下曲面称为拱腹。起拱面与拱腹相交的直线称为起拱线。

下面介绍拱桥的 5 个主要技术名称：

（1）净跨径（l_0）。每孔拱跨两个起拱线之间的净水平距离。

（2）计算跨径（l）。相邻两拱脚截面形心点之间的水平距离。因为拱圈（或拱肋）各截面形心点的连线称为拱轴线，故也就是拱轴线两端点之间的水平距离。

（3）净矢高（f_0）。拱顶截面下缘至起拱线连线的垂直距离。

（4）计算矢高（f）。拱顶截面形心至相邻两拱脚截面形心连线的垂直距离。

（5）矢跨比（D 或 D_0）。拱圈（或拱肋）的净矢高与净跨径之比，或计算矢高与计算跨径之比，即 $D_0=f_0/l_0$ 或 $D=f/l$。一般将矢跨比大于或等于 1/5 的拱称为陡拱；矢跨比小于 1/5 的拱称为坦拱。

2. 拱桥的特点

拱桥的力学特征与梁桥有较大不同，在竖向荷载作用下，拱脚支承处不仅产生竖向反力，而且还会产生水平推力。由于这个水平推力的存在，使拱肋的跨中弯矩与相同跨径的梁桥相比小了许多。尤其在拱桥的线形设计较为合理的情况下，拱肋截面以承受压力作用为主，可忽略弯矩及剪力作用的影响。拱桥受压为主的力学特性，使众多抗拉性能较差而抗压性能较好的砌体材料（石料、混凝土、砖等）得以应用于拱桥的建造中。

拱桥的主要优点是：① 跨越能力较大。目前，在世界范围内，钢筋混凝土拱桥跨径已超过 400 m，钢拱桥跨径已超过 550 m。② 能充分发挥就地取材的优势，与梁式桥相比，可以节省大量的钢材和水泥。③ 耐久性好，养护、维修费用少。④ 外形美观，宜于在城市和景区修建。

拱桥的主要缺点是：① 自重较大，相应的水平推力也较大，因此增加了下部结构的工程量，当采用无铰拱时，对地基条件要求高。② 拱桥（尤其是圬工拱桥）采用支架施工时，随着跨径和桥高的增大、支架和施工辅助设备的费用大大增加。③ 由于拱桥水平推力较大，在连续多孔拱桥中，为防止一孔破坏而影响全桥的安全，需要采取特殊措施，或设置单向推力墩，因此增加了造价。④ 与梁式桥相比，上承式拱桥的建筑高度较高，当用于城市立交桥及平原区的桥梁时，因其桥面高程提高，使得两岸接线长度增加或者使得桥面纵坡增大，既增加了造价又对行车不利。

基于拱桥的上述特点，在桥梁设计建造时应结合桥址处的地质地理条件及其他环境因素进行多方案的综合比较，谨慎地决定选择哪种式样的桥梁。一般来说，在地质条件较好的山区，中、小跨径拱桥是最具竞争力的桥型；当在地质条件较差或在平原地区，修建跨径 100 ~ 600 m 的中大跨桥梁时，采用无推力拱桥方案也具有一定的竞争力。

7.1.2 拱桥的分类

拱桥的形式可以按照以下几种方式进行分类。

拱桥按主拱圈所使用的建筑材料分为圬工拱桥、钢筋混凝土拱桥、钢拱桥和钢-混凝土组合拱桥等。按拱上建筑的形式分为实腹式拱桥和空腹式拱桥。按主拱圈线形分为圆弧线拱桥、抛物线拱桥和悬链线拱桥。按桥面的位置分为上承式拱桥、中承式拱桥和下承式拱桥。按有无水平推力分为有推力拱桥和无推力拱桥。按拱圈截面形式（见图 7.3）分为板拱桥、板肋拱桥、肋拱桥、双曲拱桥、箱形拱桥、钢管混凝土拱桥、劲性骨架混凝土拱桥。按结构受力图式分为简单体系拱桥、组合体系拱桥和拱片桥。

1. 简单体系拱桥

简单体系拱桥中，桥面系结构（拱上结构或拱下悬吊结构）不参与主拱受力，主拱以裸拱的形式作为主要承重结构。图 7.4 所示为简单体系拱桥，其静力图式可分为三铰拱、两铰拱和无铰拱。

（1）三铰拱。三铰拱为静定结构，温度变化、支座沉降、混凝土收缩和徐变等因素不会在拱圈内产生附加应力。但其构造复杂，施工难度大，整体性差，抗震能力差，目前已较少采用。

（2）无铰拱。无铰拱为三次超静定结构，其优缺点正好和上述三铰拱相反。由于其整体性好、运营性能好，是大跨径拱桥采用较多的结构形式。无铰拱一般都要求拱脚处地基良好，以免地基沉降引起较大的附加内力。

（3）两铰拱。两铰拱为一次超静定结构，其特点介于三铰拱和无铰拱之间。由于取消了中间铰，提升了拱桥的整体性；在拱脚处设铰，使得对场地条件的要求有所降低。因此，当地基条件较差而不易采用无铰拱时可以考虑两铰拱方案。

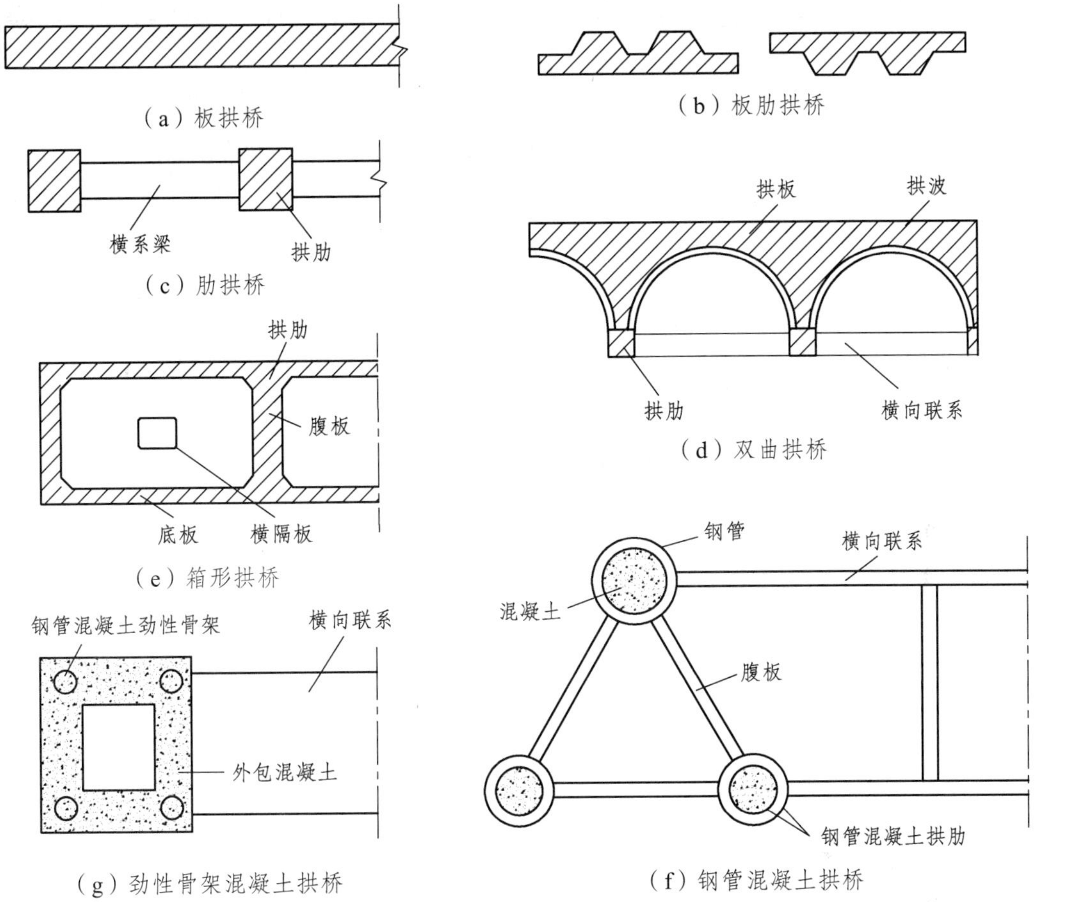

图 7.3 主拱圈横截面形式

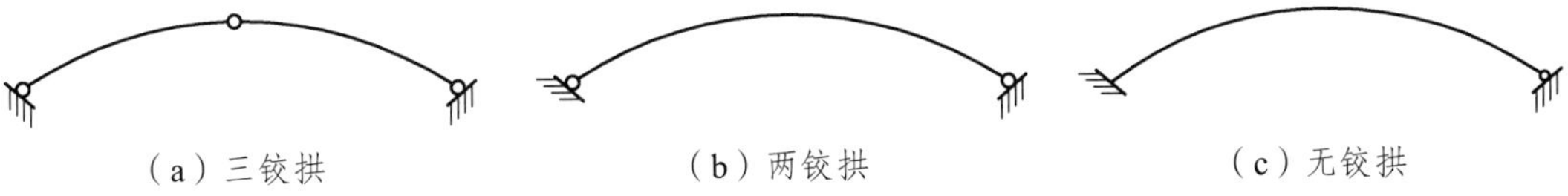

图 7.4 简单体系拱桥

2. 组合体系拱桥

组合体系拱桥是将行车系与主拱按不同的构造方式结合成一个受力整体，以共同承受荷载。最常见的形式为系杆拱，此外还有刚架拱、桁架拱等体系。

系杆拱是一种最为常见的无推力组合体系拱桥（见图 7.5），多用于大、中跨径桥梁。它是采用拉杆（系杆）将两拱脚连接起来，以抵抗拱的水平推力。系杆常用钢绞线或平行高强钢丝组成，或者用配有较多预应力筋的预应力混凝土系杆承担。系杆拱桥又可分为柔性系杆刚性拱、刚性系杆柔性拱（又称为朗格尔拱）和刚性系杆刚性拱（又称为洛泽拱）3 种。对于有斜吊杆的柔性系杆刚性拱，又称为尼尔森拱。

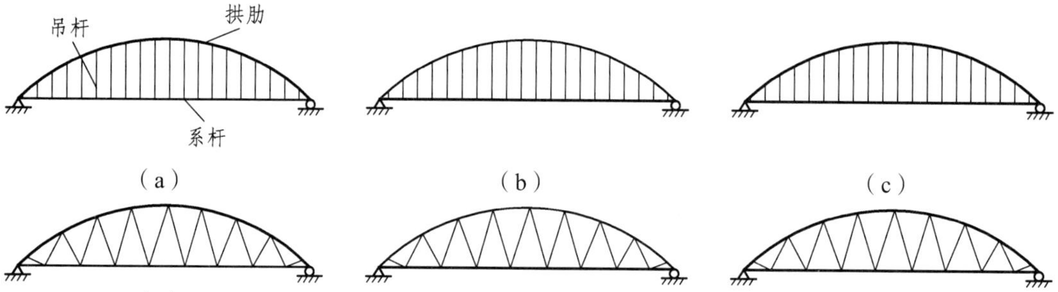

（a） （b） （c）

（d） （e） （f）

图 7.5 无推力组合体系拱桥

有推力组合体系拱桥（见图 7.6）种类繁多，以梁拱体系、刚架拱、桁架拱较为常见。这些拱又称为拱片桥，即桥是由两个整体拱片组成，每一拱片的上面与道路平直，下面是曲线形，上下两部分用直杆、斜杆或两者兼有的构件连成一个整体拱片。它没有明确的理论拱轴线，有水平推力，仅适用于上承式桥梁。这类桥梁的构造多变，适用性强，在经济上、施工上各有特点，所以有较广泛的适用空间。

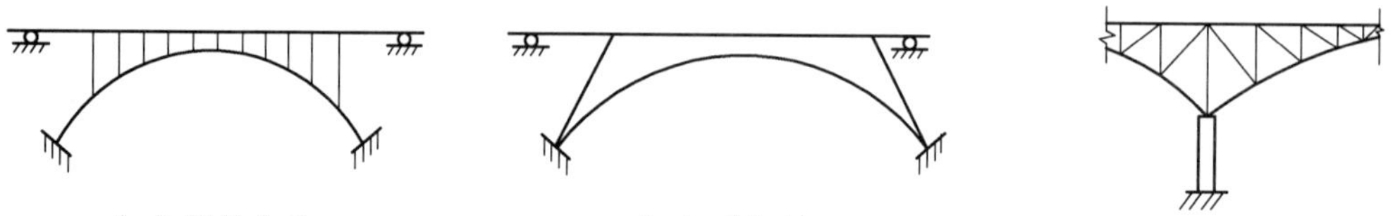

（a）梁拱体系 （b）刚架拱 （c）桁架拱

图 7.6 有推力组合体系拱桥

梁拱体系拱桥（见图 7.7）有单独的梁和拱共同受力，拱脚推力由墩台承受。梁拱体系又可以分为刚性梁柔性拱（倒朗格尔拱）和刚性梁刚性拱（倒洛泽拱）。

（a）刚性梁柔性拱 （b）刚性梁刚性拱

图 7.7 梁拱体系拱桥

7.2 拱桥构造

7.2.1 上承式拱桥

1. 主拱构造

1）石板拱

砌筑石板拱主拱圈的石料主要有料石、块石和砖石等。用粗料石砌筑拱圈时，拱石需要随拱轴线和截面形式不同而分别进行编号，以便加工。等截面圆弧拱圈［见图 7.8（a）］的拱石规格少、编号简单；变截面圆弧拱圈［见图 7.8（b）］的拱石类型较多、编号较复杂、施工不便。有的石拱桥也采用等截面或变截面的悬链线作为拱轴线，这时，拱石的编号更为复杂。因此，目前大多采用等截面拱桥。

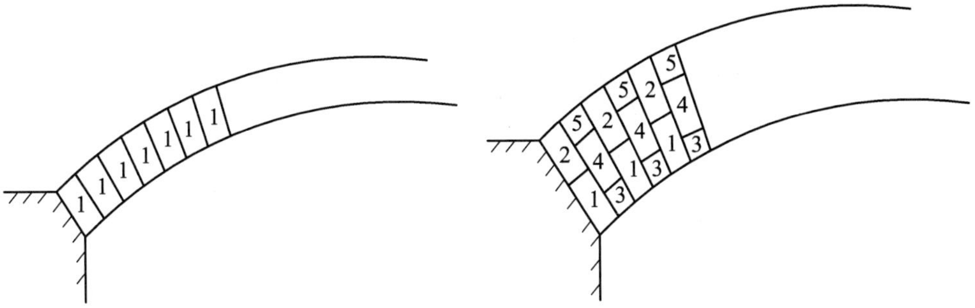

（a）等截面圆弧拱　　（b）变截面圆弧拱

注：图中数字为拱石编号。

图 7.8　圆弧拱的拱石编号

根据拱圈的受力（主要承受压力，其次是弯矩）特点和需要，拱圈砌筑应满足错缝、限制砌缝宽度、设五角石和龙门石等构造要求。由于石匠的缺失和混凝土桥的发展导致石拱桥的修建越来越少。

小跨径等截面石板拱的拱圈厚度可按式（7.1）估算：

$$h = \beta k \sqrt[3]{l_0} \tag{7.1}$$

式中：h——拱圈厚度（cm）；

l_0——拱圈净跨径（cm）；

β——系数，一般为 4.5 ~ 6.0，取值随矢跨比的减小而增大；

k——荷载系数，一般取 1.2。

2）混凝土板（肋）拱

（1）素混凝土板拱。这类拱桥主要用于缺乏合格天然石料的地区，可以采用整体现浇，也可以预制砌筑。整体现浇混凝土拱圈的拱内收缩应力大、受力不利，同时，拱架和模板的木材用量大、工期长、质量不易控制，故较少采用。预制砌筑就是将混凝土板拱划分成若干块，然后预制混凝土块件，最后进行块件砌筑成拱。预制砌块在砌筑前应有足够的养生期，以消除或减少混凝土收缩的影响。

（2）钢筋混凝土板拱。相比混凝土板拱，这类拱桥可以设计成较小的板厚，其构造简单、外表整齐、轻巧美观，横断面如图 7.9 所示。根据桥宽需要可做成单条整体拱圈或多条平行板（肋）拱圈，施工时可反复利用一套较窄的拱架与模板来完成，大大节省材料。钢筋混凝土等截面板拱的拱圈高度可按跨径的 1/70 ~ 1/60 初拟，跨径大时取小者。

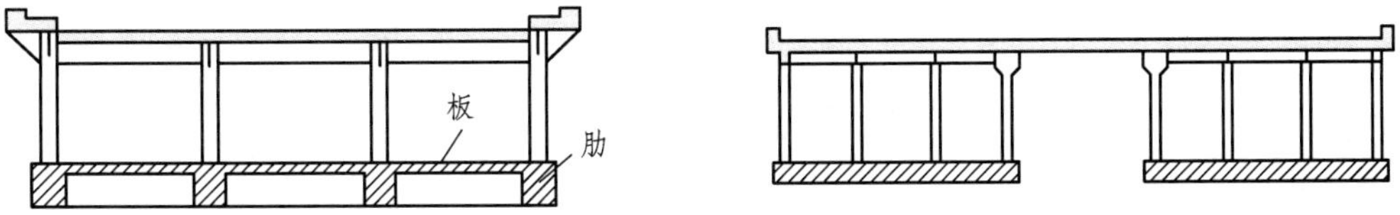

（a）　　（b）

图 7.9　钢筋混凝土板拱的横断面

（3）肋拱桥。肋拱桥是由两条或多条分离的拱肋、横系梁、立柱和由横梁支承的行车道部分组成，其立面布置如图 7.10 所示。

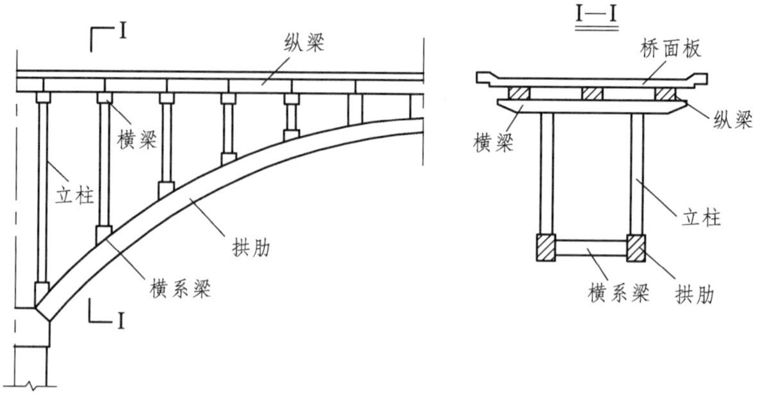

图 7.10　肋拱桥立面布置

拱肋是肋拱桥的主要承重结构，可由混凝土、钢筋混凝土、钢管混凝土、劲性骨架混凝土做成。拱肋的数目和间距以及截面形式主要根据桥梁宽度、肋形、材料性能、荷载等级、施工条件、拱上结构等各方面综合考虑决定。为了简化构造，一般在吊装能力满足要求的情况下，采用少肋形式。通常，桥宽在 20 m 以内时均可考虑采用双肋式；当桥宽在 20 m 以上时，宜采用分离的双幅双肋拱，以避免由于肋中距增大而使肋间横系梁、拱上结构横向跨径与尺寸增大太多。上、下游拱肋最外缘的间距一般不宜小于跨径的 1/20，以保证拱的横向整体稳定性。

拱肋的截面形式分为实体矩形、工字形、箱形、管形和劲性骨架混凝土箱形等。矩形截面构造简单、施工方便，一般仅用于中小跨径的肋拱，肋高可取跨径的 1/60 ~ 1/40，肋宽可为肋高的 0.5 ~ 2.0 倍，工字形截面，常用于大、中跨径的肋拱桥，肋高一般为跨径的 1/35 ~ 1/25，宽为肋高的 0.4 ~ 0.5 倍，腹板厚度常为 30 ~ 50 cm。管形肋拱是指采用钢管混凝土结构作为拱肋的拱桥，其肋高与跨径之比常在 1/65 ~ 1/45 之间。当肋拱桥的跨径大，桥面宽时，拱肋可采用箱形截面，这样可减少更多的圬工体积。

箱形肋拱由双肋或多肋组成，肋间设置系梁使之形成整体。

箱形肋拱的拱肋尺寸可根据受力需要确定，初拟时肋高一般取为跨径的 1/70 ~ 1/50，肋宽取为肋高的 1.0 ~ 2.0 倍。箱形肋拱之间的横梁除具有增强肋拱横向整体稳定性外，还可起到横向分布荷载的作用，要求其具有足够的强度和刚度，并与拱肋固结。肋间横梁常用钢筋混凝土材料，如图 7.11 所示为箱形肋拱横梁的 3 种断面类型。

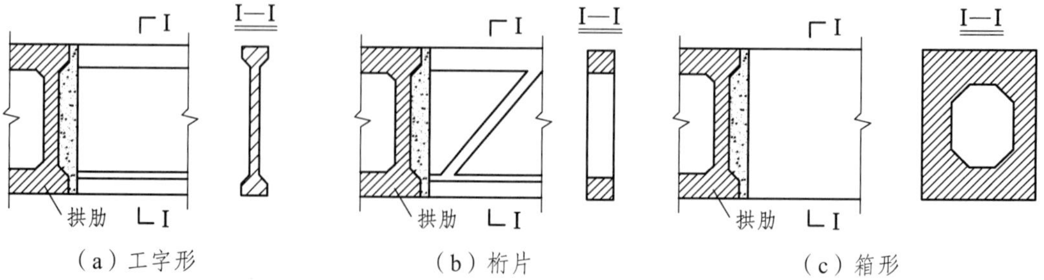

图 7.11　箱形肋拱横梁

箱形肋拱通常采用等截面形式，以方便施工。对特大跨径的箱形肋拱也可采用受力更为合理的变截面形式。

3）箱形拱

主拱圈截面由多室箱构成的拱称为箱形拱，箱形截面组成方式如图 7.12 所示。箱形拱的主要特点是：① 截面挖空率大。挖空率达全截面的 50%～60%，与板拱相比，可节省大量圬工体积，减轻质量。② 箱形截面的中性轴大致居中。对于抵抗正、负弯矩具有几乎相等的能力，能较好地适应主拱圈各截面正、负弯矩变化的需要。③ 由于是闭合空心截面，抗弯和抗扭刚度大，拱圈的整体性好，应力分布较均匀。④ 单条箱肋刚度较大，稳定性较好，能单箱肋成拱，便于无支架吊装。⑤ 制作要求较高，吊装设备较多，主要用于大跨径拱桥。

箱形拱的拱圈，可以由一个闭合箱（单室箱）或由几个闭合箱（多室箱）组成，每一个闭合箱又由箱壁（侧板）、顶板（盖板）、底板及横隔板组成，其组成方式有：① 由多条 U 形肋组成的多室箱形截面［见图 7.12（a）］。② 由多条工字形肋组成的多室箱形截面［见图 7.12（b）］。③ 由多条闭合箱肋组成的多室箱形截面［见图 7.12（c）］。④ 整体式单箱多室截面［见图 7.12（d）］。箱形拱的构造与施工方法有密切的联系，图 7.12（a）～（c）所示为主要用于吊装施工的截面，若采用悬臂法或支架法施工，则可采用图 7.12（d）的整体断面。

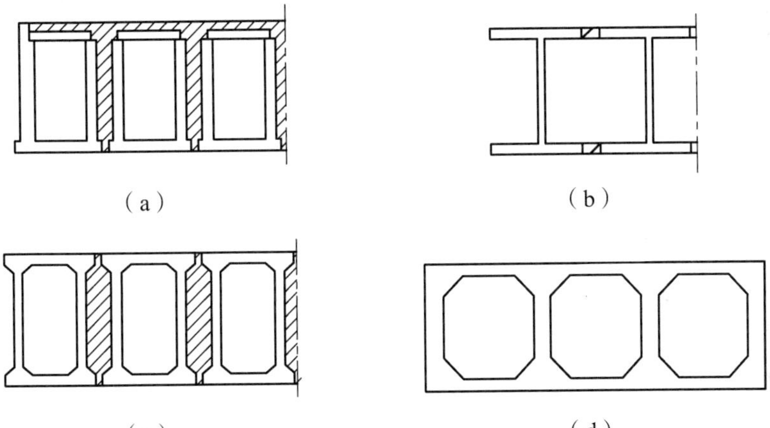

图 7.12　箱形截面组成方式

拱圈的高度主要取决于拱的跨径，还与拱圈所用混凝土强度有很大关系。初拟拱圈的高度时，拱圈高度可取跨径的 1/75～1/55，或者按经验公式（7.2）估算：

$$h=\frac{l_0}{100}+\Delta \tag{7.2}$$

式中：h——拱圈高度（m）；

l_0——净跨径（m）；

Δ——箱形拱为 0.6～0.7 m，箱肋拱为 0.8～1.0 m。

提高混凝土的强度，可以减小截面尺寸，从而减轻拱体本身的自重力或加大跨径。目前常用 C40～C50 混凝土，对特大跨径拱桥应尽量采用强度等级更高的混凝土。

拟定拱圈的宽度时，可考虑采用悬挑桥面以减小拱圈宽度，即采用窄拱圈形式。拱圈宽度一般可为桥宽的 0.6～1.0 倍，桥面悬挑可达到 4.0 m，但为保证其横向稳定性，一般希望拱宽不小于跨径的 1/20。但特大跨径桥的拱圈宽度常难以满足该条件，只要横向稳定性能得到保证即可。

箱肋是组成预制吊装施工的箱形拱桥的基本构件。拱圈宽度确定后，根据（缆索）吊装能力，在横向划分为几个箱肋，即可确定箱肋的宽度。

对常用的由多条闭口箱肋组成的箱形拱[见图 7.12（c）]，其顶、底板厚度一般为 15 ~ 22 cm，外箱外腹板厚度一般为 12 ~ 15 cm，其他腹板厚度常取 5 ~ 7 cm，以尽量减轻吊装质量，填缝宽度（图中阴影部分）一般采用 20 ~ 35 cm。为保证填缝混凝土的浇筑质量，上开口宽不宜小于 15 cm，下开口宽为安装缝，通常为 4 cm。

4）双曲拱桥

双曲拱桥主拱圈通常由拱肋、拱波、拱板和横向联系等组成，其横断面如图 7.13 所示。双曲拱桥的主要特点是将主拱圈以“化整为零”的方法按先后顺序进行施工，再以“集零为整”的组合式整体结构承重。施工时，首先将拱圈划分成拱肋、拱波、拱板及横向联系四部分，并预制拱肋、拱波和横向联系，即“化整为零”；然后吊装钢筋混凝土拱肋成拱，并与横向联系构件组成拱形框架，在拱肋间安装拱波；最后浇筑拱板混凝土形成主拱圈，即“集零为整”。双曲拱桥是我国于 20 世纪 70 年代提出的，当时的主要目的是减轻吊装质量，因其整体性和承载力关系，目前很少使用。

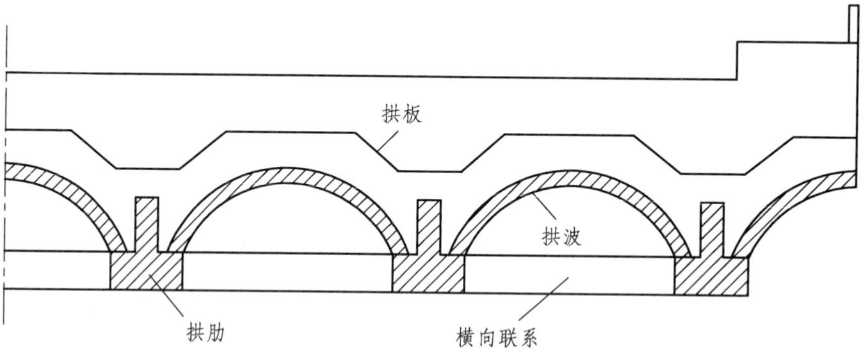

图 7.13 双曲拱桥主拱圈横断面

2. 拱上建筑

拱上建筑，又称拱上结构，按照构造方式分为实腹式和空腹式两种。

1）实腹式拱上建筑

实腹式拱上建筑构造简单，施工方便，填料数量较多，恒载较重，所以一般用于小跨径拱桥。实腹式拱上建筑由拱腹填料、侧墙、变形缝、防水层、泄水管以及桥面系组成（见图 7.2）。

拱上填料分为填充式和砌筑式两种。填充式填料通常采用透水性好和土侧压力小的砾石、碎石、粗砂或卵石类黏土等材料分层夯实，还可采用其他轻质材料，如炉渣与黏土的混合物、陶粒混凝土等以减轻拱上建筑质量，使其适用于地质条件较差地区。砌筑式拱上填料就是在散粒料不易取得时才采用的一种干砌圬工方式。侧墙是围护拱腹上的散粒填料，设置在拱圈两侧。通常采用浆砌块、片石，若有特殊的美观要求，可用料石镶面。对混凝土或钢筋混凝土板拱，也可用钢筋混凝土护壁式侧墙，这种侧墙可以与主拱浇筑为一体。侧墙一般要求承受填料土侧压力和车辆作用下的土侧压力，故按挡土墙进行设计。对浆砌圬工侧墙，顶面厚度一般为 50 ~ 70 cm，向下逐渐增厚，墙脚厚度取用该处墙高的 0.4 倍。护拱设于拱脚段，以便加强拱脚段的拱圈，同时，为便于在多孔拱桥上设置防水层和泄水管，通常采用浆砌块、片石结构。

2）空腹式拱上建筑

大、中跨径的拱桥，特别是当矢高较大时，应以空腹式拱上建筑为宜。根据构造，可分为拱式拱上建筑和梁式拱上建筑两种。

（1）腹孔。

腹孔结构的形式分拱式拱上建筑和梁式拱上建筑两类。

① 拱式拱上建筑。

拱式拱上建筑构造简单、外形美观，但自重较大，一般用于圬工拱桥。主拱上的小拱称为腹拱，腹拱的形式和跨径的选择，要既能减轻拱上建筑的自重，又不致因荷载过分集中于腹孔墩处，给主拱圈受力造成不利影响，同时还要使拱桥外形协调美观。

腹孔一般采用带实腹段的空腹拱，腹拱对称布置在靠拱脚侧的一定区段内，其长度为跨径的 1/4 ~ 1/3，跨中存在一实腹段。对于中、小跨径拱桥，腹孔跨数以 3 ~ 6 孔为宜，也有采用全空腹形式，即拱顶不设实腹段而采用腹拱形式，此时，腹拱一般以奇数孔为宜。对于腹孔跨径，中、小跨径拱桥一般选用 2.5 ~ 5.5 m，大跨径拱桥则控制在主拱跨径的 1/15 ~ 1/8。腹孔构造宜统一，以便于施工和有利于腹孔墩的受力。

腹拱圈一般采用矢跨比为 1/5 ~ 1/2 的圆弧线板式结构，或矢跨比为 1/12 ~ 1/10 的微弯板或扁壳结构。腹拱圈的厚度与它的构造形式有关，当跨径小于 4 m 时，石板拱为 30 cm，混凝土板拱为 15 cm，微弯板为 14 cm（其中预制 6 cm，现浇 8 cm）；当跨径大于 4 m 时，腹拱圈厚度则可按板拱厚度经验公式拟定或参考已成桥的资料确定。腹顶填料与实腹拱相同。

对于紧靠桥墩（台）的第一个腹拱，目前较多的有两种做法，一种是将腹拱的拱脚直接支承在墩（台）上［见图 7.14（a）、（b）］；一种是跨越桥墩，使桥墩两侧的腹拱圈相连［见图 7.14（c）］。由于拱圈受力后变形较大，而墩台变形较小，容易造成第一个腹拱因拱脚变位而开裂，故靠近墩台的第一个腹拱应做成三铰拱。

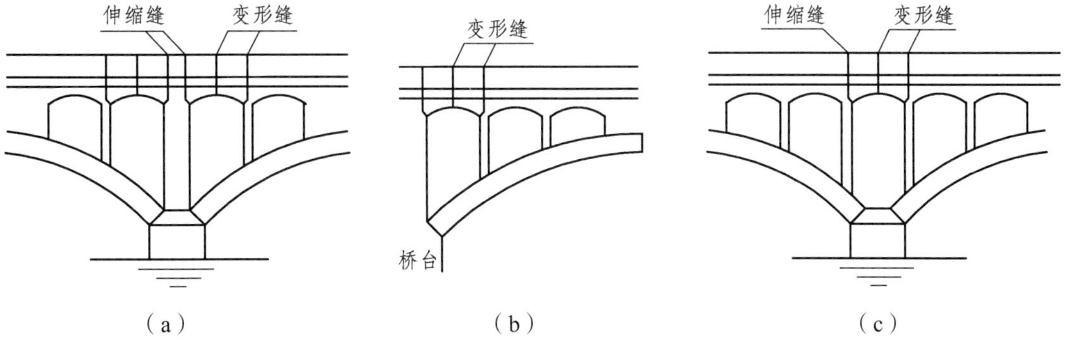

图 7.14 桥墩（台）上腹拱的布置方式

② 梁式拱上建筑。

梁式拱上建筑由底梁（座）、立柱、盖梁和纵梁等构件组成，可减轻拱上自重，减小拱轴系数，改善拱圈在施工过程中的受力状况，获得更好的经济效果。腹孔的布置与上述拱式拱上建筑的腹拱布置要求基本相同。梁式腹孔结构有简支腹孔［见图 7.15（a）、（b）］、连续腹孔［见图 7.15（c）］和框架式腹孔［见图 7.15（d）］等多种形式，其结构设计可参照前几章中相应的简支、连续、框架结构进行设计。其桥面板也可依据需要采用纵铺和横铺两种方式。

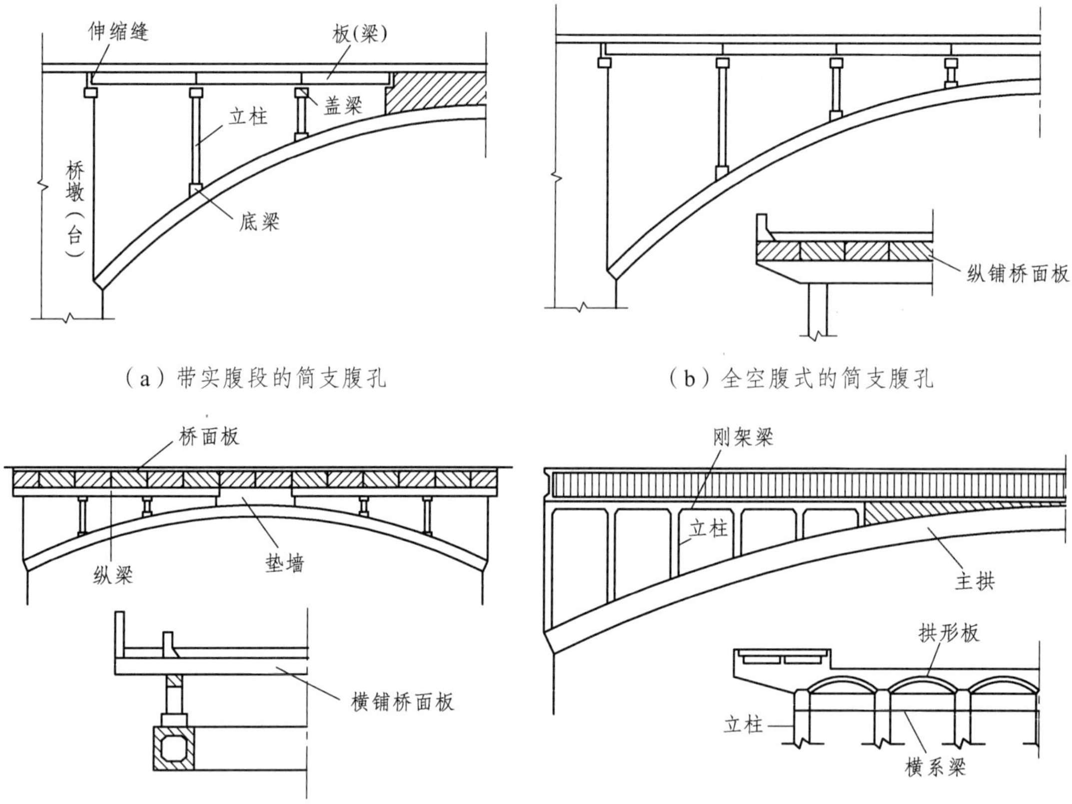

（a）带实腹段的简支腹孔　（b）全空腹式的简支腹孔

（c）连续腹孔　（d）框架式腹孔

图 7.15　梁式拱上建筑

（2）腹孔墩。

腹孔墩可分为横墙式或排架式两种。

横墙式［见图 7.16（a）］一般用圬工材料砌筑或现浇混凝土形成，施工简便。为了便于维修、减轻自重，可在横向挖一个或几个孔。横墙式腹孔墩的自重较大，多用于砖、石拱桥中。腹孔墩用浆砌片、块石时，其厚度不宜小于 0.60 m；用混凝土砌筑时，一般应大于腹拱圈厚度的一倍。底梁能使横墙传下来的压力较均匀地分布到主拱圈全宽上，其每边尺寸较横墙宽 5 cm，其高度则以使较矮一侧为 5 ~ 10 cm 为原则来确定。底梁常采用素混凝土结构。

排架式［见图 7.16（b）］是由立柱和盖梁组成的钢筋混凝土排架结构。为了使立柱传递给主拱圈的压力不至于过分集中，通常在立柱下面设置底梁。立柱和盖梁常采用矩形截面，截面尺寸及钢筋配置除了满足结构受力需要外，还应考虑和拱桥的外形及构造相协调。腹孔墩的侧面一般做成竖直的，以方便施工。

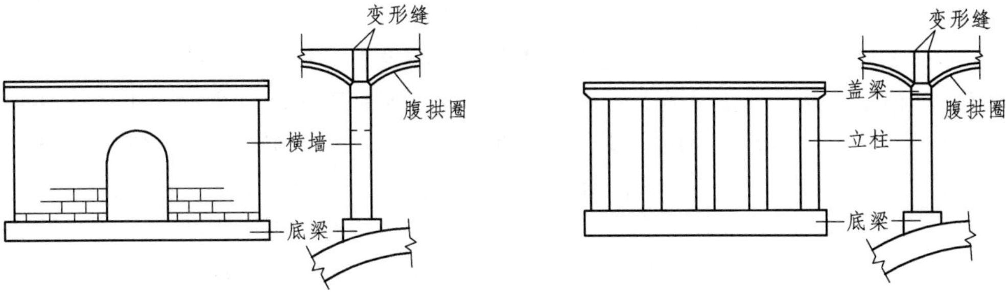

（a）横墙式　　（b）排架式

图 7.16　腹孔墩构造形式

对于拱上结构与主拱联结成整体的钢筋混凝土空腹式拱桥，在活载或温度变化等因素作用下将引起拱上结构变形，在腹孔墩中产生附加弯矩，从而导致节点附近产生裂缝。为了使拱上结构不参与主拱受力，可将腹孔墩的上、下端设铰，使它成为仅受轴向压力的受力构件，以改善拱上建筑腹孔墩的受力情况。由力学知识可知，当腹孔墩的截面尺寸相同时，高度较大的腹孔墩的相对刚度要比矮腹孔墩小，因此附加内力的影响也较小。为了简化构造和方便施工，一般高立柱仍可采用固结形式，而只将靠近拱顶处的 1 ~ 2 根高度较小的矮立柱上、下端设铰。

7.2.2　中、下承式简单体系拱桥构造

中承式拱桥的行车道位于拱肋的中部，桥面系中间部分用吊杆悬挂在拱肋下，梁端部分用立柱支承在拱肋上。中承式拱桥的总体布置如图 7.17 所示。

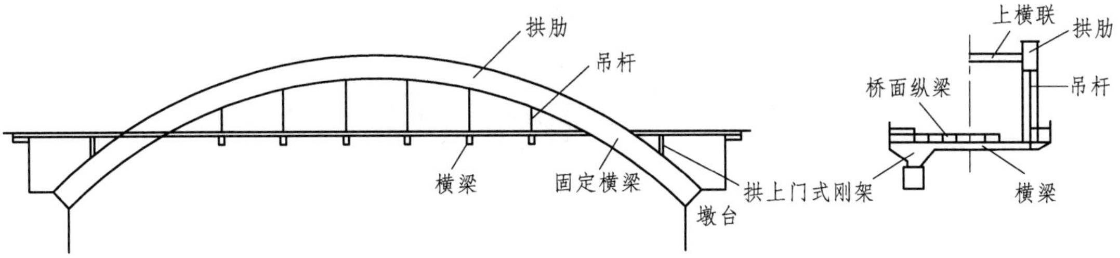

图 7.17　中承式拱桥的总体布置

下承式拱桥的桥跨结构由拱肋、悬吊结构和横向联结系三部分组成。下承式拱桥的总体布置如图 7.18 所示。

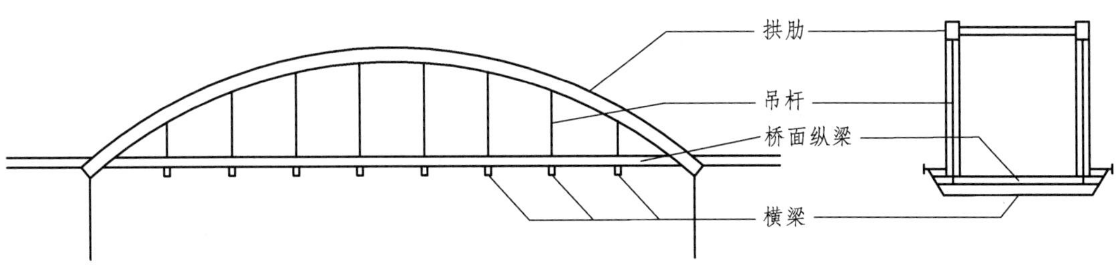

图 7.18　下承式拱桥的总体布置

中、下承式拱桥由于车辆在两片拱肋之间行驶，所以需要用吊杆将纵、横梁系统悬挂在

拱肋下，在纵、横梁系统上支承车道板，组成桥面系。

中、下承式拱桥仍保持了上承式拱桥的基本力学特性，可以充分发挥拱圈混凝土材料的抗压性能。更重要的是，当桥梁的建筑高度受到严格限制且采用上承式拱桥往往有困难或矢跨比过小时，可采用中、下承式拱桥满足桥下净空要求。在不等跨的多孔连续拱桥中，为了平衡左、右桥墩的水平推力，将较大跨径一孔的矢跨比加大，做成中承式拱桥，可以减小桥墩的水平推力。在平坦地形的河流上，采用中、下承式拱桥可以降低桥面高度，有利于改善桥梁两端引道的纵向线形，减少引道的工程数量。有时为了满足当地景观和美学的需要而修建拱桥，特别是多孔连续的中、下承式拱桥，以其波浪形起伏给人以美感。

1. 拱　肋

中、下承式拱桥的主要承重构件是两个分离式的拱肋，组成拱肋的材料可以是钢筋混凝土、钢管混凝土、劲性骨架混凝土或纯钢材，两片拱肋一般在两个相互平行的平面内。有时也可使两拱肋平面内倾，使之在水平面上的投影呈“×”形，称提篮式拱（见图 7.19），以提高拱肋的横向稳定性和承载力。

图 7.19　提篮拱实例

中、下承式拱桥由于行车道布置在两拱肋之间，因此在相同桥面净宽的条件下，拱肋的间距比上承式拱桥大。中、下承式拱桥的拱肋一般采用无铰拱形式，以保证其刚度。由于其恒载分布比较均匀，因此拱轴线形可采用抛物线，也可采用悬链线。钢筋混凝土拱肋的截面形状根据跨径的大小、荷载等级和结构的总体尺寸，可以选用矩形、工字形、箱形或管形（即钢管混凝土拱肋），截面沿拱轴的变化规律可以为等截面或变截面。有时为了增强肋拱的横向刚度和稳定，可将拱脚段的肋宽增大。其截面尺寸的拟定及配筋与上承式肋拱一样。

矩形截面的拱肋施工简单，一般用于中、小跨径的拱桥，拱肋的高度为跨径的 1/70 ~ 1/40，肋宽为肋高的 0.5 ~ 1.0 倍；工字形和箱形截面常用于大跨径拱肋。拱顶肋高 h_d 的拟定可采用下列经验公式：

（1）跨径 $l_0 \leqslant 100$ m 时：

$$h_d = \frac{1}{100} l_0 + \Delta \tag{7.3}$$

式中：l_0——拱的净跨径（m）；

h_d——取值范围为 0.6 ~ 1.0 m，跨径大时选用上限。

（2）当跨径 100 m<l_0≤300 m 时：

$$h_d = \frac{1}{100} l_0 + \alpha \Delta \tag{7.4}$$

式中：l_0——拱的净跨径（m）；

α——高度修正系数，取值范围为 0.6 ~ 1.0；

Δ——取值范围为 2.0 ~ 2.5 m。

肋拱矢跨比的取值在 1/7 ~ 1/4。拱肋可以在拱架上立模现浇，也可以采用预制拼装。

2. 主拱横向联系

为保证两片拱肋的横向刚度和稳定，以承受作用在拱肋、桥面及吊杆上的横向水平力，一般需在两片分离的拱肋间设置横向联系。横向联系可做成横撑、对角撑或空格式构造等形式（见图 7.20），横撑的宽度不应小于其长度的 1/15。横向联系的设置往往受桥面净空高度的限制，横向联系构件只容许设置在桥面净空高度范围之外的拱段（对于中承式拱肋，还可以设置在桥面系以下的肋段）。有时为了满足规定的桥面净空高度要求，而不得不将拱肋矢高加大来设置横向联系构件。但有时为了满足桥面净空要求和改善桥上的视野而取消行车道以上的横向联系构件，做成敞口式拱桥。

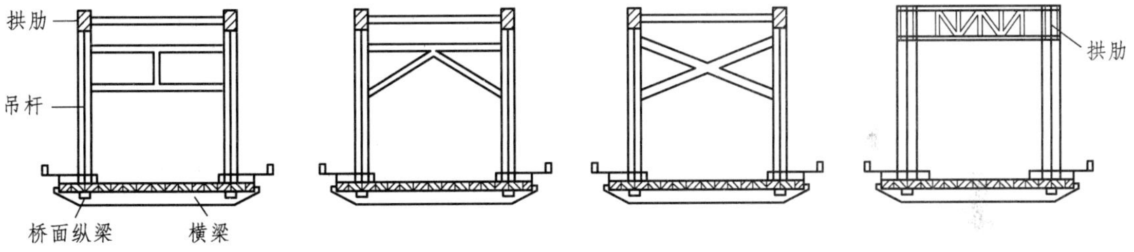

（a）一字形和 H 形横撑　（b）K 形对角撑　（c）X 形对角撑　（d）空格式构造

图 7.20　横向联系类型

无横向联系的中、下承式拱桥主要依赖以下 5 个主要因素来保证横向稳定：

（1）拱脚具有牢靠的刚性固结。

（2）对于中承式拱桥，要加强在桥面以下至拱脚区段的拱肋间固结横梁的刚度，并设置 K 撑或 X 撑。

（3）对于下承式拱桥，可采用半框架式的结构，即采用刚性吊杆，并与整体式桥面结构或刚度较大的横梁固结［见图 7.21（a）］，以给拱肋提供足够刚劲的侧向弹性支承，并承受拱肋上的横向水平力。

（4）增大拱肋的宽度，使其本身具有足够的横向刚度和稳定性。

（5）刚性吊杆的“非保向力”作用［见图 7.21（b）］。

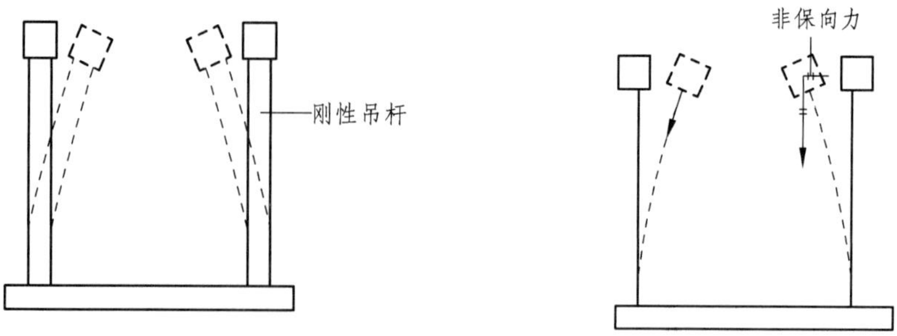

（a）　　（b）

图 7.21　无横向联系的拱桥断面

3. 吊　杆

桥面荷载通过吊杆和桥面系将作用力传递到拱肋上，受拉吊杆根据其构造分为刚性吊杆和柔性吊杆两类。

（1）刚性吊杆（见图 7.22）。刚性吊杆是用钢筋混凝土或预应力混凝土制作，刚性吊杆可以增强拱肋的横向刚度，但用钢量较大、施工程序多、工艺复杂。采用刚性吊杆时，吊杆两端的钢筋应扣牢在拱肋与横梁中。刚性吊杆一般设计为矩形，它除了承担轴向拉力之外，还需抵抗上、下节点处的局部弯曲。为了减小刚性吊杆承受的弯矩，其截面尺寸在顺桥向应设计得小一些，但为了增强拱肋面外的稳定性，横桥向尺寸应该设计得大一些。

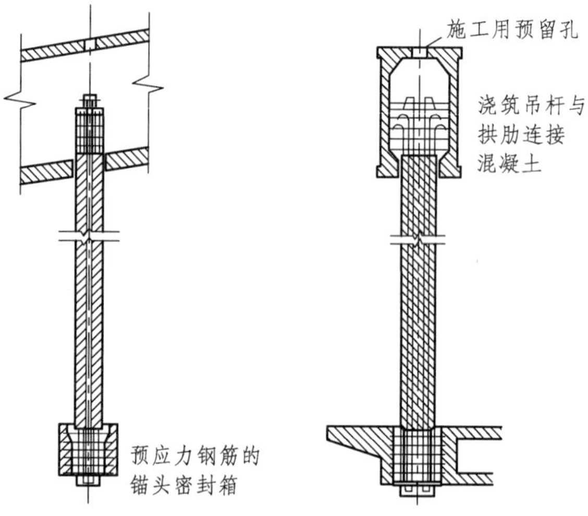

图 7.22　预应力混凝土刚性吊杆构造图

（2）柔性吊杆（见图 7.23）。柔性吊杆一般用冷轧粗钢筋、高强钢丝或钢绞线等高强钢材制作。高强钢丝束做成的吊杆通常采用镦头锚，而粗钢筋则采用轧丝锚与拱肋、横梁相连。

中、下承式拱桥的吊杆长度相差较大，接近拱脚处的短吊杆设计应特别注意：一方面，吊杆较短时，其线刚度（EA/l）就较大，相应地，它比长吊杆承担更大的活载及活载冲击力，因而短吊杆内的应力及应力变幅均较大，需适当增大短吊杆的截面面积；另一方面，在温度变化作用下，短吊杆下端随桥面一起水平位移，若设计处理不当，短吊杆的上、下两个锚点偏离垂直线，形成很大的折角，致使吊杆护套破损，钢丝受力不均，钢丝腐蚀断裂，为避免出现这种情况，可将短吊杆两端设计成铰接。

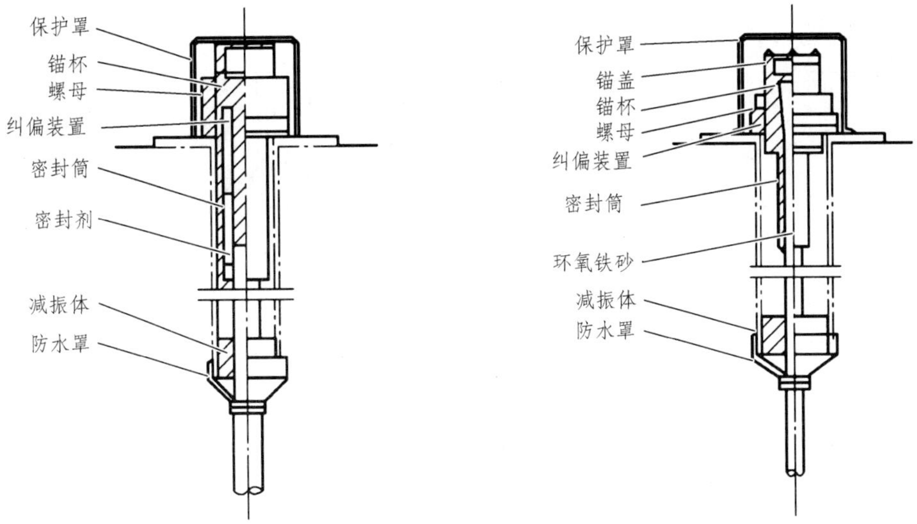

（a）镦头锚式吊杆构造　　（b）冷铸锚式吊杆构造

图 7.23　柔性吊杆构造

吊杆的间距一般根据构造要求和经济美观等因素决定。吊杆的间距即为行车道纵梁的跨长。间距较大时，吊杆的数目减少，但纵、横梁的用料增多；间距较小时，吊杆数目增多，纵、横梁的用料减少。一般吊杆的间距为 4 ~ 10 m，通常吊杆取等间距。

4. 横　梁

根据横梁间距的不同，横梁高度可取拱肋间距（横梁跨径）的 1/15 ~ 1/10。为满足搁置和连接桥面板的需要，横梁上缘宽度不宜小于 60 cm。桥面系与拱肋相交处的横梁一般与拱肋刚性联结，其截面尺寸与刚度比其他横梁大，通常称为固定横梁（见图 7.24），常用的截面形式有矩形、工字形、三角形等。通过吊杆悬挂在拱肋下面的横梁称为普通横梁，其构造如图 7.25 所示，其截面形式常用的有矩形、工字形和土字形。通过立柱支承在拱肋之上的横梁称为刚架横梁。

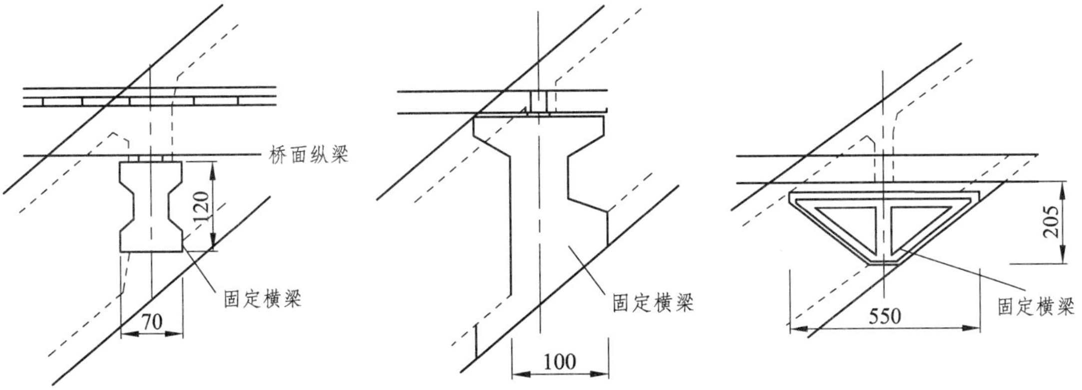

（a）对称工字形固定横梁　　（b）不对称工字形固定横梁　　（c）三角形双室箱型固定横梁

图 7.24　固定横梁构造（尺寸单位：cm）

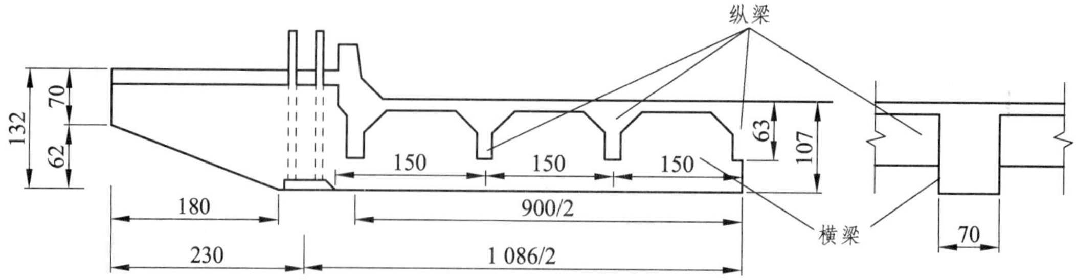

图 7.25 普通横梁构造（尺寸单位：cm）

大型横梁也可以采用箱形截面，一般为钢筋混凝土构件，跨径较大时，也可以采用预应力混凝土构件或钢构件。

5. 纵 梁

中、下承式拱桥的纵梁结构形式取决于施工方法和总体设计，由于横梁的间距一般在 4～10 m，纵梁多采用 T 形、Π 形小梁，设计成简支梁结构或连续梁结构，或直接在横梁上满铺空心板（见图 7.26）、实心板。采用先梁后拱的施工方法时，也可以采用在吊点位置连续的箱梁。

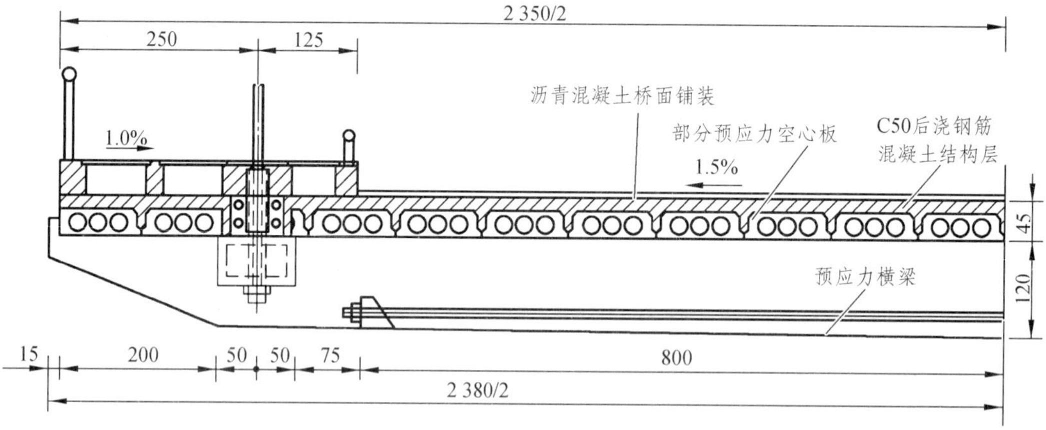

图 7.26 空心板纵梁构造（尺寸单位：cm）

7.2.3 钢管混凝土拱桥构造

1. 结构特点

钢管混凝土是在薄壁圆形钢管内填充混凝土而形成的一种复合材料，它一方面借助内填混凝土增强钢管壁的稳定性，同时又利用钢管对核心混凝土的套箍作用，使核心混凝土处于三向受压状态，从而提高其抗压强度和抗变形能力。

钢管混凝土本质上属于套箍混凝土，因此除具有一般套箍混凝土的强度高、塑性好、质量轻、耐疲劳、耐冲击等优点外，还具有以下 4 个方面的独特优点：

（1）钢管本身就是耐侧压的模板，因而灌注混凝土时，可省去支模、拆模等工序，并可适应先进的泵送混凝土工艺。

（2）钢管本身起钢筋的作用，它兼有纵向钢筋和横向箍筋的作用，既能受压，又能受拉。

（3）钢管本身又是劲性承重骨架，在施工阶段可起劲性钢骨架的作用，在使用阶段又是主要的承重结构，因此可以节省脚手架、缩短工期、减少施工用地、降低工程造价。

（4）在受压构件中采用钢管混凝土，可大幅度节省材料。理论分析和工程实践都表明，钢管混凝土与钢结构相比在保持结构自重力相近和承载能力相同的条件下，可节省钢材约50%，显著减少焊接工作量。与普通钢筋混凝土相比，在保持钢材用量相当和承载能力相同的条件下，可减少构件横截面积 50%，混凝土用量以及构件自重也相应大幅度降低。

2. 基本组成

钢管混凝土拱桥由钢管混凝土拱肋、立柱或吊杆、横撑、桥面系、下部构造等组成。钢管混凝土拱肋是主要的承重结构，它承受桥上的全部荷载，并将荷载传递给墩台和基础。

钢管混凝土拱桥结构轻盈，恒载集度比较均衡，因此拱轴系数比较小，一般为 1.167 ~ 2.24。跨径较大者取较小值。矢跨比为 1/8 ~ 1/4 比较合理。拱轴线常采用悬链线或二次抛物线。

3. 细部构造

1）钢管混凝土拱肋

钢管混凝土拱肋横截面形式（见图 7.27），按照钢管的数量及布置方式，通常分为单肢型、双肢哑铃型、四肢格构型、三角形格构型和集束型。

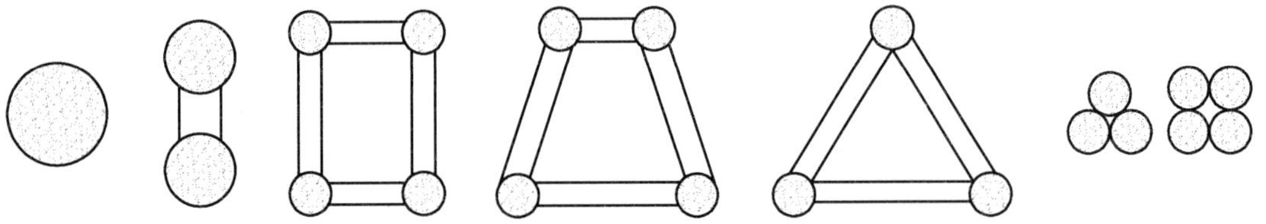

（a）（b）（c）（d）（e）（f）

图 7.27 拱肋横截面形式

（1）单肢型断面［见图 7.27（a）］。单肢型断面的构造简单，受力明确，但当跨径较大时，钢管直径和壁厚都会显著增大，从而使钢管制作和混凝土灌注施工难度增大。该形式适用于跨径 80 m 以内的小跨径拱桥。

（2）双肢哑铃型断面［见图 7.27（b）］。由上、下两个钢管通过缀板连接而成，该断面由于承压面距中心轴较远，因此纵向抗弯刚度大，占用桥面空间少，是一种理想的断面形式。缺点是侧向刚度相对较小，因此桥面以上必须设置风撑，以确保横向稳定。该形式适用于跨径 80 ~ 120 m 的拱桥。

（3）四肢格构型断面［见图 7.27（c）、（d）］。根据钢管的布置方式，又分为四肢矩形格构型和四肢梯形格构型。由钢管（又称弦杆）、腹杆（多为空钢管）和横联组成，是大跨径钢管拱桥常用的一种形式。例如，水柏铁路北盘江大桥每侧拱肋桁管中心高 4.4 m，宽 1.5 m，由 4 根 1 000 mm×16 mm 的 Q345d 钢管及腹杆、腹板栓焊连接而成。

（4）三角形格构型断面［见图 7.27（e）］。三角形格构型断面的纵向刚度大，横向刚度也大，适用于无风撑钢管混凝土拱桥上。

（5）集束型断面［见图 7.27（f）］。集束型断面是将钢管桁架改成集束钢管，钢管间采用螺栓、电焊以及钢板箍（间距 2 ~ 3 m）连成整体形成拱肋，与钢管桁架相比可节省腹杆，但纵向刚度较弱。

拱桥是一个以受压为主的构件，为节省材料，多采用格构式截面，将弯矩转化为轴向力。拱肋通常做成等高、等宽截面，以方便加工制作。当拱脚端应力较大时，可将拱脚端做成变截面形式，钢管混凝土变截面主要通过改变腹杆长度来实现。

2）钢管

选定断面形式后，钢管直径及壁厚尺寸将直接影响结构的强度，考虑到防腐等要求，壁厚不宜小于 12 mm。钢管与混凝土面积之比称为含钢率 α_s，其值不宜小于 5%，否则不能发挥钢管混凝土弦杆套箍作用；但也不宜大于 10%，以免耗用过多的钢材，造成浪费。

钢管应采用 16Mn 钢、15Mn 钢或 A3 钢，既可采用成品无缝钢管，也可用钢板卷制加工而成。当钢管直径较大或壁厚超过常用规格时，可用钢板冷卷或热压后焊接成相应的空钢管。由于焊接质量直接关系到全桥的安全，对焊缝必须采用超声波或 X 射线检测。

3）混凝土

钢管内的填芯混凝土宜选用高强度等级，使其与钢管钢号和含钢率匹配，以充分发挥钢管混凝土构件的套箍作用。钢管混凝土应采用泵送，为保证混凝土能填满钢管，应采用减水剂和膨胀剂，同时掺入适量的粉煤灰，以降低混凝土的水化热，减少水泥用量，提高混凝土的和易性和可泵性，减少收缩。

4）横撑

横撑主要设置在拱顶、拱脚、拱肋与桥面系交接处，横撑的主要作用是将钢管混凝土拱肋连接成整体，以确保结构稳定。钢管混凝土拱肋的横撑多采用钢管桁架，钢管可以是空心的，也可以内填混凝土，做成钢管混凝土横撑。

横撑在拱脚段多做成桁架式 K 撑或 X 撑，以获得更好的稳定性，在桥面系以上则多采用直撑、K 撑或 H 形撑。

5）吊杆

中、下承式钢管混凝土拱桥需设置吊杆，吊杆一般采用柔性吊杆。锚固在拱肋上的吊杆锚具，为避免直接暴露在大气中，常设置在拱肋弦杆内或缀板处，拱肋吊杆锚具布置如图 7.28 所示。

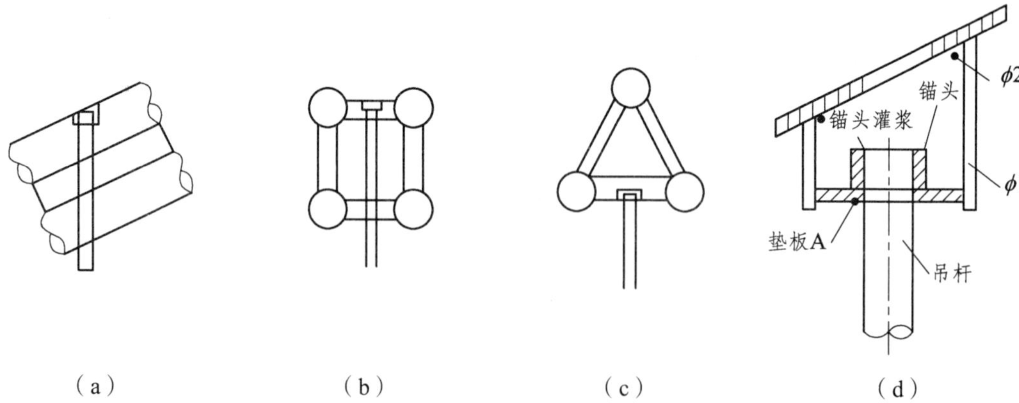

图 7.28　拱肋吊杆锚具布置

吊杆可采用平行钢绞线或平行钢丝束，外套无缝钢管或热挤聚乙烯防护层。上、下锚头可采用 OVM 锚、冷铸墩头锚等，然后用高强度等级混凝土封锚。

通常将张拉端设置在缀板处或钢管弦杆内，下端为固定锚，以方便拆卸更换。锚头要求防护严密，不能外露在大气中，以免锈蚀。为便于以后更换吊杆，可以做成双吊杆。

4. 节点与连接

钢管混凝土拱肋上下弦杆、腹杆、横系梁之间的相互连接以及与钢结构、钢筋混凝土结构构件之间的连接应满足强度、刚度和稳定性要求。钢管混凝土拱肋连接构件应做到构造简单、整体性好、传力明确、安全可靠、节省材料、方便施工。钢管混凝土结构连接设计的关键在于确保能可靠地传递内力。

1）拱肋弦杆连接构造（见图 7.29）

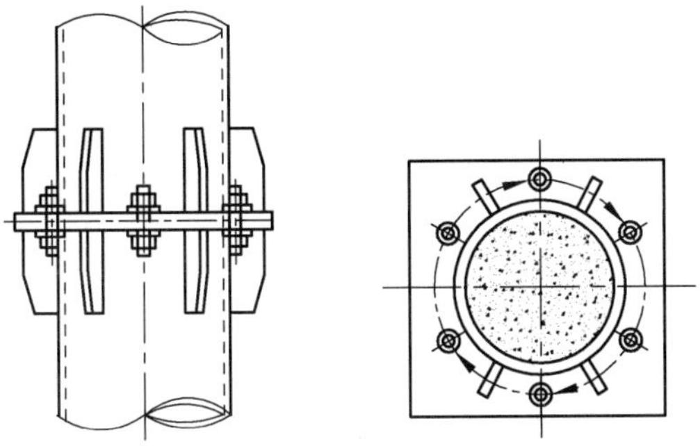

图 7.29　拱肋弦杆连接构造

为减轻吊装重量，通常将钢管混凝土拱肋划分为数段（多为奇数段）。拱肋上、下弦杆是钢管混凝土拱桥的主要受力构件，因此其上、下弦杆连接是钢管混凝土拱肋连接的关键。为了充分发挥钢管混凝土的承载力，应尽可能将连接处的作用力直接传递到核心混凝土上。采用法兰盘连接，具有传力明确的优点，能有效地将荷载传递给核心混凝土。

2）拱肋弦杆与拱座的连接

为加强拱肋上、下弦杆与拱座的连接，应将拱肋上、下弦杆插入拱座内，插入长度应为钢管直径的 1 ~ 2 倍。弦杆端头应与预埋在拱座内的钢板或钢筋连接。为避免吊装过程中在拱脚产生弯矩，便于调整拱轴标高，往往在拱座处设置拱脚铰支座（见图 7.30）。等拱肋全部合龙并调整完拱肋标高后，再焊死封口进行封铰。

3）格构式拱肋腹杆、系梁布置与构造连接

钢管混凝土拱肋是一个偏心受压构件，当拱肋为格构式时，其腹杆与弦杆的连接构造应为图 7.31 所示的形式。腹杆分为直腹杆和斜腹杆。腹杆多采用空钢管，与钢管弦杆直接焊接。相邻两根直腹杆的距离与吊杆的布置以及斜腹杆与直腹杆之间的夹角有关，二者夹角宜控制为 35° ~ 55°。腹杆与弦杆轴线宜交于一点，或腹杆轴线交点与弦杆轴线的间距不宜大于 $D/4$（D 为钢管的外径），否则应考虑其偏心影响。

腹杆壁厚不宜大于弦杆管壁厚度，腹杆不穿入弦杆。在任何情况下，弦杆上不允许开孔。腹杆与弦杆、腹杆与腹杆、腹杆与系梁之间的连接尽可能采用直接对接的方式。只有在连接管数较多且发生冲突时，才可采用节点板连接的方式，其节点板构造如图 7.32 所示。当采用节点板连接时，必须将空心的腹杆端头封死，以免潮气侵入，造成管内锈蚀。

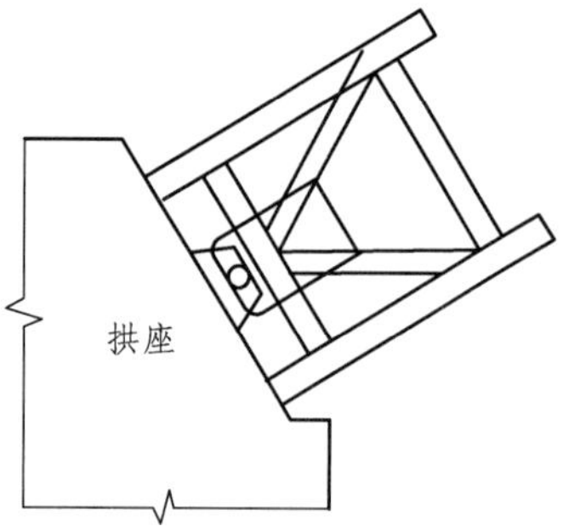

图 7.30　拱脚铰支座

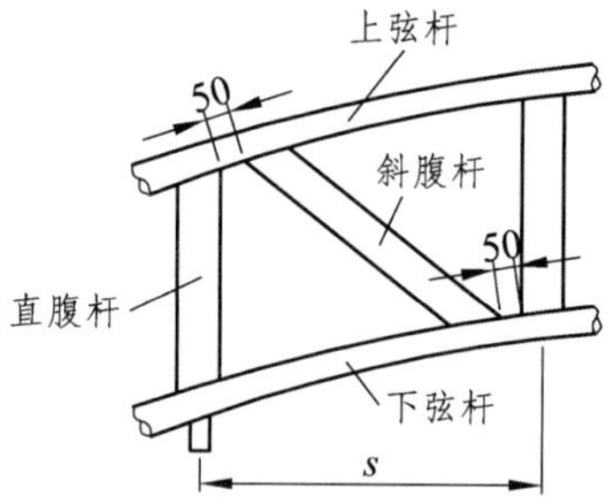

图 7.31　腹杆与弦杆的连接构造

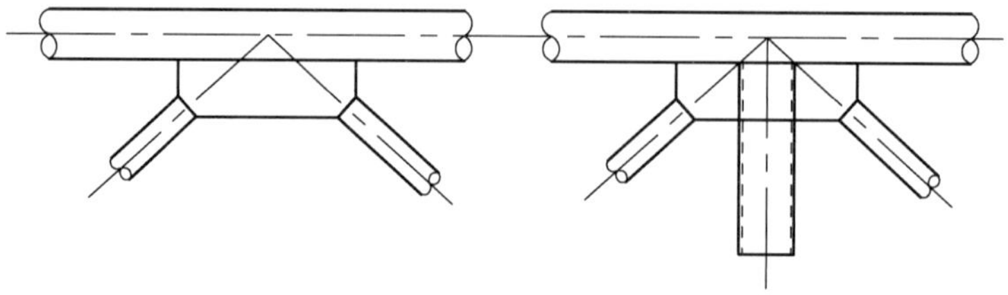

图 7.32　节点板构造

4）格构式拱肋缀条的节点构造

格构式拱肋各钢管之间用缀条或缀板连接。缀条可采用钢板，也可采用钢管。圆钢管工作性能好，能与弦杆直接焊接，传力简洁，节点构造简单。缀板应用 Q345 或 Q235 钢制成。

5. 钢管混凝土拱

钢管混凝土拱桥在设计与施工上有两大方向：一种为钢管内灌注混凝土，即钢管表面外露，钢管与核心混凝土共同受力，成桥后钢管受设计荷载控制，同时也作为施工时的劲性骨架；另一种是内灌外包混凝土，钢管表面不外露，钢管仍作为施工的劲性骨架，先内灌混凝土成钢管混凝土后再挂模板外包混凝土形成拱，成桥后钢管参与受力，但不受设计荷载控制。严格来说，前者应称为钢管混凝土拱桥，后者应称为钢筋混凝土劲性骨架拱桥。虽然钢管仅起到劲性骨架作用，但由于施工上的共同性，设计部门仍把它归入钢管混凝土拱桥。本章在此一并叙述。

内灌外包钢管混凝土拱与钢筋混凝土拱结构，除施工方法上的区别外，其他基本一样。主拱也分拱肋、拱圈两种。

拱圈可以是矩形或箱形截面。图 7.33 所示为内灌外包钢管混凝土拱矩形截面（福建连江安海公路桥的主拱截面），净跨径为 70 m。图 7.34 所示为内灌外包钢管混凝土拱箱形拱圈截面（万州长江公路桥主跨拱截面），跨径为 420 m，矢跨比为 1/5，采用的劲性骨架为空间桁架，主弦杆为 5 排 10 根 ϕ420，无缝钢管厚 16 mm，腹杆为角钢。

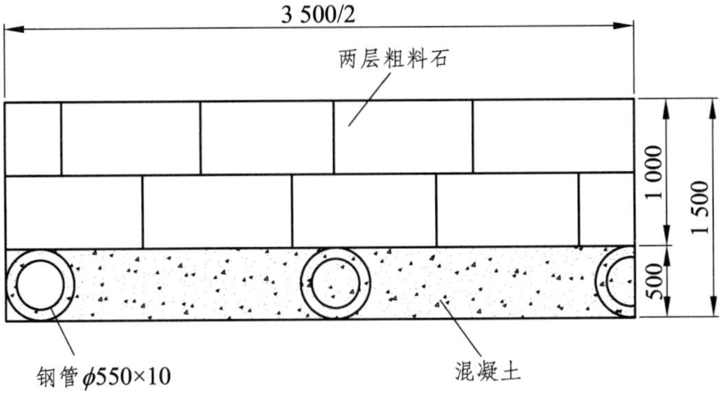

图 7.33 内灌外包钢管混凝土拱矩形截面（尺寸单位：mm）

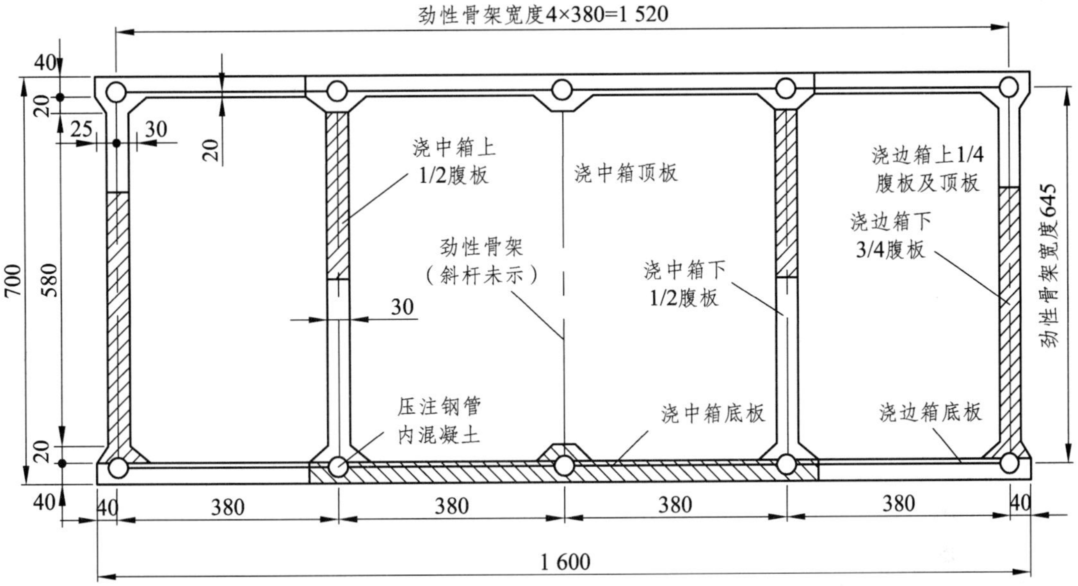

图 7.34 内灌外包钢管混凝土拱箱形拱圈（尺寸单位：cm）

拱肋一般为箱形，也有采用工字形。图 7.35 所示为四川内江新龙坳立交桥（拱跨 117.8 m）和广西邕宁邕江公路桥（主跨 312 m）的内灌外包钢管混凝土拱箱截面。

无论是拱肋或拱圈截面，内灌外包钢管混凝土拱多用于上承式拱桥。

内灌钢管混凝土拱分肋拱与桁架拱。肋拱截面形式有单圆钢管、扁圆钢管（见图 7.36）和哑铃形（见图 7.37）等。单圆钢管混凝土拱一般适用于小跨径（跨径 100 m 以下）。国外曾建造过一些单圆钢管混凝土拱，最大跨径达 220 m。在跨径较大时，采用单圆钢管混凝土拱是否经济还有待探讨，虽然它制造、施工比较简便，但受力特性不如哑铃形。扁圆钢管混凝土拱在浙江义乌笙圆桥采用过，净跨径为 80 m，其特点是增大横向抗弯惯性矩，取消风撑，只能在中、小跨径中采用。哑铃形拱是最常用的截面形式，它由钢腹板与两钢管焊接而成，腹板内也填充混凝土，拱桥跨径从几十米到 160 m 大多采用这种形式。钢管直径 D 为 45 ~ 110 cm，D/L 为 1/150 ~ 1/78（L 为净跨径），D/L 一般随跨径增大而减少，高度 H 为 120 ~ 270 cm，D/H 为 1/2.67 ~ 1/2.11，以 1/2.5 居多。管壁厚 8 ~ 16 mm，10 mm 最常用（16 mm 用于拱脚段）。

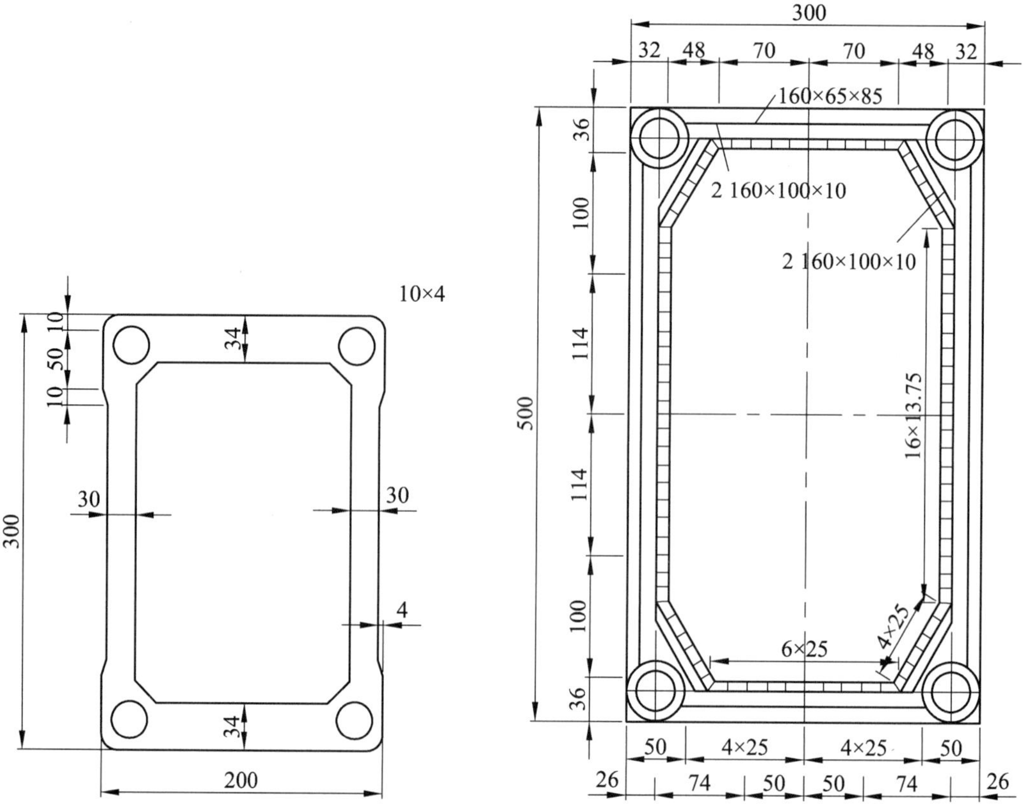

（a）内江新龙坳立交桥主拱断面

（b）广西邕宁邕江公路桥主拱断面

图 7.35　内灌外包钢管混凝土拱箱截面（尺寸单位：cm）

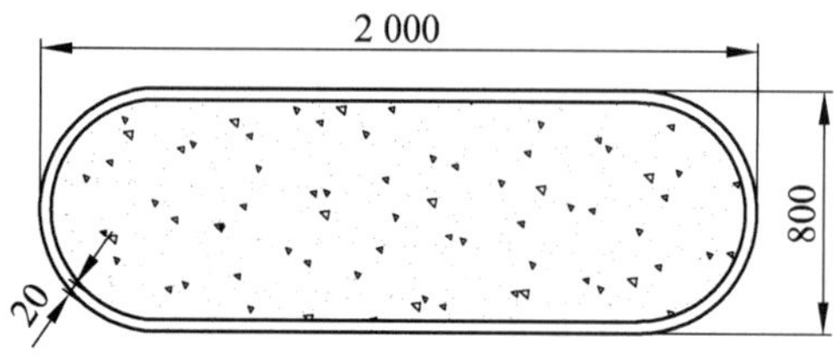

图 7.36　扁圆拱肋（尺寸单位：mm）

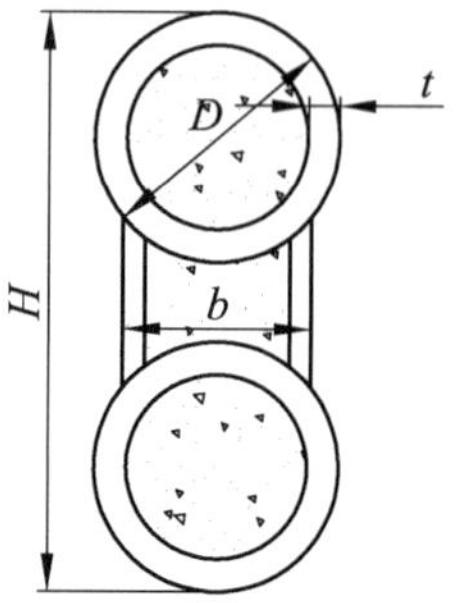

图 7.37　哑铃形拱肋（尺寸单位：mm）

当跨径较大时，常采用桁架式肋拱，如图 7.38 所示为桁架式钢管混凝土拱桥。桁架式肋拱自重轻，截面抗弯效率高。桁架式肋拱每肋是由多根钢管混凝土用缀条连接组成，其截面形式如图 7.39 所示，有三肢和多肢桁式截面、横哑铃形（两钢管间为腹板，内填混凝土）。图 7.39（a）所示为黑龙江哈尔滨依兰县牡丹江公路桥，净跨径为 100 m，为中承式拱桥截面。图 7.39（b）所示为福建闽清石潭溪公路桥，主跨跨径为 136 m，为中承式肋拱截面。两种截面的钢管混凝土均由小直径钢管连接成竖向与横向桁片。图 7.39（c）所示为广东南海汕西公路桥，主跨跨径为 200 m，为中承式肋拱截面，上、下翼缘是横哑铃形。图 7.39（d）所示为河南安阳文峰路立交桥，净跨径为 135 m，为下承式系杆肋拱截面，上翼缘是横哑铃形，故称混合型。

此外还有采用由 2 ~ 5 个钢管单元集合（钢管与钢管直接焊接）而成的肋拱。

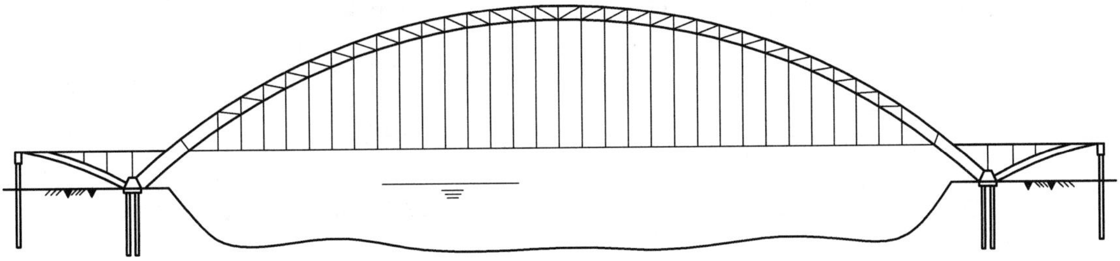

图 7.38 桁架式钢管混凝土拱桥

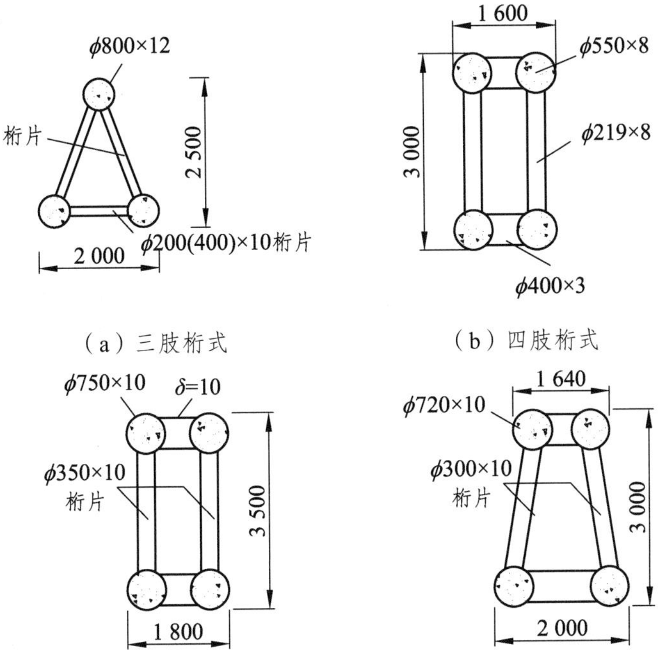

（a）三肢桁式　（b）四肢桁式

（c）横哑铃形桁式　（d）混合桁式

图 7.39 桁架式拱肋截面（尺寸单位：mm）

7.2.4 上承式桁架拱桥构造特点

桁架拱桥又称拱形桁架桥，是一种有水平推力的桁架结构。桁架拱桥的组成部分如图 7.40 所示，其上部结构由桁架拱片、横向联结和桥面组成。桁架拱片是主要的承重结构，由上下弦杆、腹杆组成的端部桁架段及跨中实腹段组成。

桁架拱的拱上结构与拱肋融为一体共同受力，整体性好。桁架部分的各杆件主要承受轴向力，具有普通桁架的受力特点。实腹段具有拱的受力特点：拱的水平推力减少了跨中弯矩，使跨中实腹段在恒载作用下主要承受轴向压力，在活载作用下将承受弯矩，成为偏心受压构件。桁架拱综合了桁架和拱的有利因素，以承受轴向力为主，可采用圬工材料修建，并能充分发挥圬工材料的特性。同时，拱上结构与拱肋已形成桁架，能充分发挥全截面材料的作用。与同跨梁桥相比，节省钢材较多。圬工用量与梁桥接近，但比同跨径拱桥要少。另外，由于桁架拱外部通常采用两铰结构，因而地基位移、温度变化等产生的附加内力较小。综合上述分析，桁架拱受力合理、自重轻、用料少，适合在软土地基上采用。

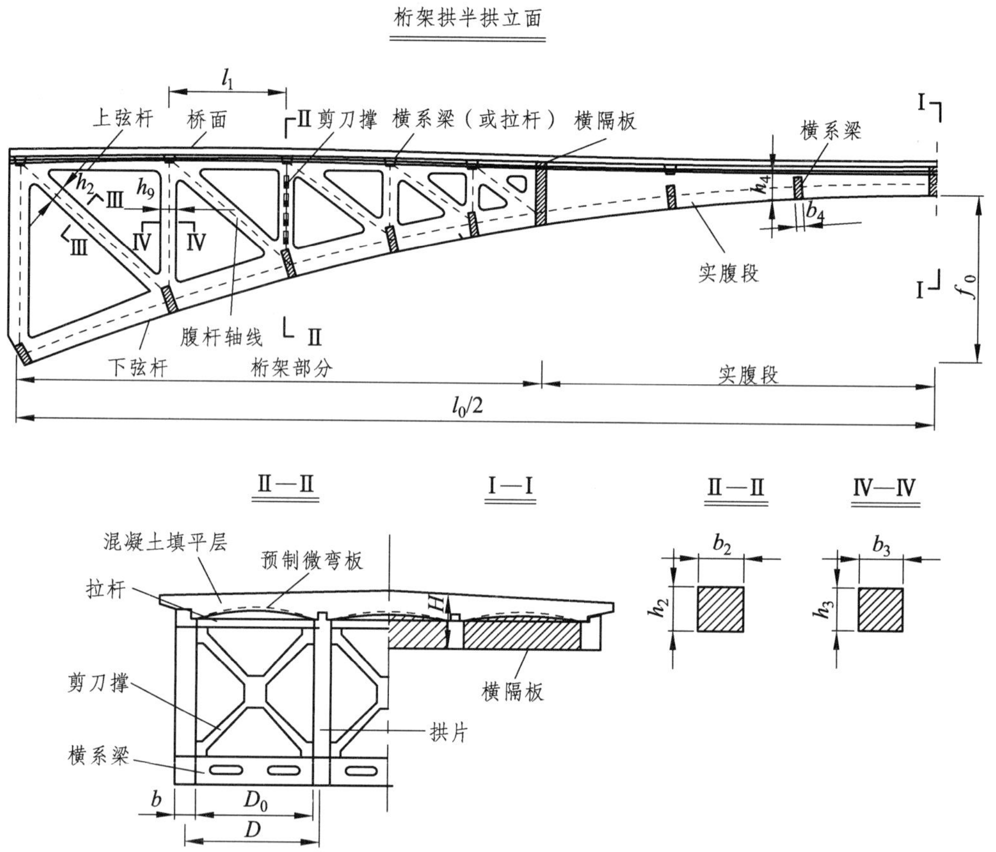

图 7.40　桁架拱桥的组成部分

在桁架拱的拱上结构施工中由于其具有整体的钢筋骨架，故可整体预制安装，也可采用分段预制、吊装就位后用接头联成整体。桁架拱预制构件规格少、施工工序少，因此工期短。但桁架拱各节点均为刚性连接，节点的次应力容易导致杆件两端开裂，影响桁架拱的耐久性。桁架拱一般采用预制安装，安装的块件较大，运输和安装过程需要较大的起重设备。因此，桁架拱桥的应用范围以 20 ~ 50 m 的中等跨径为宜。

根据构造不同，桁架拱可以分为斜（腹）杆式、竖（腹）杆式、桁肋式和组合式 4 种。

（1）斜（腹）杆式（见图 7.41）。其中三角形腹杆［见图 7.41（a）］的桁架拱片腹杆根数少，杆件的总长度也短，因此腹杆用料省，整体刚度较大。但是当拱跨较大，矢高较高时，三角形体系的节间长度就过大，为了承受桥面荷载，就要增加桥面构件钢筋用量。因此，宜增设竖杆来减少节间长度，成为带竖杆的三角形桁架拱［见图 7.41（b）］。根据斜杆倾斜方向不同，又有斜压杆和斜拉杆两种［见图 7.41（c）、（d）］。前者斜杆受压、竖杆受拉，且斜杆的长度随矢高和节间长度的增大而显著增大，尤其是第一个节间内的斜杆长度更大，为了防止斜压杆失稳需增大截面尺寸，可采用不同截面尺寸的斜杆以节省材料，但施工麻烦，且斜压杆式的桁架拱外形不太美观，故目前较少采用；后者则相反，斜杆受拉而竖杆受压，为避免拉杆及节点开裂，并减小截面尺寸，节省材料，可采用预应力混凝土斜拉杆，外形也较美观，是常用的一种形式。

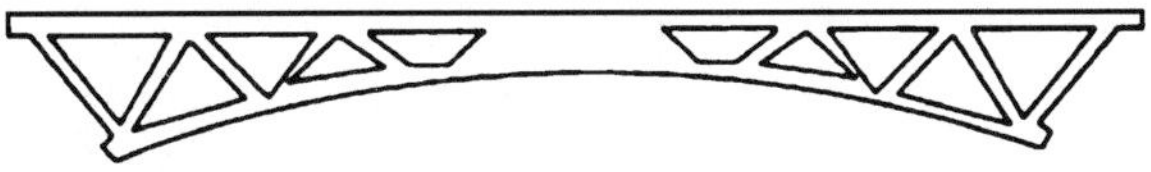

（a）三角形式

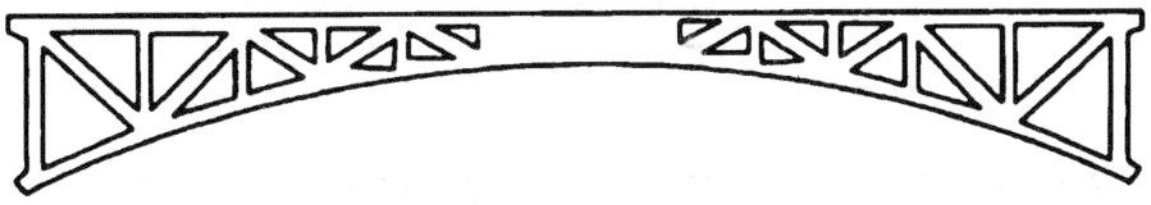

（b）带竖杆的三角形式

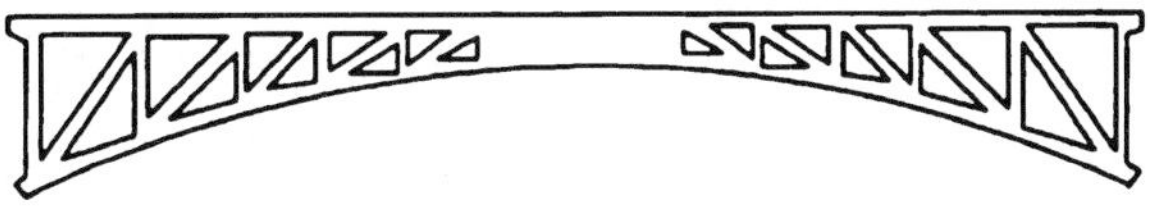

（c）斜压杆式

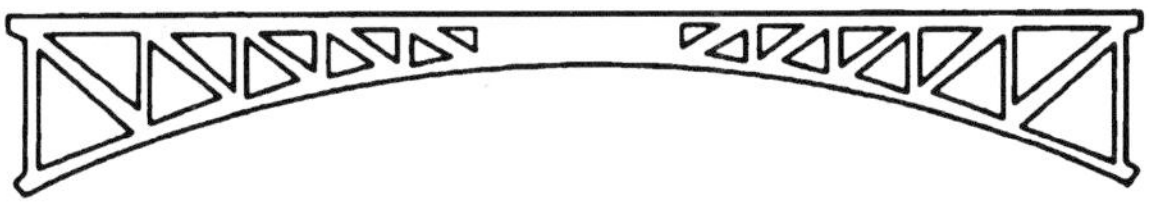

（d）斜拉杆式

图 7.41　斜（腹）杆式桁架拱桥

（2）竖（腹）杆式［见图 7.42（a）］。竖杆式桁架拱片外形较整齐美观，节点构造简单，施工方便。但整体刚度小，竖杆与上、下弦联结点易开裂，适用于荷载小、跨径较小的桥梁。

（3）桁肋式［见图 7.42（b）］。这种形式实质上为普通型上承式拱，仅将主拱圈改为桁架结构。桁肋高度小，吊装方便，适合无支架施工。但由于桁架在拱脚处固结，基础变位、温度变化和混凝土徐变引起的附加内力较大，拱脚上弦杆易开裂。

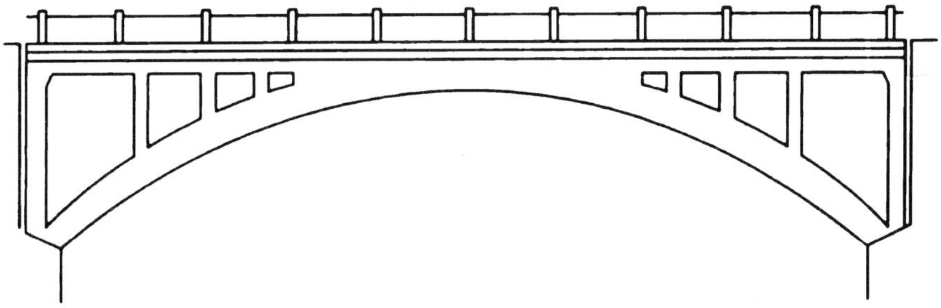

（a）竖（腹）杆式

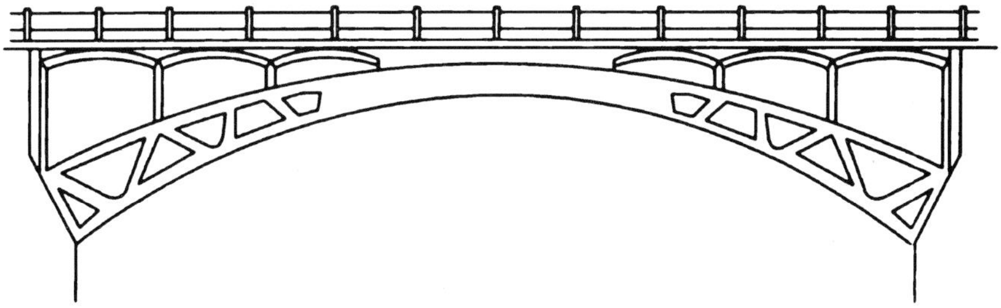

（b）桁肋式

图 7.42　竖杆式和桁肋式拱片

（4）桁式组合拱（见图 7.43）。桁式组合拱与普通桁架拱的主要区别在于上弦杆断点位置不同。普通桁架拱的上弦杆简支于桥墩（台）上，上弦杆与桥墩（台）之间没有断缝（即断点），而桁式组合拱上弦杆却是在桥墩（台）顶部至拱顶之间适当位置断开，形成一条断缝（即断点），从断点至桥墩（台）顶部形成一个悬臂桁架，并与桥墩（台）固结，跨间两断点之间为一普通桁架拱，全桥下弦杆保持连续。从力学上看，相当于普通桁架拱支承于两端的悬臂桁梁上，从而形成拱梁组合体系。图 7.44 所示为桁式组合拱桥的组成，优化断点位置一般在（0.5 ~ 0.6）l 处。

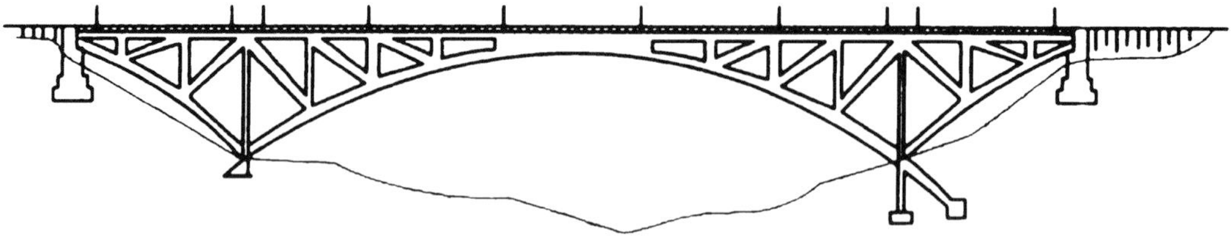

图 7.43 桁式组合拱桥

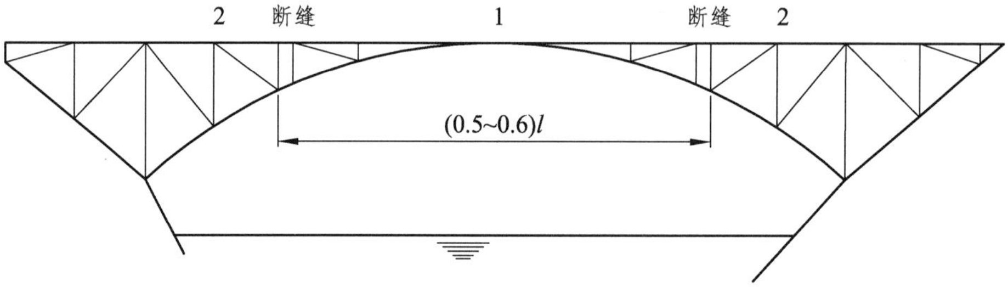

1—桁架拱部分；2—悬臂桁架部分。

图 7.44 桁式组合拱桥的组成

桁式组合拱常用于跨径为 100 m 以上的特大型预应力混凝土拱桥，如贵州江界河大桥，其跨径达 330 m，居世界首位。

桁式组合拱的特点是保留了普通桁架拱的优点，纵、横刚度大，施工和运营阶段稳定性好，拱顶正弯矩比同跨径普通桁架拱减少 30%以上，构造简单，且由于上弦断开，其拉力比同跨径普通桁架拱少 2 倍以上。悬臂桁架在施工和运营阶段受力一致，无需额外增加施工材料，总的经济性较好。

7.2.5 刚架拱桥构造特点

刚架拱桥（见图 7.45）是在桁架拱桥、斜腿刚架桥等基础上发展起来的另一种新桥型，属于有推力的高次超静定结构。由于它具有构件少、质量轻、整体性好、刚度大、施工简便、造价低、造型美观等优点，被广泛用于跨径为 25 ~ 70 m 的桥梁。

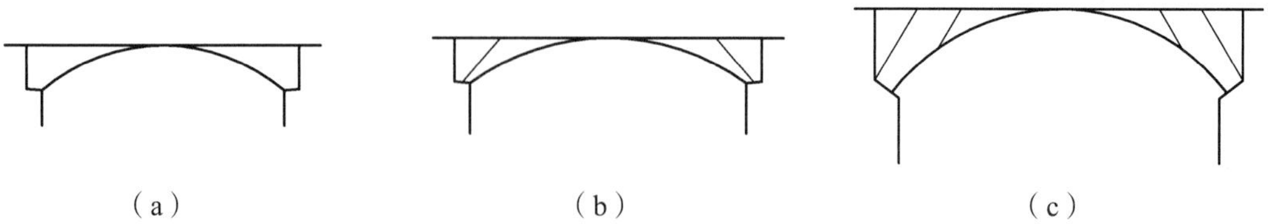

图 7.45 刚架拱桥

刚架拱桥的上部结构由刚架拱片、横向联结系和桥面系等部分组成，其构造如图 7.46 所示。其特点是：在顺桥方向上，将常规的主拱圈与拱上建筑部分组成为整体受力的结构，拱上建筑不是单纯地传递荷载，而是参与承受荷载的结构构件；在横桥方向上，通过加腋板或微弯板将拱肋与现浇桥面组成整体的受力结构。虽为拱式体系，但恒载推力较常规拱桥要小。为控制桥梁建筑高度，可将矢跨比选择得小一些，一般取值为 1/10 ~ 1/7。

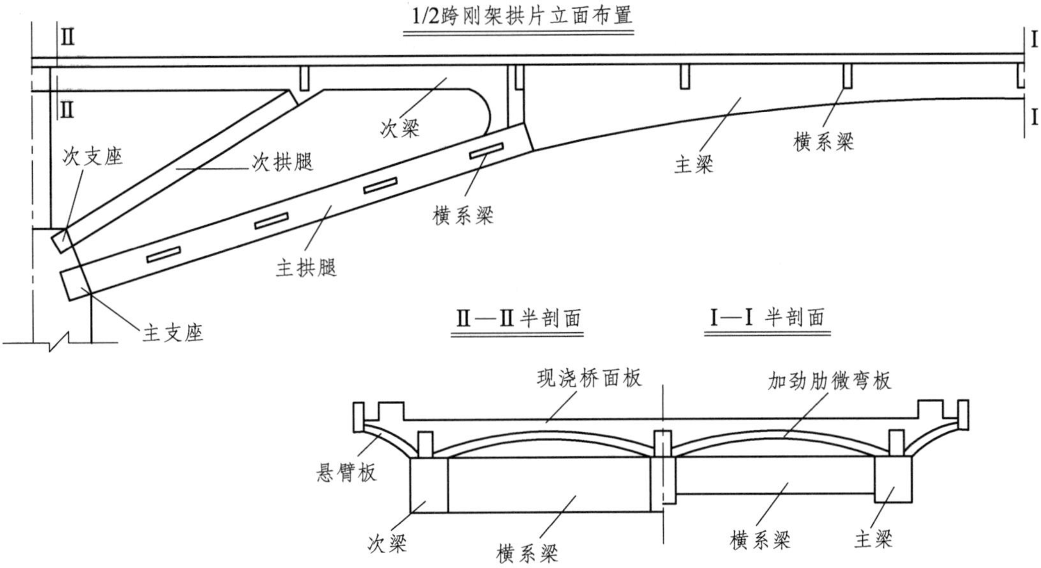

图 7.46 刚架拱桥构造

刚架拱片是刚架拱桥的主要承重结构，一般由跨中实腹段的主梁、空腹段的次梁、主拱腿（主斜撑）、次拱腿（斜撑）等构成，与桥面板一起形成刚架拱的主拱片。主梁和主拱腿的交接处称为主节点，次梁和次拱腿的交接处称为次节点。节点构造一般均按固结设计，配置足量钢筋。

主梁和主拱腿构成的拱形结构的几何形状是否合理，对全桥结构的受力有显著的影响，其设计原则是在恒载作用下弯矩最小。主梁和次梁的梁肋上缘线一般与桥面纵向平行，主梁下边缘线一般可采用二次抛物线、圆弧线或悬链线，使主梁成为变截面构件。主拱腿可根据跨径大小和施工方法等不同，设计成等截面直杆或微曲杆。有时从美观的角度考虑，也可采用与主梁同一曲线的弧形杆，这样可改善梁、拱腿的受力性能。

横向联系的作用是将刚架拱片联成整体共同受力，并保证其横向稳定。为了简化构造，横向联系可采用预制装配式的横系梁或横隔板形式，其间距视跨径大小具体布置。一般在刚架拱片的跨中、主次梁端部等处设置横系梁。当跨径较大或者跨径小但桥面很宽时，为了加强跨中实腹段刚架拱片间的横向整体性，有利于荷载的横向分布，可增设直抵桥面板的横隔板。

刚架拱桥的总体布置形式（见图 7.47）主要与桥梁跨径、荷载大小等有关。当跨径小于 30 m 时，可采用只设主拱腿，不设次拱腿的最简单形式［见图 7.47（a）］。当跨径在 30 ~ 50 m 时，为减小腹孔段次梁和斜撑的内力，可以设置一根次拱腿［见图 7.47（b）］。随着跨径增大，为减小次梁和斜撑的内力，可设置多根斜撑。这些斜撑都可以直接支承在桥梁墩（台）上，也可以将次拱腿支承在主拱腿上，以减小次拱腿的长度［见图 7.47（c）］。

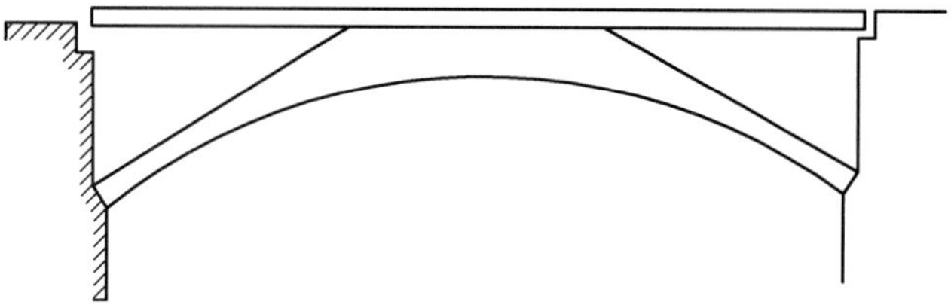

（a）只设主拱腿

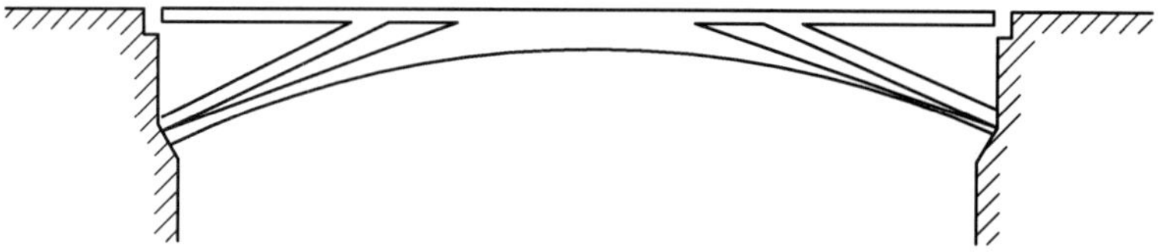

（b）设置一根次拱腿

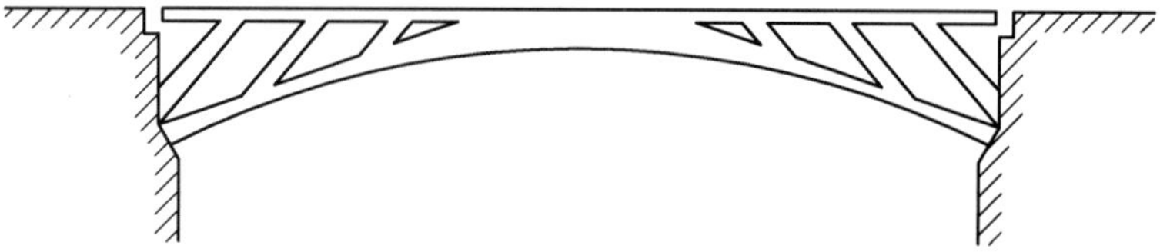

（c）设置多根斜撑

图 7.47 刚架拱桥总体布置形式

刚架拱片可以采用现浇或预制安装的方法施工，目前大多数工程施工采用后者。为了减小吊装质量，可将主梁和次梁、斜撑等分别预制，用现浇混凝土接头连接。当跨径较大时，次梁还可分段预制。

7.2.6 组合式拱桥构造特点

1. 基本形式

1）简支梁拱组合式桥梁

简支梁拱组合式桥梁（见图 7.48）只用于下承式，属于无推力的组合体系拱。拱肋结构一般为钢管混凝土和钢筋混凝土结构，桥面上常设置风撑。主要承重构件除拱肋外，还有加劲纵梁，它与横梁组成平面框架，由吊杆上下联系以达到共同受力的目的。

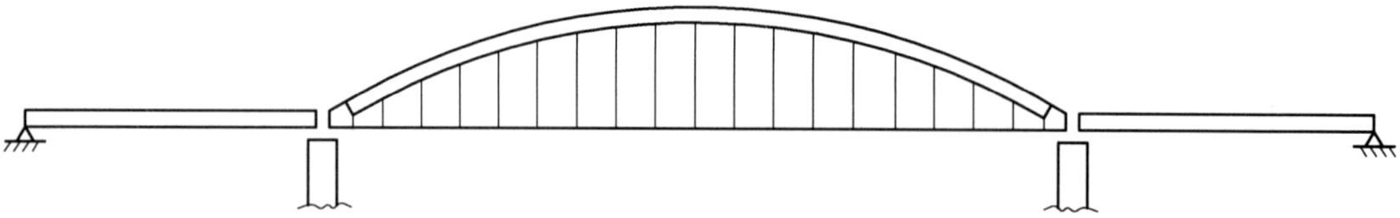

图 7.48 简支梁拱组合式桥梁

2）连续梁拱组合式桥梁

简支梁拱组合式桥梁（见图 7.49）可以是上承式、中承式及下承式，也可以是多肋拱、双肋拱或单肋拱与加劲梁组合。

多肋拱及双肋拱的加劲梁的截面形式可类似于简支梁拱组合式桥梁布置；而单片拱肋必

须配置有箱形加劲梁，以加劲梁强大的抗扭刚度承担偏载作用。这种桥型自身刚度大，跨越能力强，造型美观。

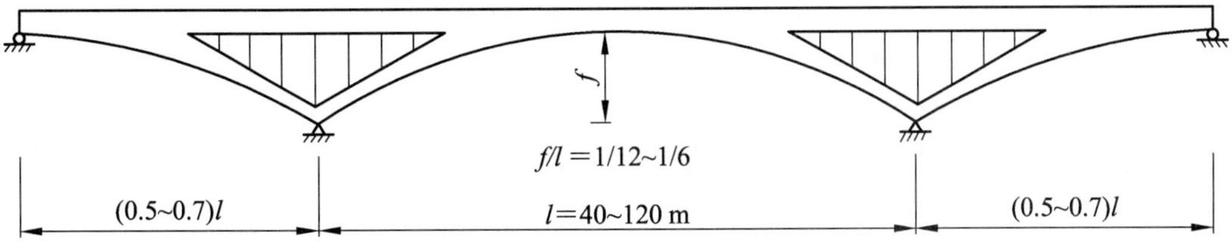

（a）上承式

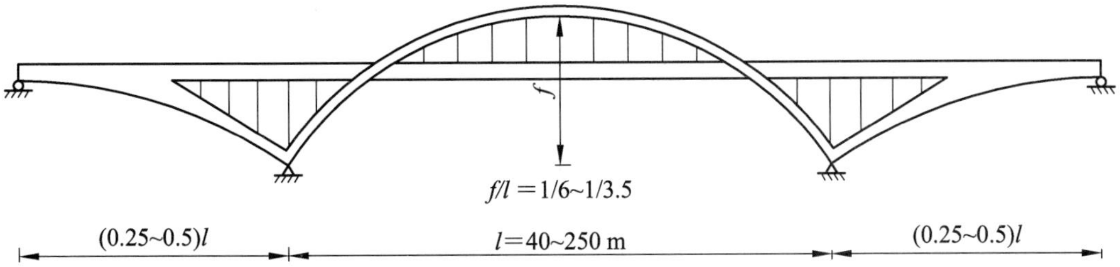

（b）中承式

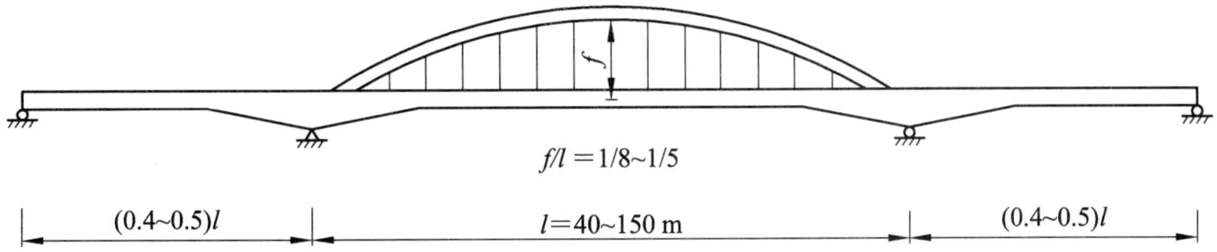

（c）下承式

图 7.49 连续梁拱组合式桥梁

3）单悬臂梁拱组合式桥梁

单悬臂梁拱组合式桥梁（见图 7.50）只适用于上承式，采用转体施工特别方便。单悬臂梁拱组合式桥梁实际上是将实腹梁挖空，用立柱代替梁腹板。原腹板剪力主要由拱肋竖向分力及加劲梁剪力平衡。这样的结构加劲梁受拉弯作用，采用预应力混凝土，拱肋为钢筋混凝土。

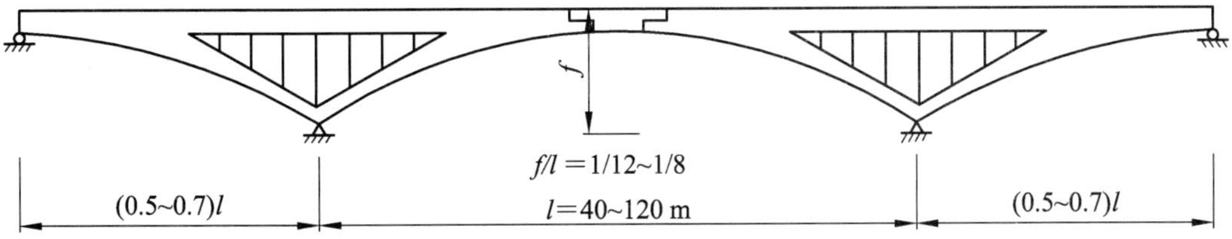

图 7.50 单悬臂梁拱组合式桥梁

2. 构造特点

下面简要介绍拱式组合体系中具有特点的结构构造，如拱肋、系杆（梁）。

1）拱肋

对于柔性系杆刚性拱，拱肋的构造和截面形式基本上可参考普通的下承式肋拱桥，矢跨比一般在 1/5 ~ 1/4 之间取值。拱肋截面可根据跨径的大小和荷载等级选用矩形、工字形或箱形。对于公路桥，拱肋高度 $h=(1/50\sim1/30)l$，拱肋宽度 $b=(0.4\sim0.5)h$。一般矩形截面用于较小跨径，当肋高超过 1.5 ~ 3.5 m 时，采用工字形或箱形较为合理。

刚性系杆（梁）柔性拱以梁为受力主体，矢跨比通常为 1/7 ~ 1/5。拱肋在保证一定强度和稳定性的条件下，可将拱肋高度 h 从常用的 $(1/120\sim1/100)l$ 压缩到 $(1/160\sim1/140)l$，拱肋宽度一般采用 $b=(1.5\sim2.5)h$。对于公路桥，刚性系杆（梁）高度为 $h=(1/35\sim1/25)l$，跨径较大时，还可做成变截面。拱肋截面常采用宽矮实心矩形断面。若采用刚性吊杆，则横向刚度较大的拱肋与吊杆、横梁组成半框架。一般情况下，拱肋间可不设横撑，设计成敞口，使视野开阔，拱轴线通常采用二次抛物线，拱肋截面内可采用普通钢筋、型钢及钢管，以缩小拱肋面积。为了增强混凝土的承压能力，可采用螺旋箍筋。

在刚性系杆（梁）刚性拱中，拱轴线常采用二次抛物线。为了方便支承节点处的构造连接，常将拱肋和系杆设计成相同的截面形式，中小跨径拱桥多采用工字形截面，当跨径较大时，常采用箱形截面。拱肋高度 $h=(1/80\sim1/50)l$，拱肋宽度 $b=(0.8\sim1.2)h$。系杆的梁高较柔性拱要小，具体尺寸应根据拱的刚度及桥面宽度、荷载情况确定。

2）系杆（梁）

系杆分为刚性系杆和柔性系杆。刚性系杆亦称为系梁，如型钢混凝土结构等；柔性系杆一般为预应力钢筋。系杆的设置一方面要考虑系杆与拱肋的连接，保证系杆能很好地与拱肋共同受力；另一方面又要考虑系杆与行车道之间的相互作用，避免桥面行车道因阻碍系杆的受拉而遭到破坏。构造上常见的处理方法有：

（1）如图 7.51（a）所示，在行车道中设置横向断缝，使行车道不参与系杆的受力，行车道简支在横梁上。这种形式受力明确，应用较多。

（2）如图 7.51（b）所示，系杆采用型钢或扁钢制作，与行车道完全不接触，为了防止行车道参与系杆受力，一般还要在行车道内设置横向断缝。其缺点是外露系杆易锈蚀，在温度变化时，外露金属系杆和钢筋混凝土拱肋的温度有差别，由此而产生附加应力。

（3）如图 7.51（c）所示，采用独立的钢筋混凝土系杆，每个系杆由两部分组成，安放在吊杆两旁，自由地搁置在横梁上。一般尽量把系杆做得矮宽，以增加柔性，故常用于柔性系杆刚性拱中。

（4）采用预应力钢筋混凝土系杆，这种系杆较为合理，由于预加压力可克服混凝土承受的拉力，避免了混凝土的裂缝，维修费用比钢系杆低。为了方便连接，系杆截面形式与拱肋截面形式一致，行车道可设横向断缝，亦可不设，一般考虑行车条件，不设为宜。预应力钢筋锚固于系杆梁端部位的拱座上。

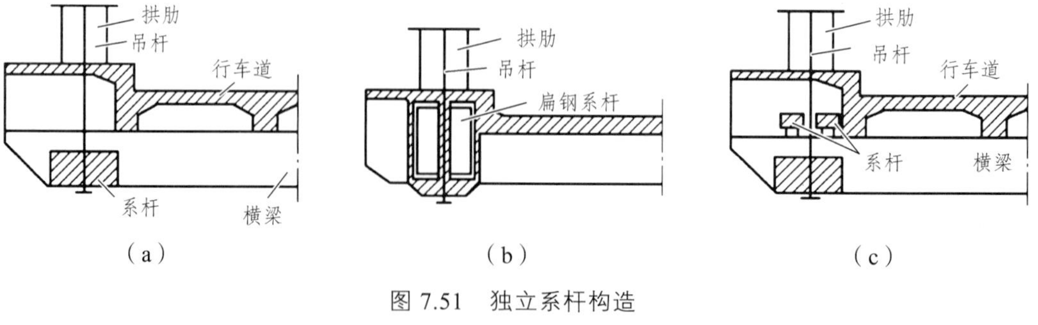

图 7.51　独立系杆构造

刚性系杆是偏心受拉构件，一般设计成箱形或工字形截面。由于截面正、负弯矩的绝对值一般相差不大，故钢筋宜靠上、下缘对称或接近对称布置。同时，沿截面高度应布置一定数量的分布钢筋，防止裂缝扩展。

值得注意的是，拱肋与系杆的连接构造是重要而又复杂的一部分，其构造形式随拱肋和系杆截面尺寸的不同而不同。具体连接构造方法可参考相关资料，在此不做赘述。

3. 基本力学特征

1）简支梁拱组合体系

简支梁拱组合体系相当于在简支梁上设置加强拱，梁拱端节点刚结，其间布置吊杆，通过调整吊杆张拉力，可使纵梁的受力处于最有利状态。可先按吊杆刚性无限大的假设进行计算，得到恒载状态下的弯矩、剪力和轴力图（见图 7.52），从图中可以看出，体系中拱肋主要承担轴压力，梁内主要承担轴拉力，而弯矩及剪力主要受节间荷载的影响。通过模拟施工和运营过程，调整吊杆索力，可使拱和梁处于均匀受力状态。

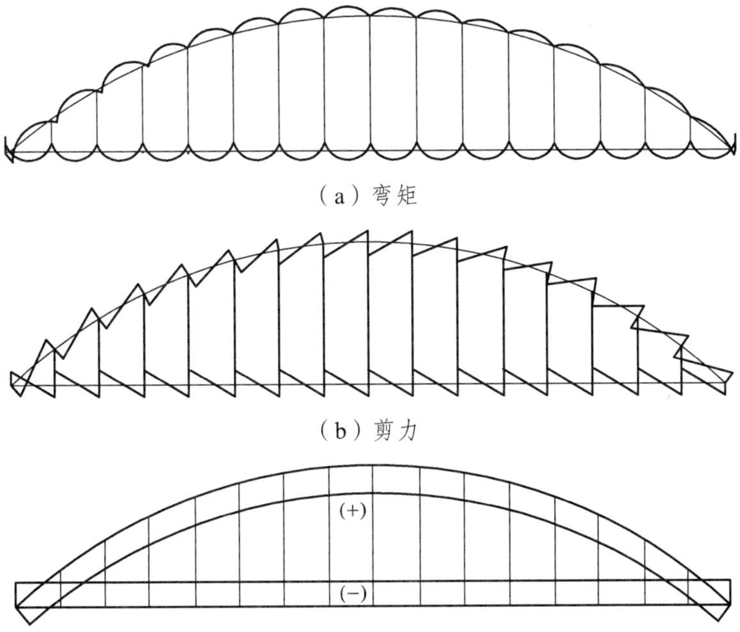

（a）弯矩

（b）剪力

（c）轴力（+为压，−为拉）

图 7.52 恒载状态下的弯矩、轴力及剪力图

2）上承式连续梁拱组合式桥梁

对于上承式梁拱组合结构，其上弦加劲梁承受拉弯作用，下弦拱肋承受压弯作用。这类桥梁是一种用拱肋来加强的连续梁，由空腹范围内上弦产生的拉力，与拱内水平推力组成力矩来平衡截面内连续梁的弯矩。同时连续梁中墩附近的高度依靠拱来加大，使跨中弯矩减少。中墩位置处的较大负弯矩则靠梁内预应力来平衡。在跨径布置中，应尽可能减少边跨长度，使边跨上基本不出现正弯矩，以避免下弦出现拉应力。为了避免负反力出现，可在端部设置平衡重，或将边跨连续地向外延伸形成五跨连续的梁拱组合体系。预应力索可采用直索，通长布置，不仅可靠，而且可以减少锚头的用量及预应力沿管道的损失。拱内剪力一般很小，

不控制断面设计。同样，加劲梁的剪力也很小，不再是控制腹板厚度的因素。

3）中承式连续梁拱组合体系

中承式连续梁拱组合式桥梁是目前我国在梁拱组合式桥梁的设计与建造中采用得较多的一种桥型，俗称“飞燕拱”。它的特点是结构布置合理，造型美观，施工方便。图 7.53 所示为中承式连续梁拱组合体系，这类桥梁一般由三跨组成，它包括两个边跨的半拱和中跨全拱以及通长的加劲纵梁，其间设置立柱及吊杆，即由两个半拱与中间简支梁拱相组合。一般根据连续梁的弯矩图来布置加劲梁的拱肋，在负弯矩区用桥面以下两组拱腿来加强，在中跨正弯矩区用一组拱肋来加强，连续梁不仅承担弯矩与剪力，而且还需以轴向拉力来平衡拱的轴向压力。由于连续梁的弯矩图是根据梁的刚度变化而变化的，随着拱的加强，由梁拱所组合的连续梁的刚度已与原来有一定变化，其弯矩零点位置必然有所调整。但是梁与拱的弯矩，剪力与轴力的内部分配仍然服从同类上承式连续梁拱组合式桥梁的基本原则。这类桥型一般用较大的矢跨比，对施工不会带来多大的困难，但可减少水平推力，也可以减少梁内的水平拉力。桥上、桥下矢高的分配，从美观的角度，桥上约占 $2f/3$，桥下约占 $f/3$。

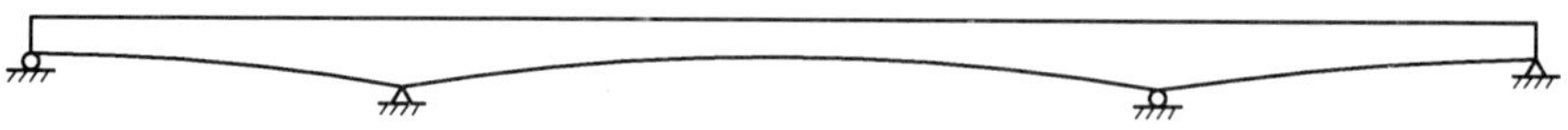

（a）连续梁

（b）连续梁恒载弯矩

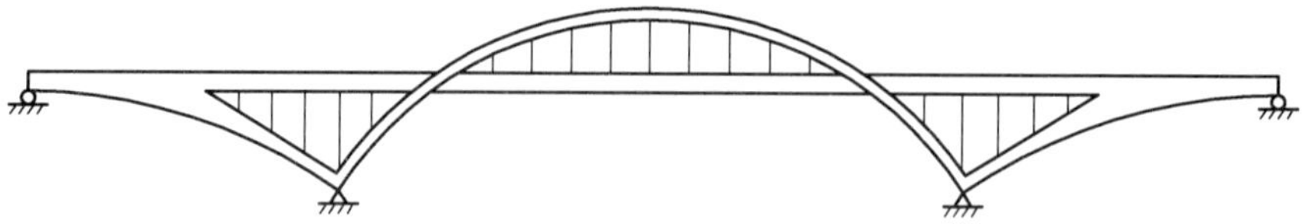

（c）中承式连续梁拱组合体系

图 7.53　中承式连续梁拱组合体系

4）下承式连续梁拱组合体系

三跨下承式连续梁拱组合桥梁（见图 7.54）实际上属三跨变截面连续梁。当中孔用全拱加强后，通过张拉吊杆，显著减小了中跨主梁的正、负弯矩，使得主梁的建筑高度可以大幅度减小。两个边跨由于受到中跨拱的刚度影响，虽减小了负弯矩，但边跨正弯矩比原来有所增大，因而宜将边跨跨径适当减小。

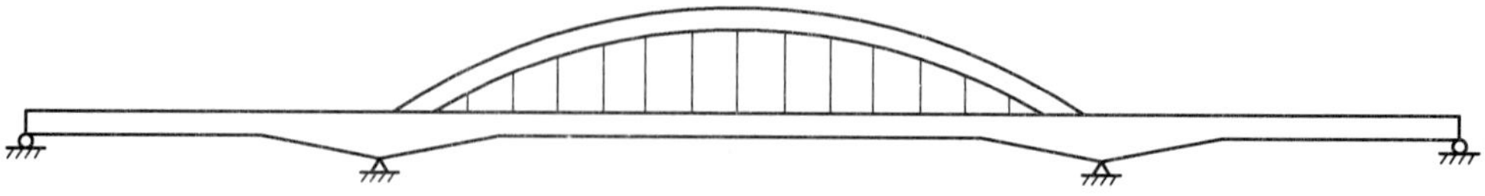

（a）结构体系

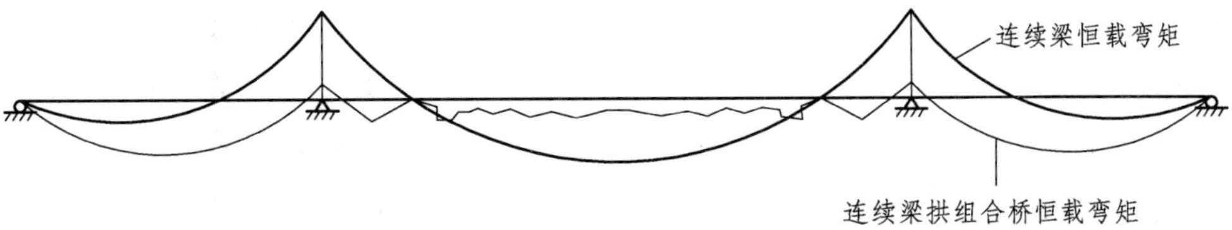

（b）弯矩

图 7.54 下承式连续梁拱组合体系

后两类组合体系，均可在主梁中布置柔性系杆（预应力钢筋）来全部或部分平衡拱的水平推力。

7.2.7 其他细部构造

1. 伸缩缝与变形缝

由于拱上建筑与主拱圈的共同作用，一方面拱上建筑能够提高主拱圈的承载能力；另一方面，它对主拱圈的变形又起约束作用，在主拱圈和拱上建筑内均产生附加内力，使结构受力复杂。

为了使结构的计算图示尽量与实际的受力情况相符合，避免拱上建筑的不规则开裂，以保证结构的安全使用和耐久性，除在设计计算上应作充分的考虑外，还需在构造上采取必要的措施。通常是在相对变形（位移或转角）较大的位置设置伸缩缝，而在相对变形较小处设置变形缝。

如图 7.55（a）所示，对小跨径实腹拱，伸缩缝设在两拱脚的上方，且应在横桥方向贯通全宽，向上延伸侧墙的全高直至人行道。伸缩缝又称断缝，多做成直线形，构造简单，施工方便。如图 7.55（b）所示，对拱式空腹拱桥，通常将紧靠墩（台）的第一个腹拱做成三铰拱，并在紧靠墩（台）的拱铰上方设置伸缩缝，且应贯通全桥宽，而在其余两拱铰上方设置变形缝。在大跨径拱桥中，还应将靠拱顶的腹拱做成两铰或三铰拱，并在拱铰上方也设置变形缝，以使拱上建筑更好地适应主拱的变形。对梁式腹孔，通常是在桥台和墩顶立柱处设置标准伸缩缝，而在其余立柱处采用桥面连续的形式。

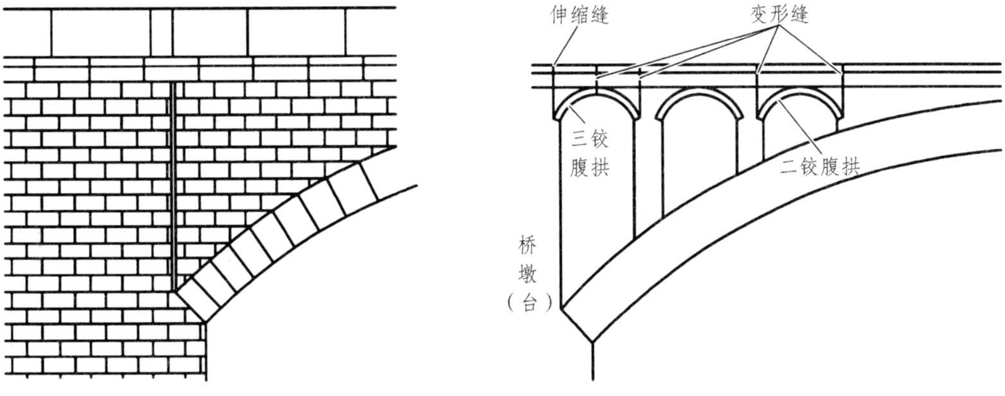

（a）　　（b）

图 7.55 拱桥伸缩缝及变形缝的布置

伸缩缝宽 2 ~ 3 cm，其缝内填料可用锯末屑与沥青按 1∶1 的比例制成预制板，在施工时嵌入，并在上缘设置能活动且不透水的覆盖层。另外，也可采用沥青砂等其他材料填塞伸缩缝。变形缝不留缝宽，其缝可干砌，用油毛毡隔开或用低强度等级的砂浆砌筑。

2. 拱桥中铰的设置

拱桥中需要设置铰的情况有：按两铰拱或三铰拱设计的主拱圈或腹拱圈；需设置铰的矮小腹孔墩，即将铰设置在墩上端与顶梁和下端与底梁的连接处；在施工过程中，为消除或减小主拱圈的部分附加内力以及对主拱圈内力作适当调整时，需要在拱脚处设置临时铰。

上述前两种情况属于永久性拱铰，构造较复杂，故对其要求较高，需经常养护，费用较高。最后一种是临时性拱铰，一般待施工结束时，就将其封固，故构造较简单，但要求必须可靠。常用的拱铰形式有弧形铰、铅垫铰、平铰、不完全铰和钢铰。

（1）弧形铰（见图 7.56）。弧形铰由两个具有不同半径弧形表面的块件组成，一个为凹面（半径为 R_2），一个为凸面（半径为 R_1）。R_2 与 R_1 的比值常在 1.2 ~ 1.5。铰的宽度应等于构件的宽度，沿拱轴线的长度取为拱厚的 1.15 ~ 1.20 倍。铰的接触面应精加工，以保证紧密结合。由于构造复杂，加工难度大，主要用于主拱圈的拱脚。弧形铰一般由钢筋混凝土、混凝土或石料等做成。

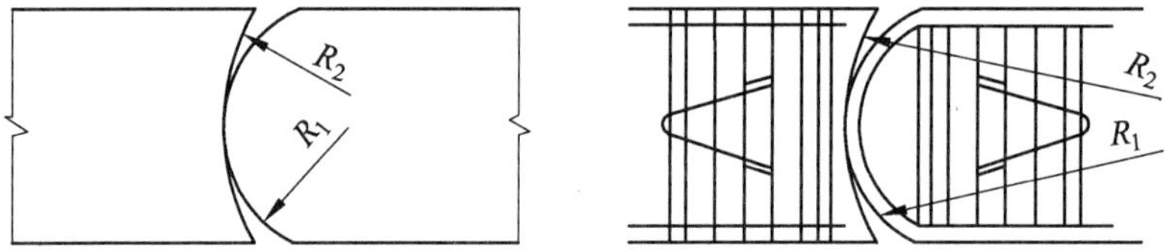

图 7.56　弧形铰

（2）铅垫铰（见图 7.57）。铅垫铰是利用铅的塑性变形达到支承面的自由转动，从而实现铰的功能，主要用于中小跨径的板拱或肋拱。此外，铅垫铰也可用作临时铰。铅垫铰一般由厚度为 1.5 ~ 2.0 cm 的铅垫板外包以锌、铜薄片（厚度为 1.0 ~ 2.0 cm）构成。垫板宽度为拱圈厚度的 1/4 ~ 3/4，在主拱圈的全部宽度上分段设置。

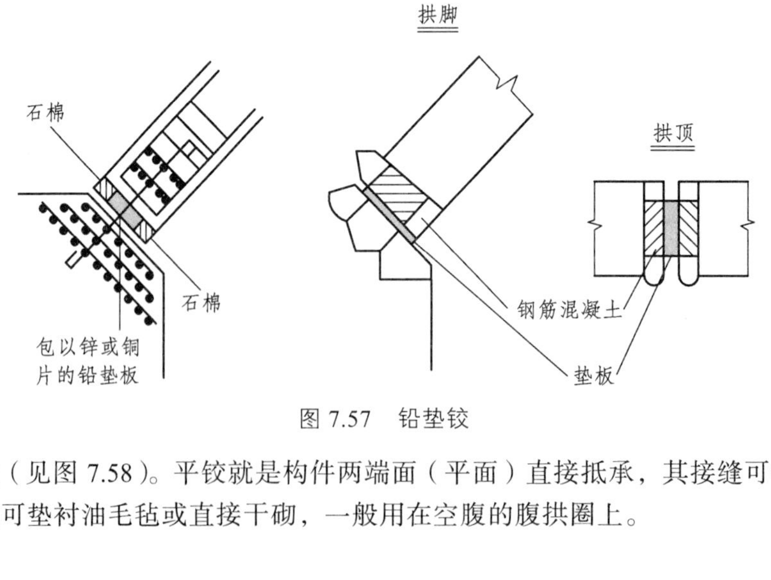

图 7.57　铅垫铰

（3）平铰（见图 7.58）。平铰就是构件两端面（平面）直接抵承，其接缝可铺一层低强度等级砂浆，也可垫衬油毛毡或直接干砌，一般用在空腹的腹拱圈上。

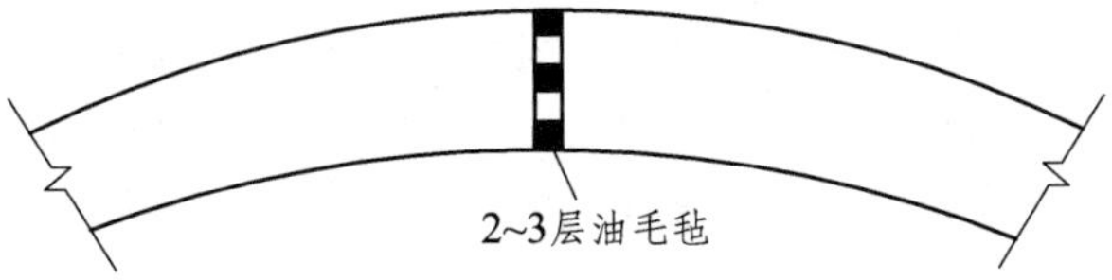

图 7.58 平铰

（4）钢筋混凝土不完全铰（见图 7.59）。多用在小跨径或轻型的拱圈以及空腹式拱桥的腹孔墩柱上，其构造是将拱截面突然减小（一般为全截面的 1/3 ~ 2/5），以保证该截面的转动功能。在施工时拱圈不断开，使用时又能起铰的作用。由于截面突然变小而使其应力很大，容易开裂，故必须配以斜钢筋。

（5）钢铰。钢铰（见图 7.60）通常做成理想铰。钢铰除用于少数有铰钢拱桥的永久性铰结构外，更多地用于施工需要的临时铰。

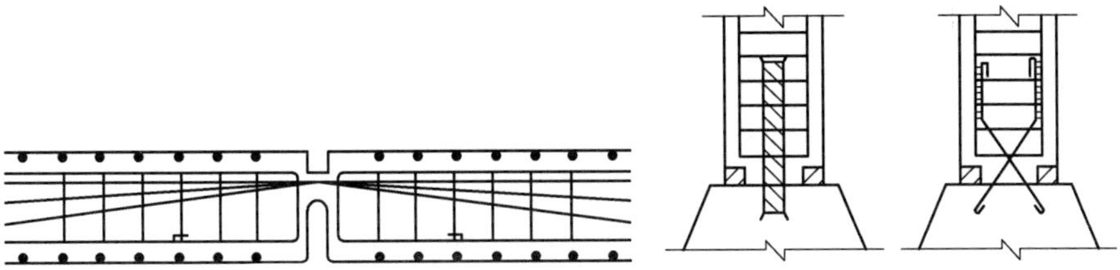

图 7.59 钢筋混凝土不完全铰

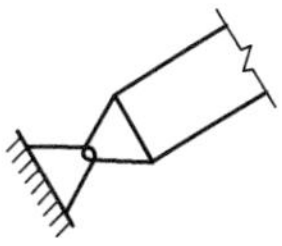

图 7.60 钢铰

7.3 拱桥设计与计算

7.3.1 拱桥总体布置

通过必要的桥址方案比较，确定了桥位之后，再根据当地水文、地质等具体情况，选定桥梁结构体系和结构形式，合理地拟定桥梁的长度、跨径、孔数以及各部分的标高、尺寸，是桥梁总体布置的主要内容。本节对拱桥设计中如何确定设计标高和矢跨比等问题进行说明。

1. 标高与矢跨比

拱桥的标高主要有 4 种，即桥面标高、拱顶底面标高、起拱线标高、基础底面标高（见图 7.61）。这几项标高对拱桥的设计有直接的影响。

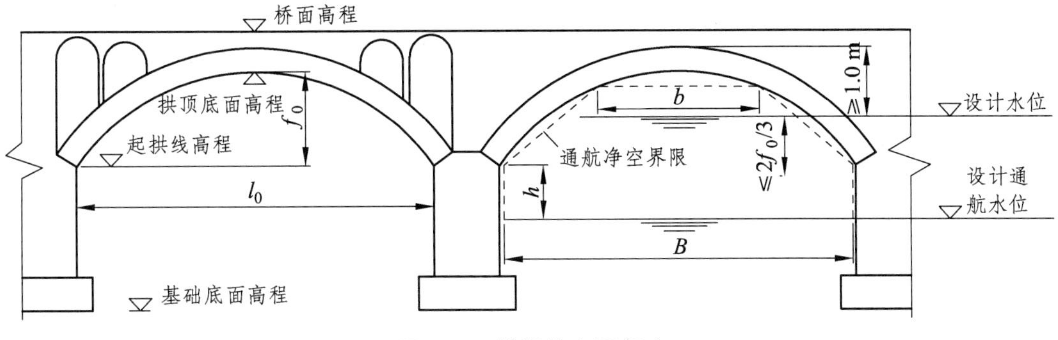

图 7.61 拱桥的主要标高

拱桥桥面的标高，一般由线路纵断面设计来控制，同时要保证桥下净空能满足泄洪、通航或通车的要求。桥面标高确定后，减去桥面构造层厚度，就可以得到拱顶上缘（拱背）的标高。根据跨径大小、荷载等级、主拱圈材料规格等条件估算出拱圈的厚度，即可推算出拱顶底面标高。

拟定起拱线标高时，为了尽量减小桥墩（台）基础底面的弯矩、节省墩台的圬工数量，一般宜选择低拱脚的设计方案。但具体设计时，拱脚位置往往又受到通航（通车）净空、泄洪、流冰等条件的限制，并要符合桥梁设计规范的有关规定。

跨径大小在分孔时已初次拟定，根据跨径及拱顶、拱脚标高，就可以确定主拱圈的矢跨比。有时也可先确定主拱圈的净矢跨比，然后根据净跨径及拱顶底面标高确定起拱线标高。

主拱圈的矢跨比是拱桥的主要设计参数之一，它的大小不仅影响拱圈内力的大小，而且影响拱桥的构造形式、施工方法的选择及拱桥的外观造型。主要体现在以下几个方面：

（1）当矢跨比减小时，拱的推力增大，相应地在拱圈内产生的轴向力也大，对拱圈自身的受力状况是有利的，但对墩台基础不利；反之，推力减小。

（2）拱圈受力后产生弹性压缩，同时在温度变化、混凝土收缩、墩台位移等因素作用下，也将产生附加内力。矢跨比越小，附加内力越大。

（3）矢跨比过大时，拱脚区段过陡，给拱圈的砌筑或混凝土浇筑带来困难。

（4）拱桥的外形是否美观、拱桥与周围景物能否协调也与矢跨比有很大关系。因此在设计时，矢跨比的大小应经过综合比较后进行选定。

通常，对于公路砖、石、混凝土板拱桥及双曲拱桥，矢跨比一般为 1/6 ~ 1/4，不宜小于1/8。箱形拱桥的矢跨比一般为 1/8 ~ 1/6。钢筋混凝土拱桥的矢跨比一般为 1/10 ~ 1/6，但不宜小于 1/12。我国已建成的铁路拱桥矢跨比多为 1/5 ~ 1/3，一般宜不小于 1/7。

2. 不等跨连续拱桥的处理方法

多孔连续拱桥当受地形、地质、通航等条件的限制，或引桥很长考虑与桥面纵坡协调一致时，或对桥梁的美观有特殊要求时，可以考虑采用不等跨的分孔。

对于不等跨连续拱桥（见图 7.62），由于相邻孔的恒载推力不相等，使桥墩和基础增加了恒载的不平衡推力。在采用柔性墩的多孔连续拱桥中，还需考虑恒载不平衡推力产生的连拱作用。为了减小不平衡推力，改善桥墩、基础的受力状况，节省材料和造价，可采用以下 4 种措施。

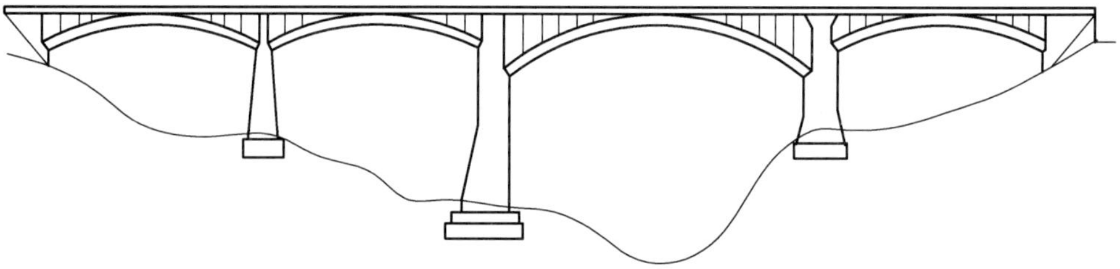

图 7.62　不等跨连续拱桥

1）采用不同的矢跨比

拱桥水平推力公式为

$$H=\beta g_{d}L^{2}/f \tag{7.5}$$

式中：β——系数；

g_d——恒载集度；

L——跨径；

f——矢高。

据此，对于不等跨分孔，为使相邻两孔在恒载下的不平衡推力尽量减小，即

$$\frac{L_1^2}{f_1}=\frac{L_2^2}{f_2} \tag{7.6}$$

则有

$$\frac{L_1}{f_1/L_1}=\frac{L_2}{f_2/L_2} \tag{7.7}$$

也就是利用矢跨比与推力大小成反比的关系，在相邻两孔中，大跨径用较陡的拱（矢跨比较大），小跨径用较平的拱（矢跨比较小）。

2）采用不同的拱脚高程

由于采用了不同的矢跨比，致使两相邻孔的拱脚高程不在同一水平线上。图 7.63 所示为大跨径与小跨径的拱脚高程，因大跨径孔的矢跨比大，拱脚降低，减小了拱脚水平推力对基底的力臂，这样可使大跨与小跨的恒载水平推力对基底产生的弯矩得到平衡。

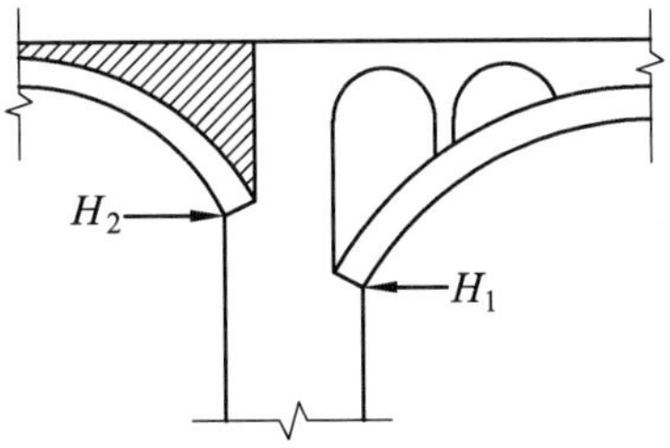

图 7.63　大跨径与小跨径的拱脚高程

3）调整拱上建筑

当必须使相邻孔的拱脚放置在相同或相接近的高程上时，也可用调整拱上建筑的自重来减小相邻孔间的不平衡推力。大跨径可用轻质的拱上填料或采用空腹式拱上建筑；小跨径可用重质的拱上填料或采用实腹式拱上建筑，通过增加小跨径拱的恒载重力来增大恒载的水平推力。

4）采用不同类型的拱跨结构

常常是小跨径用板拱或厚壁箱拱结构；大跨径用分离式肋拱或薄壁箱拱结构，通过减轻大跨径的恒载重力来减小恒载的水平推力。有时，为了进一步减小大跨径拱的恒载水平推力，可以将大跨径部分做成中承式肋拱。

在具体设计时，也可以同时采用以上 4 种措施。如果不能达到平衡推力的目的，可加大桥墩和基础的尺寸，或将其做成不对称的形式。

7.3.2　拱轴线型及其选择

理想的拱轴线是在各种荷载作用下拱圈截面只受轴向压力，而无弯矩作用，这种拱轴线称为合理拱轴。该拱轴线与拱的压力线重合，能充分利用圬工材料的抗压性能。但实际上是

无法获得这种拱轴线的，因为除结构自重外，拱圈还要受到活载、温度变化和材料弹性变形等因素的作用，导致压力线与拱轴线有所偏离。考虑到拱桥的结构自重占全部荷载的比重较大，以结构自重压力线作为设计拱轴线，基本上是适宜的。

一般来说，拱桥设计中所选择的拱轴线应满足以下要求：尽量减小拱圈截面的弯矩，使主拱圈在计入弹性压缩、温升温降、混凝土收缩徐变等影响后，各主要截面的应力较为均匀，且能最大限度地减小截面拉应力，最好是不出现拉应力；对于无支架施工的拱桥，应满足各施工阶段的要求，并尽可能少用或不用临时性施工措施，以便施工。

1. 拱轴线类型（见图 7.64）

（1）圆弧线。在均布径向荷载作用下（如水压力），拱的合理拱轴线为一圆弧线［见图 7.64（a）］。这类拱桥，线形简单，施工方便。但在一般情况下，圆弧形拱轴线与结构自重压力线偏离较大，使拱圈各截面受力不够均匀。因此圆弧线常用于 20 m 以下的小跨径拱桥。对于较大跨径的预制装配式钢筋混凝土拱桥，有时为了简化施工，也可采用圆弧形拱轴线。

（2）悬链线。实腹式拱桥的结构自重集度，从拱顶向拱脚是均匀增加的（均变荷载），这种荷载分布图式的拱圈压力线是一条悬链线［见图 7.64（b）］。因此，实腹式拱桥采用悬链线作拱轴线。在结构自重作用下，当不计拱圈由结构自重弹性压缩产生的影响时，拱圈截面将只承受轴力而无弯矩。

（3）抛物线。在竖向均布荷载作用下，拱的合理拱轴线是二次抛物线［见图 7.64（c）］。对于结构自重集度比较接近均布的拱桥，往往可以采用二次抛物线作为拱轴线。在某些大跨径拱桥中，由于拱上建筑布置的特殊性，为了使拱轴线尽可能与结构自重压力线相吻合，也可采用高次抛物线（如四次或六次抛物线）作为拱轴线。

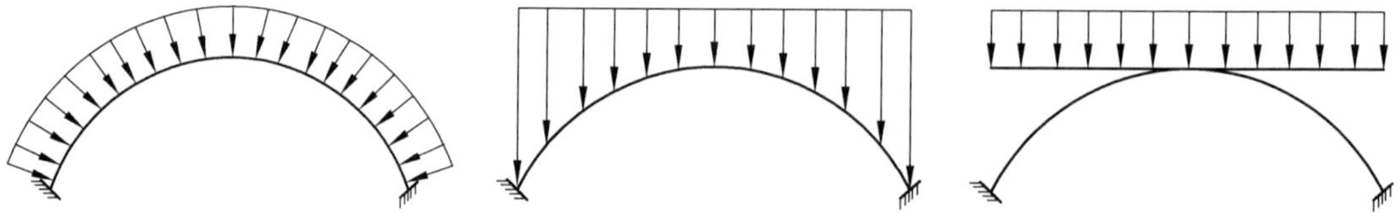

（a）圆弧线　　（b）悬链线　　（c）抛物线

图 7.64　合理拱轴线类型

综上所述，拱上建筑的形式及其布置，对于合理选择拱轴线型有着密切联系。在一般情况下，小跨径拱桥可采用实腹式圆弧拱或实腹式悬链线拱；大、中跨径拱桥可采用空腹式悬链线拱；轻型拱桥或全透空的大跨径拱桥可采用抛物线拱。

2. 实腹式悬链线拱

实腹式悬链线拱是采用结构自重压力线（不计弹性压缩）作为拱轴线，其计算图式如图 7.65 所示。实腹式拱的结构自重包括拱圈、拱上填料和桥面的自重，它的分布规律如图 7.65（b）所示。实腹式悬链线拱的拱轴方程就是如图 7.65（b）所示的结构自重作用下，根据拱轴线与压力线完全吻合的条件推导出来的。

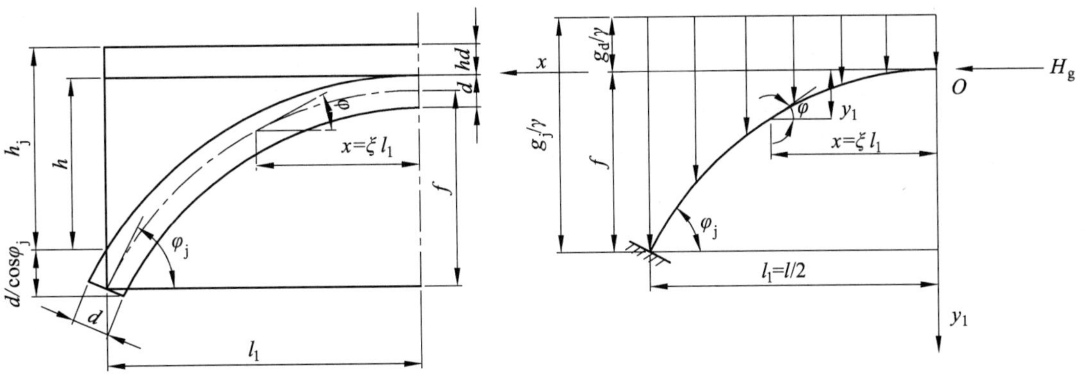

图 7.65　实腹式悬链线拱轴计算图式

取图 7.65（b）所示的坐标系，设拱轴线即为结构自重压力线，故在结构自重作用下，拱顶截面的弯矩 $M_d=0$，由于对称性，剪力 $Q_d=0$，于是，拱顶截面仅有结构自重推力 H_g。对拱脚截面取矩，则有

$$H_g = \frac{\sum M_j}{f} \tag{7.8}$$

式中：$\sum M_j$——半拱结构自重对拱脚截面的弯矩；

H_g——拱的结构自重水平推力（不考虑弹性压缩）；

f——拱的计算矢高。

对任意截面取矩，可得

$$y_1 = \frac{M_x}{H_g} \tag{7.9}$$

式中：M_x——任意截面以右的结构自重对该截面的弯矩值；

y_1——以拱顶为坐标原点，拱轴上任意点的纵坐标；

其余符号意义同前。

式（7.9）即为求算结构自重压力线的基本方程。将式（7.9）两边对 x 求二阶导数得

$$\frac{\mathrm{d}^2 y_1}{\mathrm{d}x^2} = \frac{1}{H_g}\frac{\mathrm{d}^2 M_x}{\mathrm{d}x^2} = \frac{g_x}{H_g} \tag{7.10}$$

式（7.10）即为求结构自重压力线的基本微分方程式。为了得到拱轴线（即结构自重压力线）的一般方程，必须知道结构自重的分布规律。由图 7.65（b）可知，任意一点的结构自重集度 g_x 可以用式（7.11）表示：

$$g_x = g_d + \gamma y_1 \tag{7.11}$$

式中：g_d——拱顶处结构自重集度；

γ——拱上材料单位体积重力；

其余符号意义同前。

令

$$m = \frac{g_j}{g_d} \tag{7.12}$$

由式（7.11）、式（7.12）得

$$g_j = g_d + \gamma f = m g_d \tag{7.13}$$

式中：m——拱轴系数（或称拱轴曲线系数）；

g_j——拱脚处结构自重集度；

其余符号意义同前。

由式（7.13）得

$$\gamma = (m-1)\frac{g_d}{f} \tag{7.14}$$

将式（7.14）代入式（7.11）可得

$$g_x = g_d + (m-1)\frac{g_d}{f}y_1 = g_d\left[1+(m-1)\frac{y_1}{f}\right] \tag{7.15}$$

再将式（7.15）代入基本微分方程式（7.10），引入参数

$$x = \xi l_1\text{，则 } dx = l_1 d\xi$$

可得

$$\frac{d^2 y_1}{d\xi^2} = \frac{l_1^2}{H_g} g_d\left[1+(m-1)\frac{y_1}{f}\right]$$

令

$$k^2 = \frac{l_1^2 g_d}{H_g f}(m-1) \tag{7.16}$$

则

$$\frac{d^2 y_1}{d\xi^2} = \frac{l_1^2 g_d}{H_g} + k^2 y_1 \text{ 或 } \frac{fk^2}{m-1} + k^2 y_1 \tag{7.17}$$

式（7.17）为二阶非齐次常系数线性微分方程。解此方程，并利用 ξ=0，y_1=0，$dy_1/dx = 0$，可得拱轴线方程为

$$y_1 = \frac{f}{m-1}(\text{ch } k\xi - 1) \tag{7.18}$$

式（7.18）即为悬链线方程。其中，$m \neq 1$。

对于拱脚截面，ξ=1，y_1=f，代入式（7.18）得

$$\text{ch}k = m$$

通常，m 为已知值，则 k 值可由下式求得

$$k = \text{arcch } m = \ln(m + \sqrt{m^2 - 1}) \tag{7.19}$$

当 m =1 时，g_x= g_d，表示结构自重是均布荷载。将 m =1 代入式（7.16），解式（7.17）微分方程后可知，在均布荷载作用下的压力线为二次抛物线，其方程为

$$y_1 = f\xi^2$$

由悬链线方程（7.18）可以看出，当拱的矢跨比确定后，拱轴线各点的纵坐标将取决于拱轴系数 m，而 m 则取决于拱脚与拱顶的结构自重集度比。

下面介绍实腹式悬链线拱拱轴系数的确定过程。

因为 $m = g_j/g_d$，由图 7.65 知，拱顶处结构自重集度为

$$g_d = h_d\gamma_1 + \gamma d \tag{7.20}$$

在拱脚处 $h_j = h_d + h$，则其结构自重集度为

$$g_j = h_d\gamma_1 + h\gamma_2 + d/\cos\varphi_j\gamma \tag{7.21}$$

$$h = f + \frac{d}{2} - \frac{d}{2\cos\varphi_j} \tag{7.22}$$

式中：h_d——拱顶填料厚度，一般为 0.30 ~ 0.50 m；

h_j——拱脚填料厚度；

d——拱圈厚度；

γ——拱圈材料重度；

γ_1——拱顶填料及路面的平均重度；

γ_2——拱腹填料平均重度；

φ_j——拱脚处拱轴线的水平倾角。

从式（7.20）和式（7.21）可以看出，这两式中除了 φ_j 为未知数外，其余均为已知数。由于 φ_j 为未知，故不能直接算出 m 值，需用逐次逼近法确定，即先根据跨径和矢高假定 m 值，求得拱脚处的 $\cos\varphi_j$ 值，代入式（7.21）求得 g_j 后，再连同 g_d 一起代入式（7.12）求得 m 值，然后与假定的 m 值相比较，如算得的 m 值与假定的 m 值相符，则假定的 m 值即为真实值，如两者不符，则应以算得的 m 值作为假定值，重新进行计算，直至两者接近为止。

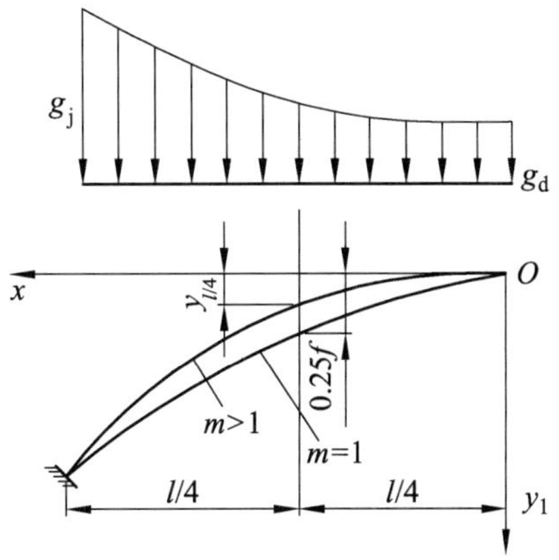

图 7.66 拱跨 $l/4$ 点纵坐标与 m 的关系

当拱的跨径和矢高确定之后，悬链线的形状取决于拱轴系数 m，其线型特征可用 $l/4$ 点纵坐标 $y_{l/4}$ 的大小表示（见图 7.66）。

拱跨 $l/4$ 点的纵坐标 $y_{l/4}$ 与 m 有下述关系：当 $\xi=1/2$ 时，$y_1 = y_{l/4}$，代入式（7.18）得

$$\frac{y_{l/4}}{f} = \frac{1}{m-1}\left(\mathrm{ch}\frac{k}{2} - 1\right)$$

因

$$\mathrm{ch}\frac{k}{2} = \sqrt{\frac{\mathrm{ch}k+1}{2}} = \sqrt{\frac{\mathrm{m}+1}{2}}$$

故

$$\frac{y_{l/4}}{f} = \frac{\sqrt{\frac{m+1}{2}} - 1}{m-1} = \frac{1}{\sqrt{2(m+1)}+2} \tag{7.23}$$

由式（7.23）可见，$y_{1/4}$ 随 m 的增大而减小，随 m 的减小而增大。当 m 增大时，拱轴线抬高；反之，当 m 减小时，拱轴线降低（见图 7.66）。在一般的悬链线拱桥中，结构自重从拱顶向拱脚增加，$g_j > g_d$，因而 $m>1$。只有在均布荷载作用下，$g_j = g_d$ 时，方能出现 $m=1$ 的情况。由式（7.23）可得，在这种情况下 $y_{l/4}=0.25f$。g_j、g_d、m 与拱轴线（压力线）坐标的关系如图 7.67 所示。

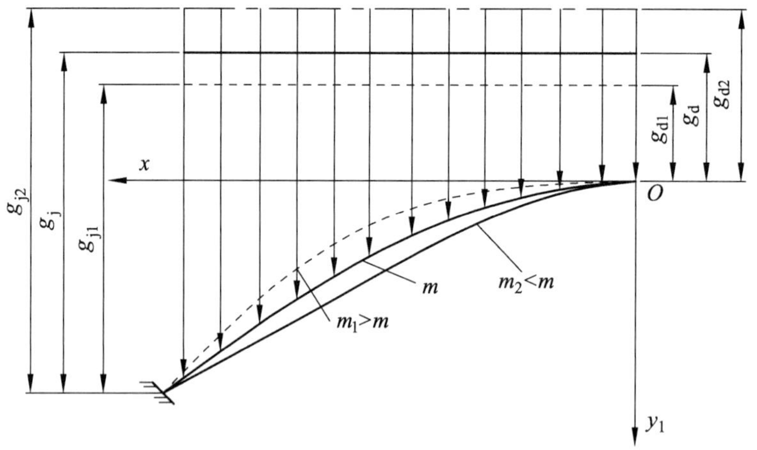

图 7.67　g_j、g_d、m 与拱轴线（压力线）坐标的关系

3. 空腹式悬链线拱

空腹式拱桥中，桥跨的结构自重可视为由两部分组成，即主拱圈与实腹段自重的分布力以及空腹部分通过腹孔墩传下的集中力［见图 7.68（a）］。由于集中力的存在，拱的结构自重压力线是一条在集中力下有转折的曲线，它不是悬链线，甚至不是一条光滑的曲线。在设计空腹式拱桥时，由于悬链线拱的受力情况较好，又有完整的计算表格可供利用，故多用悬链线作为拱轴线。为使悬链线拱轴线与其结构自重压力线接近，一般采用“五点重合法”确定悬链线拱轴线的 m 值，即要求拱轴线在全拱有五点（拱顶、两 $l/4$ 点和两拱脚）与其相应三铰拱结构自重压力线重合［见图 7.68（b）］。

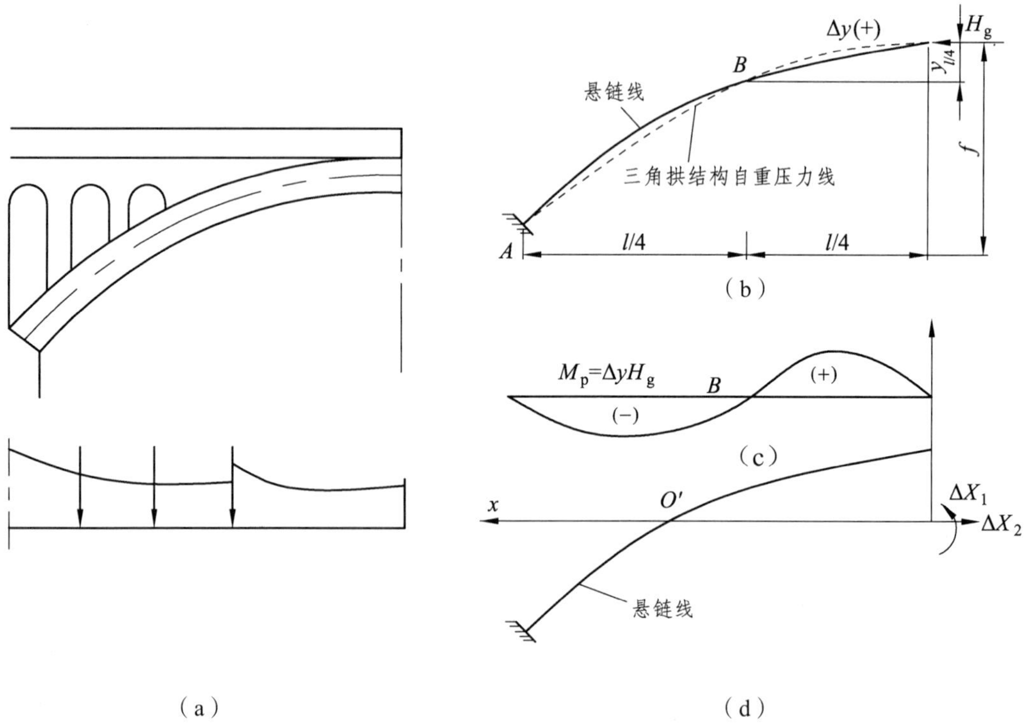

图 7.68　空腹式悬链线拱轴计算图式

由此，可以根据上述五点弯矩为零的条件确定 m 值。

由拱顶弯矩为零及结构自重的对称条件知，拱顶仅有通过截面重心的结构自重推力 H_g，相应弯矩 $M_d=0$，剪力 $Q_d=0$。

在图 7.68（b）中，由 $\sum M_A=0$，得

$$H_g=\frac{\sum M_j}{f} \tag{7.24}$$

由 $\sum M_B=0$，得

$$H_g y_{l/4}-\sum M_{l/4}=0$$

即

$$H_g=\frac{\sum M_{l/4}}{y_{l/4}} \tag{7.25}$$

将式（7.24）代入式（7.25），可得

$$\frac{y_{l/4}}{f}=\frac{\sum M_{l/4}}{\sum M_j} \tag{7.26}$$

式中：$\sum M_j$——半拱结构自重对拱脚截面的弯矩；

$\sum M_{l/4}$——拱顶至拱 $l/4$ 点区域的结构自重对 $l/4$ 截面的弯矩。

求得 $y_{l/4}/f$ 之后，可由式（7.23）反求 m，即

$$m=\frac{1}{2}\left(\frac{f}{y_{l/4}}-2\right)^2-1 \tag{7.27}$$

空腹式拱桥的 m 值，仍按逐次逼近法确定，即先假定一个 m 值，定出拱轴线，作图布置拱上建筑，然后计算拱圈和拱上建筑的结构自重对 $l/4$ 和拱脚截面的力矩 $\sum M_{l/4}$ 和 $\sum M_j$，再根据式（7.26）求出 $y_{l/4}/f$，最后利用式（7.27）算出 m 值。如与假定的 m 值不符，则应以求得的 m 值作为新假定值，重新计算，直至两者接近为止。

应当注意，用上述方法确定的空腹拱的拱轴线，与其三铰拱结构自重压力线保持五点重合，而其他截面的拱轴线与三铰拱结构自重压力线都有不同程度的偏离。计算证明，从拱顶到 $l/4$ 点，一般压力线在拱轴线之上；而从 $l/4$ 点到拱脚，压力线则大多在拱轴线之下。拱轴线与相应三铰拱结构自重压力线的偏离类似于一个正弦波［见图 7.68（c）］。

由力学知识得，压力线与拱轴线的偏离会在拱中产生附加内力。对于静定三铰拱，各截面的偏离弯矩值 M_p 可以三铰拱压力线与拱轴线在该截面的偏离值 Δy 表示（$M_p=H_g\Delta y$）。对于无铰拱，偏离弯矩的大小，不能以三铰拱压力线与拱轴线的偏离值表示，而应以该偏离值 M_p 作为荷载，算出无铰拱的偏离弯矩值。

由结构力学知，荷载作用在基本结构上引起弹性中心的赘余弯矩和轴力分别为

$$\Delta X_1=-\frac{\Delta_{1p}}{\delta_{11}}=-\frac{\int_s\frac{\overline{M_1}M_p}{EI}ds}{\int_s\frac{\overline{M}_1^2ds}{EI}}=-\frac{\int_s\frac{M_p}{I}ds}{\int_s\frac{ds}{I}}=-H_g\frac{\int_s\frac{\Delta y}{I}ds}{\int_s\frac{ds}{I}} \tag{7.28}$$

$$\Delta X_2=-\frac{\Delta_{2p}}{\delta_{22}}=-\frac{\int_s\frac{\overline{M_2}M_p}{EI}ds}{\int_s\frac{\overline{M}_2^2ds}{EI}}=H_g\frac{\int_s\frac{y\Delta y}{I}ds}{\int_s\frac{y^2ds}{I}} \tag{7.29}$$

式中：$\overline{M_1}$，$\overline{M_2}$——$\overline{M_1}=1$，$\overline{M_2}=-y$；

M_p——三铰拱结构自重压力线偏离拱轴线所产生的弯矩，$M_p=H_g\Delta y$；

Δy——三铰拱结构自重压力线与拱轴线的偏离值［见图 7.68（b）］。

由图 7.68（b）可见，Δy 有正有负，沿全拱积分 $\int_s\frac{\Delta y}{I}ds$ 的数值不大。由式（7.28）知，ΔX_1 数值较小，若 $\int_s\frac{\Delta y}{I}ds=0$，则 $\Delta X_1=0$。大量计算表明，由式（7.29）决定的 ΔX_2 恒为正值（压力）。

任意截面的偏离弯矩［见图 7.68（c）］为

$$\Delta M=\Delta X_1-\Delta X_2\cdot y+M_p \tag{7.30}$$

式中：y——以弹性中心为原点（向上为正）的拱轴纵坐标。

对于拱顶、拱脚截面，$M_p=0$，偏离弯矩为

$$\Delta M_d=\Delta X_1-\Delta X_2\cdot y_s<0 \tag{7.31}$$

$$\Delta M_j=\Delta X_1+\Delta X_2(f-y_s)>0 \tag{7.32}$$

式中：y_s——弹性中心至拱顶之距离。

对于空腹式无铰拱桥，采用“五点重合法”确定的拱轴线，与其相应三铰拱的结构自重压力线在拱顶、两 $l/4$ 点和两拱脚五点重合，而与无铰拱的结构自重压力线实际上并不存在五点重合的关系。由式（7.31）、式（7.32）可见，由于拱轴线与结构自重压力线有所偏离，在拱顶、拱脚都产生了偏离弯矩。研究证明，拱顶的偏离弯矩 ΔM_d 为负，而拱脚的偏离弯矩 ΔM_j 为正，恰好与这两截面控制弯矩的符号相反。说明，在空腹式拱桥中，用“五点重合法”确定的悬链线拱轴，其偏离弯矩对拱顶、拱脚都是有利的。因而，空腹式无铰拱的拱轴线，用悬链线比用结构自重压力线更加合理。

需要指出，考虑到活载及材料弹性压缩、温度变化和混凝土收缩等因素，以结构自重压力线或结构自重加一半活载压力线作为拱轴线不是最合理的。目前对选择合理拱轴线大致有两种改进方案：一是以结构自重压力线为基本拱轴线，叠加一调整曲线；二是用优化方法选择一条比较合理的拱轴线。改进的目的是尽量减小主拱各截面的最大弯矩值（绝对值），使受力比较均匀，节约材料。

4. 拱轴线的水平倾角 φ

将式（7.18）对 ξ 取导数得

$$\frac{dy_1}{d\xi}=\frac{fk}{m-1}\mathrm{sh}\,k\xi \tag{7.33}$$

$$\tan\varphi=\frac{dy_1}{dx}=\frac{dy_1}{l_1 d\xi}=\frac{2dy_1}{l d\xi} \tag{7.34}$$

将式（7.33）代入式（7.34）得

$$\tan\varphi=\frac{2fk\cdot\mathrm{sh}\,k\xi}{l(m-1)}=\eta\,\mathrm{sh}\,k\xi \tag{7.35}$$

其中

$$\eta=\frac{2kf}{l(m-1)} \tag{7.36}$$

由式（7.36）可见，拱轴水平倾角与拱轴系数 m 有关。

7.3.3 主拱截面及其变化规律

拱截面尺寸设计的原则：在拱截面形状简单、便于施工的前提下，使每一截面上的材料强度均能充分被利用，从而节省材料用量。拱截面最大应力计算式为

$$\sigma=\sigma_1\pm\sigma_2=\frac{N}{A}\pm\frac{M}{I}y$$

公式的第一项由轴向力引起，轴向力在拱肋内变化规律是由拱顶向拱脚逐渐增大，如果使拱顶截面逐渐向拱脚增大，可以做到使 σ_1 保持为常数。公式的第二项由最大或最小弯矩引起。

内力在拱肋内变化比较复杂，而且取决于拱截面的变化规律。拱脚截面惯性矩增大，由荷载引起的截面弯矩也增大。图 7.69 所示为当拱截面惯性矩从拱顶向拱脚增大且拱脚截面惯性矩为三倍拱顶截惯性矩时，拱肋内最大弯矩的变化规律。从图 7.69 可以看到在拱顶附近范围内弯矩变化不大，在靠近拱脚处截面弯矩迅速增大。如为等截面拱肋，最大弯矩也具有类似的变化规律，但拱脚与拱顶弯矩差值要小一些。

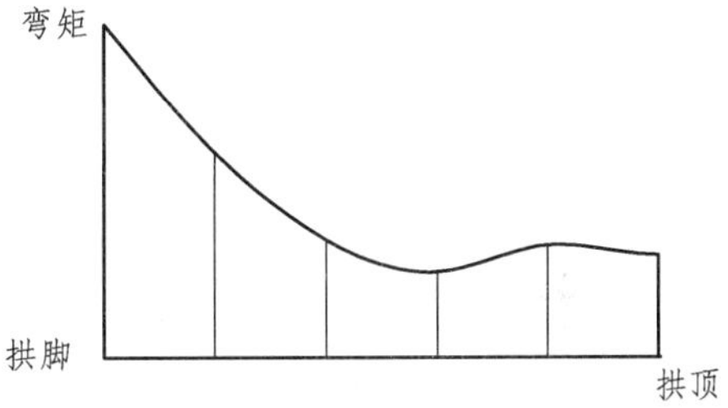

图 7.69 变截面拱内弯矩沿拱跨径变化规律

为了适应弯矩与轴向压力的变化规律，又便于计算，广泛采用的拱截面惯性矩变化规律为

$$\frac{I_d}{I_x\cos\varphi_x}=1-(1-n)\zeta \tag{7.37}$$

式中：I_d——拱顶截面惯性矩；

I_x——横坐标 x 处的截面惯性矩；

φ_x——x 处的拱轴切线水平倾角；

n——拱截面参数；

ζ——截面位置，$\zeta=x\Big/\dfrac{L}{2}$。

拱脚处 $\zeta=1$，则

$$\frac{I_{\mathrm{d}}}{I_x\cos\varphi_x}=n \text{ 或 } I_x=\frac{I_{\mathrm{d}}}{n\cos\varphi_x} \tag{7.38}$$

由式（7.38）可以看出，首先要根据经验或参考有关设计资料拟定截面尺寸、拱轴系数 m 及拱截面参数 n。当 I_{d}、m 及 n 均为一定值时，便可求得任一拱截面的惯性矩。

对铁路桥，变高度拱的拱顶截面 d_{d}、拱脚截面厚度 d_x 以及拱截面参数 n 的经验数值为

钢筋混凝土拱圈：$d_{\mathrm{d}}=\left(\frac{1}{50}\sim\frac{1}{30}\right)L$

$d_x=(1.2\sim1.5)d_{\mathrm{d}}$

$n=0.25\sim0.50$

钢筋混凝土拱肋：$d_{\mathrm{d}}=\left(\frac{1}{40}\sim\frac{1}{20}\right)L$

$d_x=(1.25\sim1.5)d_{\mathrm{d}}$

$n=0.25\sim0.50$

跨径越大，矢跨比越小，d_{d}/L 和 n 就越趋于下限。

由式（7.38）可以看出，当 I_{d} 为定值时，n 取值越小，I_x 就越大。同时拱脚截面弯矩也将增大，但总的说来，将减小拱截面应力。

为了便于拱的制造和施工，现在趋向于将拱肋做成等高度；在拱脚段适当加厚截面上、下翼缘，以适应拱脚段弯矩变大的特点。

7.3.4 拱桥计算

结构分析是结构设计的重要组成部分，它是结构设计合理性的主要依据之一。对大跨拱桥的计算往往包括全桥平面或空间静力分析、空间动力分析、空间稳定性分析、拱肋和横梁等构件计算以及特殊部位局部应力分析等。目前这些分析计算往往借助计算机来完成。本节介绍的内容主要为传统的手工计算内容，这是理解拱桥计算的基础。

1. 悬链线无铰拱的内力计算

在电子计算机问世以前，为了简化计算，通常假定主拱为承重结构，拱上结构只局部受力，起传递荷载的作用。即使这样，拱内力计算的工作量仍相当大。为此，前人根据不同的拱轴线及拱截面参数变化，编制了一套拱内力计算表格，使用十分方便，可以利用这些表格计算拱的内力。无铰拱是三次超静定结构，可以用力法求解拱各个截面的内力。在拱桥设计手册中，悬链轴线拱的内力计算用表是以简支曲梁为基本结构而编制的。

1）基本结构和弹性中心

计算无铰拱内力时，常取用悬臂曲梁［见图 7.70（a）］或简支曲梁［见图 7.70（c）、（d）］作为基本结构。无论哪一种基本结构，都有三个赘余力，为使每个求赘余力的正则方程只含一个未知数，通常将三个赘余力移至弹性中心，相应为 H、V、M，如图 7.70（b）、（e）所示。

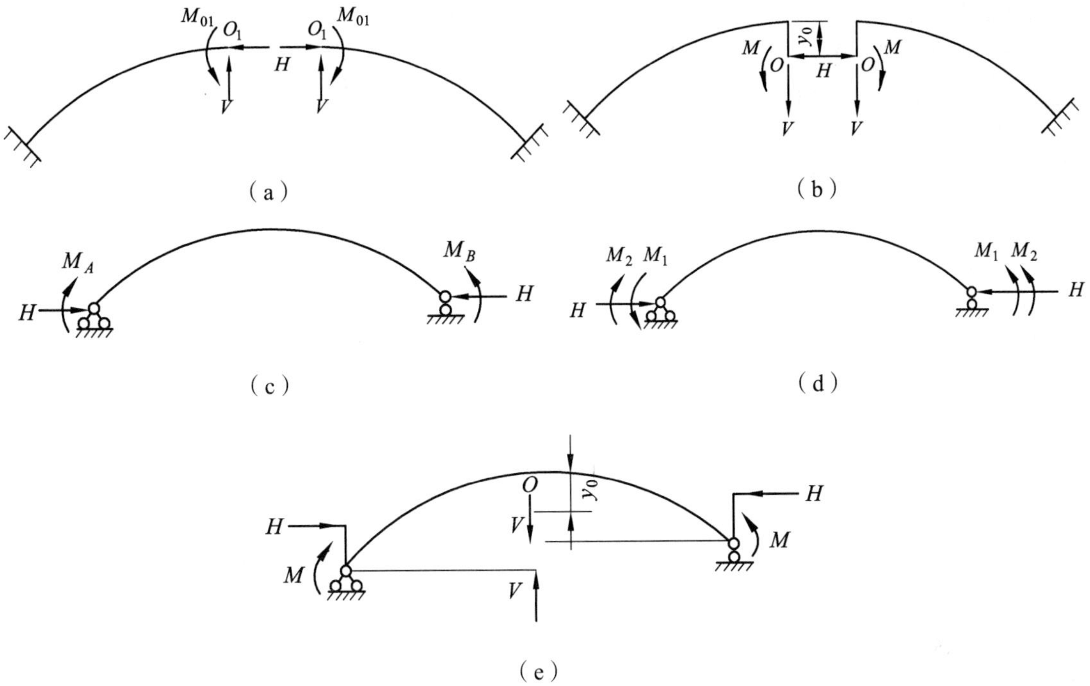

图 7.70　悬臂曲梁、简支曲梁基本结构及冗力

由结构力学知，对称拱的弹性中心位于通过拱顶的竖轴上，距拱顶的距离为

$$y_0=\frac{\int_0^s \frac{y_1 \mathrm{d}s}{EI}}{\int_0^s \frac{\mathrm{d}s}{EI}} \tag{7.39}$$

其中
$$\mathrm{d}s=\frac{\mathrm{d}x}{\cos\varphi}=\frac{l}{2}\frac{\mathrm{d}\xi}{\cos\varphi}$$

其中
$$\cos\varphi=\frac{1}{\sqrt{1+\tan^2\varphi}}=\frac{1}{\sqrt{1+\eta^2\mathrm{sh}^2 k\xi}}$$

$$\eta=\frac{2Kf}{l(m-1)}$$

对于等截面拱，EI 为常数，故弹性中心位置为

$$y_0=\frac{\int_0^s \frac{y_\mathrm{d} \mathrm{d}s}{EI}}{\int_0^s \frac{\mathrm{d}s}{EI}}=\frac{f}{m-1}\frac{\int_0^1(\mathrm{ch}\,k\xi-1)\int_0^1\sqrt{1+\eta^2\mathrm{sh}^2 k\xi}\,\mathrm{d}\xi}{\int_0^1\sqrt{1+\eta^2\mathrm{sh}^2 k\xi}\,\mathrm{d}\xi}=\alpha_1 f \tag{7.40}$$

式中：α_1 与拱轴系数 m 有关，可从拱桥的设计手册中查到。

2）恒载内力计算

当采用恒载压力线作为拱轴线时，在不考虑拱圈弹性变形的影响时，即认为拱是刚性体，拱圈各截面只有轴向力而无弯矩和剪力。事实上，拱圈材料有弹性，不可能是刚体，在恒载和活载产生的轴向压力作用下都会产生弹性变形，使拱轴长度缩短，由此会在无铰拱中产生弯矩和剪力，这就是所谓的弹性压缩。为便于计算，将恒载和活载内力都分为两部分，即不考虑弹性压缩影响的内力和计入弹性压缩引起的内力，然后将两者叠加起来。如果拱轴线对恒载压力线有偏离，还要计算拱轴线偏离引起的内力。

（1）不计弹性压缩时的恒载内力。

① 实腹式拱。

实腹式悬链线拱的拱轴线与恒载压力线完全吻合，所以主拱各截面上仅有轴向压力时可按纯压拱的公式计算，由式（7.19）可得

$$k^2=\frac{l_1^2 g_{\mathrm{d}}(m-1)}{fH_{\mathrm{g}}}$$

所以恒载作用下的水平推力为

$$H_{\mathrm{g}}=\frac{m-1}{4k^2}\frac{g_{\mathrm{d}}l^2}{f}=k_{\mathrm{g}}\frac{g_{\mathrm{d}}l^2}{f} \tag{7.41}$$

其中 $$k_{\mathrm{g}}=\frac{m-1}{4k^2}$$

在恒载作用下，拱脚的竖向反力为半拱的恒载重量，即

$$V_{\mathrm{g}}=\frac{1}{2}\int_0^1 g_x\mathrm{d}x=\frac{1}{2}g_{\mathrm{d}}\int_0^1\left(1+\frac{m-1}{f}y_1\right)\mathrm{d}x=k_{\mathrm{g}}'g_{\mathrm{d}}l \tag{7.42}$$

其中 $$k_{\mathrm{g}}'=\frac{\sqrt{m^2-1}}{2\ln(m+\sqrt{m^2-1})}$$

式（7.41）和式（7.42）中 k_{g}' 和 k_{g} 的值仅与 m 有关，可从拱桥的设计手册中查到。沿拱各截面的轴力可按下式求得

$$N=\frac{H_{\mathrm{g}}}{\cos\varphi} \tag{7.43}$$

② 空腹式拱。

空腹式无铰拱，如不考虑拱轴偏离的影响，则拱的恒载推力 H_{g} 和拱脚的竖向反力 V_{g} 可直接由力的平衡条件求得

$$\begin{cases}H_{\mathrm{g}}=\dfrac{\sum M_{\mathrm{j}}}{f}\\ V_{\mathrm{g}}=\sum P\end{cases} \tag{7.44}$$

式中：$\sum M_{\mathrm{j}}$——半跨恒载对拱脚的力矩；

$\sum P$——半跨恒载重。

有了 H_{g} 之后，即可利用式（7.43）求出各截面的轴力，并认为恒载弯矩和剪力为零。

（2）拱轴弹性压缩的影响。

在恒载产生的轴向压力作用下，拱圈的弹性压缩引起拱轴沿跨径方向缩短 Δl，为了平衡这一弹性压缩，就必须有一个作用于弹性中心而方向向外的水平力 ΔH_g。图 7.71 所示为弹性压缩引起的拱轴缩短。

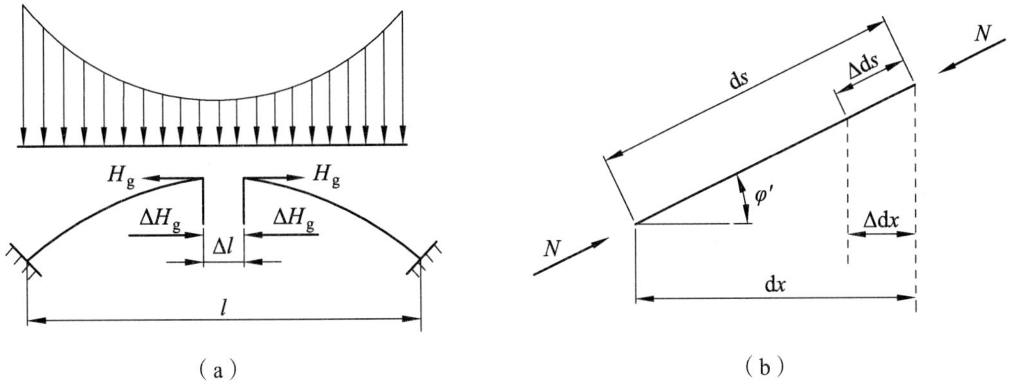

图 7.71 弹性压缩引起的拱轴缩短

根据变形条件可得

$$\begin{cases} H_g\delta_{11}+\Delta L=0 \\ \Delta H_g=-\dfrac{\Delta l}{\delta_{11}} \end{cases} \tag{7.45}$$

式（7.45）中的负号说明 ΔH_g 与 H_g 符号相反，即 ΔH_g 为拉力。Δl 为由于恒载轴向压力作用引起的拱轴沿跨径方向的压缩量（水平方向的变位），其值为

$$\Delta l=\int_0^l \Delta\mathrm{d}x$$

因为
$$\Delta\mathrm{d}x=\Delta\mathrm{d}s\cos\varphi=\frac{N\mathrm{d}s}{EA}\cos\varphi=\frac{N\mathrm{d}x}{EA}=\frac{H_g}{\cos\varphi}\frac{\mathrm{d}x}{EA}$$

所以
$$\Delta l=\int_0^l\frac{H_g\mathrm{d}x}{EA\cos\varphi}=H_g\int_0^l\frac{\mathrm{d}x}{EA\cos\varphi} \tag{7.46}$$

δ_{11} 相当于作用在弹性中心而方向朝外的单位水平力在其方向上产生的水平位移（考虑轴向力影响），由结构力学知

$$\delta_{11}=\int_0^s\frac{\overline{m_1^2}\mathrm{d}s}{EI}+\int_0^s\frac{\overline{N_1^2}\mathrm{d}s}{EI}=\int_0^s\frac{y^2\mathrm{d}s}{EI}+\int_0^s\frac{\cos^2\varphi\mathrm{d}s}{EA}=(1+\mu)\int_0^s\frac{y^2\mathrm{d}s}{EI} \tag{7.47}$$

其中
$$\mu=\frac{\displaystyle\int_0^s\frac{\cos^2\varphi\mathrm{d}s}{EA}}{\displaystyle\int_0^s\frac{y^2\mathrm{d}s}{EI}} \tag{7.48}$$

$$y=y_0-y_1$$

在式（7.47）中，第一项为不考虑弹性压缩的 δ_{11}；第二项为考虑弹性压缩而需要追加的数值。将式（7.46）及式（7.47）代入式（7.45）得

$$\Delta H_{\mathrm{g}}=\frac{-H_{\mathrm{g}}\int_{0}^{l}\frac{\mathrm{d}x}{EA\cos\varphi}}{(1+\mu)\int_{0}^{s}\frac{y^{2}\mathrm{d}s}{EI}}=\frac{-\mu_{1}}{1+\mu}H_{\mathrm{g}} \tag{7.49}$$

$$\mu_{1}=\frac{\int_{0}^{l}\frac{\mathrm{d}x}{EA\cos\varphi}}{\int_{0}^{s}\frac{y^{2}\mathrm{d}s}{EI}} \tag{7.50}$$

在式（7.48）和式（7.50）中，分母项可查拱桥设计手册，两式中的分子项可分别改为

$$\int_{0}^{s}\frac{\cos^{2}\varphi}{EA}\mathrm{d}s=\frac{1}{EA}\int_{0}^{l}\cos\varphi\frac{\mathrm{d}x}{l}=\frac{1}{EA}\int_{0}^{l}\cos\varphi\frac{\mathrm{d}\xi}{\sqrt{1+\eta^{2}\mathrm{sh}^{2}k\xi}}=\frac{1}{EA\nu}$$

$$\int_{0}^{l}\frac{1}{EA\cos\varphi}\mathrm{d}x=\frac{1}{EA}\int_{0}^{l}\frac{\mathrm{d}x}{l\cos\varphi}=\frac{1}{EA}\int_{0}^{l}\sqrt{1+\eta^{2}\mathrm{sh}^{2}k\xi}\,\mathrm{d}\xi=\frac{1}{EA\nu_{1}}$$

于是 $\mu=\dfrac{l}{E\nu A\int_{0}^{s}\frac{y^{2}\mathrm{d}s}{EI}}$，$\mu_{1}=\dfrac{l}{E\nu_{1}A\int_{0}^{s}\frac{y^{2}\mathrm{d}s}{EI}}$，其中的 ν 和 ν_1 的值可查拱桥设计手册。

由于 ΔH_{g} 的作用使基本结构受到的弯矩、剪力和轴力分别为

$$\begin{cases}\Delta M_{\mathrm{g}}=\Delta H_{\mathrm{g}}y=\Delta H_{\mathrm{g}}(y_{1}-y_{0})=\dfrac{-\mu}{1+\mu}H_{\mathrm{g}}(y_{1}-y_{0})\\ \Delta Q_{\mathrm{g}}=\Delta H_{\mathrm{g}}\sin\varphi=\dfrac{-\mu_{1}}{1+\mu}H_{\mathrm{g}}\sin\varphi\\ \Delta N_{\mathrm{g}}=\Delta H_{\mathrm{g}}\cos\varphi=\dfrac{-\mu_{1}}{1+\mu}H_{\mathrm{g}}\cos\varphi\end{cases} \tag{7.51}$$

其中，y 是以弹性中心为原点的拱轴纵坐标，向下为正，从而拱的恒载内力为

$$\begin{cases}N_{\mathrm{g}}=\dfrac{H_{\mathrm{g}}}{\cos\varphi}+\Delta H_{\mathrm{g}}\cos\varphi=\dfrac{H_{\mathrm{g}}}{\cos\varphi}-\dfrac{\mu_{1}}{1+\mu}H_{\mathrm{g}}\cos\varphi\\ M_{\mathrm{g}}=\Delta H_{\mathrm{g}}(y_{1}-y_{0})=-\dfrac{\mu_{1}}{1+\mu}H_{\mathrm{g}}(y_{1}-y_{0})\\ Q_{\mathrm{g}}=\Delta H_{\mathrm{g}}\sin\varphi=-\dfrac{\mu_{1}}{1+\mu}H_{\mathrm{g}}\sin\varphi\end{cases} \tag{7.52}$$

从式（7.52）不难看出，考虑了弹性压缩后，即使不计入偏离弯矩的影响，拱圈内仍有恒载弯矩。在拱顶产生正弯矩，该处压力线上移；在拱脚产生负弯矩，该处压力线下移。也就是说，考虑弹性压缩后，不论是实腹式拱或空腹式拱，恒载压力线与拱轴线都不可能重合。《公路圬工桥涵设计规范》（JTG D61—2005）规定，对跨径较小而矢跨比较大的拱桥，可以不计弹性压缩的影响（因其对拱的内力影响不大）。

（3）拱轴线偏离恒载压力线时的附加内力。

人为调整拱轴线与恒载压力线偏离对主拱受力是有利的。在设计小跨径的空腹式拱桥时，

可不考虑偏离弯矩的影响。对于大跨径拱桥，应当计入偏离弯矩的影响。计算恒载偏离弯矩时，除了计算偏离弯矩对拱顶、拱脚的影响之外，还应计入偏离弯矩对 $l/8$ 和 $3l/8$ 截面的影响，尤其是 $3l/8$ 截面，其往往为正弯矩的控制截面。

图 7.72 所示为拱轴线偏离压力线时附加内力计算图式，设恒载压力线上任意点 i' 的纵坐标为 y_i'，拱轴线上相应点 i 的纵坐标为 y_i，则 $y_i' = \sum M_{\mathrm{j}} / H_{\mathrm{g}}$，偏离值 $\Delta y = y_i - y_i'$，故附加弯矩为

$$M_{\mathrm{p}} = H_{\mathrm{g}} \Delta y = H_{\mathrm{g}}(y_i - y_i')$$

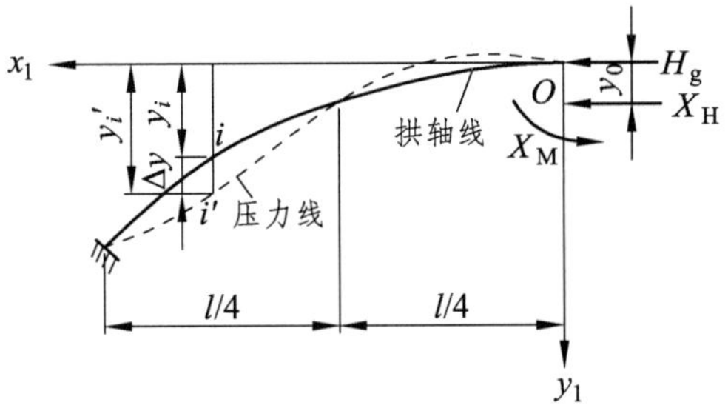

图 7.72 拱轴线偏离压力线时附加内力计算图式

由于附加弯矩 M_{p} 的存在，在无铰拱弹性中心上产生的附加赘余力 x_{H} 和 x_{M} 分别为

$$x_{\mathrm{H}} = -\frac{\Delta_{\mathrm{Hp}}}{\Delta_{\mathrm{HH}}} = -\frac{\int_0^s \frac{yM_{\mathrm{p}}\mathrm{d}s}{EI}}{\int_0^s \frac{y^2\mathrm{d}s}{EI}} = -\frac{\sum_0^l \frac{yM_{\mathrm{p}}\Delta x}{EI\cos\varphi}}{\int_0^s \frac{y^2\mathrm{d}s}{EI}} \tag{7.53}$$

$$x_{\mathrm{H}} = -\frac{\Delta_{\mathrm{Mp}}}{\Delta_{\mathrm{MM}}} = -\frac{\int_0^s \frac{M_{\mathrm{p}}\mathrm{d}s}{EI}}{\int_0^s \frac{\mathrm{d}s}{EI}} = -\frac{\sum_0^l \frac{M_{\mathrm{p}}\Delta x}{EI\cos\varphi}}{\int_0^l \frac{\mathrm{d}s}{EI\cos\varphi}} \tag{7.54}$$

由于式（7.53）、式（7.54）的分子不易积分，故改为数值积分求解。于是考虑拱轴线偏离恒载压力线时的附加内力为

$$\begin{cases} \Delta N_{\mathrm{g}} = X_{\mathrm{H}} \cos\varphi \\ \Delta Q_{\mathrm{g}} = X_{\mathrm{H}} \sin\varphi \\ \Delta M_{\mathrm{g}} = H_{\mathrm{g}}(y_1 - y_1') + X_{\mathrm{H}}(y_1 - y_0) + X_{\mathrm{M}} \end{cases} \tag{7.55}$$

将式（7.55）叠加到式（7.52），即可得到考虑弹性压缩及拱轴线偏离的设计荷载内力。

在拱桥施工时，如拱圈（肋）建成后即拆除拱架或用无支架施工方法时，裸拱圈（肋）的轴线总是偏离其自重压力线，故可按上述方法检算裸拱的强度和稳定性。

3）活载内力计算

计算无铰拱活载内力时，一般先用结构力学的方法求赘余力影响线，然后再用静力平衡条件和叠加的方法求出拱的支点反力和控制截面的内力影响线，最后在内力影响线上加载算出截面最大内力。活载内力计算分不考虑弹性压缩影响和考虑弹性压缩影响两部分。

用与恒载内力计算类似方法，可得拱弹性压缩对活载内力影响的计算式。在弹性中心产生的赘余水平力为

$$\Delta H = -\frac{\mu_1}{1+\mu}H_1$$

弹性压缩引起拱截面内力计算式为

$$\begin{cases}\Delta M = -\Delta H y = \dfrac{\mu_1}{1+\mu}H_1 y \\ \Delta N = \Delta H\cos\varphi = -\dfrac{\mu_1}{1+\mu}H_1\cos\varphi \\ \Delta Q = \Delta H\sin\varphi = -\dfrac{\mu_1}{1+\mu}H_1\sin\varphi\end{cases} \tag{7.56}$$

由于拱是偏心受压构件，最大正应力是由弯矩和轴力共同决定的，但荷载位置往往不可能使弯矩和轴力同时达到最大值。为此，根据以往经验，可分别按下述三种情况加载：

（1）按 $M_{\max}$ 加载，计算相应的 N 值。

（2）按 $M_{\min}$ 加载，计算相应的 N 值。

（3）按$|Q|_{\max}$加载，计算相应的 M 值和 N 值（此情况仅在需要验算截面剪力时才进行）。

利用影响线加载的方法有两种：一是利用等代荷载（或换算均布荷载方法），用此法时，有关加载方法见桥梁方面有关标准、规范或结构力学有关内容；另一种方法是利用轮轴荷载直接加载。前者简单方便，可利用现成表格，但有一定误差；后者计算准确，但较烦琐，可借助计算机计算。

还应注意的是，上述活载内力计算中未计入冲击系数及荷载横向分配系数的影响。有关冲击系数和荷载横向分配系数可根据有关规范要求计算。

4）温度变化、混凝土收缩及支座位移所产生的附加内力计算

因为是超静定结构，温度变化、混凝土收缩及拱脚变位都会在无铰拱中产生附加内力，这些附加内力有时会对拱结构内力产生显著的不利影响，所以拱桥设计计算时应该加以考虑。

（1）均匀升降温产生的附加内力。

在此仅考虑均匀升降温产生的附加内力的情况。拱桥建成以后，若气温与主拱合龙时的气温不同，则会在拱内产生附加内力。其计算与弹性压缩计算的概念一样。图 7.73 所示为温差内力计算图示，设温度变化引起跨径方向的变位为 Δl_t，根据变形协调条件，必须在弹性中心施加一个水平推力 H_t，其典型方程为

$$H_t = \frac{\Delta l_t}{\delta'_{22}} = \frac{\alpha l(t_2 - t_1)}{(1+\mu)\int_0^s \frac{y^2}{EI}\mathrm{d}s} \tag{7.57}$$

式中：α——材料的线膨胀系数；

t_1——拱合龙时的温度；

t_2——当地最高或最低月平均温度；

E——考虑混凝土徐变后的弹性模量，如缺乏资料时，在计算温度和混凝土收缩内力时，可分别近似地取混凝土弹性模量的 0.7 倍和 0.45 倍。

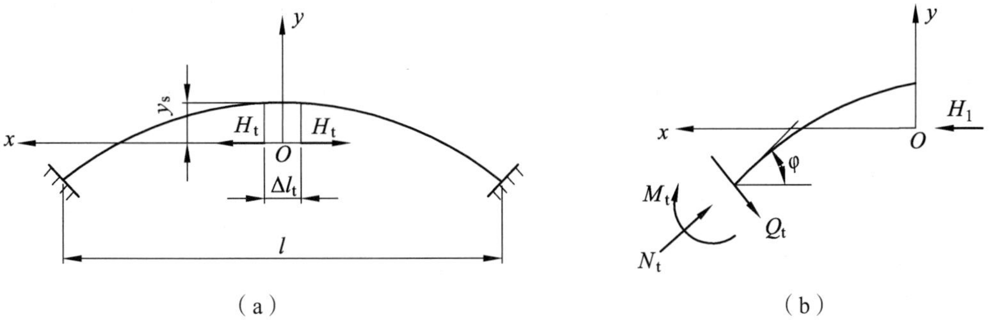

图 7.73 温差内力计算图式

由于 H_t 的作用，拱各截面产生的温度内力为

$$\begin{cases} M_t = -H_t y = -H_t(y_0 - y_1) \\ N_t = H_t \cos\varphi \\ Q_t = H_t \sin\varphi \end{cases} \tag{7.58}$$

显然温度上升时，H_t 为正（向内作用）；温度下降时，H_t 为负（向外作用）。

（2）混凝土收缩产生的附加内力。

为简化计算，常将混凝土干缩折合为下降的温度。下降的温度可参考相应的混凝土与预应力混凝土规范。

对于组合截面，其各部分的收缩量是不同的，除了按拱圈全截面均匀收缩来计算收缩内力外，还应进行收缩差的收缩内力计算。

（3）拱脚位移产生的附加内力。

在软土地基上修建的拱桥或桥墩较柔的多孔拱桥，拱脚变位是难以避免的。拱脚变位包括拱脚的水平位移、垂直位移和转动。计算的方法是采用结构力学中的力法，此时一般忽略轴向力的影响。

5）拱在横向水平力及偏心活载作用下的计算

横向风力、列车摇摆力、横向地震力以及离心力都是横向水平力，它们将使拱发生横向弯曲和扭转。另一个引起拱在空间扭曲的原因是在桥梁的横向偏心处作用的活载。在横向水平力作用下的精确计算通常用计算机完成。

2. 拱桥的强度和稳定性计算

求出各种荷载作用下的内力后，就可以进行内力组合、控制截面的强度和稳定性计算。对于中小跨径无铰拱桥，只需验算拱顶、拱脚及 $l/4$ 截面，对大跨径拱桥则需要加算 $l/8$ 和 $3l/8$ 截面。

1）内力组合

在拱桥设计中，按相应规范根据建桥地区的各种条件和结构特性，对可能发生的最不利情况进行荷载组合，分别求出各个最不利内力值及相应的其他内力值，然后进行验算。

2）主拱强度验算

钢筋混凝土主拱截面均按偏心受压构件进行验算。其计算公式应根据使用荷载（不同使用荷载采用不同规范公式）、截面形状、偏心距的大小选用。目前，钢筋混凝土的铁路规范和公路规范的设计计算方法是不同的，铁路钢筋混凝土拱桥主拱截面应该按容许应力法计算，公路钢筋混凝土拱桥主拱截面应该按极限状态法计算。具体内容可参考相应的规范和结构设计原理的相关书籍。

3）拱的稳定性计算

拱是一个主要承受压力的曲杆。它像受压直杆一样，当荷载逐渐增大时，压力逐渐增加，到达某一临界值时，拱就会偏离原来形状而失稳。特别是在大跨径拱桥中，其稳定问题更为突出，故规范要求对稳定性进行验算。拱的稳定性问题主要包括在纵向（拱轴平面内）的稳定和横向（拱轴平面外）的稳定。

（1）纵向稳定性验算（拱轴平面内）。

根据比较性的计算和试验，在竖向均布荷载作用下，无铰拱和两铰拱在拱轴平面内失稳时，拱轴成反对称变形的临界力为最小。而三铰拱失稳时，则与矢跨比 f/l 有关，当 $f/l \leqslant 0.2$ 时，由对称变形控制；当 $f/l \geqslant 0.3$ 时，则由反对称变形控制。各类拱失稳时的变形如图 7.74 所示。

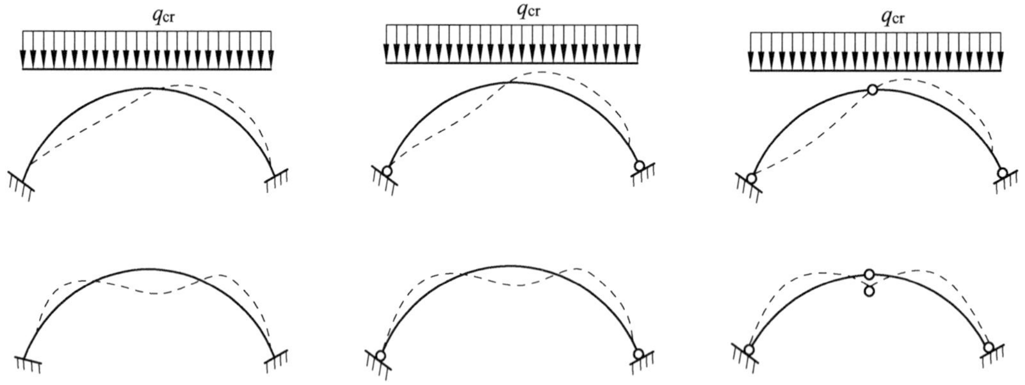

（a）无铰拱　　（b）两铰拱　　（c）三铰拱

图 7.74　各类拱失稳时的变形

根据研究，等截面抛物线拱的均布荷载的临界值为

$$q_{cr} = K\frac{EI}{l^3}$$

相当于临界均布荷载的拱的水平推力为

$$H_{cr} = K\frac{EI}{l^3}\frac{l}{8f} = K\frac{EI}{l^2} \tag{7.59}$$

式中：EI——拱截面的抗弯刚度（I 取全截面惯性矩，不计钢筋）；

l——拱的跨径；

f——拱的矢高；

K——系数，视拱的静力图式和矢跨比而定，具体取值见表 7.1。

表 7.1 等截面抛物线拱临界荷载系数 K

f/l	0.1	0.2	0.3	0.4	0.5	0.6	0.8	1.0
无铰拱	60.7	101.0	115.0	111.0	97.4	83.8	59.1	43.7
两铰拱	28.5	45.4	46.5	43.9	38.4	30.5	20.0	14.1
三铰拱	22.5	39.6	46.5	43.9	38.4	30.5	20.0	14.1

一般拱的稳定安全系数即临界推力与实际推力的比值不得小于 4 ~ 5。

对于变截面拱，可采用拱的换算等量截面惯性矩及相应的截面面积进行检算。换算等量截面惯性矩 I_i 可按如下方法计算：图 7.75 所示为换算等量截面惯性矩的计算图示，将半个拱圈取为一简支梁，再取一跨径相同的等截面简支梁，在两者跨径中央作用一单位集中荷载，当该点挠度彼此相等时，后者的截面惯性矩即为该拱的换算等量截面惯性矩 I_i。换算等量截面面积按宽度为拱宽，惯性矩为换算等量截面惯性矩 I_i 的矩形截面推算。当拱的截面惯性矩变化不大时，可直接采用 $l/4$ 处的截面惯性矩及截面面积进行检算。

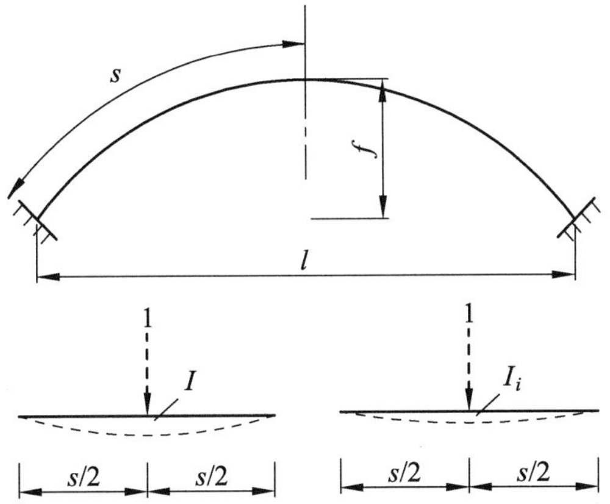

图 7.75 换算等量截面惯性矩计算图式

上述计算中没有考虑拱轴在荷载作用下变形的影响。对于具有一般矢跨比的中小跨径拱桥，其变形影响相对来说不大，可以忽略。但对于坦拱和大跨径拱桥，尤其是采用高强材料时，变形影响就不可忽视。其计算方法可参阅有关资料。建筑材料的非线性对拱的稳定性也有影响，但因这个问题目前研究得还不够，在此不加以介绍。

（2）拱的横向稳定性。

一般说来，拱的横向抗弯刚度比纵向大得多。因此，如能遵守《公路钢筋混凝土及预应力混凝土桥涵设计规范》（JTG 3362—2018）中对拱的宽度要求（$B \geqslant l/20$），则拱的横向失稳不会比纵向失稳早。但当宽跨比小于 1/20 时，则应检算其横向稳定性。无支架施工的拱桥也要进行横向稳定性计算。目前，工程中常用与纵向稳定相似的公式和方法验算，但更多的是采用有限元计算的方法，其安全系数要求为 4 ~ 5。

3. 拱桥内力调整

在主拱计算中，如果控制截面在计算内力作用下，截面的应力情况与拟定的截面尺寸不相适应，如拱顶和拱脚两个控制截面应力较大，或同一截面的正、负弯矩绝对值相差太大，使截面配筋发生困难（对于石拱或混凝土拱，将使截面上、下缘应力相差悬殊或合力偏心距超过容许值）。这就需要改变截面尺寸，甚至改变拱的跨径和矢高，重新进行计算。在条件许可时，也可在设计和施工中采取措施来改善主拱截面的应力状态，即内力调整。下面介绍 3 种不必修改截面尺寸或仅改变跨径和矢高的内力调整方法。

1）用千斤顶调整内力

大跨钢筋混凝土拱桥经常采用千斤顶来调整内力。其方法是：在拱架上先将两个半拱建成两根悬臂曲梁，并在拱顶部分预留壁龛形缺口以便安放千斤顶于水平位置，利用千斤顶对两半拱缓缓施加推力，使它们既分开又抬升。当千斤顶的压力值到达按计算所需的推力时，保持一段时间的油压，以消除部分混凝土的徐变影响，然后进行合龙封顶。千斤顶形成的偏心力，可使拱顶产生负弯矩，拱脚产生正弯矩，以抵消弹性压缩、收缩及徐变产生的内力。封顶时，先在两半拱间若干处对称插入用稠砂浆预制的配筋薄板（其厚度可预先计算），再缓缓放松千斤顶并撤出，随之即焊连主筋和配置构造筋并用混凝土填封整个缺口。由于千斤顶施力时，拱被抬升脱离拱架，使拱架易于拆除，这也是对拱的质量的一次有效考验。拱桥基础的瞬时变形亦可消除，因此，在拱架上建造拱桥时，采用千斤顶调整内力是一举数得的方法。

在荷载、混凝土收缩和温度升降影响的不利组合下，对于具有一般矢跨比的拱来说，以拱脚和拱顶截面处的受力状况较为危险，拱顶内缘和拱脚外缘将出现最大拉应力。如在拱脚和拱顶之间某一水平线上施加一对推力 H_0，则该力将在拱顶内缘和拱脚外缘引起压应力，从而可降低它们原来的拉应力，但 H_0 同时也将使拱顶外缘和拱脚内缘产生拉应力。理想的 H_0 值应能使拱顶和拱脚的内外缘应力趋于均匀。

例如，一拱桥的拱顶和拱脚在最大正、负弯矩作用下按匀质截面计算的应力如图 7.76 所示。图 7.76（a）所示为拱顶截面应力，由图可知，在负弯矩作用下内缘压应力较外缘压应力高得多，在正弯矩作用下，内缘还出现很大的拉应力。图 7.76（b）所示为拱脚截面应力，由图可知，在正、负弯矩作用下都出现了相当大的拉应力，压应力也不均匀。

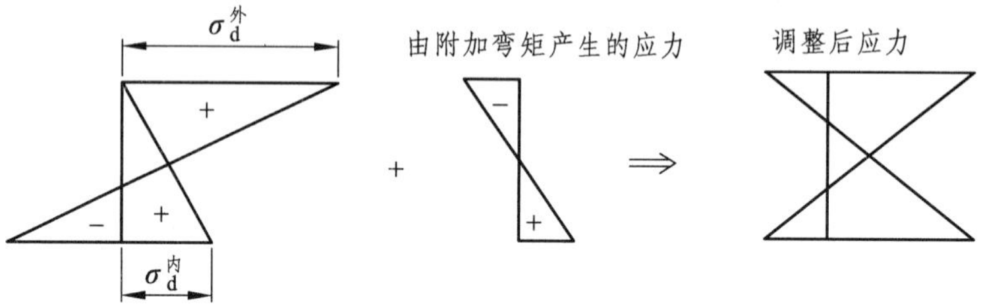

（a）

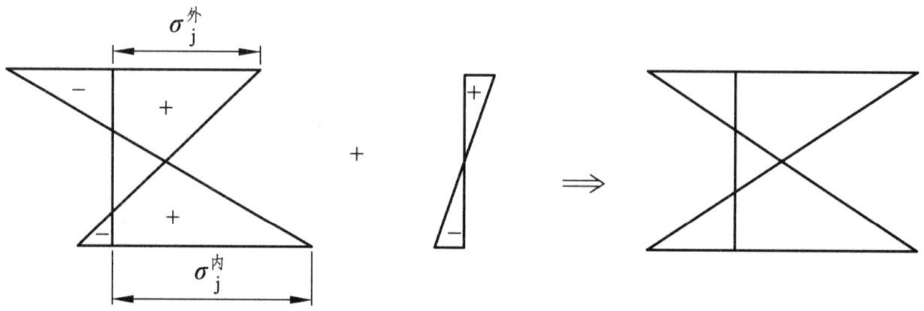

（b）

图 7.76　拱顶和拱脚截面的应力调整

欲使拱顶和拱脚这两个截面的最大应力降低，且使同一截面内外缘应力趋于均匀，应在拱顶和拱脚分别附加一弯矩，即

$$\Delta M_{\mathrm{d}}=\left(\frac{\sigma_{\mathrm{d}}^{内}}{\sigma_{\mathrm{d}}^{外}}\right)\frac{I_{\mathrm{d}}}{\frac{d_{\mathrm{d}}}{2}}\ （顺时针）$$

$$\Delta M_{\mathrm{j}}=\left(\frac{\sigma_{\mathrm{j}}^{内}}{\sigma_{\mathrm{j}}^{外}}\right)\frac{I_{\mathrm{j}}}{\frac{d_{\mathrm{j}}}{2}}\ （逆时针）$$

为了产生这两个附加弯矩，可在拱顶轴线以下 C_0 处施加水平推力 H_0，如图 7.77 所示。H_0 和 C_0 满足条件：

$$-H_0C_0=\Delta M_{\mathrm{d}}$$

$$H_0(f-C_0)=\Delta M_{\mathrm{j}}$$

可解得

$$H_0=\frac{(\Delta M_{\mathrm{j}}-\Delta M_{\mathrm{d}})}{f}$$

$$C_0=\frac{-\Delta M_{\mathrm{d}}}{H_0}$$

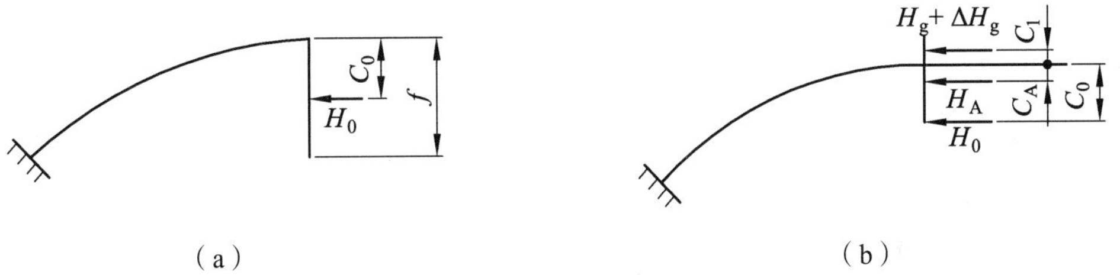

图 7.77 千斤顶压力作用点

应该指出，在实际工作中这种理想的平衡状态是不能实现的。因为 H_0 的作用位置常远低于弹性中心，其结果将使 $l/4$ 截面产生相当大的附加弯矩而处于不利状态。因此还需对 H_0 进行调整，使各个截面都符合要求。

由于预施推力和拱顶合龙是同时进行的，因而千斤顶还需平衡恒载推力 $H_{\mathrm{g}}+\Delta H_{\mathrm{g}}$（如拱建好后即合龙，此时恒载仅为裸拱自重，其推力 H_{g} 和弯矩 M_{g} 可利用影响线加载求得）。此推力的作用点在拱顶轴线以上 C_1 处，$C_1=\dfrac{M_{\mathrm{g}}}{H_{\mathrm{g}}+\Delta H_{\mathrm{g}}}$，所以千斤顶实际施加的推力及作用点位置为

$$\begin{cases}H_{\mathrm{A}}=(H_{\mathrm{g}}+\Delta H_{\mathrm{g}})+H_0\\ C_{\mathrm{A}}=\dfrac{H_0C_0-(H_{\mathrm{g}}+\Delta H_{\mathrm{g}})C_1}{H_{\mathrm{A}}}\end{cases}$$

如拱合龙时，当地气温条件无法使合龙温度与设计规定的温度 t_1 一致，则可在任何温度 t_1' 下合龙，但千斤顶的推力应该修正为

$$H'_{\mathrm{A}}=H_{\mathrm{A}}+\frac{\alpha(t'_1-t_1)l}{(1+\mu)\int y^2\frac{\mathrm{d}s}{EI}}$$

作用点在拱顶轴线以下 C'_{A} 处

$$C'_{\mathrm{A}}=\frac{H_0C_0-(H_{\mathrm{g}}+\Delta H_{\mathrm{g}})C_1+\dfrac{\alpha(t'_1-t_1)l}{(1+\mu)\int y^2\dfrac{\mathrm{d}s}{EI}}y_0}{H'_0} \tag{7.60}$$

式中：y_0——弹性中心至拱顶轴线的距离。

必须指出，在以上的计算中没有考虑混凝土徐变的影响。混凝土徐变的作用是长期的，其影响是很复杂的。由于混凝土发生徐变，千斤顶所施加的附加推力的影响将会逐渐消失，除非在拱架降落后，千斤顶仍留在拱内一个相当长的时期，并经常开动它以保持必要的压力。

2）用假载法调整内力

所谓假载法，实质上是通过改变拱轴系数来改变拱轴线，进而改善拱的内力分布的方法。当拱顶、拱脚两控制截面弯矩差别过大时，可以采用假载法进行调整。计算表明，当拱的跨径和矢跨比一定时，拱的弯矩随拱轴系数的改变而变化，因此，可适当地增大或减小拱轴系数，人为地使拱轴线与恒载压力线有一定的偏离。这样，即使不计入考虑弹性压缩的影响，也要产生弯矩，因此可用弯矩来改善主拱圈的应力状态。例如，当拱脚负弯矩大时，为了降低拱脚上缘的拉应力，拱轴线应向上移，即将拱轴系数 m 提高；相反，如果拱顶正弯矩大时，为了降低拱顶下缘的拉应力，拱轴线应向下移，将拱轴系数 m 值降低。

调整拱轴系数的方法是在计算 m 值时，在实际的恒载以外，加上一个假想的、均布全跨的荷载 g_{i}，故称假载法。

对于实腹拱，假载法调整实腹式拱轴线如图 7.78 所示，如实际的拱轴系数为 $m=g_{\mathrm{j}}/g_{\mathrm{d}}$（$g_{\mathrm{i}}>g_{\mathrm{d}}$），加上一个假想载重 g_{i} 后，拱轴系数调整为

$$m'=\frac{g_{\mathrm{j}}\pm g_{\mathrm{i}}}{g_{\mathrm{d}}\pm g_{\mathrm{i}}}$$

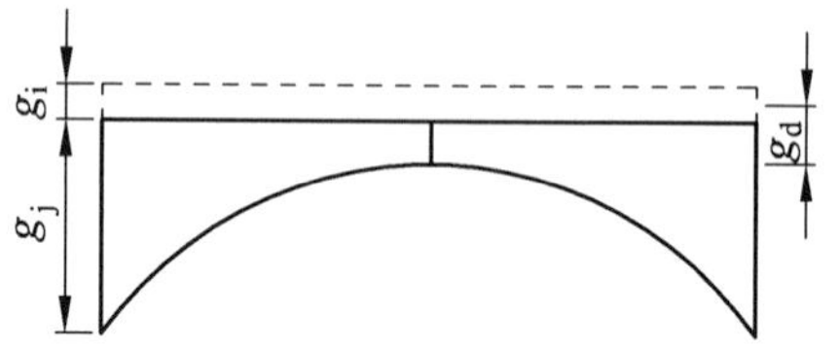

图 7.78　假载法调整实腹式拱轴线

如要降低拱顶的正弯矩，应使 $m'<m$，即 g_{i} 应取正号；如要降低拱脚负弯矩的绝对值，应使 $m'<m$，即 g_{i} 应取负号。

拱轴系数 m 的降低或提高一般为一级或半级（施氏表所列的 m 级差）。降低或提高拱轴系数后，拱轴线与实际恒载压力线偏离。计算时将 g_{i} 视为实际荷载，在结构实际恒载及假想荷载共同作用下，拱轴线与荷载压力线重合，可以按 m' 计算结构内力，然后再将假想荷载的影响从恒载内力中扣除。假想荷载 g_{i} 所产生的内力，可用均布荷载乘以用 m' 绘制的内力影响线计算得到。

拱轴系数调整后，拱的几何尺寸和内力计算应根据 m' 确定。空腹式拱恒载内力计算方法与实腹式拱相同，即先计算包括假想荷载在内的恒载作用下的水平推力及拱圈截面内力，然后再从恒载内力中扣除假想荷载引起的内力。

需要指出的是，采用调整拱轴系数法改善主拱某一控制截面的应力状况时，对其他截面

则可能引起不利的受力情况。例如，提高拱轴系数 m 后，会在拱中产生一个附加正弯矩，使拱脚截面负弯矩有所减小，但使拱顶截面正弯矩有所增加；反之，减小拱轴系数 m，使拱顶正弯矩有所减小，但拱脚负弯矩却有所增加。因此，应全面考虑，适当调整。

3）用临时铰调整内力

修建主拱时，在拱顶和拱脚截面处设置铅垫板做成临时铰，拆除拱架后，由于临时铰的存在，拱变成两铰拱或静定的三铰拱，待拱上建筑砌筑完毕后，再将铰封死，形成无铰拱；或者主拱的恒载内力可按两铰拱或三铰拱计算，活载和温度内力仍按无铰拱计算，这样就可以消除恒载弹性压缩所产生的附加内力，并降低一部分在封铰前已发生的由于墩台沉降及混凝土材料收缩所引起的附加内力。

如果将临时铰偏心安装，则可起到调整内力的作用，尤其可消除混凝土收缩引起的附加内力。无铰拱中混凝土收缩将在拱顶引起正弯矩，在拱脚引起负弯矩。若将临时铰分别相对于拱轴在拱顶处下移 e_{d}，在拱脚处上移 e_{j}，可使拱的恒载在拱顶及拱脚处所产生的偏心弯矩恰好与混凝土收缩所引起的弯矩相等而方向相反。

4. 拱上结构计算

拱上结构的计算应按其与拱的连接情况来分别考虑。如果拱上结构和拱刚性连接成一体，则拱上结构与拱一起承受外荷载，拱上结构是主承结构的一部分，拱上结构与拱共同工作。如果拱上结构的桥面系用横断缝与拱隔开，且横向墙或刚架的顶部和底部均设铰，或底部不设铰且其纵向尺寸不大于其高度的 1/20，则仅认为拱是主承结构，拱上结构只承受局部荷载，此时，拱上结构和拱可分解为两部分单独计算。采用上述构造措施和计算假定的唯一目的，只是为了简化整个结构的计算。实际上，拱上结构是会在一定程度上与拱共同受力的。

拱上结构与拱共同工作的计算是解高次超静定结构问题。对于单线铁路空腹拱桥，利用杆件系统标准程序，借助电子计算机求解已无困难。需要指出的是，共同工作的计算必须与拱桥的施工程序相适应。若是在拱合龙后即拆除拱架，然后再建拱上结构，则拱上结构与拱的自重及混凝土收缩影响的大部分仍由拱单独承受，只有后加的那部分恒载和活载及温度变化影响才由拱上结构与拱共同承担。如果拱架是在拱上结构建成后拆除，那么全部恒载和活载以及其他附加影响方可考虑由拱上结构与拱共同承受。

5. 拱桥计算的有限元法简介

有限元法是目前广泛采用的结构分析与计算的一种方法。在结构力学中学的直接刚度法（矩阵位移法的一种）实际上就是有限元法。有限元法的主要分析步骤包括：单元离散化、施加边界条件、建立矩阵方程、问题的求解和对结果的分析。有限元法最终可归结为求解矩阵方程，针对不同的问题求解不同形式的矩阵方程，可能是一般的线性、非线性方程，也可能是微分方程。

利用有限元法计算的首要任务是结构的离散化，即将结构离散为节点、单元，建立实际结构的数学模型。在有限元分析中，对于同一结构可以选用不同的单元类型，如桁架单元、梁单元（直杆、曲杆、等截面与变截面杆等）、板壳单元（三角形、四边形）、块体单元（四面体、六面体）及空间复合梁单元，但是一定要注意不同单元的适用范围。每种单元都是建立在一定的假设基础上的，因此，使用有限元法分析时，在保证计算精度的前提下应对结构进行合理的简化。

图 7.79 所示为某钢箱拱桥全桥有限元模型，采用 MIDAS/Civil 软件建立全桥空间有限元模型做整体分析，主梁、拱肋、桩基和桥台采用梁单元模拟，吊杆采用桁架单元模拟，用等效弹簧单元模拟桩-土相互作用。

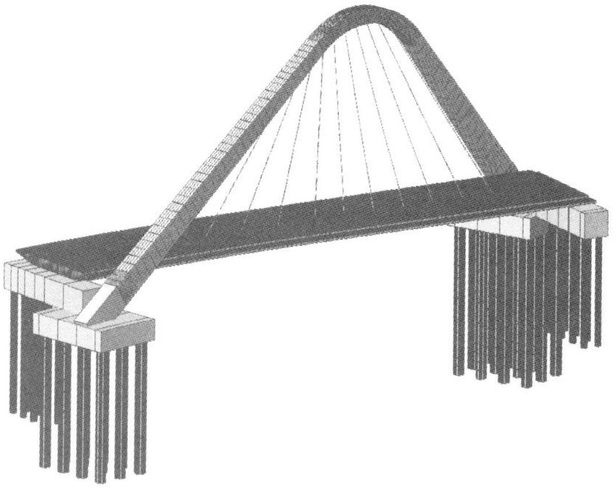

图 7.79　某钢箱拱桥全桥有限元模型

7.4　拱桥施工

拱桥的施工分为有支架施工和无支架施工两大类，其中无支架施工有缆索吊装施工、悬臂施工、转体施工、劲性骨架施工等。

混凝土拱桥传统的施工方法是搭设拱架，在拱架上现浇或组拼拱圈。为了改进拱桥的施工方法，提高它在大跨径桥梁中的竞争能力，发展了无支架施工技术，大大促进了混凝土拱桥的发展。目前，在允许设置拱架或无足够吊装能力的情况下，仍可采用有支架施工方法修建拱桥。为了节省拱架用料，使上、下部结构同时施工，缩短工期，可采用无支架预制装配施工的方法。缆索吊装是常用的无支架方法，目前，缆索吊装的最大单跨跨径已达 500 m 以上。根据两岸地形及施工现场的具体情况，还可采用转体法施工，目前，其施工跨径已达到 200 m。劲性骨架施工法是特大跨径混凝土拱桥的有效施工方法之一，在我国用这种方法施工的桁架式劲性骨架拱桥跨径达 240 m，钢管混凝土劲性骨架拱桥跨径达 600 m。悬臂施工法也是特大跨径混凝土拱桥有效的施工方法之一，我国用这种方法施工的桁架组合拱桥跨径达 330 m。

7.4.1　支架施工

有支架施工主要用于石拱桥和现浇混凝土拱桥以及预制块砌筑的混凝土拱桥，也可用于大跨径钢筋混凝土拱桥施工，其施工工序主要有材料准备、拱圈放样、拱架制作和安装、拱圈及拱上结构砌筑等。有支架施工常用满堂拱架、墩梁拱架、拱式拱架等，其优点是比较简单，缺点是占用大量拱架材料。有支架施工的技术问题主要有拱架的设计计算（荷载、受力、稳定等），拱架预压和预拱度设置，加载程序设计，落架程序和落架设备。

1. 拱架的制作安装与卸落

1）制作与安装

为使拱架具有准确的外形和尺寸，在制作拱架前，一般要在样台上按拱圈内弧线放出拱架大样，放样时应计入预拱度。拱架与拱圈内弧线间，一般需留出 30 ~ 50 mm 的间隙，以便放置横梁、弓形木和模板等构件。放出大样后，便可制作杆件样板，以便按样板加工制作。杆件加工完后，一般须先试拼，根据试拼情况，对构件作局部修改后，即可在桥孔中进行安装。

满布式拱架一般在桥孔逐杆进行安装。工字梁拱式拱架由于重量较轻，多采用半孔吊装的方法安装；常备式钢桁拱架一般采用悬臂法逐节拼装，旋转法安装和缆索吊安装等（见图7.80～图7.82）。各类拱架安装时，都应及时进行测量，以保证设计尺寸的准确。同时应注意施工安全，在风力较大地区，拱架需设置风缆索，以增强稳定性。

拱架安装好后，其轴线偏离应符合设计要求，拱架上用于拼装或灌筑拱圈（肋）的垫木或底模的顶面标高误差不应超过+20 mm 或 –10 mm，而纵轴的平面位置不应大于跨径的±1/100，也不应超过±30 mm。

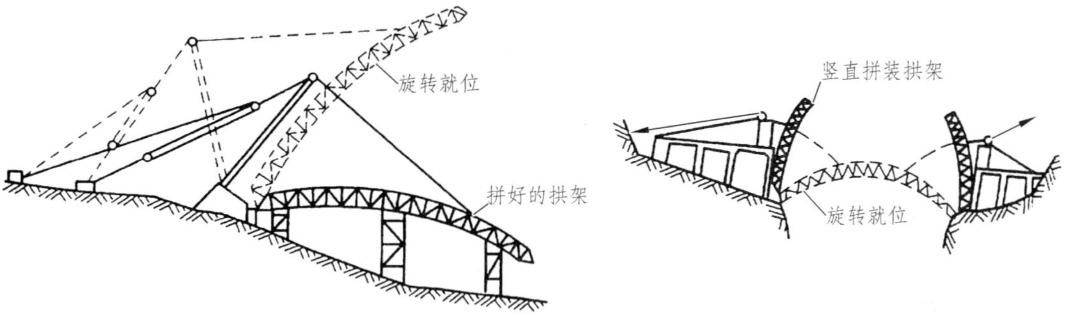

（a）半跨拱架在桥孔位置拼装后旋转升高合龙　（b）半跨拱架在竖立位置拼装后旋转降低合龙

图 7.80　半拱旋转法安装拱架

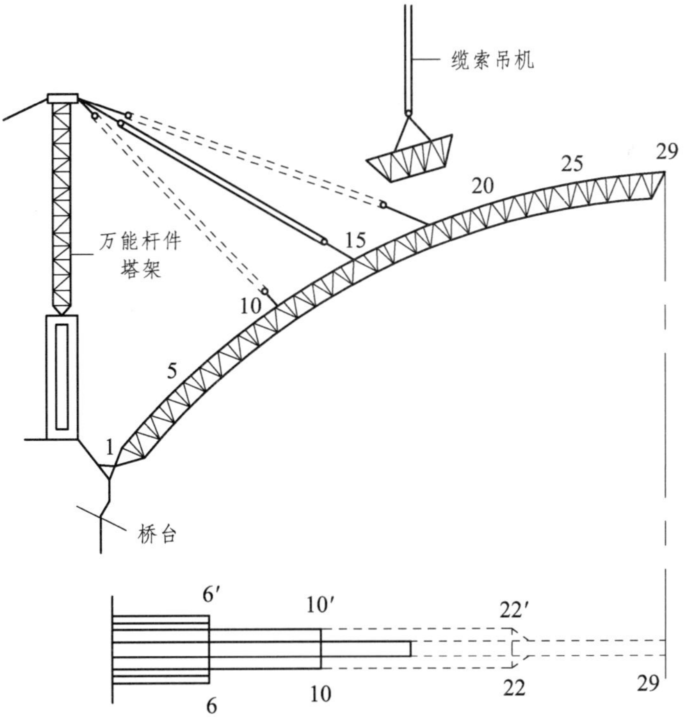

图 7.81　悬臂法逐节拼装拱架

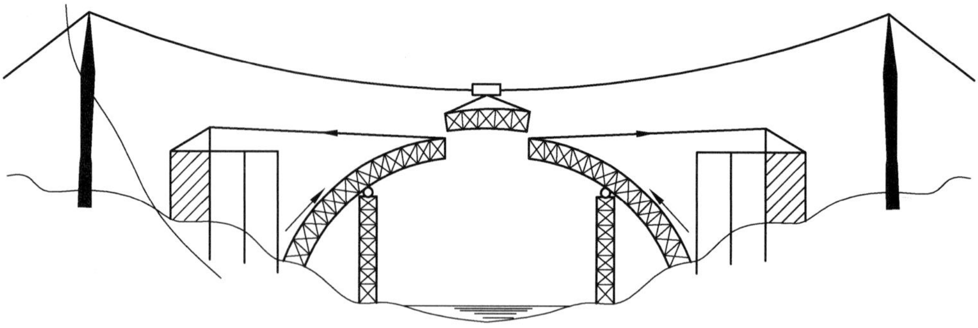

图 7.82　缆索吊装拱架

2）拱架的卸落

拱架在圬工灌砌期间支承拱圈的全部重量，待圬工凝固后方可拆除。为使拱架所支承的重量逐渐转移到拱自身来承受，切忌将拱架突然拆除，或仅将其某一部分拆除。为此，在安装拱架时，必须预先将落架设备安放在适当位置。如在立柱斜撑式拱架中，安放在拱盔立柱下面；在带梁的拱架中，安放在梁的支点；在拱式拱架中，安放在拱铰的位置上。

（1）落架次序。

当落架设备松降时，拱因逐渐支承荷载而产生下降，但拱架却因卸除荷载恢复弹性变形而相对上升。因此需预先计算落架设备需松降多少才能使拱架脱离拱圈。设 h 为落架设备所需的总降落高度，则

$$h=y+\delta+c \tag{7.61}$$

式中：y——安放落架设备处拱在自重下的挠度；

δ——拱架的弹性变形；

c——拆除拱架所需的净空，30 ~ 150 mm。

为了保证拱在落架时不受损坏，拱架应缓慢、均匀、平顺地降落，以便使拱架所支撑的桥跨重量逐渐转移给拱圈自身来承担，为此要研究落架的工序。

一般的落架工序是：对于满布式拱架的中、小跨径拱桥，可从拱顶开始，逐渐向拱脚对称卸落；对于大跨径拱圈，为了避免拱圈发生“M”形的变形，可从两边 $l/4$ 处逐次对称地向拱脚和拱顶均匀地卸落。落架时宜在白天气温较高时进行，这样的条件对卸落拱架工作较方便。图 7.83 所示为有中间支承的拱架落架工序。图 7.83（b）所示为降落高度，由于跨中总降落高度是最大的，故降落工作常从拱顶开始。如图 7.83（c）所示，落架工作共分 3 个阶段 12 次降落才完成，第 1 阶段降落完成后的图形为 $e—a—e$，第 2 阶段则为 $e—a'—e$，第 3 阶段为 $e—a''—e$。图 7.83（d）所示为每次降落的位置和高度。

（2）落架设备。

落架设备可采用木楔、砂筒及千斤顶等。

① 木楔。木楔又分简单木楔和组合木楔两种形式。

图 7.84（a）、（b）所示为简单木楔。其中图 7.84（a）所示的类型为由两块带 1∶10 ~ 1∶6 斜面的楔块组成，构造简单。但松降时须用小锤敲击，故降落不均匀，常用于跨径小于 10 m

的拱架。图 7.84（b）所示的类型为双向木楔，大木楔分上下两块，滑动斜面为 1∶4，在大木楔斜面正交方向装有小木楔两片（滑动斜面为 1∶20）以控制楔块向下滑动，其优点是不用铁件，卸落方便，承载能力较（a）型大，可用于跨径为 30 m 的满布式拱架。图 7.84（c）所示为组合木楔，由三块楔木与螺栓组成，构造简单而完善，可用于较大跨径的满布式拱架和拱式拱架。楔块的斜角 α 应大于楔块间的摩擦角 φ，拧松螺栓后，拱架即均匀降落，螺栓中的内力按式（7.62）计算：

$$z = 2P\tan(\alpha - \varphi) \tag{7.62}$$

式中：P——作用于木楔的荷载。

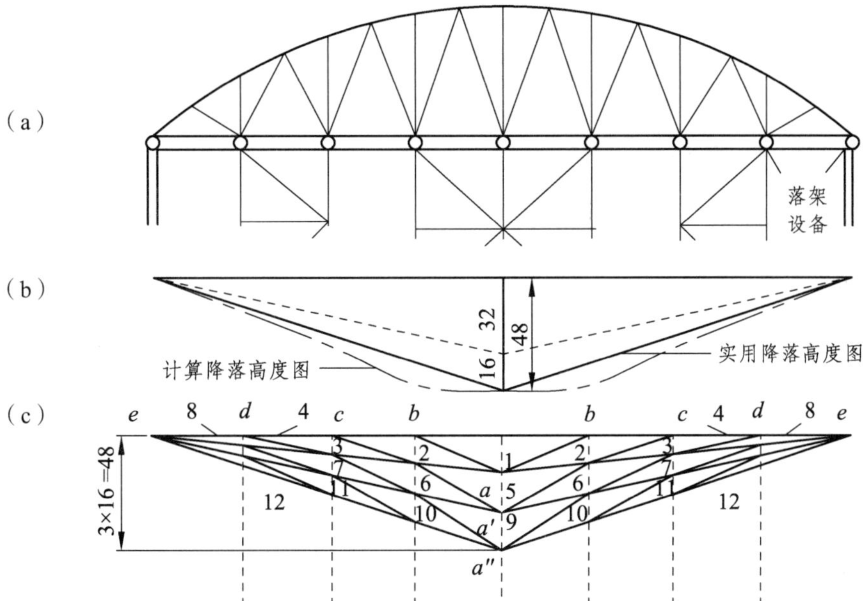

1				16			
2			12		12		
3		8				8	
4	4						4
5				16			
6			12		12		
7		8				8	
8	4						4
9				16			
10			12		12		
11		8				8	
12	4						4
工序	每次降落高度/mm						

图 7.83　有中间支承的拱架落架工序

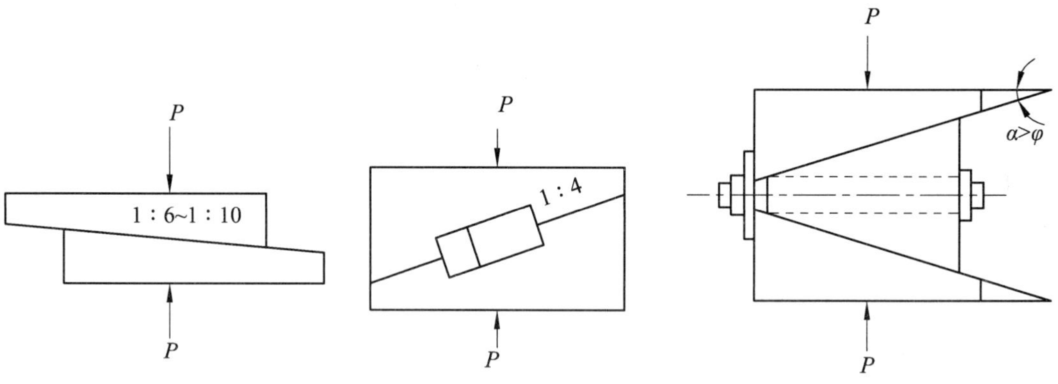

（a）　（b）　（c）

图 7.84　木楔

② 砂筒（见图 7.85）。砂筒是一种较完善的落架设备，降落均匀，构造简单且承载能力较大，用于 50 m 以上的满布式拱架和 30 m 以上的拱式拱架。砂筒一般用钢板制造，筒内装以烘干的砂（直径不大于 2 mm），上部插入顶心，在顶心和筒壁间应填沥青以防潮。拔出筒底泄砂孔木塞，砂即流出，根据流出的砂子数量，即可测定拱架降落高度。

③ 千斤顶。采用千斤顶卸落拱架常与调整内力同时进行。其方法是在两半拱的拱顶部预留安放千斤顶的壁龛形缺口，待拱圈混凝土达到强度后，在缺口上安好千斤顶，当千斤顶供油时，则对两半拱施加推力，使两半拱既分开又抬高，随后进行封顶合龙。由于千斤顶施力时，拱被抬升而脱离拱架，因而拱架很容易被拆除。

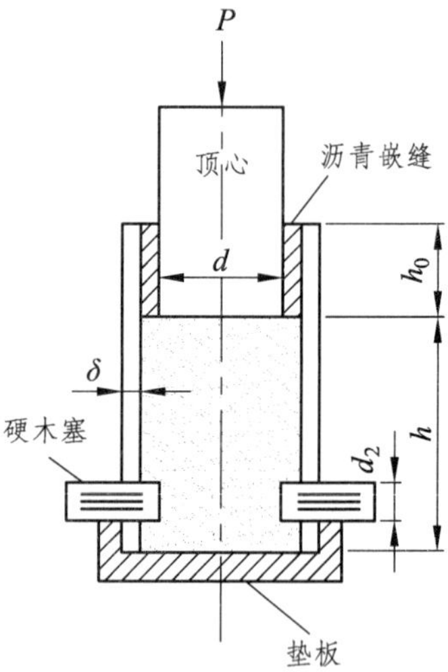

图 7.85　砂筒

2. 拱圈及拱上结构的施工

1）拱圈的施工

拱圈的施工一般可根据跨径的大小、构造形式等分别采用不同繁简程序的施工方法，以便在灌（砌）筑过程中，拱架受力对称、均匀、变形量小，不会使已灌（砌）筑圬工产生裂缝，并且能使施工过程尽可能简单。

（1）连续灌筑法。在拱的跨径较小时，按拱圈的全宽和全厚，自两端拱脚向拱顶对称地连续灌筑，并且在拱脚处混凝土初凝前全部完成。否则，需在拱脚处预留隔缝，并最后灌筑隔缝混凝土。

（2）分段灌筑法。一般当拱的跨径大于 16 m 左右时，为避免因拱架不均匀变形而导致拱圈产生裂缝，以及为减小混凝土的收缩应力，应利用分段灌筑法施工。分段的长度为 6 ~ 15 m，具体视灌筑能力、拱架结构和跨径大小而定。分段位置应使拱架受力对称、均匀，一般分段点应设在拱架支点、节点处及拱顶、拱脚处。

一般在分段点处设间隔缝，其宽度为 50 ~ 100 cm，以便施工操作和钢筋连接。为缩短拱圈合龙和拱架拆除的时间，间隔缝内可采用比拱圈高一个等级的半干硬混凝土。填充间隔缝混凝土应在拱圈分段混凝土强度达到 70% 设计强度后进行，且应由两拱脚向拱顶对称进行。最后填充拱顶和两拱脚的间隔缝，封拱合龙温度一般宜接近当地的年平均温度。

（3）分环灌筑法。为减轻拱架的负担，箱形截面拱圈一般采用分环、分段的灌筑方法施工。等底板分段灌筑合龙后，再灌筑上面一环（腹板和顶板，或仅为腹板和隔板），此时可以考虑合龙后的底板与拱架共同受力，其施工顺序如图 7.86 所示。对有些大跨径的拱桥，有时也采用分段和分环综合的方法。

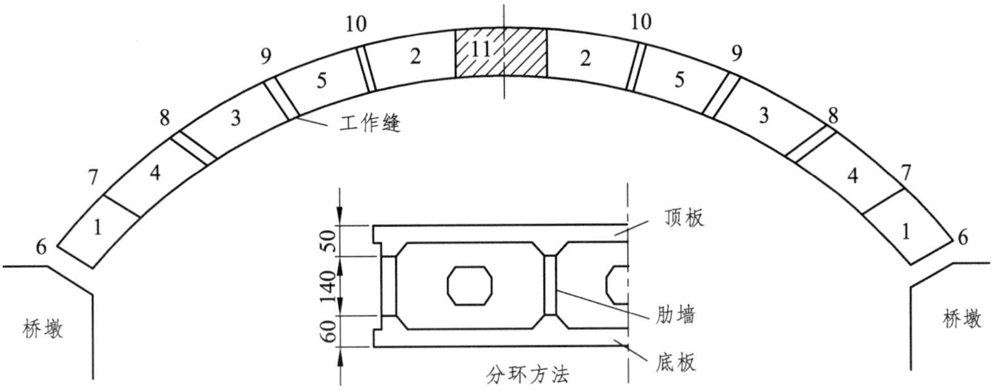

图 7.86 拱圈灌筑顺序

对于大跨径拱桥，为控制拱圈灌筑过程中的拱架变形而拟定合理的拱圈灌筑顺序时，最好先画出拱架的挠度影响线。根据影响线和拱圈灌筑的原则即可拟定比较合理的拱圈灌筑次序。

2）拱上建筑施工

拱上建筑的施工，应在拱顶灌筑完成、全桥合龙且拱圈达到设计强度的 30% 后进行。拱上建筑的施工，应保持对称均衡地进行，避免使主拱圈产生过大的不均匀变形。实腹式拱上结构，应由拱脚向拱顶对称灌筑。当侧墙灌筑好后，再填筑拱腹填料。空腹式拱桥一般是在横墙（或刚架）灌筑完后卸落拱架，然后再对称均衡地灌筑腹拱圈，以免由于主拱圈不均匀下沉而使腹拱圈开裂。

在多跨连续拱桥中，当桥墩不是按单向推力墩设计时，仍应注意相邻跨间的对称均衡施工，避免桥墩承受过大的单向推力。

7.4.2 缆索吊装施工

缆索吊装施工是目前拱桥无支架施工的主要方法之一，其工序大致包括拱箱（肋）的预制拱箱（肋）的移运和吊装、主拱圈的安装、拱上建筑施工、桥面结构施工等。

图 7.87 所示为缆索吊装拱桥施工。缆索吊车由塔架、主索、牵引索、起重索、起重小车（行车）和风缆等构成。塔架立于桥台上或桥头高地，四面用风缆固定。主索即起重小车的轨索，用数根粗钢索构成，支承于塔架顶部的索鞍上，并用地垄锚固。一般用两组主索，若塔架可移动，也可用一组主索。牵引索牵引起重小车，使其能沿主索移动，起重索用于使起重小车的动滑轮组升降，牵引和起重均用绞车。此外还有联结索，用于悬挂分索器和使主索、起重索和牵引索不至相互干扰和下垂。

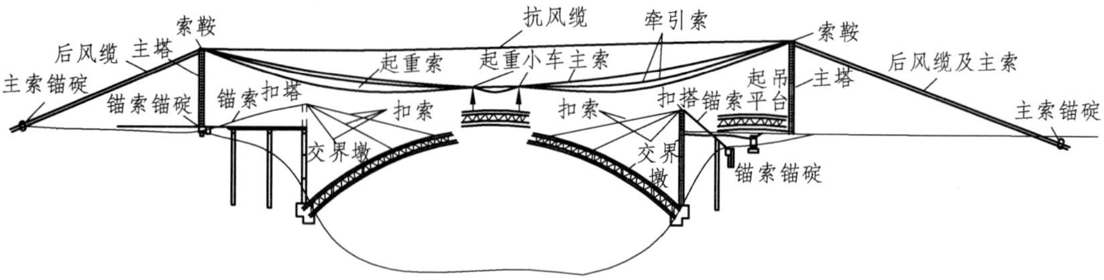

图 7.87　缆索吊装拱桥施工

拱桥的构件在桥头预制或预拼后，送至缆索下，由起重小车起吊送至桥位安装。为使端段基肋（基肋指拱肋、拱箱或桁架拱片）在合龙前保持在一定位置，在其上用扣索临时固定，然后才能松开吊索。吊装应自一孔桥的两端向中间对称进行，在最后一节构件吊装就位，并将各接头位置调整到规定标高后，才能放松吊索并将各接头接正合龙，最后再将所有扣索撤去。

吊装施工的成败关键在于保证基肋有足够的强度和稳定性，不仅要按单根构件在运输和吊装时复核其强度和稳定性，更重要的是还要按基肋合龙时及合龙后所承担的荷载，检算其强度及稳定性。

基肋吊装合龙要拟定正确的施工程序和施工细则，拱桥跨径较大时，应采用双基肋或多基肋合龙。此时基肋与基肋间的横系梁或横隔板必须紧随拱段的拼装即时焊接。必要时可在基肋的上下两平面内设置临时的交叉斜杆，以缩短基肋的自由长度。端段基肋就位后，除上端用扣索拉住使之不下坠外，还应在左右两侧各用一对风缆牵住以免左右摆动。中段拱肋就位时，宜缓慢地放松吊索，注意必须使各接头顶紧，避免简支搁置和冲击作用。

施工时，一般在每一接头处都设一对横撑或一对横向风缆来加强基肋的稳定性，通常两侧横向风缆要求角度对称设置。

7.4.3　悬臂法施工

拱桥悬臂施工法施工要点是：将拱圈（肋），立柱与纵、横梁对称地分成几段，加上临时斜拉（压）杆、上弦杆预先组成桁式框架，用拉杆或缆索锚固于台后，然后用扒杆或吊车向跨中逐段悬臂施工，最后在拱顶合龙成拱。根据拱圈构件的制作方式，悬臂施工方法分为悬臂浇筑和悬臂拼装两大类。

1. 悬臂浇筑法

悬臂浇筑法是将拱圈、拱上立柱和预应力混凝土桥面板等齐头并进，边浇筑边构成桁架的方法。施工时，用预应力钢筋临时作为桁架的斜拉杆和桥面板的临时明索，将桁架锚固在后面的桥台上。悬臂浇筑法施工程序如图 7.88 所示，拱脚段拱圈（至第一立柱）在斜拉杆扣吊的钢支架上就地浇筑，以后各段均用挂篮从左右两岸悬臂灌筑混凝土施工拱肋。立柱间的拱圈采用悬臂施工，在拱圈节段中设预应力粗钢筋，以承受自重悬臂弯矩。施工至立柱部位，则用临时斜拉杆及上拉杆将立柱、拱圈组成桁架，立柱就地浇筑，上下设铰。空心桥面板利用钢支承梁整跨就地现浇，它比拱圈和立柱的浇筑错后一个节间。

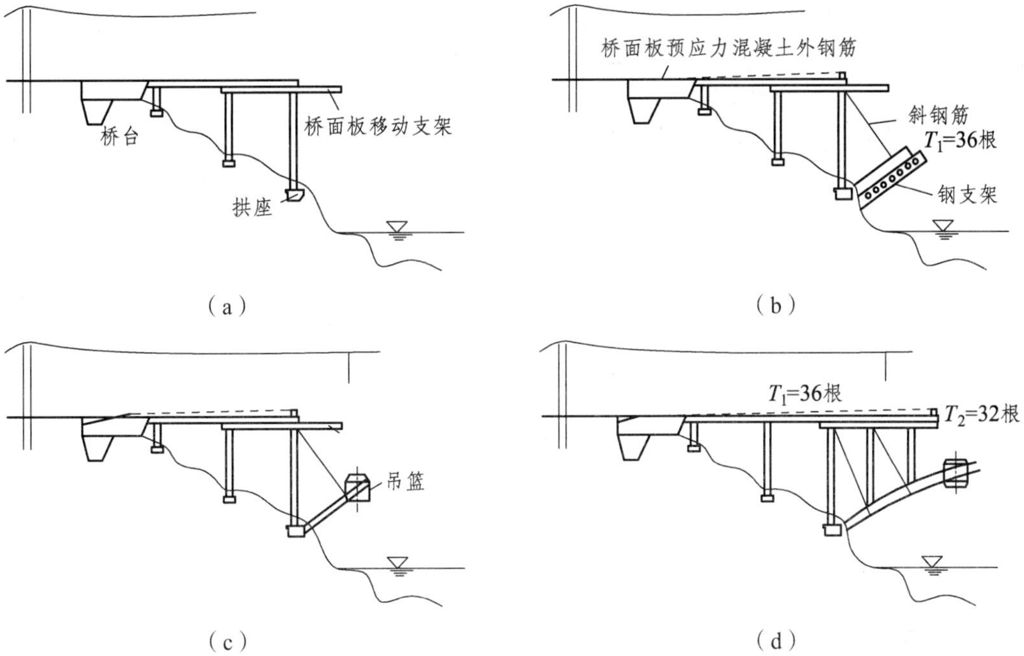

图 7.88 悬臂浇筑法施工程序

2. 悬臂拼装法

悬臂拼装法（见图 7.89）是将拱圈的各个组成部分（侧板、上下底板等）事先预制，然后将整孔桥跨的拱肋、立柱通过临时斜压（拉）杆和上弦拉杆组成桁架拱片，沿跨分为几段（一般为 3～7 段），再用横系梁和临时风缆将两个桁架拱片组装成框构。每节框构整体运至桥位，由两端向跨中逐段悬臂拼装至合龙。悬臂伸出去的拱体通过上弦拉杆和锚固装置固定于墩（台）上，维持稳定。也可以将拱圈的各个组成部分分别在拱圈上悬臂组拼成拱圈，然后利用立柱与临时斜杆和上拉杆组成桁架体系，逐节拼装，直至合龙。

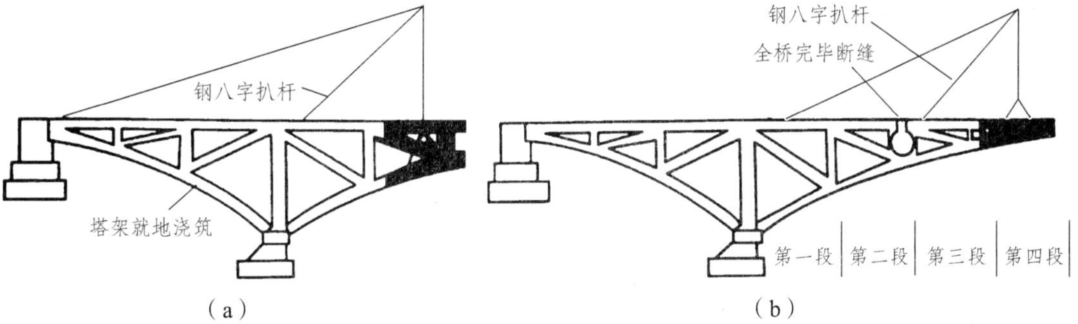

图 7.89 悬臂拼装法

悬臂拼装如图 7.90 所示，是利用伸臂式起重机在已拼接好的悬臂端逐次起吊和拼接下一节段的施工。每拼接好一个节段，即用辅助钢索临时拉住，每拼完三节，便改用更粗的主钢缆固定，然后拆除辅助钢索，供重复使用。这种方法适用于特大跨径拱桥的施工，因为有塔架和临时斜拉索，所以又称为塔架斜拉索法。

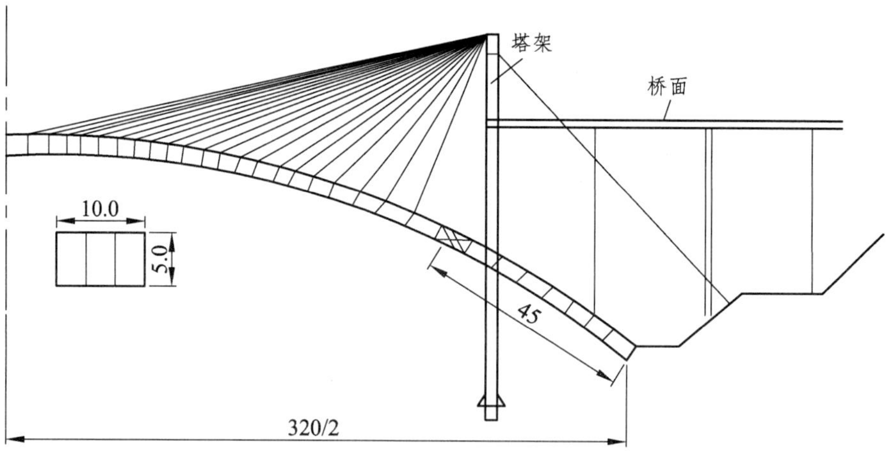

图 7.90　悬臂拼装（尺寸单位：m）

7.4.4　转体施工

转体法施工是将拱圈或整个上部结构分成两个半跨，分别在河的两岸利用地形或简单支架灌筑或预制装配成半拱，然后利用动力装置将两半拱转动至桥轴线位置上，将设计标高合龙成拱。它适用于各类单孔拱桥的施工，也可用于梁桥、斜拉桥和斜腿刚构桥等桥梁的施工。转体法施工通常可减少大量的高空作业，施工安全、质量可靠，可节省较多的临时支架，特别是可大幅度减少对桥下交通的干扰，是具有明显技术、经济优势的一种桥梁施工方法。转体法施工有平面转体、竖向转体和平竖结合转体 3 种。

1. 平面转体施工法

平面转体施工法的特点是：将主拱圈分为两个半跨，分别在两岸利用地形作简单支架（或土牛拱胎），现浇或者拼装拱肋，再安装拱肋间横向联系（横隔板、横系梁等），把扣索的一端锚固在拱肋的端部（靠拱顶）附近，经引桥桥墩延伸至埋入岩体内的锚碇中，最后用液压千斤顶收紧扣索，使拱肋脱模，借助环形滑道和千斤顶或卷扬机牵引，缓慢地将拱肋转到其水平面所需的角度（一般小于 180°），最后再进行主拱圈合龙段和拱上建筑的施工。图 7.91 所示为转动体系的一般构造，其中图 7.91（a）是在转盘上放置平衡重来抵抗悬臂拱肋的倾覆力矩的一种转动体系，转动装置是用聚四氟乙烯和不锈钢板制造；图 7.91（b）是无平衡重的一种转动体系，它是把有平衡重转体施工中的扣索直接锚固在两岸岩体中，这种方法适合在山区地质条件好或跨越深谷的地形条件下采用。转盘结构如图 7.92 所示。

沪杭高速铁路跨石大路桥是跨径为（88.8+160+88.8）m 的自锚上承式混凝土拱桥，采用旁位支架现浇形成单 T 拱，然后水平转体合龙形成整体的施工方案（见图 7.93），转体角度为 26°，单个转体结构长 158 m，宽 7.5 m，重 16 800 t，转体质量是当时世界同类型桥梁中第一。

转体系统主要由球铰、下滑道、撑脚、砂箱、转体牵引和助推反力座、转体牵引索及动力系统组成。动力系统包括牵引系统和助推系统。下球铰球面上安装聚四氟乙烯复合滑块，转体过程中，转体结构的 16 800 t 质量主要落在滑块上。

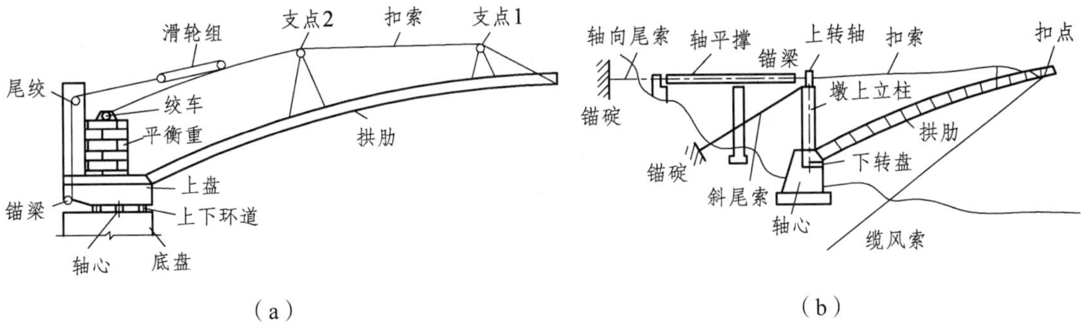

图 7.91 转动体系的一般构造

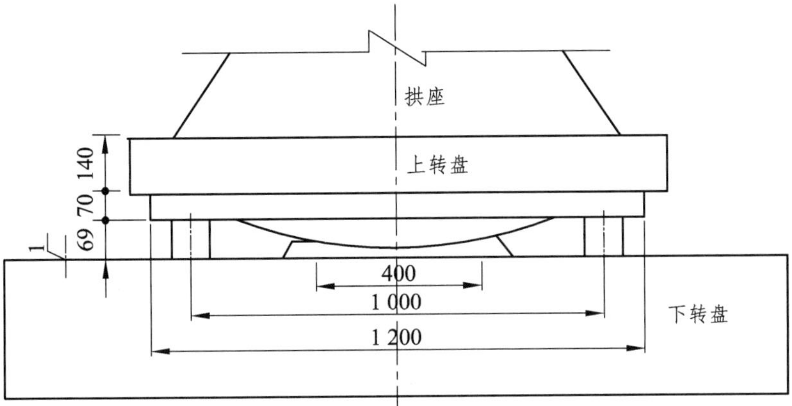

图 7.92 转盘结构（尺寸单位：cm）

图 7.93 沪杭高速铁路跨石大公路大桥转体施工

转体牵引助推系统（见图 7.94）是牵引系统工作不正常时的应急手段。转体过程中，转体结构的 16 800 t 质量只有球铰一点支承，转体结构中心高 21 m，上部转体结构受外界条件或施工影响，易出现倾斜，必须设置位置控制系统。在转体过程中及转体就位后，对转体悬臂端高程及轴线进行微小调整，需要设置微调系统。

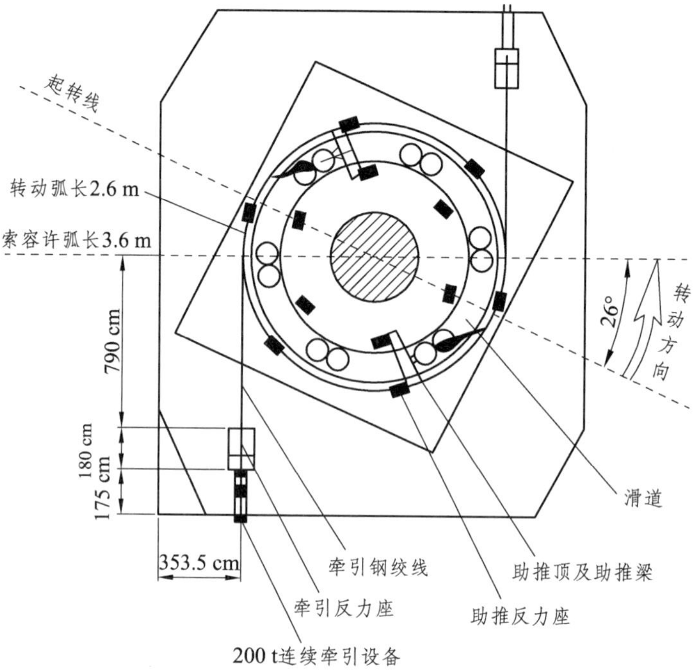

图 7.94　转体牵引助推系统

2. 竖向转体施工法

当桥位处无水或水很浅时可以将拱肋分成两个半跨放在桥孔下面预制。如果桥位处水较深时，可以在桥位附近预制，然后浮运至桥轴线处，再用起吊设备和旋转装置进行竖向转体施工。这种方法最适用于钢管混凝土拱桥的施工，因为钢管混凝土拱桥的主拱圈必须先让空心钢管成拱后再压注混凝土，故在旋转起吊时，钢管自重相对较轻，而且钢管本身强度高，易于操作。图 7.95 所示为用扒杆吊装系统对钢管拱肋进行的竖向转体施工，它的主要施工过程是将主拱圈从拱顶分成两个半拱在地面胎架上完成，经过对焊接质量、几何尺寸、拱轴线形等验收合格后，由竖立在两个主墩顶部的两套扒杆分别将其旋转拉起，在空中对接合龙。

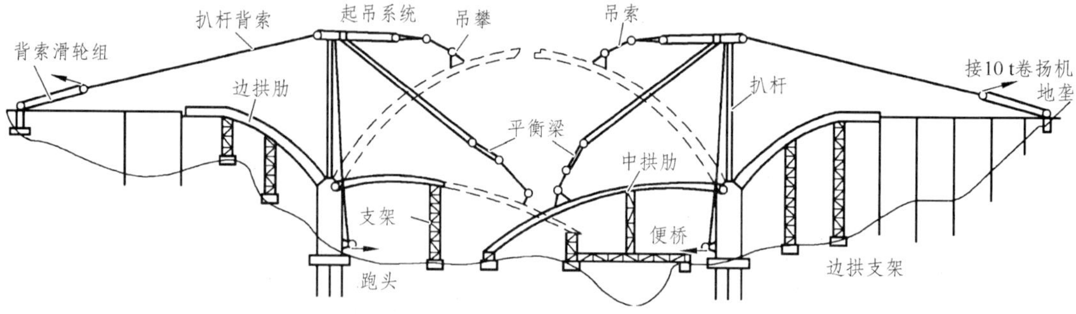

图 7.95　竖向转体施工

3. 平竖结合转体施工法

在地面条件受限的情况下，采用平面和竖向相结合的转体施工法架设拱桥，有时会取得很好的效果。例如，跨越京广铁路的安阳文峰路立交桥为净跨径为 135 m 的钢管混凝土系杆拱桥，其施工时，先在大致与京广线平行方向的铁路两侧拼装半拱，然后竖转 26°至设计标高后，再平转至桥梁中轴线上合龙。竖向铰用设于拱脚处带转动轴的固定钢支座，而平转则采用设于墩底与承台间的混凝土球面铰完成，在下盘球面铰上，涂以四氟粉加黄油混合物，以减小摩擦阻力。

7.4.5 劲性骨架施工法

劲性骨架施工法是用劲性材料（如型钢、钢管等）在桥位上先用无支架方法架设以形成劲性拱骨架，然后围绕劲性骨架浇筑混凝土，即把劲性骨架作为混凝土的钢筋骨架，埋入混凝土中。该施工法的特点是减少另造施工用拱架的工作，且拱的整体性能好，拱轴线形较易控制，但总用钢量较大。

图 7.96 所示是跨径为 178 m 的宜万铁路落步溪大桥上承式钢管混凝土劲性骨架提篮拱桥用缆索吊装（形成骨架后外包混凝土而成）。施工安装系统采用吊挂分离方案（缆索吊系统与所有扣索均为塔扣分离，利用两岸桥台作为扣索锚梁）。缆索吊系统（见图 7.97）由索塔系、索道系、后锚系群、卷扬机群、抗风系等组成。缆索吊机的跨径为 310 m。

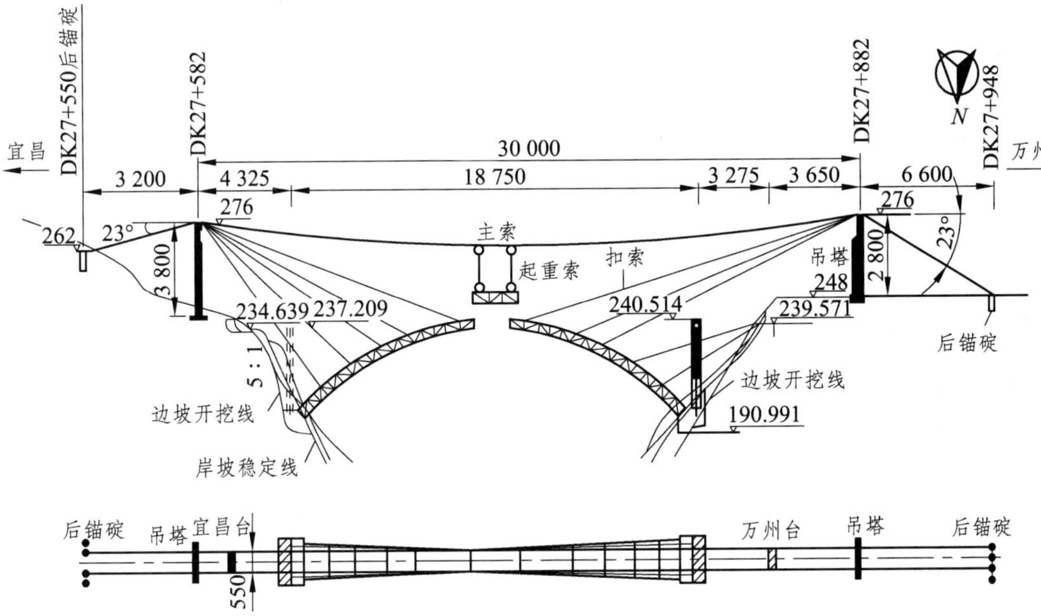

图 7.96 劲性骨架吊装

图 7.97 缆索吊系统

思考题

1. 名词解释：矢跨比、合理拱轴、五点重合法、拱轴系数。
2. 为什么空腹拱桥一般情况下，宜在靠近拱顶的短立柱上、下端设铰？
3. 为减少拱上结构与主拱、墩台的相互作用，上承式拱桥构造上应采取哪些措施？
4. 绘图说明中承式拱桥的主要构成。
5. 多跨拱桥中，对于不等跨分孔有哪几种平衡推力的措施？并简述其为何能平衡推力。
6. 简述钢管混凝土拱桥的主要特点。
7. 何为无推力拱？一般是如何实现的？
8. 简述组合式拱桥的类型和受力特点。
9. 简述拱桥的常用施工方法。
10. 拱桥内力分析的计算模型有哪些？实际工程中应如何选用？
11. 拱桥的主拱是否存在稳定性问题？其失稳方式一般有哪几种类型？
12. 如图 7.98 所示为承受竖向均布荷载 q 作用的无铰拱，请推导其合理拱轴线方程（采用如图所示坐标系）。

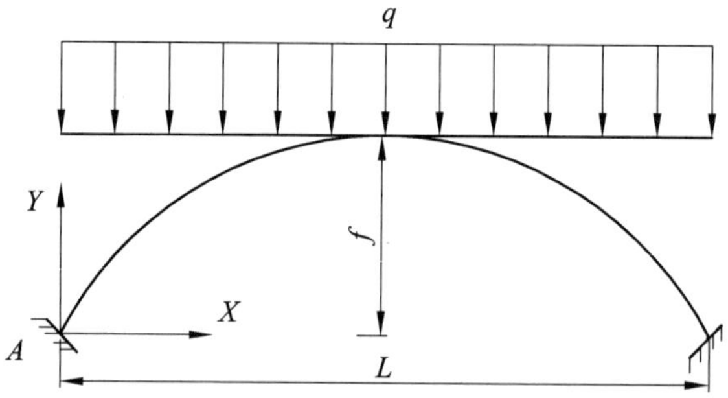

题图 7.98　均布荷载 q 作用的无铰拱

Chapter 8

第 8 章

斜拉桥

8.1 斜拉桥的组成及特点

斜拉桥是一种桥面体系以主梁受压（密索体系）、弯（稀索体系）为主，支承体系以拉索受拉和索塔受压为主的桥梁。拉索的作用相当于在主梁跨内增加了若干弹性支承，从而大大减少了梁内弯矩，从而减轻了自重，使桥梁的跨越能力显著增大。与悬索桥相比，斜拉桥不需要庞大的锚固装置，抗风性能优于悬索桥，通过调整拉索的预拉力可以调整主梁的内力，使主梁的内力分布更均匀合理。

8.1.1 斜拉桥组成

斜拉桥是一种将斜拉索两端分别锚固在塔、梁或其他载体上，形成塔、梁、索共同承受荷载的结构体系。一般的斜拉桥组成如图 8.1 所示。斜拉桥上部结构由主梁、斜拉索、索塔 3 部分组成。

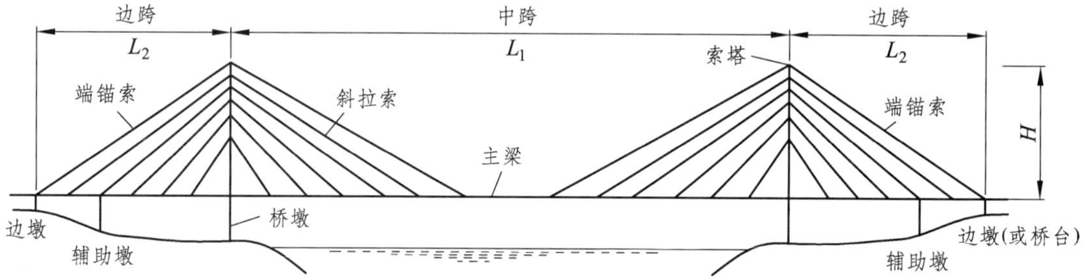

图 8.1 斜拉桥

当斜拉桥由两个及两个以上索塔组成时，中跨跨径 L_1 指相邻两索塔中心线之间的水平距离，而边跨跨径 L_2 指边索塔中心线至最外一根斜拉索外侧最近的墩中心线间水平距离。当为独塔斜拉桥时，塔两侧跨径较大者为主跨，另外一侧为边跨。

8.1.2 斜拉桥受力特点

从受力性能分析，主梁由斜拉索及支座支承直接承受自重荷载、桥面荷载、斜拉索水平及竖向分力和活载。斜拉索是单向受拉构件，将主梁的绝大部分荷载传递给索塔，索塔将拉索拉力传递给桥墩及基础，基础将全桥的荷载力传递给地基。此外斜拉桥作为结构整体还承受收缩、徐变、温度、地震、风力等作用。

图 8.2（a）所示为初始结构为三跨等截面混凝土连续梁。在竖向均布荷载作用下，梁的弯矩如图 8.2（b）所示。以相同跨径及主梁截面组成的三跨斜拉桥如图 8.2（c）所示。斜拉索不进行预张拉（视为拉杆结构），全桥一次落架施工，主梁弯矩图如图 8.2（d）所示。从两弯矩图比较可以得出：

（1）连续梁体系中，荷载引起的主梁最大正弯矩及最小负弯矩数值均较大，且沿着梁的纵向分布很不均匀。梁截面尺寸由最大弯矩控制，弯矩绝对值越大，所需截面尺寸越大，截面增大时，自重也随之增加。当跨径越大时，上述情况越发显著。

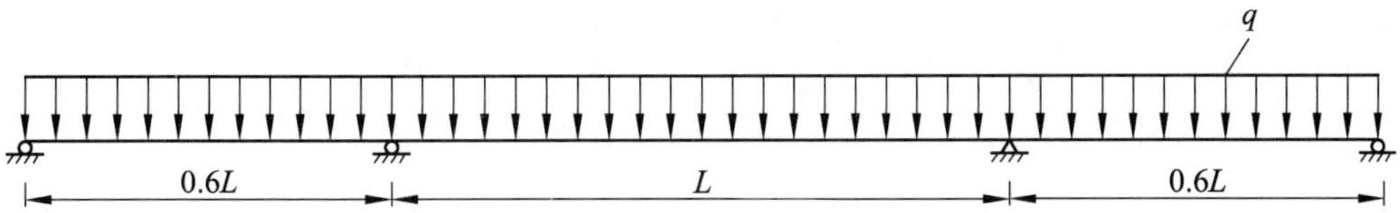

（a）连续梁

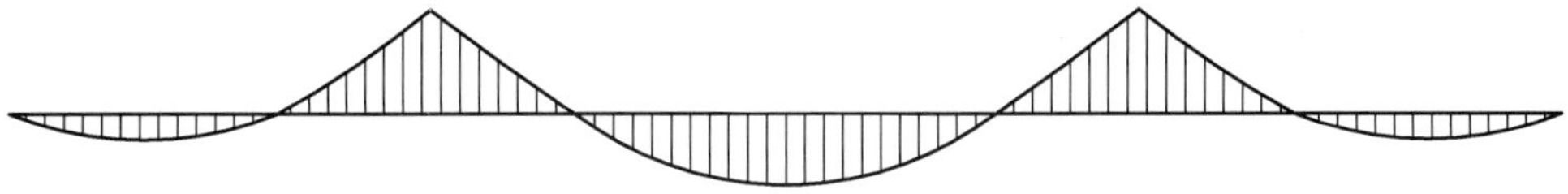

（b）连续梁弯矩分布

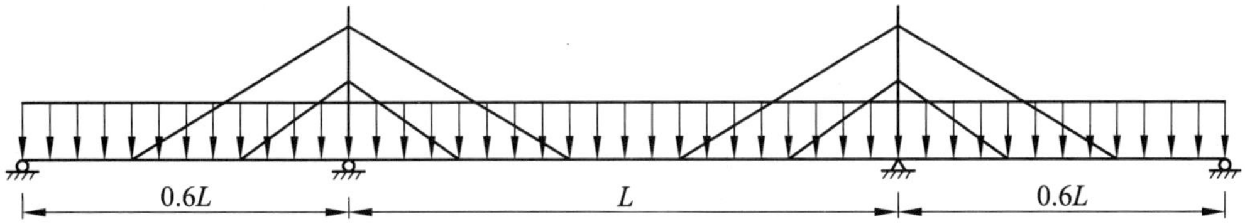

（c）斜拉桥

（d）斜拉桥弯矩分布

（e）斜拉桥轴力分布

图 8.2　连续梁与斜拉桥均布荷载内力对比

（2）对于斜拉桥体系，由于斜拉索的存在，主梁相当于支承在斜拉索上的弹性支承连续梁，弯矩峰值较小且分布均匀。这不但可以使得主梁截面尺寸大大减小，显著减轻自重，节省主梁材料，还能大幅度增加桥梁的跨越能力。此外斜拉索索力的水平分力对主梁施加了预压力，提高了混凝土主梁的抗裂性能，可以节约主梁中预应力钢材的用量。因此，斜拉桥必然比连续梁体系桥具有更大的跨越能力。当然，付出的代价是增加了索和塔的工程量。

（3）在安装斜拉索时，如果对斜拉索张拉适当的拉力，主梁会承受不同的竖向分力，还可以进一步调整和改变主梁的受力，达到更理想的状态。

斜拉桥结构受力特点还可以从另一角度进行理解，如图 8.3 所示，斜拉桥是由一系列的塔、索、梁构成的三角形基本单元叠合而成，所有构件都以轴向受力为主。由于轴向受力构件通常比受弯构件效率高，从而使得斜拉桥的受力更合理，经济性能良好。

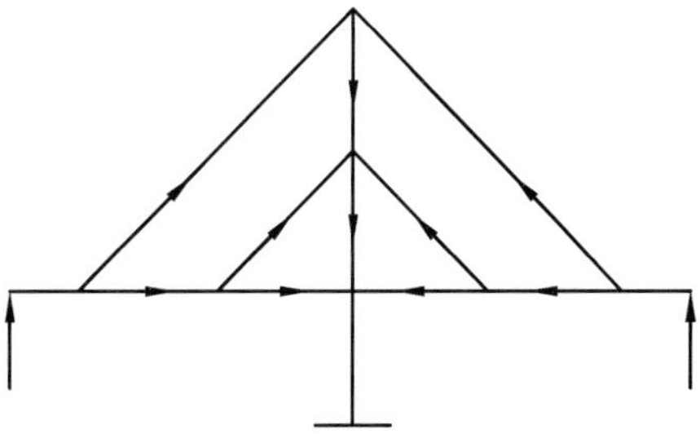

图 8.3　斜拉桥受力

除了受力合理、跨径大的特点，其塔、索各自具有多种外形及相互组合方式。斜拉桥外观简洁流畅、舒展连续、轻巧纤细，向上动势感强，能体现桥梁的现代美，是城市及景观桥梁设计时常采用的桥型。

斜拉桥主要应用于公路桥梁和公铁两用桥梁。由于需考虑横向刚度、竖向刚度及斜拉索疲劳等因素，早年建成的纯铁路斜拉桥数量较少且跨径不大。高速铁路由于是双线，且道床厚重、活载较小、活载与恒载比例小等，疲劳因素对其影响不大。因此，近几年我国修建了不少中、小跨径高速铁路斜拉桥。

8.2 斜拉桥总体布置

8.2.1 孔跨布置

斜拉桥最典型的孔跨布置形式为双塔三跨式与独塔双跨式，此外也有多塔斜拉桥。

1. 双塔三跨式

双塔三跨式斜拉桥孔跨布置如图 8.1 所示。由于它的主跨跨径较大，一般适用于跨越较大的海峡、河流或山谷。跨越河流时，可以用主跨一跨跨越，将两个塔置于两岸或近岸浅滩，两个边跨设在岸上；也可以将两个塔设在河中，用三跨全长来跨越整个河道或主航道。双塔三跨式斜拉桥可以布置成对称形式，也可以布置成两边跨跨径不等的非对称形式。

在双塔三跨桥式中，边跨与主跨的跨径比非常重要。主跨跨径取决于地形、河床断面、通航要求及技术条件等因素。边跨的主要作用是利用边跨主梁锚固小跨侧斜拉索，以平衡索塔受力。从对称悬臂施工方面考虑，边跨跨径宜接近主跨的 0.5 倍。从受力方面考虑，边跨跨径与主跨跨径之比与斜拉桥的整体刚度、端锚索（即背索）的应力变幅有着很大的关系。当活载作用于主跨时，边跨梁端点的端锚索产生正轴力（拉力增加）；而当活载作用于边跨时，端锚索产生负轴力（拉力减小），从而产生的较大应力幅将引起斜拉索疲劳。边跨较小时，边跨主梁的刚度较大，边跨斜拉索较短且更陡直，刚度也相对较大，此时边跨对索塔的锚固作用增大，主跨的刚度也相应增大。对于活载比重较小的公路和城市桥梁，合理的边主跨之比为 0.33 ~ 0.5，其中，钢主梁宜为 0.3 ~ 0.4，组合梁宜为 0.4 ~ 0.5，混合梁宜为 0.3 ~ 0.45，混凝土主梁宜为 0.4 ~ 0.45。而对于活载比重大的铁路桥梁，边主跨之比宜取较小值。同理，钢斜拉桥的边跨应比相同跨径混凝土斜拉桥的边跨跨径小。此外，矮塔斜拉桥的边跨与主跨跨径之比宜取 0.50 ~ 0.79。

活载往往在边跨梁端附近区域产生较大的正弯矩，导致梁体转动，伸缩缝易受损，可以通过加长边跨梁以形成引跨或设置辅助墩（见图 8.1）的方法予以解决。同时，设辅助墩既可以减小斜拉索应力变幅、提高主跨刚度，又能缓和端支点可能出现的负反力，是大跨径斜拉桥中常用的方法。当采用辅助墩时，边、中跨比值宜取较大值，以方便布索及施工。

2. 独塔双跨式

独塔双跨式斜拉桥（见图 8.4）也是一种常见的孔跨布置方式，它的主孔跨径一般比双塔三跨式的主孔跨径小，适用于跨越中、小河流和城市通道。

独塔双跨式可采用两跨跨径对称布置，也可采用跨径不等的非对称形式。对称形式的斜拉桥两跨相等，不存在边跨及端锚索对主跨变形的约束作用，受力较为明确，设计及施工简单方便。但是若没有端锚索，不能有效地约束塔顶位移，设计时往往采用加大塔刚度的方法来约束主梁竖向位移。计算及分析表明，增大塔刚度的方法不如端锚索有效，也不经济。不对称双跨式独塔斜拉桥的主跨跨径 L_1 与边跨跨径 L_2 之间的比例关系一般为 $L_2=(0.5\sim0.9)L_1$，多数接近于 $L_2=0.9L_1$。两种形式的独塔斜拉桥均可在某一跨设置辅助墩以提高全桥刚度。

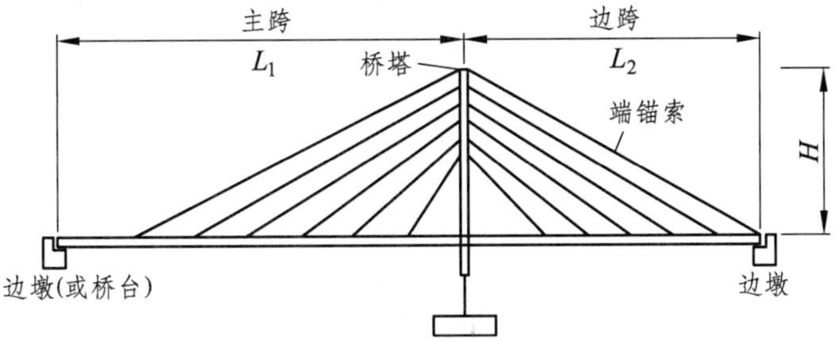

图 8.4　独塔双跨式布置

3. 多塔斜拉桥

当遇到桥梁跨越的河道很宽或山谷既宽且深等特殊情况，需要两个或更多跨进行连续跨越时，可采用三塔四跨式或多塔斜拉桥（见图 8.5）。国内外已经建成了许多座多塔斜拉桥，如武汉二七长江大桥为三塔斜拉桥，两个主跨均为 616 m；法国的米约大桥（见图 1.12），跨径组合为（204+6×342+204）m。

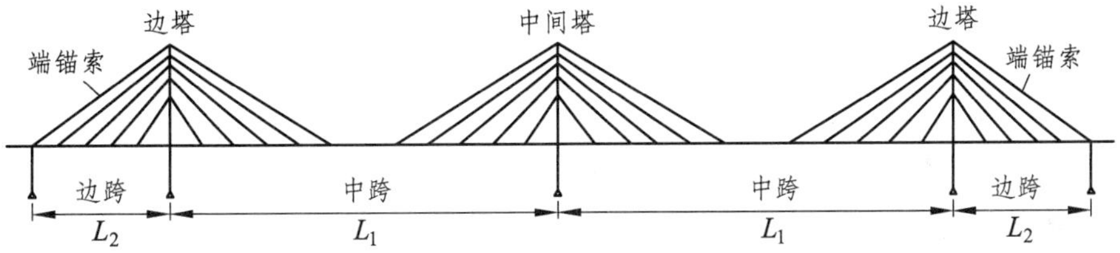

图 8.5　三塔四跨式斜拉桥

大多数斜拉桥是三跨或者两跨，端锚索和桥墩对塔柱的变形及稳定性起了很大的作用。随着索塔数量的增加，多塔斜拉桥的中间塔两侧既无辅助墩和过渡墩，也没有端锚索，缺少了对主梁和索塔的有效约束，使已经是柔性结构的斜拉桥柔性更大，导致多塔斜拉桥在活载及温度作用下的主梁挠度、斜拉索疲劳应力幅和塔底内力比常规斜拉桥要大得多，不易满足使用要求。

解决这个问题的一种办法，是设计可以承受和传递较大弯矩的塔柱，如刚性塔多塔斜拉桥（见图 8.6）。但这并不是最经济的解决方案。

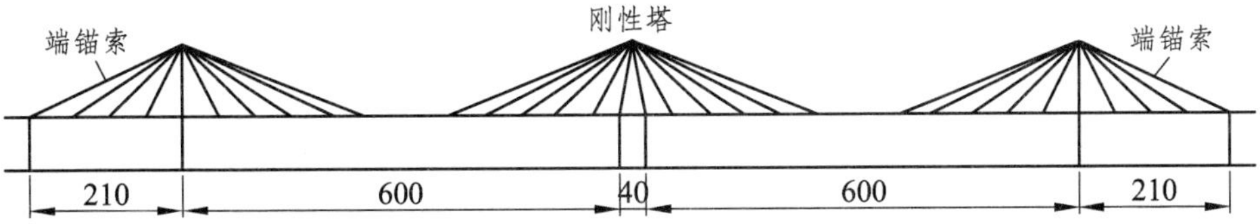

（a）中塔刚性

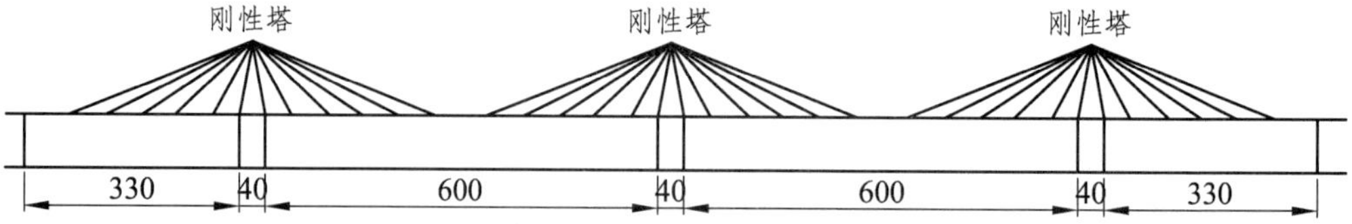

（b）全部刚性塔

图 8.6　刚性塔多塔斜拉桥

提高多跨斜拉桥塔柱的刚度，有很多方法：① 用水平斜拉索联系塔柱顶端[见图 8.7(a)]。② 增设联系塔柱顶端和邻近的塔梁交接处的斜拉索［见图 8.7（b）]。③ 在跨中处增加临时支撑［见图 8.7（c）]。④ 在中跨增加交叉斜拉索［见图 8.7（d）]。其他提高中塔刚度方法有提高主梁刚度、跨中增加压重等，但采用这些方案的桥例不多。

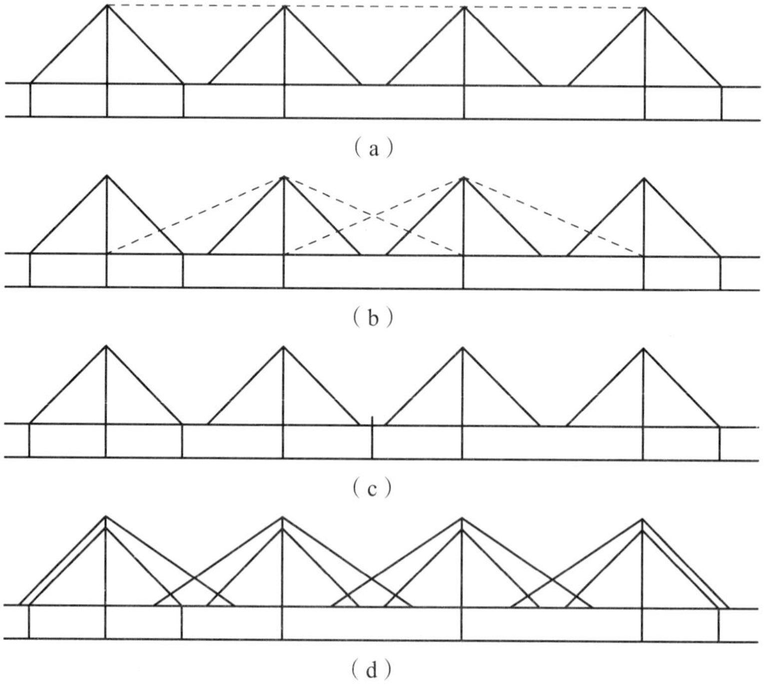

图 8.7　多塔斜拉桥提高中塔刚度的措施

洞庭湖大桥跨径为（130+310+310+130）m，是双斜拉索面，采用了带水平弹性限位装置的飘浮体系。为了提高三塔斜拉桥的总体刚度，除了采用适当增加主梁截面高度和塔身纵向截面宽度的措施之外，还可采用另外两项专门的措施以提高边索的刚度：一是将中跨和边跨最外的三根索的索距缩小至 9 m，并将每根斜拉索的截面面积增大，采用 313 ϕ7 mm 的钢丝；二是在端支点和各中跨中部增加附加 2 000 kN 的压重以提高各塔外索的张紧程度。

8.2.2　斜拉索布置

1. 斜拉索横向布置

斜拉索横桥向布置常用的有 4 种类型，即单索面、竖向双索面、斜向双索面及三索面，如图 8.8 所示。在多线铁路的公铁两用斜拉桥中常采用三索面，其索面布置如图 8.8（d）所示。

为了减小张拉单根索千斤顶吨位并便于索在塔上的布置，有时将一个索面分成两个横向间距很小的索面，这仍然算一个索平面。

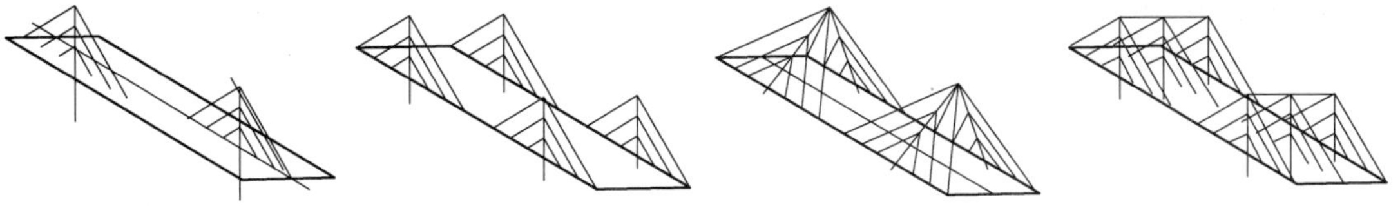

（a）单索面　（b）竖向双索面　（c）斜向双索面　（d）竖向三索面

图 8.8　索面布置

单索面只用于公路及市政桥梁，斜拉索平面设于桥面中央，利用了车道分隔带，具有外形简洁、最佳视线与最小桥墩尺寸的优点。从力学角度来看，采用单索面时，斜拉索对主梁的抗扭不起作用（或很小），因此主梁需采用抗扭刚度较大的箱型截面。特大跨径斜拉桥不适宜采用单索面设计。

采用双索面时，作用于主梁上的扭矩可由梁两侧斜拉索的竖向分力组成的力偶来抵抗，主梁可采用具有较小抗扭刚度的截面。斜向双索面，除了能为主梁提供抗扭刚度外，还能限制主梁的横向位移，对主梁抵抗横向风力特别有利，适用于大跨径斜拉桥。倾斜的双索面应采用倒 Y 形、A 形及宝石形索塔。

2. 斜拉索纵向布置

索面纵向布置形状主要有如图 8.9 所示的 4 种基本类型，即辐射形、竖琴形、扇形和星形。

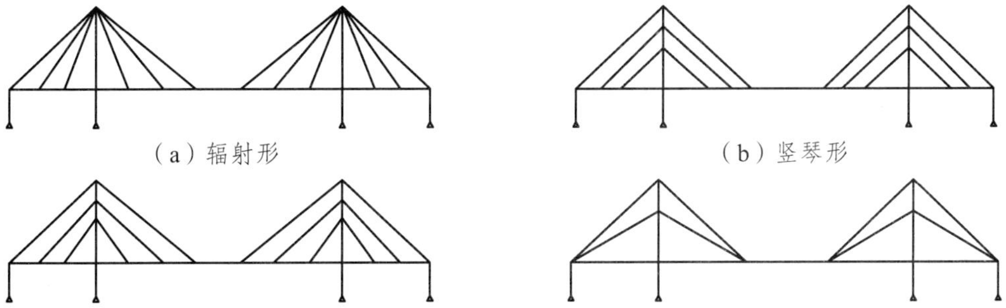

（a）辐射形　（b）竖琴形

（c）扇形　（d）星形

图 8.9　斜拉索立面布置方式

各布置方式的特点如下：

（1）辐射形的特点是所有斜拉索一端均匀间隔地锚固在主梁上，在索塔上集中锚固于塔顶，各根斜拉索具有较大的倾角，斜拉索对主梁的垂直支承效率较高，斜拉索用钢量较少，塔所受弯矩也较小（水平分力小）。主要缺点是斜拉索交汇到塔顶，锚固构造处理较困难，一般在塔顶采用鞍座设计，拉索骑跨于鞍座上，结构构造复杂，很少采用。

（2）竖琴形的斜拉索成平行排列，倾角相同，在索数少时比较简洁，外形美观，索在塔上的锚固点分散，对索塔的受力有利。缺点是斜拉索的总倾角较小，索的总拉力大，故钢索用量较多。

（3）扇形布置的斜拉索是索在梁和塔上都均匀布置，各索的倾角不同，相互不平行，它兼有上面两种布置方式的优点，在设计中获得广泛应用。

（4）星形布置的唯一优点是边跨斜拉索锚固于梁端，刚度大，可以增加全桥刚度。但是索在梁上锚固点较少，索梁锚固点间距大，需要梁具有很大的刚度，实际结构中较少采用。

除以上 4 种基本类型外，也有将竖琴形与扇形混合布置（边跨采用竖琴形，中跨采用扇形）的斜拉桥，或将边跨端部几根索布置成竖琴形以减小索距，提高全桥的刚度。

3. 索距的布置

按照索在梁上锚固点的距离及索的数量，斜拉桥可以分为稀索体系和密索体系。在早期的斜拉桥中一般采用稀索体系（超静定次数少），现代斜拉桥则多为密索体系。密索体系有以下优点：① 索间距小，主梁中的弯矩小，有利于降低梁高和梁重；② 单索拉力较小，锚固点附近结构的局部应力较小，锚固构造简单；③ 利于悬臂施工；④ 易于换索；⑤ 断面轻柔，美感度较高。

索距的确定除考虑主梁受力外，还与施工方法及施工机具有关。

斜拉桥主梁采用钢梁或组合梁时，索间距宜为 8 ~ 19 m。混凝土主梁因自重大，索距应密些，一般取 6 ~ 12 m，国内混凝土斜拉桥索距采用 8 m 较多。

8.2.3 索塔布置

1. 索塔的形式

索塔是斜拉桥中最主要的受力结构，主要起承担锚固斜拉索并传递索力至桥墩基础的作用。索塔设计必须满足全桥刚度的需要，并便于斜拉索的布置与锚固。索塔传力应简单明确，在恒载作用下，索塔应尽可能处于轴心受压状态。

如图 8.10 所示，索塔沿桥纵向的布置形式有单柱式、倒 V 形、倒 Y 形等，倒 V 形可增设一道横梁成为 A 形。

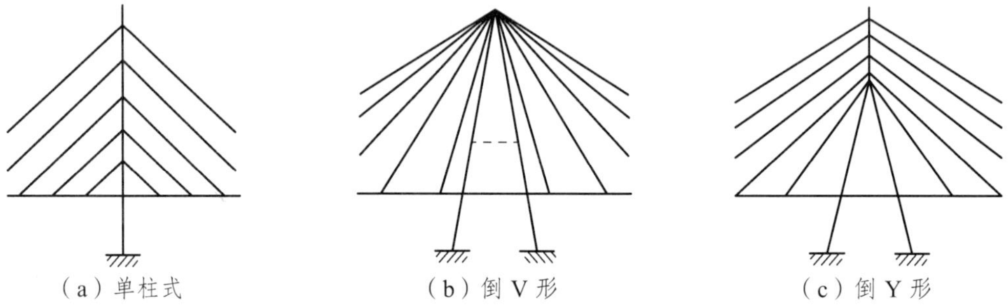

图 8.10　索塔的纵向布置形式

如图 8.11 所示，索塔的横向布置形式可分为单柱式、双柱式、门式、H 形、A 形、宝石形、倒 Y 形及花瓶形等。索塔的空间形式是上述纵、横向形式的组合，可见，索塔的形式是多种多样的。

索塔纵横向形式无论采用何种布置方式，索塔均需要考虑与主梁横向塔的交叉关系。除塔、梁固结体系外，一般在主梁下的塔身横向设置横梁，可在横梁上设置支座支撑主梁，或在施工时对主梁进行临时锚固，此外，横梁还可以提高主塔的横向刚度。其中，单柱式主塔构造简单；A 形和倒 Y 形在顺桥向刚度大，有利于承受索塔两侧斜拉索的不平衡拉力，还可减小主梁在索塔处的负弯矩，特别适用于多塔斜拉桥的刚性塔。索塔纵、横向布置均呈单柱式的索塔［见图 8.10（a）］，仅适用于单索面斜拉桥。当需要加强横桥向抗风刚度时，则可以配合采用 A 形、宝石形或倒 Y 形及花瓶形等形式。双柱式、门式一般适用于双平面索的场合。

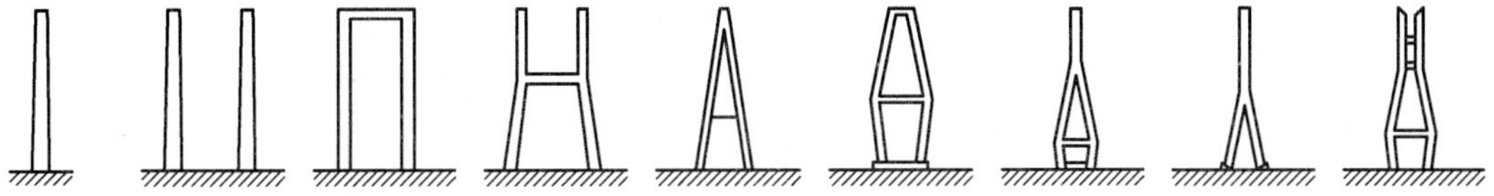

图 8.11 索塔的横向布置形式

2. 塔高与主跨之比

索塔的高度 H 与整个桥梁的刚度和经济性密切相关。塔高和索长、倾角的相互关系如图 8.12 所示，塔的高度 H 越大，斜拉索的倾角 α 越大，斜拉索垂直分力 V 就会越大，对主梁的支撑作用越有效，但由于索塔的高度 H 越大，索塔的水平向刚度越小（刚度与高度成反比），拉索的长度 l 越长，造价也就越高。当塔的高度 H 较小时，斜拉索倾角越小，索对梁的竖向分力变小，对主梁的竖向支撑作用减弱，但由于索塔高度较小时，索塔的水平刚度较大，斜拉索较短，比较经济。当斜拉索倾角特别小时，索力的主要分力体现为水平力，此时主梁作为压弯构件需要特别注意稳定性问题。

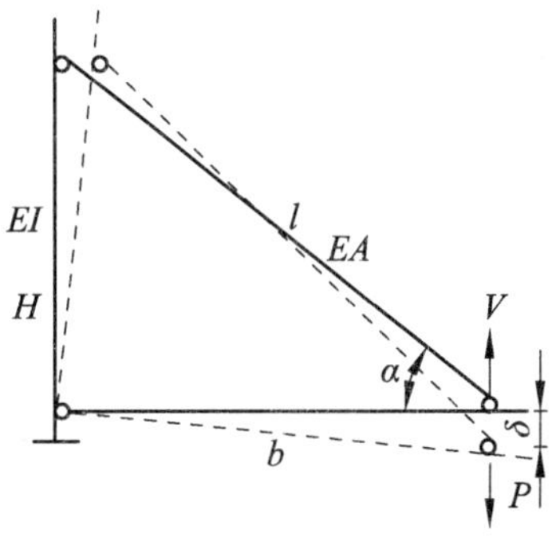

图 8.12 塔高和索长、倾角的相互关系

若忽略主梁弯曲刚度的影响，则主梁的支承刚度将来自于索和塔两方面。对于相同的主梁斜拉索锚固位置 b，索对梁的支撑刚度主要取决于索力的竖向分力 V 和斜拉索的线刚度 EA/l。从图 8.12 可知，V 与 $\sin\alpha$ 成正比，EA/l 与 $\cos\alpha$ 成正比。对索塔来说，H 越大，则索塔抵抗水平变位的刚度就越弱。在刚性主梁斜拉索锚点处荷载 P 的作用下，主梁下挠度 δ 为

$$\delta = \frac{Pb}{EA\sin^2\alpha\cos\alpha} + \frac{Pb^3}{3EI}\tan\alpha \tag{8.1}$$

式（8.1）右边第一项为斜拉索伸长所引起的挠度，当表达式 $\sin^2\alpha\cos\alpha$ 最大时，斜拉索对主梁的支撑刚度最大，此时斜拉索的倾角为 55°。公式右边第二项为塔位移所引起梁的挠度，其中 EI 为综合考虑背索影响的索塔等截面当量刚度，显然，当 $\tan\alpha$ 越小，即塔越矮，塔的水平方向的刚度越大，对主梁的支撑刚度也就越大。

综合索和塔对刚度和经济性的共同影响，对于每一座斜拉桥，都存在着一个最佳塔高 H 使得索和塔对主梁的支承刚度达到最大。

双塔斜拉桥的塔高与主跨之比 H/L_1=1/7 ~ 1/4（见图 8.1），独塔斜拉桥的塔高与主跨之比 H/L_1=1/4.7 ~ 1/2.7（见图 8.4）。背索的水平倾角不宜小于 22°。

8.2.4 斜拉桥结构体系

斜拉桥主梁两端全部支撑在墩台上，主梁、塔及墩之间相互连接形式的不同将形成不同的斜拉桥结构体系，即飘浮体系、支承体系（包括半飘浮体系）、塔梁固结体系和刚构体系。

1. 飘浮体系

飘浮体系的特点是塔与墩固结、塔梁分离，在塔墩处，用竖直斜拉索吊住主梁，主梁除在两端边墩上设有纵向滑动支座外，其余全部用斜拉索悬吊，属于一种在纵向可稍做浮动的多跨弹性支承连续梁，如图 8.13 所示。

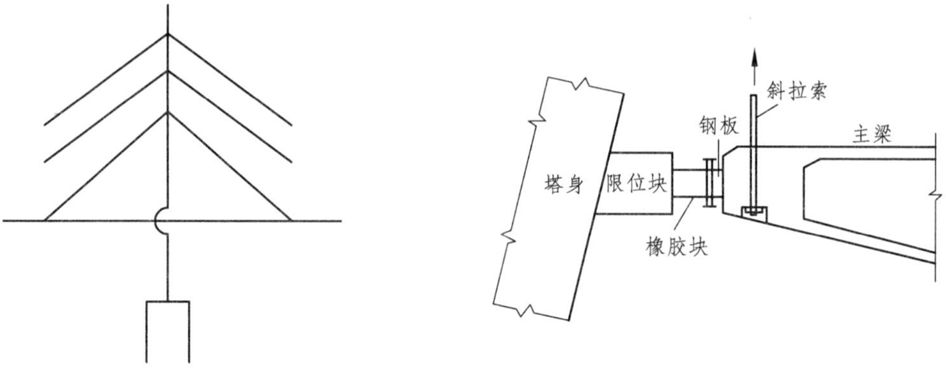

（a）漂浮体系　　（b）主梁侧向限位支座

图 8.13　漂浮体系斜拉桥

漂浮体系的主要优点是：由于主梁可以随塔柱的缩短而下降，所以温度、收缩和徐变内力均较小；塔墩处主梁只产生较小的负弯矩峰值；地震时允许全梁纵向摆荡，成为长周期运动，从而吸震消能。目前，大跨斜拉桥多采用此体系。

飘浮体系的缺点是：当采用悬臂施工时，塔柱处主梁需临时固结，以抵抗施工过程中的不平衡弯矩和纵向力；由于施工不可能做到完全对称，成桥后解除临时固结的过程，主梁发生体系转换时会引起次内力；为了避免产生过大的漂移，一般需设置纵向阻尼器。

斜拉索不能对主梁提供足够的横向支承刚度，为了抵抗由于风力及地震力等引起的横向位移，一般在塔柱和主梁之间设置一种用来限制侧向变位的板式或聚四氟乙烯盆式支座，横向顶紧，简称侧向限位支座［见图 8.13（b）］。侧向限位支座不是简单的竖向支座横向布置，需单独设计。此外，该体系斜拉索在纵向不宜采用竖琴形布置。

2. 支承体系及半飘浮体系

支承体系的特点是塔墩固结，主梁通过支座支承在塔墩横梁上。当主梁为连续梁时，纵向可以设一个固定支座，其余为活动支座，也可以全部为活动支座。一般均设成活动支座，以避免由于不对称约束导致的不均衡温度变位，而水平位移将由斜拉索制约。其中设有纵向固定支座的为支承体系［见图 8.14（a）］，不设纵向固定支座的为半飘浮体系［见图 8.14（b）］。

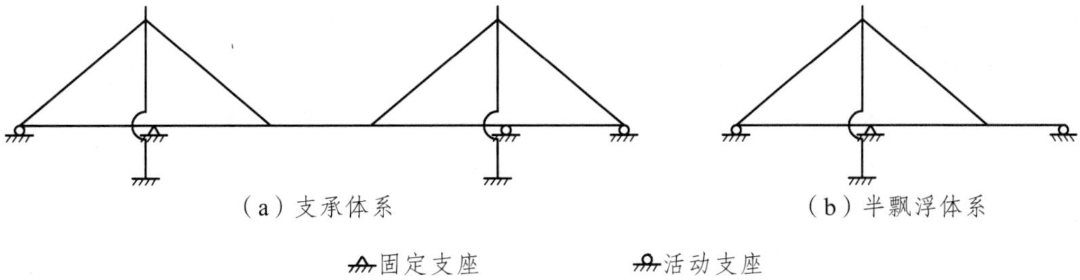

图 8.14　支撑体系及半漂浮体系斜拉桥

该体系的主要缺点是：由于塔墩两侧主梁均由斜拉索弹性支撑，塔墩处主梁为竖向刚性支撑，若不做特殊处理，混凝土将因竖向徐变变形，使得塔上吊点下垂，在塔墩刚性支撑处的主梁将产生很大的负弯矩。此外，当塔墩两侧跨满载时，塔柱处主梁负弯矩峰值也很大，设计时往往需要加大该处的主梁截面抗弯刚度。

3. 塔梁固结体系

塔梁固结体系（见图 8.15）的特点是将塔梁固结并支承在墩上，墩与塔间设支座，斜拉索为弹性支承，主梁的内力与挠度直接同主梁与索塔的弯曲刚度比值有关。这种体系的主梁一般只在一个塔柱处设置固定支座，而其余均为纵向活动支座。

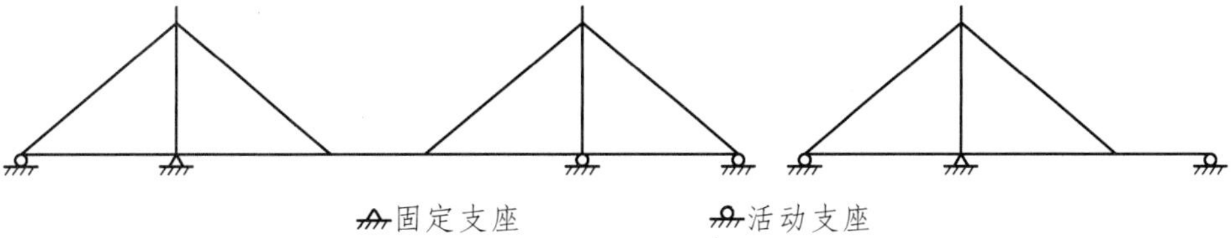

图 8.15　塔梁固结体系斜拉桥

塔梁固结体系的优点是：显著减小了主梁中央段无索区承受的轴向拉力，索塔和主梁的温度内力较小。缺点是：中跨满载时，主梁在墩顶处的转角位移将导致塔柱倾斜，使塔顶产生较大的水平位移，从而显著增大主梁跨中挠度和边跨负弯矩；另外，上部结构重力和活载反力都由支座传给桥墩，需要设置很大吨位的支座，造价高，在大跨径斜拉桥中，支座甚至达到上万吨级，这给支座的设计、制造及运营后的养护、更换均带来较大的困难。实际桥例中，这种体系斜拉桥采用较少。

4. 刚构体系

刚构体系（见图 8.16）的特点是塔、梁、墩相互固结、形成跨径内具有多点弹性支承的连续刚构桥。

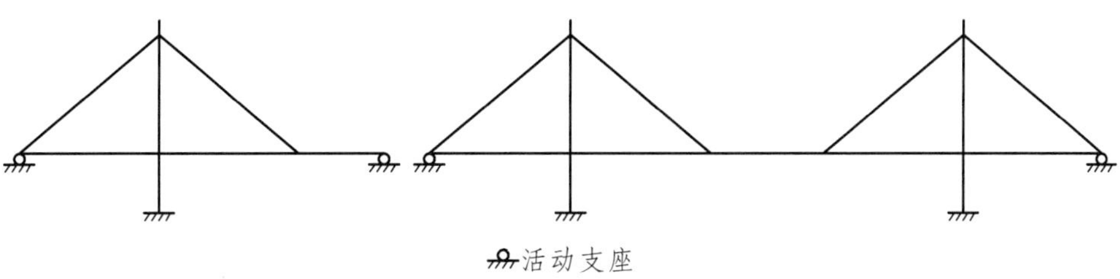

图 8.16　刚构体系斜拉桥

刚构体系的优点有：不需要大型支座也能满足悬臂施工的稳定要求；结构的整体刚度比较好，主梁挠度减小；施工时不需要临时固结，可减少体系转换次数。缺点是：主梁固结处负弯矩更大，固结处附近主梁截面需要加大；在双塔斜拉桥中若不设挂梁，将产生很大的温度力、收缩徐变力和地震力。这种体系比较适合于独塔斜拉桥。

刚构体系斜拉桥为克服温度内力及收缩徐变内力过大、塔梁墩刚接处负弯矩大的缺点，可采取两种措施（见图 8.17）：一种是在斜拉桥主跨中央部分插入一小跨悬挂结构［见图 8.17（a）］；另一种是以“剪力铰”代替悬挂结构［见图 8.17（b）］，这种剪力铰的功能是只传递剪力、轴力，不传弯矩，但因构造复杂、行车不平顺等原因，现在很少采用。

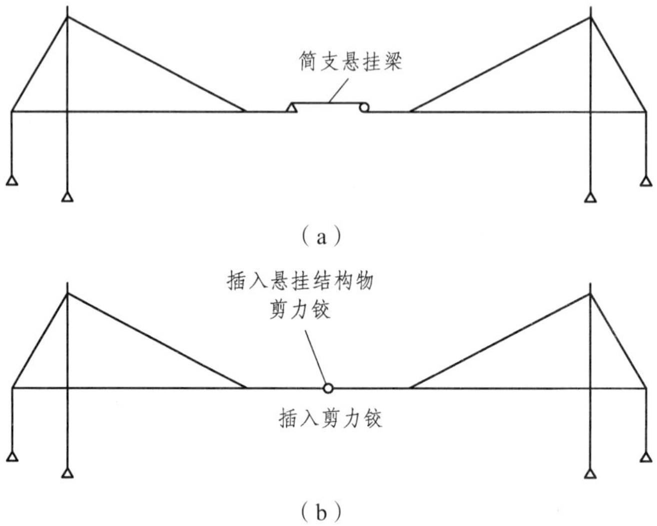

图 8.17　减小次内力措施

大跨径斜拉桥一般采用飘浮体系及半飘浮体系。刚构体系适用于独塔斜拉桥及高墩斜拉桥。完全的支承体系斜拉桥及塔梁固结体系应用较少，主要用在小跨径斜拉桥中。

8.3　斜拉桥的构造特点

8.3.1　主　梁

主梁截面形式的选择取决于材料、跨径、斜拉桥总体布置、受力状况及所采用的施工方法等因素。

主梁材料一般有钢、混凝土及钢-混组合三类。混凝土斜拉桥主跨一般小于 500 m。跨径大于 500 m 的斜拉桥主梁基本采用钢箱梁、钢桁梁或钢-混组合梁。

当斜拉索较密，索间距相等、各索初始张拉力较为合理时，主梁承受的恒载弯矩沿着梁的纵向变化较小。据此，绝大多数斜拉桥的主梁为等高截面。

对于双塔三跨斜拉桥，斜拉桥主梁高 H 与其中跨跨径 L_0 之比：混凝土主梁宜采用 1/220 ~ 1/100，组合梁宜采用 1/200 ~ 1/125，钢主梁宜采用 1/330 ~ 1/180。独塔斜拉桥主梁高度可略低于同跨径的双塔式梁高。实际上，斜拉桥主梁作为弹性支承连续梁，其高度及刚度的取值与斜拉索间距有关，斜拉索间距越小，主梁承受的弯矩越小，取值就越小。在合理的拉索力状态下，主梁呈近似连续梁状态工作，此时，主梁的高度主要取决于索间距 L_d。

主梁设计应考虑更换斜拉索或斜拉索偶然拉断或退出工作的情况。

1. 混凝土主梁

混凝土主梁的截面形式有多种，其共同的特点是：刚度大、挠度小、阻尼大、抗震性能好（自重大）。混凝土梁的其他优势在于可以根据需要设计成不同的形式，但一般认为，混凝土斜拉桥跨径不宜超过 500 m。

1）实心板式截面

实心板式主梁（见图 8.18）是混凝土斜拉桥中比较简单的一种截面形式，具有构造简单、建筑高度小、比较轻巧、抗风性能好和施工方便等优点。一般仅适用于小跨径（跨径在 200 m 以下）以及桥宽不超过 20 m 的双索面公路斜拉桥。

2）双主梁截面（肋式）

双主梁截面（见图 8.19）是早期采用的截面形式之一。它由两个分离箱梁组成，其间设横梁及桥面系。这种截面的特点是在采用悬臂法施工时，为了减轻挂篮的承重，可以将两个边主梁先行浇筑，在挂索后再浇筑横梁，最后浇筑桥面板混凝土，使其形成整体，共同受力。体现了化整为零、集零为整、便于施工的思路，

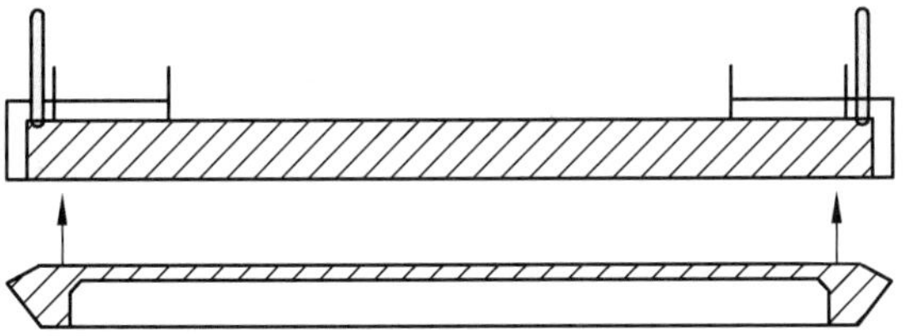

图 8.18 实心板式主梁

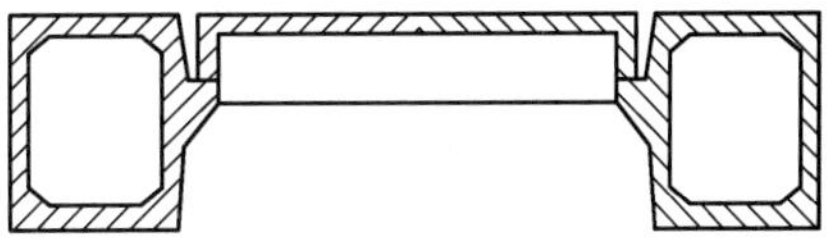

图 8.19 双主梁截面

现代斜拉桥的主梁高度设计得越来越小，采用空心箱作为主肋受力，混凝土数量节省有限，增加了工作量及钢筋用量，使得斜拉索锚固复杂，施工不便。而大量风洞试验结果表明，混凝土斜拉桥具有相当大的系统阻尼，非特大跨径桥的风动力稳定性一般不控制设计，所以采用双索面实心肋板式截面的越来越多。试验及分析表明，在一般设计风速时，400 m 跨径以下的斜拉桥，配以双斜索面，采用实心肋板式截面（见图 8.20）时，在施工及设计方面具有较大优势。我国大跨混凝土斜拉桥一般都采用该截面形式。双主肋间加设横隔板，间距一般与梁上索间距相同，采用 6 ~ 10 m，隔板厚度不宜小于 25 cm，桥面板计算时可简化为纵向受力单向板。

3）箱形截面

箱形截面（见图 8.21）具有抗弯和抗扭刚度大的特性。设计时，截面可以有单箱单室、单箱多室及分离多箱等组合以适应不同桥宽及施工方法的需要。它能适应稀索、密索、单索面或双索面等不同的斜拉索布置，施工时可以部分预制部分现场浇筑，也可以整体浇筑，为桥梁施工方案提供更多选择。箱形截面是大跨混凝土斜拉桥中经常采用的截面形式。

单索面箱形截面（见图 8.22）采用斜腹板，可以改善抗风性能，又可减小梁底的墩台宽度，符合单索面桥抗扭刚度的需要，是混凝土斜拉桥的标准截面形式之一。当跨径较小，桥

面较宽时，也常采用图 8.23 所示的单箱三室截面形式，并在索梁锚固位置设横隔板。

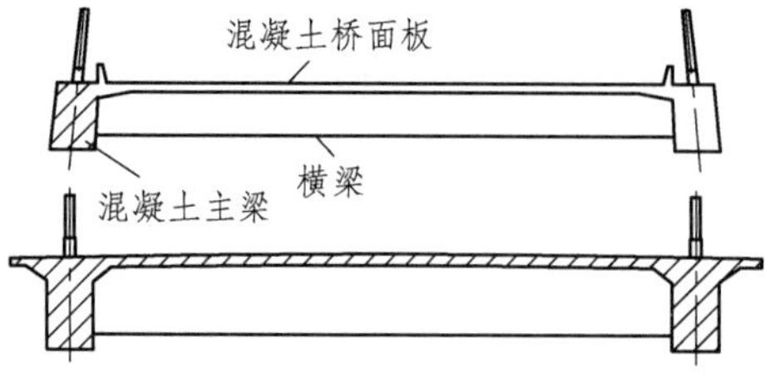

图 8.20　实心肋板式截面

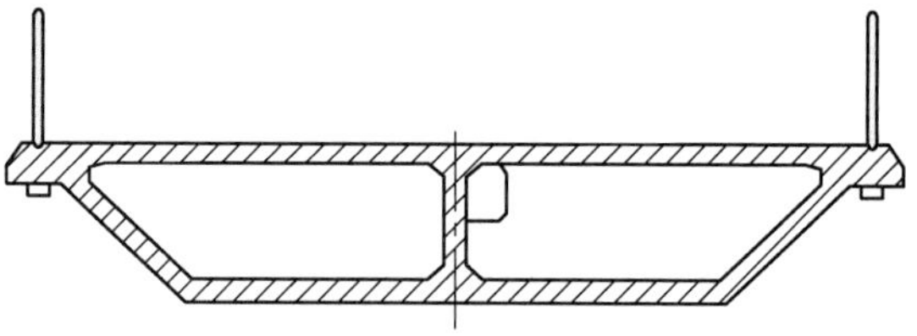

图 8.21　箱型梁截面

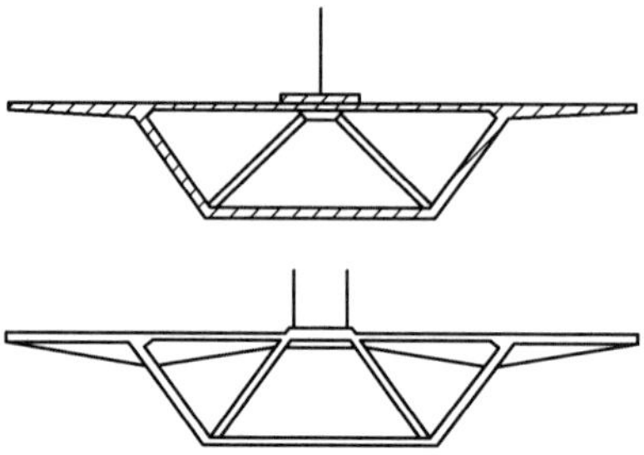

图 8.22　单索面箱形截面

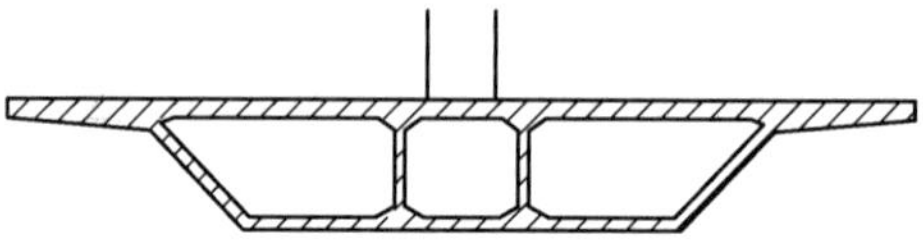

图 8.23　单箱三室截面

在双索面混凝土斜拉桥中，箱形截面的主梁常以分离式的两个箱体各自锚固于斜拉索，两箱之间则以横梁和桥面板连接。美国 P-K 桥的主跨路径为 299 m，索距为 9.3 m，于 1978 年首次采用三角形双箱梁，两箱梁之间用横隔板连接［见图 8.24（a）］。两箱梁也有采用倒梯形截面［见图 8.24（b）］形式的。在双箱梁的两个分离式箱体之间用底板将其封闭，即成为三室的单箱梁截面。双索面混凝土斜拉桥采用三室箱梁的实例也有很多。

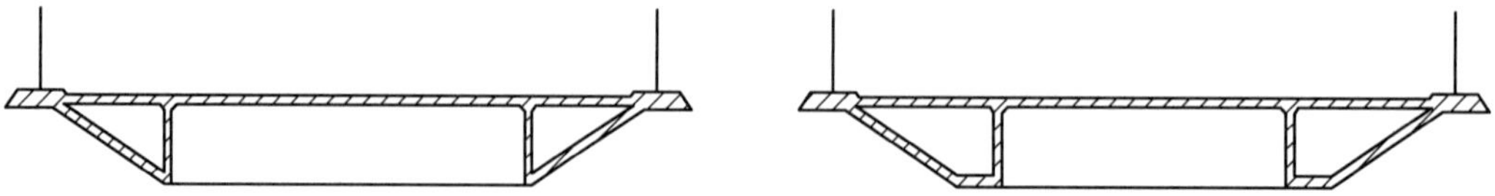

（a）　　　　（b）

图 8.24　双箱梁形

挪威 Skarnsunddet 桥主梁采用了三角形的箱形截面（见图 8.25），该桥建于 1992 年，主跨跨径为 530 m。

双索面桥与单索面桥的三室箱梁截面有所不同。采用双索面时，应将两个竖腹板间距尽量拉大，使中室大于边室，以取得较大的横向惯性矩。而对于单索面，则应将其尽量靠拢，以便将斜拉索锚固于较小的中室内。

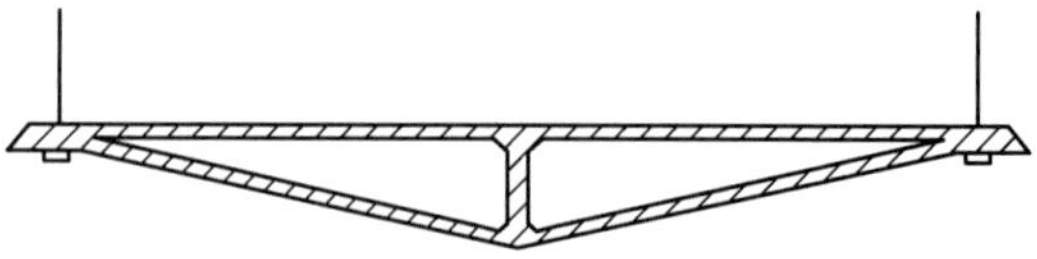

图 8.25　三角形的箱形截面

2. 钢主梁

钢主梁的主要特点有质量轻、跨越能力大、构件可以在工厂制作、质量可靠、便于安装、施工速度快、养护工作量大。这类截面特别适用于大跨径斜拉桥，以减轻自重和发挥钢材强度高的特点。钢主梁又分为工字形钢主梁、钢箱梁、钢桁梁。

1）工字形钢主梁

图 8.26 所示为德国 Kine 桥工字形钢主梁截面，即一般采用两根工字形钢主梁的“双主梁”布置。钢主梁之间有钢横梁，钢桥面板与钢主梁及钢横梁相连接，钢桥面板底面焊有纵向和横向的加劲肋，形成正交异性钢桥面系。斜拉索下端一般直接锚固在钢主梁上，避免在外伸的托架上锚固，使得锚固构造简单、受力明确。

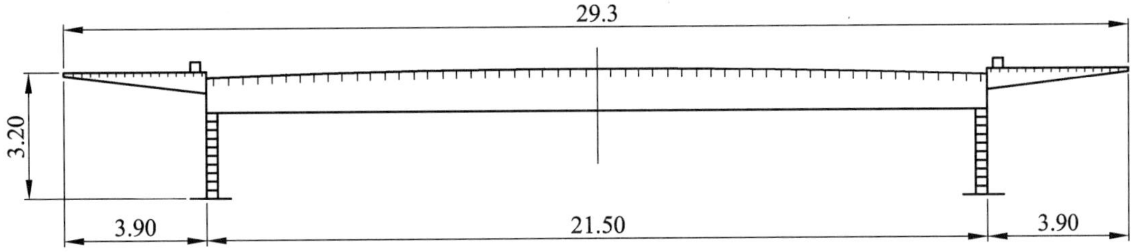

图 8.26　德国 Kine 桥工字形钢主梁（尺寸单位：m）

2）钢箱梁

钢箱梁截面形式较多，如单箱单室、单箱多室、双箱单室等，如将前述的工字形双主梁的布置方式中的工字形钢梁换成钢箱梁，可形成分离式双箱室结构。在现代斜拉桥中，钢主梁更多地采用整体构造的流线型扁平钢箱梁，如图 8.27 所示。钢箱梁抗弯、扭刚度大，一般两侧带有风嘴，抗风性能好。

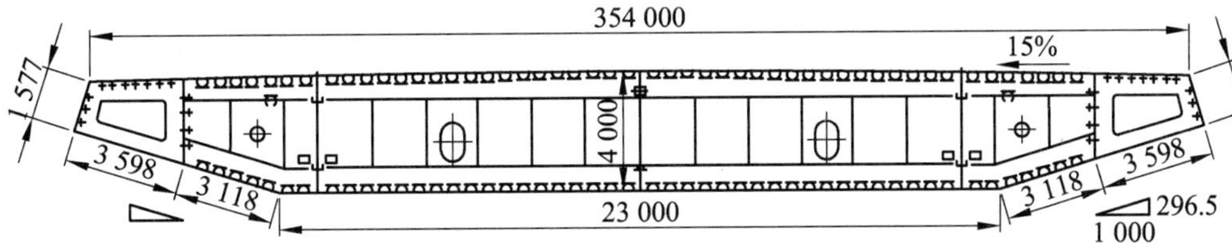

图 8.27　扁平钢箱梁截面（尺寸单位：mm）

3）钢桁梁

早期的斜拉桥中钢桁梁采用较少，目前我国已有多座建成或在建的斜拉桥采用钢桁梁。钢桁梁特别适用于双层桥面或公铁两用桥。钢桁梁主梁为了适应重载和宽桥面的需要，有时设计成三主桁形式。

合福铁路铜陵长江大桥是主桥跨径为（90+240+630+240+90）m 的五跨连续钢桁梁斜拉桥。图 8.28 所示为其钢桁梁截面，上层为六车道高速公路，下层搭载四线铁路。钢桁梁采用 N 字形桁架，三片主桁布置，桁宽 2×17.1 m，节间长 15 m，高 15.5 m。斜拉索锚箱置于上弦节点内，焊接于主桁节点。

4）钢箱-钢桁组合主梁

增大尺度的钢桁梁下弦杆与铁路正交异性钢桥面板系统形成分离边箱的边主梁结构，华伦式桁架置于其上组成钢板-钢桁主梁。大跨径铁路桥所需的竖向刚度由钢桁架提供，横向刚度由分离边箱与桥面板组成的主梁结构提供。

钢箱-钢桁组合主梁（见图 8.29）结构具备两阶段成桥的条件，钢箱部分先行成桥承担大跨径桥梁主要荷载（恒载），钢桁梁仅承受二期恒载与活载。新型钢箱-钢桁组合结构中，钢箱梁部分（桥面板结构）受力特征与一般钢箱梁结构一致，钢桁构件受力仅为同等规模钢桁梁斜拉桥的 1/4 ~ 1/3。

钢箱-钢桁组合结构正交异性桥面板的优点有：结构自重轻，建筑高度低，极限承载力大，跨越能力大，使用寿命长，易于加工制造，运输和安装，而且在进行桥梁修复工作时不会影响交通，结构连续，可采用无断缝路面。大跨桥梁采用正交异性钢桥面板越来越广泛。另外，由于钢桥面板代替了钢筋混凝土桥面板，钢桥面板和主桁共同受力，使桥梁轻型化得以实现。桥面板不仅是直接承重结构，而且作为主梁的一部分截面参与工作，能够发挥桥面、主桁和平联等多方面的综合作用，使桥梁的抗弯刚度、抗扭刚度及动力性能都得到改善。

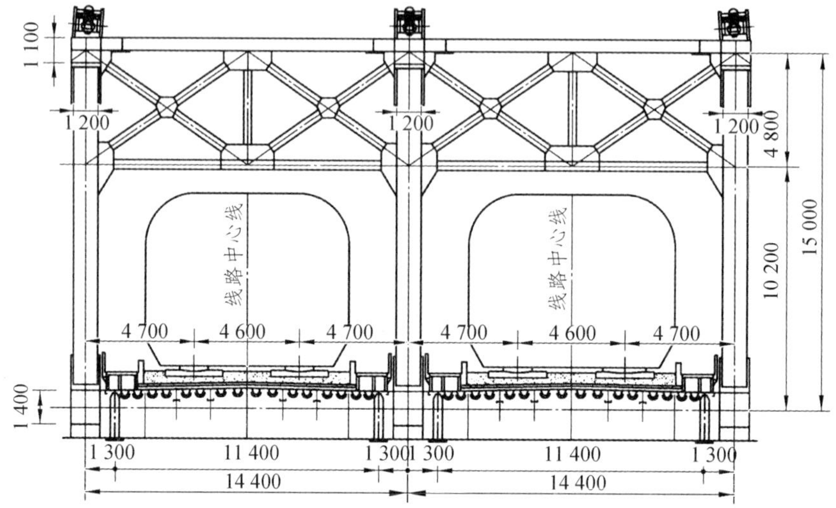

图 8.28　钢桁梁截面

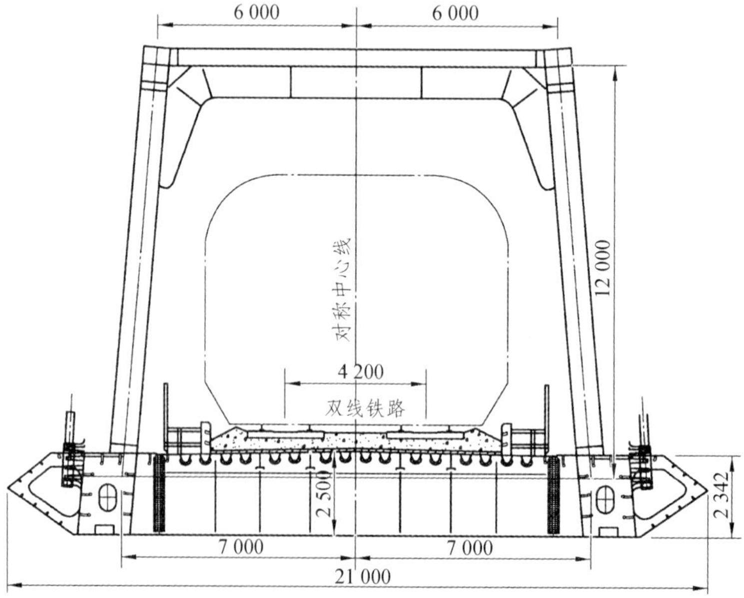

图 8.29　钢箱-钢桁组合主梁（尺寸单位：mm）

3. 钢-混组合梁

结合梁是指钢主梁的上翼缘与其上的混凝土桥面板之间用剪力键结合共同受力的梁体结构，是近年来大跨径斜拉主梁常用形式之一。其中代表作有安纳西斯桥，其结合梁截面如图 8.30 所示。它除了有钢主梁的特点外，还能发挥混凝土受压特性，节省钢材用量，且刚度比全钢主梁大，抗风稳定性好，有利于分担索的水平分力，但自重比钢主梁大。它与混凝土主梁比，具有质量轻、结构简单、施工速度快等优点。混凝土桥面板作为主梁的组成部分，由于主梁可能出现负弯矩，在设计时需要特别注意防止混凝土桥面板受拉开裂。混凝土板厚度不应小于 250 mm，混凝土强度等级不应小于 C40，预制板需存放 4～9 个月才宜使用。

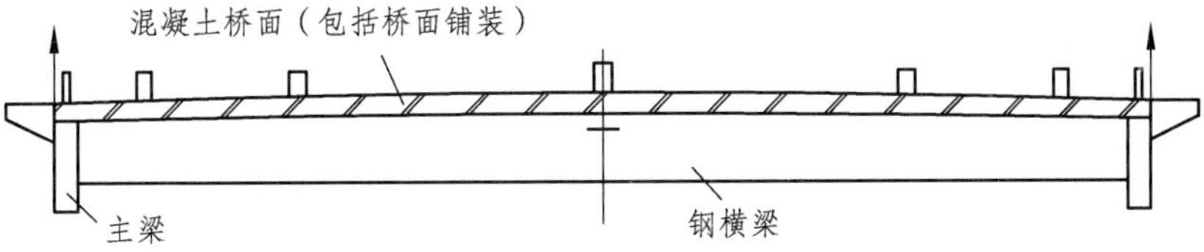

图 8.30　安纳西斯桥结合梁截面

4. 混合梁

混合梁是指斜拉桥主跨或部分主跨采用钢梁（或钢-混凝土结合梁）而边跨或部分边跨采用混凝土梁。钢梁与混凝土梁的连接点一般设在索塔附近，也可以设在边、中跨中部某一部位。这种结构的特点是：加大了边跨主梁的自重，有利于减小中跨内力及变形，减小或避免边跨端支点负反力。它特别适用于边跨与中跨比值较小的情况，有利于塔顶处中、边跨水平分力的平衡。

混凝土梁与钢梁的连接点一般选择在索塔附近，原因是该处梁的弯矩较小，梁的轴力最大。对混凝土梁与钢梁连接的细部构造而言，传递轴力的构造要比传递弯矩的构造容易处理得多。

混凝土梁与钢梁连接方式一般有如图 8.31 所示的钢板方式，填充混凝土前板方式、混凝土填充后板方式。

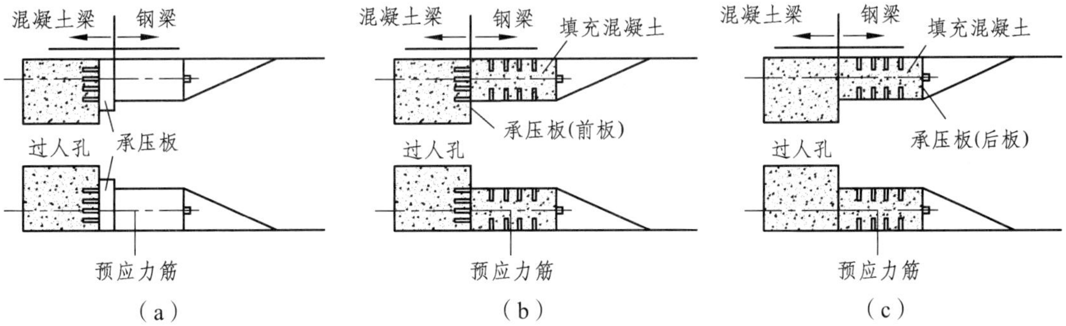

图 8.31　混合梁连接方式

法国的诺曼底大桥是一座三跨混合梁斜拉桥，其主跨跨径达 859 m，大桥钢混结合部位选择在主跨距索塔 119 m 处。日本的多多罗大桥主跨跨径达 890 m，也是采用混合梁的斜拉桥，主梁钢混接头选择在边跨的尾部，两端 PC 梁的长度分别为 105.5 m 和 92.5 m，受力与线形均较合理。

我国第一座混合梁斜拉桥是汕头海湾二桥。此外，上海徐浦大桥、武汉白沙洲大桥等公路斜拉桥和部分铁路斜拉桥采用了混合梁主梁。

8.3.2 索 塔

索塔通过斜拉索与主梁相连，塔柱承受塔自重以及斜拉索、主梁及桥面系的恒载与活载，同时也承受温度、支座沉降、混凝土收缩徐变等因素引起的次内力。此外，作用在主梁上的风力、地震力也通过索塔传递给墩台及基础。索塔可以是钢结构、混凝土结构或混合结构。由于索塔是以受压为主的压弯构件，混凝土材料能发挥其承压的优点，且养护费用少，大部分斜拉桥采用混凝土索塔。

1）索塔构件组成

组成索塔的主要构件是塔柱以及塔柱之间的横梁或其他联结构件，如图 8.32 所示。

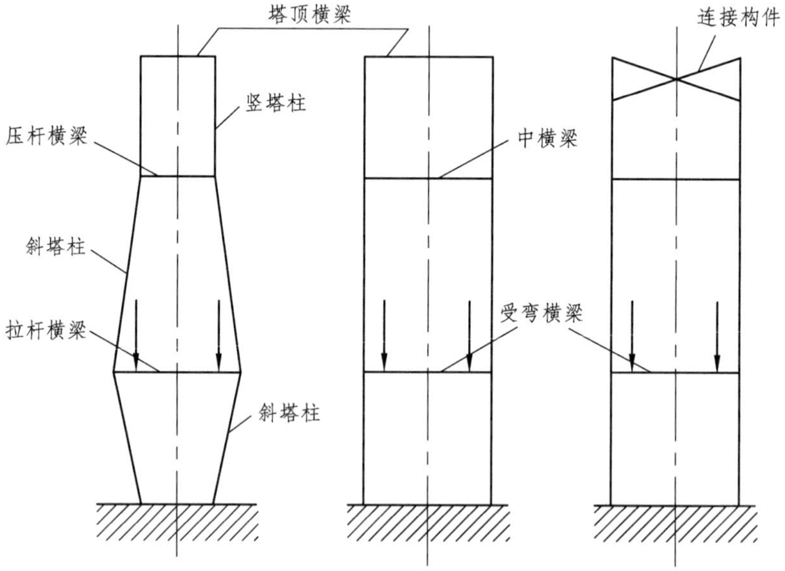

图 8.32 索塔构件组成

塔柱之间的横梁一般可分为承重横梁和非承重横梁。前者为设置主梁支座的受弯横梁，以及塔柱转折处的压杆横梁或拉杆横梁；后者为塔顶横梁和塔柱无转折的中间横梁。

2）混凝土索塔

混凝土索塔塔柱常采用的截面形式如图 8.33 所示。

实心索塔一般适用于中小跨径斜拉桥，对于小跨径可采用等截面，对于中等跨径可采用变截面，而较大跨径斜拉桥一般均采用空心截面。采用空心截面时，斜拉索在塔柱箱室内壁上锚固。

索塔的四角宜做成倒角或圆角，以减小风阻力并改善索塔外观。多边形截面的索塔均比矩形截面的风阻力要小。八角形截面有利于配置封闭式环向预应力筋，但构造稍复杂。H 形截面在立面上可以不使锚头外露，对美观有所改善，且方便挂索施工。各种空心截面（包括 H 形截面）一般均需在每一层斜拉索锚头处增设水平隔板，其作用有：有利于将索力传递到塔柱全截面上；在施工阶段、养护或换索时可将它作为工作平台。

类型	示意图	
	实心	空心
矩形	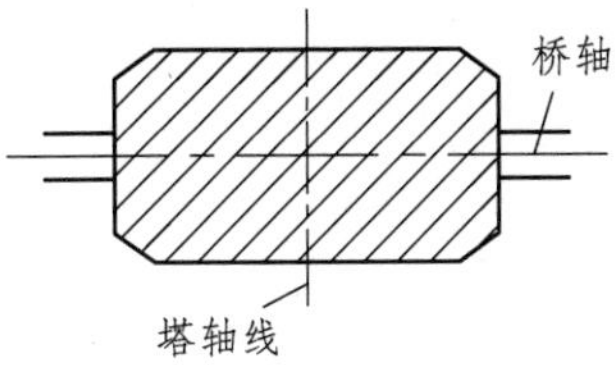	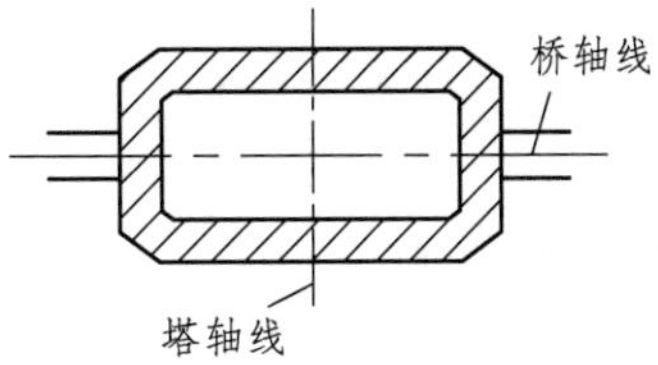
五角形	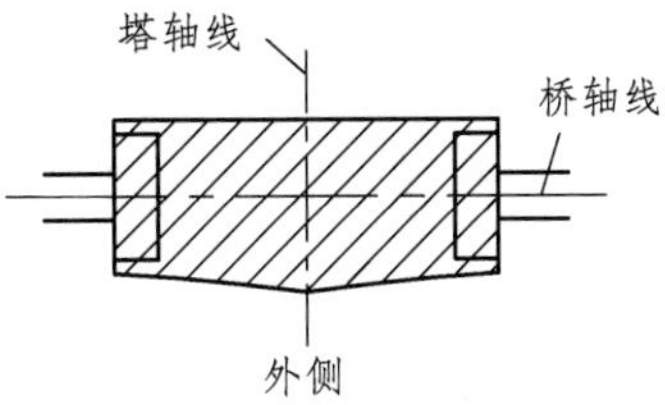	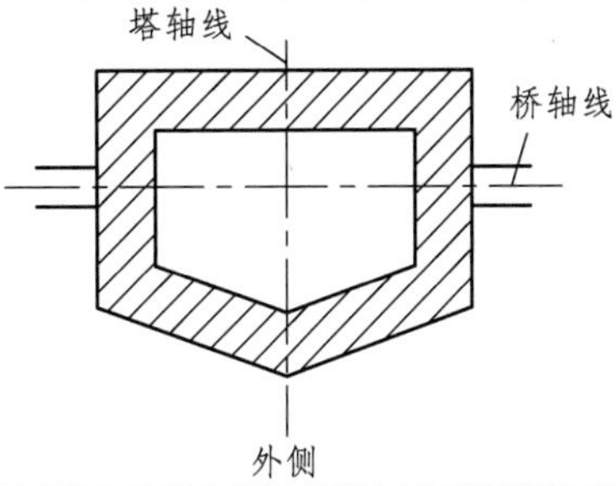
六角形	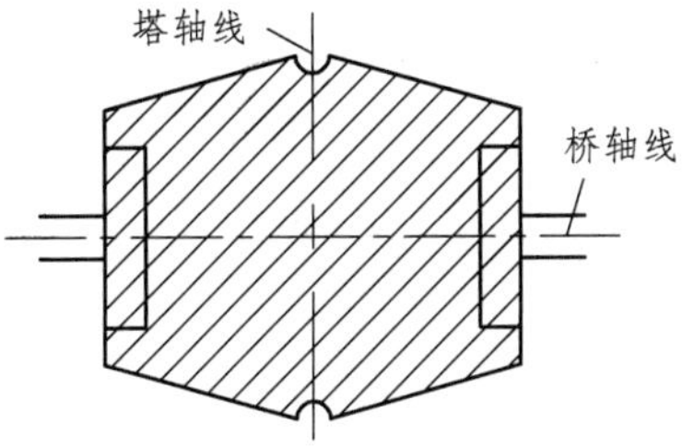	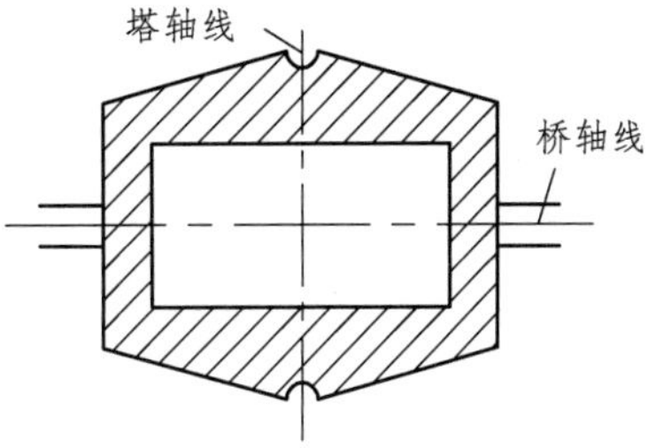
八角形		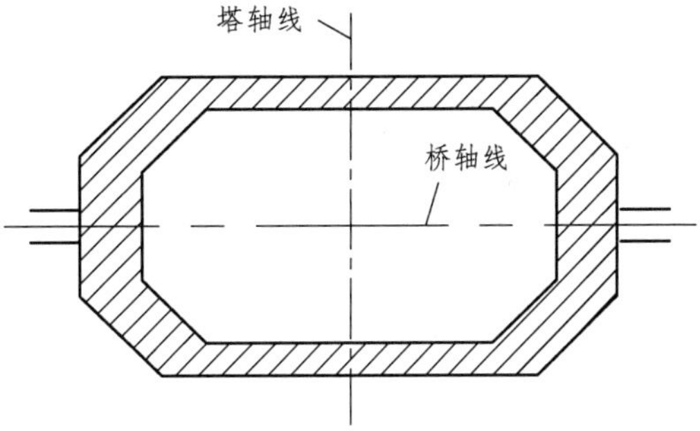
H形	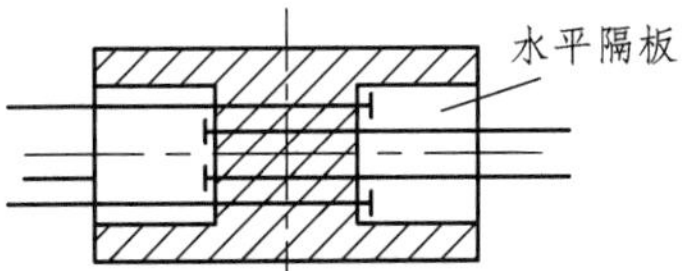	

图 8.33　索塔柱横截面形式

3）钢塔

钢塔的一般形式为刚构式或桁架式、混合式。桁架式桥塔在横向地震力或风荷载作用下，塔顶水平变形最小，用钢量也最小。但考虑与景观协调时，外观不如刚构式桥塔简洁美观，具体可根据当地条件选用。

4）钢、混凝土混合型塔

索塔部分区段为钢结构，其余部分采用混凝土结构，如南京三桥，因防撞需要，下塔柱为混凝土，中、上塔柱为全钢型。也有的桥是下塔柱为混凝土，上塔柱的索区段采用全钢型，如兰州黄河第一桥、杭州钱塘江大桥、江苏苏通长江大桥等。

8.3.3 斜拉索

斜拉索连接主梁与索塔，将主梁上的恒载、活载传递给索塔，以受拉为主，是斜拉桥的重要组成部分。斜拉索需要满足以下要求：组成斜拉索的材料的弹性模量和强度要高；斜拉索应具有很高的承载能力及安全系数；疲劳强度要高，抗疲劳性能要好；安装、锚固可靠，施工简单；横截面要紧密，避免松散；防腐性能好；外观涂装色彩可多变，便于建筑美学设计。

1. 斜拉索的构造

在近代大跨径斜拉桥中，单根斜拉索的构造基本上采用平行钢丝索配合冷铸墩头锚及平行钢绞线配合夹片锚两种类型。

1）平行钢丝索和冷铸锚

平行钢丝索的截面组成和冷铸锚如图 8.34 所示。

平行钢丝索和冷铸锚的斜拉索，整体在工厂制造。平行钢丝索由直径为 5 ~ 7 mm 的高强热镀锌钢丝（抗拉标准强度不低于 1 670 MPa）组成，一般排列成六角形，表层由玻璃丝布包扎定型后用热挤高密度聚乙烯（HDPE）塑造成正圆形截面。这种斜拉索具有厚镀锌层（锌层 300 g/m）和厚高密度聚乙烯层（厚度 6 mm 以上）的双重防腐保护。

钢丝束成型后穿入冷铸锚中，钢丝尾镦头后锚固在冷铸锚的后锚板上，再在锚体内分段常温浇灌环氧树脂加铁丸和环氧树脂加岩粉（辉绿岩）等混合填料，使锚体与钢丝束之间的刚度均匀变化，避免在索和锚的交界处产生刚度突变。

最后，将冷铸锚头放入加热炉中，进行加热养生固化，加热温度约 150 °C。由于是在常温下浇铸填料，不同于传统的锌基合金填料的浇铸温度，故相对而言称为“冷铸锚”。冷铸锚的锚固力，由锚筒的圆锥体内腔和筒内填料的横向挤压力承受。在正常情况下镦头不受力，只是作为安全储备。

平行钢丝索和冷铸锚，以其性能可靠（承载能力、疲劳强度和防腐措施）从 20 世纪 70 年代在欧洲的部分国家和日本开始使用，至今已被广泛采用。但由于其要求与钢丝束索整体制造、整体运输和整体安装，在某些特殊环境下，其使用受到限制。

由于运输需要，钢索必须盘绕在圆筒上。为避免钢索的钢丝产生过大的弯曲应力和外包 PE 套被撕裂，一般规定圆筒直径不小于索径的 20 ~ 25 倍。因此，在大跨径长索斜拉桥的建设过程中，将给陆路运输（火车或汽车）造成一定困难，在桥位处无水运条件（例如山区或内陆水库）时则较难解决。

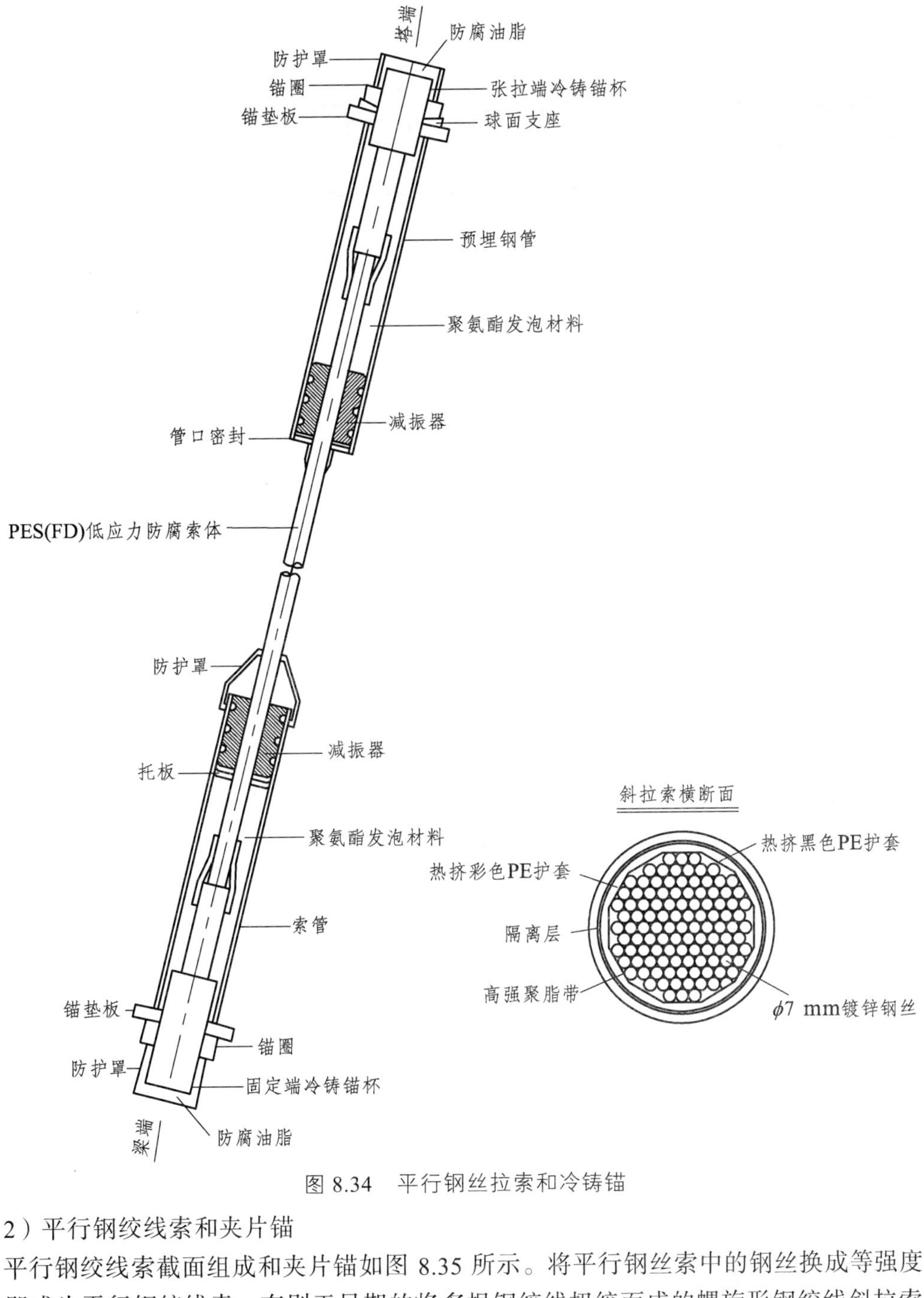

图 8.34　平行钢丝拉索和冷铸锚

2）平行钢绞线索和夹片锚

平行钢绞线索截面组成和夹片锚如图 8.35 所示。将平行钢丝索中的钢丝换成等强度的钢绞线即成为平行钢绞线索。有别于早期的将多根钢绞线扭绞而成的螺旋形钢绞线斜拉索，钢绞线在斜拉索中平行排列，故称为平行钢绞线索。该 ϕ15 mm 钢绞线为后张法预应力无黏结钢绞线（抗拉标准强度 σ_b=1 860 MPa），是将镀锌钢绞线表面涂油（或蜡）后外套两层 PE 管而成。钢绞线成盘运至现场，在现场截取需要长度后，除去两端部分长度的套管，逐根安装、张拉，两端裸线由夹片锚固定。采用夹片锚的原因，是在现场难以将 ϕ15 mm 的钢绞线镦头（镦头体积太大）和保证其质量。

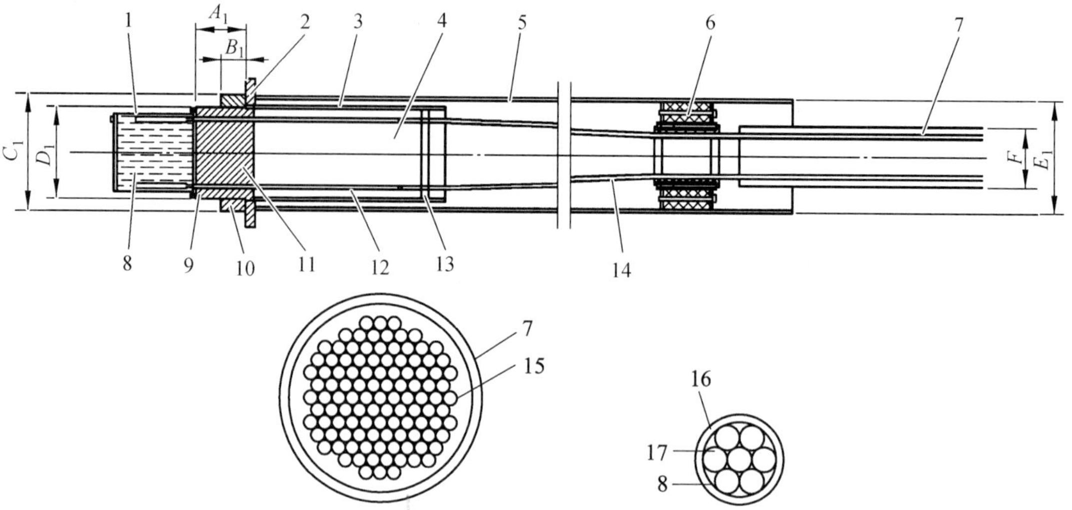

1—防护帽；2—锚垫板；3—过渡管；4—定位浆体；5—导管；6—定位器；7—套索管；8—防腐润滑脂；9—夹片；10—调整螺母；11—锚板；12—穿线管；13—密封装置；14—无黏结钢绞线；15—单根无黏结钢绞线；16—单根无黏结钢绞线 PE 护套；17—钢绞线。

图 8.35 平行钢绞线斜拉索和夹片锚

平行钢绞线斜拉索张拉的方法通常有两种：一种是斜拉索采用整体张拉的施工方法；另一种则是采用逐根张拉成索的施工方法。斜拉索整体张拉的施工方法需要大吨位和大行程的千斤顶，故张拉的施工速度较慢。而斜拉索逐根张拉的施工方法具有设备轻便、安装速度较快等优点，因此在最近兴建的斜拉桥中被广泛采用。

采用逐根张拉的施工方法，当后续钢绞线张拉时，在千斤顶的施力作用下会引起结构的变形，这些变形将使得已张拉的各钢绞线上的应力减小，各钢绞线内力不均匀。因此，如何精确控制斜拉索内每根钢绞线的张拉力，使得完成张拉时索内各钢绞线拉力相同是施工控制的关键。控制方法常采用两种方法，一种是“等值张拉法”，此法是在一群钢绞线中选定一“参照线”，在张拉过程中对该“参照线”拉力进行同步精密标定，每张拉一根钢绞线，即按照此“参照线”的标定值确定该线的张拉值，待全部钢绞线张拉完毕后，各根钢绞线的拉力与“参照线”的拉力相同，然后再用大吨位小行程的张拉千斤顶将整索钢绞线同步张拉至预定索力；另外一种方法是提前理论计算好张拉单根钢绞线对其他钢绞线内力的影响，张拉时进行内力补偿，最后一根钢绞线张拉完毕时，使得整根索内钢绞线内力恰好相等，但实际张拉时由于各种误差，也较难控制。两种方法都需要在张拉时对钢绞线内力进行精密量测并及时调整拉力。

2. 斜拉索在主梁上的锚固

斜拉索的锚固系统是斜拉桥设计中的关键构造，是斜拉桥设计中最重要的环节之一。该部分要保证连接的可靠性，承担集中应力并将其分散传递到全截面，防止索端锈蚀；还要便于斜拉索的养护和更换；在斜拉索张拉端，还需满足张拉设备所需的基本空间。

主梁因有钢梁和混凝土梁之分，故其锚固方式也有所不同。

1）斜拉索与钢梁的锚固

斜拉索与钢梁的锚固大体可分为 5 种方式，其具体内容见表 8.1，局部构造如图 8.36 所示。

表 8.1 斜拉索与钢梁的锚固形式

拉索种类		锚固形式	构造要点	力的传递
大截面积拉索	多股组成	散索鞍座＋锚固梁	拉索在散索鞍座上分股，每股用一锚头及一锚块锚固在锚固梁上	索力以剪力的方式由锚固梁传向主梁腹板，设有纵横向板用以分布索力
小截面积拉索	单股或少股斜拉索	锚固梁或锚固块	锚固梁用焊接或高强螺栓与主梁联结，拉索固定在锚固梁上	索力以剪力的方式由锚固梁传向主梁的腹板
		支架或牛腿	这种锚固型式是为双索面的拉索而设计的。主梁每侧伸出一个牛腿，拉索锚固在牛腿	索力由伸臂牛腿传至主梁。在主梁内需做内部补强
	单股拉索	钢管	在主梁或纵梁的腹板上安装一根钢管，拉索锚固于钢管	索力直接由钢管传给主梁的腹板
		节点板	主梁或纵梁的腹板向上伸出一块节点板，拉索锚固在节点板上，用铰或钢管作联结	索力直接由节点板传给主梁的腹板

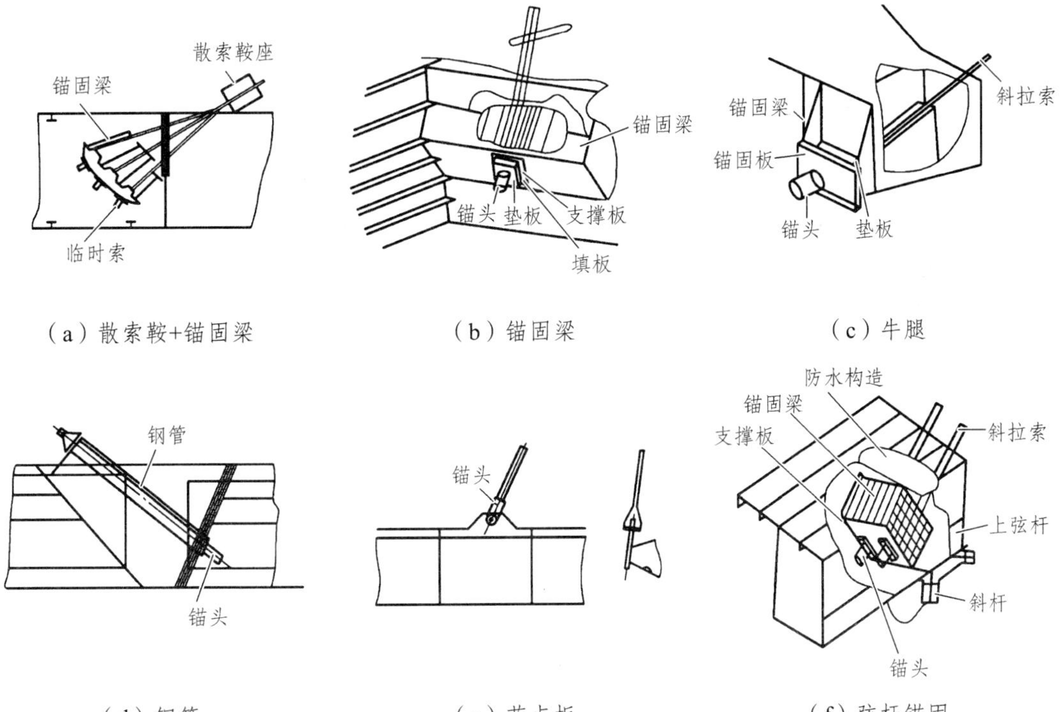

（a）散索鞍+锚固梁　（b）锚固梁　（c）牛腿

（d）钢管　（e）节点板　（f）弦杆锚固

图 8.36 斜拉索与钢梁的锚固

2）斜拉索与混凝土梁的锚固

斜拉索与混凝土梁的锚固形式，常见形式见表 8.2，局部构造如图 8.37 所示。

表 8.2 斜拉索与混凝土梁的锚固形式

锚固形式	构造要点	力的传递
顶板锚固块	以箱梁顶板为基础，向上、下两个方向延伸加厚而成	拉索水平分力传至梁截面，垂直分力由加劲斜杆平衡
箱内锚固块	锚固块位于顶板之下和两个腹板之间，并与它们固结在一起	垂直分力通过锚固块左右的腹板传递
斜隔板锚固	锚头设在梁底外面，也可埋入斜隔板预留的凹槽内	垂直分力由斜隔板两侧的腹板以剪力形式传递
梁底两侧设锚固块	设在风嘴实体之下或边腹板之下	斜拉索水平分力可通过风嘴形实体块或厚边腹(肋)板来传递，垂直分力通过斜腹板传递
梁两侧设锚固块	锚固块设在梁底	—

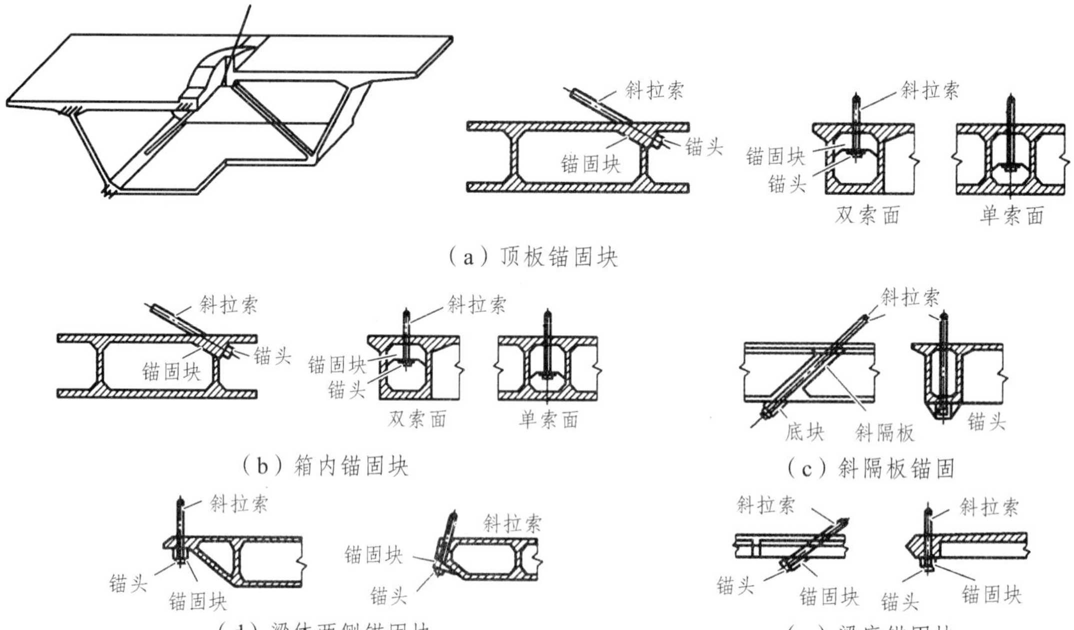

图 8.37 斜拉索与混凝土梁的锚固

斜拉索锚固构造分别锚固于主梁内与主梁外。斜拉索锚固于梁体内，锚头不外露，比较美观；锚固于梁体外，锚固构造处理简单，对梁体受力有利。

3. 斜拉索在索塔上的锚固

斜拉索与索塔的锚固构造形式主要有 4 类。

1）交叉锚固

在实体塔上，交叉锚固（见图 8.38）用于矩形、工字形截面索塔。对于工字形截面索塔，斜拉索锚固于塔截面腹板上。为了保证塔柱不产生扭转，斜拉索的合力应通过塔柱中心。每个索面实际由两个并列的索面组成，塔柱两侧的斜拉索交叉锚固于截面两侧的锯齿块上，两个并列索面增加了斜拉索及锚头的用量，增大了塔截面尺寸。也有采用一个索面的，这时斜拉索对塔产生扭矩，在计算及构造上要采取相应措施，目前这种锚固形式已较少采用。

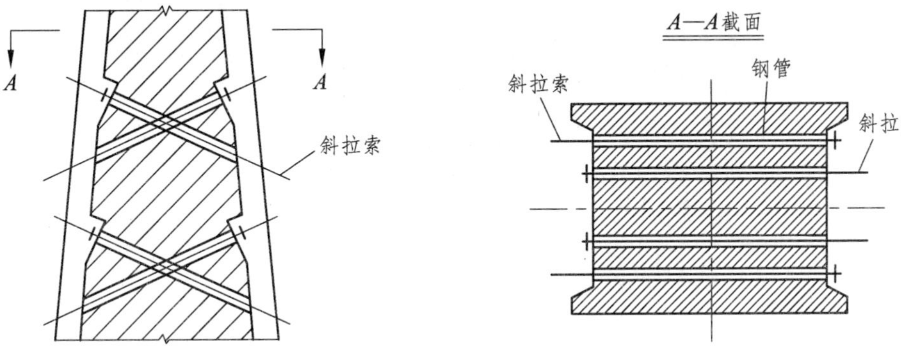

图 8.38 交叉锚固

2）侧壁锚固

侧壁锚固（见图 8.39）用于塔柱为箱形的截面。斜拉索对称锚固于箱形截面横桥向的两侧壁板上，箱形截面的腹板由于受到斜拉索的水平分力，会产生很大的拉应力、剪应力与弯矩，为克服拉应力，一般在箱腹板内配置双向的预应力来平衡索力产生的拉力及弯矩。预应力有直线配筋及 U 形配筋两种方式，但由于预应力筋较短或弯曲半径太小，无论哪一种配筋方式，预应力的损失都较大，设计时应做详细的分析计算。

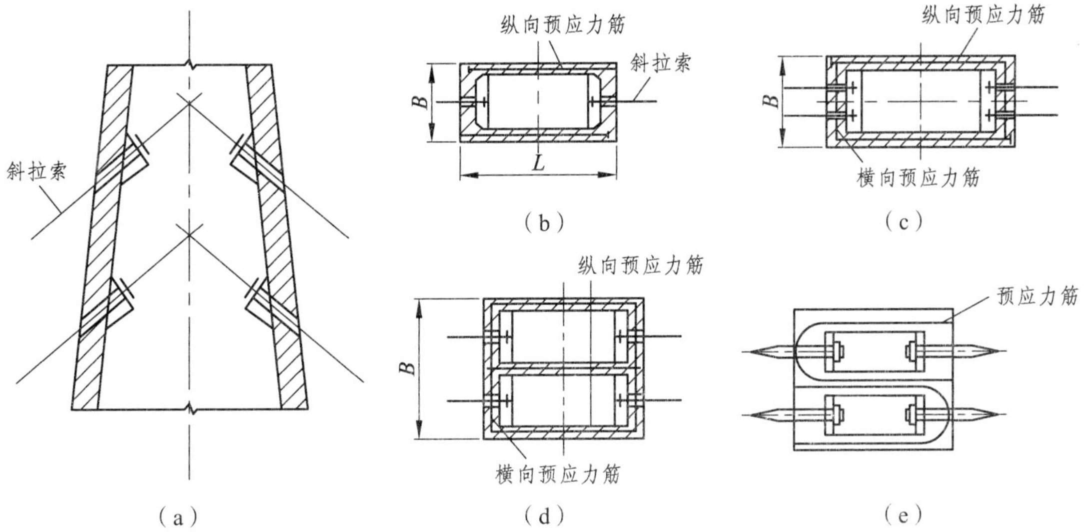

图 8.39 侧壁锚固

3）鞍座锚固

鞍座锚固如图 8.40 所示，其构造类似于悬索桥上主缆鞍座构造，鞍座固定于塔顶，斜拉索在鞍座上连续通过。由于斜拉索的竖向分力对鞍座产生很大的压力，使得鞍座及斜拉索相对鞍座在顺桥向不易移动。早期的斜拉桥，稀索布置，索力很大，曾采用鞍座锚固形式。对于放射形布置的斜拉桥，其斜拉索汇集于塔顶，也常采用鞍座锚固形式。

针对矮塔斜拉桥中采用的预应力钢绞线形式的斜拉索，近年来，有不少采用在塔内预埋弧形钢导管的方式，斜拉索直接穿过导管，塔两侧的紧固螺栓可防止斜拉索在塔内滑动，斜拉索的梁端直接锚固于主梁上。该锚固形式类似于鞍座锚固，构造简单，施工方便。

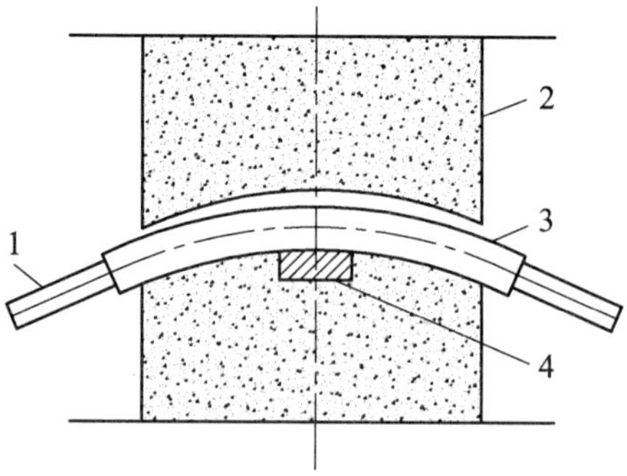

1—无黏结钢绞线；2—塔柱；3—鞍座；4—剪力键。

图 8.40　鞍座锚固

4）钢锚梁锚固及钢锚箱锚固

钢锚梁锚固（见图 8.41）形式是将钢锚梁搁置在混凝土空心塔柱壁内侧的牛腿上，斜拉索通过埋设在塔壁中的钢管锚固在钢锚梁两端的锚块上。塔柱两侧索力的水平分力相等的部分由钢梁的轴向受拉及两端的偏心弯矩来平衡，两侧索力水平分力不等的部分由塔承担，垂直分力则由钢锚梁通过牛腿凸块传给塔柱。采用这种锚固形式，塔壁承受的水平力大为减少，锚固构造受力明确，不会产生受拉裂缝，使得索塔锚固安全可靠。

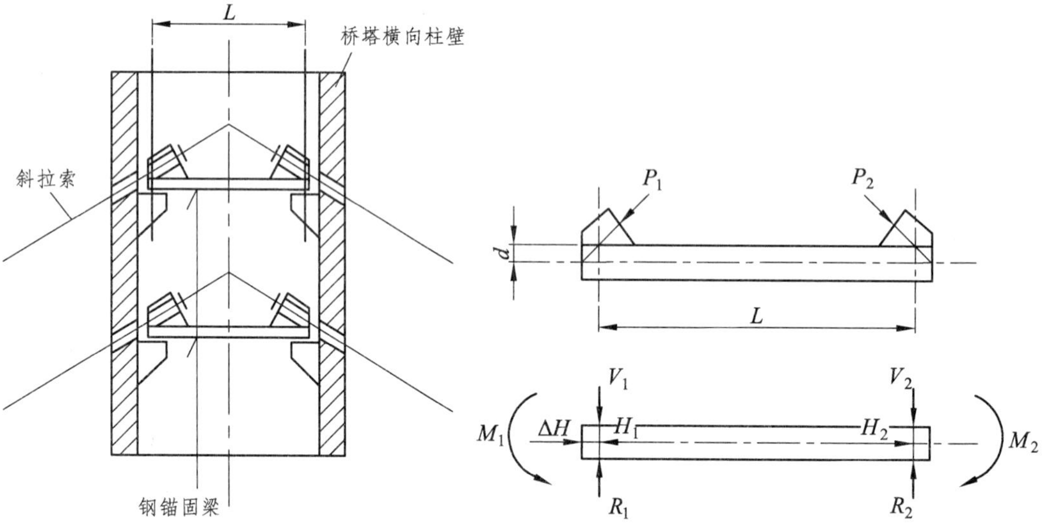

图 8.41　钢锚梁锚固

此外，还有钢锚箱锚固（见图 8.42）形式，其原理与钢锚梁相同，是将锚固梁做成封闭的钢箱，整个钢锚箱是由各层的钢锚箱进行上下焊接而成，然后将锚箱用焊钉与混凝土塔身联结，另外还要用环形预应力筋将锚箱夹在混凝土的塔柱内，以增加其对斜拉索水平荷载的抵抗力。该锚固形式在混凝土斜拉桥中采用较少，适用于特大跨斜拉桥，成本较高。

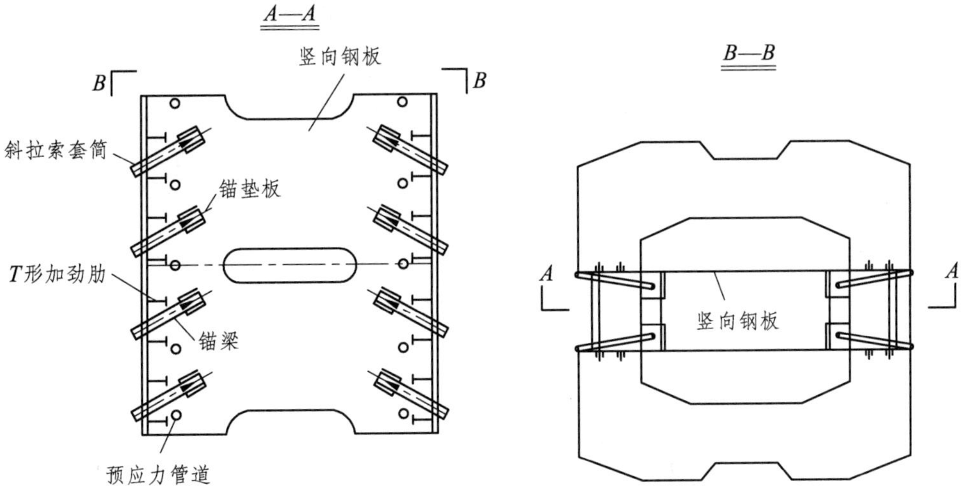

图 8.42　钢锚箱锚固

5）锚拉板锚固

锚拉板锚固体系主要由混凝土索塔、钢锚板（包括浇筑在塔柱内部的钢锚板与外露的耳板）、PBL 剪力键、横隔板、竖隔板、侧板、底板、加劲肋、耳板加劲板、耳板补强板组成，斜拉索通过销铰连接件与耳板进行连接。该锚固体系典型构造如图 8.43 所示。

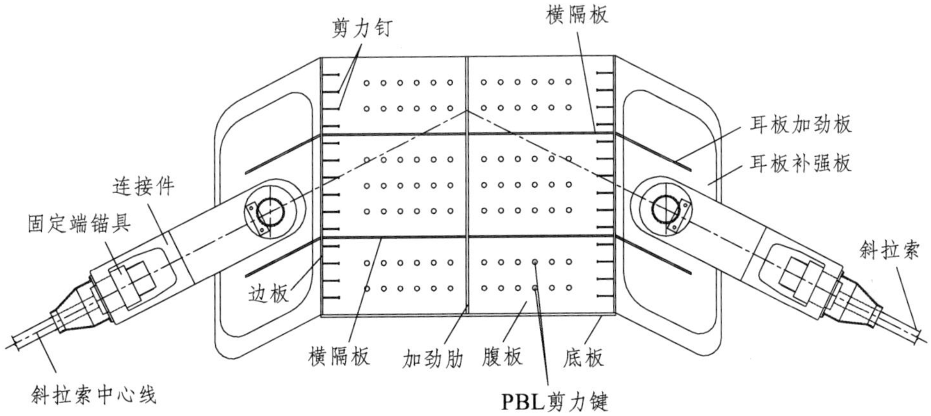

图 8.43　锚拉板锚固体系构造图

与交叉锚固体系相比，钢锚板式钢-混组合索塔锚固体系具有承载能力高、构造简单、制作精度易保证、易于运输、施工方便快捷等优点；从桥梁的检查与养护角度看，还具有检测、维修、换索方便等优点；采用钢锚板式钢-混组合索塔锚固体系，可以显著缩短施工工期，降低桥梁后期养护和维修费用。

3. 斜拉索的防腐

斜拉索防腐是斜拉桥设计的重要内容之一。早期修建的斜拉桥，其斜拉索的防腐方法不成熟，常由于腐蚀导致过早换索。

对于平行钢丝索和冷铸锚，镀锌钢丝采用高密度 PE 套进行防护，裸索埋于冷铸锚的环氧树脂混合料中，钢丝受到镀锌层和高性能 PE 套的双重保护。

对于平行钢绞线索和夹片锚，镀锌钢丝涂上油（或蜡）层后，用双层 PE 套防护并将整索置于 PE 套内，套内灌以水泥砂浆或其他有机防腐剂，裸索埋于钢套的防腐油脂中，钢绞线受到镀锌层、油层、PE 层和 PE 套管的 4 层保护。

由于斜拉桥发展的历史还不长，目前的斜拉索防腐措施尚未经历足够的时间考验，仍需进一步观察及研究。

4. 斜拉索的应力

斜拉索的应力控制需要考虑 3 个因素，即有效弹性模量、破断强度和疲劳。考虑斜拉索垂度的影响，根据 Ernst 公式，斜拉索的等效弹性模量 E_{eg} 为

$$E_{eg}=\frac{E_p}{1+\dfrac{\gamma^2 l^2}{12\sigma^3}\cdot E_p} \tag{8.2}$$

式中：E_p——斜拉索钢材的弹性模量；

γ——斜拉索的容重；

l——斜拉索的水平投影长度；

σ——斜拉索的应力。

若斜拉索的应力过低，则斜拉索的垂度大，索的有效模量就小，这也是斜拉索必须采用高强度钢材的直接原因。因而控制斜拉索的最小应力是十分必要的。

根据钢材的受力特性，当斜拉索的荷载超过破断荷载的 50%时，钢的非弹性应变将快速增加。因而对于一般荷载组合，斜拉索的最大荷载只能用到它破断强度的 40%。

另外，斜拉索应具有足够的抗疲劳能力，即在规定的应力变幅下，斜拉索在承受 200 万次的荷载循环后，其强度不小于原来强度的 95%。斜拉索的抗疲劳能力与钢材和锚具有关，目前生产的成品斜拉索的应力变幅为 220 ~ 250 MPa。

5. 拉索的减振

风致振动现象在各种跨径和类型的斜拉桥上普遍存在，且斜拉索的振动易导致疲劳和外包破损。目前对斜拉桥的斜拉索采取的减振措施主要有以下 3 种。

（1）气动控制法。气动控制法是将斜拉索原来的光滑表面做成带有螺旋凸纹、条形凸纹、V 形凹纹或圆形凹点的非光滑表面，通过提高斜拉索表面的粗糙度，使气流经过斜拉索时在表面边界层形成湍流，从而防止涡激共振的产生。斜拉索表面的凹凸纹还能阻碍下雨时斜拉索上下缘迎风面水线的形成，从而防止风雨振的发生。但其对塔、梁在外界激励下导致的索两端的支座激振（又称参数振动）无减振作用，且由于表面粗糙度的增加，会增大斜拉索对风的阻力。

（2）阻尼减振法。阻尼减振法的作用机理是通过安装阻尼装置提高斜拉索的阻尼比，从而抑制斜拉索的振动。它对涡激共振、尾流驰振、风雨振以及由支座激励引起的斜拉索共振和参数振动都能起到较好的抑制作用。根据与斜拉索的相互关系，阻尼装置又可分为安放在套筒内的内置式阻尼器（见图 8.34）和附着于斜拉索之上的外置式阻尼器（见图 8.44）。

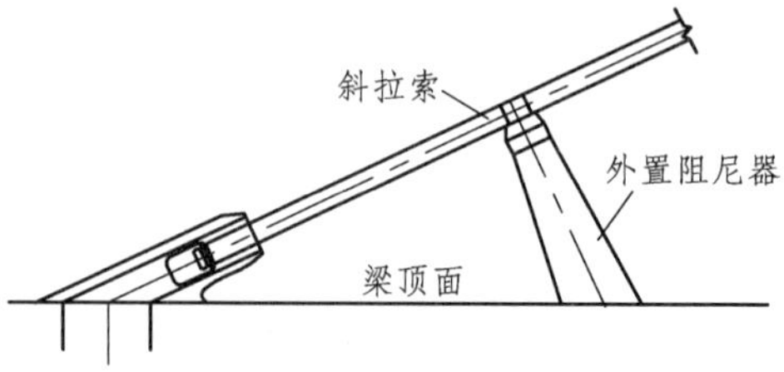

图 8.44　外置式阻尼器

（3）改变斜拉索动力特性法。采用联结器（索夹）或辅助索将若干根斜拉索相互联结起来，辅助索可以采用直径比主索小得多的斜拉索。其作用机理是：通过联结，将长索转换成为相对较短的短索，使斜拉索的振动基频提高，从而抑制斜拉索的振动。这对防止低频振动十分有效，同时也能降低风雨振以及发生单根斜拉索振动的概率，但对通常以高阶形式出现的涡激振动抑制作用不明显。另外，辅助索易疲劳断裂，对桥梁景观有一定影响。

8.4 斜拉桥计算

斜拉桥是高次超静定、带柔索的大跨空间结构，因此斜拉桥的计算比其他桥型的计算复杂、计算内容及计算量大得多，目前常采用平面或空间杆件有限元法进行整体计算。计算时，除一般桥梁的计算内容外，还必须考虑斜拉桥的一些特征和内容。

（1）非线性影响。斜拉桥的非线性行为体现在斜拉索的几何非线性，包括混凝土收缩、徐变的材料非线性、塔的压弯变形等方面。

（2）合理成桥状态的确定及施工过程的准确模拟。

（3）梁、索、塔固结及锚固区域的局部应力计算。

（4）动力特性、抗震、抗风、疲劳分析等专项计算。如果为铁路的斜拉桥，还应进行车桥共振及脱轨系数等相关计算。

8.4.1 恒载内力计算

斜拉桥一般都是大跨径桥梁，虽然较其他桥型（除悬索桥外）的梁高小，但恒载内力占总内力的比重仍然很大。这对斜拉桥的设计比较有利，可以减少疲劳的影响，容易满足活载挠度的限制。

恒载分一期恒载与二期恒载。一期恒载指施工阶段发生的恒载；二期恒载是在形成整体结构后发生的恒载，如桥面铺装层、人行道板、栏杆等。

斜拉桥的一期恒载内力不仅与各组成构件安装顺序有关，还取决于斜拉索的张拉力及在恒载下的斜拉索松弛度。如果是混凝土斜拉桥，还要计入混凝土的收缩、徐变等的影响。

合理成桥状态通常是指成桥时（混凝土斜拉桥是指混凝土收缩徐变基本完成后）主梁和塔的线形符合设计状态，而且各计算截面弯矩较小，斜拉索受力相对均匀，各斜拉索应力水平大致相同，且斜拉索规格种类较少。合理的成桥状态不仅要考虑恒载的作用，而且要同时计入混凝土梁中的预应力、活载、温度、基础变位等作用，是一个统筹兼顾的综合受力状态。所谓合理状态的目标可以是使主梁及主塔弯矩均匀、弯矩峰值较小，也可以是使得全桥造价最低等。

斜拉索中索力的可调性使得斜拉桥的设计十分灵活，在塔、索、梁截面及尺寸确定后，如何确定和调整各斜拉索中的索力，使得结构造价经济、受力合理是斜拉桥设计中的关键及难点。确定恒载下索力的方法众多，各有特点，本节介绍以下 3 种方法。

（1）刚性支承连续梁法。刚性支承连续梁法是指结构在各施工阶段完成后，在一、二期恒载作用下，主梁内力与以斜拉索锚固点为主梁刚性支点的连续梁内力接近。这是确定索力最简单的方法，这种方法使混凝土徐变产生的二次内力较小。

（2）弯曲能量最小法和弯矩平方和最小法。弯曲能量最小法是用结构的弯曲余能作为目标函数，令其对索力的偏导为零。弯曲能量最小法或弯矩平方和最小法为“成桥合理状态”提出了一个数学表达式，并可用求极值的方法求解，方便调整索力。

显然，弯矩平方和作为目标函数，没有考虑到构件柔度对弯曲能量吸收的加权，一般来说，用弯曲能量作为目标函数的结果较为合理。

（3）优化方法。上述两种方法的特点是只照顾到结构弯矩分布的合理性，不能顾及斜拉索受力及梁塔位移。对边跨结构及索间距比较特殊的斜拉桥，往往需要既照顾到结构弯矩，又使索力分布比较均匀。如果以弯曲能量最小为目标函数，加上控制索力的约束条件，可以兼顾到两者。优化方法中的约束条件，还可根据要求，增加弯矩、应力、塔顶位移等项约束条件。该方法是比较全面的索力调整方法，得出的索力基本能满足设计的要求。优化方法可以适用于任意形式的斜拉桥，因此得到广泛应用。

为确定最优成桥索力方案，设计计算时，往往是借助于桥梁有限元分析软件的计算功能，结合设计者的设计经验，对各种索力方案进行不断调整，最后得出设计者认为满意的结果。因此，斜拉桥索力的调整仍是设计中烦冗、耗时的部分。

8.4.2 活载内力计算

活载内力占总内力的比例较小，而活载作用时斜拉索已经有相当大的拉力，因此计算活载内力时可不再考虑斜拉索的非线性影响。对于目前的桥梁计算分析软件，均可以计算并绘制各种内力、变位的影响线，自动在影响线上加载，得到各单元活载内力与变位值。以上这些计算是基于线性结构的假定，对于特大跨径的斜拉桥，非线性影响将明显增大，线性叠加原理将不再适用，影响线加载法也不能使用，最不利内力需要通过非线性有限元程序计算。实际计算中，往往仍需使用影响线进行加载，得到最不利荷载位置后，将最不利活载布置于非线性计算模型上，加以适当前后摄动来进行非线性计算，以达到快速计算、减小计算量的目的。

斜拉桥活载挠度计算时，应计算出最大、最小挠度值。因为大跨径斜拉桥，特别是高速铁路或公铁两用桥，可能由挠度及最大、最小挠度差控制设计。

8.4.3 温度和徐变次内力计算

斜拉桥既是高次超静定结构，又属于柔性结构，温度作用会引起结构的次内力及较大的变形，当索塔、主梁为混凝土材料时，混凝土的收缩、徐变也会引起结构变形，进而产生二次内力。

1. 温度作用

（1）均匀温差作用。均匀温差的计算是以合龙温度为基准温度，考虑桥梁当地最高气温与最低气温与基准温度的差值进行全桥体系的升温及降温计算。在我国绝大部分地区，设计时一般取合龙温度为 20 °C，整体升降温 20 °C 计算。

（2）梯度温差作用。在日照作用下，斜拉桥主梁的上下缘、索塔的左右侧（顺桥向）及斜拉索的温度变化是不同的。一般情况下，索塔左右侧日照温差均取±5 °C，温度梯度按线性分布，斜拉索与混凝土主梁、索塔间的温差取±10～15 °C，与钢梁的温差取±10 °C。主梁上下侧温差按第 2 章内容计算。

值得注意的是，由于桥梁的纵向与太阳照射方向的夹角关系，当梁体表面升温时，索塔左右侧未必会升温，并且是左侧还是右侧升温又与日出日落有关。因此，计算斜拉桥日照温差时，应该对可能出现的工况进行组合并分别计算，尤其对不对称的斜拉桥设计时应特别注意。此外，在斜拉桥施工控制计算中，日照温差值应根据当地情况确定。

对变形控制严格的高铁斜拉桥或大跨斜拉桥，尚应考虑斜拉索本身与结构体系的温差，无资料时，建议取±10 °C。

2. 收缩、徐变计算

混凝土的收缩、徐变会引起结构的变形，当发生体系转换时，还会引起结构的次内力。混凝土斜拉桥在采用悬臂法施工时，频繁发生的体系转换将使得徐变计算更加复杂，应严格按照施工顺序及工艺进行计算。计算方法与其他超静定结构的徐变计算相同。

在高速铁路预应力混凝土斜拉桥设计中，尤其是采用无砟轨道的斜拉桥，为了满足施工后收缩徐变引起的变形，保证桥梁行车的平顺、安全及较少的养护费用，在调整成桥索力时必须将施工后的徐变变形作为索力调整模型的约束条件进行计算。

8.4.4 斜拉桥的非线性问题

中、小跨径桥梁计算时均基于线弹性结构的假定，因此，结构计算可以采用内力叠加原理，但是这一假定在大跨径斜拉桥计算中不一定能满足。斜拉桥计算中的非线性体现在几何非线性及材料非线性两个大的方面。前者是指由于结构几何形变而导致结构的效应与荷载之间呈非线性关系；后者是指由于材料的原因，如应力-应变关系、混凝土收缩徐变等而导致的结构的效应与荷载之间呈非线性关系。大跨径斜拉桥计算中应计入非线性的影响。

（1）压弯构件变形非线性。斜拉桥的索塔与主梁都是压弯杆件，一方面，在压弯状态下，轴向力会引起附加弯矩亦称 $P\text{-}\Delta$效应；另外一方面，弯曲变形会引起杆件轴向变形，从而引起轴向刚度的折减，呈现几何非线性特性。对于一般跨径的斜拉桥，梁、塔具有一定的刚度，这种非线性影响不显著。

（2）主梁竖向变位引起的非线性。主梁竖向变位改变了斜拉索的倾角，并引起斜拉索在主梁锚固点的偏心变化，导致梁内力变化，这是几何非线性问题，在线弹性理论计算中无法反映。该项内容仅在超大跨径斜拉桥计算中才需要考虑。

（3）材料的非线性。混凝土在恒载作用下的徐变作用及施工过程中结构体系的不断变化使得斜拉桥这一不同材料组成的混合结构将产生附加内力，该附加内力为材料非线性问题。混凝土从浇筑完成到开始凝结的过程一直伴随着体积的缩小，称为混凝土的收缩。混凝土的收缩与受力状态无关，只与混凝土的组成材料及环境温度、湿度有关。混凝土的收缩会引起结构的变形，在超静定结构中自然会产生二次内力。混凝土斜拉桥收缩徐变计算的准确程度取决于收缩徐变系数的取值。

（4）斜拉索变形的几何非线性。斜拉索在自重作用下具有一定的垂度，呈悬链线形，当拉力增加时，斜拉索垂度减小。斜拉索的伸长由弹性变形及由于垂度减小引起的非弹性变形两部分组成，计算中可采用修正弹性模量的方法计入非线性的影响。

8.5 斜拉桥施工

斜拉桥的施工包括基础、墩台、索塔、主梁及斜拉索施工。根据国内外的工程实践，斜拉桥的基础、墩台与索塔的施工与其他桥型基本相同，但上部结构的施工有其特殊性。一般跨径的斜拉桥上部结构采用悬臂浇筑或悬臂拼装的施工方法；对于中、小跨径的斜拉桥，也可以根据桥址处的环境条件及自身特点，采用支架法、顶推法或转体法等施工方法。

8.5.1 索塔施工

1. 索塔施工方法

钢塔施工一般采用工厂节段制造，施工现场拼装的方法施工。混凝土索塔均采用分段就地浇筑法施工，塔柱混凝土输送采用混凝土输送泵或吊斗。塔柱施工的不同点主要是模板和脚手架平台的做法，主要有以下 3 种方法。

（1）满布支架现浇法。从地面或墩顶位置立满布支架及模板，适用于高度较小和形状比较复杂的桥塔施工，不需要特殊施工机械设备。

（2）爬升或滑升模板浇筑法。将工作平台与模板组及自动升降系统拼成整体装置，利用已浇筑混凝土节段中预埋的型钢来逐步提升模板与平台的结构。该方法机械化程度高，施工工期短，适用于大型桥塔的施工。

（3）整体模板逐段提升法。将模板与平台做成容易组装和解体的大型标准构件，利用吊机或特殊起吊设备来提升模板进行施工。考虑高空作业的安全问题，该方法适用于较矮的索塔。

此外，还有翻模施工法，但由于成本高、高空作业安全度低、施工接缝难以处理等原因应用较少。

2. 劲性骨架

为了配合塔柱施工，混凝土塔柱的塔壁内往往需设置劲性骨架。劲性骨架起施工位形控制、钢筋定位、模板固定、增大索塔整体刚度的作用。

劲性骨架在工厂分节段加工，在现场分段超前拼接、精确定位。劲性骨架安装定位后，可供测量放样、立模、钢筋绑扎及斜拉索钢套管定位使用，也可承受部分施工荷载。劲性骨架在倾斜塔柱中，其功能作用更大，它的设计往往结合构件受力需要设置。当倾斜塔柱为内倾或外倾布置时应考虑在两塔肢之间每隔一定的高度设置受压横杆（塔柱内倾）或受拉横杆（塔柱外倾）以减小斜塔柱的受力和变形，具体的布置间距应根据塔柱构造经过计算确定。

3. 斜塔柱施工

混凝土索塔中的 A 形、倒 Y 形和宝石形等索塔的下塔柱和中塔柱均有一定的倾斜，目前一般采用爬模或滑模法施工。在具有较大倾斜角的索塔施工过程中，索塔柱处于悬臂状态，在自重和施工荷载作用下，塔柱底部会承受较大的弯矩，从而在塔柱截面内产生较大的拉应力而引起混凝土开裂。同时，不平衡弯矩也使得塔身产生横向位移，影响塔身线形精度。因此，施工时必须采取相应措施加以控制。通常情况，对外倾的下塔柱采取张拉预应力钢绞线方法；对向内倾斜的上塔柱采用加水平横撑的方法进行控制，必要时，还需要施加一定的对顶力。

4. 混凝土泵送

索塔混凝土一般用混凝土泵进行垂直输送。由于塔柱高度大，泵送时要求混凝土具有很好的流动性及合理的坍落度以防止堵管。泵送分“一泵到顶”和“分级泵送”等方法，需根据索塔高度、设备性能合理选择。

8.5.2 主梁施工

1. 悬臂浇筑法

斜拉桥主梁的悬臂浇筑均采用挂篮施工，其施工程序与一般预应力混凝土连续梁施工基本相同。由于斜拉桥结构较复杂，超静定次数高，斜拉索位置及各部位尺寸要求精确，施工过程中斜拉索张拉及体系转换频繁等，斜拉桥主梁的悬浇工艺又有其自身的特点。这些特点主要体现在挂篮形式及斜拉索的安装与张拉等。

1）悬臂浇筑的一般施工程序

索塔施工完成后，斜拉桥主梁悬臂浇筑工艺与连续梁的类似，其特点如下：

（1）0 号及 1 号梁段一般在支架或托架上施工，必要时，需要锚固到塔柱下横梁。

（2）主梁节段施工中，除张拉梁端的纵横向相应预应力筋外，需安装、张拉相应的斜拉索。斜拉索的施工与所采用的挂篮有关。

（3）目前大多采用前支点挂篮。在挂篮前移到位后，通过接长杆接长永久斜拉索，张拉锚固于挂篮前端，作为挂篮的前支点，挂篮后支点锚固到已浇筑梁段上。若节段混凝土自重较大，在混凝土浇筑到一半时需第二次张拉斜拉索，两次张拉的目的是保证整个张拉及浇筑过程中梁体各部位结构安全并防止混凝土开裂。

（4）全桥合龙后，需要重新调整索的拉力，使得成桥后各索力与成桥设计索力相同，全桥内力达到设计状态。

2）悬臂浇筑主梁分段

斜拉桥悬臂浇筑时，节段长度划分及挂篮最大自重是由设计图预先确定的。施工时根据最大的梁段重及截面尺寸设计挂篮，并由设计确认是否需要调整索的初始张拉力，0 号段无索区主梁一般需在支架或托架上施工。支架或托架拼装好后，先进行预压，以消除非弹性变形，然后安装模板及钢筋，浇筑混凝土，待其强度达到要求后，施加预应力。各阶段施工顺序也由设计图确定。

3）塔梁临时固结措施

在飘浮和半飘浮体系的斜拉桥主梁悬臂施工过程中，索塔两侧的梁体因自重、斜拉索张拉力及施工荷载不对称等因素将产生一定的倾覆力矩；为确保结构在施工阶段的稳定，必须将塔梁临时固结，并按设计合龙程序中的规定，按步骤予以解除。

塔梁临时固结措施一般采用在索塔下横梁上设置四个混凝土临时支座，支座内放置大直径螺纹钢筋，钢筋的下端预埋在下横梁中，上端锚固在主梁 0 号块的横隔板内。钢筋的直径、数量和埋置深度均由计算确定。为便于拆除，可在支座内设置硫黄砂浆夹层。此法结构简单、安全可靠，但拆除较困难。

为方便临时固结的拆除，也可采用钢结构临时支座。此类支座均用型钢组成，并将轧丝锚锚固于0号块位置，其优点是拆除时采用氧割和解除预应力的方法简便省时。

在不等跨结构的斜拉桥施工中，为满足施工工况的要求，如经计算需要，除设置临时支座外，还可在塔的两侧设置临时支承墩，以共同承担施工反力。

对于飘浮和半飘浮体系结构，在解除临时支座实现体系转换时，应严格按合龙程序操作，以避免主梁发生过大的水平位移。

4）前支点挂篮

前支点挂篮（见图 8.45）是将挂篮后端锚固在已浇梁段底板上，并将待浇段的斜拉索挂在挂篮纵梁前端，以形成前支点，它充分利用了斜拉索的作用。挂篮除在前移过程中处于悬臂状态外，在斜拉索张拉及混凝土浇筑过程中均处于简支状态。由斜拉索和已浇梁段来共同承担待浇梁段的混凝土荷载，大大减小了挂篮所需承受的荷载，减轻了挂篮自重。此外，在浇筑过程中，可以根据浇筑混凝土的自重，多次张拉斜拉索以平衡浇筑混凝土的重力，改善主梁受力。经过不断实践与改进，前支点挂篮已趋全面、完善，在混凝土斜拉桥施工中被普遍采用。

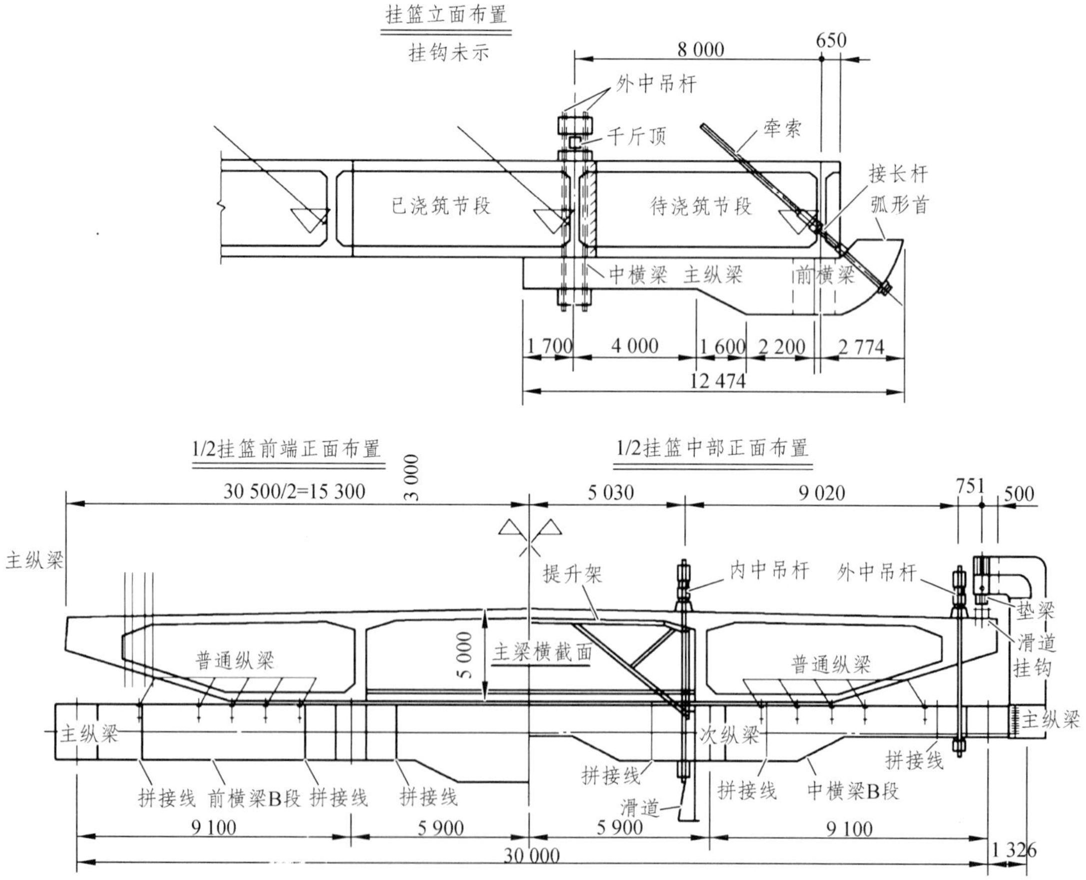

图 8.45　前支点挂篮（尺寸单位：mm）

2. 悬臂拼装法

悬臂拼装法采用预制梁段、悬臂拼装进行斜拉桥主梁施工，悬臂拼装实例如图 8.46 所示。拼装方法根据吊装设备不同可分为悬臂吊机、缆索吊机、大型浮吊、挂篮吊机及各种自制吊机拼装法。

图 8.46 悬臂拼装实例

悬臂拼装法一般先在塔柱区段现浇（拼）一段起始梁段以放置起吊设备，然后用起吊设备从塔柱两侧依次对称安装预制梁段，使悬臂不断伸长直至合龙。悬臂施工一般从塔柱两侧对称进行，称为双悬臂施工。当桥梁边跨在陆地上，主跨在水面上时，可以在支架上施工边跨，而中跨采用悬臂施工，这种方法称为单悬臂施工。

悬臂拼装法既可用于钢主梁，也可用于混凝土主梁斜拉桥。但是，用于混凝土斜拉桥时，需要大吨位的起重设备，在水面上施工时需要大吨位的浮吊。

3. 其他施工方法

1）支架法

采用支架法施工时，主梁全部在支架上浇筑完成后安装斜拉索，索力调整到位后主梁自动脱架。支架法只能用于跨径小、桥下净空低、搭设支架方便且不影响桥下交通的情况。此外，混凝土斜拉桥主梁的 0 号、1 号梁段以及设计图要求采用先行浇筑的梁段，一般需采用支架法现浇施工，其施工工序与梁式桥相同。

2）顶推法

顶推法一般多用于钢斜拉桥主梁的施工。斜拉桥主梁采用顶推法施工，若跨径较大时，需设置临时墩。为节省费用及快速施工，一般是在跨中设置钢管桩临时墩，使斜拉桥主梁在顶推施工过程中的跨径基本达到一致，能使主梁最大正负弯矩控制在设计允许值范围内。

主梁顶推采用多点连续顶推工艺，在每个主墩上安装一台自动连续水平千斤顶，用钢绞线作拉杆，在梁底板插入牛腿或钢块拉锚器，牵引主梁的底板，完成顶推。

斜拉桥主梁顶推到位后，在永久墩上进行落梁，即用竖向千斤顶顶起梁体，拆除顶推滑道，安装永久支座，千斤顶回油落梁，然后张挂斜拉索，最后进行桥面系施工。

顶推法适用于塔梁固结、墩梁分离体系的斜拉桥。对飘浮或半飘浮体系的斜拉桥，需在主梁顶推到位后再挂索张拉。

3）转体法

当桥梁跨越城市繁忙路段、铁路或高速公路，且不具备挂篮悬臂浇筑、支架现浇及顶推法施工的外部条件时，用转体法施工是一个较好的选择，尤其在跨越铁路站场、高速铁路等对安全性特别重视的场合，转体法具有更大的优势。

斜拉桥上部转体施工主要采用平转法。由于斜拉桥的上部结构特点，平面转体施工时，其边跨可作为主跨的平衡重。因此只要在边跨加少量压载，使转动体系的重心在转轴中心即可保证转体时结构的纵向稳定与转体的平顺性。对双塔三跨斜拉桥，两塔部分分别在岸边浇筑或预制拼装，然后转体就位，临时锁定，浇筑或安装合龙段及体系转换，梁体施工与合龙方法同一般的斜拉桥。

斜拉桥平转施工的转动中心设在主塔中心，比较适合于塔墩梁固结体系，也可先临时固结在转体完成后解除固结，形成飘浮体系或连续梁体系，其平转施工的转动中心一般在墩底承台顶底之间。当转体自重较大时，也可将转动铰设于墩顶，以减小转动自重。

转体施工采用的球铰与其他桥型一致，与采用其他施工方法的斜拉桥相比，受转动自重限制，转体施工斜拉桥跨径较小，转动球铰的造价较高，不可重复利用。因此，转体斜拉桥的经济指标要高于其他斜拉桥。

斜拉桥平转法施工始于奥地利的多瑙河运河桥，跨径为（55.7+119+55.7）m，转体自重40 000 kN。目前，国内有不少混凝土斜拉桥采用转体法施工，最大转体自重达到200 000余kN。

8.5.3 斜拉索施工

斜拉索的施工包括：斜拉索制作、运输、放索、安装、张拉锚固及索力测试与调整等内容。目前使用的斜拉索全是成品索，已有一套完整的技术规范（规程）进行了详细规定，本节仅对斜拉索安装和张拉进行简述。

1. 斜拉索的安装

斜拉索的安装就是将成品斜拉索架设到索塔锚固点和主梁锚固点之间的位置上，成品索必须整索安装。较短的成品索直接利用吊机将斜拉索起吊，借助卷扬机由钢丝绳或钢绞线将斜拉索两端分别牵引入主梁和塔柱上的预留索孔，并初步固定在索孔端面的锚板上完成挂索。长索的垂度大无法直接用卷扬机将锚头牵引到锚板后方，在锚头接近锚板时用钢连接杆将锚头连接到千斤顶，由千斤顶将锚头拉到锚板后方。对于超长斜拉索，垂度特别大，连接杆已无法将锚头连接到千斤顶，必须先架设临时索，然后沿临时索将斜拉索牵引到位。斜拉索常用悬挂方法如图8.47所示。

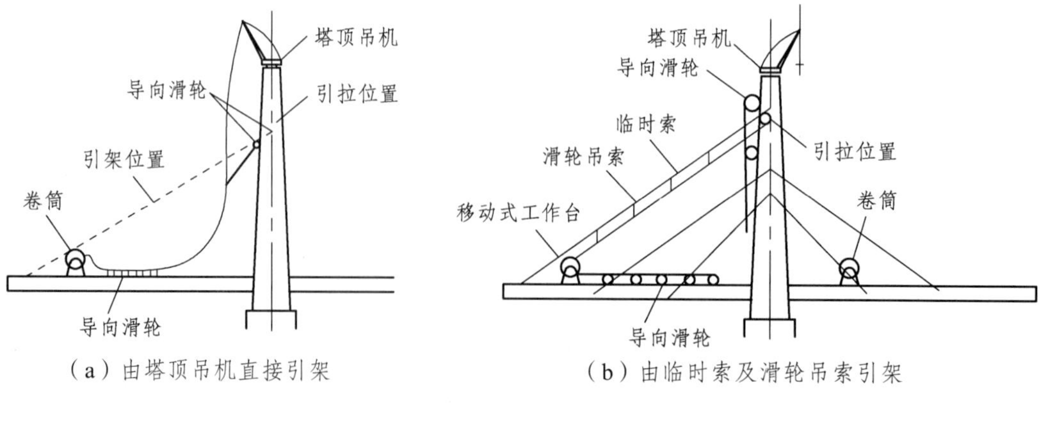

（a）由塔顶吊机直接引架　　（b）由临时索及滑轮吊索引架

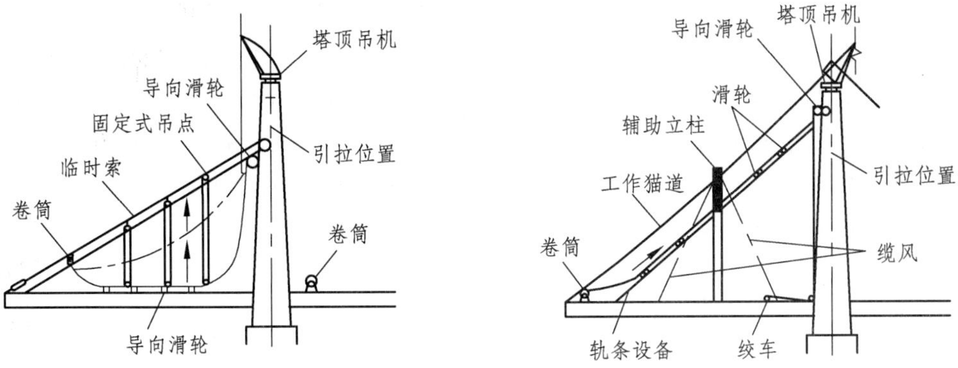

（c）由临时索及垂直索引架　　（d）在工作猫道上引架

图 8.47　斜拉索常用悬挂方法

2. 斜拉索张拉与索力量测

1）斜拉索张拉

斜拉索的张拉一般可分为拉丝式锚具张拉（钢绞线夹片群锚）和拉锚式锚具张拉（平行钢丝束）两种。其中，拉锚式锚具张拉因施工操作方便及现场工作量较少等优点被更多地采用。根据设计要求及现场实际情况，有采用塔部一端张拉的，有采用梁部一端张拉的，也有采用塔、梁部两端张拉的。其中以塔部一端张拉使用最为广泛。

对于配装拉丝式夹片群锚锚具的钢绞线斜拉索，挂索时先要在斜拉索上方设置一根粗大钢缆作为辅助索，斜拉索的聚乙烯套管先悬挂在辅助索上，然后逐根穿入钢绞线，用单根张拉的小型千斤顶调好每根钢绞线的初应力，最后用群锚千斤顶整体张拉。新型的夹片群锚斜拉索第一阶段张拉使用拉丝方式，调索阶段使用拉锚方式，

拉锚式斜拉索张拉均为整体张拉。根据目前的技术水平，国内外斜拉索锚具，千斤顶、斜拉索的设计吨位已达到“千吨”级水平，大吨位斜拉索整体张拉工艺已十分成熟，无论是一端张拉是两端张拉，一般情况下都需在斜拉索端接上张拉连接杆，之后使用大吨位穿心式千斤顶张拉。

2）索力量测

斜拉索的索力准确与否，是斜拉索设计施工成败的关键之一，必须有可靠的方法准确量测索力。目前常用的索力量测方法有压力表测定法、压力传感器测定法、频率法三种。

压力表测定法是利用千斤顶的液压与张拉力之间的直接关系，在张拉过程中通过读取油压，而后换算成索力的测定方法。压力传感器测定法是通过串联在千斤顶后端的一个压力传感器，张拉时直接从传感器的仪表上读取索力。频率法是利用索的振动频率与索力之间的关系，通过测定频率，间接测量索力的方法。此外，还有磁通量测定法等新的索力检测方法应用于索力量测。

8.5.4　斜拉桥施工监控简介

1. 施工监控目标

理论上，根据设计图规定的施工步骤及施工阶段的张拉索力进行施工，即可达到成桥后

的最佳理想状态。但是，斜拉桥从设计到施工直到成桥是个系统工程，该系统涉及材料、施工荷载、环境等多方面的因素。设计时采用的计算控制参数，如材料弹性模量、容重、挂篮质量、阶段施工周期、施工临时荷载和温度等，均是理论数据，设计文件中规定的施工步骤也是指导性的。施工过程中的状态与设计预期之间肯定会出现一些偏差，这种偏差可能是来自材料（如弹性模量、容重、徐变特性等）、量测（高程测量、千斤顶的张拉力）、荷载（梁段自重、二期恒载），也有可能来自环境变化（温度、风雨天气）等，要消除所有的偏差是不可能的。因此，斜拉桥施工过程应进行施工监控，跟踪每个施工阶段，及时量测、分析误差，调整施工方案，使得成桥后逼近设计理想状态。

施工监控的目标是通过量测及控制措施，减小各种施工过程中的偏差，采用预测与分析手段进行误差分析，提出施工中实施的重要控制数据（如主梁立模高程、张拉控制索力等），保证施工中的结构安全并使得成桥后结构恒载内力及结构线形符合设计要求。

2. 施工监控内容

施工监控工作包括监测和控制两部分。监测是通过测量和测试手段获得桥梁在施工中的状态；控制是根据监测的结果与计算结果的比较，分析桥梁施工状态存在的误差，确定实时的调整方案，确保成桥时达到合理成桥状态。

1）施工监测

施工监测是施工控制的重要组成部分，通过测量所获得的斜拉桥在施工各阶段结构内力变形的第一手资料是施工控制的主要依据，同时它也是监测施工、改进设计、确保结构在施工过程中安全的重要手段。施工测试的内容包括以下 4 个方面：

（1）参数收集。收集材料弹性模量、混凝土强度、构件的自重、施工临时荷载、偶然荷载等，这些数据是施工过程计算及施工控制的基础参数。

（2）变形测试。主要观测主梁挠度、主梁轴线偏差和塔柱水平位移的变化情况，通常使用精密水准仪、全站仪、倾角仪等测量仪器。

（3）索力与应力测试。主要测定斜拉索索力、支座反力和主梁、塔柱的应力在施工过程中的变化情况，一般使用千斤顶油压表、荷载传感器或激振仪、随机振动法等测定斜拉索的索力，主梁塔柱应力的测试则使用各种应变仪（应变片）或测力计等。

（4）温度测试。主要测定主梁、塔柱和斜拉索的温度（温度场）以及主梁挠度、塔柱位移等随气温和时间而变化的规律。

2）施工控制

监测和控制系统对于保证施工的安全，达到设计状态非常重要。一个典型的施工控制系统包括以下 4 个子系统：

（1）测量子系统。测量项目主要包括梁的标高和挠度，斜拉索的索力，桥塔的水平位移，梁和桥塔的截面应力，混凝土的弹性模量和质量密度，混凝土的收缩徐变、温度和温度梯度等。

（2）误差和灵敏度分析子系统。在这个子系统中，首先需要确定并消除温度的影响，然后分析包括混凝土弹性模量、自重、梁段或桥塔刚度等结构参数的敏感性，最后通过分析找出误差产生的原因，并采取相应的调整措施。

（3）控制、预测子系统。将测量值与设计预期值进行比较，如果误差小于规定值，则进入下一阶段；否则，需要找出原因，并通过适当的措施消除或减少这些误差。调整斜拉索索力的大小可以通过优化方法来确定。系统控制及预测方法一般采用卡尔曼滤波法、自适应控制法、灰色预测控制法、神经网络法等。无论哪一种预测模型，都需要一定的训练样本，训练样本越多，预测精度越高。因此，这些预测模型更适合监控施工阶段多的大跨斜拉桥。

（4）控制计算子系统。既然已施工完成部分的结构参数偏离了设计值，那么设计目标也必须随着结构状态的变化而实时调整。后续的施工遵循新的设计值才能使得结构的最终状态达到最优，控制计算是施工控制的核心。

某预应力混凝土斜拉桥施工控制系统流程如图 8.48 所示。

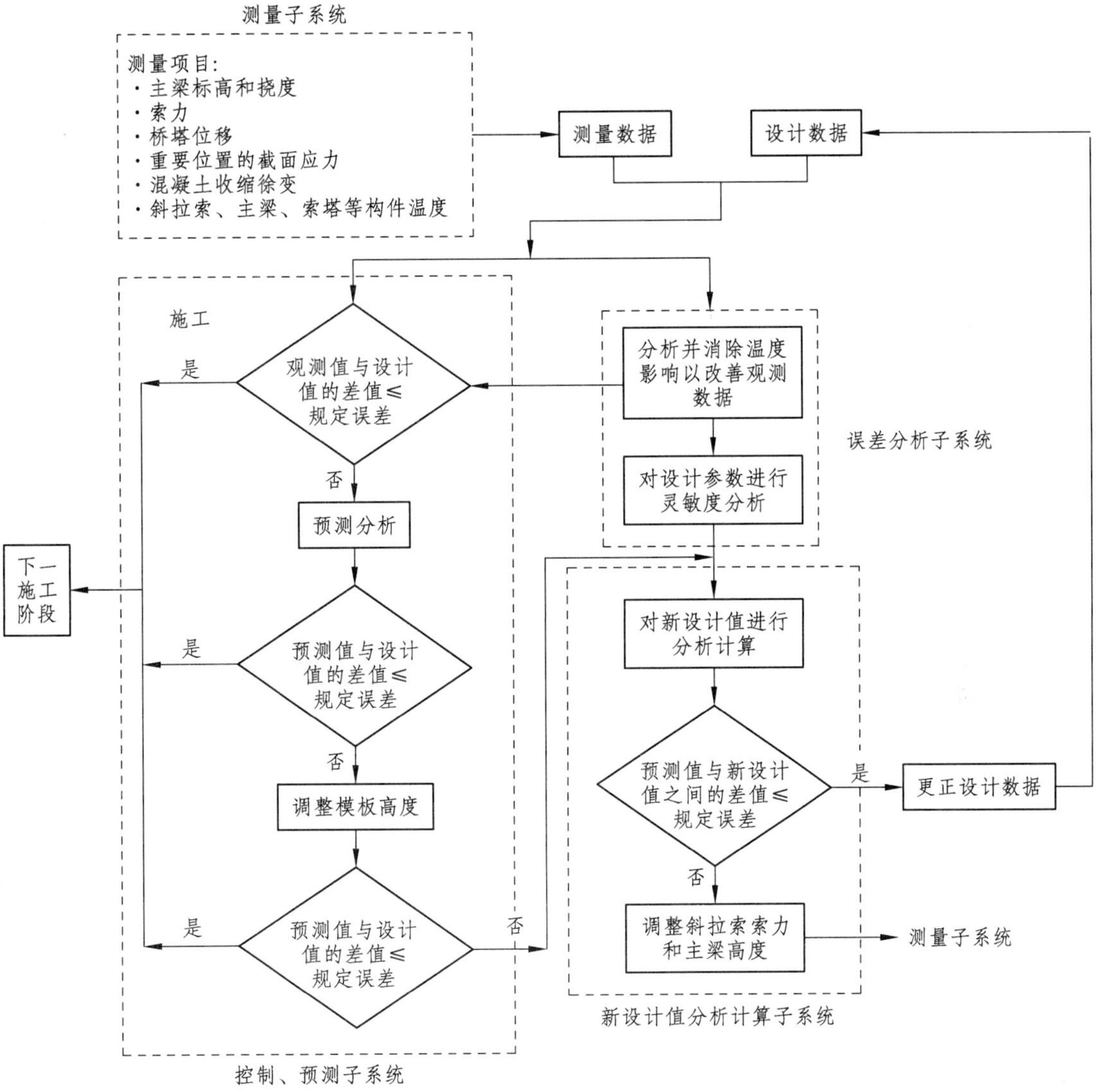

图 8.48　斜拉桥施工控制流程

3. 施工控制实施

由于梁、塔的内力与索力密切相关，对于施工中出现的桥梁线形偏差，在以上控制系统的基础上，调整梁的标高和索力。

（1）通过调整节段模板标高（悬臂浇注）或接缝转角（悬臂拼装）来减小或消除误差。这种方法简单易行，避免多次张拉斜拉索，但只能在主梁标高偏差较小时采用，否则将使线形不顺。这种方法，只改变了梁的几何位置而不会改变结构的内力状态。

（2）通过调整索力来控制主梁的线形。采用这种方法能使线形达到理想要求，但调整索力时要控制索力调整的幅度及对梁、塔内力的影响。在这种情况下，结构的几何位置和内力都会发生较大改变。调整斜拉索索力不是最佳方案，因为这样做不仅费时费力，而且频繁地调整索力将使结构内力状态紊乱，会引起更多的误差。

实际控制时，一般是两者结合使用。最佳状态是，在每个施工阶段适当地调整截面高程，而只张拉新安装的斜拉索，在全桥合龙前，对尽可能少的斜拉索进行一次调整，成桥后达到设计理想状态。

思考题

1. 相对于梁桥而言，为什么斜拉桥能大大提高桥梁的跨径？
2. 斜拉桥的主要构思是什么？简述密索体系斜拉桥的主要优点。
3. 按塔、索、梁相互结合的方式，斜拉桥可分为哪几种类型？简述其优缺点。
4. 简要介绍提高斜拉桥刚度的主要措施。
5. 斜拉桥主梁有哪几种结构与截面形式？各有何特点？
6. 斜拉索横向布置有哪些形式？受力上有何特点？
7. 斜拉桥的索塔有哪些结构形式？
8. 斜拉桥的斜拉索在塔上的锚固方式有哪些？各自的特点是什么？
9. 斜拉桥的非线性主要表现在哪些方面？常规计算中，斜拉索的非线性是如何处理的？

Chapter 9

第 9 章

悬索桥

悬索桥是以主缆为主要承重结构的桥梁结构，行车的桥道梁（加劲梁）是用从主缆上垂吊下来的吊索扣系固定的，所以又称之为吊桥。其主要构造包括主缆、桥塔、锚碇、吊索、加劲梁及桥面。从结构受力讲，悬索桥主缆所受的力是通过锚碇和桥塔传给地基的，主缆、塔和锚碇三者构成悬索桥受力的主体，传力途径简洁明确。悬索桥的加劲梁承受交通活载，其作用很重要，用料也很多，但却不是主要受力构件，其自重全由主缆承担，它只是将活载传递给主缆。

悬索桥历史悠久，原始社会就有利用拉索支承梁做桥的实践，早期人们利用森林中的藤、竹树茎做成悬式桥以渡小溪，使用的悬索有竖直的、斜拉的，还有两者混合的，这是悬索桥最早的雏形。近现代悬索桥与古代悬索桥相比，其进步之处首先是按力学理论做静力分析计算；其次是以钢索代替铁索，设高塔和加劲梁，将缆顶面上承改为缆底面下承，提高了载重量和稳定性。

悬索桥是大跨桥梁的主要形式之一，具有跨越能力大、受力合理，能充分发挥高强钢丝组成的主缆受拉性能的特点。与其他桥型相比，悬索桥的跨径越大，相对材料耗费越少，桥的造价相对也越低，其悬链线的曲线形状能够给人以舒缓柔和的美感。目前在桥梁设计时，当需要桥梁跨径在 600 m 以上时，悬索桥这一经典桥型具有很强的竞争力。其主要优点有：相比于其他桥梁结构，悬索桥可以使用比较少的材料来跨越比较长的距离；悬索桥可以修建得比较高，通行净空也较高；在造桥时不必在桥中心建立暂时的桥墩，因此悬索桥可以在比较深或比较急的水流上建造。缺点是：悬索桥的刚度较弱，在大风情况下交通必须暂时被中断；悬索桥不宜作为重型铁路桥梁；悬索桥主塔对地面施加非常大的力，因此，塔基庞大且昂贵。

9.1 悬索桥的组成及分类

9.1.1 悬索桥的组成及特点

1. 悬索桥组成

悬索桥，也称“吊桥”，是桥面支承在主缆上的一种桥型。悬索桥由主缆、加劲梁、主塔、吊索、鞍座和锚碇组成，如图 9.1 所示。

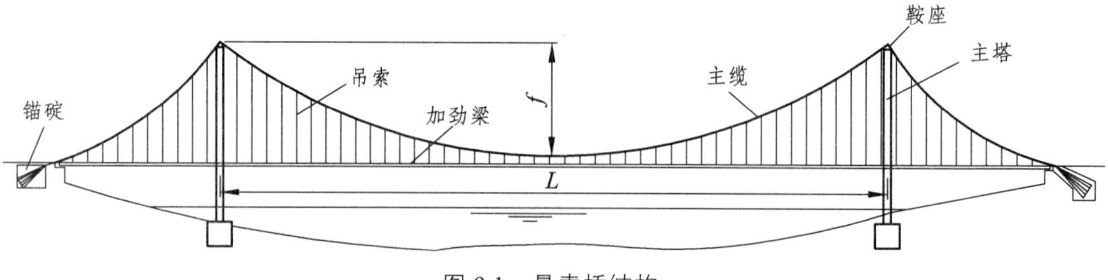

图 9.1 悬索桥结构

悬索桥的主缆呈曲线状，只受拉，是主要的承重结构；主塔是压弯构件，加劲梁以受弯为主。悬索桥的传力途径：桥面荷载作用在加劲梁上，通过吊索传递给主缆，再由鞍座传递给主塔基础。现代悬索桥的主缆采用高强冷拔镀锌钢丝制成；加劲梁形式主要有钢桁梁和扁平钢箱梁两种。美国和日本用钢桁梁较多，中国、英国、法国和丹麦等用钢箱梁较多。由于混凝土加劲梁自重大，使得其在大跨径悬索桥中较少采用。主塔通常采用钢和混凝土两种材料，美国、日本、英国采用钢塔较多，而中国、法国、丹麦等采用混凝土塔较多。

同其他桥型相比，悬索桥具有很强的跨越能力，是特大跨径桥梁的首选桥型，且跨径越大，悬索桥的优势越明显，主要体现在以下 4 点：

（1）其他桥型的主要承重构件的截面，总是随着跨径的增加而增大，致使材料用量增加，结构自重也随之增加，当到达一定跨径后，结构自重和跨径之间就产生难以调和的内部矛盾。但悬索桥不存在此类问题，悬索桥的加劲梁并不是主要承重构件，其截面并不需要随着跨径的增加而增加，故担当主要承重构件的主缆、锚碇和主塔在扩充其截面积或承载能力方面所遇到的困难则较小。

（2）悬索桥的主缆是典型的受拉构件，截面受力均匀，能充分发挥材料强度，且不存在受压构件需要考虑的稳定性问题，非常有利跨越能力的提升。

（3）悬索桥的施工总是先将主缆架设好，再架设加劲梁，这样一来，主缆就成为一个现成的悬吊式支架施工平台。

（4）由于悬索桥的跨越能力大，常可因地制宜地选择一跨跨越江河或海峡主航道的布置方案，这样可以避免修建深水桥墩基础，且能很好地满足通航要求。

悬索桥由于常采用较大跨径，使得结构造型特别柔细，外形美观。因此，大跨径悬索桥一旦建成往往成为所在地区的标志性建筑景观。但悬索桥也存在一些自身的缺点，由于悬索的高柔性，刚度较小，当活载作用时，悬索的几何形状会发生改变，引起桥跨结构产生较大的挠曲变形；在风荷载、车辆冲击等动荷载作用下容易产生较大振动。

2. 悬索桥受力特点

悬索桥的主缆全截面受拉，不承受弯矩，与以受弯为主的同等跨径简支梁相比，能更有效地发挥截面材料的承载能力。在竖向荷载作用下，主缆的竖向反力与简支梁相同，但不同的是，简支梁不产生水平反力，而主缆会产生巨大的水平拉力。所以，简支梁只要求有竖向支承。而悬索桥的主缆除需要竖向支承外，两端还必须有强大的水平向支承（即锚碇）以抵抗巨大的水平拉力。

悬索桥主缆与拱桥主拱的受力既有相似之处，也有不同之处。两者在竖向荷载作用下，都产生较大的水平反力，只不过主拱产生的是水平推力，而主缆产生的是水平拉力，且两者的水平反力大小与矢跨比都成反比。在内力方面，主缆只承受轴向拉力，而主拱主要承受轴向压力，一般还有弯矩和剪力。主缆和主拱在均布荷载作用下的线形均为二次抛物线方程，主缆受拉、主拱受压，主缆抛物线开口朝上、主拱抛物线开口朝下。此外，两者都存在着几何非线性问题，主拱主要是稳定问题（$P\text{-}\Delta$效应），而主缆主要是几何大变形问题。主拱的刚度要比主缆大许多，对于主拱而言，足够的刚度主要保证其不发生失稳破坏；对于主缆而言，足够的刚度主要是为了保证其变形不过大和有足够的动力稳定性。

悬索桥与斜拉桥相比，两者都属于缆索承重结构，主缆和斜拉索都承受拉力，两者都属于高柔性强的非线性结构，结构的变形均较大，几何非线性明显。两者的不同之处主要体现在：悬索桥主要靠主缆承受荷载，加劲梁仅仅起到局部承受和传递荷载的作用，加劲梁中不受轴向力（采用地锚体系时），由加劲梁自重引起的恒载内力较小，只有通过调整矢跨比才能改变主缆的恒载内力状态和刚度。

9.1.2　悬索桥的主要类型

悬索桥的类型可以从悬吊跨数、加劲梁支承方式、吊索形式、主缆锚固方式等方面来划分，其结构体系通常是这几个方面的组合。

1. 按悬吊跨数分

悬索桥可以分为单跨、两跨、三跨及多跨悬索桥，其布置形式如图 9.2 所示。其中，单跨、两跨、三跨悬索桥的主塔数目为两个，而多跨悬索桥的主塔数目为三个或更多。单跨和三跨悬索桥是目前最为常用的形式。我国的江阴长江大桥，湘西矮寨大桥以及土耳其的博斯普鲁斯一桥、二桥均采用单跨结构形式；我国的南京长江四桥和日本的明石海峡大桥采用三跨结构形式；我国的西堠门大桥采用两跨结构形式。

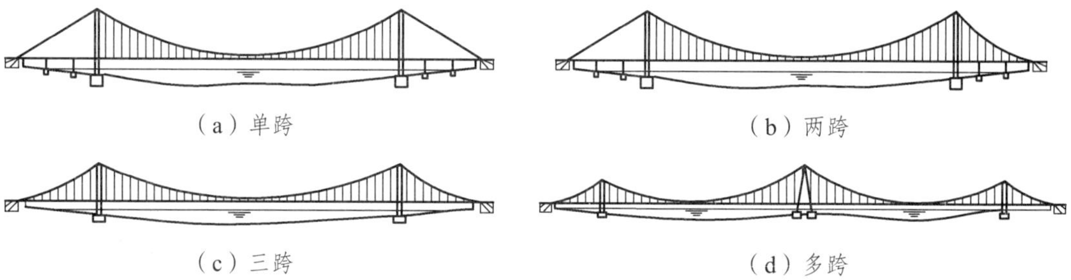

（a）单跨　（b）两跨　（c）三跨　（d）多跨

图 9.2　悬索桥的悬吊跨数布置形式

单跨悬索桥常用于高山峡谷地区，两岸地势较高，采用桥墩支承边跨，或者充分利用悬索桥的跨越能力，一跨跨越以减少水中基础施工，更为经济。在结构受力方面，单跨悬索桥由于边跨主缆的垂度较小，主缆长度相对较短，对中跨荷载变形控制较为有利。三跨悬索桥是目前国际工程实例中应用最多的桥型，这不仅是因为其结构受力特性较为合理，同时其流畅对称的建筑造型也更能迎合人们的审美。

多跨悬索桥由于结构柔性大、固有振动频率较低，可以考虑采用双悬索桥方案，即两个三跨悬索桥联袂布置，中间共用一座锚碇。美国的旧金山-奥克兰海湾大桥和日本本州四国联络线中的南北备赞濑户大桥就采用这种桥型。如图 9.3 所示即为联袂布置的双悬索桥。

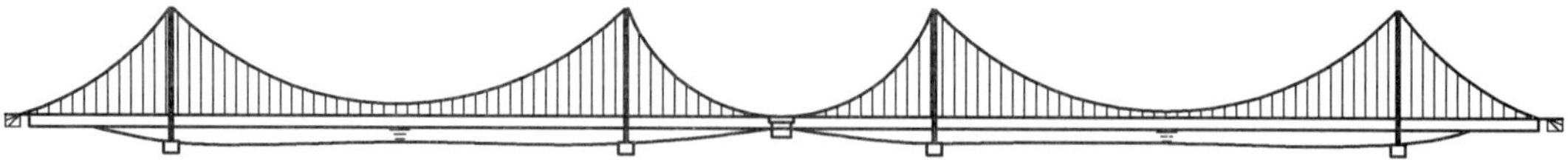

图 9.3　联袂布置的双悬索桥

2. 按加劲梁支承方式分

悬索桥的加劲梁支承方式如图 9.4 所示，主要有两铰和连续两种。两铰支承方式的优点是：加劲梁构造简单，制造和架设时的误差对加劲梁无影响。连续支承方式的优点是：梁端转角小，在主塔处不产生折角，有利于车辆行驶，可以减少加劲梁的挠度。两铰支承方式比较广泛应用于公路桥梁中，但对于公铁两用桥梁而言，为了保证列车的运行平顺性，可采用连续支承方式，例如我国的香港青马大桥、日本的南备赞濑户大桥等。

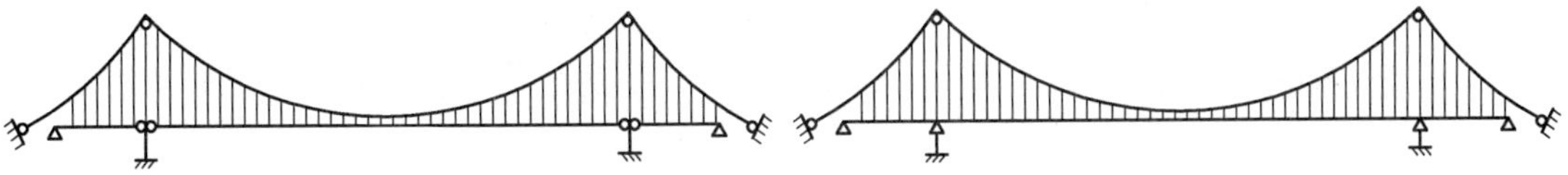

（a）两铰　　（b）连续

图 9.4　悬索桥的加劲梁支承方式

3. 按吊索形式分

悬索桥的吊索方式如图 9.5 所示，有竖直吊索和斜吊索两种。与竖直吊索相比，斜吊索的特点有：和主缆、加劲梁一起形成桁架作用，能提高桥梁的纵向刚度；可提高结构的阻尼，结构振动衰减性能好；在主跨跨中附近，活载产生的吊索应力变化幅度大，容易引起疲劳问题；吊索容易松弛。绝大多数悬索桥的吊索是竖直布置的，仅有极少数悬索桥采用了斜吊索形式，例如英国的塞文桥。

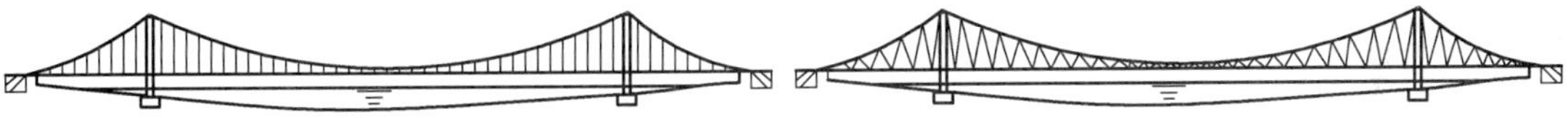

（a）竖直吊索　　（b）斜吊索

图 9.5　悬索桥的吊索方式

此外，在设计超大跨径的悬索桥时，为了提高悬索桥结构的刚度以满足抗风要求，可考虑采用如图 9.6 所示的斜拉-悬吊混合式悬索桥。

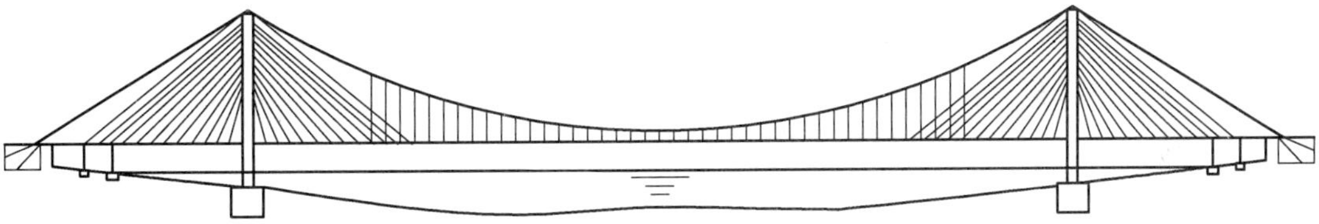

图 9.6　斜拉-悬吊混合式悬索桥

4. 按主缆锚固方式分

如图 9.7 所示，悬索桥的锚固方式分为地锚式和自锚式。通常所讲的悬索桥大都是指地锚式悬索桥，其主缆产生的巨大水平拉力由外部锚碇来承受，从而实现全桥的受力平衡。而自锚式悬索桥的主缆直接锚固在边跨两端的加劲梁上，主缆的水平拉力与加劲梁的轴向压力相抵消，形成自平衡体系，不需要另设外部锚碇，为地质条件差，不便建造锚碇的地方修建悬索桥提供了一种很好的解决途径。

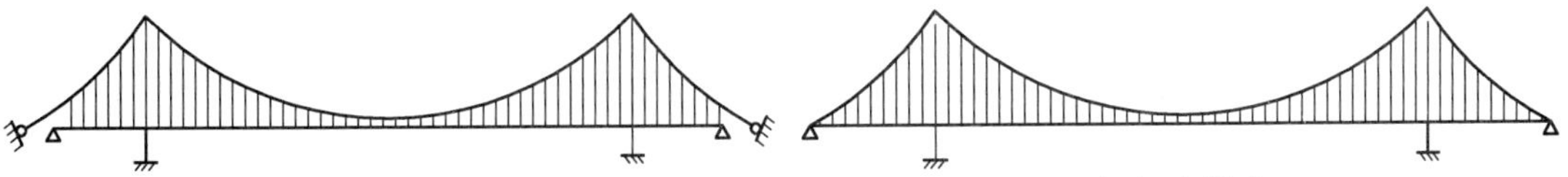

（a）地锚式　　（b）自锚式

图 9.7　悬索桥的锚固方式

与地锚式悬索桥相比，自锚式悬索桥的不同之处在于：① 由于加劲梁需要平衡主缆拉力，所以自锚式悬索桥在施工时必须先架设主梁，再架设主缆。② 自锚式悬索桥的加劲梁承受巨大的轴向压力，压弯效应显著，加劲梁的整体稳定和局部稳定问题较突出。③ 自锚式悬索桥加劲梁的受力对索力变化非常敏感，必须通过复杂的索力调整过程使结构达到技术经济合理的成桥状态。④ 当跨径达到一定值时，自锚式悬索桥的加劲梁为避免失稳而扩大的截面尺寸无法满足结构自重产生的内力状态，从而限制了该桥型的跨越能力，国内外已建成的自锚式悬索桥的跨径均在 400 m 以内。

9.2 悬索桥总体布置

悬索桥总体布置的主要内容有跨径设置、主缆垂跨比、加劲梁选型和梁高、主塔高度、吊索间距等。

（1）跨径设置。悬索桥的跨径设置包括主跨跨径和边跨与中跨之比两个方面。由于悬索桥的跨越能力大，一般情况下其主跨跨径设置不由通航净空所控制，而是根据地形和地质条件来确定，然后在此基础上，确定边跨与中跨之比。通常，三跨悬索桥的边跨与中跨比值为 0.25 ~ 0.5，当边跨与中跨之比小于 0.3 且边跨跨径又较小时，边跨可以不设吊索，这时的悬索桥结构形式就变为单跨悬索桥。日本的明石海峡大桥跨径为（960+1 990+960）m，采用三跨悬吊形式，边跨与中跨之比为 0.482。我国的江阴长江大桥跨径为（369+1 385+309）m，采用单跨悬吊形式，边跨与中跨之比为 0.266 和 0.223。

（2）主缆垂跨比。主缆的垂度 f 与对应跨径 L 之比称为悬索桥的垂跨比 f/L。垂跨比的大小将影响悬索桥的内力与刚度，垂跨比越小，主缆的恒载拉力越大，结构刚度越大，可减小加劲梁的弯矩与变形，提高悬索桥的竖向刚度，降低塔高，但主缆的用量会增加。因此，对结构自重大的钢桁梁，可采用较大的垂跨比，以节省主缆用量；对于自重较小的钢箱梁，可采用较小的垂跨比，以提高悬索桥的整体刚度。

综合经济、美观和结构受力等多方面因素，主缆的垂跨比一般在 1/12 ~ 1/9。对于自锚式悬索桥来讲，为了减小加劲梁由主缆水平分力引起的较大轴向压力，垂跨比不宜太小，常用 1/8 ~ 1/5。我国西堠门大桥和日本明石海峡大桥的主缆垂跨比均为 1/10，而我国湘江三汊矶大桥自锚式悬索桥的主缆垂跨比则为 1/5。

（3）加劲梁形式与高跨比。加劲梁的形式主要有桁式和箱形两种，总体布置时首先要考虑的是采用桁式加劲梁还是箱形加劲梁。桁式加劲梁的桁高比箱形加劲梁的梁高要大好几倍，对布置双层桥面的适应性较好，抗风稳定性优于箱形加劲梁，而箱形加劲梁材料省、自重轻。

悬索桥的加劲梁梁高主要根据刚度条件和材料用量最少来确定，桁式加劲梁的梁高一般为 8 ~ 14 m，箱形加劲梁的梁高一般为 2.5 ~ 4.5 m。一般来说，悬索桥的梁高与跨径之间没有很强的相关关系，随着跨径的增大，加劲梁的高跨比越来越小。但通常，对于大跨径悬索桥加劲梁的高跨比取值：桁式为 1/180 ~ 1/70，箱形为 1/500 ~ 1/300。如日本明石海峡大桥加劲梁的桁高 14 m，高跨比为 1/142；我国西堠门大桥钢箱加劲梁高 3.5 m，高跨比为 1/471。

（4）加劲梁宽跨比。悬索桥加劲梁的宽跨比，是由横向刚度和抗风稳定性来决定的。根据横向刚度条件的要求，中、小跨径悬索桥（主跨为 100 ~ 500 m）的加劲梁宽跨比不应小于

1/30。对于大跨径悬索桥（主跨大于 500 m）而言，一方面，由于主缆截面较大，主缆的刚度影响突出，反而降低了加劲梁的宽跨比要求；另一方面，满足交通功能要求的加劲梁宽跨比往往小于 1/30。所以在进行大跨径悬索桥的总体布置时，可先参考已有的实践资料来选择一定的加劲梁宽跨比值，然后通过抗风理论分析和风洞试验来验证所选宽跨比是否合适。目前，世界上大部分大跨径悬索桥的加劲梁宽跨比值为 1/60 ~ 1/40。例如，美国金门大桥和日本明石海峡大桥的宽跨比为 1/46.7 和 1/56.1，我国西堠门大桥的宽跨比为 1/45.8。

（5）主塔高度。主塔的高度由主缆主跨垂度和主缆与加劲梁之间的净距（即跨中吊索最小高度）决定。主缆与加劲梁间的最小净距，要满足能安装缠丝机的要求，一般不小于 1 m。主塔的截面由塔柱稳定及纵、横向强度要求决定。

（6）吊索间距。吊索间距主要从经济及施工等因素考虑。对于加劲箱梁，吊索间距影响桥面系纵、横梁受力及预制箱梁的起吊自重；对于桁架梁，吊索间距影响弦杆、腹板长度、斜腹杆斜度、桁架受风面积及桥面系纵横向受力。为了做到设计经济，可拟定几个吊索间距，做经济比较。一般而言，跨径为 80 ~ 200 m 的悬索桥，吊索间距可取 5 ~ 8 m。当跨径增大，吊索间距也应增大，有时吊索间距可达 20 m 左右，如葡萄牙的四月二十五号大桥，吊索间距达 23.02 m。

9.3 悬索桥的构造特点

9.3.1 主 缆

主缆是悬索桥的主要承重构件，除承受自重和吊索重外，又通过吊索承受加劲梁、桥面系恒载及活载。悬索桥一般采用 2 根主缆，平行布置，桥面每侧 1 根，极少数悬索桥的主缆采用 4 根或 1 根布置，如美国的乔治·华盛顿桥在全桥采用 4 根平行主缆，日本的此花大桥（又称北港大桥）是主跨跨径为 300 m 的自锚式悬索桥，只设置了单根主缆。

大多数悬索桥主缆由平行高强钢丝束股合成，主缆分束股是为了便于架设和锚固。每根束股由几十根，乃至几百根平行钢丝组成。平行钢丝束股的架设方法有空中纺线法（简称 AS 法）与预制钢丝束股法（简称 PWS 法）两种。AS 法是早期唯一的平行钢丝束股的施工方法，它是将单根钢丝架到桥上后才合成束股。PWS 法，则是在工厂预制，运到工地架设。

对比 AS 法，PWS 法具有架设质量好，能保证钢丝的平行，架设工期短，比较经济的显著优势。但是架设方法的选择很大程度上取决于施工单位对施工方法掌握的熟练程度及已有设备和经验等。例如，日本惯用 PWS 法，但对于欧美国家，其往往提供两种方法的设计图纸供施工单位选择。PWS 法每束股由于自重因素使其钢丝根数受到限制，而 AS 法则基本不受限制，每束股钢丝数可设计成 400 ~ 500 根。我国现代悬索桥虽起步较晚，但预制、架设束股已有设备和经验，已修建的悬索桥大都选择 PWS 法。

如图 9.8 所示，主缆外形多按六角形配置，一般有平顶型和尖顶型两种，以采用尖顶形的居多。图 9.8（c）所示是 PWS 法每束股钢丝的排列。

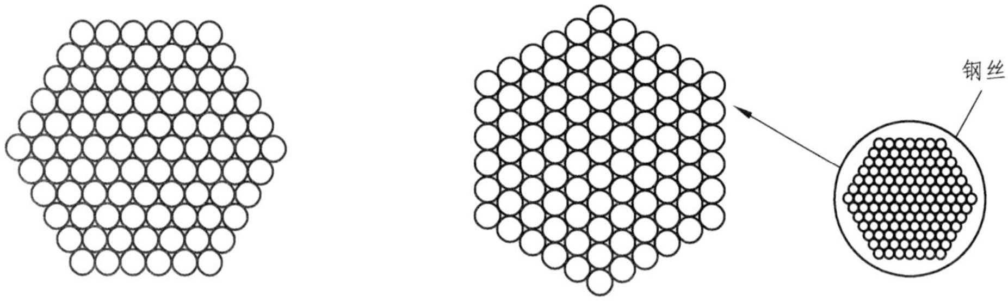

（a）平顶型　（b）尖顶型　（c）钢丝束股断面

图 9.8　主缆

目前悬索桥的主缆通常都采用镀锌钢丝。为了进一步增强防锈蚀能力，在主缆索四周涂以锌粉膏等防锈剂，再用软退火的镀锌钢丝缠绕，然后在上面再涂防腐层，以形成双重防锈蚀措施，如图 9.9 所示。也有用合成树脂的塑料包缠主缆，但实例不多。为了完全防水，主缆箍紧处产生的间隙要填充密实材料。在锚锭区主缆分散开来，锚固到锚块，无法用镀锌钢丝缠绕，常采用在锚锭箱内吹风除湿措施，保持箱内空气干燥。

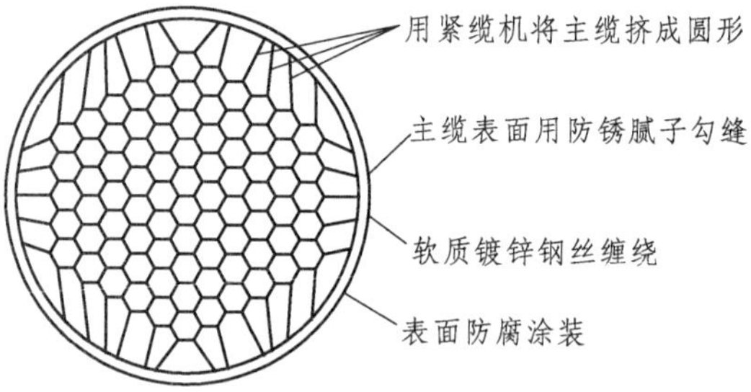

图 9.9　主缆成形及防腐处理

9.3.2　加劲梁

加劲梁的主要功能是提供桥面系和防止桥面发生过大的挠曲和扭曲变形。现今悬索桥加劲梁主要有两种形式：钢桁梁和扁平钢箱梁。扁平钢箱加劲梁的优点是：梁高小，自重轻，用钢量省，结构抗风性能好。英国塞文桥的加劲梁［见图 9.10（a）］由带加劲肋的钢板焊接而成，在箱内还设有横隔板或由杆件组成的横撑，桥面通常采用正交异性钢桥面板。我国西堠门大桥的加劲梁［见图 9.10（b）］采用分离式双箱断面钢箱梁，两箱间通过箱形横梁和工字梁连接，以满足抗风需要。

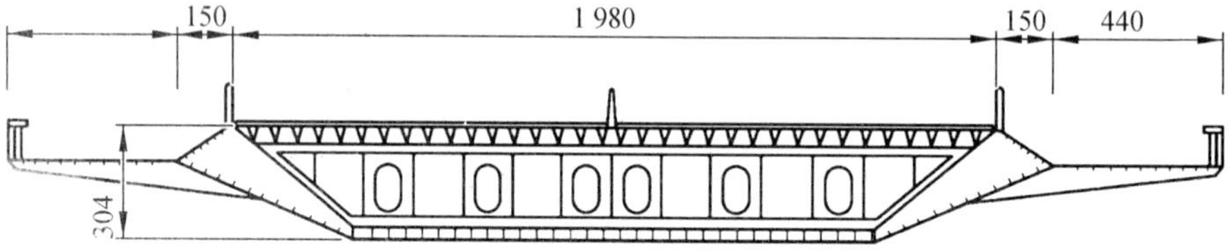

（a）英国塞文桥

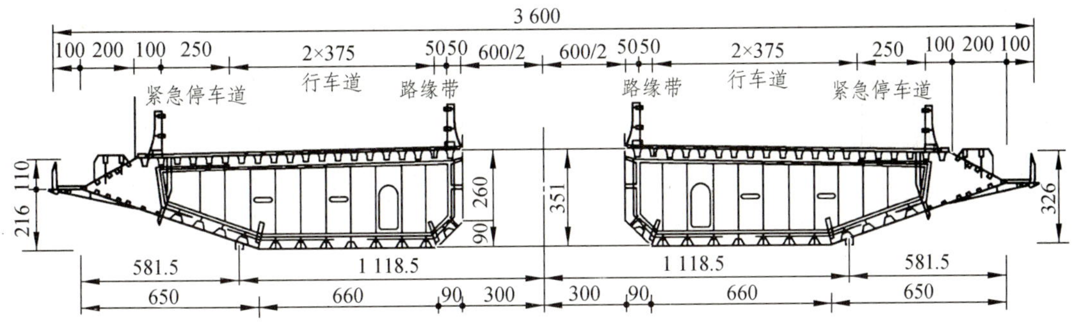

（b）西堠门大桥

图 9.10 扁平钢箱梁标准断面（尺寸单位：cm）

钢桁架式加劲梁在双层桥面的适应性方面远较钢箱梁优越，因此适合交通量较大或公铁两用的悬索桥。桁式加劲梁的立面布置多采用有竖杆的简单三角形形式，其横向布置应根据是否设双层桥面而定，桥面常采用钢筋混凝土板或正交异性钢桥面板。图 9.11 所示为日本明石海峡大桥和美国金门大桥的加劲梁断面图。其中，金门大桥在 1937 年建成时，其加劲梁未设下平纵联，没有横联，整个加劲梁的抗扭及横向水平抗弯刚度较差，1940 年美国发生塔可马悬索桥的风毁事故之后，为了增强抗风能力，1954 年在该桥的下弦杆之间补加了下层平面联结系。

少数悬索桥也采用混凝土箱梁。例如我国汕头海湾大桥的加劲梁采用 C60 预应力混凝土箱梁，断面如图 9.12 所示。混凝土箱梁抗风性能好、自重大、结构刚度大、一般无须养护，但由于混凝土梁自重大，只宜在跨径≤500 m 的悬索桥中应用。

自锚式悬索桥加劲梁由于受到主缆传过来的巨大轴向力，因此相对地锚式悬索桥来讲，加劲梁截面要强大得多。自锚式悬索桥加劲梁材料既可以采用钢材、混凝土，也可采用钢-混组合材料。图 9.13 所示为佛山平胜大桥主跨钢箱加劲梁和边跨混凝土加劲梁的断面布置。

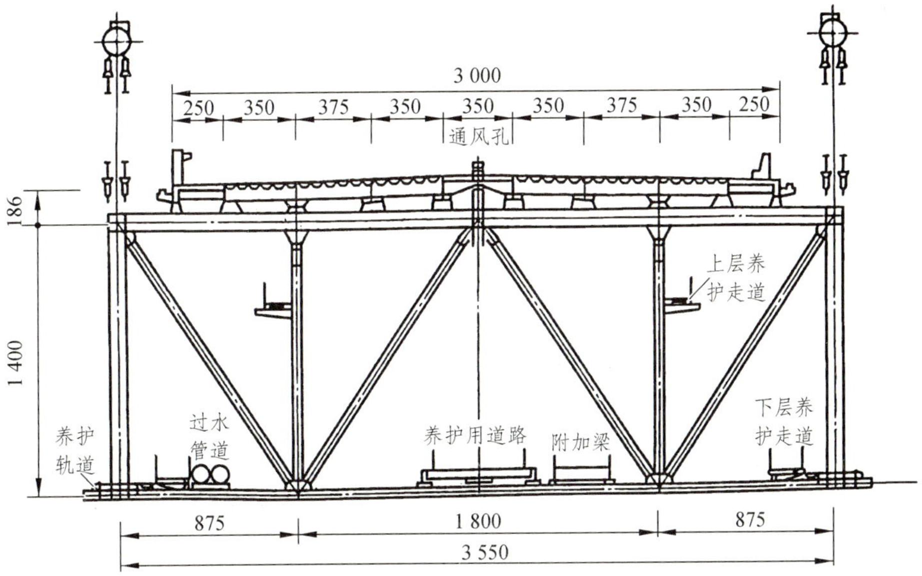

（a）日本明石海峡大桥

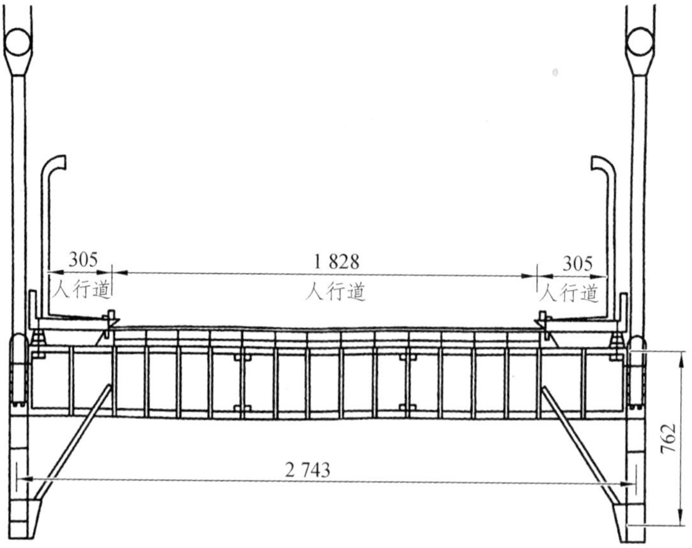

（b）美国金门大桥

图 9.11　加劲梁断面（尺寸单位：cm）

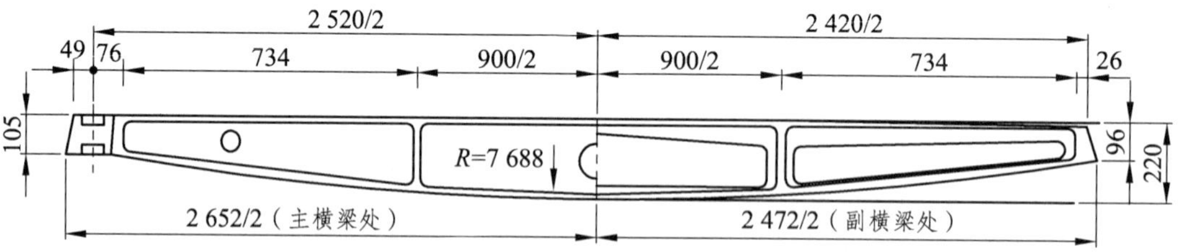

图 9.12　汕头海湾大桥混凝土箱梁断面（尺寸单位：cm）

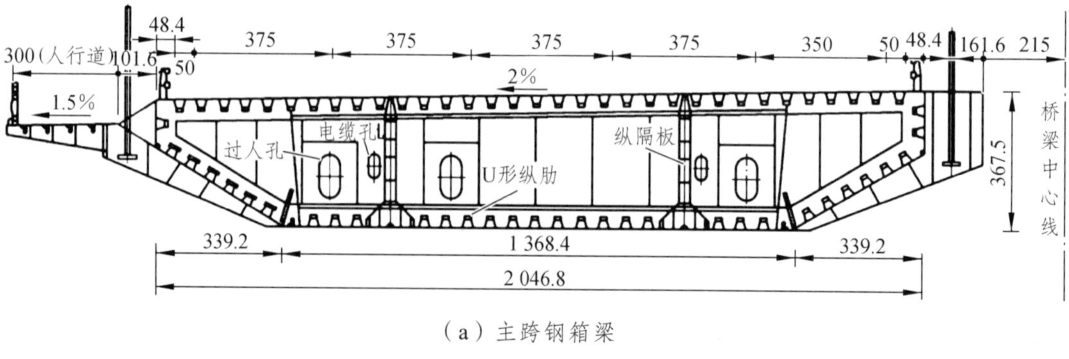

（a）主跨钢箱梁

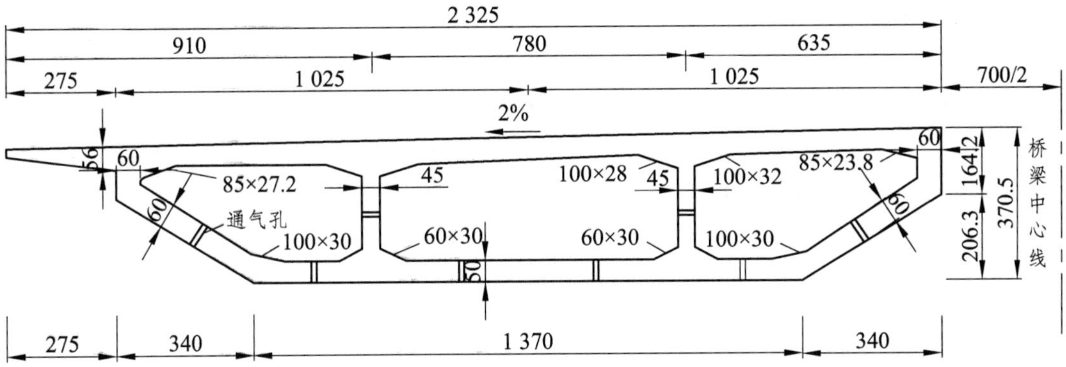

（b）边跨混凝土箱梁

图 9.13　佛山平胜大桥加劲梁断面（尺寸单位：cm）

9.3.3　主　塔

主塔是支承主缆的重要构件，恒载和活载大都通过主塔传到塔墩和基础，因此主塔是以承受轴力为主的压弯构件。主塔的材料可以是混凝土，也可以是钢。早期的悬索桥大多采用钢塔，后来因为混凝土强度提高、施工方法改进、价格低等优点，许多悬索桥已改用混凝土塔。我国的悬索桥多采用混凝土塔。主塔形式分顺桥方向与横桥方向，顺桥方向为柱型等宽或从塔顶向塔底以一定坡度扩大，如图 9.14（a）所示；横桥方向为底部固定的平面桁架或刚架或混合式，如图 9.14（b）～（d）所示。混凝土塔宜采用横向刚架。

（a）顺桥向　（b）横向桁架　（c）横向刚架　（d）横向混合

图 9.14　主塔结构形式（尺寸单位：cm）

主塔按结构受力分为刚性、柔性和摆式 3 种。悬索桥建成后，由于活载作用及温度变化，并且位于塔顶的鞍座与主缆之间不允许出现相对滑移，使得鞍座或桥塔会沿着桥轴线方向发生纵向位移。若采用刚性塔，则需要在主鞍座下设辊轴，使鞍座能够沿纵向移动；若采用柔性塔，鞍座就固定于塔顶，由塔的变形来适应鞍座的纵向位移，这种方式构造简单，维修保养容易。在悬索桥发展的早期，一些小跨径悬索桥曾采用摆柱式塔，这种塔在塔底设铰，大大减小了塔所受的弯矩，但施工困难，结构复杂，现已不再使用。大跨径悬索桥的主塔通常采用柔性塔，塔顶鞍座固定在塔上，桥塔可挠曲。桥塔截面通常为矩形，有时为美观和抗风的需要，也可对截面进行适当调整。

图 9.15（a）所示为我国西堠门大桥的南塔构造，该桥塔采用钢筋混凝土门架式框架结构，塔高 211.286 m，为改善桥塔的抗涡振性能，塔柱断面的角点部位设置 0.7 m×0.7 m 的凹槽。图 9.15（b）所示为日本明石海峡大桥的桥塔构造，该桥塔采用桁架式钢塔，塔高 282.8 m，由于桥塔高度特别大，因此在抗风方面除了将每个塔柱的截面外形由矩形切去四角形成十字形之外，每柱还设置了质量为 84 t 和 114 t 的 TMD（质量调谐阻尼器）各一个，用于抑制桥塔的第一弯曲振动和第一扭曲振动。

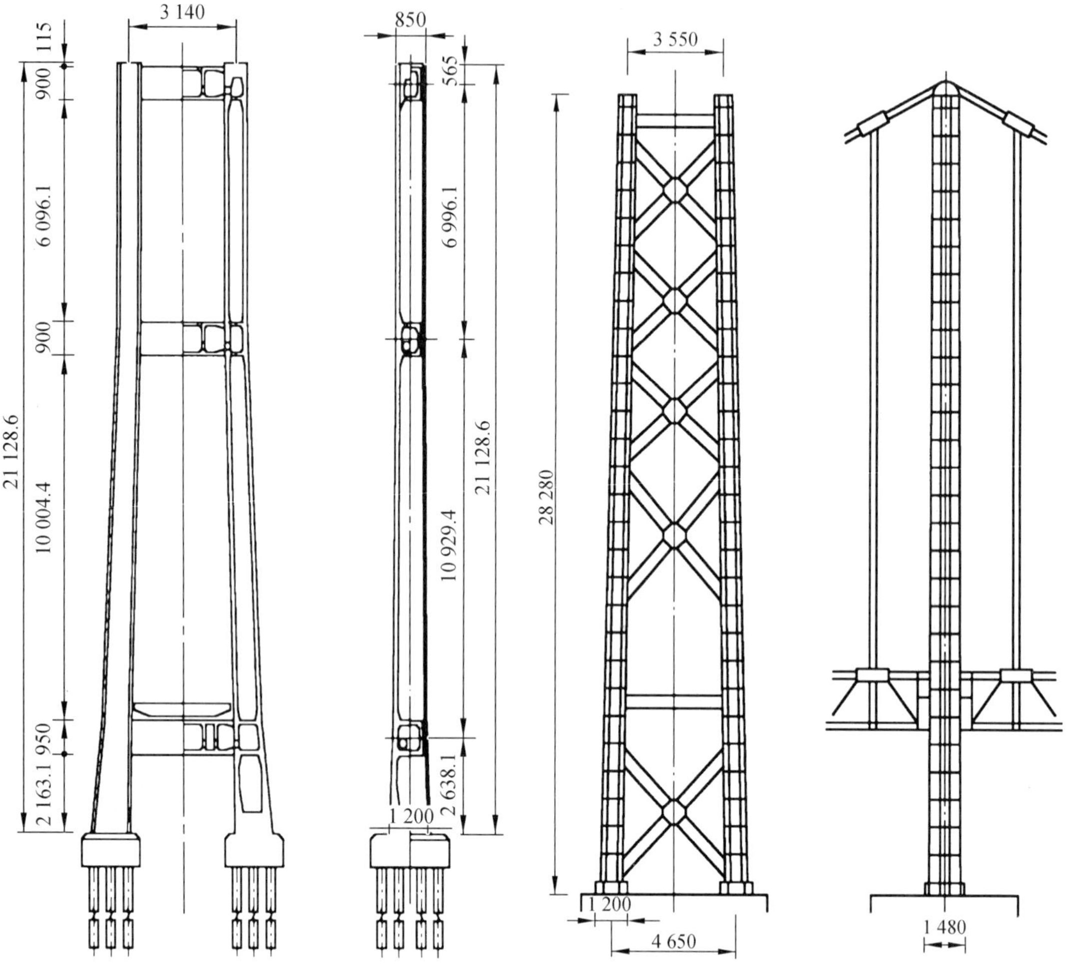

（a）西堠门大桥混凝土南塔　　（b）明石海峡大桥钢主塔

图 9.15　桥塔构造（尺寸单位：cm）

9.3.4　吊索及索夹

吊索也称吊杆，其作用是将加劲梁恒载和活载传递到主缆。吊索的上端通过索夹与主缆相连。下端与加劲梁连接。吊索材料，除要求抗拉强度高以外，为便于架设，还要求具有一定柔性。因此，吊索一般采用钢丝绳、平行钢丝束或钢绞线等材料制作，少数小跨径悬索桥也有用刚性吊杆的。吊索的安全系数要比主缆高一些，这主要考虑到吊索的疲劳（风与车辆引起的振动导致）、设计制作及安装误差等影响。国内外对吊索的安全系数一般取 3.0 ~ 4.5。索夹由铸钢制作，分成左、右两半或上、下两半，安装之后，用高强螺杆将两半拉紧，依靠索夹内壁与主缆之间的摩擦力，将索夹固定在主缆上。

吊索与主缆的连接方式有骑跨式和销铰式两种，如图 9.16（a）、（b）所示。骑跨式是吊索绕过索夹（此时为左、右两半），让吊索骑跨在索夹上。这类吊索常用钢丝绳制作，其特点是索夹应力不直接受吊索拉力的影响，结构简单。由于主缆倾斜角变化，套箍沟槽要随之变化，铸造形式多，吊索弯曲引起弯曲应力。美国和日本悬索桥多用骑跨式连接。销铰式是采用销钉连接，在索夹（此时为上、下两半）下一半的下垂板（又称吊耳）上设置销钉孔眼，吊索上端设开口套筒，两者通过销钉相连。这类吊索可采用钢丝绳或平行钢丝束，其特点是吊索不会出现弯曲，受主缆倾斜角变化影响小，且易于更换。目前用得较多的是销铰式连接方式。

吊索与加劲梁的连接方式有耳板销铰式和锚箱承压式两种，如图 9.16（c）、（d）所示。耳板销铰式是吊索通过锚头与焊接于加劲梁上的耳板采用销栓相连，这类连接形式构造简单、施工方便、防水性能好，但存在应力集中问题。锚箱承压式是将吊索锚固于锚箱的承压锚板上，并设置套筒对锚箱内的吊索进行保护。这类连接形式传力明确、受力较均匀，但构造复杂、制造安装维修不便，且防水耐久性差，目前较少采用。

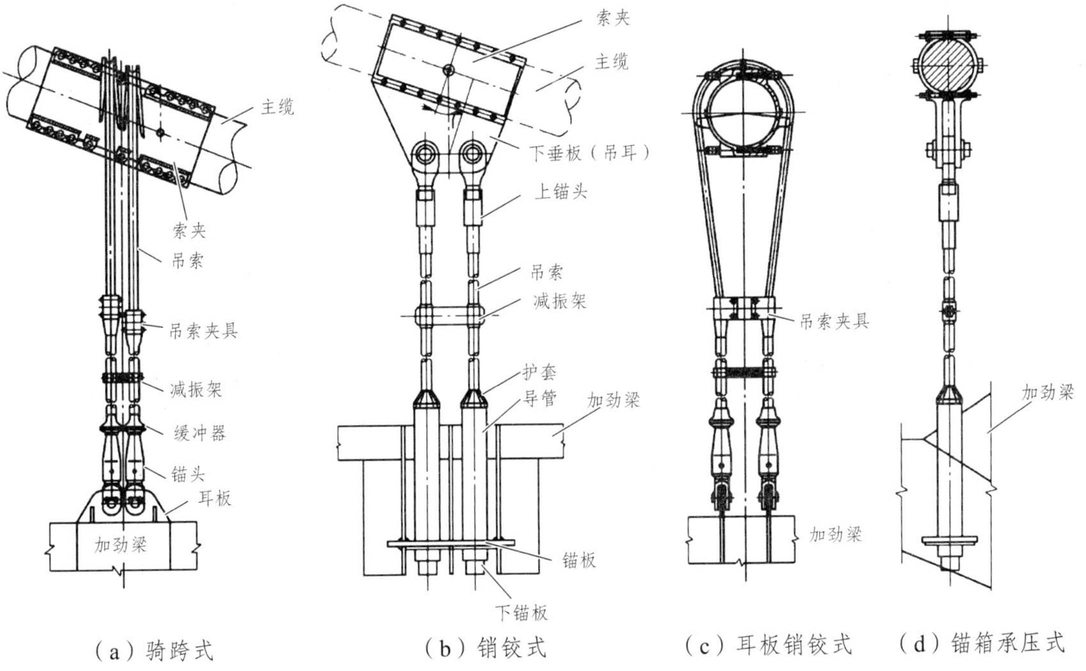

图 9.16 吊索与主缆和主梁连接方式

此外，悬索桥在汽车、风、地震等荷载作用下，加劲梁和主缆在水平方向都将发生位移，特别是在跨中区域，这种位移会导致短吊索弯折受力明显，易造成疲劳破坏。因此，针对水平位移较大的悬索桥，可考虑在悬索桥的跨中位置设中央扣，以防止跨中短吊索的疲劳破坏。

如图 9.17 所示，中央扣可分为刚性和柔性两种。刚性中央扣采用型钢替代柔性吊索，并在跨中两侧增设型钢交叉布置；柔性中央扣则在跨中吊索两侧增设斜向交叉柔性吊索，增设的柔性吊索结构形式与常规吊索相同。此外，在大跨径悬索桥的设计中，已经开始使用带阻尼的耗能型中央扣，这样可以更好地提高悬索桥的抗风和减振性能。

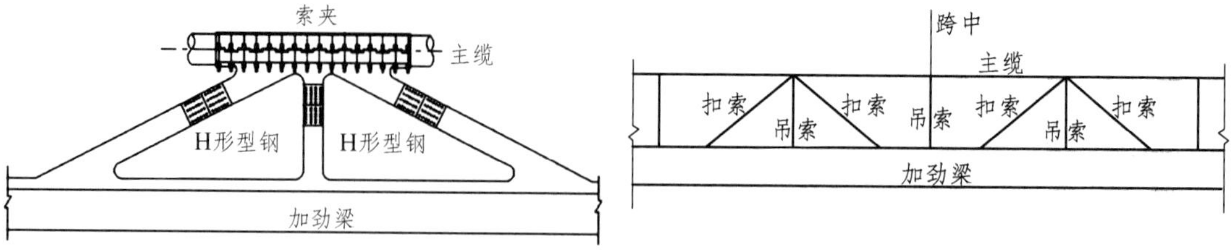

（a）刚性中央扣　　（b）柔性中央扣

图 9.17　中央扣

9.3.5　锚　碇

锚碇是主缆的锚固体，与主塔一样是支承主缆的重要部分，它将主缆的拉力传递给地基。锚碇一般由锚碇基础、锚块、锚碇架及固定装置等部分组成。当主缆需要改变方向时，锚碇中还包括主缆支架和锚固鞍座。

如图 9.18 所示，锚碇形式可分为重力式和隧洞式。重力式锚碇是最常采用的形式，依靠混凝土自重来抵抗主缆的拉力。隧洞式锚碇用于坚固、节理少的基岩外露的情况，其方式是先把岩石凿出一个隧洞，然后在其内埋入锚碇架，填充混凝土抵抗主缆拉力。我国的西堠门大桥、日本的明石海峡大桥、美国的金门大桥均采用重力式锚碇。我国的湘西矮寨大桥采用了隧洞式锚碇。

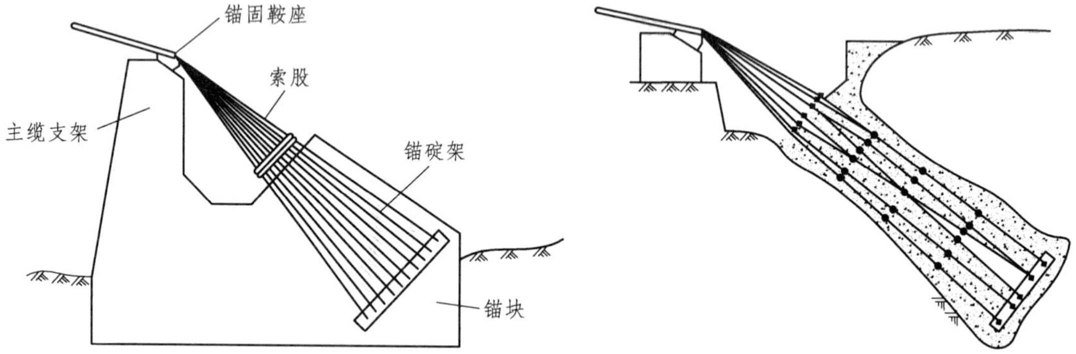

（a）重力式　　（b）隧洞式

图 9.18　锚碇形式

当主缆在锚碇前墙处需要展开成束股并改变方向时，则需设置主缆支架。主缆支架可以设置在锚碇之外，也可以设置在锚碇之内。主缆支架主要有钢筋混凝土刚性支架、钢制柔性支架及钢制摇杆支架 3 种形式。当采用刚性支架时，鞍座的底部必须设置辊筒，以适应主缆的伸缩。

与地锚式悬索桥不同的是，自锚式悬索桥不需要修建体积庞大的锚碇，主缆直接锚固于加劲梁上。锚固形式主要有混凝土结构锚固方式、钢结构锚固方式和环形锚固方式 3 种。大多数混凝土自锚式悬索桥采用混凝土结构锚固方式，其锚固原理与地锚式悬索桥的重力式锚碇相似，如图 9.19 所示。其中锚固形式Ⅰ为常规锚固方式（佛山平胜大桥采用），而锚固形式Ⅱ则利用桥墩作为锚块。钢结构锚固方式（见图 9.20）是主缆进入钢结构锚固体后，通过散索鞍散开，再分别锚固在锚固面上的方式。我国的湘江三汊矶大桥和日本的此花大桥均采用这种锚固方式。环形锚固方式是主缆绕在梁端的锚固跨上连接为环形。我国抚顺万新大桥和美国旧金山-奥克兰海湾大桥均采用这种锚固方式。

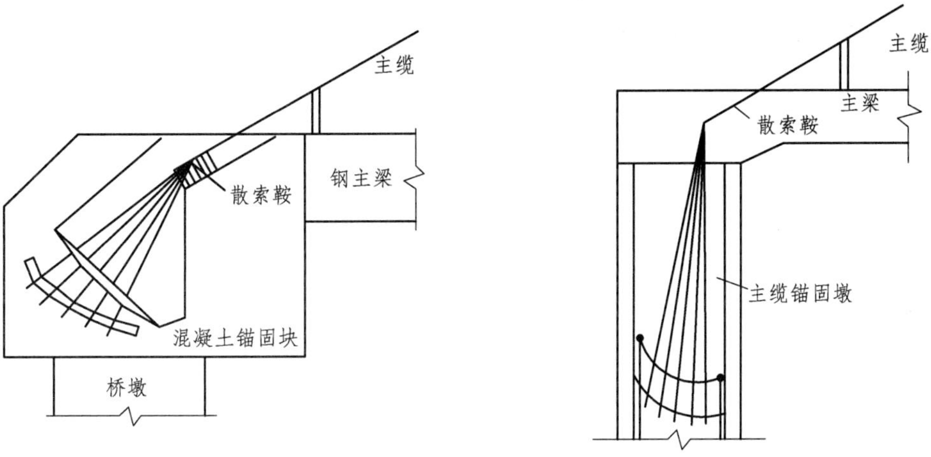

（a）锚固形式Ⅰ （b）锚固形式Ⅱ

图 9.19 自锚式悬索桥混凝土结构锚固方式

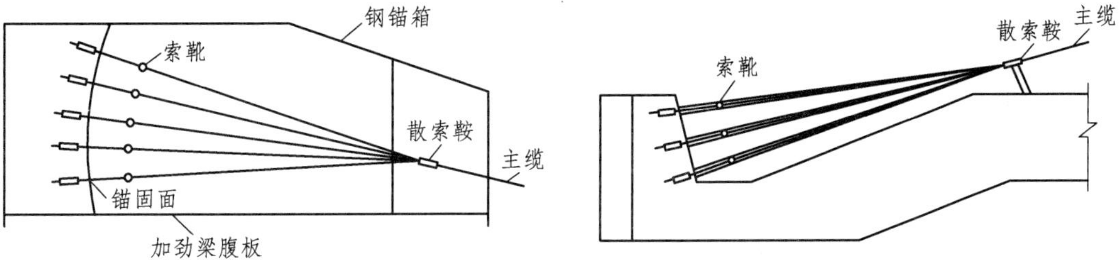

（a）平面 （b）立面

图 9.20 自锚式悬索桥钢结构锚固方式

9.3.6 鞍 座

鞍座按其使用功能可分为塔顶主鞍座和散索鞍（套）。塔顶主鞍座的作用是将主缆传来的巨大竖向力均匀分布到塔顶截面，而散索鞍（套）的主要功能是改变主缆方向，并把主缆的钢丝束股在水平及竖直方向分散开来，然后把这些钢丝束股引入各自的锚固位置。

悬索桥的塔顶鞍座早期多为大型铸钢构件，鞍座的尺寸巨大，需要特殊设备进行加工。目前悬索桥的鞍座大多采用铸焊结合的结构，鞍座底部与塔顶箱体吻合，且两者内部格状和加劲肋板位置也尽可能一致，以使鞍座上竖向力直接传给塔柱。如图 9.21 所示，塔顶鞍座主要由鞍槽、腹板、底板及横向加劲肋板等部分组成。为了减小主缆的弯曲应力和主缆与鞍座的接触压力，塔顶鞍槽的纵向半径一般不应小于主缆直径的 8～12 倍。

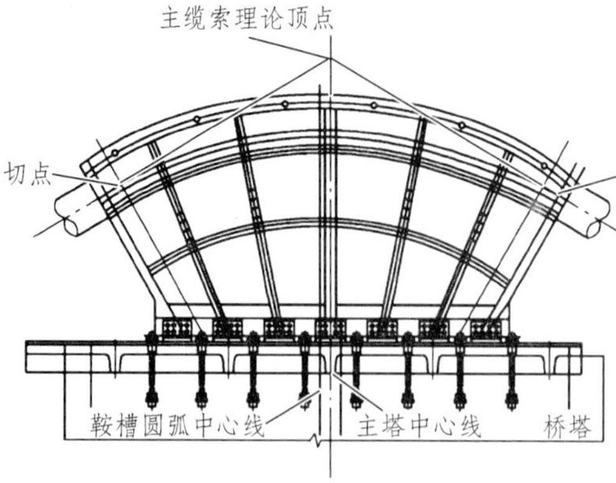

（a）正面图

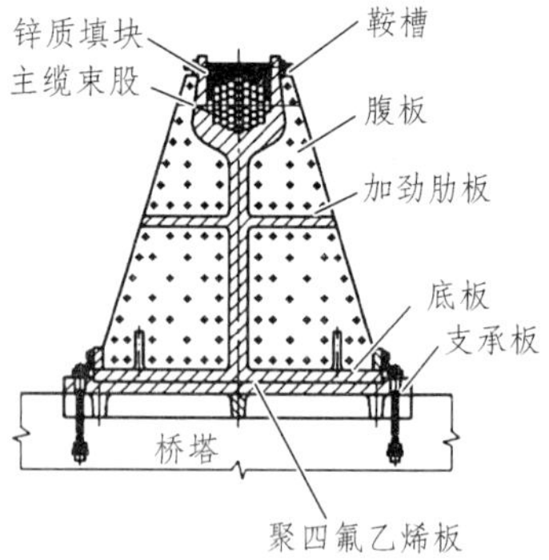

（b）侧面图

图 9.21　塔顶鞍座

散索鞍（套）满足主缆转向及散索的功能要求，其构造如图 9.22 所示。由于温度变化以及主缆拉力因活载情况的不同而变化，主缆长度也要相应变化。可采用摇柱式散索鞍（目前常用）或滚轴式散索鞍（现较少采用），以此来适应主缆长度的变化。如果主缆进入锚固系统前只有散索要求而无转向要求时，可以采用喇叭形散索套来代替散索鞍。

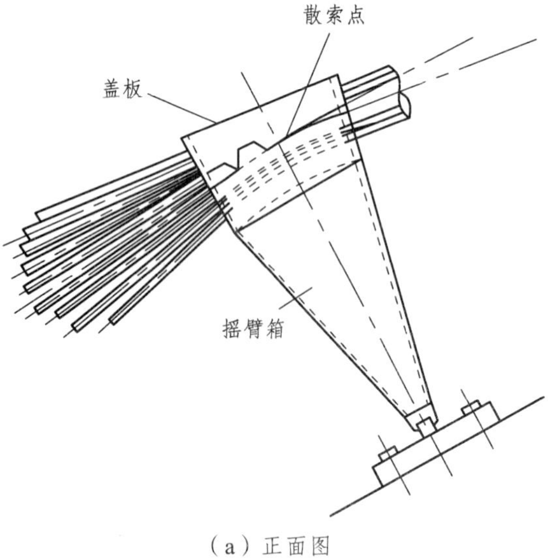

（a）正面图

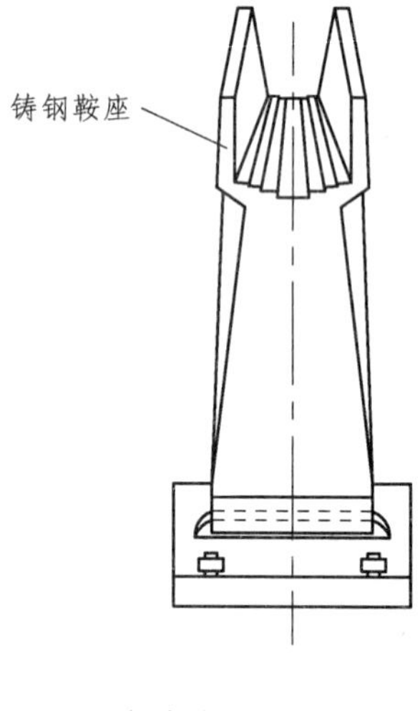

（b）侧面图

图 9.22　摇柱式散索鞍构造

9.4　悬索桥计算特点

9.4.1　悬索桥的几何非线性

悬索桥是高柔性结构，计算时必须考虑结构在承受荷载后的变形对内力分布的影响，即几何非线性的影响。悬索桥的几何非线性主要体现在以下 3 个方面：

（1）荷载作用下的结构大位移。这是作为柔性结构最主要的几何非线性影响因素。悬索桥在受外荷载作用时，主缆及加劲梁发生下挠，吊索将伸长，主塔会压缩，吊索将发生倾斜，节点有水平位移等，这些都会对悬索桥的内力及变形产生较大影响。因此在进行分析时，力的平衡方程应根据变形后结构的几何位置来建立，力与变形的关系是非线性的。

（2）主缆初始内力的影响，即重力刚度的影响。在主缆安装后及加劲梁架设过程中，受主缆自重和加劲梁重力作用，主缆会产生很大的水平拉力，形成较大的拉力刚度（或重力刚度），具有较大的初始应力。当后续荷载（包括活载）作用时，主缆形状发生改变，由初应力产生的拉力刚度对后续状态的变形存在着抗力，反映了主缆的几何非线性性质。

（3）主缆自重垂度的影响。在用有限元法分析时，主缆单元常采用直杆单元模拟，而实际在自重作用下主缆具有一定的垂度。主缆在受力后发生的变形是由弹性变形和垂度引起的非线性变形两部分组成，其变形值将比直杆单元模拟值大。

9.4.2 计算理论简介

1. 悬索桥的线弹性理论

对于小跨径悬索桥，可略去活载作用下的变形，按结构力学的线弹性方法进行分析。分析方法通常假定恒载均布，主缆初始曲线为抛物线。在活载作用下主缆仍保持静载作用下的抛物线形状，恒载作用下的内力全由主缆承受，加劲梁只承受活载及温度变化引起的内力。

通常，悬索桥是一种简单的组合体系，如图 9.23 所示为单跨两铰悬索桥，是一次超静定结构。如果将大缆在其跨中切开，则该一次超静定结构就变为静定的基本体系——简支加劲梁。

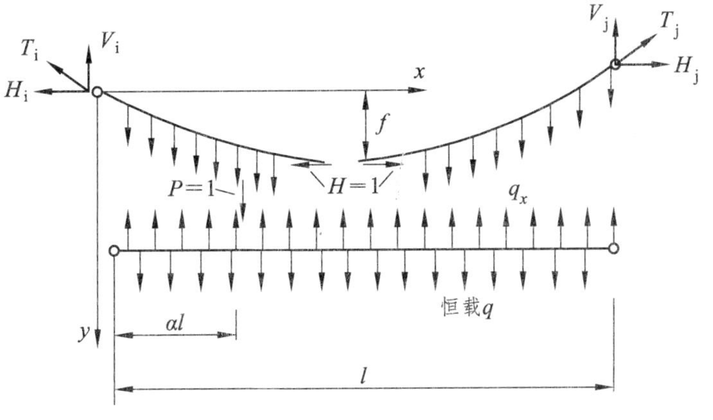

图 9.23 单跨两铰悬索桥（线弹性理论）

当单位荷载 P=1（这是为求加劲梁影响线而设的单位移动活载）作用在加劲梁任意一点时，大缆切口处有相对位移 δ_{11}。现在，在切口处作用一对 H=1 的水平拉力（这是为求解一次超静定结构而设的单位力），则该处产生相对位移。因在原结构中，此处并无相对位移，故应有

$$H_x\delta_{11}+\varDelta_{1p}=0 \tag{9.1}$$

其中，H_x 为在外荷载的作用下（此时 P=1）缆中的水平力，则待定量为

$$\delta_{11}=\int_0^l \frac{m^2\mathrm{d}x}{EI}+\int_0^l \frac{T^2}{EA}\mathrm{d}x$$

$$\varDelta_{1\mathrm{p}}=\int_0^l \frac{mM_0}{EI}\mathrm{d}x$$

m 为大缆切口处有单位力 H=1 时加劲梁上的弯矩。由于在加劲梁重量作用下大缆形状为抛物线。所以

$$H=\frac{q_x l^2}{8f}$$

故 $$q_x=\frac{8fH}{l^2}=\frac{8f}{l^2}$$

从图 9.23 可以看出，在 q_x 作用下，加劲梁（为一简支梁）的弯矩为

$$m=-\frac{1}{2}q_x lx+\frac{1}{2}q_x lx^2=-\frac{4f}{l}x\left(1-\frac{x}{l}\right)=-Hy=-y \tag{9.2}$$

T 是 H=1 时大缆中的轴力，$\dfrac{H}{T}=\dfrac{\mathrm{d}x}{\mathrm{d}s}$，$T=H\dfrac{\mathrm{d}s}{\mathrm{d}x}=\dfrac{\mathrm{d}s}{\mathrm{d}x}$；

M_0 是 P=1 时静定基本体系中加劲梁上的弯矩。

当 0≤x≤a 时：$M_0=(1-\alpha)x$

当 al≤x≤l 时：$M_0=\alpha(1-x)$

据此容易求得

$$\delta_{11}=\int_0^l \frac{m^2\mathrm{d}x}{EI}-\int_0^l \frac{T^2}{EA}\mathrm{d}x=\frac{8}{15}\cdot\frac{fl^2}{EI}+\frac{l}{EA}\left(1+\frac{8f^2}{l^2}\right)$$

$$\varDelta_{1\mathrm{p}}=-\frac{1}{3EI}fl^2\alpha(1-2\alpha^2+\alpha^3)$$

$$H_x=\frac{\varDelta_{1\mathrm{p}}}{\delta_{11}}=\frac{-\dfrac{1}{3EI}fl^2\alpha(1-2\alpha^2+\alpha^3)}{\dfrac{8}{15}\cdot\dfrac{fl^2}{EI}+\dfrac{l}{EA}\left(1+\dfrac{8f^2}{l^2}\right)}$$

其中，E、A、I 分别为加劲梁的弹性模量、横截面积和抗弯惯性矩。

在原一次超静定的悬索桥中，加劲梁的弯矩 M 和剪力 Q 分别为

$$M=\begin{cases}(1-\alpha)x-H_x\dfrac{4f}{l}x\left(1-\dfrac{x}{l}\right), & 0\leqslant x\leqslant \alpha l\\ \alpha(1-x)-H_x\dfrac{4f}{l}x\left(1-\dfrac{x}{l}\right), & al\leqslant x\leqslant l\end{cases} \tag{9.3}$$

$$Q=\begin{cases}(1-\alpha)-\dfrac{8fH_x}{l}\left(\dfrac{l}{2}-x\right), & 0\leqslant x\leqslant \alpha l\\ -\alpha-\dfrac{8fH_x}{l}\left(\dfrac{l}{2}-x\right), & al\leqslant x\leqslant l\end{cases} \tag{9.4}$$

这就是单跨双铰悬索桥加劲梁弯矩和剪力影响线的表达式。需要指出的是，按线弹性理论，y是大缆承受恒载之后，尚未承受活载时的纵坐标值。

2. 挠度理论

由于悬索桥主要靠大缆承重，加劲梁主要起传力的作用，所以加劲梁往往做得很柔，大缆本身是一个柔性受拉杆件，所以悬索桥是一种柔性结构，如何在设计和计算中正确考虑其柔性就显得十分重要。经过仔细分析，人们逐渐认识到，大缆的活载挠度是其几何非线性的主要因素，其他非线性因素相对来说是次要的。很明显，加劲梁是挂在大缆上的，在荷载作用下，加劲梁的线型变化完全取决于大缆的下挠度，基于这一认识的分析理论就叫“挠度理论”。

如图 9.24 所示的单跨双铰悬索桥，在内力计算中计入大缆挠度η的影响后，则加劲梁的弯矩计算公式为

$$M = M_0 - H_1 y - (H_D + H_L)\eta \tag{9.5}$$

式中：M_0——活载p在简支梁（加劲梁）上所产生的弯矩；

H_D——恒载q所产生大缆水平拉力；

H_L——活载p所产生大缆水平拉力；

η——主缆挠度，也是加劲梁的挠度。

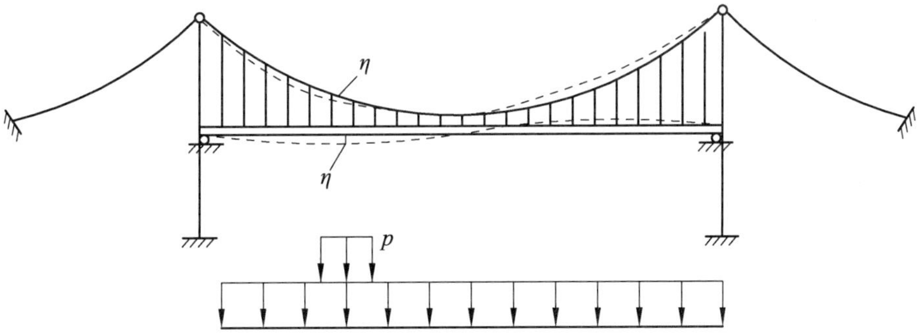

图 9.24 单跨双铰悬索桥（挠度理论）

$y = \dfrac{4f}{l^2}x(l-x)$为主缆在恒载作用下的轴线方程，设$H = H_D + H_L$，对加劲梁上述弯矩表达式两边微分得

$$(EI\eta'')'' = p + H_L y'' + H\eta'' \tag{9.6}$$

这就是悬索桥挠度理论的平衡方程，η和H_L均为待定量，还需建立一个变形协调方程。图 9.25 表示缆索单元变形关系，可建立以下关系：

$$(ds)^2 = dx^2 + dy^2$$

$$(ds + \Delta ds)^2 = (dx + \xi_j - \xi_i)^2 + (dy + \eta_j - \eta_i)^2 = (dx + d\xi)^2 + (dy + d\eta)^2$$

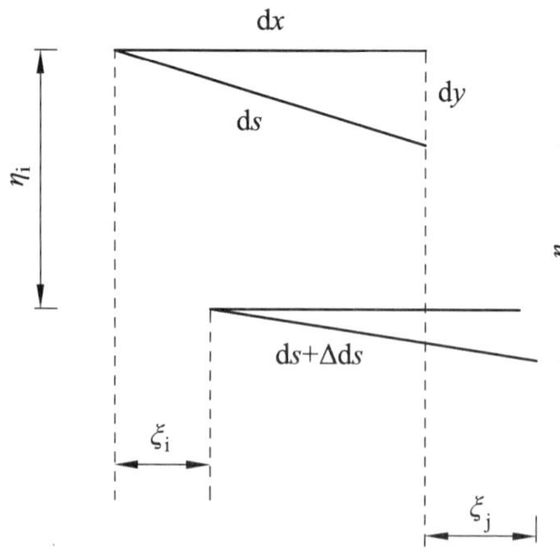

图 9.25　缆索单元变形关系

两式相减，并略去高阶微量 $(\Delta dx)^2$，$(dy)^2$，$(d\eta)^2$，得

$$ds\Delta ds = dxd\xi + dyd\eta$$

由此得

$$d\xi = \Delta dl = \frac{ds}{dx}\Delta ds - \frac{dy}{dx}d\eta$$

式中：Δds——主缆伸长量，它由轴向拉力 T 和温度变化 Δt 所产生，即

$$\Delta ds = \frac{Tds}{A_c E_c} \pm \alpha_i \Delta t ds \tag{9.7}$$

其中：A_c，E_c——主缆的截面积和弹性模量；

α_i——主缆的温度膨胀系数。

注意到 $\dfrac{ds}{dx} = \dfrac{1}{\cos\varphi}$，$T = H_L \dfrac{1}{\cos\varphi}$，将 Δds 表达式代入 Δdl 的表达式，得

$$\Delta dl = \frac{H_L}{A_c E_c \cos^3\varphi}dx \pm \frac{\alpha_i \Delta t}{\cos^2\varphi}dx - \frac{dy}{dx}d\eta \tag{9.8}$$

由于缆索两端固定点无相对位移，故

$$\Delta l = \int_0^l \Delta dl = \frac{H_L}{A_c E}\int\frac{dx}{\cos^3\varphi} \pm \alpha_i \Delta t\int\frac{dx}{\cos^2\varphi} - \int\frac{dy}{dx}d\eta = 0 \tag{9.9}$$

式（9.9）中最后一项积分可通过分部积分法变换成

$$\int_0^e y'd\eta = [y'\eta]_0^l - \int_0^l y''\eta dx = -\int_0^l y''\eta dx \tag{9.10}$$

于是由式（9.9）和式（9.10）得变形协调方程：

$$\frac{H_L}{A_c E_c}\int\frac{dx}{\cos^3\varphi} \pm \alpha_i \Delta t\int\frac{dx}{\cos^2\varphi} + \int_0^l y''\eta dx = 0 \tag{9.11}$$

式（9.6）和式（9.11）是悬索桥挠度理论的两个基本方程，含两个未知数 H_1 和 η。一般以弹性理论求得的 H_1 作为第一个近似值，再采用迭代的办法求出 H_1 和 η。需要指出的是挠度理论的解有相当高的精度，可以满足工程设计精度的要求。现在大多数的大跨悬索桥都是用

挠度理论进行设计的。

随着计算机的进一步发展，现在有不少人研究用更为精确的有限位移理论分析悬索桥。有限位移理论较为全面地考虑了各种非线性因素。但许多桥例计算表明，挠度理论的解答和有限位移理论的结果非常接近。

3. 有限位移理论

当现代悬索桥的跨径进一步增大时，其加劲梁的刚度不断减小，当加劲梁的高跨比小于 1/300 时，采用挠度理论引起的误差不容忽略，为此有限位移理论开始应用于现代悬索桥的结构分析中，使悬索桥的分析计算更加精确。

有限位移理论把悬索桥结构分析方法统一到一般非线性有限元中，将悬索桥离散为杆系结构，按非线性杆系有限元进行求解。该理论无需挠度理论那些假设，且可以处理任意的结构形式、边界条件以及初始条件，所以它是悬索桥已有分析方法中最精确的，也是目前大跨径悬索桥分析计算中普遍采用的方法。

综上所述，对于悬索桥计算理论经历的 3 个阶段，可以从结构平衡方程$[K]\{u\}=\{P\}$中，用对刚度矩阵的修正内容来表示各种计算理论的实质：

（1）弹性理论$[K]=[K_e]$。

（2）线性挠度理论$[K]=[K_e]+[K_g(\{N_g\})]$。

（3）有限位移理论$[K]=[K_e]+[K_g(\{N_g\})]+[K_d(\{\delta\})]$。

其中，$[K_e]$、$[K_g]$、$[K_d]$分别为弹性刚度矩阵、几何刚度矩阵、大位移刚度矩阵；$\{N_g\}$、$\{N\}$、$\{\delta\}$分别为恒载轴力列向量、恒活载轴力列向量、节点位移列向量。

9.4.3 主缆曲线形状

悬索桥的主要承重构件是大缆，所以首先要进行缆索的计算。在架设绳索时，除缆索自重外无其他外力作用，其形状为一悬链线。

如图 9.26 所示为悬链线索，作用在索上的外力仅有自重 q；索两端的张力用 T_i 和 T_j 表示；H_i、V_i 和 H_j、V_j 分别为张力的水平分量和竖向分量；索的切线和水平线之间的夹角用 θ 表示。这一段索上无水平外力作用，故 $H_i=H_j=H$=常量。

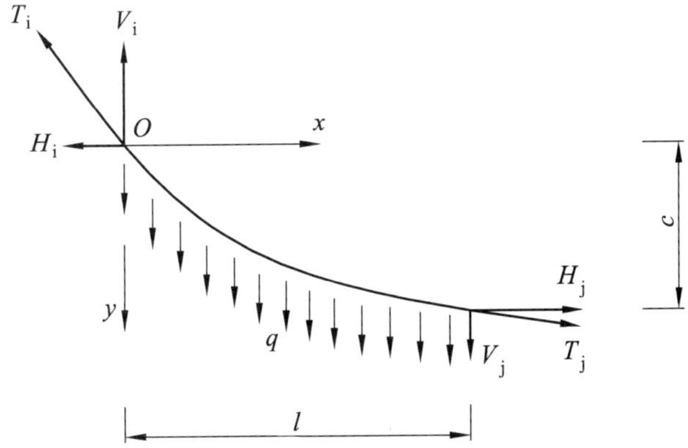

图 9.26 悬链线索

竖向力的平衡条件:

$$\mathrm{d}V = V_j - V_i = -q\mathrm{d}s$$

即
$$\frac{\mathrm{d}V}{\mathrm{d}x} = -q\frac{\mathrm{d}s}{\mathrm{d}x} \tag{9.12}$$

从图 9.26 可以看出

$$\frac{V}{H} = \tan\theta = \frac{\mathrm{d}y}{\mathrm{d}x} \tag{9.13}$$

式(9.13)对 x 求导得

$$\frac{\mathrm{d}V}{\mathrm{d}x} = H\frac{\mathrm{d}^2 y}{\mathrm{d}x^2} \tag{9.14}$$

将式(9.12)代入式(9.14)中，得

$$H\frac{\mathrm{d}^2 y}{\mathrm{d}x^2} + q\frac{\mathrm{d}s}{\mathrm{d}x} = 0 \tag{9.15}$$

即
$$H\frac{\mathrm{d}^2 y}{\mathrm{d}x^2} + q\sqrt{1+\left(\frac{\mathrm{d}s}{\mathrm{d}x}\right)^2} = 0 \tag{9.16}$$

用变量代换法解式（9.16），设 $z = y'$，则

$$Hz' = -q\sqrt{1+z^2} \tag{9.17}$$

$$\frac{\mathrm{d}z}{\sqrt{1+z^2}} = -\frac{q}{H}\mathrm{d}x \tag{9.18}$$

对式（9.18）两边分别积分，得

$$\ln(z+\sqrt{1+z^2}) = \frac{q}{H}\mathrm{d}x + \alpha \tag{9.19}$$

即
$$z = \frac{\mathrm{d}y}{\mathrm{d}x} = \mathrm{sh}\left(\alpha - \frac{q}{H}\mathrm{d}x\right) = -\mathrm{sh}\left(\frac{q}{H}\mathrm{d}x - \alpha\right) \tag{9.20}$$

式（9.20）再积分一次，得

$$y = \frac{H}{-q}\mathrm{ch}\left(\frac{q}{H}\mathrm{d}x - \alpha\right) + \alpha_1 \tag{9.21}$$

其中，α、α_1 为积分常数。由边界条件 x=0 时，y=2；x=1 时，y=c 得出，即

$$\alpha_1 = \frac{H}{q}\mathrm{ch}\alpha$$

$$\alpha = \mathrm{arcsh}\left(\frac{\frac{\beta c}{l}}{\mathrm{sh}\beta}\right) + \beta$$

其中，$\beta = \frac{ql}{2H}$。两支座等高时 c=0，即

$$\alpha = \beta = \frac{ql}{2H}$$

$$y = \frac{H}{q}\left[\text{ch}\alpha - \text{ch}\left(\frac{qx}{H} - \alpha\right)\right]$$

当 $x = \frac{l}{2}$ 时，$y = f$，则

$$y = \frac{H}{q}(\text{ch}\alpha - 1)$$

对于悬索桥，当主梁分段挂吊于大缆上时，作用于大缆的外力当是沿水平方向均布的 $q_s\text{d}x$ 而不是 $q\text{d}x$，所以

$$y'' = \frac{q_x}{H} \tag{9.22}$$

对式（9.22）积分两次得

$$y = \frac{q_x}{2H}x^2 + Ax + B$$

用边界条件确定 A、B 后得

$$y = \frac{q_x}{2H}x(l - x) + \frac{c}{l}x \tag{9.23}$$

由于 H 还未确定，所以上述曲线为如图 9.27 所示的抛物线。因为在定值 q 的作用下，索长与水平分力 H 相关，设 q_x 已定，且给定跨中挠度 f，则在 $x = \frac{1}{2}$ 时，有

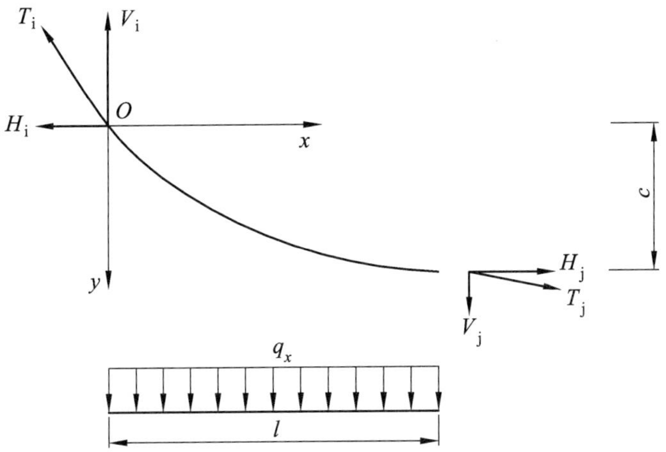

图 9.27　抛物线

$$y = \frac{c}{2} + f = \frac{q_x}{2H}\frac{l}{2}\left(l - \frac{l}{2}\right) + \frac{c}{2l}l = \frac{q_x l^2}{8H} + \frac{c}{2}$$

故
$$H = \frac{q_x l^2}{8f}$$

于是大缆的挠度曲线为

$$y=\frac{4f_x(l-x)}{l^2}+\frac{c}{l}x \tag{9.24}$$

式（9.24）是由 l，f，c 完全确定的一条抛物线。

悬索桥主缆形状从架设丝股到建成运营，各阶段分别为悬链线和抛物线。明确了以上计算，对各个阶段的索长计算、线型控制、索夹定位、吊索长度确定均有用处。

9.4.4 主缆找形分析

悬索桥的主缆是其主要受力构件，一旦主缆的线形确定，主缆的内力和变形即可得到，进而可容易分析得到其他构件的受力状态。因此，悬索桥计算分析的关键是主缆找形。主缆找形主要指的是寻找悬索桥主缆架设之初的空缆状态（悬链线线形）和架设完成的成桥状态（近似抛物线线形）。

悬索桥的主缆从架设之初的空缆状态到架设完成的成桥状态，中间需经历吊索和加劲梁的安装，施工中会产生很大的变形，主缆的拉力也会增大很多，因此这个分析过程必须考虑几何非线性的影响。此外，成桥状态的线形应满足设计要求，但由于悬索桥主缆在成桥状态既非悬链线也非抛物线，因此其成桥线形实际上只有两个端点和跨中点的空间位置是已知的，主缆成桥线形上的其余点（例如索夹位置）的准确位置是未知的。因此，悬索桥虽然不能像斜拉桥那样通过倒拆分析来获得其初始状态（即空缆状态），但可以根据设计成桥状态时给定的结构几何控制参数，如主缆垂度、主缆跨中点位置、桥面设计线形、吊索（索夹）沿跨径方向位置、鞍座中心位置等，先假设一个施工理想初态，通过考虑几何非线性的前进分析算法反复迭代，并与成桥状态设计控制参数进行比较，从而获得悬索桥的空缆状态和成桥状态。为了更好地阐述上述迭代算法，下面先介绍 3 种状态：

（1）初始态。初始态即施工理想初始态，也即空缆状态，是主缆架设完毕时塔缆结构的几何形状（此时主缆呈悬链线，鞍座预设偏量）。

（2）荷载态。在初始态上，作用一期恒载（吊索和加劲梁）和二期恒载（桥面铺装等）后得到的结构几何形状及内力。

（3）目标态。设计要求成桥状态时结构的几何形状［包括主缆垂度、主缆跨中点位置、桥面设计线形、吊索（索夹）沿跨径方向位置、鞍座中心位置等］。

在以上 3 种状态中，只有目标态是已知的，但目标态的主缆线形仍是未知的。第一次试算时，取目标态作为初始态，同时假设成桥状态时主缆线形为悬链线，此时鞍座的偏位量为 0，但在此后的迭代中鞍座需根据其产生的位移量来设置预偏量。在初始态上，施加一期恒载，即进行加劲梁和吊杆等的拼装。梁段吊装过程中加劲梁各段之间处于顶板（或上弦）临时铰接状态，当加劲梁和吊杆拼装完后，得到全部一期恒载作用下结构的几何形状及内力。在此基础上进行加劲梁的刚接，施加二期恒载，即进行桥面铺装等。至此，便可得到全部荷载作用下结构的几何形状及内力，即荷载态，将荷载态的结构几何形状的有关控制参数与目标态相比，若误差超过精度要求时，重新修正初始态，多次反复迭代直到误差满足精度要求时，输出初始态和目标态，即可得到悬索桥主缆的空缆状态和成桥状态，实现悬索桥的主缆找形分析。

上述分析过程中，提到了鞍座设置预偏量的概念。这是因为在架梁施工过程中，主跨荷载远比边跨的大，若鞍座不设预偏量，就会造成主跨产生的主缆水平拉力大于边跨主缆水平拉力，导致成桥状态下鞍座两侧产生强大的不平衡力，容易导致鞍座内索股滑丝，索塔承受过大弯矩。因此实际工程中，为防止此类情况发生，最有效的办法是鞍座设置预偏量，即通过主塔上的鞍座向边跨方向设置预偏量，架梁过程中鞍座通过逐渐顶推回到主塔中心位置，可使得成桥状态下索塔两侧主缆水平拉力相等，这样塔底在恒载下就不产生弯矩。

9.5 悬索桥施工

悬索桥的基本施工步骤是先修建基础、锚碇、主塔，然后借助主塔架设施工便道（称为猫道），利用猫道来架设主缆，随后安装吊索，拼装加劲梁。其中，主缆和加劲梁的架设是悬索桥施工的重点。

9.5.1 主缆架设

悬索桥的主缆一般由平行钢丝束股组成，其架设方法有空中纺线法与预制钢丝束股法两种。

1. 空中纺线法

空中纺线法是美国人 J.A.罗伯林于 1844 年提出的。其工作原理如下：沿着主缆设计位置，从一侧锚碇到另一侧锚碇，布置一根无端牵引绳（即长绳圈），将送丝轮扣牢在牵引绳某处；从卷筒抽出一钢丝头，套过送丝轮，并暂时固定在某靴跟（可编号为 A）处；用动力机驱动牵引绳，送丝轮就带着钢丝套圈送至对岸，取下套圈，将其套在对应的靴跟（可编号为 A′）上，随着牵引绳的驱动，送丝轮就被带回本岸；再将钢丝绕过编号为 A 的靴跟后，就可继续抽送钢丝，形成下一个套圈并套在送丝轮上；如此反复进行，当套在两岸对应靴跟（A、A′）上的丝数达到一根丝股的设计数目时，将钢丝剪断，用钢丝连接器将其两端头连起来。这样，一根丝股的空中编制就完成了。图 9.28 是美国韦拉扎诺桥的空中纺线法。

为实现空中送丝，必须设置猫道和送丝设备。所谓猫道，就是指位于主缆下方（大约 1 m），沿着主缆设置，让进行主缆作业（包括送丝、调丝、调股、紧缆、缠缆、装索夹、装吊索等工序）的工人有立足之处的支架平台。猫道一般宽为 3 m，用悬吊在塔和塔，塔和锚之间的几根平行承重绳加上铺面层组成。由于猫道宽度不大，为防止被风吹翻，同时也是为使左、右两猫道能互相交通，一般要在两猫道之间设“横道”。在主跨范围内，横道可设 3 道或 5 道；在边跨范围，可设 1 道或 2 道。由于猫道自重小，一般还应在其下方设抗风索以确保其抗风稳定性。

为使主缆各钢丝受力均匀，必须对钢丝长度和丝股长度分别进行调整，这就称为调丝和调股。调丝的目的是使同一丝股内的各丝长度相等，而调股是为了使每根丝股的计算长度符合设计要求。

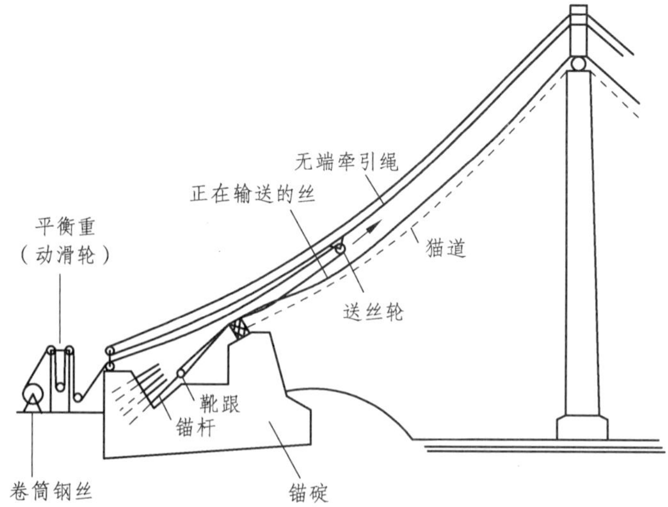

图 9.28　美国韦拉扎诺桥空中纺线法

为使主缆有妥善的防护，还应及时进行紧缆和缠缆等工序。紧缆指在主缆各丝股全部就位之后，立即用紧缆机将主缆截面挤压成圆形。紧缆机可沿主缆移动，相继压紧主缆之后，为避免丝股松散，要立即用钢丝或扁钢进行捆扎，随后，就可以安装索夹和吊索。主缆会因其拉应力的增加而使横截面收缩，为了将主缆缠紧，应当在恒载的大部分已作用于主缆之后，再进行缠缆。缠缆就是指用缠丝机将软钢丝紧紧缠在主缆之外，缠丝之前，应清洗主缆表面，并涂防锈材料（如锌粉膏等），缠丝之后，最后进行油漆。

架设缆索体系的施工顺序如图 9.29 所示，大致可分为 6 个步骤。

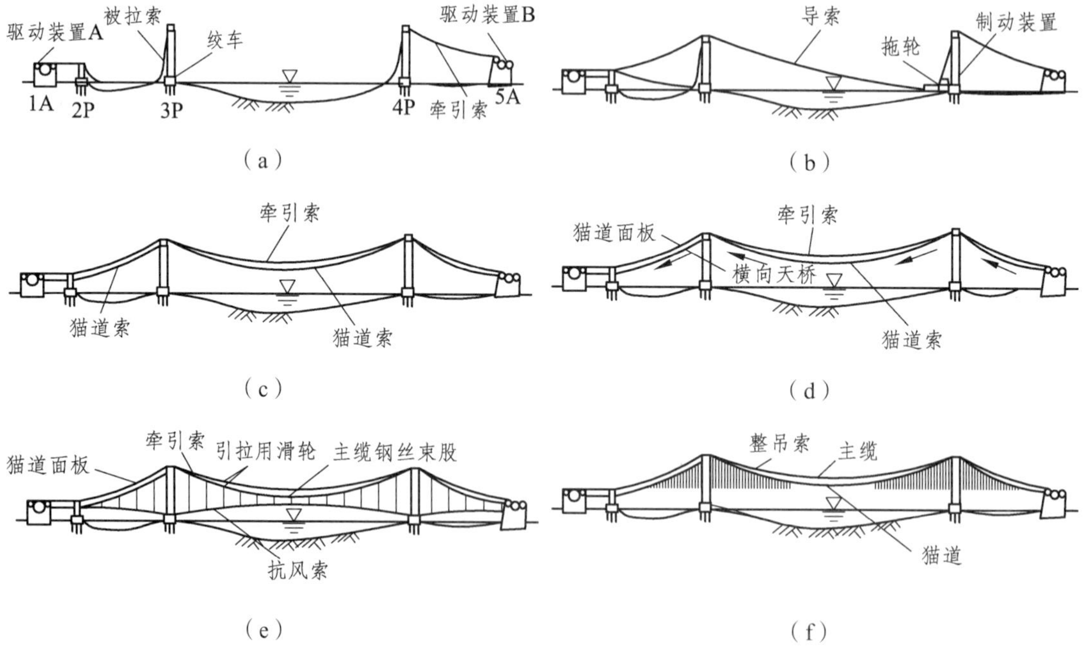

图 9.29　架设缆索体系的施工顺序

（1）准备工作［见图 9.29（a）］。在架设缆索之前的准备工作，包括安装塔顶吊机、塔顶鞍座、锚固体附近的散索鞍座以及各种绞车和转向设备等驱动装置。

（2）架设导索［见图 9.29（b）］。导索是缆索工程中最先拉过海（或江河）的钢丝索，是缆索工程的第一道难关。传统的方法是用人力借助于船或陆上交通运输车辆拖拽完成，现在发展到用火箭、直升机或飞艇架设复杂桥址环境的导索。

（3）架设牵引索及猫道索［见图 9.29（c）］。当导索从一岸到另一岸架设完毕，即可由它来架设牵引索。牵引索是布置在两岸之间的一根连接呈环状的无端头的钢丝索，可由两岸的驱动装置来使牵引索走动，从而一来一往地引拉其他需要架设的缆索。牵引索架妥后，首先要架设猫道索，猫道索是一种在空中架设的工作走道，是主缆编制和架设必不可少的临时设施。每座悬索桥的施工一般设有两个猫道，每个猫道各供一侧主缆施工所用，它是由若干根猫道索来承载的，其布置以方便主缆施工为原则。

（4）架设猫道面板及横向天桥［见图 9.29（d）］。当猫道的若干根猫道索由牵引索引拉架设好后，即可铺设猫道面板及架设横向天桥。横向天桥是沟通两个猫道之间的空中工作走道，它除了满足横向交通所需外，还兼有增加猫道横向稳定的作用。

猫道索上铺设面板并在两个猫道之间架有若干横向天桥后，由于在风力作用下，此临时架空结构极不稳定，故必须在猫道之下架设抗风索后猫道才算全部完成，并可在猫道上正式开始架设主缆。

（5）架设主缆［见图 9.29（e）］。若大缆的丝股是在空中制造的，就需要在两塔塔顶之上，从锚碇到锚碇间布置送丝装置，让送丝轮不停地带着卷筒上的钢丝从一岸到达另一岸，直至形成丝股，并将其两端都扣接于锚杆。若大缆的丝股是预先制造的，则先在空中布置一拽拉系统，再让丝股在猫道上拽过，并将其两端分别连接于锚杆。丝股的几何形状需逐根校核准确，并使其相同。在丝股完全到位后，用紧缆机将每根大缆的钢丝挤压成圆形，对各丝股的原形状不予保留，再用扁钢（临时）沿缆扎紧，大缆便已成形，此时即可对其长度和形状进行测量和校核。

（6）将猫道转载于主缆后拆除抗风索并架设吊索［见图 9.29（f）］。当主缆架设完毕后，可将猫道的全部荷载转移到主缆上去，然后将抗风索拆除。在猫道上将索夹和吊索安装于大缆，并将沿大缆走行的提升机也安装在大缆上，安装完毕后即可拆除猫道。至此，悬索桥的缆索工程全部完成。

2. 预制钢丝束股法

预制钢丝束股法不同于空中纺线法的施工工艺主要体现在平行丝股的制造和预制丝束的架设。

图 9.30 所示为预制平行丝股制作工艺。钢丝从丝盘中放出，通过导向网格，在成型机上向右移动，每隔一定距离用捆扎机捆扎一道，然后卷在卷筒上。最后，要给丝股两端装上锚头。成型后的丝股是正六边形［见图 9.8（c）］。

预制平行丝股架设主缆时，也需要事先架设猫道、无端牵引绳（又称拽拉索）和丝股输放机。但在猫道之上，要设置若干导向滚轮以支承丝股。用动力机驱动牵引绳，将丝股拽拉到位，丝股两端分别连接于锚杆。图 9.31 所示为预制平行丝股架设。

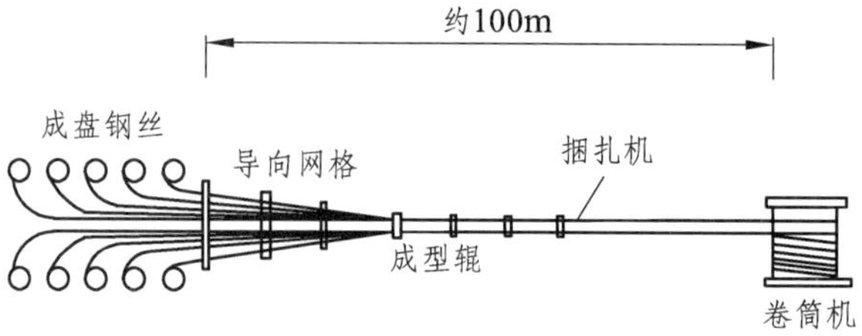

图 9.30　预制平行丝股制作工艺

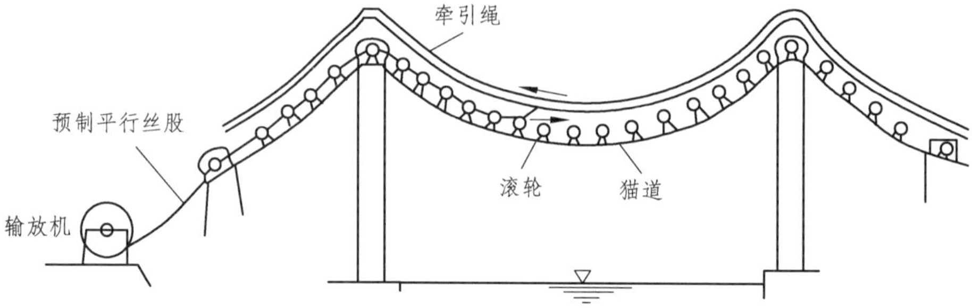

图 9.31　预制平行丝股架设

9.5.2　加劲梁架设

在完成主缆架设并调整好主缆线型后，就可安装索夹和吊索，开始加劲梁的架设工作了。悬索桥加劲梁架设特点是：可以将前期架好的主缆作为一柔性施工脚手架，其几何形状随架设梁段的增加而变化。悬索桥加劲梁的架设顺序主要有两种：

（1）从桥塔向跨中对称安装加劲梁节段，加劲梁在跨中合龙，梁段的运输较为方便。

（2）从跨中对称向两桥塔拼装。此法可避免跨中合龙问题，但预拼梁段的运输不如上述方法。

根据设计要求的施工顺序，将已组焊完成的各个梁段用驳船浮运到桥位，然后用提升机提升各梁段，并将梁段连接于吊索下端。梁段之间可以临时连接，因为梁段重量是恒载的主要部分。而缆的形状则是由全部恒载决定的，在较多的梁段到位后，大缆的形状将趋近于设计位置，梁段之间的接缝趋向闭合，这时就可将梁段之间的工地焊（或栓）逐步完成。

在施工中，梁段的重量都由大缆承受，不需要脚手架。梁段悬吊于大缆上。这种先主缆后加劲梁的施工方法比悬臂施工法（梁桥、斜拉桥均需使用）安全。就施工控制来讲，只需将大缆丝股长度、吊索的长度及大缆在塔顶的位置控制好，全桥的几何形状就得到了保证。

思考题

1. 悬索桥由哪些主要构件组成？其传力路径是怎样的？
2. 试比较悬索桥和斜拉桥受力特点上有哪些不同？
3. 自锚式悬索桥与地锚式悬索桥在受力和施工上有何不同？

4. 悬索桥主缆成型方式有哪几种？
5. 悬索桥加劲梁有哪几种结构与截面形式？各有何特点？
6. 简述悬索桥主缆线形的确定方法。
7. 为什么悬索桥的跨越能力特别大？

参考文献

[1] 万明坤，项海帆，秦顺全，等. 桥梁漫笔[M]. 北京：中国铁道出版社，2015.
[2] 范立础. 桥梁工程[M]. 3版. 北京：人民交通出版社，2017.
[3] 姚玲森. 桥梁工程[M]. 2版. 北京：人民交通出版社，2010.
[4] 邵旭东. 桥梁工程[M]. 5版. 北京：人民交通出版社股份有限公司，2019.
[5] 李亚东. 桥梁工程概论[M]. 3版. 成都：西南交通大学出版社，2014.
[6] 盛兴旺，乔建东，杨孟刚，等. 桥梁工程[M]. 2版. 北京：中国铁道出版社，2020.
[7] 王慧东. 桥梁工程[M]. 重庆：重庆大学出版社，2014.
[8] 葛俊颖. 桥梁工程（上）[M]. 北京：中国铁道出版社，2007
[9] 唐继舜. 铁路桥梁[M]. 1版. 北京：中国铁道出版社，2015.
[10] 唐寰澄. 中国科学技术史：桥梁卷[M]. 北京：科学出版社，2000.
[11] 中国铁路桥梁史编辑委员会. 中国铁路桥梁史[M]. 北京：中国铁道出版社，1987.
[12] 项海帆，潘洪萱，张圣城，等. 中国桥梁史纲[M]. 上海：同济大学出版社，2013
[13] 项海帆. 桥梁概念设计[M]. 北京：人民交通出版社，2011.
[14] 项海帆. 中国桥梁（2003—2013）[M]. 北京：人民交通出版社，2013.
[15] 郑健. 中国高速铁路桥梁[M]. 北京：高等教育出版社，2008.
[16] 钱冬生，陈仁福. 大跨悬索桥的设计与施工[M]. 成都：西南交通大学出版社，2015.
[17] 胡建华. 现代自锚式悬索桥理论与应用[M]. 北京：人民交通出版社，2008.
[18] 陈政清，杨孟刚. 梁杆索结构几何非线性有限元：理论、数值实现与应用[M]. 北京：人民交通出版社，2013.
[19] 陈宝春，陈友杰. 桥梁工程[M]. 3版. 北京：人民交通出版社股份有限公司，2017.
[20] 强士中. 桥梁工程（下册）[M]. 2版. 北京：高等教育出版社，2011.
[21] 曾庆元，郭向荣. 列车桥梁时变系统振动分析理论与应用[M]. 北京：中国铁道出版社，1999.
[22] 曾庆元，向俊，周智辉，等. 列车脱轨分析理论与应用[M]. 长沙：中南大学出版社，2006.
[23] 夏禾. 车辆与结构动力相互作用[M]. 北京：科学出版社，2002.
[24] 秦顺全. 桥梁施工控制：无应力状态法理论与实践[M]. 北京：人民交通出版社，2007.
[25] 叶爱君，管仲国. 桥梁抗震[M]. 3版. 北京：人民交通出版社股份有限公司，2017.
[26] 陈政清. 桥梁风工程[M]. 北京：人民交通出版社，2005.
[27] 项海帆. 现代桥梁抗风理论与实践[M]. 北京：人民交通出版社，2005.
[28] 周水兴，王小松，田维锋，等. 桥梁结构电算：有限元分析方法及其在 MIDAS/Civil 中的应用[M]. 北京：人民交通出版社，2013.
[29] 庄军生. 桥梁支座[M]. 4版. 北京：中国铁道出版社，2015.
[30] 庄军生. 桥梁减震、隔震支座和装置[M]. 北京：中国铁道出版社，2012.
[31] 王勖成，邵敏. 有限单元法基本原理和数值方法[M]. 2版. 北京：清华大学出版社，1997.

[32] 顾懋清，石绍甫. 公路桥涵设计手册：拱桥（上、下册）[M]. 北京：人民交通出版社，1997.
[33] 交通运输部公路局，中交第一公路勘察设计研究院有限公司. 公路工程技术标准：JTG B01—2014[S]. 北京：人民交通出版社股份有限公司，2014.
[34] 中国铁路总公司. 铁路桥涵设计规范（极限状态法）：Q/CR 9300—2018[S]. 北京：中国铁道出版社有限公司，2019.
[35] 中国铁路设计集团有限公司. 铁路桥涵设计规范：TB 10002—2017[S]. 北京：中国铁道出版社，2017.
[36] 中铁大桥勘测设计院集团有限公司. 铁路桥梁钢结构设计规范：TB 10091—2017[S]. 北京：中国铁道出版社，2017.
[37] 中铁工程设计咨询集团有限公司. 铁路桥涵混凝土结构设计规范：TB 10092—2017[S]. 北京：中国铁道出版社，2017.
[38] 中交公路规划设计院有限公司. 公路桥涵设计通用规范：JTG D60—2015[S]. 北京：人民交通出版社股份有限公司，2015.
[39] 中交公路规划设计院有限公司. 公路钢筋混凝土及预应力混凝土桥涵设计规范：JTG 3362—2018[S]. 北京：人民交通出版社股份有限公司，2018.
[40] 中华人民共和国铁道部，铁路工程抗震设计规范（2009 年版）：GB 50111—2006[S]. 北京：中国计划出版社，2009.
[41] 招商局重庆交通科研设计院有限公司. 公路桥梁抗震设计规范：JTG/T 2231-01—2020[S]. 北京：人民交通出版社，2008.
[42] 同济大学. 公路桥梁抗风设计规范：JTG/T 3360-01—2018[S]. 北京：人民交通出版社股份有限公司，2019.
[43] 中华人民共和国住房和城乡建设部. 城市轨道交通桥梁设计规范：GB/T 51234—2017[S]. 北京：中国建筑工业出版社，2017.
[44] 同济大学. 中低速磁浮交通设计规范：CJJ/T 262—2017[S]. 北京：中国建筑工业出版社，2017.
[45] 上海市政工程设计研究总院. 城市桥梁设计规范（2019 年版）：CJJ 11—2011[S]. 北京：中国建筑工业出版社，2011.
[46] 中华人民共和国交通运输部，内河通航标准：GB 50139—2014[S]. 北京：中国计划出版社，2014.
[47] 深圳市市政设计研究院有限公司. 波形钢腹板组合梁桥技术标准：CJJ/T 272—2017[S]. 北京：中国建筑工业出版社，2017.
[48] 全国交通工程设施（公路）标准化技术委员会（SAC/TC 223）. 公路桥梁板式橡胶支座：JT/T 4—2019[S]. 北京：人民交通出版社股份有限公司，2019.
[49] 全国交通工程设施（公路）标准化技术委员会（SAC/TC 223）. 公路桥梁盆式支座：JT/T 391—2019[S]，北京：人民交通出版社股份有限公司，2019.
[50] 中国公路学会桥梁和结构工程分会. 桥梁双曲面球型减隔震支座：JT/T 927—2014[S]. 北京：人民交通出版社股份有限公司，2014.
[51] 中国公路学会桥梁和结构工程分会. 公路桥梁摩擦摆式减隔震支座：JT/T 852—2013[S].

北京：人民交通出版社，2013.
[52] 中国公路学会桥梁和结构工程分会. 公路桥梁弹塑性钢减震支座：JT/T 843—2012[S]. 北京：人民交通出版社，2012.
[53] 中国公路学会桥梁和结构工程分会. 桥梁超高阻尼隔震橡胶支座：JT/T 928—2014[S]. 北京：人民交通出版社股份有限公司，2014.
[54] 中国公路学会桥梁和结构工程分会. 公路桥梁铅芯隔震橡胶支座：JT/T 822—2011[S]. 北京：人民交通出版社，2011.
[55] 中国公路学会桥梁和结构工程分会. 公路桥梁球型支座规格系列：JT/T 854—2013[S]. 北京：人民交通出版社，2013.
[56] 中国铁路经济规划研究院有限公司. 铁路桥梁盆式支座：TB/T 2331—2020[S]. 北京：中国铁道出版社，2013.
[57] 铁道部经济规划研究院. 铁路桥梁橡胶支座：TB/T 2331—2020[S]. 北京：中国铁道出版社，2006.
[58] 铁道部经济规划研究院. 铁路桥梁球型支座：TB/T 3320—2013[S]. 北京：中国铁道出版社，2013.
[59] 中华人民共和国交通运输部. 桥梁球型支座：GB/T 17955—2009[S]. 北京：中国标准出版社，2009.
[60] 中交路桥技术有限公司. 公路工程抗震规范：JTG B02—2013[S]. 北京：人民交通出版社，2014.
[61] 贺栓海，谢仁物. 公路桥梁荷载横向分布计算方法[M]. 北京：人民交通出版社，1969.
[62] 杨剑，黄天立，李玲瑶. 桥梁建造与维养[M]. 北京：中国铁道出版社，2023.